전사 리스크 관리

Enterprise Risk Management

전사 리스크 관리

Enterprise Risk Management

존 프레이저, 베티 J. 심킨스 지음
노동래 옮김

Enterprise Risk Management

연암사 ❍◯한국경영기술지도사회

전사 리스크 관리
Enterprise Risk Management

초판 인쇄 2015년 7월 1일
초판 발행 2015년 7월 10일

지은이   존 프레이저 · 베티 J. 심킨스
옮긴이   노동래
발행인   권윤삼
발행처   도서출판 연암사

등록번호   제10-2339호
주소   121-826 서울시 마포구 월드컵로 165-4
전화   02-3142-7594
팩스   02-3142-9784

ISBN 979-11-5558-015-8 93320

값은 뒤표지에 있습니다. 잘못된 책은 바꿔드립니다.

연암사의 책은 독자가 만듭니다.
독자 여러분들의 소중한 의견을 기다립니다.
트위터   @yeonamsa
이메일   yeonamsa@gmail.com

이 도서의 국립중앙도서관 출판시도서목록(CIP)은
서지정보유통지원시스템 홈페이지(http://seoji.nl.go.kr)와
국가자료공동목록시스템(http://www.nl.go.kr/kolisnet)에서 이용하실 수 있습니다.
(CIP제어번호: CIP2015013797)

전사 리스크 관리에 관한 방대한 내용을 담고 있는 이 책을 발간하게 된 것을 무엇보다 기쁘게 생각합니다. 오늘날 기업은 목표 달성 또는 심지어 생존 자체까지 위협하는 수많은 내적, 외적 위협들에 직면해 있습니다. ERM이라고 불리는 전사 리스크 관리는 이러한 위협 요인들을 체계적으로 파악하고 적절히 관리하기 위해 개발된 경영 도구입니다. 리스크 관리의 중요성에 대해서는 오래 전부터 논의되어 왔지만, 우리나라에서는 이에 관한 실무 지침서가 거의 없다시피 하였습니다.

우리 협회는 기업, 특히 중소기업의 리스크 관리가 매우 중요하다는 점에 착안하여 중소기업 및 이들에게 경영 컨설팅을 제공하는 우리 회원들의 리스크 관리 역량 및 이 분야의 컨설팅 역량 제고에 기여하고자 이 책을 발간하게 되었습니다.

리스크 관리에 관한 서적들이 시판되고는 있지만, 현재 시판되고 있는 서적들은 금융기관의 규제 자본 관리와 관련된 리스크 측정 기법, 또는 파생 상품 리스크 관리 기법에 한정된 경향이 있어서 일반 기업들이 참고하기에는 적정하지 않은 면이 많았습니다. 그러나, 이 책은 세계적으로 모든 조직들의 리스크 관리 프레임워크 역할을 하고 있는 COSO ERM 프레임워크에 기반을 두고, 조직들이 직면하는 리스크 관리와 관련된 다양한 측면의 모범 실무 관행(best practices)들을 담고 있어서 금융 기관이 아닌 일반 기업들의 리스크 관리에 큰 도움이 될 것으로 생각합니다.

아무쪼록 이 책이 우리나라 기업들과 우리 협회 회원들에게 큰 도움이 되기를 바라마지 않습니다. 모든 조직들이 직면하는 리스크 관리와 관련된 다양한 측년의 모범 실무 관행들을 담고 있는 방대한 분량의 책을 번역하신 주식회사 지알씨 코리아의 노동래 대표와 연암사의 권윤삼 대표께 깊이 감사드립니다.

(사)한국경영기술지도사회

회장 송갑호

저는 오랫동안 리스크 관리 실무자로, 또는 CRO로 일해 오면서 기업 경영에 리스크 관리가 매우 중요하다는 점을 깨닫게 되었습니다.

우리나라 기업에서 공식적으로 리스크 관리 부서 및 CRO가 처음으로 등장한 때는 1990년대 말의 경제 위기로 IMF 구제 금융을 받게 되면서 시행된 일련의 금융기관 개혁 조치의 일환으로 은행권에서 리스크관리 부서와 CRO를 두게 된 2000년 무렵이라고 할 수 있습니다. 그 후에 증권회사들에도 CRO를 두게 되었고, 보험회사, 카드사들도 리스크 관리 부서를 두고 있으며, 이들 중 일부 회사는 CRO도 두고 있습니다. 그러나 다국적 기업이 아닌 비금융회사들에서는 리스크 관리 전담 부서가 없거나, 리스크 관리 부서는 두고 있더라도 CRO는 없는 회사들이 대다수인 것 같습니다.

저는 금융기관뿐 아니라, 일반 기업, 공공기관, 연기금, 심지어 대학 및 정부 기관들에도 건전한 리스크 관리를 절실히 필요로 한다고 생각해 왔습니다. 그래서 리스크 관리가 무엇이며, 왜 필요한지, 리스크를 어떻게 식별하여 관리할 수 있는지, 리스크 관리 부서와 CRO의 역할을 어떠해야 하며, 이들이 리스크 관리 업무를 잘 수행할 수 있으려면 조직 차원에서 어떤 지원이 필요한지 등에 대해 체계적으로 알려 주는 책을 찾고 있었습니다.

제가 지금까지 우리나라에서 구할 수 있었던 책들은 수학적으로 리스크 양을 측정하는 방법에 관한 책이나 금융 기관의 규제 자본 관리에 관한 책이 대부분이어서 금융기관이 아닌 일반 기업에서는 참고하기 어렵겠다고 생각했습니다. 그러던 중, 2010년에 뉴욕에서 열린 GARP(글로벌 리스크 관리 협회)의 리스크 관리 연례 컨퍼런스에 참가했을 때 이 책을 발견하고 '이 책이야말로 바로 내가 찾던 책이다' 라는 생각에 얼마나 반가웠는지 모릅니다. 그때부터 이 책을 우리나라 독자에게 소개해야겠다고 마음먹었는데, 분량이 워낙 방대하다보니 이제야 이 책을 낼 수 있게 되었습니다.

이 책은 리스크 관리의 개념, 리스크 관리의 발달에 관한 간단한 역사, 리스크 관리 프레임워크 및 도구들, 기업 문화의 역할, 이사회 및 상위 경영진의 역할, CRO의 역할, 리스크 관리 실무 적용 사례 등 방대한 내용에 대해 학계 및 업계의 선도적 전문가들이 자신의 경험을 바탕으로 상세히 설명해 주는 리스크 관리 교과서라 할 수 있습니다. 이 책의 대표 저자들도 대학 강의 교재 및 실무자들이 참고할 교과서로 이 책을 집필했다고 밝히고 있습니다. 따라서 저는 이 책이 대학 및 업계에서 널리 사용되어 우리나라 기업들의 리스크 관리 수준을 높이는 데 기여하기를 바라 마지않습니다.

한 가지 주제넘을 수도 있는 사족을 덧붙이고자 합니다. 이 책은 주로 COSO의 리스크 관리 프레임워크를 기반으로 설명을 전개해 나가는데, COSO에서는 ERM과 리스크를 정의할 때, 리스크는 미래의 불확실성에 관련된 것으로 위협뿐 아니라 기회도 포함하며, 따라서 리스크는 좋은 것일 수도 있고 ERM에는 좋은 리스크에 해당하는 기회를 잘 활용하는 것도 포함되어야 한다고 일관적으로 설명합니다. 그러나 리스크가 기회도 포함한다는 주장은 단어의 일반적 의미와도 어울리지 않고, 일반 상식에도 어긋나는 주장으로, 이는 리스크 관리와 경영 관리를 혼동하는 것입니다. 리스크 관리는 경영 관리의 일부로서, 경영 의사 결정 시에는 리스크뿐만 아니라 기회도 고려해서 최적의 의사 결정을 내려야 합니다. 그러나 그렇다고 해서 리스크가 기회까지 포함하는 것은 아닙니다. 이 점에 대해서는 제가 번역한 『리스크 관리 펀드멘탈』(연암사)에 보다 자세한 내용이 나와 있으니 이곳에서 더 이상 언급하지는 않겠습니다.

이 책은 두 명의 편집인이 대표 저자로서 몇 개 장들을 저술하고, 다른 장들은 해당 분야 권위자들의 기존 논문 또는 그들이 이 책을 위해 새로 저술한 내용을 모아서 편찬한 것입니다. 따라서 용어 사용에 일관성이 없는 부분이 있습니다. 독자의 편의를 위해 제가 이해하는 선에서 약간의 역주를 달아 두었습니다.

이 방대한 책을 꼼꼼히 읽고 교정과 편집의 수고를 아끼지 않으신 도서출판 연암사의 권윤삼 사장님과 편집부에 감사드립니다. 또한 이 책의 원서 강독과 독서 토론에 참여하면서 번역 원고의 교정 작업을 도와준 전 동양증권 리스크 관리 팀원들에게도 깊은 감사를 전합니다. 건전한 리스크 관리 문화의 중요성을 인식하고 선뜻 이 책을 발간하기로 해주신 사단법인 한국경영기술지도사회 송갑호 회장님께 감사드립니다.

끝으로, 늘 옆에서 힘이 되어 주는 아내와 두 아들에게 감사와 사랑을 전하고 싶습니다.

전사 리스크 관리에 관한 권위 있는 논문들을 모은 의미 있는 이 책을 볼 수 있어서 매우 기쁘게 생각한다. 전사 리스크 관리는 오랫동안 대부분의 CEO들이 그다지 중요하다고 생각하지 않는 가운데 다루어져 왔다. 금융 감독 당국에서는 금융 기관들이 리스크 관리 프로세스를 갖추도록 요구하는 바, 대부분 은행의 CEO들은 이를 내부 감사 및 내부 통제 등과 같은 컴플라이언스 프로세스로 보았다. CEO들은 리스크 관리를 전략적 프로세스로 보지도 않았고, 많은 시간과 주의를 요하는 것으로도 보지 않았다. 그 결과 대부분의 기업은 급속한 성장, 파이낸싱 및 자산 유동화의 복잡성 증가 그리고 세계화에 기인한 리스크에 대응할 능력을 갖추지 못했다. 이 주제에 충분한 주의를 기울이지 않은 것은 회사의 임원들만이 아니었다. 전사 리스크 관리 코스와 교육 프로그램을 개설한 MBA, 회계, 또는 기업금융 과정들도 찾아보기 힘들었다.

2007년부터 2009년 사이에 일어난 사건들은(서브프라임 모기지 발 전 세계적 금융위기를 의미함. 역자 주) 리스크 관리에 대한 지식, 교육 그리고 주의(主意)가 부족하다는 점을 값비싸고 비극적인 방식으로 명확히 보여 줬다. 기업체, 경영대학원, 규제 당국 그리고 일반 대중들은 이제 앞 다퉈 리스크 관리 분야를 따라잡기 위해 노력하고 있다. 이 주제는 학생들의 학습 대상, 임원들의 실행 대상 그리고 규제 당국의 확인 대상의 우선순위가 되어야 한다. 프레이저(Fraser)와 심킨스(Simkins)는 이 분야에 의미 있는 기여를 했는데, 나는 이 작업이 많은 사람들을 교육시키는데 도움이 될 것이라고 확신한다. 또한 이 책이 교육 및 주의를 끄는 사명을 넘어서 다양한 논문과 책들이 나오도록 자극하여 이 분야에서 보편적인 지식이 개발될 수 있기를 바란다. 우리는 훌륭한 저자들을 조직화하고 이 책을 만든 프레이저와 심킨스에게 빚을 지고 있다.

로버트 S. 카플란(Robert S. Kaplan)
하버드대학교 베이커재단 교수

PART 4 리스크의 유형

ERM 개요

Overview

전사 리스크 관리 – 소개 및 개요

존 프레이저–Hydro One Networks Inc. 부사장, 내부 감사 & CRO

베티 J. 심킨스–오클라호마 주립대학교 Williams Companies 경영대학원 교수 겸 파이낸스 교수

> "지금까지 살아남은 종(種)은 가장 힘이 센 종이나 영리한 종들이 아니라, 변화에 잘 대응한 종들이다."
> – 찰스 다윈(Charles Darwin)

전사 리스크 관리란 무엇인가?

전사 리스크 관리(enterprise risk management; ERM)는 리스크 관리 프로세스의 자연스러운 발전이라고 볼 수 있다. 트레드웨이 위원회 후원 기관 위원회(COSO)는 전사 리스크 관리를 "조직의 목표 달성에 관한 합리적인 확신을 제공하기 위해, 해당 조직에 영향을 줄 수 있는 잠재적 사건들을 파악하고, 리스크를 조직의 리스크 성향 이내로 관리하기 위해 조직의 이사회, 경영진 등에 의해 전략의 맥락에서 그리고 전사적으로 적용되도록 설계된 프로세스"라 정의한다. COSO의 정의는 의도적으로 광범위하게 설정되었으며 가치 창출 또는 보존에 영향을 주는 리스크와 기회를 함께 다룬다. 이 책에서는 이와 유사하게 ERM에 대해 총체적 접근법인 넓은 관점을 취할 것이다.

일부 자료들은 ERM을 새로운 리스크 관리 방식이라 부른다. 과거에는 많은 조직들이 보험, 외국환, 오퍼레이션, 신용 그리고 상품 가격 리스크들에 협소하게 초점을 맞추고 이러한 리스크들에 대한 관리를 별개의 활동으로 수행하면서 리스크를 "칸막이" 식으로 다뤘다. ERM하에서는 모든 리스크 분야들이 통합되고, 전략적이고, 전사적인 시스템의

일부로서 기능을 발휘한다. 그리고 리스크 관리는 고위 경영진의 감독으로 조정되기는 하지만, ERM을 사용하는 조직의 모든 직급의 직원들도 리스크를 자신의 업무의 필수적이고 일상적인 부분으로 보도록 권장된다.

이 책의 목적은 발전 중인 이 방법론에 관해 실무자들과 학생들을 교육시키기 위해 학문적 및 실무적 경험들을 제공하는 것이다. 또한 ERM에 관해 총체적인 범위를 다루고, 이 과정에서 회사들의 성공적인 ERM 시행을 도와주기 위해 "무엇을", "왜" 그리고 "어떻게" 해야 하는지를 제공하는 것을 목적으로 한다.

뒤에 펼쳐질 장(章)들은 이 새로운 방법론에 대해 선도적인 학자들 및 실무자들이 쓴 글들로서, 이 주제에 관해 가르쳐야 할 필요가 있는 것들뿐 아니라, 이 분야에서 실무자들이 실제로 어떻게 실행하고 있는지에 대한 심도있는 통찰력도 제공한다. 이 분야의 선도적인 전문가들이 전사 리스크 관리란 무엇인지 그리고 이러한 선도적 관행들을 어떻게 가르치고 배우며 비즈니스 활동의 맥락 안에서 실행할 수 있는지를 명확하게 설명한다.

이 책은 리스크를 올바르게 파악하고 적절한 대응들에 대한 우선순위를 올바르게 정함으로써, 리스크를 총체적인 방식으로 관리하기 위한 다양한 개념들과 기법들을 소개한다. 이 책은 비즈니스의 성공을 결정하는 원리들에 중점을 두면서도 이사회의 역할, 리스크 용인 수준(risk tolerance), 리스크 프로필, 리스크 워크숍 그리고 자원 배분 등 다양한 유형의 기법들에 대한 개요를 제공한다. 또한 이 광범위한 책은 전사 리스크 관리가 신용, 시장, 오퍼레이션 리스크에 어떻게 연결되는지를 자세히 설명하고, 신용평가 기관들의 요구사항들과 이 요구들이 기업의 전반적인 리스크 관리에서 차지하는 중요성도 다룬다. 뿐만 아니라, 이 책은 성공적인 전사 리스크 관리 실행의 동인(動因), 기법, 효용 그리고 피해야 할 함정에 관한 폭 넓은 지식도 제공한다.

전사 리스크 관리의 동인들

ERM의 사용을 옹호하는 이론적 및 실제적 근거가 있다. 2장에서 대략적으로 설명하는 바와 같이, 리스크 관리에 관한 문헌들에서 리스크 관리에 관한 총체적인 접근법이 비즈니스 상 아주 일리가 있다는 인식이 증가하고 있다.

ERM 시행에 대한 외부의 동인들은 호주/뉴질랜드 공동 리스크 관리 기준[1], 트레드웨이 위원회의 후원조직 위원회(COSO)[2], (1990년대 초의 파생상품 재앙 이후의) 미국의 G30 보고서[3], CoCo(캐나다 공인 회계사 협회에 의해 개발된 통제 기준 모델)[4], 주요 파산 사건들 이후의 캐나다 토론토 주식 거래서 데이 보고서(Dey Report)[5] 그리고 영국의 캐드버리 보고서(Cadbury Report)[6] 등과 같은 연구들이었다.

그 중에서도 뉴욕 주식 거래소 상장 기준, 수임인의 의무에 관한 최근의 델라웨어 법원 판례법에 대한 해석과 같은 주요 법적 전개도 ERM에 대한 추가적인 동력이 되었다[7]. 또한 대형 연금들은 리스크 관리를 포함한 기업 거버넌스가 향상될 필요가 있다는 목소리를 점점 더 많이 내고 있으며, 강력한 독립적 이사회 거버넌스를 갖춘 회사들의 주식에 대해서는 프리미엄을 지불할 용의가 있음을 표명해 왔다[8]. 또한 이사회에 조직의 리스크를 이해하고 모니터할 더 많은 책임을 부여하는 2002년 사베인-옥슬리법으로 인해 ERM의 중요성이 증대되었다.

마지막으로 ERM이 회사의 가치를 증대시킬 수 있음을 주목하는 것이 중요하다[9]. 무디스 및 S&P와 같은 신용평가사들은 회사가 ERM 시스템을 갖추고 있는지 여부를 그들의 보험사, 은행, 및 비금융회사 평가 방법론에서 하나의 고려 요소로 포함시키고 있다.

요약

앞에서 언급한 바와 같이 이 책의 목적은 ERM 방법론에 관해 실무자와 학생들을 교육시키기 위한 학문적, 실무적 경험을 제공하기 위함이다. 또한 ERM에 관해 총체적인 범위를 다루고, 이 과정에서 회사들의 성공적인 ERM 시행을 도와주기 위해 "무엇을", "왜", "어떻게" 해야 하는지를 알려주는 것이 목적이다. 이 목적을 달성하기 위해 아래와 같이 구성되어 있다.

· 개요
· ERM 관리, 문화 그리고 통제
· ERM 도구 및 기법
· 리스크의 유형
· 설문 조사 상의 증거 및 학문적 연구

아래에 저자와 장들에 대해 간략하게 설명한다.

개요

2장 "간략한 리스크 관리 역사"에서는 은퇴한 리스크 관리 컨설턴트로, 개념적으로 생각하는 사람이며 보트 애호가인 펠릭스 클로만(Felix Cloman)에게 리스크 관리와 전사 리스크 관리의 배경 및 역사를 제공해 주도록 요청한다. 펠릭스는 30년이 넘는 기간 동안 이 분야에서 이야기들을 공유하고, 재미있는 리스크 개념들을 제기하며 이 모든 분야의 도전 과제들을 즐겁게 다뤄 왔으므로, 이 일을 하기에 이상적인 사람이다. 우리는 이 일을 하기에 더 적합하거나 이 주제에 대해 더 많이 아는 사람을 알지 못한다. 그는 우리를 문자적으로 가장 초기의 리스크 관리에 관해 기록된 생각들로 데려 간 다음, 현재의 생각에 이르기까지 그 발전 과정을 안내한다. 펠릭스는 우리를 "리스크 관리란 무엇인가? 우리는 언제 그리고 어떻게 리스크 관리 규칙들을 적용하기 시작했는가? 이를 처음 사용한 사람은 누구였는가?"라는 기본적인 질문들로 돌아가도록 한다. 그리고 리스크 관리의 과거 및 현재에 관한 매우 개인적인 연구를 제공한다. 이 연구는 수천 년에 걸친 인류역사를 고찰하며 지난 세기 동안의 기여에 관한 상세한 목록으로 마무리한다. 이는 리스크 관리라는 주제에 대해 처음 접해 보는 사람들이나, 리스크에 관해 읽기 쉬운 이 요약을 다시 상기하기 원하는 학자들 모두에게 이상적인 출발점이다. 펠릭스는 리스크는 위협뿐만 아니라 기회도 고려해야 한다는 확고한 견해를 가지고 있다.

3장 "ERM 그리고 전략의 수립 및 실행에 있어서 ERM의 역할"은 마크 L. 프리고(Mark L. Frigo, 시카고 소재 드폴 대학교 켈쉬타트 경영대학원의 전략, 실행 및 평가 센터 이사, 회계 대학원의 전략 및 리더십 Ledger & Quill Alumni Foundation 교수)와 마크 S. 비슬리(Mark S. Beasley, 노스캐롤라이나 주립대학교 경영대학 딜로이트 ERM 교수, 회계학 교수, ERM Initiative 이사)에 의해 제공되었다. 저자들은 수백 명의 ERM 실무 리더들에 컨설팅을 제공할 때 및 그들이 재직하고 있는 대학교에서 선도적인 ERM 및 전략적 리스크 관리 이니셔티브들의 정수(精髓)를 파악했다. 그들은 리스크 관리가 가치를 부가하도록 함에 있어서 주요 도전 과제 중 하나는 ERM을 조직의 비즈니스 및 전략 수립에 통합시키는 것이라고 말한다. 그들은 경영진 및 이사회가 전략적 리스크에 초점을 맞추면, 리스크 관리 대상의 범위가 축소되어 올바른 리스크에 중점을 두도록 해 주는 여과 장치 역할을 하게 된다고 설명한다. 이러한 통찰력은 전략적인 리스크 관리를 특히 강조함으로써, 최근의 신용 위기 이후의 전반적인 리스크 감독 개선에 관한 수많은 요구들에 대응하는데 도움이 될 것이다.

4장 "ERM에서 이사회 및 고위 경영진의 역할"에서는 브루스 브랜슨(Bruce Branson, 노스캐롤라이나 주립대학교 ERM 이니셔티브 경영대학 교수겸 이사보)이 한 조직에서 채택된 전사 리스크 관리 프로세스에 대한 감독은 회사 이사회의 가장 중요하고 도전적인 기능임을 설명한다. 그는 조직 전체에서 이뤄지고 있는 결정들에 관한 리스크들을 적정하게 인식하고 효과적으로 관리하지 못할 경우 흔히 잠재적으로 재앙적인 결과로 이어질 수 있다고 말한다. 브루스는 리스크 성향을 조직의 전략적 계획과 정렬을 이루게 하고, 리스크 성향 이내에서 신중하게 리스크 부담을 받아들이는(리스크에 대해 잘 아는) 조직 문화를 배양하는 것은 이사회 위원들과 고위 경영진의 공동 책임이라고 설명한다. 그는 또한 리스크 관리에 대한 전사적인 접근법의 개발, 승인 그리고 실행에 있어서 이사회 및 그 하위 위원회들과 고위 경영진 각각의 역할들에 대해서도 명확히 한다. 마지막으로, 이 장은 리스크 감독 책임을 가장 잘 이행하기 위한 최적의 이사회 구조에 대해 탐구한다.

ERM 관리, 문화 그리고 통제

5장 "등불을 든 사람 되기: 떠오르는 CRO의 역할"에서 아네트 마이키스(Anette Mikes, 하버드 경영대학원 비즈니스 관리 조교수)는 개인적인 리서치에 근거하여 CRO가 담당하는 역할의 유형에 대한 통찰력을 제공한다. 아네트는 런던 경제학 대학원에서 전사 리스크 관리 분야에서 PhD를 받았으며, 현재 하버드 경영대학원에서 로버트 카플란(Robert Kaplan)과 함께 ERM 과정을 개설하고 있다. 아네트는 CRO의 역할 및 실무에서 관찰한 다양한 ERM방법론의 유형을 설명한다. 또한 기존 실무자들 및 CRO의 역할에 관한 학자들의 연구 자료와 변화하는 CRO의 역할에 관한 자신의 리서치 프로그램의 사례 연구들에 기초하여 강의한다. 아네트는 CRO의 기원 및 부상(浮上)을 설명하며, CRO가 수행할 수 있는 4가지 중요한 역할들은 (1) 컴플라이언스 후원자 (2) 모델링 전문가 (3) 전략적 자문역 (4) 전략적 조종자(controller) 등이라고 강조한다. 또한 CRO가 어떻게 비즈니스 의사 결정을 개선할 수 있는지, 훌륭한 리스크 분석 및 전문가 판단을 통합할 수 있는지 그리고 비즈니스 라인들에서 리스크를 취하는 행동에 영향을 줄 수 있는지 보여 준다. 그녀가 설명하는 바와 같이, "성공적인 리스크 관리의 정수(精髓)는 등불을 든 사람의 빛과 가치를 볼 수 있는 임원진을 구하는 데 놓여 있다." 이 장은 모든 CRO와 어떻게 ERM을 시행할지에 관해 생각하는 조직들에게 대단히 흥미가 있을 것이다.

6장에서는 더그 브룩스(Doug Brooks, 아혼 캐나다 법인 사장 겸 CEO)가 "리스크 인식 문화 조성하기"에 대해 설명한다. 그는 자신의 보험 계리 훈련 및 비즈니스 통찰력에 의지하여 모든 조직에서 리스크 관리에 긍정적인 문화를 조성하는 방법을 제공한다. 보험 계리 종사자들은 오랫동안 ERM에 대해 인식하고 있었으며, 이에 대한 리서치 및 자기가 속한 조직에 이를 적용시키는 데 있어서 선도자들이었다. 계리사들은 훈련과 경험으로 리스크 관리에 정통해 있으며, 투자 분야까지 업무 영역을 넓혀 왔고, ERM 개념을 어떻게 가장 잘 적용할 수 있는지에 대해 알고 있다. 우리는 계리 전문가를 저자로 참여시키기 원했는데, 더그 브룩스가 리스크 관리에서 문화의 역할에 관해 글을 써 주겠다고 해서 매우 기뻤다. 더그는 ERM의 초창기 선구자들 중 한 명으로, 이 경력이 그가 최근에 아혼 캐나다 법인(Aegon Canada Inc.)의 사장 겸 CEO로 임명되는 등 승승장구하는 데 발판이 되었다. 더그는 세계 수준의 기술 역량과 강력한 정보 수집/보고 프로세스를 갖추고서도 문화가 취약해서 ERM 노력들을 통해서도 가치가 부가되지 않을 수 있음을 목격했다. 그는 조직의 ERM 노력의 성공에 대해 잘 알고 지원하는 문화보다 더 요긴한 것은 없다고 여기며, 문화는 단순히 손에 잡히지 않는 개념에 불과한 것이 아니라 그 요소들이 정의될 수 있고 바람직한 문화로 발전하는 것을 측정할 수 있음도 지적한다. 또한 리스크를 성공적으로 관리하려면 조직들이 개방적인 의사소통뿐만 아니라 규율된 행동에 대한 장려 및 보상의 중요성을 인식해야 한다고 말한다. 문화는 ERM에 있어서 핵심인 바, 이 장은 ERM을 시행하는 모든 실무자들에게 도움이 된다.

7장 "ISO리스크 관리 프레임워크"는 리스크 프레임워크의 최고 권위자 중 한 사람인 캐나다 워털루 대학교 명예교수 존 쇼트리드(John Shortreed)가 집필했다. 쇼트리드 교수는 국제적 리스크 관리 프레임워크에서 전망적 관점(forward-looking)을 제공한다. 그는 ISO 31000 리스크 관리 기준을 개발한 위원회의 캐나다 대표이다. 이 장은 ISO 31000 기준 사용자들의 훌륭한 "동반자"이다. 역사적으로 ERM은 호주/뉴질랜드 리스크 기준 4360, COSO의 2004년 간행물 그리고 S&P와 같은 신용평가사들의 최근 발표에 의해 모델이 만들어졌다. ISO 기준은 앞으로 국제적으로 더 많이 수용될 것으로 예상된다. 이 장은 COSO, PMI(Project Management Institute; 프로젝트 관리 협회), 호주 및 뉴질랜드 기준(AS/NZS 4360:2004)과 기타 선도적인 국제 리스크 관리 기준의 모범 실무 관행들을 통합한 새로운 ISO 리스크 관리 프레임워크에 대해 설명한다. 존은 ERM 프레임워크는 단계적으로 실행될 수 있으며, 특히 첫 단계로 성공 가능성이 높은 영역이 선택될 경우 ERM에 대한 수용을 높이고 리스크 관리 문화를 장려하는데 도움이 될 것이라고 말한다. 조직에서 리스크 관리 문화가 성숙해짐에 따라 리스크를 쉽게 토의할 수 있는 능력, 불확실성 하에서의 의사결정, 리스크 상황에서의 안도 수준 그리고 목표 달성에 있어서 눈에 띄는 개선이 이뤄질 것이다.

8장 "핵심 리스크 지표들의 식별 및 소통"에서 수잔 황(Susan Hwang, 캐나다 토론토 소재 딜로이트 Associate 파트너)은 핵심 리스크 지표(KRI)들의 역할에 관한 몇 가지 견해들을 제공한다. 2000년에 Hydro One이 최초로 ERM을 시행했을 때에는 이 주제에 관한 다수의 간행물에도 불구하고 새로운 개념들은 많이 소개되지 않았다. 존 프레이저는 1~2년 전에 수잔 황이 KRI에 관해 발표하는 것을 들으면서 그동안 들어보지 못한 개념을 설명하고 있다는 것을 깨달았다. 그녀는 어떻게 핵심 성과 지표(KPI)에 들어 있는 기준들과 유사한 기준들을 장래에 발생하거나 증가할 수 있는 리스크들을 파악하는 수단으로 사용할 수 있는지 보여줬다. 이는 간단한 개념처럼 보이지만, 우리는 KRI들이 장래의 리스크를 파악하는데 중요하다고 생각했다. 우리는 이 주제에 대해 쓰여진 글이 없음을 발견하고는 수잔에게 이 장을 집필해서 발견한 사항들과 견해를 공유해 달라고 요청했다. 수잔은 KRI들이 ERM의 한 도구로서 이를 공식적으로 사용하는 관행이 새롭게 부상하고 있다고 말했다. 대부분의 조직들이 비즈니스 목표 및 전략 달성 진척도를 측정하기 위해 KPI들을 개발했지만, 이는 리스크 관리와 전략적/오퍼레이션 상의 성과를 지원하기 위한 KRI 사용과는 다르다. 이 장에서 수잔은 KRI들이 무엇인지 명확히 설명하고, KRI의 실제 적용방법 및 가치를 보여 준다. 또한 KRI들의 디자인을 위한 지도 원리들을 대략적으로 설명하고, 실행 및 지속 가능성에 대해서도 논의한다. 그녀가 공유하는 핵심 메시지는 조직에 많은 기준들과 성과 측정 척도들이 있지만, ERM의 정수(精髓)는 장래의 리스크를 파악하는데 도움이 될 핵심적인 척도 파악이라는 것이다.

ERM 도구 및 기법

9장 "리스크 용인(容忍) 수준 설정 및 사용"은 켄 밀리아(Ken Mylea, 캐나다 예금보험공사 Corporate Risk 부문 이사)와 조수아 라티모어(Joshua Lattimore, 캐나다 예금보험공사 정책/리서치 고문)가 집필했다. 저자들은 리스크 용인 수준의 역할을 설명하고 이에 대한 실제적인 예를 제공한다. 존은 1990년대 초에 캐나다 예금보험공사(Canada Deposit Insurance Corporation; CDIC)가 기업체들 및 CDIC 회원 기관들의 금융 관행에 관한 기대를 발표했을 때, CDIC에 대해 처음으로 알게 되었다. 원칙에 기반한 이 기준들은 켄 밀리아에 의해 개발되었으며, 전사적 거버넌스 및 경영진에 중점을 두었다. 그들은 잘 관리되는 기관들은 CDIC가 예금자들에게 예금을 대신 지급해야 하는 사태를 초래할 수 있는 난관을 만날 가능성이 낮다고 가정하였다. 이 기준의 주요 특징 중 하나는 금융기관의 경영진 및 이사회가 CDIC의 통제 기준에 비춰 자체 진단을 실시하고 그 결과를 CDIC에 보고하라는 요구였다. 이 장의 맥락을 설정함에 있어서 켄과 조수아는 다음과 같은 질문을 제기한다. 리스크 용인 수준이란 무엇인가? 리스크 용인 수준을 정하는 것이 왜 중요한가? 리스크 용인 수준을 정할 때 고려할 요소들은 무엇인가? 어떻게 리스크 관리에 있어서 리스크 용인 수준을 유용하게 사용할 수 있는가? 그들은 리스크 용인 수준을 조직이 취하거나 회피하는 것이 적절하다고 결정하는 리스크 익스포저라고 설명한다. 즉, 리스크 용인 수준은 계산된 리스크 취하기, 다시 말하면 조직에 의해 정해진 명확히 정의되고 소통된 파라미터들 내에서 리스크 취하기에 관한 것이다.

10장 "리스크 관리 워크숍 계획 및 운영"에서 롭 퀘일(Rob Quail, Hydro One Networks Inc.의 아웃소싱 프로그램 매니저)이 리스크 워크숍을 실제로 어떻게 설계하고 운영할지에 대한 실제적인 조언을 제공한다. 롭이 있었기에 Hydro One에서 ERM이 성공하고 지속될 수 있었다고 해도 과언이 아니다. 그는 800명의 직원들에 대한 설명회 등 모든 직원들을 대상으로 200회가 넘는 리스크 워크숍을 개최했다. 이 책을 구상할 때 우리는 리스크 워크숍을 어떻게 계획하고 운영할 지에 관해 어떠한 문서도 찾을 수 없었다. 롭은 '팀 구성 대 특정 시행 계획 수립이 얼마나 중요한가?'와 같이 성취할 목표에 기초하여 어떻게 워크숍을 설계할 지에 대해 단계적으로 설명한다. 또한 롭은 리스크 워크숍이 경영진 및 직원들이 회사의 목표와 이 목표 달성에 대한 리스크를 정해진 용인 수준 이내로 유지하는 것에 관해 이해하도록 도와줌으로써 ERM에서 중요한 역할을 한다고 설명한다. 이어서 워크숍이 중요한 리스크들을 파악하여 다루도록 도와줄 뿐만 아니라, 참가자들에게 조직의 목표, 리스크 그리고 리스크 경감 수단들에 관해 배울 기회도 제공한다는 점도 보여 준다. 그는 한 가지 방법이 모든 상황에 적합하지는 않으며 모든 워크숍들은 상황 및 원하는 결과에 따라 주의 깊게 설계돼야 함을 명확히 한다.

11장 "리스크 프로필 작성 방법"에서 존 프레이저(John Fraser, Hydro One 부사장, 내부 감사 및 CRO)는 경영진 및 이사회 보고용 리스크 프로필 작성방법에 대해 실제적인 조언을 제공한다. 우리는 리스크 프로필에 관해 한 장을 할애하려고 했는데, 리스크 지도(risk map), 온도 지도(heat map) 그리고 리스크 파악에 관해 쓰여진 글들은 많았지만, 실제로 구조화된 인터뷰를 실시하고 리스크 프로필을 작성하는 방법에 관한 글은 찾을 수가 없었다. 그래서 우리는 Hydro One에서 1999년부터 사용하고 있는 모델을 문서화하기로 작정했다. 이 모델은 간단하면서도 효과적이라는 사실이 입증되었다. 이 방법론은 주로 임원들 및 리스크 전문가들을 대상으로 한 인터뷰에 기반하고 있으며 리스크 워크숍에서 도출된 결과를 보완한다. 이상적으로는 워크숍과 인터뷰(또는 설문 조사)의 결과들이 통합되고 조정되어야 한다. 우리는 이러한 단계적인 설명이 ERM을 시행하는 리스크 관리자들에게 어떻게 하면 이러한 인터뷰를 가장 잘 수행할 수 있는지에 대해 자신감을 심어 주기를 바란다. Hydro One에서 ERM을 시행하던 초기의 후원자였던 그레이엄 데이(Graham Day)가 "ERM이 실제로 효과가 있음은 명백하지만, 이를 이론상으로도 통하게 할 수 있는가?"라고 존에게 말한 것처럼 말이다.

12장 "리스크 기반 자원 배분 방법"에서 조 토네구조(Joe Toneguzzo, Ontario Power Authority 전력 시스템 계획 부문 실행/승인 이사)는 비즈니스 계획 수립 프로세스의 일환으로서 리스크에 기초한 자원의 우선순위화를 위한 비즈니스 프레임워크를 설명한다. Hydro One에서 ERM을 시행한 직후에 자금 조달과 자산 관리를 위한 자원 할당을 담당하던 토네구조는 Hydro One의 리스크 관리 그룹과 함께 리스크 기반 방법론을 이용하여 이를 어떻게 가장 잘 수행할 수 있는지를 결정했다(지금 조는 다른 조직에서 일하고 있다). 이에 관한 방법론과 지원 비즈니스 프로세스가 개발되었는데, 이는 Hydro One에 큰 도움이 되었으며 이 주제에 관한 국제적 포럼에서 검증된 바와 같이 선도적인 자산 관리 자원 배분 모델로 평가받고 있다. 이 개념은 중요한 비즈니스 리스크들 및 이를 경감시키기 위한 지출 제안 식별과 관련이 있다. 이를 위해 단위 비용당 경감될 리스크에 기초하여 일관적인 방식으로 지출 제안에 등급을 매긴다. 지출 제안은 자원이 소진될 때까지 비용/효용 스코어(여기서 효용은 감축된 리스크로 측정뤔)에 기초하여 우선순위에 따라 처리된다. 이렇게 개발된 방법론의 장점은 투명하고, 일관적이며, 규제 당국, 이사회 등과 같은 이해관계자들에게 정당성을 입증하기 쉽다는 것이다. 조는 따라 하기 쉬운 방식으로 이론과 실제를 안내한다.

13장 "ERM에서의 계량적 리스크 평가"에서 존 하그리브스(John Hargreaves, 영국 런던 소재 하그리브스 리스크 & 전략 상무)는 리스크 계량화라는 대중적인 주제에 대해 설명하며 이에 대해 안내한다. 존 하그리브스는 아이디어와 선문성을 영국의 다양한 주요 조직들에서 실행했으며, 복잡한 주제가 될 수도 있는 내용을 이해하기 쉽게 소개한다. 존은 최근 영국의 경기 침체 이후에 한 주요 은행에서 리스크 관리 시스템 도입 책임을 맡는 등 주요 조직들에서 성공적인 경력을 쌓았으며, 지난 10여년 동안 약 60개의 조직들이 리스크 관리 시스템을 실행하는데 도움을 줬다. 이 장은 ERM이 낯선 사람들을 돕기 위해 리스크 계량화라는 복잡한 세계를 점진적으로 설명한다. 존은 개별적인 리스크의 계량화에 대한 4가지 다른 접근법들을 설명해 준다. 또한 회사의 총 리스크를 계산하여 보고하는 통계적 방법을 간단한 예를 통해 설명하며, 계량화된 리스크들이 어떻게 비즈니스 계획 수립 프로세스에 통합될 수 있는지도 보여 준다. 금융기관에서 리스크를 계량화하기 위한 특수한 방법들은 이곳에서 다루지 않음을 유의하기 바란다. 이 장은 리스크 계량화에 대한 실제적이고 실행 가능한 방법에 대한 이론에 흥미가 있는 사람이라면 반드시 읽어야 할 내용이다.

리스크의 유형

14장 "시장 리스크 관리"에서 릭 네이슨(Rick Nason, RSD 솔루션스 파트너, 노바 스크티아 달 하우지 대학교 파이낸스 학과 부교수)은 매우 정교한 트레이딩 및 시장 리스크 개념들과 리스크 관리 방법들을 이해하기 쉬운 형식으로 설명한다. 릭은 캐나다의 한 주요 은행의 파생상품 트레이딩이라는 흥미진진한 분야를 떠나서 가르침과 컨설팅 활동을 통해 경험을 나눌 수 있는 학계에 합류했다. 릭은 시장 리스크 및 파생상품의 복잡한 모델들과 수학에 대한 전문가이지만, 이 장을 시장 리스크 관리 및 이것이 신용 리스크 관리와 어떤 관련이 있는지 알기 원하는 일반 실무자들을 위한 내용으로 구성하기로 했다. 릭은 시장 리스크 관리는 도구 및 기법에 대한 이해를 필요로 할뿐만 아니라, 시장 리스크 기능을 조직의 ERM 프레임워크 안에서 성공적으로 실행하기 위해서는 기초가 되는 비즈니스에 대한 이해도 필요함을 지적한다.

앞장의 논의에 이어서 릭은 15장 "신용 리스크 관리"에서 신용 리스크 관리에 관한 기본적인 요소들뿐만 아니라, 모든 신용 리스크 관리자들이 이해해야 할 보다 정교한 개념들도 제공한다. 릭은 해마다 주요 은행들에게 ERM 및 신용 리스크에 대한 컨설팅을 수행할 뿐만 아니라, 대학교에서 신용 리스크 관리 경연대회를 개최한다. 릭은 신용 분석 수행 시, 시장 리스크와는 달리 신용 리스크는 언제나 손실을 볼 리스크만 있음을 기억하는 것이 중요하다고 설명한다. 즉, 예기치 않았던 신용 사건들은 언제나 부정적인 사건들이며, 긍정적인 뜻밖의 사건들은 극히 드물다. 그는 또한 누구도 상환되지 않을 것을 예상하면서 고객에게 여신을 실행하거나 거래 상대방에게 대출해 주지 않음을 상기시킨다. 릭은 신용 리스크 관리에 관해 배우려는 일반적인 실무자들과 경험이 있는 신용 관리자들로서 자신들의 접근법의 타당성을 검증하기 원하는 사람들을 위해 이번 장을 집필했다.

16장 "운영 리스크 관리"에서 다이애나 델 벨 벨루즈(Diana Del Bel Belluz, Risk Wise Inc. 사장)는 ERM을 공부하는 학생이나 경험이 있는 독자들에게 필수적인 운영 리스크 개념들과 관리 방법들을 읽기 쉬운 형식으로 설명한다. 다이애나는 1992년부터 리스크 관리를 가르쳐 왔으며, 의사 결정학(decision science) 분야의 배경을 가지고 있다. 또한 다양한 컨설팅 업무를 통해 다양한 조직들이 이 다면적인 주제를 다룰 때 직면하는 도전 과제들을 이해하고 있다. 이 장에서 다이애나는 운영 측면에서의 리스크 관리 기본 원칙들과 조직의 잠재력을 완전히 발휘하도록 하는데 운영 리스크 관리가 어떻게 사용될 수 있는지 설명한다. 그녀는 운영 리스크가 무엇을 의미하고 이 리스크가 왜 중요한지를 설명하는데 다음과 같은 질문을 통해 논의를 전개한다. 운영 리스크 관리를 전사 리스크 관리와 어떻게 정렬 (align)시키는가? 운영 리스크를 어떻게 평가하는가? 정렬된 의사 결정을 위해 왜 리스크 용인 수준을 정의할 필요가 있는가? 운영 리스크를 관리하기 위해 무엇을 할 수 있는가? 어떻게 운영 리스크 관리 차원의 리스크 관리 문화를 장려하는가? 이 장은 점점 관심이 높아져 가는 주제에 대해 잘 요약해서 소개해 준다.

17장 "리스크 관리: 전략 추구 기법"에서 조지프 V. 리찌(Joseph V. Rizzi, 뉴욕 캡젠 파이낸셜 그룹 시니어 투자 전략가)는 기존 주주의 지분이 희석된 자본 재구성, 경영진 교체, 수많은 기관들의 도산, 7천억 달러의 TARP(부실 자산 구제 프로그램) 채택을 초래한 막대한 주주 가치 파괴를 격발시켰던 손실들의 이유와 향후 이를 피하기 위해 무엇을 할 수 있는지 탐구한다. 그는 리스크 관리가 주주 가치 창조와는 제한적으로만 연결된 기술적이고 전문가적인 통제 기능에서 벗어날 필요가 있다고 제안한다. 이는 회사들 및 리스크 결정들이 내부의 자기중심적 초점에서 벗어나 회사를 시장의 맥락 안으로 통합시키는 외부 시스템 접근법으로 옮김으로써 달성될 수 있다. 나아가 그는 리스크 측정을 넘어서서 리스크를 전략 수립, 자본 관리 그리고 거버넌스에 통합시키는 리스크 관리로 옮겨갈 필요가 있다고 말한다. 조셉은 워렌 버핏의 원칙들과 (롱텀 캐피탈 사례 등) 많은 실제 사례 그리고 차트와 모델들을 사용해서 거버넌스와 ERM이 어떻게 우리가 봐왔던 많은 함정들을 다룰 수 있는지 설명한다.

18장 "재무 리스크 관리 및 ERM과의 상호작용"에서 다니엘 A. 로저스(Daniel A. Rogers, 포틀랜드 주립대학교 경영대학원 파이낸스 부교수)는 재무 리스크 관리의 유용한 배경, 즉 측정할 수 있는 리스크를 제거하거나 감소시키기 위해 사용되는 금융 거래 채용 전략을 제공한다. 그는 금융 헤징에 대한 정의와 업계의 적용 사례를 포함시킨다. 나아가 그는 (재무) 리스크 관리에 대한 이론적 근거에 대해 간단히 살펴보고 금융 헤징과 (운영 리스크, 전략 리스크 등) 다른 리스크 관리 분야와의 상호작용 가능성에 대해 탐구한다. 그리고 금융 헤징에 관한 지식 기반으로부터 ERM에 적용할 수 있는 교훈들에 대해서도 논의한다. 그는 성공적인 ERM 프로그램 시행에 적극적인 이사회의 관여 및 지원이 매우 중요하며, 재무 리스크를 보다 더 잘 이해하는 이사회는 회사의 실적에 부정적인 영향을 줄 수 있는 다른 중대한 리스크들에 대한 대화에서도 보다 수용적일 가능성이 높다고 지적한다.

19장 "은행 자본 규제와 ERM"에서 벤턴 E. 굽(Benton E. Gup, 앨라배마 대학교 로버트 헌트 코크런/앨라배마 뱅커스 어소씨에이션 은행학과 학장)은 1800년대로부터 복잡한 바젤 I 및 바젤 II에 이르기까지 은행의 자본 규제의 발달을 추적한다. 그는 주요 은행들의 문제에서 입증되었듯이 최근의 서브프라임 위기는 최대의 은행들과 금융기관들이 리스크를 적절하게 관리하지 않고 있었음을 명확히 보여 주고 있으며, 경제적 자본을 채택하고 있는 리스크 모델들은 크게 잘못될 수도 있다고 말한다. 그는 나아가 자신이 은행 자본의 미래를 나타낸다고 믿고 있는 전사 리스크 관리와 경제적 자본에 대해 소개한다. 그는 전사 리스크 관리는 모든 비즈니스 라인들로부터의 리스크를 합산하는 "빌딩 블록" 접근법을 사용하며, 경제적 자본은 "앞을 내다 봐야" 하며 최근의 역사가 아니라 예상 시나리오에 기초해야 한다고 말한다.

20장 "SOX 및 서브프라임 이후의 법적 리스크: 이사회 구조로 돌아오다"에서 스티븐 라미레즈(Steven Ramirez, 시카고 로욜라 대학교 기업 & 회사 거버넌스 법 센터 이사)는 법적 리스크는 일반적인 리스크 관리의 기본 개념에 따라 관리돼야 한다고 말한다. 그는 법적 리스크는 리스크 사일로(Silo) 안에 존재해서는 안 되고, 회사의 전반적인 리스크 용인 수준에 대한 관점으로 그리고 이사회 및 고위 경영진과의 협력 하에 관리돼야 한다고 말한다. 라미레스 교수는 어떻게 대리인들을 규율하는 전문가 책임 규칙에 결함이 있었고, 회사법이 발달되지 않았으며, 내부 고발이 장려되지 않았고, 행동 강령은 완전히 선택 사항이었으며, 감사 기능에 대한 규제가 불충분했는지를 "기탄없이" 지적한다. 이 장은 법률적 및 평판상의 책임을 규율하는 가장 발전된 프레임워크(SOX)를 검토하고, 향후 통제를 향상시킬 수 있고 리스크를 줄일 수 있는 혁신적이고 선제적인 방법을 제안한다.

21장 "재무 보고 및 공시 리스크 관리"는 뉴저지 대학 경영대학원 파이낸스 및 국제 비즈니스 부교수 수잔 흄(Susan Hume)에 의해 상세히 논의된다. 수잔은 재무 보고 및 공시에 관한 방대한 규정들의 핵심 요건을 이해하기 쉽게 요약한다. 사베인-옥슬리법에 따른 보고 및 내부 통제, 파생상품 회계 그리고 공정 가치 회계와 같은 핵심 주제들이 논의 및 설명된다. 수잔은 ERM 보고 및 공시가 어떻게 회사의 주요 취약성 및 리스크를 논의하기 위한 장(場)을 제공하고 경영진의 역할 및 책임을 강화하는지 설명한다. 리스크 정책을 제정하고, 수용 가능한 리스크 수준을 확립하며, 이 정책들을 관리자들과 기타 직원들에게 소통하는 것은 이사회와 고위 경영진의 책임이다. 그러고 나면 실행 및 보고는 밑에서부터 고위 경영진과 (이상적인 구조에서는 이사회의 하위 위원회일 수도 있는) 리스크 관리 위원회로 흘러간다. 이 장은 복잡한 요건들의 개요를 파악할 수 있도록 할 뿐만 아니라, 경험이 있는 독자들도 통찰력을 더하게 하는 이상적인 장소가 될 것이다.

설문 조사 상의 증거 및 학문적 연구

(이 책의 공동 편집자인) 존 프레이저와 베티 심킨스는 카렌 쉐닝-티쎈(Karen Schoening-Thiessen, 캐나다 컨퍼런스 보드의 거버넌스 및 기업의 책임 그룹의 임원 네트워크 시니어 매니저)과 공동으로 ERM 분야의 현직 리스크 담당 임원들이 성공적인 ERM 시행에 가장 도움이 된다고 생각하는 문헌에 관한 최초의 설문 조사를 수행하여 이를 분석한다. 22장 "누가 무엇을 가장 자주 읽는가?"라는 연구는 ERM에 관해 매우 중요한 분야들을 보여 주는 바, 이 연구가 ERM에 대한 더 많은 리서치와 실무상 진전을 격려하고 자극하는 출발점이 되기를 희망한다. 이 장은 학자들이 실무자와 협력하여 핵심적인 필요 영역에서 리서치를 수행할 수 있는 훌륭한 기회들을

보여 줄 뿐만 아니라 리스크 담당 임원들이 직면했던 문제들 및 도전 과제들 중 문헌에서 다뤄지지 않았던 것들에 대해서도 논의한다. 가장 많이 읽는 글(즉, 설문 조사, 학문적 연구, 실무자의 글), 책자 그리고 리서치 보고서에 대한 상세 목록이 제공된다. 이 장은 원래 Applied Finance Journal 2008년 봄/여름 호에 발표되었다.

23장 "ERM에 관한 학술 리서치"에서 수부 아이어(Subbu Iyer, 오클라호마 대학교 박사과정 학생), 다니엘 A. 로저스(포틀랜드 대학교 부교수) 그리고 베티 심킨스(오클라호마 주립대학교 윌리엄스 컴퍼니스 파이낸스 교수)는 ERM에 관해 현재까지 발표된 리서치들을 요약해 준다. 그들은 과제를 수행하기 위해 학계의 저널과 기타 학문적 리서치 데이터베이스를 검색한 후, 분석 대상을 강의실에서 다루기에 적합하다고 생각하는 학문적 리서치나 사례 연구로 분류될 수 있는 논문들로 제한했다. 저자들은 ERM 문헌들을 철저히 검색했으나, ERM에 관해 일관적인 결과를 보여 주는 문헌들을 별로 찾지 못했다. 또한 그들은 리스크 담당 임원들이 ERM을 성공적으로 실행한 사람들의 경험으로부터 배우기 위해서는 이에 관한 더 많은 사례 연구들이 필요함을 발견했다.

24장 "전사 리스크 관리: 실무 현장 사례연구"에서 우리는 3명의 숙련된 ERM 전문가들, 즉 윌리엄 G. 쉥커(William G. Shenkir, 버지니아 대학교 매킨타이어 상업 대학 윌리엄 스탬프스 패리시 명예교수), 토마스 L. 바턴(Thomas L. Barton, 노스플로리다 대학교 캐스린 및 리처드 킵 교수) 그리고 폴 L. 워커(Paul L. Walker, 버지니아 대학교 회계학 부교수)의 덕을 보았다. 이 장의 저자들은 1996년부터 ERM에 관여해 오고 있다. 그들은 학부 및 대학원 학생들과 세계 각국의 기업 및 임원들에게 ERM을 가르치고 있으며 ERM 시행에 관한 컨설팅도 수행하고 있다. 그들은 회사들이 ERM으로부터 배운 초기의 교훈들 중 하나는 고위 경영진, 오퍼레이팅 관리자 그리고 일반 직원 등 회사의 여러 직급에서 조직의 전략 및 목표, 나아가 전략 및 목표가 자신의 일상적 업무 및 과제에 어떻게 관련되는지에 대해서 인지하지 못하거나 이해하지 못한다는 점이라고 지적한다. ERM은 회사들에게 조직의 전략 및 목표를 파악하고 이에 초점을 맞추게 한다. 이 장은 수많은 실무 사례들을 보여 주며, ERM이 실제로 어떻게 작동하는지에 대한 멋진 예들을 제공한다.

특수 주제 및 사례 연구

25장 "ERM에 대한 신용평가 기관의 영향"에서 마이크 무디(Mike Moody, Strategic Risk Financing

Inc. 상무)는 주요 신용평가 기관들의 역사 및 그들이 발표한 현재의 사고(思考)에 대해 설명한다. 우리는 이 분야가 시간이 지남에 따라 확장되고 보다 확립될 것으로 생각한다. 마이크는 파이낸스 분야에서 MBA 소지자이며, 현재 한 리스크 컨설팅 회사의 상무이고, 포춘 500대 기업의 리스크 관리자였다. 그는 리스크 세계(risk universe) 및 신용평가 기관에서 활동하고 있기 때문에 어떤 일이 일어나고 있는지 폭넓게 알고 있다. 신용평가 기관들, 특히 S&P가 최근에 보이고 있는 관심은 이사회 및 고위 경영진이 ERM의 필요 및 이점에 대해 어떤 태도를 보이는지에 중점을 두고 있다. 마이크는 신용평가 기관들이 신용평가 시 ERM에 초점을 맞추는 주요 이유 중 하나는, 그들은 리스크에 대한 전사적 관점을 취하는 회사들은 더 잘 관리된다고 믿기 때문이라고 설명한다. 또한 여러 사람들이 ERM은 경영진의 역량, 전략상의 엄격성 그리고 변화하는 상황을 관리할 수 있는 능력과 같이 측정하기 어려운 측면에 대해 객관적인 관점을 제공해 준다고 말한다. 또한 ERM 분야의 긍정적 또는 부정적 변화는 회사의 발표된 재무 데이터에서 볼 수 있는 것보다 훨씬 더 오래 전에 나타나는 선행지표로 간주될 수 있다는 것이 S&P의 견해라고 설명한다. 이 장은 아직 발전될 여지가 많은 ERM에서 신용평가 기관들의 배경 및 역할을 이해하는 데 건전한 기초를 제공한다.

26장 "전사 리스크 관리: 현재의 이니셔티브와 이슈들"은 Applied Finance Journal에서 후원하고 출판한 어느 라운드테이블의 논의를 담고 있는 데, 이 라운드테이블에는 리스크 관리 분야의 학계 및 실무 전문가 그룹이 포함되어 있다. 토론자로는 브루스 브랜슨(Bruce Branson, ERM 이니셔티브 이사보이자 노스캐롤라이나 대학교 회계학부 교수), 패트 컨세시(Pat Concessi, 캐나다 토론토 소재 Deloitte and Touche 글로벌 에너지 시장 파트너), 존 프레이저(Hydro One Inc. CRO 겸 내부 통제 부사장), 마이클 호프만(Michael Hofmann, 캔사스 위치타 소재 Koch Industries Inc. 부사장 겸 CRO), 로버트 콜브(Robert Kolb, 시카고 로욜라 대학교 응용 윤리 Frank W. Considine 소장), 토드 퍼킨스(Todd Perkins, 조지아 아틀란타 소재 Southern Company Inc. 전사적 리스크 이사), 조 리찌(Joe Rizzi, 뉴욕 CapGen Financial 시니어 투자 전략가, 그러나 라운드테이블 당시에는 BOA와 일리노이 시카고 소재 La Salle 은행이 ERM 담당 상무였음) 그리고 사회자 베티 J. 심킨스(오클라호마 주립대학교 Williams Companies 경영대학원 교수 겸 Spears 경영대학원 파이낸스 부교수)가 참여했다. 이 라운드테이블은 발달하고 있는 리스크 분야의 많은 방안, 우려사항 그리고 가능한 해법들을 탐구했다.

27장 "신흥국가의 ERM 시스템 구축하기"에서 딜로이트 컨설팅 신흥 시장 시니어 고문 드미르 예네르(Demir Yener)는 신흥 시장의 회사에 적합하고, 이러한 회사에 존재하는 전사 리스크 관리 어플리케이션들에 대해 논의한다. 그는 신흥 시장들에서 기업 거버넌스 관행 개선에 대한 관심이 커지고 있음을 주목한다. 1997년~1998년에 많은 신흥 시장에 영향을 주었던 극동 및 러시아의 금융 위기 이후 금융 부문의 하부 구조(infrastructure)의 개선과 더불어 기업 거버넌스 관행이 개선될 필요가 있음이 인식되었다. 금융 안정 포럼(The Financial Stability Forum)이 소집되었고, 그 결과 1999년에 OECD 기업 거버넌스 원칙이 제정되었다. 그 이후 이 원칙은 2004년에 개정되었으며, 국가들 사이의 비즈니스 및 금융 분야의 중요한 세계적 협력 분야의 지침을 제공하기 위해 다른 비즈니스 수행 기준들이 도입되었다. 드미르의 표본에 포함된 신흥 국가에는 이집트, 요르단, 몽고, 세르비아, 터키, 우크라이나 등이 있다. 이들 국가에서는 ERM이 아직 낯선 개념이며, 법률 및 규제 조항에 비춰볼 때 회사에서 ERM이 바람직한 리스크 관리 관행 수준에 이르기까지는 상당한 시일이 소요될 것으로 보인다.

28장 "CRO의 등장과 진화: Hydro One의 ERM"에서 톰 아보(Tom Aabo, 덴마크 아르후스 경영대학원 조교수), 존 프레이저(Hydro One Inc. CRO) 그리고 베티 J. 심킨스(오클라호마 주립대학교 Williams Companies 경영대학원 교수)는 Hydro One에서 5년에 걸쳐 전사 리스크 관리를 성공적으로 실행한 사례를 들려준다. 이 장은 원래 Journal of Applied Corporate Finance에 발표되었다. Hydro One은 산업 및 비즈니스에서 중대한 변화를 경험했던 캐나다의 전기 회사이다. Hydro One은 수년 동안 ERM, 특히 리스크 관리에 대한 총체적 접근법 사용의 선도적 회사로서, 다른 회사들이 따를 모범 실무 관행 사례 연구를 제공한다. 이 장은 CRO 직위 창설부터 시작하여 시범적 워크숍 시행, ERM에 긴요한 다양한 도구들 및 기법들(예컨대 델파이 방법, 리스크 추세, 리스크 지도, 리스크 용인 수준, 리스크 프로필 그리고 리스크 순위 등)의 실행 프로세스를 묘사한다.

이러한 개요가 보여 주는 바와 같이, 이 책의 각 장들은 전사 리스크 관리에 관한 중요한 이슈들을 담고 있으며, 세계적으로 선도적인 ERM 전문가들에 의해 쓰여졌다. 우리는 시장의 어떤 책도 ERM 관리, 문화 및 통제, ERM 도구들 및 기법들, 총체적 관점의 리스크 유형, 선도적 사례 연구, 실무자 설문 조사상의 증거 그리고 ERM에 관한 학계의 연구 등과 같은 방대한 분야를 다루지 않는다고 생각한다. 이 책의 저자들과 편집자들은 독자들의 허심탄회한 비평과 제안을 바란다.

ERM의 미래 및 해결되지 않은 이슈들

일반적으로 인식되는 바와 같이 ERM은 아직도 진화하고 있으며, 새로운 기법들과 모범 실무 관행에 대해 연구되고, 거의 매일 문서화되고 있다. 우리가 독자들과 ERM의 미래에 대해 관심을 가지는 사람들이 주의를 기울일 필요가 있다고 생각하는 몇 가지 이슈들은 다음과 같다.

- 왜 어떤 회사들은 ERM 시행에 성공하고, 다른 회사들은 실패하는가?
- ERM의 미래는 어떠하리라고 예상하는가?
- 어떤 리서치 이슈들이 남아 있는가?
- 대학들의 ERM 프로그램 및 교육에 대한 논평
- 어떤 해결되지 않은 이슈들이 있는가?

위의 이슈들은 연구할 가치가 있으며, 현재까지 받은 주의보다 더 많은 주의를 받을 가치가 있다. ERM의 실패 이유들에 대해 책 한 권은 아닐지라도 한 장은 족히 쓸 수 있다. 부분적으로는 정확히 ERM이 무엇인지에 대한 혼동과 리스크 관리에 대한 부적절한 기대로 인해 실패하는 듯하다. 우리는 기술 및 기법들이 확보되지 않고 최고위층의 지원이 없어서 ERM이 실패할 운명에 처해 있는 것을 자주 목격한다.

우리는 장래의 관리자들이 과거를 돌아다보며 "이러한 기본적인 기법 없이 어떻게 관리할 수 있었습니까"라고 물어보기까지 ERM이 계속 성장하기를 기대한다. 확실히 ERM이 무엇인지 그리고 ERM이 무엇을 제공해야 하는지에 대해 더 많이 논의되고 이에 대해 명확해져야 한다. 규제 당국의 관심이 ERM에 대한 관심을 강제할 수는 있지만, ERM이 잘 실행되지 않으면 이는 거의 가치가 없는 또 하나의 점검 항목에 표시하는 일로 전락할 수 있다.

23상에서 상소한 바와 같이 ERM을 공부하고, 이를 발전시키는 데 도움을 줄 수 있는 기회들은 한이 없다. 공개된 정보에 기초하여 분석을 수행할 수도 있겠지만, 선제적이고 비전을 품은 학자들이 실제로 비즈니스 세계로 들어가 실제 비즈니스 실무에서 무슨 일이 일어나고 있는지를 연구할 필요가 있을 것이다. 이는 용감한 학자들에게는 진정한 금광이며, 소심한 자들에게는 지뢰밭이다.

INDEX

1) 1995년에 출간된 호주/뉴질랜드 리스크 관리 공동 기준(The Joint Australian/New Zealand Standard for Risk Management(AS/NZS 4360:2004) 초판은 ERM에 관해 실제적 정보를 제공하는 최초의 안내서이다. 이 간행물은 ERM 프로세스의 수립 및 실행을 다루고 있다.

2) The Committee of Sponsoring Organizations of the Treadway Commission (COSO)(1992년 9월 및 2004년 9월).

3) Group of thirty, 파생상품: 관행 및 원리 (워싱턴DC, 1993년).

4) CoCo (캐나다 공인 회계사 협회의 통제 기준 위원회).

5) "이사들은 어디에 있었는가?"–캐나다의 기업 거버넌스 개선을 위한 가이드라인, 캐나다의 기업 거버넌스에 대한 토론토 주식 거래소 위원회 보고서.

6) 기업 거버넌스의 금융상의 측면들에 관한 위원회(캐드버리 위원회, 최종 보고서 및 2000년 12월 1일에 발표된 모범 실무 관행집).

7) NYSE 기업 거버넌스 규칙 7C(iii)(D) www.nyse.com/pdfs/finalcorpgovrules.pdf와 컨퍼런스 보드의 ERM에서 출현하고 있는 거버넌스 관행들 (2007년).

8) Mckinsey & Company와 기관 투자자, 1996년. "기업의 이사회: 최상부에서 가치를 부가하기 위한 새로운 전략들."

9) 리스크 관리가 일반적으로 회사의 가치를 증대시킨다는 것이 입증되었다. Smithson, Charles W.와 Betty J. Simkins, "리스크 관리가 가치를 증대시키는가? 증거 조사", Journal of Applied Corporate Finance 17권 no.3 (2005년): 8-17쪽.

저자 소개

존 프레이저(John Fraser)는 북미 최대의 전기 송전 및 배전 회사 중 하나인 Hydro One Networks Inc.의 부사장, 내부감사 & CRO로 온타리오 및 캐나다의 공인 회계사이고, 영국 공인 회계사 협회 회원, 공인 내부 감사인(Certified Internal Auditor), 공인 정보 시스템 감사인(Certified Information System Auditor)이다. 금융, 사기, 파생상품, 안전, 환경, 컴퓨터 및 오퍼레이션 분야를 포함하여 금융 서비스 부문에서 30년 넘게 일했고, 현재 캐나다의 전략 리스크 위원회 컨퍼런스 보드의 자문 위원회 위원장이며, Applied Finance Journal의 실무 부 편집인이고, 캐나다 공인 회계사 협회 리스크 관리 및 거버넌스 위원회 전 회원이었다. 전사 리스크 관리분야의 저명한 권위자이며, ERM에 관한 세 편의 논문을 공동으로 저술했다(이 논문들은 Journal of Applied Corporate Finance와 Applied Finance Journal에 게재되었다).

베티 J. 심킨스(Betty J. Simpkins)는 오클라호마 주립대학교 Williams Companies 경영대학원 교수이자 파이낸스 교수로 아칸사스 대학교에서 화학 공학 학사 학위를, 오클라호마 주립대학교에서 MBA 학위를 받았고, Case Western Reserve 대학교에서 박사 학위를 받았다. 또한 베티는 금융 분야에서도 활발히 활동하고 있으며, 현재 Eastern Finance Association의 Trustees 공동 부의장(전직 사장), 금융 관리 협회(Financial Management Association; FMA) 이사회 위원, Applied Finance Journal 공동 편집인, FMA 온라인 저널(FMA의 온라인 저널) 집행 편집인이다. 베티는 Journal of Finance, Financial Management, Financial Review, Journal of International Business Studies, Journal of Futures Markets, Journal of Applied Corporate Finance 그리고 Journal of Financial Research 등에 30 편이 넘는 논문을 발표했으며, 학계의 컨퍼런스에서 다수의 최우수 논문상을 수상했다.

리스크 관리 약사(略史)

H. 펠릭스 클로만 – Seawrack Press Inc. 사장

개요

이 장은 리스크 관리(및 이의 다른 제목 "전사 리스크 관리")란 무엇인가? 언제 그리고 어디에서 이 교훈들을 적용하기 시작했는가? 이를 처음으로 사용한 사람들은 누구였는가? 등과 같은 리스크 관리의 과거 및 현재에 관한 간략한 연구로서, 이 분야의 정서적 및 지적 뿌리에 대해 설명한다. 이 장은 수백만 년의 인류 역사 속의 리스크 관리를 살펴본 후, 지난 세기에 리스크 관리에 기여한 상세한 목록으로 끝을 맺는다.

고대의 리스크 관리

불확실성과 리스크에 직면해서 좋은 결정을 내리기는 아마도 인류가 존재한 초기에 시작됐을 것이다. 경험을 통해 음식, 온기, 보호의 불확실성을 감소시키기에 신경을 쓸 수 있었던 인간들은 유리하게 진화했다. 호모 사피엔스는 "존재의 불확실성의 일부인 리스크에 대항하여 유기체를 방어하려는 본능적이고 끊임없는 동인(drive)의 표출"[1]을 개발

함으로써 생존할 수 있었다. 이 "포괄적인 표출"을 불확실성을 다루는 지식 분야인 리스크 관리의 시작으로 이해할 수 있다.

천년이 흐르자, 우리 인류는 일상의 끝없는 깜짝 사태들을 다루는 다른 장치(mechanism)를 개발했다. 인류는 불행을 비난하고, 행운을 칭송하기 위한 수많은 신적 존재들을 발명했으며, 그들에게 최악의 사태를 경감하기 위해 제물을 바쳤다. 천체, 높은 산 그리고 깊은 바다 등을 의인화하여 신과 여신들이 만들어지자 인류는 사제, 점쟁이, 제사상, 여제사장, 점성술사에 의존하여 미래를 예측하게 되었다. 인류는 지식을 미래에 전하기 위해 문자를 만들었다(메소포타미아, 수메르, 이집트, 페니키아 문자). 언어, 경험, 기억 그리고 추론을 사용하여 무작위의 불확실성을 설명함에 따라, 인류는 대안적이고 예비적인 설명 시스템을 만들어 냈다.

그리스 및 로마의 고전 시대에는 문자가 발달하여 구술이나 낭송에 비해 상당한 이점을 제공했다. 처음에는 그리스의 과거 정보들이 기억을 통해 전해졌지만 문자를 사용하기 시작한 후 과거의 정보를 통해 미래를 보다 합리적으로 예측하기 시작했다. 호머(Homer)는 기억을 통해 제우스, 헤라, 아폴로 그리고 트로이의 승리에 일조한 많은 신들에 대해서 및 오디세이가 집에 돌아온 후의 불운에 대해 노래했다. 그러나 BC 585년에 이르자 그리스의 철학자 탈레스(Thales)는 신들에 대한 신앙을 계속 고백하면서도, 관찰과 기록된 데이터 그리고 추론을 사용하여 일식을 예측했다.[2] 1세기 뒤에 헤로도토스(Herodotus)는 지적인 "조사(enquiry)"를 사용하여 "역사"를 기록했지만, 신들의 힘을 계속 믿었다. "사건들의 전개에 대한 설명으로서 신들을 제거하는 새로운 예리한 사실주의"를 제안한 사람은 BC 400년대 초의 투키디데스(Thucydidies)였다. 투키디데스는 "예상과 결과, 의도와 사건들의 차이에 매료되었다."[3] 이 점에서 투키디데스는 리스크 관리의 아버지라 불려야 할 것이다.

일부 그리스 철학자들은 관찰, 추론, 예측을 강조했는데, 이에 따라 그들은 불행 또는 행운은 신들의 개입 때문이라는 오랜 믿음과 충돌할 수밖에 없었다. 중동과 지중해의 새로운 유일신 종교가 성장하고 우세해짐에 따라, 투키디데스가 처음으로 진전시켰던 아이디어들이 견고한 과학적 지식으로 성장하여 신화와 미신을 대체하게 되었는데 그 과정에 또 다른 천년이 소요되었다.

중세 이후

또 다시 천년이 흘러 르네상스와 계몽 시대가 출현했다. 두 가지 변화가 우리가 미래에 대해 지적(知的)으로 생각할 수 있다는 점을 격려했다. 피터 번스타인(Peter Berstein)은 그의 책 Against Gods에서 첫 번째 변화를 이렇게 묘사한다. "리스크 관리라는 아이디어는 사람들이 어느 정도는 자유로운 존재(free agent)라고 믿을 때 비로소 출현한다."[4] 두 번째 변화는 우리가 숫자에 대해 점점 더 매료되었다는 점이다. "보다 우월한 힘"이 모든 것을 결정한다는 설명에서 점차 깨어나게 된 것과, 경험과 데이터를 숫자와 확률로 조작할 수 있게 된 점이 결합되었다. 우리는 대안적인 미래를 예측할 수 있게 된 것이다. 피터 번스타인의 책은 리스크를 위협 및 기회 모두로 보는 개념 발전에 대해 흥미 있게 그리고 때로는 서정적으로 설명한다. 우리는 "과거를 면밀히 조사하여" 미래의 가능성들을 제안할 수 있게 되었다. 그는 르네상스 시대 이후 우리에게 낯익은 이름들과 낯선 이름들을 소개하며 최초로 확률 측정 개념을 발전시켰던 사람들을 묘사한다.

레오나르도 피사노 – 아라비아 숫자를 소개함

루카 파치올리 – 복식 부기

지롤라모 카르다노 – 주사위의 확률 측정

블레즈 파스칼 – "피해에 대한 두려움은 그 피해의 심각성뿐만 아니라 해당 사건의 확률에 도 비례해야 한다."

존 그라운트 – 통계표를 계산함

다니엘 베르누이 – 효용 개념

제이콥 베르누이 – "대수의 법칙(the law of large numbers)"

아브라함 드 무아브르 – "종" 곡선과 표준편차

토마스 베이즈 – 통계적 추론

프랜시스 골턴 – 평균으로의 회귀

제레미 벤담 – 수요와 공급 법칙

오늘날의 리스크 관리는 좋건 나쁘건 이들 및 매혹적인 다른 인물들에 의지하고 있다. 철학자들이나 이론가들이 한때는 운이나 불운을 신들의 변덕 탓으로 돌렸던 시기에 번스타인의 책에 설명된 초기 사상가들의 노력은 "리스크에 대한 인식을 손실을 볼 가능성에서 이익을 볼 기회로, 운과 원래의 디자인에서 정교하고 확률에 기반한 미래 예측으로 그리고 어찌해 볼 도리가 없던 것에서 선택으로 변화시켰다."[5]

번스타인은 왜 "사람들이 비일관성, 근시안 그리고 의사 결정 과정상 다른 형태의 왜곡에 굴복하는지" 이해하기 위한 최근의 시도를 확률에 대한 보다 엄격한 계량적 접근방법과 대조한다. 그는 리스크 및 리스크 관리를 합리성, 즉 불확실성 및 이를 어떻게 다뤄야 할지에 대해 보다 잘 이해하기 위해 서로 투쟁하면서도 협력하는 존재인 인간의 본성 중 하나라고 설명한다. "…리스크에 대한 모든 결정은 객관적인 사실과 그 결정으로 얻거나 잃게 될 것의 좋고 나쁨에 관한 주관적 견해라는, 서로 분리할 수 없는 두 개의 요소들과 관련이 있다. 객관적 측정과 주관적인 신념의 정도가 모두 필요하며, 어느 한 쪽도 그 자체로는 충분하지 않다."

번스타인은 "리스크 관리의 정수(精髓)는 그 결과를 어느 정도 통제할 수 있는 영역을 최대화하고, 결과에 대해 전혀 통제할 수 없고 원인과 결과 사이의 연결 고리가 감춰져 있는 영역을 최소화하는 것이다"고 결론짓는다.

과거 100년 동안의 발전

우리는 경험과 새로운 정보를 통해 미래에 대해 지적으로 생각하고 예기치 않은 결과에 대비할 수 있게 되었다. 정보를 추출하여 이용할 수 있는 능력은 수천 년에 걸쳐 성장해 왔지만, 1900년대 이후의 발전은 더욱더 명백하고 유용하다. 중요한 사건들의 개요를 아래에 소개한다.

20세기는 행복감, 새로운 부, 상대적 평화 그리고 산업화로 시작했으나 혼란스러운 지역적, 세계적 전쟁에 빠져들고 말았다. 이러한 재앙들로 인해 사회와 인류의 완전성에 대한 환상이 깨졌으며, 인류는 이상주의에 대해 회의하게 되었고, 미래는 여전히 불확실하다는 점을 더 많이 인식하게 되었다.

아이디어들이 20세기의 변화를 이끌었다. 스테펜 라거펠트(Stephen Lagerfeld)는 이를 다음과 같이 설득력 있게 요약했다.[6] "거의 우발적인 비극이었던 1차 세계대전을 제외하면, 유혈이 낭자한 세기의 커다란 충돌은 토지나 부에 대한 굶주림 또는 기타 전통적인 국가적 욕망에 의해 유발된 것이 아니라, 아이디어들, 즉 개인의 존엄 및 자유의 가치에 관한 아이디어, 적절한 사회 구조에 관한 아이디어 그리고 궁극적으로는 인간의 완벽성의 가능성에 대한 아이디어들에 의해 유발되었다."

리스크 관리는 미래의 불확실성에 대한 논리적이고, 일관적이며, 규율된 접근법이 우리를 보다 신중하고, 생산적이며, 불필요한 자원 낭비를 피하며 살게 해 줄 거라는 아이디어들 중 하나이다. 이는 신념과 행운 이상인데, 신념은 미래를 관리하는 두 개의 기둥 중 하나로서 확률 측정을 배우기 전에 이미 존재한다. 번스타인이 "모든 것이 행운의 문제라면 리스크 관리는 무의미한 짓이다. 행운을 들먹이는 것은 진실을 흐리게 하는데, 그 이유는 행운은 사건을 원인으로부터 분리시키기 때문이다."고 말한 것처럼 말이다.[7]

리스크 관리가 인간 본성의 연장이라면, 나는 지난 100년 간의 가장 주목할 만한 정치적, 경제적, 군사적, 과학적 그리고 기술상의 사건들을 열거해야겠다. 주요 전쟁들(러일전쟁, 1·2차 세계대전, 한국전쟁, 발칸전쟁, 1차 걸프전쟁 및 이라크전에서 수많은 지역 분쟁에 이르기까지)과 자동차·라디오·TV·컴퓨터 그리고 인터넷의 출현, 대공황, 지구 온난화, 원자 폭탄 및 원자력, 공산주의의 부상과 몰락, 주택·닷컴·파생상품, 대출 거품, 환경 운동들이 리스크 관리의 발달에 영향을 주었다. 리스크 관리에 보다 직접적으로 영향을 준 주요 재앙 몇 가지를 들자면 타이타닉 호(침몰할 수 없는 배가 침몰했다), Triangle Shirtwaist 화재(충분한 비상구를 만들지 않음), Minimata Bay(일본의 수은 오염), Seveso(이탈리아의 지역 사회 화학물질 오염), 보팔(인도의 화학 물질 오염), 체르노빌(러시아 원자로 용해), Three Mile Island(미국의 원자력 재앙이 될 뻔했으나 억제됨), 챌린저 호(미국의 우주왕복선 폭발), Piper Alpha(북해 석유 생산 플랫폼 폭발 및 화재), Exxon Valdez(알래스카 선박 출항 금지와 석유 오염) 등을 꼽을 수 있다. 인구 밀집 지역에 커다란 피해를 입히는 지진, 지진 해일, 사이클론 그리고 허리케인들의 발생 빈도 및 강도 증가는 그 원인, 영향 그리고 예측에 대한 새로운 연구를 자극하는데, 이들은 모두 리스크 관리 발달의 일부분이다.

개인과 그룹의 새로운 아이디어들, 책 그리고 모두 이 규율을 고취하는 행동들 중 가장 중요한 사건들은 사람마다 다르게 생각한다. 내가 생각하는 중요한 사건들의 목록을 아래에 열거한다.

1914년 미국의 여신 및 대출 책임자들이 필라델피아에 로버트 모리스 협회(Robert Morris Association)를 설립했다. 이 협회는 2000년에 리스크 관리 협회(Risk Management Association)

로 이름을 바꿨으며, 계속해서 금융기관의 신용 리스크에 중점을 두고 있다. 2008년 현재 이 협회는 3,000개의 기관과 36,000명의 개인을 회원으로 두고 있다.[8]

1915년 프리드리히 라이트너(Friedrich Leitner)가 베를린에서 리스크와 보험 등 이에 대한 몇 가지 대응책에 대한 논문 Die Unternehmensrisken(Enzelwirt. Abhan. Heft 3)을 발표했다.

1921년 프랭크 나이트(Frank Knight)가 리스크 관리 문헌 중 핵심이 된 리스크, 불확실성 그리고 이익(Risk, Uncertainty and Profit)을 펴냈다. 나이트는 측정할 수 없는 불확실성을 측정할 수 있는 리스크로부터 분리해 냈다(모든 불확실성은 측정할 수 있으며, 따라서 이러한 분류는 개념상 잘못된 것이라는 설득력 있는 주장이 있는 바, 이에 대한 상세한 논의는 졸역 '리스크 관리 펀드멘탈'을 참고하기 바란다 - 역자 주). 그는 "깜짝 사태"가 도처에 널려 있다는 사실을 지적하며, 과거의 빈도에 근거한 미래추정의 과도한 의존을 경계한다.[9]

1921년 존 메이나드 케인즈(John Maynard Keynes)가 쓴 확률에 관한 논문(A Treatiseon Probability)이 출현했다. 그 또한 확률을 결정할 때 상대적인 인식(perception)과 판단의 중요성을 강조하며, "대수의 법칙"에 대한 의존을 비웃는다.[10]

1928년 존 폰 노이만(John von Neumann)이 괴팅겐 대학교에서 게임 이론 및 전략에 관한 그의 첫 번째 논문 Zur Theorie der Gesellschaftsspiele, Mathematische Annalen을 발표하여, 이긴다는 목표보다 지지 않는다는 목표가 나을 수도 있다고 제안했다. 그 후 1944년에 노이만과 오스카 모르겐슈테론(Oscar Morgenstern)은 게임 이론과 경제적 행동(The Theory of Games and Economic Behavior, 프린스턴 대학교 출판부, 프린스턴, 뉴저지)을 게재했다.

미국 의회는 글래스-스티걸법(Glass-Steagall Act)을 통과시키고 은행, 투자 은행, 보험 회사 주식을 동시에 소유하지 못하게 했다. 1999년 말에 최종적으로 폐기된 이 법은 미국의 금융기관 발전에 제동장치 역할을 했으며 리스크 관리가 통합된 방식이 아니라 보다 단편화된 방식으로 발전하도록 이끌었다. 2000년 이후의 금융 위기는 이 법의 폐기에 대해 다소의 의문을 야기했다.

1945년 의회는 맥카란-퍼거슨법(McCarran Ferguson Act)을 통과시켜, 기업들이 보다 전국적, 국제적으로 변모해도 보험회사의 규제를 연방 정부가 아닌 주 정부들에 위임하였다. 이 법은 보험업이 고객들의 넓은 리스크에 더 잘 대응할 수 있는 능력을 저해했기 때문에, 리스크 관리에 대한 또 하나의 불필요한 제동장치가 되었다.

1952년 The Journal of Finance(No.7-, 77-91)는 1990년에 노벨 경제학상을 수상한 해리 마코위츠(Harry Markowitz) 박사의 "포트폴리오 선택"을 실었다. 투자 포트폴리오에서 수익과 분산의 측면을 탐구한 이 글은 오늘날 사용되고 있는 대부분의 금융 리스크 측정 방법들로 이어졌다.[11]

1956년 하버드 비즈니스 리뷰가 당시 필라델피아의 Philco Corporation 보험 관리자인 러셀 갈라퍼(Russel Gallagher)가 쓴 "리스크 관리: 비용 통제의 새로운 국면"을 게재했다. 필라델피아는 1955년 11월에 "전문적인 보험 관리자는 리스크 관리자여야 한다"고 제안한 당시 펜실베이니아 대학의 웨인 스나이더(Wayne Snider) 박사로부터, 헨리 페이욜(Henry Fayol)의 초기 저작물들을 이용하여 리스크 관리에 관한 아이디어들을 탐구하기 시작한 펜실베이니아 대학교 교수 허버트 디넨버그(Herbert Denenberg) 박사에 이르기까지 새로운 "리스크 관리" 사고(思考)의 중심지였다.

1962년 Massey Ferguson의 보험 리스크 관리자 더글러스 바로우(Douglas Barlow)가 토론토에서 (보험에 의존하지 않고) 자체적으로 흡수한 손실, 보험료, 손실 통제 비용 그리고 수익·자산·자본에 대한 관리 비용의 합계액을 비교하여 "리스크의 비용"이라는 아이디어를 발전시켰다. 이는 보험 리스크 관리자들의 사고를 보험에서 벗어나게 했으나, 모든 형태의 재무 및 정치적 리스크를 커버하지는 못했다.

같은 해에 레이첼 카슨(Rachel Carson)의 "침묵의 봄(The Silent Spring)"이 대중들에게 부주의하거나 고의적인 오염으로 공기, 물, 토양의 질이 악화되는 것을 심각하게 고려하라고 경고했다. 그녀의 글은 1970년에 미국의 환경 보호청 창설 및 오늘날의 많은 환경 규제와 매우 활동적인 세계적인 자연보호운동으로 직접적으로 연결되었다.[12]

1965년 코베어(Corvair. GM 자동차-역자 주)의 정체가 드러났다. 랠프 네이더(Ralph Nader)의 어떤 속도에서도 안전하지 않다가 발표되어, 미국을 필두로 전 세계로 옮겨간 소비자 운동을 탄생시켰으며, 판매자 위험 부담 원칙이 오랜 계율이었던 구매자 위험 부담 원칙을 대체했다. 이에 수반한 소송 및 규제의 물결로 인해 대부분의 국가에서 생산, 직업상의 안전, 보안 규정이 보다 까다로워지게 되었다. 기업 비리에 대한 대중의 분노 또한 소송 증가와 미국 법원의 징벌적 손해 배상금의 적용으로 이어졌다.[13]

1966년 미국 보험 협회가 그러한 종류로는 첫 번째 자격증인 "리스크 관리 준회원(Associate in Risk Management; ARM)" 직함을 부여하는 3종의 시험을 개설했다. 이 텍스트는 주로 회사의 보험 관리를 지향하기는 했지만, 보다 넓은 리스크 관리 개념을 특징으로 했으며, 개정을 거듭하여 ARM 커리큘럼을 최신으로 유지하고 있다.[14]

1965년 케네스 애로우(Kenneth Arrow) 박사가 존 힉스(John Hicks) 경과 함께 노벨 경제학상을 수상했다. 애로우는 대수의 법칙(Law of Large Numbers)이 실패하지 않고 작동되는 세계인, 모든 불확실성이 "보험에 들 수 있는" 완벽한 세계를 상상한다. 다음에 그는 우리의 지식은 언제나 불완전하며 (이는 모호함을 수반한다), 잠재적인 가능성을 자극제와 벌칙 모두로 받아들임으로써 리스크에 가장 잘 대비할 수 있다고 지적한다.

1973년 1971년에 일군의 보험회사 임원들이 파리에 모여서 국제 보험 경제학 연구 협회 (International Association for the Study of Insurance Economics)를 창설했다. 2년 뒤에 제네바 협회로 더 잘 알려진 이 협회가 창립총회를 개최하여 리스크 관리, 보험 그리고 경제학을 연결시키기 시작했다. 이 협회는 초대 사무총장 겸 이사 오리오 지아리니(Orio Giarini)의 지도 아래 발전하고 있는 분야에 지적인 자극을 제공한다.[15]

같은 해에 마이론 숄즈(Myron Scholes)와 피셔 블랙(Fisher Black)이 Journal of Political Economy 지에 옵션 평가에 관한 논문을 게재하여 우리가 파생상품에 대해 배울 수 있게 되었다.[16]

1974년 스웨덴 Statsforetag의 리스크 관리자 구스타프 해밀턴(Gustav Hamilton)이 "리스크 관리 서클(risk management circle)"을 만들어 평가 및 통제에서 자금 조달 및 소통에 이르기까지 리스크 관리 프로세스의 모든 요소들의 상호작용을 시각적으로 묘사했다.

1975년 미국 보험 관리 협회가 20년 전에 필라델피아에서 갤러거(Gallagher), 스나이더(Snider), 디넨버그(Denenburg)가 제안한 리스크 및 보험 관리 협회(Risk & Insurance Management Society; RIMS)로 명칭을 변경하여, 그들의 무게 중심이 리스크 관리로 이동했음을 인정했다. 2008년 현재 RIMS는 약 11,000명의 회원을 두고 있으며, 주로 북아메리카의 보험 리스크 관리자들을 대상으로 다양한 교육 프로그램 및 서비스를 제공하고 있다. 이 협회는 국제 리스크 및 보험 관리 협회 연맹(International Federation of Risk & Insurance Management Society; IFRIMA)을 통해 전 세계의 많은 국가들의 자매 협회와 연결돼 있다.[17]

RIMS의 지원으로 포춘지(紙)는 "리스크 관리 진화"라는 제목의 특별 논문을 게재했다. 이 논문은 전에는 연결되지 않았던 조직 내의 리스크 관리 기능들의 협력과 이 기능에 대한 이사회의 정책 제정 및 감독 책임의 수용을 제안했다. 이 논문의 많은 아이디어들이 일반적으로 받아들여지기까지는 20년이 소요되었다.

1979년 다니엘 카너먼(Daniel Kahneman)과 아모스 트버스키(Amos Tversky)가 "전망 이론(prospect theory)"을 발표하여, 인간의 본성은 리스크에 직면하면 비이성적이 될 수 있으며, 손실에 대한 두려움이 종종 이익에 대한 희망을 능가함을 보여 줬다. 3년 뒤에 그들과 폴 슬로빅(Paul Slovic)은 케임브리지 대학교 출판부에서 게재한 불확실성 하에서의 의사 결정: 발견적 학습법과 편의(Judgment Under Uncertainty: Heuristics and Biases)라는 논문을 썼다. 카너먼은 2002년에 노벨 경제학상을 받았다.

1980년 공공 정책, 학계 및 환경 리스크 관리 옹호자들이 워싱턴에서 리스크 분석 협회(Society for Risk Analysis; SRA)를 결성했고, 같은 해에 이 협회의 분기 잡지인 Risk Analysis도 창간되었다. 2008년 현재, SRA는 전 세계적으로 2,500명이 넘는 회원을 보유하고 있으며, 유럽과 일본에 활동적인 소그룹들이 있다. 이 협회의 노력을 통해 리스크 평가 및 리스크 관리라는 용어가 북미 및 유럽의 입법부에서 익숙한 용어가 되었다.[18]

1983년 윌리엄 러클스하우스(William Ruckleshaus)가 국립 과학원(National Academy of Science)에서 "과학, 리스크 그리고 공공 정책"이라는 연설을 통하여 공공 정책에서 리스크 관리라는 아이디어를 출발시켰다. 러클스하우스는 1970년에서 1973년까지 환경 보호청의 초대 이사였으며, 1983년에 EPA에 복귀해서 보다 원칙에 기반한 환경 정책 프레임워크를 이끌었다. 리스크 관리는 국가 정책 의제가 되기까지 했다.[19]

1986년 런던에서 Institute for Risk Management가 창설되었다. 몇 년 뒤에 이 기관은 고돈 딕슨(Gordon Dickson) 박사의 인도 아래 "Fellow of the Institute of Risk Management" 자격증을 부여하는 일련의 국제적 시험을 시작하였다. Fellow of the Institute of Risk Management는 리스크 관리의 모든 측면을 다루는 최초의 지속적인 교육 프로그램이다. 이 프로그램은 2007~2008년에 2,500명의 회원들에게 확대되었다.[20]

같은 해에 미국 의회는 1982년의 리스크 보유법(Risk Retention Act) 개정안을 통과시켜 보험 비용 및 가용성 위기에 비추어 그 적용을 상당히 확대했다. 1999년 현재 실제적으로 연방 권한 하의 캡티브 보험사들(captive insurance company; 모회사 그룹 또는 그룹들로부터 발생하는 리스크를 보장하기 위한 목적으로 설립된 보험회사로서 때로는 모회사 그룹의 고객들의 리스크를 보장하기도 함. 위키피디아 백과사전-역자 주)인 대략 73개의 "리스크 보유 그룹"의 보험료가 약 7억 5천만 달러에 달했다.

1987년 1987년 10월 19일의 "검은 월요일"이 미국 주식 시장을 강타했다. 이 충격파는 세계적이어서 모든 투자자들에게 시장의 내재적인 리스크와 변동성을 환기시켰다.

같은 해에 물리학자로서 시스템 방법론 학생이며 전직 전국 운송 안전 위원회 위원이었던 버논 그로즈(Vernon Grose) 박사가 리스크 평가 및 관리에 있어서 가장 명확한 지침서 중 하나인 『리스크 관리: 임원들을 위한 체계적인 손실 예방』이라는 책을 펴냈다.[21]

1990년 UN 사무총장이 IDNDR, 즉 국제 자연 재해 감소 10년(International Decade for Natural Disaster Reduction)의 출범을 인가했다. 이는 특히 전 세계의 개발이 덜 된 지역들을 대상으로 자연 및 자연 재해의 영향에 대해 연구하고, 자연 재해에 대한 세계적인 경감 노력을 기울이려는 10년의 활동이다. IDNDR은 1999년에 끝났지만, 새로운 이름인 ISDR, 즉 국제 재해 감축 전략(International Strategy for Disaster Reduction) 아래에서 계속되고 있다. 이 기구의 노력들의 많은 부분이 위험(hazard)의 성격, 사회 및 공동체의 취약성, 리스크 평가, 예측, 긴급사태 관리, 예방, 과학, 소통, 정치, 재무적 투자, 파트너십 그리고 21세기의 도전 과제들에 대한 319쪽짜리 개관인 자연 재해 관리(Natural Disaster Management)에 상세히 나와 있다.[22]

1992년 Cadbury 위원회가 영국에서 보고서를 발간하여 이사회가 리스크 관리 정책을 수립하고, 조직이 모든 리스크를 이해하도록 하며, 이에 대한 전체 프로세스를 감독할 책임이 있음을 받아들이라고 제안했다. 이를 계승한 위원회들(Hempel 위원회 및 Turnbull 위원회) 그리고 캐나다, 미국, 남아프리카, 독일과 프랑스에서 유사한 작업이 조직의 리스크 관리에 대해 새롭고 확대된 의무를 확립했다.[23]

1992년에 BP(British Petroleum)가 펜실베이니아 대학교 닐 도허티(Neil Doherty)와 로체스터 대학교 클리포드 스미스의 학문적 연구에 기초해서, 전통적인 보험 리스크 파이낸싱을 뒤엎고 1천만 달러를 초과하는 모든 상업적 보험에 들지 않기로 결정했다. 다른 다각화된 대형 다국적 기업들은 즉각적으로 BP의 접근법을 연구했다.[24]

국제 결제 은행은 금융기관들이 신용 및 시장 리스크를 측정하고 이에 따라 자본을 설정하도록 도와주기 위해 바젤 I 협약을 발표했다.

GE 캐피털에서 제임스 램(James Lam)이 리스크 관리, 백 오피스 오퍼레이션, 비즈니스 및 재무 계획 수립 등 "리스크의 모든 측면들"을 관리하는 기능을 묘사하기 위해 "최고 리스크 책임자(Chief Risk Officer)"라는 직함을 최초로 사용했다.

1994년 뉴욕의 Bankers Trust가 CEO, 찰스 샌포드(Charles Sanford) 명의로 MIT 강의에서 "리스크 관리 혁명"이라는 논문을 발표했다. 이 논문은 리스크 관리 규율을 금융기관 관리의 핵심 중 하나라고 밝혔다.[25]

1995년 호주 표준 및 뉴질랜드 표준의 여러 분야에 걸친 특별 작업반이 최초의 리스크 관리 표준인 AS/NZS 4360:1995(이후 1999년과 2004년에 개정되었다)를 발표하여, 최초로 여러 리스크 관리 분야를 종합했다. 캐나다, 일본 그리고 영국에서 이 표준과 유사한 노력이 이어졌다. 끊임없이 변화하는 리스크 관리의 성격으로 인해 이 노력이 시기상조(時機尙早)라고 생각하는 사람들도 있지만, 대부분은 이를 공통적인 세계적 준거 프레임을 향한 중요한 첫걸음으로 칭송한다.[26]

같은 해에 베어링스 은행 싱가포르 자회사의 트레이더 닉 리슨(Nick Leeson)이 과도한 익스포져를 취해서 이 은행을 무너뜨렸다. 탐욕, 자만심, 변명할 수 없는 통제 실패가 결합된 이 사건은 세계적인 머리기사를 장식하였으며, 닉 리슨은 운영 리스크 관리에 대한 관심을 새롭게 하는 "전형적인 인물"이 되었다.

1996년 신용, 통화, 이자율, 투자 리스크 관리자들을 대표하는 글로벌 리스크 전문가 협회(Global Association of Risk Professionals; GARP)가 뉴욕 및 런던에서 출범했다. 2008년 현재 이 협회는 74,000명이 넘는 회원과 광범위한 글로벌 자격증 시험 프로그램을 보유하고 있다.[27]

피터 번스타인의 Against the Gods: The Remarkable Story of Risk(위험 기회 미래가 공존하는 리스크. 한국경제신문사 - 역자 주)의 출판으로 리스크와 리스크 관리는 북미와 유럽에서 베스트셀러 목록에 올랐다. 번스타인의 책은 우선 리스크와 리스크 관리라는 아이디어의 역사이지만 더 중요한 것은 계량화에 대한 과도한 의존에 대한 경고이기도 하다. "수학적으로 주도되는 현대의 리스크 관리 도구들은 비인간화와 자멸적인 테크놀로지의 씨앗을 안고 있다."[28] 그는 하버드 비즈니스 리뷰 1996년 3월-4월호에 게재한 "리스크 관리라는 신흥 종교"에서 "옛날 세계의 미신들"을 "숫자에 대한 위험한 의존"으로 대체하는 것에 대하여 유사한 경고를 하고 있다.

1998년 코네티컷 주 그리니치에 설립한 지 4년 된 헤지 펀드 롱텀 캐피털 매니지먼트의 붕괴와 연방 준비은행에 의한 구제는 정교하다고 생각되는 금융 모델에 대한 과도한 의존의 실패를 보여 줬다.

2000년 여러 사람의 입에 오르내리던 Y2K 버그는 대체로 소프트웨어 시스템들을 업데이트하기 위해 수십억 달러를 지출한 덕에 발생하지 않았는데, 이는 리스크 관리의 성공으로 간주된다.

2001월 9월 11일의 테러 공격과 엔론의 붕괴는 대마불사(大馬不死)가 통하지 않음을 전 세계에 상기시켜 주었다. 이 재앙들은 리스크 관리에 다시 활력을 불어넣었다.

PRIMA 즉, 국제 전문 리스크 관리자 협회(Professional Risk Manager's International Association)가 미국 및 영국에서 출범했다. 2008년 현재 이 협회는 2,500명의 정회원(회비를 납부함)과 48,000명의 준회원을 보유하고 있다. 이 협회도 글로벌 자격증 시험 프로그램을 후원한다.[29]

7월에 미국 의회는 엔론의 붕괴와 기타 금융 스캔들에 대응하여, 모든 상장회사들에 적용되는 사베인-옥슬리법을 통과시켰다. 이는 리스크 관리를 거버넌스와 감독 규정 준수와 결합하는 계기가 되었다. 이 변화에 대한 의견은 나뉘어진다. 이러한 결합이 리스크의 부정적 측면만을 강조하며 한 걸음 후퇴한 것이라고 생각하는 이들이 있는가 하면, 이사회 차원의 리스크 관리에 대한 자극제로 간주하는 이들도 있다.

2004년 은행 감독에 관한 바젤 위원회는 바젤 II 협약을 발표하여, 글로벌 자본 가이드라인을 운영 리스크에까지 확대했다(바젤 I은 신용 및 시장 리스크를 커버했다). 일부 비평가들은 세계적인 이 가이드라인 채택이 개별 금융기관들의 리스크를 감소시킬 수도 있지만, 체계적인 리스크(systemic risk)를 증가시킬 수 있다고 주장했다. 이 글로벌 가이드라인은 금융기관이 아닌 조직에게도 유사한 가이드라인이 나오게 할 수도 있다.[30]

2005년 국제 표준화 기구는 2009년을 승인 및 발행 목표로 잡고 리스크 관리에 대한 정의, 적용 그리고 관행에 대한 새로운 글로벌 "가이드라인"을 작성하기 위한 국제적 실무 그룹을 창설했다.[31]

2007년 나심 니콜라스 탈렙(Nassim Nicolas Taleb)의 The Black Swan(블랙 스완, 동녘사이언스-역자 주)

이 뉴욕에서 출판되었다. 이 책은 "…우리는 알려져 있고 반복되는 것들에 초점을 맞추며 작은 일들에 대해 얘기하느라 시간을 보내고 있지만, 우리가 사는 세계는 극단, 알려지지 않은 것 그리고 일어날 법하지 않은 일들에 의해 지배된다."[32]는 경고이다. 2001년에 발간한 탈렙의 책 Fooled by Randomness(행운에 속지 마라, 중앙북스- 역자 주)는 모델에 대한 회의론에 대한 찬가였다.

2008년 미국 연방 준비 위원회의 베어스턴스(Bear Sterns) 구제 금융은 많은 이들에게 금융기관들이 종래의 리스크 관리 실패를 인정한 것으로 여겨졌다.

리스크 관리의 획기적 사건들의 목록을 마무리하기에는 피터 번스타인의 Against the Gods가 적합할 것이다. 새로운 아이디어들은 종종 불필요하게 전문가들에게만 제한돼 왔다. 어려운 수학, 학문적 용어, 자기 영역을 보호하는 현재의 리스크 관리 "조합(guild)" 들의 비밀주의는 여러 분야에 걸친 토의를 막는다. 피터의 명쾌한 문체, 어려운 개념에 대한 설득력 있는 종합, 창의적인 사람들에 대한 인물 묘사 그리고 특히 과도한 계량화의 위험에 대한 그의 경고들은 우리에게 리스크 관리의 잠재력과 위험 모두를 이해하게 해 준다. 이러한 사고 과정에 (리스크 관리, 전사 리스크 관리, 전략적 리스크 관리 등) 어떤 명칭을 붙이든 이는 계속 인간의 경험의 일부가 될 것이다.

이러한 회고는 과거의 혁신가들의 아이디어들과 도구들을 보다 신중하고, 지적이며, 낙관적으로 사용하려는 자극제 역할을 하지 않는 한 아무런 의미나 가치가 없다.

이제 새로운 리스크 관리의 획기적 사건을 만들어 보자.

역설적이게도 우리 각자가 유한하다는 결론을 내리게 이끄는 바로 그 죽어야 할 운명이, 점점 전개됨에 따라, 우리가 잃었다고 믿는 것들을 회복할 수 있는 수단을 제공해 준다. 우리가 생명을 되찾기 위해 애쓰기만 한다면, 우리는 상상력을 통해 그 진정한 형태가 주어지는 기억 속에서 진정으로 우리의 생명을 소유할 수 있다.

― 루이스 D. 루빈 주니어(Louis D. Rubin Jr.),

Atlantic Monthly Press, 뉴욕, 1991년

INDEX

1) 더글러스 바로우(Douglas Barlow), 1998년 1월 8일자 저자에 대한 편지에서. 바로우는 오랫동안 캐나다 Massay Ferguson Company의 리스크 관리자였다.

2) 로빈 레인 팍스(Robin Lane Fox), 고전 세계 (뉴욕: Basic Books, 2006년), 49쪽.

3) 위의 책 157쪽.

4) 피터 L. 번스타인, Against the Gods, (뉴욕: john Wiley & Sons, 1996년), xxxv쪽.

5) 위의 책 337쪽.

6) 스테펜 라거펠트, "편집인 논평", Wilson Quarterly(1999년 가을).

7) 번스타인, 앞의 책 197쪽.

8) RMA에 관한 보다 자세한 정보를 원하면 www.rmahq.org를 방문해 보라.

9) 시카고 대학교 출판부의1985년 중판과 Hart, Schaffner, and Max, 보스턴, 1921년 초판을 보라.

10) 맥밀란 출판사의1963년 중판을 보라.

11) www.afajof.org를 보라.

12) Houghton Mifflin, Boston의 1962년판과 2003년 중판을 보라.

13) Grossman Publishers, 뉴욕, 1965년을 보라.

14) www.aicpcu.org를 보라.

15) 제네바 협회에 대한 보다 자세한 설명은 www.genevaassociation.org를 보라.

16) www.journals.uchicago.edu를 보라.

17) RIMS에 관한 보다 자세한 정보는 www.rims.org를 보라.

18) SRA에 대한 보다 자세한 설명은 www.sra.org를 보라.

19) 1983년 9월 9일자 Science 지 221권 no. 4615와 www.science.mag.org를 보라.

20) IRM에 관한 보다 자세한 정보는 www.theirm.org를 보라.

21) Prentice-Hall, 이글우드 클립스, 뉴저지, 1993년.

22) ISDR에 관한 보다 자세한 정보는 www.unisdr.org를 보라.

23) www.archive.official-documents.co.uk를 보라.

24) 응용 기업 재무 저널, 6권 no.3 (1993년 가을 호) www.balckwellsynergy.com을 보라.

25) www.terry.uga.edu/sanford/vita.html을 보라.

26) www.standards.com.au를 보라.

27) GARP에 관한 보다 자세한 정보는 www.garp.org를 보라.

28) 번스타인, 앞의 책 7쪽.

29) PRMIA에 관한 보다 자세한 정보는 www.prmia.org를 보라.

30) www.bis.org를 보라.

31) www.iso.org를 보라.

32) 나심 니콜라스 탈렙, The Black Swan, (뉴욕, Random House, 2007년), xxvii쪽.

저자 소개

펠릭스 클로만(Felix Kloman)은 Seawrack Press Inc.의 사장이며 국제적 경영 컨설팅 회사 Towers Perrin에서 은퇴한 컨설턴트이다. 1974년부터 2007년까지 33년 간 Risk Management Reports의 편집인 및 발행인으로 일했으며, 40년이 넘게 Risk Planning Group(Darien, CT), Tillinghast(Stamford, CT), Towers Perrin(Stamford, CT)에서 리스크 관리 컨설팅을 했다. 두 권의 리스크 관리 에세이 집 Mumpsimus에 대한 재고(2005년)와 리스크의 고뇌(The Fantods of Risk)(2008년)의 저자이기도 한 그는 Institute of Risk Management(런던)의 회원이며, 비영리기관 리스크 관리 센터의 전직 이사, 공공 기관 리스크 협회 전직 이사 겸 창립 이사, 미국 요트 협회 리스크 관리 및 보험 위원회 전직 위원장, 리스크 분석 협회 자격증 소지 회원이다. 그는 1994년에 리스크 및 보험 관리 협회로부터 도로시(Dorothy)와 해리 구델(Harry Goodell) 상을 수상했다. 1955년에 프린스턴 대학교를 졸업했으며 역사학자 학위를 받았다.

ERM 그리고 전략 수립 및 실행에 있어 ERM의 역할

마크 S. 비슬리, PhD, CPA–노스캐롤라이나 주립대학교 경영대학 딜로이트 ERM 교수 겸 ERM Initiative 이사

마크 L. 프리고, PhD, CPA, CMA–드폴 대학교 켈쉬타트 전략, 실행 및 평가 센터 이사,
경영대학원 및 회계대학원의 전략 및 리더십 Ledger & Quill Alumni Foundation 저명 교수

전사 리스크 관리(ERM)가 사외이사 및 경영진의 최우선순위가 된 것은 마땅한 일이다. 현재의 경제 위기는 전략과 관련된 리스크들이 무시되거나 비효과적으로 관리될 경우 초래되는 재앙적인 결과들을 강조한다. 이 위기로 인해 전반적인 리스크 감독을 개선하라는 많은 요구들이 있는데, 이 요구들은 특히 전략적 리스크 관리를 강조한다.

리스크 관리가 가치를 증대시키도록 함에 있어서 중대한 도전 과제 중 하나는 ERM을 조직의 비즈니스 및 전략 수립 안에 구현시키는 것이다. 조직에서 리스크 관리 기능들을 분리시키는 "사일로"들은 전략 수립을 ERM으로부터 분리시키는 장애물을 형성한다. 많은 경우에 리스크 관리 활동들이 전략 수립과 연계되거나 전략 수립 안으로 통합되지 않고 전략적 리스크들이 간과될 수 있어서 전략의 실행 및 리스크 관리에 있어서 재앙적일 수 있는 위험한 "사각지대(死角地帶)"를 만들어 낸다.

리스크에 대한 사고(思考)와 리스크 관리를 명시적으로 조직의 전략 수립 및 실행 안으로 끼어들게 해서 전략 및 리스크에 대한 사고방식이 똑같아지게 하는 것은 조직들에 대한 기회이자 도전 과제이다. 이 장은 노스캐롤라이나 주립대학교와 드폴 대학교에서

ERM과 전략적 리스크 관리 이니셔티브 분야의 선도자들인 저자들의 논문, 사례 연구, 리서치 및 그들이 전사 리스크 관리 분야에서 수많은 실무 리더들과 컨설팅 작업을 수행한 경험에 기초하고 있다.

전략적 리스크 관리에 대한 기대 증가

이사회 및 고위 경영진이 기업이 직면하는 리스크들을 효과적으로 관리해야 한다는 기대가 그 어느 때보다 높아져 있다. 이러한 기대 변화의 많은 부분은 처음에는 기업 스캔들과 2002년의 사베인-옥슬리법 및 2004년에 개정된 뉴욕증권거래소 기업 거버넌스 규칙들과 같은 기업 거버넌스 요건들의 변화로 촉발되었다. S&P, 무디스, 피치와 같은 신용평가사들은 이제 전반적인 신용평가 프로세스의 일환으로 기관들의 전사 리스크 관리 관행들을 검토하고 있다. 그들이 특히 중점을 두는 분야는 리스크 관리 문화에 대한 이해와 전반적인 전략적 리스크 관리 프로세스 구비 여부이다.[1]

2007년에 시작되어 지금도 계속되고 있는 경제 위기는 현재 이사회와 고위 경영진의 전사 리스크 관리 프로세스를 집중적으로 조명하고 있다. 개혁 옹호자들은 무지한 이사회, 정교한 모델들에 대한 과도한 의존 그리고 건전한 판단에 대한 과소 의존 등 전반적인 리스크 감독 프로세스의 실패를 지적한다. 비판자들은 특정 전략 사업에 대한 수익이 너무도 컸기 때문에, 현존하는 리스크들이 알려지지 않았거나 무시되었다고 주장한다.[2] 현재 과감한 리스크 관리 개선에 대한 요구가 나오고 있는데, 특히 조직의 특정 전략 사업을 채택 관리함에 있어서 리스크에 대해 공식적으로 보다 더 고려하라는 요구가 거세지고 있다.

이러한 정서는 2008년 10월의 연방 준비 위원회 위원인 랜달 S. 크로츠너(Randall S. Kroszner)의 연설에서 (금융기관들은) "생존 가능성은 그러한 연결에 좌우될 것"이라는 점에 비추어 전반적인 회사 전략과 리스크 관리의 연결을 개선해야 한다고 주장한 데서 두드러진다.[3]

기업에 영향을 주는 리스크들의 양과 복잡성이 증가하고 있으며, 효과적인 전사 리스크 관리 감독에 대한 기대도 더 커지는 방향으로 변화하고 있다. 정보 기술의 급격한 변화, 세계화와 아웃 소싱의 폭발적 증가, 비즈니스 거래의 정교함, 경쟁 증가는 이사회 및 고위 경영진이 끊임없이 변화하는 복잡한 리스크들의 포트폴리오를 효과적으로 감독하는 것을 더 어렵게 한다.

최근의 금융 위기 이전에도 이사회 위원들은 리스크들이 증가하고 있다고 믿었다. Earnst & Young의 "리스크에 대한 이사회 위원들의 견해"라는 2006년 보고서에서 조사 대상 이사회 위원들의 72%는 회사들이 직면하는 전반적인 리스크가 과거 2년 동안 증가했다고 믿었으며, 41%는 전반적인 리스크 수준이 상당히 증가했다고 응답했다.[4] 최근의 사건들에 비춰볼 때, 우려는 높아지기만 할 뿐이다. 경영진들도 이와 유사하게 생각했다. IBM의 2008년 "글로벌 CFO 연구"는 매출액이 50억 달러를 초과하는 기업의 62%가 과거 3년간 오퍼레이션이나 실적에 중대한 영향을 준 주요 리스크 사건들을 접했으며, 거의 절반(42%)은 이러한 리스크 사건들에 대해 적정하게 준비되지 않았다고 말했다.[5]

기업을 위협하는 리스크 중 대부분은 이들의 체계적인 성격에 비춰 볼 때, 발견도 어렵고 관리하기도 어렵다. 그러나 많은 리스크들이 알려지지 않을 수도 있지만, 종종 유사한 영향을 끼친다. 경영진과 이사회가 점점 더 예측할 수 없는 리스크 사건들에 대해서도 전반적인 비즈니스 전략에 연계된 다양한 리스크 시나리오들의 발생 가능성과 발생시 영향을 고려해야 하는 책임은 커지고 있다. 예를 들어, 9/11 테러와 허리케인 카트리나는 대부분의 사람들에게 "알려지지 않았"으나, 직원 상실, 오퍼레이션 마비, IT 인프라 손상, 현금 흐름 결핍 등 유사한 영향을 미쳤다. 경영진과 이사회가 다음번의 9/11 테러와 같은 유형의 사건을 예측하리라고 기대되지는 않지만, 유사한 영향을 줄 수 있는 사건들(그 원인이 무엇이든)을 고려하고 선제적으로 대응책을 생각하리라고 기대된다. 즉, 경영진은 직원 상실, 오퍼레이션 마비, IT 인프라 손상, 현금 흐름 결핍, 급격한 규제 변화 등 조직의 핵심적인 전략에 해를 끼칠 수 있는 결과로 이어질 수 있는 중대한 시나리오에 대한 대응 계획을 갖춰야 한다.

리스크들의 양 및 복잡성 증가는 이사회 및 고위 경영진이 사용하는 많은 기법들이 시대에 뒤떨어졌고, 정교함이 결여되어 있으며, 때로는 임시변통적이라는 사실에 의해 복잡해진다. 조직 안팎의 리스크 패턴의 변화를 인식할 적정한 데이터를 공급해 주는 견고한 핵심 리스크 지표들을 가지고 있는 이사회 및 고위 경영진이 많지 않아서, 리스크 사건들이 발생하기 전에 전략적인 이니셔티브들을 선제적으로 변경하지 못하게 된다. 이는 이해관계자들이 전사 리스크 관리에 관해서 이사회 및 고위 경영진에게 하라고 기대하는 것과 그들이 실제로 하고 있는 것 사이의 "기대 차이"를 만들어 냈다.

이처럼 조직들은 변화하는 추세에 대응하여 ERM을 받아들이고 있는데, 이는 ERM이 조직 전체의 리스크 관리에 대한 위로부터의 총체적인 접근법을 강조하기 때문이다. ERM의 목적은 리스크를 이해관계자들의 리스크 성향 이내로 관리함으로써 조직이 그 목표를 달성할 가능성을 높이는 것이다. 제대로 된 ERM은 궁극적으로 이해관계자들의 가치를 보호할 뿐만 아니라 이를 창출하기도 할 것이다.

가치를 부가하는 것으로 자리매김한 ERM

ERM은 리스크들이 종종 따로따로 관리되어 "사일로" 또는 "연통(煙筒)"으로 일컬어지는 전통적인 리스크 관리와는 다르다. 이러한 환경에서는 리스크들이 특정 리스크 관리 대응책이 전략적 리스크 등 조직의 다른 리스크 측면에 어떤 영향을 줄 것인지에 대한 감독이나 소통은 최소한으로 이루어지는 가운데, 비즈니스 부문의 리더들에 의해 관리된다. 이에 반해 ERM은 조직의 리스크 포트폴리오가 이해관계자들의 리스크 성향 이내에서 균형을 유지하는 것을 목표로, 다양한 리스크 사건들의 상호작용 효과를 전략적으로 고려하고자 한다. 이의 궁극적인 목표는 전략 목표 달성과 가치 보존 및 증대 가능성을 높이는 것이다.

최근에 효과적인 ERM 프로세스의 핵심 원칙들의 개요를 제공하는 몇 가지 개념적인 프레임워크들이 개발되었다. 2004년에 트레드 위원회의 후원 기관 위원회(COSO)는 "전사 리스크 관리— 통합 프레임워크"를 발표했는데 여기에서는 ERM을 다음과 같이 정의한다 (www.coso.org를 보라).

전사 리스크 관리는 조직의 목표 달성에 대한 합리적인 확신을 제공하기 위해서 조직에 영향을 줄 수 있는 잠재적 사건들을 파악하고 리스크를 리스크 성향 이내로 관리하기 위해 조직의 전략 수립 및 전체 조직에 적용되도록 설계된 프로세스로서, 이사회 및 경영진 등에 의해 시행된다.

ERM이 "전략 수립(strategy setting)"과 직접적으로 연결된 것을 주목하라. ERM이 가치를 창출하려면 반드시 조직의 전략에 내면화되고 또 전략과 직접적으로 연결돼야 한다. 이 정의의 다른 부분은 조직이 핵심 목표를 달성하도록 돕는다는 ERM의 목표를 언급한다. 따라서 ERM이 효과적이려면 반드시 전략 수립 프로세스 및 전략 실행 프로세스의 일부 여야 한다.

컨퍼런스 보드의 2007년 리서치 연구 "전사 리스크 관리에서 신흥 거버넌스 관행들" 은 많은 기관들이 일부 형태의 ERM에 관여하고 있지만, 소수의 조직만이 완전히 성숙한 ERM 프로그램 하부구조를 갖추고 있다고 말한다.[6] 이들 중 많은 조직들이 처음에는 SOX, 신흥 개인 정보 보호 입법 그리고 환경상의 규제 조항 등에 대한 컴플라이언스 기 능으로부터 그들의 ERM 노력을 개시했다. 지금은 더 많은 이사회와 고위 임원들의 리스 크 관리에 대한 전사적 접근법은 컴플라이언스 지향적 접근법에서 전략 지향적 접근법으 로 이동하고 있는데 이는 리스크 관리가 가치를 증대시켜야 한다는 견해와 부합한다. 리 스크 및 보험 관리 협회(RIMS)의 2008년의 조사 "2008 금융 위기: ERM에 대한 환기(喚起)" 는 조사된 기관들의 약 65%가 전략적 리스크 관리 시스템 실행을 시작했거나 계획 중임 을 발견했다.[7]

전략적 리스크 관리를 요구하는 이사회

이사회들은 전략적 리스크 관리에 보다 중점을 두고서 조직의 리스크 관리 프로세스 에 대한 전반적인 감독을 강화하라는 압력을 점점 더 느끼고 있다. 2008년 12월에 발행 된 컨퍼런스 보드의 "리스크 관리와 임원의 보상 감독"과 같은 최근의 보고서들은 회사 들이 전사 리스크 관리 프로그램 개발에 있어서 다소의 진전을 보이고는 있지만 아직 전 략 실행 및 조직 문화에 적절히 내면화되지는 않았다고 말했다.[8]

이사회들은 점점 더 적극적으로 경영진들에게 기존의 리스크 관리 프로세스의 취약성 을 재평가하고, 회사의 전략 수립 활동에 대한 리스크 관리 분석의 건전성을 강화하라고 압박하고 있다. ERM 현황에 대한 벤치마킹 조사들은 일관적으로 ERM 착수는 종종 이사 회(보다 구체적으로는 감사위원회)의 보다 견고한 리스크 관리 프로세스 요구와 연결되어 있음을 발 견한다. 이제 이사회들은 경영진에게 리스크 감독 프로세스에 관해 묻고 있으며, 리스크 에 관한 공식적인 논의를 정기적으로 의제에 올려놓고 있다.[9] 이사회들은 또한 조직의 "전사 리스크 정책 및 성향"과 GRC(거버넌스, 리스크 및 컴플라이언스) 각각의 역할을 정하고 이를 분 명히 표명함으로써 GRC에 관한 전략적 견해를 취하려 하고 있다.[10] 이처럼 부상하고 있는 추세에도 불구하고, 이사회 위원들은 여전히 전략적 리스크에 영향을 주는 이슈들을 보다 잘 다룰 필요가 있다고 믿는다.

리스크를 전략 수립 안으로 통합시키기

전략 수립 시 성공적인 ERM 사용은 성과 목표와 관련 리스크 시이의 최적의 균형을 발견함으로써 가치를 최대화하고자 한다. 경영진은 성과 목표들에 도달하기 위해 고안된 다양한 전략적 대안들을 평가할 때, 각 대안들의 잠재적인 수익이 그 대안들이 가져오는 관련 리스크들에 비례하는지 결정하기 위해 각 대안들과 관련된 리스크들도 고려 대상에 포함시킨다. 또한 경영진은 어떤 전략적 사업이 다른 전략과 관련된 목표에 역효과를 낳을 리스크를 가져 오는지 여부도 고려한다. 즉, 경영진은 다양한 전략적 대안들을 평가할 때 조직이 취한 전체적인 리스크가 이해관계자들의 리스크 성향 이내에 있고, 이들이 전체적으로 바람직한 전략적 방향을 지원하는지 고려하게 된다.

전략 수립 시 리스크를 고려하면 리스크 기회를 포착할 수 있는 능력도 생긴다. 다시 말하지만, ERM의 목표는 가치 보존 및 향상이다. ERM은 어떤 상황에서는 조직이 너무 리스크 회피적이거나 조직의 많은 부분(silo)들에 존재하는 유사한 리스크들에 비효과적으로 대응하고 있는 영역을 드러낼 수도 있다. 다른 상황에서는 ERM이 조직에 수익을 높여줄 수 있는 가능성이 있는 기회를 파악할 수도 있다. 전략에서 리스크가 무시될 경우 리스크 기회가 간과될 수도 있다.

어느 소비자 제품 회사의 경험은 전략과 리스크를 연결시키는 이점을 보여 준다. 이 회사는 세일즈 전략의 일환으로 전자적 재주문 시스템을 통한 핵심 판매 고객과의 전략적 제휴에 의해 수익을 늘리고자 하였다. 이 제휴의 일환으로 이 회사는 그 고객의 전자적 재주문 구매 요청을 받으면 2시간마다 이 고객의 세일즈 창고에 제품을 자동적으로 선적하도록 요구하는 계약을 체결했다.

소비자 제품 회사가 ERM 프로세스를 출범시키기 시작했을 때, 고위 경영진은 곧바로 이 리테일 고객과의 전략적 협정에 커다란 잠재적 위협이 있음을 알아차렸다. 이 회사의 IT 재난 복구 프로세스는 IT 그룹에서 정한 수용 가능한 용인 수준 이내로 정해져 있었다. 인식된 IT 상의 필요와 비용의 균형을 이루려는 노력에서 IT 그룹은 IT 기반 세일즈 시스템을 (2시간이 아닌) 2일 내에 완전히 복구하는 절차를 정했다. 핵심 세일즈 임원이 이 복구 시간 프레임을 알게 되었을 때, 그들은 신속하게 IT 그룹과 협력하여 복구 기준 (threshold)을 단축했다. 그들이 IT 재난 복구 대응 리스크를 2시간마다 고객의 주문을 이행하려는 세일즈 전략과 연결시키지 않았더라면, IT 재난 발생 시 세일즈 목표를 달성할 수 있는 능력에 심각한 영향을 줄 수 있었을 테고, 따라서 이 조직의 전략 목표 달성 능력이 훼손됐을 것이다. 이를 발견함으로써 계약 위반과 관련된 법적 리스크, 유휴 세일즈 기능에 기인한 현금 흐름 상실 그리고 이 소비자 제품 회사와 고객의 규모와 중요성에 비춰봤을 때의 평판 리스크 등 IT 재난으로 촉발될 수도 있는 다른 리스크들도 예방했음은 물론이다.

전략적 비즈니스 리스크 인식하기

전략적 리스크 관리는 회사들이 리스크를 신속하게 인식하지 못하는 문제들을 피하는 데 도움이 되며, 경영진이 발생하는 리스크를 다루기 위해 신속한 조치를 취하는 데 도움을 줄 수 있다. 처음에는 사소해 보였던 2000년 3월 노키아(Nokia)와 에릭슨(Ericsson)의 가치 사슬 붕괴는 두 회사에 매우 중요한 사건이었던 것으로 드러났다. 2000년 3월 17일 금요일에 뉴멕시코 주 앨버커키에 폭풍이 일었다. 필립스의 한 반도체 공장이 벼락으로 발생한 화재로 노키아와 에릭슨에 유사한 리스크를 가져다주었다. 화재는 경미해서 10분 만에 진압되었고 피해도 제한적인 듯해서 1주 안에 재가동될 것으로 예상되었다. 그런데 예상을 깨고 이 공장은 수개월간 마비되어 심각한 생산 차질을 초래했다.

노키아는 필립스가 다른 문제가 있다고 말해 주기 전에 부품 공급의 문제를 알아차렸다. 그래서 노키아는 필립스 공장의 반도체 칩 공급 마비의 잠재적 영향으로 매출액의 5%에 해당하는 4백만 대의 휴대폰 생산이 불가능할 수도 있다고 판단했다.

이와 대조적으로 에릭슨은 늑장 대응했으며 다른 대안도 없었다. 경영진이 문제의 심각성을 깨달았을 즈음에는 몇 가지 핵심 부품들은 구할 수도 없게 되었다. 이는 부분적으로는 이 회사가 1990년대 중반에 비용을 절감하기 위해 공급 사슬을 단순화하는 과정에서 공급 대비책을 약화시킨 회사 전략에 기인했다. 에릭슨의 한 관리자는 이렇게 말했다. "우리에게는 비상사태 대응 계획(Plan B)이 없었습니다." 필립스 공장의 공급 마비 리스크를 과소평가하고, 이 문제를 관리할 수 없었던 것은 에릭슨이 2001년에 휴대 전화 생산

시장에서 철수하게 된 주요 요인이 되었다.[11]

대조적인 이 사례들은 공급 사슬을 둘러싼 전략과 리스크 관리의 통합에 관해 어떤 교훈을 제공하는가?[12]

- 공급 사슬 마비의 잠재적 영향을 수익 및 이익에 연결시켜 리스크에 우선순위를 부여하고, 이를 관리하라
- 필요한 수준의 잉여 및 백업을 구축하고 공급 사슬 정보 및 관계를 유지하라.
- 공급 사슬의 성과 척도를 계속 모니터하여 문제를 신속히 파악해서 대응 조치를 취할 수 있도록 하라.
- 문제가 처음 발생했을 때 정보를 공유하고 소통을 강화하라.

전략적 비즈니스 리스크 평가하기

전략적 리스크 관리의 첫 단계는 회사의 전략적 비즈니스 리스크를 체계적으로 평가할 수 있는 방법을 찾아내는 것이다. 이는 먼저 경영진과 이사회가 이해관계자들의 가치를 보존 및 창출하기 위해 고안된 조직의 핵심 전략들을 확실히 이해하는 것에서 시작해야 한다. 영리 조직의 핵심 전략들은 일반적으로 수익을 늘리고, 비용을 유지 또는 감소시키거나, 인수 합병을 통해 성장을 추구하기 위해 고안된 조치들을 통해 주주 가치를 증가시키는 것과 연결된다. 경영진과 이사회가 추구하는 주주 가치에 대한 구체적인 동인들(drivers)에 대한 철저한 이해가 있어야 이러한 동인들을 둘러싼 리스크들이 정확하고 완전하게 고려될 수 있다. 그리고 리스크들이 효과적으로 관리되려면 조직 전체의 리더들이 구체적인 전략 동인들에 대해 이해하고 있어야 한다.

전략적인 리스크 관리의 다음 단계는 조직에서 "리스크"라는 용어를 어떻게 사용하는지 정의하는 것과 관계된다. 마이클 포터(Michael Porter)의 경쟁 우위(Competitive Advantage)에 나오는 다음과 같은 정의가 유용하다. "리스크는 '잘못된' 시나리오가 발생할 경우 전략이 얼마나 저조하게 수행될지에 대한 함수이다."[13] 따라서 전략적 리스크 관리는 넓은 범위의 가능한 사건들 및 시나리오들이 회사의 가치 평가에 대한 궁극적인 영향을 포함한 비즈니스의 전략 실행에 어떤 영향을 미칠지에 대한 파악 및 평가로 시작한다.

경영진이 다양한 시나리오 분석에 의해 파악된 리스크들을 효과적으로 관리할 수 있

으려면, 최우선적인 리스크 관리 목표를 정의할 필요가 있다. 리스크 성향들은 산업 및 기관마다 다를 수 있다. 이해관계자들의 리스크 성향에 대한 이해가 없으면 경영진이나 이사회가 어떤 전략적 리스크들이 관리되어야 하고 어떤 리스크들이 수용되어야 하는지 알 수 없다.

수익 주도 전략 프레임워크(Return Driven Strategy Framework)는 전략적 목표와 리스크 관리 목표를 통합하는 효과적인 도구이다. 이 프레임워크는 10년이 넘게 리서치와 응용을 통해 수천 개의 회사들을 연구하여 최고의 실적을 낸 회사들과 최악의 실적을 거둔 회사들을 구별해 주는 전략적 행동들을 파악한 결과이다. 수익 주도 전략 프레임워크는 재무적 영향 및 주주 가치 면에서 가장 성과가 좋은 회사들의 전략적 행동들의 계층을 보여 준다.

수익 주도 전략은 회사들이 우수한 재무적 성과를 내기 위해 반드시 수행해야 할, 상호 관련된 행동들을 형성하는 11개의 핵심 신조(tenet)들과 3개의 기초(foundation)로 구성되어 있다. 이들 신조와 기초들은 성과가 좋은 회사들의 공통적인 행동들을 요약하고 성과가 변변치 않은 회사들의 결함이 있는 전략들을 식별한다. 수익 주도 전략의 11개 신조와 3개 기초는 다음과 같다.[14]

수익 주도 프레임워크의 11개 신조

서약(commitment) 신조

1. 부를 윤리적으로 극대화하라.

경영진은 모든 행동들을 이해하고, 정의하며, 주주의 부(富) 창출이라는 목표를 향하여 정렬시켜야 하며 비즈니스가 공동체에 의해 정해진 윤리적 한계 내에서 운영되게 해야 한다.

2개의 목표 신조

2. 달리 충족되지 않는 고객의 필요를 채워라.

3. 적절한 고객 그룹을 겨냥하여 우위를 점하라.

상품화(commoditization)를 피하기 위해서는 경영진이 달리 충족되지 않는 고객의 필요를 채우는데 초점을 맞춰야 한다. 고객, 충분히 넓은 그룹의 고객을 통하는 것이 비즈니스의 성공에 이르는 길이다. 이는 상품화되지 않은, 달리 충족되지 않는 필요를 채워 주면서도 충분한 규모와 성장 기회를 지닌, 경제적으로 수익성이 있는 고객 그룹을 겨냥함을 의미한다.

3개의 역량 신조

4. 제공물을 배달하라.

5. 제공물을 혁신하라. 현재 충족되지 않은 필요를 채워 주도록 고안된 제공물 전체에 대한 끊임없는 혁신.

6. 제공물을 각인시켜라. 고객이 명백하게 이해하고 있는 필요와 이를 독특하게 채워 주는 제공물들을 연결시켜 주는 제공물들의 각인.

　　이 세 가지 역량 신조의 동시 달성을 통해 고객의 필요를 겨냥한 제공물이 만들어진다. 경영진은 위의 3번까지의 신조를 주된 목표로 하면서, 애초에 계획의 실행 가능성을 고려할 필요가 있다.

5개의 지원 신조

7. 계획적으로 파트너가 되라.

8. 프로세스를 상세히 분석하고 재설계하라.

9. 직원들과 다른 사람들을 참여시켜라.

10. 중점과 선택의 균형을 유지하라.

11. 총체적으로 소통하라

　　지원 신조들은 역량 신조, 목표 신조, 서약 신조들의 성취를 지원하기 위해 이루어진다.

수익 주도 전략에는 중요한 3개의 토대가 있다.

1. 진정한 자산

　　11개의 신조들은 전략의 "동사들"이다. 진정한 자산들은 "명사들"이다. 진짜 자산들은 지속 가능한 경쟁 우위의 구성 요소들이다. 활동들은 경쟁자들에게 모방되어서 가격 경쟁과 현금 흐름 수익의 감소로 이어진다. 이는 모방될 수 없는 독특한 제공물을 만드는 독특한 자산들을 활용함으로써만 방어할 수 있다.

2. 변화의 세력에 대한 경계

　　기회를 이용하고 위협을 피하는 능력 및 민첩성은 기본적인 것이다. 경영진은 각각의 신조들에서 (1) 정부, 법률, 기타 규제상의 변화 (2) 인구 및 문화상의 변화 (3) 과학적 및 기술상 획기적 발전으로부터 발생하는 기회를 이용하고 위협을 피해야 한다.

3. 훈련된 성과 측정 및 평가

전략 목표 달성을 측정하기 위해서는 전략을 궁극적인 재무적 결과와 연결시키는 훈련이 필요하다. 전략 달성과 그로 인한 가치 창출을 지원하기 위해서는 성과 척도들이 갖춰져 있어야 한다.

이 프레임워크는 어느 조직의 전략이 어떻게 "주주의 부를 윤리적으로 극대화한다"는 목표와 정렬될 수 있는지를 설명한다. 주주들의 부를 창출하고 극대화하기 위해 애쓰며, 이 일을 이해관계자들 및 공동체의 윤리적 기준들을 준수하면서 행하는 것은 기업체의 타당한 목표이다.[15]

이 궁극적인 전략적 목표는 동시에 해당 조직의 리스크 관리 목표도 될 수 있다. 경영진은 리스크 관리 활동들을 이해하고 정의하며, 이 활동들을 윤리적인 주주가치 창출 목표와 정렬시켜야 한다. 리스크 관리 활동들은 주주 가치 창출이라는 면에서 정당화되어야 한다. 부의 보존 또는 창출이 리스크 관리 활동들과 연결되지 않을 경우, 특정 리스크 관리 활동들이 도전을 받아야 한다.

우리는 전략적 리스크 관리 프레임워크가 효과가 있으려면 다음과 같은 세 가지 특징을 포함해야 한다고 믿는다.

1. **윤리적으로 주주의 부를 창출한다는 서약과 정렬** 리스크 관리는 주주 가치 보호 및 창출과 긴밀하게 정렬되어야 한다. 전략적 리스크 관리의 첫 번째 규칙은 다음과 같아야 한다. "첫째, 주주 가치를 파괴하지 말라." 그러나 가치를 부가하기 위해서는 전략적 리스크 관리가 주주의 부 창출에 확고하게 정렬되어야 하며, 리스크 기회(즉, 리스크의 "긍정적인(upside)"측면)에 어느 정도 초점을 맞춰야 한다. 물론 주주의 부는 구성원들과 회사가 그 안에서 운영되고 있는 공동체의 윤리 기준 내에서 창출되어야 한다. 모든 전략적 리스크 관리 프레임워크는 조직의 전략 및 이의 실행, 관련된 리스크 관리, 조직의 평가된 가치(valuation)를 연결시킬 수 있어야 한다.[16]

2. **총체적임** 전략적 리스크 관리는 조직의 전략 달성에 필요한 전사적 활동의 모든 부분을

충분히 포함할 수 있기 위해 총체적이고 범위가 넓어야 한다. 전략적 리스크 관리 프레임워크는 통합되어서 전략적 비즈니스 리스크의 다양한 측면들이 비즈니스의 전반적인 목표들과 연결될 필요가 있다. 이 점에서 리스크 관리에 대한 ERM 접근법은 다양한 별개의 리스크 사건들이 어떻게 상호작용하여 가치를 제한하거나 파괴할 수 있는지를 결정하는, 위로부터의 총체적 포트폴리오 접근법을 사용하여 리스크와 관련된 시나리오들을 보도록 강조함으로써 가치를 제공하도록 도와준다. 전략적 리스크 관리의 총체적인 접근법은 다양한 비즈니스 부문들의 목표들과 관련된 리스크들을 주주의 부 극대화라는 전반적인 목표와 연결하도록 도와준다. 총체적 관점이 없으면 조직의 한 측면의 전략적 활동들이 해당 조직의 다른 부분에 전략적 리스크를 만들어 낼 수도 있다.

예를 들어, 할리 데이비슨(Harley Davidson) 사는 최근에 주주들에게 보낸 편지에서 국제 시장, 특히 중국 및 일본에서의 확장이 자사의 전략적 목표 중 하나라고 묘사했다. 그리고 이 편지는 또 하나의 전략적 목표는 자사의 "H.O.G" 브랜드의 신비로움과 오토바이를 타는 생활 양식의 적합성을 강화하는 것이라고 설명했다. 이 사례에서 아시아 문화권으로 확장한다는 전략적 목표가 관리되지 않으면, 다른 문화권에서 오토바이를 타는 사람들의 기호를 만족시키기 위해 제품에 변화를 가할 경우 할리 제품의 신비로움을 강화한다는 전략적 목표와 관련된 리스크를 만들어 낼 잠재적 가능성이 있다. 전략적 리스크를 효과적으로 관리하기 위해서는 경영진이 각각의 전략적 조치들이 다른 목표들을 방해할 리스크를 제기할 수 있는지 모니터할 필요가 있다.[17]

3. **사건들과 변화의 세력들을 파악 및 평가할 수 있음** 전략적 리스크 관리는 지속적이고 끊임없는 프로세스여야 한다. 이는 가끔씩만 일어나는 활동이어서는 안 된다. 리스크는 끊임없이 변하는데 이는 조직의 전략들도 변할 필요가 있을 수 있음을 의미하며, 따라서 효과적인 전략적 비즈니스 리스크 관리는 사건들, 시나리오들, 변화의 세력들이 비즈니스 전략 및 성과에 어떻게 영향을 줄지 정규적으로 파악 및 평가할 수 있어야 한다. 에릭슨 사와 같이 리스크 상황 돌변으로 핵심 전략들을 조정하기에는 너무 늦어지게 되는 상황에 직면하는 것이 아니라, 변화하는 리스크에 대한 선행 정보를 제공하여 경영진이 선제적으로 전략을 조정할 준비를 잘 갖출 수 있게 하려면 경영진이 모니터하는 핵심 지표들에 핵심 리스크 지표들이 포함되어야 한다. 핵심 전략과 리스크 관리 기준을 포함하는 견실한 경영진 스코어카드 보고 시스템은 경영진이 조직의 전략적 목표에 영향을 줄 수 있

는 핵심적인 변화를 한눈에 알 수 있도록 도움을 준다.

프레임워크를 이용하여 전략적 리스크 관리 태도 갖추기

임원진들은 수익 주도 프레임워크를 전략 수립, 평가 및 실행을 위한 총체적인 프레임워크로 사용하고 있다. 이 프레임워크는 또한 전략 수립 프로세스 안으로 통합되었으며, 흡수 합병 시나리오 등 사건들 및 사나리오들이 전략의 성과에 미치는 영향을 평가하는 방법으로도 사용되고 있다. 이사들 및 경영진이 이 프레임워크를 사용하여 비즈니스 전략을 평가할 때, 리스크를 기회의 측면에서 고려하는 한편 주주 가치를 파괴할 수 있는 핵심 리스크들에 대해 알게 되고 이를 통해 이 프레임워크를 전략적 리스크 관리 프레임워크로 사용한다.

전략적 리스크 태도 및 문화 조성하기

우리의 전략은 얼마나 위험한가? 어떠한 사건들과 리스크 사건들이 우리 회사를 망칠 수 있겠는가? 우리는 올바른 대책과 리스크 관리 전략을 갖추고 있는가? 이러한 질문들은 오늘날의 임원들과 이사회 위원들의 심중에 있는 몇 가지 질문들에 지나지 않는다.

전략적 리스크 관리 사고방식

전략적 리스크 관리 태도는 비즈니스 전략이 다양한 시나리오들 및 사건들 하에서 어떤 성과를 낼지 조사하는 데 중점을 둔다. 이 태도는 전략의 성과가 초라하여 중대한 손실, 주주 가치 파괴, 또는 회사의 평판 손상 등을 초래할 수 있는 시나리오들에 대해 생각하도록 장려 및 지원한다. 예를 들어, 피델리티 인베스트먼트(Fidelity Investments) 경영진은 전 세계의 투자자들에게 투자 서비스를 제공한다는 전략은 그들의 IT 기능의 탄력성에 대해 엄청난 수요를 만들어 낸다는 것을 안다. 정보 시스템의 고장이나 가격 정보에 대한 접근 결여의 리스크 용인 수준은 0(zero)에 근접한다. 그들은 고객들이 피델리티의 "시스템 장애입니다"라는 말을 받아들이지 않는다는 것을 안다. 따라서 피델리티 사의 리스크 자문 서비스 그룹이 중점을 두는 핵심 영역 중 하나는 비즈니스 연속성 계획 수립(business continuity planning) 프로세스이다.

전략적 리스크 사고방식은 리스크의 "긍정적 측면"도 고려해야 한다.[18] 예를 들어, 타 깃 코퍼레이션(Target Corporation)은 월마트와는 다른 고객 부문에 초점을 맞춤으로써 월마트 의 경쟁 위협을 피하고 그 과정에서 수익성이 있는 성장 기회를 잡았다. 다른 예를 들자 면, 그들은 심각한 브랜드 잠식과 상품화 리스크에 직면하여 제품 혁신, 신속한 시장 대 응, 강력한 브랜드 달성에 주의를 돌려서 약점을 강점으로 바꿨다.

리스크는 유형 자산 손실을 포함할 수 있으며, 회사의 가장 귀중한 자산 중 하나인 평 판을 상실할 위험도 포함한다.[19] H. J. 하인즈 사(H. J. Heinz Company)는 회사의 전사 리스크 관리 기능을 하인즈 평판 보호라는 궁극적인 목표 지원에 중점을 두었다. 사실 이 회사의 ERM 프로그램은 내부에서 공식적으로 "전사적 평판 및 리스크 관리(Enterprise Reputation and Risk Management; ER^{2}M)"로 알려져 있다. 하인즈의 ER^{2}M은 (1) 보편적인 것들을 이례적으로 잘 하도록 지원함 (2) 하인즈가 가장 신뢰받는 포장 음식 회사가 되도록 도움을 줌 등과 같 은 주요 평판과 관련된 회사의 목표 달성을 도와준다. 경영진이 리스크와 평판에 대한 중 요성을 알도록 도움을 주기 위해 하인즈는 리스크를 "회사가 그 목표들을 달성하지 못하 도록 막을 수 있는 모든 것"으로 정의한다. 또한 하인즈는 음식 산업에서 평판에 영향을 주는 사건들은 자사의 목표 달성 능력에 직접적으로 영향을 준다는 것을 인식하고 있다.

궁극적으로 전략적 리스크 관리와 ERM은 주주 가치에 대한 잠재적 영향과 연결될 필 요가 있다. 효과적인 전략적 리스크 관리는 다양한 범위의 가능한 사건들 및 시나리오들 이, 예컨대 회사의 주주 및 자산 가치에 미치는 영향 등 비즈니스의 전략 실행에 어떤 영 향을 줄지 파악 및 평가할 수 있는 방법을 제공해야 한다. 이것이 바로 다우 케미컬 사 (Dow Chemical Company)에서 리스크 관리의 위치이다. 다우의 효과적인 리스크 관리의 목표는 리스크를 더 잘 관리할 경우 경쟁력이 향상될 수 있다는 견지에서, 경영진이 비즈니스를 보다 더 잘 운영할 수 있는 능력을 향상시키는 것이다. 경영진과 이사회는 기회를 추구할 책임이 있는데, 이는 리스크 부담을 필요로 한다는 것을 인식한다. 그들은 새로운 전략들 이 만들어지면 새로운 리스크들이 발생한다는 현실을 인식하고서 리스크를 잘 관리되고 통제되는 방식으로 떠안고자 한다.

수익 주도 전략 프레임워크는 회사의 전략적 리스크를 주주 가치 리스크, 재무 보고 리스크, 거버넌스 리스크, 고객 및 시장 리스크, 운영 리스크, 혁신 리스크, 브랜드 리스 크, 파트너 관계 리스크, 공급 사슬 리스크, 직원 관련 리스크, R&D 리스크 및 소통 리스크라는 관점에서 평가하는 방법을 제공한다. 이는 또한 중요한 리스크 시나리오들의 인과 관계를 이해하는 유용한 프레임워크를 제공하고, 이 시나리오들이 비즈니스 전략에서 어떻게 전개될지와 수익성, 성장 및 주주 가치에 대한 영향을 설명한다.[20]

이 프레임워크는 다음의 리스크 범주들을 중심으로 생각하도록 장려한다.

- 주주 가치 리스크는 리스크에 대한 고차원적인 개관을 제공해 주며, 미래의 성장과 회사의 전략 및 이를 실행할 회사의 능력에 반영되는 투자 수익률에 의해 견인된다. 수익 주도 전략의 첫 번째 신조 "부를 윤리적으로 극대화하라"를 이용하여 주주 가치 리스크를 평가할 때, 회사의 비윤리적 활동을 포함하여 성장과 수익을 방해하는 모든 것이 고려되어야 한다.
- 재무 보고 리스크는 나중에 재무제표를 재작성하고 주주 가치를 황폐화할 수 있는, 수익 인식과 같은 분야에서 보고의 변칙(irregularity)에 의해 주도된다.
- 거버넌스 리스크는 법규 준수 필요 등 통제 및 거버넌스 역량과 같은 요인들에 의해 견인된다.
- 고객 및 시장 리스크는 근본적으로 회사의 제공물이 달리는 채워지지 않는 필요를 어느 정도나 채워주는지에 의해 주도되며, 이는 경쟁에 대한 보호를 제공해 준다.
- 운영 리스크는 가치 사슬의 모든 부분으로부터 발생될 수 있으며, 때로는 수익 주도 전략의 중심인 제공물을 전달하지 못하게 되는 것으로부터 발생할 수도 있다.
- 혁신 리스크는 경쟁자들보다 고객의 필요를 더 충족시키도록 변화하거나 제공물을 만들어 내지 못하는 것으로부터 발생한다.
- 브랜드 리스크는 브랜드 잠식과 회사 평판 손상을 포함한다.
- 파트너 관계 리스크는 거래 상대방 리스크를 포함하여 벤더, 합작사, 기타 관련자들의 활동에 의해 발생한다.
- 공급 사슬 리스크는 아웃 소싱 및 글로벌 공급 사슬에 있어서 커지고 있는 리스크에 초점을 맞춘다.
- 직원 관련 리스크는 회사의 고용 관행에 의해 주도된다.
- R&D 리스크는 미래의 성장을 위한 새로운 제공물에 대한 대안들의 프로세스와 파이프라인에 의해 주도된다.

- 소통 리스크는 회사가 내부적으로 및 외부적으로 얼마나 잘 소통하느냐에 의해 주도된다.

성과가 좋은 회사들의 전략적 리스크 관리 가치 인정하기

성과가 좋은 회사들에 대한 조사 연구는 리스크 관리에 대한 귀중한 통찰력을 제공할 수 있다. 성과가 좋은 회사들은 변화의 세력들에 대해 경계하고 있으며, 리스크와 기회를 다른 회사들보다 더 잘 관리한다. 비즈니스의 성공 또는 실패가 어떻게 그 계획 및 행동에 의해 주도되는지 더 잘 이해함으로써 기업 가치 및 회사의 운영을 개선할 수 있다.

성과가 좋은 회사들에 대한 조사 연구는 경영진의 당면 과제 중 하나는 어떻게 비즈니스 계획과 리스크 관리를 연결시키냐임을 보여 준다. 효과적인 전략적 리스크 관리를 고려하기 위해서는 (1) 전략적 리스크 관리 프로세스 (2) 위험에 처한 진정한 자산을 파악 및 보호하기 위한 프로세스 (3) 전략적 리스크모니터링과 성과 측정 등의 세 가지 접근법이 있다.

전략적 리스크 평가 프로세스 구축하기

간단한 전략적 리스크 평가 프로세스는 4단계로 구성된다.[21]

1. **계획들의 리스크 평가** 전략적 리스크 평가는 전략적 계획이 어떻게 가치를 주도하는지 및 이 계획들이 근거하고 있는 핵심 가정에 대한 이해를 포함하여, 전략적 계획에 대한 전반적인 리스크 평가를 수행함으로써 시작한다. 이 평가에는 전략의 동인들을 둘러싼 가정들을 변화시켜가며 다양한 시나리오들에 대해 분석하는 것이 포함된다.
2. **중요한 리스크 시나리오 파악** 다음 단계는 사건의 심각성 및 발생 가능성을 고려할 때 "중요한 리스크 시나리오들"과 특히 체계적 리스크와 같이 경영진의 통제 밖에 있는 시나리오들을 파악 및 묘사하는 것이다. 이 단계에서는 경영진과 이사회가 이들 중요한 리스크 시나리오들에 대한 회사의 전반적인 리스크 성향을 정의할 필요가 있다.
3. **대응 방안 파악** 경영진은 중요한 리스크 시나리오들에 대해 사용할 수 있는 대응 방안들을 파악하고 이 방안들의 비용/효용을 고려할 것이다.
4. **계속적인 모니터링 프로세스 확립** 경영진은 핵심 리스크 지표(KRI)와 균형 성과 평가 카드

(Balanced Scorecard)와 같은 성과 측정 및 성과 관리 모범 실무 관행 사용 등 회사의 리스크 프로필에 대한 계속적인 모니터링 프로세스를 확립할 것이다.[22]

전략적 리스크 평가 프로세스 시에 다음과 같은 질문들을 다루어야 한다.

- 어떤 사건들이나 시나리오들이 비즈니스 전략 및 계획에 중대한 부정적 리스크를 가져올 수 있는가?
- 특정 전략 조치의 실행 가능성에 대해 어떤 핵심적인 가정을 하였으며 이 가정들에 내재된 변동성에 관련하여 어떤 범위의 가능한 시나리오들이 있는가?
- 특정 전략 및 이와 관련된 핵심 리스크 익스포져의 범위에 대한 회사의 리스크 성향은 무엇인가? 각각의 전략을 둘러싼 최악의 시나리오는 무엇인가? 조직이 특정 리스크 사건을 견뎌낼 수 있겠는가?
- 이 리스크 사건들 및 시나리오들을 다루기 위해 어떤 대응책이 마련되었는가?
- 회사가 리스크의 긍정적 측면과 기회를 어떻게 활용할 계획인지 고려했는가?
- 계획과 비즈니스 전략에 내재된 위협 및 기회의 평가와 관리에 있어서 CFO, 법률 고문, CRO, 내부 감사 등의 역할은 무엇인가?
- 전사 리스크 관리가 계획과 비즈니스 전략에 어떻게 통합 및 내면화되었는가?
- 전략적 비즈니스 리스크를 계속적으로 평가 및 관리하기 위해 어떤 성과 척도와 핵심 리스크 지표를 모니터링하고 있는가?

전략적 리스크 관리 프로세스

전략적 리스크 관리 프로세스를 구축하는 데는 여러 접근법이 있는데 그 중 몇 가지를 아래에 설명한다.

리스크 평가 한 가지 접근법은 리스크, 기회, 역량이라는 세 개의 관점에서 전략적 리스크를 정규적으로 평가하는 것이다. 리스크는 손실 리스크, 즉 수익 손실이나 자산 손실과 같은 리스크의 부정적 측면에 관한 것이다. 기회는 매출 이익 기회, 수익성 그리고 주주 가치와 같은 리스크의 긍정적 측면에 관한 것이다. 역량은 리스크와 기회를 관리하는데 사용할 수 있는 조직의 독특한 힘에 관한 것이다.

리스크 평가 도구 브레인스토밍, 손실 데이터 분석, 자체 평가, 진행자의 도움을 받는 워크숍(facilitated workshop), SWOT(strengths, weaknesses, opportunities, threats; 장점, 약점, 기회, 위험) 분석, 리스크 설문지 및 설문 조사, 시나리오 분석 등과 같이 전략적 리스크 평가에 사용될 수 있는 도구들이 많이 있다.

경쟁 정보 경쟁 정보(competitive intelligence; CI) 분야는 전략적 리스크 관리의 귀중한 부분이 될 수 있다. CI는 사실 기반 전략 수립 프로세스의 불가결한 구성요소로서, 반드시 전략적 리스크 관리와 ERM의 일부분이어야 한다. CI 전문가 협회의 창립자인 랜드마크 그룹(Landmark Group)의 개리 플래스터(Gary Plaster)는 "CI의 윤리적인 수집 및 분석은 전략적 의사 결정과 관련된 리스크를 감소시킬 수 있다"고 말한다. BC 400년경에 손자는 손자병법에서 "친구를 가까이 하되, 적은 더 가까이 하라"고 했는데, 이는 CI에 관해 생각하는 하나의 방법이다. 예를 들어, 제약회사들은 무역 박람회와 과학 회의에 열심히 참석하며 업계의 임상 실험을 모니터한다. 와이어스(Wyeth)와 같은 제약 회사들은 "전쟁 게임"을 사용하여 경쟁사에 의한 잠재적인 시장 움직임에 대한 대응 계획을 세운다.[23] 경쟁 정보는 고객 및 시장 리스크 관리에 사용할 수 있는 자산이다.

기업 지속 가능성 리스크 리스크 관리에서 종종 간과되는 영역 중 하나는 기업의 지속 가능성 및 기업의 사회적 책임(corporate social responsibility; CSR)과 관련이 있다. 데비 빌랙(Debby Bielak), 쉐일라 보니니(Sheila Bonini) 그리고 제레미 오펜하임(Jeremy Oppenheim)이 Mckinsey Quarterly 2007년 10월호에 실린 그들의 논문 「CEO들의 전략 및 사회적 이슈 처리」(CEOs on Strategy and Social Issues)에서 얘기한 바와 같이, 전략과 CSR을 연결하는 것은 임원진에게 하나의 도전 과제이다. 기업의 지속 가능성 영역에서 회사들이 직면하고 있는 리스크와 기회들은 매우 복잡하고 그 어느 때보다 잠재적 영향이 크며, 고위 임원, 이사회 위원 그리고 관리자들은 이 도전과제들과 기회들을 관리할 수 있는 더 나은 방법을 모색하고 있다. 마크 엡스타인(Marc Epstein)은 자신의 저서 지속 가능경영의 성공적 실행(Making Sustainability Work, 네모스탠다드컨설팅, 2009년)에서 기업 지속 가능성의 정의를 제공하는 바, 이 정의는 전략적 리스크 관리에 유용하다. 엡스타인은 지속 가능성의 아홉 가지 원칙인 (1) 윤리 (2) 거버넌스 (3) 투명성 (4) 비즈니스 관계 (5) 재무적 수익 (6) 공동체의 참여/경제 개발 (7) 제품 및 서비스의 가치 (8) 고용 관행 (9) 환경 보호에 초점을 맞춘다. 이들 각각의 분야는 전략적 리스크 관리의 일부로서 평가될 수 있다. 예를 들어, 환경 규제 및 글로벌 비즈니스 환경에서 기업에 대한 환경 기준의 기대 변화들이 리스크 평가 및 리스크 관리 전략에서 고려돼야 한다.

리스크 이전 및 보유 전략 리스크 관리 및 경감을 위한 기본적인 대응책 중의 하나는 리스크 이전(移轉) 및 보유 전략과 관련된다. 회사 자산 및 주주가치에 대한 잠재적 영향을 포함하는 중요한 리스크 시나리오들을 파악하고 나면, 경영진은 어느 정도를 보유하고 어느 정도를 이전해야 하는지 결정해야 한다. 리스크 관리 전략은 보험 가입, 자체 보험, 또는 (모그룹의 보험 인수 전문) 자회사 설립에 의해 회사 자산을 보호할지 고려해야 한다. 이 평가는 보험의 유형 및 한계에 대한 깊은 이해와 부상하고 있는 법적, 규제상 그리고 정치적 추세 · 피해 보상액 · 지리적 위치 · 이용 가능한 보험 상품 그리고 적용 법률 및 옵션들에 대한 고려를 필요로 한다.

위험에 처한 진정한 자산에 대한 초점

조직의 가장 귀중한 자산 중 일부는 대차대조표에 표시되지 않는다. 진정한 자산은 조직의 가장 귀중한 유무형 자원 및 역량을 포함하며, 이들 중 일부는 위험에 처해 있을 수도 있기 때문에 보호되어야 한다.[24] 회사들은 손실을 보호받기 위해 대차대조표 상의 유형 자산에 대해 일상적으로 보험에 가입한다. 그러나 진정한 자산의 보호에 대해서는 어떠한가?

진정한 자산은 유무형의 자원, 역량, 직원의 전문성, 브랜드, 평판 등과 같이 어느 조직 및 그 제공물을 독특하게 만드는 특질들이다. 앞에서 언급한 바와 같이, 진정한 자산의 일부는 대차대조표에 나타나지만 많은 자산들은 대차대조표에 표시되지 않는다. 진정한 자산들은 전략의 "기본 조립 단위"로서, 지속 가능한 경쟁 우위를 만들어 내는 토대를 형성한다. 그리고 이러한 우위를 통해서만 더 많은 수익, 더 높은 성장 그리고 궁극적으로 시장 가치 증가로 이끄는 비즈니스 전략을 수립 및 실행할 수 있다.

이러한 자산들을 파악할 때, 경영진은 진정한 자산이 무엇인지에 대해 매우 구체적으로 생각해야 한다. 경영진은 진정한 자산이 어떻게 자사가 타사들은 할 수 없는 방식으로 전략을 달성할 수 있게 해주고, 이를 통해 더 높은 성과를 내게 하는지 구체적으로 생각해야 한다. 타사들이 우리 회사와 유사한 진정한 자산을 개발해서 높은 성과로 이끄는 활동을 모방하기가 얼마나 어렵고, 또 얼마나 오랜 시간을 필요로 하며, 또 얼마나 많은 비용이 소요되겠는가?

진정한 자산에 대한 리스크들을 파악 및 관리하기 위해서는 경영진이 3개의 질문을 해야 한다.

1. 회사의 가장 귀중하고 독특한 역량 및 자원(진정한 자산)은 무엇인가?
2. 어떤 시나리오들과 사건들이 가장 귀중한 진정한 자산을 위험에 빠뜨릴 수 있는가?
3. 자산을 보호하기 위해 어떤 대응책이 개발될 수 있는가?

리스크 평가에서 고려해야 할 진정한 자산의 예로는 회사의 평판, 고객 정보, 경쟁자 정보, 벤더 정보, 특수 프로세스 및 역량, 기존 특허 및 상표, 특허·상표 등으로 보호되어야 할 지적 재산이 포함된다.

고객 정보는 보호되어야 할 진정한 자산의 예이다. 정보 보안은 대부분의 회사에서 커다란 이슈지만 아직도 이에 대한 침해가 발생하고, 때로는 심각한 잠재적 영향을 지니는 침해도 발생한다. 예를 들어, 영국 정부는 최근에 공무원들이 영국 인구의 거의 절반에 해당하는 2천 5백만 명의 이름, 주소, 출생일, 국가 보험 번호, 은행 거래 정보가 수록된 두 개의 컴퓨터 디스크를 분실했다고 발표했다. 데이터 보안 분야의 효과적인 리스크 관리는 직원들의 올바른 정신 자세 및 태도를 필요로 한다. 이는 20달러짜리 저장 장치 또는 1천 달러짜리 랩탑 컴퓨터가 보호되지 않을 경우 고객, 회사의 평판, 주주 가치를 상실할 잠재력으로 귀결될 수 있다는 이해와 인식을 필요로 한다.

일부 진정한 자산들은 효과적인 리스크 관리를 지원하고, 나아가 회사를 리스크로부터 보호하는 데 도움을 줄 수 있다. 예를 들어, 공급 사슬의 중요한 부분의 잠재적인 붕괴에 대비한 "비상사태 대응 계획"을 수립하는 것은 효과적인 전략적 리스크 관리를 위한 진정한 자산의 예가 된다. 다른 예로는 직원들이 조직의 전략 및 리스크 성향을 지원하는 정신 자세와 태도를 지니는 것이다.

전략적 리스크 관리와 성과 측정

대부분의 사람들이 최근의 금융 위기의 원인은 주로 조직 내에서 성과 인센티브와 리스크 관리 활동을 연계하지 않은데 있다고 믿고 있다. 여러 가지 임원보상 패키지들은 이를 의도한 것은 아니지만 경영진이 특정 성과 보상 목표를 달성하기 위해 과도한 리스크 익스포져를 취하게 하는 강력한 인센티브를 제공한다.

성과 인센티브는 일반적으로 임원들에게 전략 목표 및 이니셔티브들을 달성하도록 격려하기 위해 고안되며, 이사회들은 대개 임원들이 특정 목표들을 성공적으로 달성했는지 평가해 왔다. 하지만 대부분의 회사들은 이러한 보상 패키지와 관련된 리스크를 간과한다. 이사회들은 때로는 임원들이 조성한 조직의 모든 리스크 익스포져의 성격을 알지 못한다. 기대 수익률이 달성되는 한, 떠안고 있는 리스크의 양과 유형에 대한 질문은 거의 제기되지 않는다.

최근의 위기는 임원 보상 패키지에 내재된 리스크를 보다 부각시키고 있으며, 성과 인센티브와 관련된 리스크를 조명하는 규제조항들이 만들어지고 있다. 예를 들어, 미국 재무부는 2009년 1월에 부실자산 구제 프로그램(TARP) 하에서 연방 정부의 자금을 받는 금융기관의 CEO들에 대한 새로운 요구조항을 발표했다. 정부 자금을 받은 금융기관들은 CEO가 자금을 받은 후 120일 이내에 임원 인센티브 보상 방식이 고위 임원들이 "해당 금융기관의 가치를 위협할 수도 있는 불필요하고 과도한 리스크를 취하도록" 격려하지 않도록 조직의 보수 결정 위원회가 CRO와 함께 고위 임원들의 인센티브 보상 방식을 검토했음을 인증해야 한다.

효과적인 전략적 리스크 관리는 지속적인 리스크 모니터링 기준들을 포함하는 지속적인 프로세스여야 하고, 조직의 핵심 리스크 지표들은 주주 가치에 대한 리스크의 잠재적 영향과 연결되어야 한다. 균형 성과 평가 카드(Balanced Scorecard)와 같은 총체적인 성과 관리 시스템은 조직들에게 전략 및 성과 척도를 리스크와 정렬시키고, 통합되고 전략적인 리스크 관리를 달성하는 기회를 제공한다.

균형 성과 평가 카드는 전략 및 책임에 중점을 두며, 지속적인 리스크 평가 및 리스크 관리를 강화하고, 균형 성과 카드 프레임워크는 경영진이 리스크 척도들을 개발하여 사용하도록 도움을 줄 수 있다. 또한 균형 성과 평가 카드는 전략 및 책임에 중점을 둠으로써 지속적인 리스크 평가 및 관리 프로세스를 강화할 수 있다.

전략 지도(strategy map)는 주요한 리스크 시나리오의 인과 관계 이해에 유용한 방법을 제공하며, 효과적인 리스크 관리에 귀중한 방법을 제안할 수 있다. 리스크 상황판(risk dashboard)도 주요 수치 및 동향을 모니터하는 수단을 제공할 수 있다.

카플란(Kaplan)과 노턴(Norton)의 폐쇄회로 관리시스템(Execution Premium 모델)은 경영 전반과 통합하는 전략적 리스크 관리에 대한 체계적인 접근법에 대한 또 하나의 유용한 플랫폼을 제공한다.[25] 드폴 대학교 전략적 리스크 관리 연구실은 경영진이 전략적 리스크 관리를 경영 관리 시스템의 각 단계 안으로 내면화시키도록 돕는 작업을 해 왔다.

- **1단계** "전략 개발"에서는 사명과 비전, 가치를 정의하고, 전략적 분석을 수행하며 전략을 형성한다.
- **2단계** "전략 변환"에서는 전략적 목표들 및 주제들을 정하고, 척도, 실행 목표, 전략적 이니셔티브들을 선정한다. 경영진은 이 단계에서 균형 성과 평가 카드에 포함될 수 있는 전략적 리스크 관리 목표들과 척도들을 정할 수 있다. 리스크 관리 목표들은 균형 성과 평가 카드 및 전략 지도의 재무적 관점과 내부 프로세스 관점에 포함될 수 있다. 경영진은 또한 전략 지도를 이용하여 인과 관계와 주요 전략적 리스크의 근본 원인을 파악할 수 있다.
- **3단계**(원서에 3단계가 빠져 있음. 역자 주 · 원서에서는 3단계 없이, 4단계, 5단계로 표시되어 있음.) "모니터 및 학습"은 전략 검토 및 운영 검토를 실시하는 것과 관련이 있다. 이 단계에서 경영진은 전략적 리스크 관리 검토도 실시할 수 있다.
- **4단계** "테스트 및 조정"에서는 경영진이 전략적 리스크 분석을 실시한다.

위의 예는 전략적 리스크 관리를 더 잘하기 위해 폐쇄 회로 관리 시스템을 사용하는 몇 가지 예에 불과하다.

가치를 부가하는 전략적 리스크 관리를 위한 중요한 조치들

전략적 리스크 관리는 점점 더 경영진 및 이사회 차원 모두에서의 핵심 역량으로 여겨지고 있다. 사실 이사회 위원들은 점점 전략적 리스크 관리에 초점을 맞추며, 임원들에게 "회사가 직면하는 Top 5 전략적 비즈니스 리스크들 중에서 여러분은 어느 리스크를 바라보고 있으며, 어떤 대응책을 마련하고 있습니까?"와 같은 질문을 한다. 드폴 대학교 전략, 실행 및 평가 센터 안의 전략적 리스크 관리 연구실은 리서치를 통해 얻은 모범 실무 관행들을 경영진 및 이사회와 공유하고 있다. 추구할 가치가 있는 아래의 10가지 관행들을 고려해 보라.[26]

1. 비즈니스 부문과 리스크 관리 부문 그리고 외부 관계자 사이에 소통하고 정보를 공유하라. 이를 궁극적인 리스크 관리의 "최상의 관행"으로 여기는 이들도 있다.

2. 리스크 관리 사일로를 깨트려라. 여러 부분에 걸친 리스크 관리 팀을 구성하여 각각의 기능 부문들이 전체 회사 전략의 어디에 해당하는지와 자신의 활동이 다른 분야에 어떤 영향을 주는지 이해할 수 있게 하라.

3. 매출, 이익, 평판, 주주 가치에 미치는 영향 면에서 전략적 리스크를 파악하고, 가능한 경우 계량화하라.

4. 전략적 리스크 평가를 전략, 전략 계획, 전략 목표 개발의 일부가 되게 하라. 이 또한 여러 방면에 걸친 팀을 만듦으로써 달성할 수 있는 다양한 기술들의 조합을 필요로 한다.

5. 조직의 성과 관리 및 균형 성과 평가 카드 등 경영관리 시스템을 통해 리스크를 모니터하고 관리하라.

6. 리스크를 감안하고 이를 전략 계획 및 전략 계획 관리 프로세스 내에 내장시켜라. 전략 계획 수립 시 시나리오 계획이 포함되면 리스크 사건이 일어날 경우의 대응책에 대해서도 논의해야 한다.

7. 조직 전체에서 리스크에 대한 공통의 언어를 사용하라. 모든 사람이 조직의 특정 리스크 동인과 리스크 성향, 경영진이 수용할 만한 리스크 수준이라고 여기는 정도에 대해 이해해야 한다.

8. 전략적 리스크 관리를 전략 관리 자체와 마찬가지로 계속적인 프로세스가 되게 하라. 리스크는 본래 역동적이기 때문에 리스크 관리와 평가도 일회성 행사에서 프로세스로 변화해야 하며, 정규적인 분석과 중요한 리스크 정보의 최신 정보로의 대체를 포함해야 한다.

9. 회사의 리스크 프로필을 계속적으로 모니터하기 위해 핵심 리스크 지표들을 개발하라. 척도, 대상, 이니셔티브들을 지니고 있는 균형 성과 평가 카드와 마찬가지로 리스크 관리 시스템은 KRIs, 임계점(threshold), 조치 유발점(trigger point), 리스크를 경감하거나 관리할 대응

책을 포함해야 한다.

10. ERM을 전략 실행 시스템 안으로 통합시켜라. 이는 ERM을 전체 경영 관리 시스템 안으로 통합시킴을 의미한다. 이는 조직의 핵심 역량인 전략적 리스크 관리와 전략 및 그 실행에 있어서 리스크를 지속적으로 모니터하고 관리하겠다는 의지를 필요로 한다.

결론

전략과 전사 리스크 관리를 연결시켜야 할 필요성이 현재의 경제 상황보다 더 적절한 때는 없었다. 효과적인 전략적 리스크 관리는 많은 회사들의 존폐를 가를 수 있다. ERM과 전략이 효과적으로 설계된다면, ERM과 전략의 연결은 조직이 전략과 연계된 불확실성이 펼쳐질 때 보다 선제적이고 유연하게 대응할 수 있게 해 줌으로써 가치를 부가할 수 있다.

성공적인 전략적 리스크 관리의 열쇠는 조직의 비즈니스 전략에 내재된 가장 중대한 영향을 가져올 수 있는 리스크들을 파악해내는 능력이다. 전략적 리스크에 대한 초점은 경영진 및 이사회가 다뤄야 할 광범한 리스크 분야를 축소하여 올바른 리스크에 중점을 두게 하는 여과장치 역할을 한다.

INDEX

1) 예를 들어 Standard & Poor's "전사 리스크 관리: S&P는 전사적 리스크 분석을 기업 신용 등급에 적용할 예정", (2008년 5월) 뉴욕. www.standardandpoors.com을 보라.

2) 예를 들어 도산한 많은 금융기관들의 전반적인 리스크 감독프로세스의 결함에 대해 매우 비판적인 2009년 1월 4일자 뉴욕 타임즈 지 "리스크 관리" 특집 기사를 보라.

3) 연방 준비 위원회 위원(Governor) 랜달 S. 크로스너(Randall S. Kroszner)의 연설, "상호 연결된 세계의 전략적 리스크 관리", 2008년 10월 20일, 볼티모어, 매릴랜드, www.federalreserve.gov.

4) Earnst & Young 2006년 보고서 "Board Members on Risk." www.ey.com.

5) IBM 글로벌 비즈니스 조사의 "통합된 금융기관에서의 리스크와 성과 사이의 균형을 유지하기: 2008 글로벌 CFO 연구" (2008년).

6) 컨퍼런스 보드 2007년 리서치 연구, "전사 리스크 관리에 있어서 떠오르고 있는 거버넌스 관행들."

7) RIMS의 "The 2008 Financial Crisis: A Wake-Up Call for Enterprise Risk Management)."

8) 컨퍼런스 보드의 "리스크 관리 및 임원 보상 감독" 보고서 (2008년 12월).

9) 마크 비슬리(Mark Beasley), 부르스 브랜슨(Bruce Branson), 보니 한콕(Bonnie Hanckok)의 "커가는 기대: 감사위원회의 전사적 리스크 감독"이라는 제목의 논문, 회계 업무 저널 (2008년 4월) 44-51쪽을 보라.

10) 마크 L. 프리고와 리처드 J. 안더슨의 논문 "거버넌스, 리스크 그리고 컴플라이언스에 대한 전략적 프레임워크" Strategic Finance (2009년 2월)를 보라

11) 이 사례에 대한 보다 자세한 정보는 2001년 1월 29일자 월 스트리트 저널 "화재에 의한 시련: 앨버커키의 화염이 휴대폰 거인에게 큰 위기를 가져오다"를 보라.

12) 마크 L. 프리고의 논문 "전략적 리스크 관리: 새로운 핵심 역량" Balanced Scorecard Report (2009년 1-2월호)를 보라.

13) 마이클 E. 포터경쟁 우위 (뉴욕, Free Press, 1985년), 476쪽.

14) 마크 L. 프리고와 조엘 리트만, Driven: Business Strategy, Human Actions and the Creation of Wealth (시카고, 일리노이: 전략과 실행, 2008년).

15) 보다 자세한 정보는 마크 L. 프리고와 조엘 리트만, Driven: Business Strategy, Human Actions and the Creation of Wealth (시카고, 일리노이: 전략과 실행, 2008년); 마크 프리고와 조렐 리트만이 Strategic Finance 2002년 2월호에 발표한 "수익 주도 전략이란 무엇인가?" 그리고 마크 프리고가 Strategic Finance 2003년 9월호에 발표한 "비즈니스 전략의 첫 번째 신조를 견인하는 성과 척도"를 참조하라.

16) 이에 관한 보다 자세한 내용은 조엘 리트만과 마크 프리고가 Strategic Finance 2004년 8월호에 발표한 "전략과 평가된 가치가 만날 때: 수익 주도 전략으로부터의 5가지 교훈"을참조하라.

17) Harley-Davison과 전략적 리스크 관리에 대한 보다 자세한 논의는 벤카트 라마스와미(Venkat Ramaswamy)와 프란시스 구일라트(Francis Gouillart)의 "공동의 미래 창조: 다중적 가치를 공동으로 창출하기 위해 고객, 직원 그리고 모든 이해관계자들을 참여시키기"의 14장 "리스크 관리, 거버넌스 그리고 변신 변화를 함께 만들기" 마크 L. 프리고와 벤카트 라마스와미의 "새로운 리스크-수익 공동의 부 창출 패러다임" (2009년); 그리고 마크 L. 프리고와 벤카트 라마스와미의 조사 보고서(Working Paper) "공동의 리스크-수익 창출" (2009년)을 참조하라.

18) 아드리안 슬라이워츠키(Adrian Slywotzky), "리스크의 긍정적 측면: 큰 위협을 성장의 획기적 계기로 바꾸기 위한 7가지 전략", Crown Business(2007년)을 보라.

19) 평판 리스크 관리의 중요성에 관하여 보다 자세한 정보를 원하면 로버트 이클스(Robert Eccles), 스콧 뉴키스트(Scott Newquist) 그리고 롤란드 샤츠(Roland Schatz)의 논문 "평판과 그 리스크들", 하버드 비즈니스 리뷰(2007년 2월)를 보라.

20) 수익 주도 전략에 관한 보다 자세한 정보는 마크 L. 프리고와 조엘리트만, Driven: Business Strategy, Human Actions and the Creation of Wealth(시카고, 일리노이: 전략과 실행, 2008년)를 보라.

21) 마크 L. 프리고의 논문 "전략과 ERM이 만날 때", Strategic Finance(2008년 1월)를 보라.

22) 로버트 S. 카플란과 데이비드 P. 노턴, "The Balanced Scorecard: Measures that Drive Strategic Performance", 하버드 비즈니스 리뷰(1992년 1-2월호)를 보라.

23) "기업 거버넌스: 더 많은 회사들이 'CI' 애널리스트를 사용하여 경쟁사에 관한 데이터를 수집하지만, 대부분 이를 극비리에 진행한다" 시카고 트리뷴, 2007년 12월 10일자 그리고 "지능 일기 이 업계가 한때는 알았다가 지금은 잃

은 것에 대한 학습가이드", Pharmaceutical Executive, 2007년 11월호를 보라.

24) 진정한 자산에 대한 논의는 마크 L. 프리고와 조엘 리트만 Driven: Business Strategy, Human Actions and the Creation of Wealth(시카고, 일리노이: 전략과 실행, 2008년)의 12장 "진정한 자산"을 보라.

25) 로버트 S. 카플란(Robert S. Kplan)과 데이비드 P. 노턴(David P. Norton), "Mastering the Management System", 하버드 비즈니스 리뷰(2008년 1월); 그리고 로버트 S. 카플란과 데이비드 P. 노턴의 Execution Premium: Linking Strategy to Operations for Advantage(보스턴, 매사추세츠: 하버드 경영대학원 출판부, 2008년).

26) 마크 L. 프리고의 논문 "Strategic RIsk Management: The New Core Competancy", Balanced SCorecard Report (2009년1-2월).

저자 소개

마크 S. 비슬리(Mark S. Beasley, PhD, CPA)는 노스캐롤라이나 주립대학교 경영대학 딜로이트 ERM 교수이자 회계학 교수이며, ERM 실무와 ERM과 전략 및 기업 거버넌스의 통합에 관해 리더십을 제공하는 노스캐롤라이나 주의 ERM Initiative (www.erm.ncsu.edu) 이사이다. 현재 트레드웨이 위원회의 후원조직 위원회(COSO로 널리 알려짐) 위원으로 활동하는 마크는 이전에 감사기준 위원회 SAS No.99 사기 전담 작업반(Fraud Task Force)과 ERM에 관한 이사회의 책임에 관한 컨퍼런스 보드의 리서치 자문 위원회 등 여러 건의 전국적 전담 작업반 및 실무 그룹에서 봉사했다. 또한 마크는 교과서, 사례집 그리고 보수 교육 자료들을 저술했으며 비즈니스 및 학술 저널에 많은 글을 기고했을 뿐만 아니라 국내 및 국제 컨퍼런스에서 ERM, 내부 통제, 감사위원회 관행을 포함한 기업 거버넌스에 관해 자주 강의한다. 마크는 오번 대학교에서 회계학 학사 학위를 받았으며, 미시간 주립대학교에서 박사 학위를 받았다.

마크 L. 프리고(Mark L. Frigo, PhD, CPA, CMA)는 드폴 대학교 켈쉬타트 경영대학원의 전략, 실행 및 평가 센터 이사, 회계 대학원의 전략 및 리더십 Ledger & Quill Alumni Foundation 저명한 교수이며, 전략적 리스크 관리의 선도적 전문가이다. 프리고는 6권의 책과 80편이 넘는 논문을 썼으며, 유럽의 대학교와 컨퍼런스에서 자주 강의한다. 또한 조엘 리트만(Joel Litman)과 함께 『Driven: Business Strategy, Human Actions and the Creation of Wealth』를 (www.returndriven.com) 저술했다. 일리노이 대학교에서 회계학 학사 학위를 받았고 노던 일리노이 대학교에서 MBA를 받았으며, 노스웨스턴 대학교 켈로그 경영대학원에서 대학원 과정을 마친 프리고는 일리노이 주 CPA이며 CMA(Certified Management Accountant)이며, 경제학과 계량 경제학에서 박사 학위를 받았다. 프리고는 전략적 리스크 관리 분야에서 임원들 및 이사회에 자문 활동을 하고 있다.

ENTERPRISE RISK MANAGEMENT

ERM에서 이사회 및 경영진의 역할

브루스 C. 브랜슨(Bruce C. Branson) – 노스캐롤라이나 주립대학교 ERM Initiative 회계학 교수 겸 이사보

서론

조직에 의해 채택된 전사 리스크 관리(ERM) 감독은 이사회의 가장 중요하고 도전적인 기능들 중 하나이다. 이사회는 회사의 경영진과 협력해서 리스크 및 리스크 관리에 대한 고려가 비즈니스 내에서 이루어지는 전략적 및 운영상 의사 결정의 전면에 위치하도록 하기 위해 적절한 "상부에서의 기조(tone at the top)"를 확립해야 한다. 2008–2009년의 세계적 금융 위기와 세계 경제의 급속한 악화로 회사들은 전례 없이 복잡하고, 서로 더 많이 연결되며, 보다 더 피해가 클 수 있는 리스크들에 직면해 있다. 조직의 각 부문에서 이뤄지는 의사 결정과 관련된 리스크들을 적정하게 인식하고 이를 효과적으로 관리하지 못하면 재앙적인 결과로 귀결될 수 있다.

리스크 모니터링 및 관리 소홀과 관련된 폐해를 관찰하려면 더 멀리 갈 것도 없이 현재의 금융 서비스 부문을 보기만 하면 된다. 신용의 질, 유동성, 시장 붕괴 및 평판과 관련된 리스크들 모두가 유례없는 부도, 은행 도산, 연방 정부 개입, 급속한(강제된) 산업 내 통합에 기여했다. 이 금융 재앙의 여파는 경제 전반으로 빠르게 확산되어, 거의 모든 업

종에서 세계적 신용 경색, 극적인 소비자 수요 감소, 상품·외환·주식 시장의 극단적인 변동성으로 고통을 겪었다. 공격적이고 제어되지 않은 리스크 취하기가 금융 시장 및 신용 시장 붕괴의 주된 이유였다는 인식으로 입법부 및 감독 기관은 리스크 관리 및 리스크 예방에 초점을 맞추게 되었다. 이사회와 회사들은 이러한 환경에서는 규제 당국 및 사법 시스템이 새로운 행동 기준을 적용하거나 기존 기준을 재해석해서 이사회의 리스크 관리 책임을 증가시킬 수도 있음을 알아야 한다. 이사회는 그들이 봉사하고 있는 회사가 직면하는 매일매일의 리스크 관리에 관여할 수도 없고 관여해서도 안 된다. 이사회의 역할은 고위 임원들에 의해 리스크 관리 프로세스가 설계 및 실행되고, 회사가 고용한 리스크 전문가들이 이사회가 발표하고 고위 경영진이 실행하는 조직의 전략적 비전에 맞춰 행동하게 하는 것이다. 또한 이사회는 리스크 관리 프로세스가 설계된 대로 기능을 발휘하고 있으며, 조직 전체에 걸쳐 리스크에 대해 인식하는 의사 결정 문화 발전에 적정한 주의가 기울여지고 있다는 데 대해 확신할 수 있도록 적극적으로 감독 역할을 수행해야 한다.

이사회는 감독 역할을 적극적으로 수행함으로써 회사의 고위 경영진 및 직원들에게 회사 리스크 관리는 비즈니스 수행에 장애물도 아니고 단지 "체크리스트에 표시(check-the-box)"하는 활동에 지나지 않는 것도 아니라는 중요한 신호를 보낸다. ERM이 적절하게 실행될 경우 회사의 전략, 문화, 가치 창출 프로세스의 불가결한 구성요소가 될 수 있고 또 그래야 한다. 이사회는 ERM 노력에 대해 지도와 지원을 제공해 줄 수 있지만, 임원진 내에 한 명 이상의 리스크 후원자가 없다면 대부분의 ERM은 실패할 운명에 처해진다. 따라서 이사회 위원들과 고위 경영진은 조직의 전략 계획과 정렬된 리스크 성향 이내에서 신중하게 리스크를 취하는 문화를 배양할 책임을 공유한다.

회사의 ERM 시스템은 회사의 가장 중대한 리스크들을 이사회에 알려주고 이사회가 이 리스크들이 어떻게 상호 관련되어 있을 수 있는지, 이들이 회사에 어떤 영향을 줄 수 있는지, 경영진의 경감 또는 대응 전략은 무엇인지에 대해 이해하고 이를 평가할 수 있도록 기능해야 한다. 이사회 위원들이 회사가 당면하는 리스크들을 의미 있게 평가하기 위해 요구되는 경험과 지식을 갖추고 비즈니스에 대해 깊이 이해하는 것이 매우 중요하다. 이사회는 또한 이사회 차원에서 리스크 감독에 충분한 주의를 기울이기 위한 최상의 조직 구조도 고려해야 한다. 일부 회사에서는 이로 인해 이사회 내에 별도의 리스크 관리위원회를 설치했다. 다른 조직에서는 리스크에 대한 이러한 논의가 감사위원회와 같은 기존 위원회의 정규 의제 항목으로 행해지고 이사회 전원 회의에서 이를 정기적으로 검토함으로써 강화되는 것이 합리적일 수도 있다. 천편일률적일 필요는 없으나 리스크 관리 감독이 이사회의 주요 역할이 되는 것은 매우 중요하다.

이번 장은 회사의 리스크 관리에 있어서 이사회의 적절한 역할을 다룬다. 이 장은 이사회의 리스크 감독 책임을 주도하는 법률적 및 감독 규정상의 프레임워크를 명시한다. 또한 전사적인 리스크 관리 방법의 개발, 승인 및 실행에 있어서 이사회 및 그 하위 위원회와 고위 경영진 각각의 역할을 명확히 한다. 마지막으로, 이 장은 리스크 감독 책임을 가장 잘 수행하는 최적의 이사회 구조를 살펴본다.

이사회의 리스크 관리 감독에 대한 거버넌스 기대

이사회의 리스크 관리 감독 책임은 다양한 요소들에 의해 주도된다. 이러한 요인들에는 주(州) 법에 좌우되는 회사 주주들에 대한 수임인 의무, 최근에 제정된 2008년의 비상경제 안정화법(Emergency Economic Stabilization Act; EESA) 및 사베인-옥슬리법과 같은 미국 및 외국의 법, 뉴욕증권거래소 상장 요건, 확립된 특정 모범 실무 관행 등이 있다. 또한 회사의 리스크 관리 역량이 부적정하다고 믿어지거나 그렇게 드러났다는 주주 행동주의나 회사에 대한 불리한 언론 보도로 인한 회사 평판 피해 리스크도 이사회의 건전한 리스크 감독이 바람직하다고 인식되게 하는 데 기여했다.

(미국의 회사들에 대한 광범위한 판례법을 확립하는) 델라웨어 법원은 이사회 위원들이 회사에 대해 부담하고 있는 주의 의무와 충성 의무라는 수임인 의무를 위반했다고 주장하는 소송을 다룬 일련의 소송 사건들을 통해 이사회의 감독 책임에 대한 기준들을 개발해 왔다. 델라웨어 형평법 법원(Delaware Chancery Court)은 이사회의 감독 책임 실패에 대한 이사의 책임은 "합리적인 정보 및 보고 시스템이 존재하는지 전혀 확인하지 않는 등의 이사회의 지속적이고 체계적인 감독 실패"를 요한다고 말했다.[1] 이사회가 책임을 면하기 위해서는 조직이 각각의 리스크 범주 별로 맞춰진 종합적인 모니터링 시스템을 실행하게 해야 한다. 이사회는 이 모니터링 시스템들을 정기적으로 검토하고 이 시스템들의 건실함에 대해 경영진에게 질의해야 한다. 이사회는 또한 실행되고 있는 방법론의 적정성에 대해 독립적으로 평가하기 위한 외부 컨설턴트 고용도 고려해야 한다. 회사의 법률 고문을 이용하여 이사회

가 ERM 프로그램 감독 책임을 효과적으로 이행했는지에 대한 평가를 제공할 수도 있다.

이사회는 소위 "적신호"나 리스크 관리팀이 정한 리스크 한도 위반에 대해 특히 민감해야 한다. 이러한 위반들에 대해서는 이사회가 조사하거나 적절한 관리자에게 조사를 위임해야 하며, 정해진 정책 일탈 여부 검토에 할애한 이사회의 시간 및 노력을 정확하게 전달하기 위해 이사회가 취한 조치를 의사록에 기록해야 한다. 이사회의 책임에 대한 보호막을 보존하기 위해서는, 모니터링 시스템에 주주 소송에서 증거로 사용될 수도 있는 (회사에 부과된 벌금 등과 같은) 중대한 규제 사안에 대한 보고가 포함되게 해야 한다. 이사회는 그러한 보고를 적신호로 취급하고 적절하게 조사해야 한다.

최근에 두 개의 중요한 연방 규제 당국의 감독 사례인 EESA(비상 경제 안정화법)와 사베인-옥슬리법에 회사의 리스크 관리 이슈들이 등장했다. 또한 해외에서 운영하는 회사들은 그들이 사업을 수행하는 현지의 법적 요건을 알고 있어야 한다. 리스크 관리에 관한 특정 입법 조치가 당해 회사 및 이사회에 직접 적용되는지 여부와 무관하게, 그러한 법규는 회사가 수행하는 활동에 분명히 영향을 줄 것이다. 현재의 환경 및 리스크 관리와 리스크 감독이 더 강조되고 있는 점을 감안할 때, 이사회가 법적 요건 준수 시스템을 적정하게 감독하지 못하면 이사회의 수임인 의무에 관한 주 법 하에서의 이슈들이 제기될 수 있을 뿐만 아니라, 소송을 제기하는 사람들이 회사 및 이사회에 대해 불법 행위 또는 심지어 형사 책임을 묻는 것과 같은 소송에서 이러한 실패를 강조할 기회가 제공될 수도 있다. 이사회는 회사에 적용되는 모든 법적 요건을 알아야 하며, 회사는 그들의 ERM 프로그램에 이러한 리스크들을 포함하도록 주의를 기울여야 한다.

연방 법률이 리스크 관리에 대해 명시적으로 중점을 두는 최근의 예는 EESA에 포함된 TARP(부실 자산 구제 프로그램)이다. 이 법은 TARP의 자본 매입 프로그램(Capital Purchase Program; CPP)에 참여하는 금융기관의 이사회에게 회사의 리스크 취하기와 관련된 임원 보상에 특정한 제한을 가하도록 요구한다. 구체적으로 말하자면, TARP의 CPP 참여자들은 Box 4.1에 나오는 요건들을 준수해야 한다. 이 요건들은 CPP에 참여하는 금융기관들에게만 적용되지만, 보상 프로그램이 어떻게 과도한 리스크 취하기에 기여할 수 있는가라는 이슈에 대한 연방 정부의 우려에 대한 통찰력을 제공한다. 이 우려 때문에 직접적으로 영향을 받지 않는 회사들도 자사의 보상 제도를 검토하여 보상 구조가 과도한 리스크를 취하도록 장려하는지 판단해야 한다. 인센티브 보수가 외부적으로 부적절한 리스크의 원천으로 보여지는 한, 보상과 리스크의 상호작용은 불가피하게 다른 입법 및 감독 당국의 반응으로 이어지거나 주주 행동주의와 언론의 바람직하지 않은 중점 관심 대상이 될 수도 있다.

BOX 4.1

부실 자산 구제 프로그램 자본 매입 프로그램*의 임원 보수 요건

이 프로그램에 참여하여 EESA의 Section 111(b)(2)(A)를 준수하려면 금융기관은 다음의 세 가지 규칙을 따라야 한다.

(1) 이 프로그램 하에서 부실 자산이 매입된 금융기관의 보수 결정 위원회 또는 유사한 기능을 수행하는 위원회는 신속하게 그리고 어떠한 경우에도 부실 자산 매입 후 90일 이내에, 고위 임원(Senior Executive Officers; SEO)들의 인센티브 보수 제도가 SEO들이 불필요하고 과도한 리스크를 취해서 해당 금융기관의 가치를 위협하게 될 소지가 없는지 파악하기 위해 해당 금융기관의 CRO 또는 유사한 기능을 수행하는 자와 함께 SEO 인센티브 보수 제도에 대해 검토해야 한다.

(2) 그 후에는 보수 결정 위원회 또는 유사한 기능을 수행하는 위원회가 최소 연 1회 CRO 또는 유사한 기능을 수행하는 자와 모여서 해당 금융기관의 리스크 관리 정책 및 관행과 SEO 인센티브 보수제도 사이의 관계에 대해 토의 및 검토해야 한다.

(3) 보수 결정 위원회 또는 유사한 기능을 수행하는 위원회는 위의 (1)과 (2)에서 요구되는 SEO 인센티브 보수제도 검토를 완료했음을 인증해야 한다. 이 규칙은 재무부가 이 프로그램에서 획득한 주식 또는 채권 포지션을 보유하고 있는 동안 적용된다.

*재무부 Notice 2008-PSSFI에서 발췌함.

2002년의 사베인-옥슬리법은 회사 및 이사회에 감사위원회의 내부 감사인 및 외부 감사인 감독, CEO와 CFO의 분기 및 연례 재무 보고서와 정기 보고서 인증, 기능을 잘 발휘하는 재무 보고 및 공시 통제 유지, 일반적으로 인정된 회계 원칙(GAAP)에 근거하지 않은 재무 수치 공시 강화, 이사와 책임자들에 대한 개인 대출 금지 등 상당한 요건을 부

과한다. 이사회의 리스크 감독 책임에 직접 연결된 것은 아니지만, 사베인-옥슬리법 요
건 준수는 리스크 관리 이슈들과 관련이 있다. 예를 들어, 재무 보고 통제의 효과성 결정
시 또는 재무제표 인증 프로세스에서 회사는 중대한 리스크들의 파악 및 공시 여부에 초
점을 맞춰야 한다. 이사회는 회사의 사베인-옥슬리법 준수 여부를 검토할 때 이 리스크
관리 이슈들이 인식되었는지 질의해야 한다.

　　뉴욕증권거래소(NYSE)는 상장 회사의 감사위원회에 특정한 리스크 감독 의무를 부과한
다. 이 NYSE 규칙은 감사위원회에게 "리스크 평가 및 리스크 관리에 관한 정책들을 논
의"하도록 요구한다.[2] Box 4.2는 이 요건과 밀접 관련이 있는 NYSE 기업 거버넌스 규
칙에서 발췌한 것이다. 이러한 논의는 주요 재무 리스크 익스포져와 회사의 리스크 관리
프로그램에 대한 이사회의 일반적인 검토 등 이사회가 이 리스크 익스포져들을 모니터
및 통제하기 위해 취한 조치들을 다뤄야 한다. NYSE의 해설이 나타내는 바와 같이, 이
규칙은 회사가 리스크 감독 책임을 수행할 별도의 위원회나 하위 위원회(종종 이사회 산하 별도의
리스크 위원회)를 설치하도록 허용한다. 이 별도의 위원회나 하위 위원회가 수행한 리스크 감
독 프로세스는 감사위원회에 의해 일반적인 방식으로 검토되고, 감사위원회는 리스크 평
가 및 관리에 관한 정책에 대해 계속 논의할 필요가 있다. CPP(자본 매입 프로그램)에 참여하는
금융기관들에 대한 TARP 인증 요건에 관한 논의와 같이 이 규칙들도 NYSE에 상장된 회
사에만 적용된다. 그러나 모든 이사회들은 주주들 및 일반 대중의 눈에 비친 "모범 실무
관행"을 준수해야 할 수도 있음을 인식하는 것이 신중한 태도이다.

BOX 4.2

NYSE의 2004 최종 기업 거버넌스 규칙* 발췌문

감사위원회의 책임과 의무에는 다음 사항이 포함된다.

　(D) 리스크 평가 및 리스크 관리에 대한 정책 논의

해설: 회사의 리스크 익스포져 평가 및 관리는 CEO와 고위 경영진의 일이지만, 감사위
원회는 이 프로세스를 규율하는 가이드라인과 정책을 논의해야 한다. 감사위원회는 회사
의 주요 재무 리스크 익스포져들과 경영진이 그러한 익스포져들을 모니터 및 통제하기

위해 취한 조치들을 논의해야 한다. 감사위원회가 리스크 평가 및 관리에 관한 유일하게 책임지는 기구가 되도록 요구되지는 않지만, 위에서 언급한 바와 같이 감사위원회는 리스크 평가 및 관리 수행 프로세스를 규율하는 가이드라인과 정책을 논의해야 한다. 많은 회사들, 특히 금융기관들은 감사위원회가 아닌 다른 기구를 통해 그들의 리스크를 관리 및 평가한다. 이 회사들이 갖추고 있는 프로세스는 감사위원회에 의해 일반적인 방식으로 검토되어야 한다. 그러나 이 프로세스 자체를 감사위원회가 수행할 필요는 없다.

---

* "Final Corporate Governance Rules", New York Stock Exchange (2004) www.nyse.com

또한 이사회는 (은행업의 연방 준비 위원회와 FDIC와 같은) 산업별 규제 당국과 모범 실무 관행 지침을 발표한 전문 리스크 관리 기구도 이용해야 한다. 전문 회계 협회 및 기관들이 후원하는 민간 부문 기구인 트레드웨이 위원회 후원 기관 위원회(COSO)는 리스크 관리에 대한 전사적 관점을 고취하는 ERM 프레임워크를 개발했다. 이 문서는 ERM의 정의에서 리스크 관리에 있어서 이사회의 역할을 강조한다.

전사 리스크 관리는 조직의 목표 달성에 대한 합리적인 확신을 제공하기 위해서 조직에 영향을 줄 수 있는 잠재적 사건들을 파악하고 리스크를 리스크 성향 이내로 관리하기 위해 조직의 전략 수립 및 전체 조직에 적용되도록 설계된 프로세스로서, 이사회 및 경영진 등에 의해 시행된다

(강조는 저자가 덧붙였음).[3]

COSO의 통합 프레임워크는 귀중한 벤치마킹 도구를 제공해 주며, 회사가 전략을 수립할 때 그리고 전체 조직에 걸쳐 ERM을 어떻게 실행하는지에 대한 자세한 지침을 제공한다. COSO ERM 프레임워크는 다음과 같은 8개의 상호 관련된 리스크 관리 구성 요소들을 제시한다. (1) 내부 환경(조직의 기조) (2) 목표 수립 (3) 사건 파악 (4) 리스크 평가 (5) 리스크 대응 (6) 통제 활동 (7) 정보 및 소통 (8) 모니터링. COSO ERM 프레임워크는 ERM 프로그램을 시작하거나 개선하기 원하는 조직들을 위해 개발된 도구로 널리 받아들여지게 되었다.

S&P는 2007년에 회사 신용 등급 분석 항목에 ERM 프로그램에 대한 평가를 명시적으

로 포함시키겠다고 발표했다. S&P는 상당 기간 동안 금융기관, 보험회사 그리고 대형 에너지 회사들의 트레이딩 부문의 ERM 관행들을 활발하게 평가해 왔으며, 2008년 말부터는 비금융 부문으로 확대했다. Box 4.3은 이사회의 리스크 관리 관여를 기대한다고 강조하는 S&P의 발표에서 발췌한 것이다. S&P는 확실히 이사회가 적절한 "상부에서의 기조" 확립뿐 아니라 회사가 제정하는 특정 리스크 정책 승인 및 모니터링에도 활발하게 관여하리라고 기대한다.

BOX 4.3

S&P의 "ERM 프로세스 평가를 위한 PIM 프레임워크" 발췌문*

2007년 11월에 Standard & Poor's는 신용 등급 평가 시 ERM 프로세스 분석을 포함시키는 것을 다른 17개 업종으로 확대하겠다고 제안하는 Criteria: Request for Comment: Enterprise Risk Management Analysis For Credit Ratings of Nonfinancial Companies 를 발표했다.** S&P는 신용 평가 프로세스의 일환으로 평가 대상 기업의 전사 리스크 관리의 견고성을 평가하기 위해 정책(Policy), 인프라스트럭처(Infrastructure), 그리고 방법론(Methodology)을 뜻하는 "PIM 프레임워크"라는 ERM 평가 프레임워크를 개발했다. PIM 프레임워크에서 S&P는 "리스크 거버넌스"를 평가 구조의 토대로 본다. 아래의 설명에서 보는 바와 같이, 리스크 거버넌스의 구성 요소에는 이사회의 활동에 관한 항목이 포함된다.

- 비즈니스 부문과의 협의 하에, 이사회 산하 리스크 위원회의 승인을 받은 리스크 정책을 수립한다.
- 다양한 재무 리스크 및 비재무 리스크 프로필의 적절성에 대해 이사회, 비즈니스 부문장, 그룹 리스크 관리 부문 사이에 정기적으로 대화한다.
- 이사회가 조직의 리스크 ERM 이니셔티브에 깊이 관여하며, 적절한 상부의 기조를 세운다.

---

* "Assessing Risk Management Practices of Financial Institutions", Standard & Poor's (2006) www.standardandpoors.com.
** "Criteria: Request for Comment: Enterprise Risk Management Analysis For Credit Ratings of Nonfinancial Companies", Standard & Poor's (2007) www.standardandpoors.com.

리스크 관리와 관련된 특정 법률, 감독 규정, 주식 거래소 상장 규칙 그리고 모범 실무 관행을 준수하라는 요건이 없어도 적정한 리스크 감독 결여에 기인한 평판 손상이 발생할 수 있다. 실제 법적 익스포져가 없는 경우에도 이사회의 과도한 리스크 취하기로 위기 또는 재무 상태 및/또는 운영 실적이 악화되면 해당 이사회는 언론 및 주주들로부터 중대한 비판에 직면할 가능성이 있다. 이러한 경우 이사회는 다른 이사 후보 명부나 주주들의 결의안 상정 운동의 위임장 대결에 직면할 수도 있다. 리스크 감독 실패 책임이 있는 것으로 유추되는 이사들에 대한 위임장 공격은 점점 더 흔해지고 있다. 경제지(經濟紙)들도 성과가 나쁜 것으로 간주하는 이사들을 부각시키고 겨냥해 왔다. 리스크 감독 및 관리에 주의를 더 많이 기울이게 됨에 따라, 과도한 수준의 리스크를 취한 것으로 인식되거나 건실한 리스크 감독 역량이 결여된 것으로 밝혀진 회사들에 대한 압력이 커질 것으로 예상할 수 있다(이에 관한 보다 자세한 설명을 원할 경우, 역자의 다른 번역서 『거버넌스, 리스크 관리, 컴플라이언스』를 참조하기 바람. 역자 주).

리스크 감독의 하위 위원회 위임

많은 이사회들은 일차적인 리스크 감독 책임을 이사회 전원 위원회의 하위 위원회에 부여하는 것이 유용하다는 점을 발견했다. 이 위원회는 리스크 관리 기능을 직접 감독할 책임을 맡게 되며, 조직의 리스크 관리에 책임이 있는 고위 경영진으로부터 ERM 프로세스 현황에 대해 정기적으로 보고받아야 한다. 하위 위원회는 이사회 전원 위원회가 조직의 리스크 프로필에 대해 이해하고 자신의 리더십 역할에 걸맞게 전략적이고 리스크 정보를 지닌 상태에서 결정을 내릴 수 있도록 전원 위원회에 정기적으로 보고해야 한다.

감사위원회가 재무 보고 및 내부/외부 감사 기능과 관련된 엄청난 책임을 지고 있음에도 불구하고, 이사회는 리스크 관리에 대한 일차적인 책임을 감사위원회에 부여하는 경우가 많다. 감사위원회는 경영진의 리스크 정책 및 가이드라인 감독 수행을 맡게 되는 가장 흔한 이사회 내 하위 위원회로서, 재무 보고 관련 리스크만이 아니라 조직의 주요 리스크들에 대해 경영진과 논의하도록 요구되고 있다. 포춘 100 기업의 감사위원회 규정에 대한 최근의 컨퍼런스 보드 연구에 의하면, 이 회사들의 66%가 Box 4.4에 나오는 코카콜라, 월마트 그리고 애플 사의 예와 유사한 표현을 사용해서 감사위원회에 일차적인 리스크 감독 책임을 부여한다.[4]

감사위원회 규정의 표현 예시

아래의 발췌문은 감사위원회의 리스크 감독 관여 예를 제공하는 세 개의 감사위원회 규정들에서 인용한 것이다.

1. Coca-Cola Company의 감사위원회 규정은 이사회 신하 감사위원회의 14개 책임 중하나는 다음 사항을 포함한다고 말한다.
   리스크 평가 및 리스크 관리. 감사위원회는 리스크 평가 및 리스크 관리에 관한 회사의 정책 및 절차들에 대해 경영진, 내부 감사인 그리고 독립적 감사인과 논의해야 한다.
2. Wal-Mart Store의 감사위원회 규정에는 다음과 같은 조항이 포함되어 있다.
   회사의 주요 재무 리스크 익스포져와 회사의 리스크 평가 및 리스크 관리 정책을 포함하여 경영진이 그러한 익스포져를 모니터 및 통제하기 위해 취한 조치들을 경영진과 논의한다.
3. Apple의 감사 및 재무위원회 규정은 이 위원회의 책임 중 하나는 다음과 같다고 말한다.
   다음 사항을 검토 및 경영진과 논의한다. (i) 경영진의 재무 리스크 평가 및 리스크 관리 정책 (ii) 회사의 주요 재무 리스크 익스포져 및 경영진이 그러한 익스포져를 모니터 및 통제하기 위해 취한 조치들.

리스크 감독 책임이 맡겨진 감사위원회(또는 다른 이사회 산하 위원회)는 경영진에게 리스크 관리 프로세스에 대한 정보와 경영진의 주요 리스크 평가에 관한 최근의 정보를 더 많이 요구하고 있다. 고위 임원 중에서는 최고 재무 책임자(CFO)나 최고 감사 책임자(Chief Audit Executive; CAE)가 리스크 관리 기능을 이끌기도 한다. 2006년 컨퍼런스 보드 보고서 "ERM에서 미국의 이사회들의 역할"에 의하면 CFO들이 리스크 이슈들에 대해 이사회에 정보를 제공할 책임을 지고 있는 경우가 가장 흔한데, 이러한 회사는 조사 대상의 70%가 넘었다. 그러나 점점 더 많은 회사들이 리스크 관리 리더 또는 "후원자" 역할을 할 최고 리스크 책임자(CRO) 직(職)을 신설하고 있으며, CFO, CRO, 법률 고문, 전략 및 감사 담당 임원, 그리고/또는 주요 비즈니스 부문의 리더들로 구성된 임원급 리스크 위원회를 만들어 ERM을 이끌게 하는 회사들도 있다(리스크 관리에서 내부 감사의 역할에 관해 보다 자세한 정보를 원할 경우, 역자의 다른 번역서 『내부 감사와 리스크 관리 프로세스』를 참조하기 바람. 역자 주).

리스크 관리 프로세스 공식화하기

조직에 영향을 주는 리스크들의 복잡성 및 숫자는 지난 10년 동안 급속히 증가되어 왔다. 따라서 이사회와 고위 임원들은 시간 및 전문성에 대한 요구 증대에 점점 압력을 느끼고 있다. 2007년의 연구 "Board Members on Risk"[5]는 이 조사에 참여한 이사회 위원들의 72%가 그들이 봉직하고 있는 조직이 현재 당면하고 있는 전반적인 리스크 수준이 지난 2~3년 동안 증가했다고 믿고 있으며, 41%는 전반적인 리스크 수준이 상당히 증가했다고 응답했다고 했다. 고위 임원들과 이사회는 리스크를 비공식적으로 관리하거나 사안에 따라 관리하는 관행은 더 이상 용인될 수 없으며, 급속히 변화하는 오늘날의 비즈니스 세계에서는 많은 경우에 현행 프로세스가 부적절함이 입증되었음을 깨닫고 있다.

이러한 우려를 다루기 위해 많은 이사회들은 조직이 직면하는 주요 리스크들에 대해 보다 건실하고 총체적인 하향식(top-down) 접근법을 개발할 프로세스로 ERM을 채용해 왔다. ERM의 채용은 주로 리스크 감독에 대한 기대가 커지는 데 대한 반응에서 비롯되기는 하였지만, 최근의 데이터는 비교 대상 그룹보다 실적이 나은 기관들이 보다 공식적인 리스크 관리 프로세스를 개발할 가능성이 높음을 보여 준다.[6] ERM 옹호자들은 효과적인 ERM의 목적은 리스크를 낮추는 것이 아니라는 점을 강조한다. ERM은 이해관계자들의 가치가 무슨 일이 있어도 보존되고, 가능하면 증가될 수 있도록 리스크를 전사적인 차원에서 보다 효과적으로 관리하도록 설계된다. 달리 말하자면 ERM은 경영진과 이사회가 보다 나은 그리고 보다 "리스크에 대해 똑똑한" 전략적 의사 결정을 내릴 수 있게 해 준다. 위에 인용한 최근의 증거는 이러한 주장을 지지하는 듯하다.

ERM의 강조 사항 중 하나는 이사회와 고위 임원들이 리스크에 대해 보다 총체적으로 생각하도록 돕는 것이다. 이는 과거에 경영진에게 개별 부서나 비즈니스 부문의 리스크 감독 책임을 맡기던 방식(이러한 방식을 ERM에서는 종종 비즈니스 "사일로" 또는 "난로의 연통"이라고 부른다)과는 전혀 다르다. 리스크에 대해 사일로식으로 접근하면 종종 리스크들이 일관적이지 않은 방식으로 관리되거나 각각의 리스크 관리자들의 개인적인 리스크 용인 수준 이내로 관리되는 결과가 초래된다. 이 점이 보다 중요한 바, 이러한 리스크들이 개별 비즈니스 부문에서는 수용할 만한 수준 이내에서 효과적으로 관리될지라도 부지불식간에 다른 부문에서 리스크를 만들어 내거나 더하게 될 수도 있다. 또한 리스크에 대한 전통적인 사일로적 접근법은 종종 특정 리스크 사건들이 다른 리스크 사건들과 상관관계가 있어서 일련의 리스크 익스포져가 연이어 발생하도록 촉발할 수 있음을 예상하지는 못한다.

리스크 관리에서 고위 임원의 리더십

리스크 관리에 대한 ERM 접근법은 조직이 직면한 리스크에 대한 하향적 시각을 필요로 한다. 고위 임원진의 가시적인 리더십과 수용은 효과적인 ERM 프로세스의 중요한 구성 요소이다. ERM이라는 여정을 시작한 조직들은 리스크에 대한 총체적인 관점 채택은 리스크 정보가 조직 내의 사일로들 사이에 투명하게 공유될 것을 요구하며, 또한 기업 문화와 경영진의 마음 자세에 있어 상당한 변화가 필요하다는 현실을 증명한다. 조직 전체의 직원들이 자신의 책임 분야 내의 리스크 오너십에 대한 책임을 지므로 고위 임원이 전사적 관점의 보다 투명한 리스크 관리를 향해 나아가는 일의 중요성을 강조할 필요가 있다.

CFO들은 전반적인 ERM 노력을 이끌 수 있는 독특한 위치에 있다. CFO들은 이미 재무 리스크 관점에서 조직에 대한 전반적인 견해를 제공하는 일에 관여하고 있는 바, 이로 인해 실적을 견인하는 핵심 활동들에 대해 전사 차원의 이해를 갖추게 된다. CFO들은 또한 감사위원회와 관계를 맺고 있다. 따라서 감사위원회가 경영진에게 리스크 관리에 대한 전사적인 접근법을 강화하도록 주문할 때, 감사위원회는 자연스럽게 CFO들에게 이 프로세스를 시작하도록 한다.

CFO들은 조직 전체에 걸친 리스크들을 파악 및 평가하기 위한 기본적인 구조를 설계함으로써 이러한 새로운 도전 과제들에 대응하였다. 많은 조직들은 조직에서 리스크 관리 방법론이 일관적으로 실행되게 하기 위해 리스크 용어를 정의하거나 주요 리스크에 대한 공통의 정의를 개발하는 것부터 시작한다. 리스크 용어의 명확한 정의("리스크"가 위험이 있는 기회와 리스크의 부정적인 측면 모두를 포함하는지에 대한 논의 포함) 제공은 종종 필요한 첫 번째 단계이다. 리스크가 정의되고 나면, 고위 경영진은 설문지, 인터뷰, 리스크 워크숍, 외부의 리스크 조사 등을 통해 조직에 잠재적인 위협 및/또는 기회를 부과할 수도 있는 잠재적 리스크 동인과 리스크 사건들을 파악할 수 있다.

리스크들이 조직 전체에서 일관적으로 평가되도록 하기 위한 리더십이 필요하다. 고위 임원과 이사회의 감독에 가장 중요한 리스크들의 우선순위를 정하기 위해서는 고위 임원급 리스크 후원자가 리스크들이 발생 가능성이나 확률 관점에서만이 아니라 영향이라는 관점에서도 어떻게 평가되어야 하는지를 규율하는 프로세스를 개발해야 한다. 확률과 영향 평가를 반영하는 리스크 순위에 기초해서 경영진은 이제 적정한 리스크 대응을 개발할 필요가 가장 큰 리스크들을 파악할 수 있는 위치에 있게 된다. 그 후에는 고위 임원은 이 리스크들을 선제적으로 계속 관리할 수 있도록 하기 위해 경영 정보 시스템에 포함될 수 있는 핵심 리스크 지표들을 찾아내야 한다.

위의 설명은 ERM 접근법의 핵심 요소들에 대한 간략한 개요이며, 감사위원회와 이사회가 고위 경영진에게 기대하는 리스크 관리 리더십의 성격도 보여 준다. 이후의 장들에서는 리스크를 파악 및 평가하고, 직면하는 리스크에 따라 적절한 처리 전략을 개발하기 위한 도구 및 기법들에 대해 자세히 설명한다.

ERM에서 내부 감사 기능의 역할

공식적으로는 CFO와 다른 고위 임원들이 ERM 노력을 이끌지만 내부 감사는 리스크 관리 프로세스 지원에 있어서 중요한 역할을 한다. 대부분의 경우에 내부 감사 기능을 이끄는 감사 담당 임원들이 자기 조직에서 ERM을 시작한다. 내부 감사가 리스크 관리 활동에 자연적으로 관여하기는 하지만 ERM 프로세스에서 내부 감사 기능이 맡아야 할 역할과 맡아서는 안 되는 역할이 있다. 내부 감사는 리스크가 정확하게 평가되고 있다는 확신을 주고, 리스크 관리 프로세스를 평가하며, 핵심적인 리스크 보고를 평가하고, 핵심 리스크 관리를 검토하는 등 리스크 관리 프로세스에 대한 어슈어런스 서비스(assurance service. 내부 감사 부서의 활동 중 업무의 적정성 및 효과성에 대한 독립적인 평가 의견을 제시하는 활동을 컨설팅 서비스와 구분하여 assurance service라 함. 이의 목표는 독립적인 검토를 통해 검토 대상 활동이 적정하고 효과적으로 이뤄지고 있어서 그 목표를 달성할 수 있으리라는 합리적인 확신을 제공하기 위함인데, 이 합리적인 확신(reasonable assurance)을 제공하기 위한 감사 부서의 활동을 assurance service라 함. 역자 ㈜)를 제공해야 한다. 그러나 내부 감사는 이사회의 승인을 얻기 위한 리스크 관리 프로세스 개발, 리스크 관리 프로세스 부과, 리스크 대응 방안에 대한 의사 결정, 파악된 리스크 관리 또는 조직의 리스크 성향 결정에 관여해서는 안 된다. 내부 감사의 역할은 고위 경영진에 의해 설계되고 실행된 ERM프로세스의 효과성에 대해 모니터하는 것이어야 한다. 감사위원회가 내부 감사 기능의 모니터링 활동을 직접 보고 받으면 감사위원회가 자신이 고위 경영진으로부터 직접 수령하는 리스크 정보의 정확성 및 완전성을 포함하여 경영진의 리스크 관리 프로세스의 효과성에 관해 보다 객관적으로 알 수 있는 위치에 있게 해 준다.

외부 감사 – 핵심적 리스크 파악의 독립적 원천

또한 감사위원회는 외부 감사인들에게 재무제표 감사 그리고 상장회사의 경우 사베인-옥슬리법이 요구하는 재무 보고 내부 통제에 대한 감사로부터 얻은 리스크 정보를 공유하도록 압력을 행사한다. 조직과 조직이 처한 환경에 대해 이해하는 과정(이는 재무제표 감사가 감사 기준에 부합하도록 수행하는 요건임)에서 외부 감사인들은 조직에 영향을 주는 핵심적인 비즈니스 리스크들을 파악할 가능성이 높다. 상장회사의 감사인들은 재무 보고에 영향을 주는 핵심 비즈니스 프로세스를 둘러싼 내부 통제의 효과성을 평가할 때 리스크 대응의 미흡한 점을 파악할 수도 있다. 진취적인 감사위원회들은 외부 감사인이 리스크 정보의 풍부한 원천이 됨으로써 감사위원회가 경영진이 작성한 리스크 자료의 완전성에 대해 도전을 제기하는데 도움이 될 수 있음을 알고 있다. 외부 감사인들은 이러한 기여가 고객에 대한 가치를 부가하는 활동임을 인식하고 있으며, 감사위원회와 대화할 때 주요 리스크들에 대한 논의를 더 많이 하고 있다.

이사회와 고위 임원들은 리스크 감독 프로세스를 급속히 강화하고 있지만, ERM 프로세스를 충분히 발전시켰다고 주장할 수 있는 조직은 별로 없다. 이들 중 대부분은 ERM 시행이 계속 진화하는 프로세스이며, 리스크 감독도 차츰 개선되어 간다는 것을 인식하고 있다. 대부분의 ERM 옹호자들은 전사 리스크 관리에 "천편일률적"인 접근법은 없다고 믿는다. 이사회와 고위 경영진이 ERM 프로세스를 보다 성숙한 비즈니스 운영 모델로 발전시키기 위해 애쓸 때, 인내심도 가져야 할 필요성이 있다. 즉각적으로 성공하는 경우는 드문 것처럼 ERM은 장기적인 문화의 변화로 여겨져야 하며, 실행을 위해서는 현실적인 기대도 필요하다.

ERM 시행 전략

리스크 관리 감독 의무를 이행하기 위해서는 이사회 또는 리스크 관리에 대해 일차적으로 책임을 지는 이사회 산하 위원회는 조직의 전사 리스크 관리 시스템의 적정성에 초점을 맞춰야 한다. 리스크 관리는 특정 조직에 맞춰져야 하지만 일반적으로 효과적인 ERM 프로세스는 다음 사항들을 포함할 것이다.

- 조직이 직면하는 중대한 리스크를 적시에 파악함
- 회사의 리스크 성향 및 특정 리스크 익스포져에 조화를 이루는 적절한 리스크 관리 전략을 실행함
- 리스크 및 리스크 관리에 대한 고려를 회사 전체의 전략적 의사 결정 안으로 통합시킴
- 중대한 리스크에 관해 필요한 정보를 고위 경영진 및 상황에 따라 이사회나 적절한 위원회에 전달해 주는 명시적인 정책 및 절차를 갖춤

이러한 목표들을 달성하기 위해, 이사회 및 고위 임원들이 리스크 관리 기능 설계 및 수정에 있어서 ERM 프로그램의 책임을 위임하도록 도움을 줄 수 있는 실행 전략들이 있다. 이후의 섹션들에서는 아래와 같은 전략들을 논의한다.

- 감사위원회의 역할
- 이사회의 역할
- 연수
- 이사회의 구성
- 보고
- 컴플라이언스
- 문화

감사위원회의 역할

이번 장의 앞에서 논의한 바와 같이 대부분의 이사회들은 리스크 감독에 대한 일차적인 책임을 감사위원회에 위임하는데, 이는 Box 4.2에 예시된 NYSE 기업 거버넌스 규칙에 부합한다. 이 규칙은 감사위원회에게 리스크 평가 및 리스크 관리에 관한 정책에 대해 논의하도록 요구한다. 그러나 대부분의 회사들은 전사 리스크 관리의 범위 및 복잡성으로 인해 이사회 차원에서 리스크 관리 및 감독에 주의를 더 기울일 수 있도록 리스크 관리를 전담하는 위원회 설치를 고려할 수도 있다. NYSE 상장 요건은 감사위원회의 제한적인 지속적 감독 하에 다른 이사회 산하 위원회에 일차적인 리스크 감독 기능을 위임하도록 허용한다.

감사위원회는 이사회 차원에서 ERM 프로그램에 대한 직접적인 감독을 제공하는 최선의 대안이 아닐 수도 있다. 사베인–옥슬리법에 의해 구체적으로 요구되거나 위임된 중대한 책임에 의해 감사위원회는 대개 빡빡한 의제들이 잡혀 있으며, 최적 수준의 리스크 감독에 할애할 충분한 시간 및 자원을 지니지 못할 수도 있다. 또한 감사위원회는 재무 보고 규칙 및 감사 기준 준수에 대해 초점을 맞추는 바, 이러한 접근법이 조직이 직면하는 다양한 리스크를 이해하는 최선의 접근법이 아닐 수도 있다. 사실 컴플라이언스에 대해 강조할 경우 일단 특정 기준이 정확하게 준수되고 있다는 데 대해 만족하게 되면, 해결된 것으로 보이는 이슈에 대해 부족한 시간을 계속 할애하기보다는 새로운 이슈로 넘어가는 것이 자연스럽기 때문에 특정 리스크에 대한 인식을 방해할 수도 있다. 이 현상에 대한 최근의 예로는 은행 업계에서 부외 실체들(off-balance sheet entities) (구조화된 투자기구들 및 신탁들)의 창설이 회계 지침에는 부합했지만, 되돌아보니 많은 금융기관을 몰락으로 이끈 재앙적인 리스크들의 증폭에 분명하게 기여했던 사례를 들 수 있다.

리스크 감독에 대한 일차적인 책임이 새로 만들어진 리스크 위원회가 아니라 감사위원회에 있다면, 감사위원회는 재무보고 및 컴플라이언스 이슈 외에 리스크 관리 정책 및 핵심 리스크 현황을 정기적으로 검토할 별도의 시간을 명시적으로 할애해야 한다. 이는 분명히 감사위원회에 추가적인 부담을 안겨 주겠지만, 리스크 감독에 대한 시간과 주의를 할애하는 것이 매우 중요하다. 여기서의 목적은 이사회 차원에서 조직의 ERM 프로세스, 회사가 당면하는 핵심 리스크들의 추세 그리고 이러한 리스크들에 대응하기 위해 마련된 회사의 정책, 절차 및 조치들의 건실함에 대해 진지하고 사려 깊게 논의하도록 촉진하는 것이어야 한다.

이사회의 역할

이사회 차원의 일차적인 리스크 감독 역할은 대개 이사회 산하 위원회에 위임되지만, ERM 프로그램의 모니터링에 대한 궁극적인 책임은 이사회 전원 위원회에 있다. 따라서 이사회는 조직의 ERM 프로그램 및 회사의 전략 목표 달성에 영향을 주는 가장 중대한 리스크들에 대한 정보를 논의하고 분석할 시간을 할애해야 한다. 이는 리스크 관리 책임을 맡은 위원회에 의해 제출된 보고서와 고위 경영진과 해당 위원회의 고문에 의해 제공된 자료들의 적절한 요약 판에 의해 달성될 수 있다. 또한 다른 하위 위원회들의 업무의 맥락에서도 리스크 관리 이슈들이 종종 발생한다. 예를 들어, 보수 결정 위원회는 고위 경영진에 대한 인센티브 보수 조항의 승인 및 감독 책임이 있다. 고위 경영진이 보너스를 최대화하기 위해 (이사회가 승인한 조직의 리스크 용인 한도나 리스크 성향을 위반하는) 리스크가 있는 포지션을 취할 인센티브를 만들지 않도록 이러한 보수 약정이 주의 깊게 맺어져야 한다. 특수 위원회들도 특정 분야의 리스크 익스포져를 맡게 될 수 있다. 예를 들어, 금융기관에서는 시장, 신용 그리고 자산 부채 관리 위원회들이 흔하며, 일부 에너지 및 제조업 회사들의 이사회들은 주로 환경 및 안전 이슈들을 다루는 데 전념하는 위원회들을 두고 있다.

연수

회사가 노출되어 있는 주요 리스크들이 의미하는 바를 이해하고 이러한 리스크들에 대한 회사의 대응 계획을 평가하기 위해서는 조직의 근본적인 운영에 대한 깊이 있는 지식이 요구된다. 이사 오리엔테이션 및 연수 프로그램을 검토하여 이사들이 회사의 비즈니스에 대해 충분히 이해할 수 있는 내용을 제공해야 한다. 이 프로그램은 또한 회사가 직면하고 있는 리스크들에 대해 논의하고 회사가 채택한 ERM 프로세스의 개요도 제공해야 한다. 회사는 신임 이사들에 대한 오리엔테이션 프로그램에 더하여 이사회 및 위원회를 보충하기 위해 이사들을 지속적으로 교육할 수 있는 자료 개발을 고려해야 한다. 다양한 조직들을 통해 제공되는 워크숍 참가는 이사들이 업계 및 회사의 최근 동향과 특정 이슈들에 대해 알 수 있게 해 준다. 회사가 직면한 비즈니스 부문의 리스크 이해에 물리적 조사가 중요한 회사들에는 이사들이 이사회 일정 프레임워크 내에서, 또는 지속 교육 프로그램의 일부로 현장을 방문하면 도움이 될 수 있다. 이러한 방문은 이사들이 준비된 프레젠테이션이나 문서에 의해 소통하는 경우보다 회사가 직면한 건전성 및 안전상의 리스크, 운영 리스크 등의 일부를 직접적으로 더 잘 평가하게 해 줄 것이다.

이사에 대한 연수는 특정 회사와 그 비즈니스에 대해 가장 관련이 있고 중요한 이슈들을 대상으로 해야 한다. 예를 들어, 복잡한 증권들과 파생상품들을 발행 및 트레이드하는 투자은행들은 일반적으로 일별 VaR(value at risk, 일정 신뢰 수준에서 특정 기간 동안 입을 수 있는 최대 손실액, 역자 주) 계산을 통해 자신의 재무 익스포져를 모니터한다. 은행의 이사회 위원들에게 VaR 수치 계산의 기본 가정과 계산 방법을 알려주는 워크숍이나 웹 기반 프레젠테이션은 은행이 직면한 리스크를 이해하는데 매우 중요할 수 있다. 대부분의 비즈니스 의사 결정은 다양한 비즈니스 부문들이 그 안에서 운영되고 있는 경제적, 정치적 환경의 맥락에서 이루어지는 바, 회사의 부문별로 이러한 차이들의 주요 측면들을 설명하는 프레젠테이션은 이사회가 회사의 운영을 이해하는데 유용할 수 있다. 현재 이사회에 대해 계속적인 교육을 의무화하는 요건은 없지만, 이러한 노력은 이사들이 그들의 의무를 이행하고 나쁜 뉴스가 나온 이후에 따라올 수도 있는 부정적인 언론의 주목을 피하도록 돕는 데 매우 귀중한 역할을 할 수 있다.

이사회 구성

최근의 기업 거버넌스 요건 변화와 모범 실무 관행 지침으로 많은 회사들이 이사회의 독립성과 다양성을 강화했다. 또한 고위임원들의 비관계사 이사회 참여도 감소 추세에 있다. 이로 인해, 회사들은 종종 자사 이사회 위원의 상당수가 회사가 소속되어 있는 산업에 대한 상세한 지식을 결여하고 있다는 사실에 직면한다. 이러한 상황에서는 잘 설계되고 실행되는 신임 이사 오리엔테이션 프로그램과 모든 이사들을 위한 지속적인 교육 기회를 만드는 것이 매우 중요하다. 이처럼 새로운 환경으로 인해 이사회는 ERM 기능에 대한 감독을 맡는 위원회 위원이 되어 달라고 요청 받는 이사회 위원들의 배경과 경험에 특별히 주의를 기울여야 한다.

은퇴 또는 이사회 정원 증원에 의해 공석이 생길 경우, 이사회는 관련 산업에 대한 전문성을 갖추고, 가급적 리스크 관리 경험이 있는 새로운 위원을 적극적으로 물색해야 한다. 고위 경영진 중에서는 CEO만 이사회에 참여하는 경우, 이사회에 회사의 비즈니스,

운영 및 리스크 프로필에 대해 추가적인 정보원을 제공하기 위해 COO, CFO, 또는 CRO(별도의 CRO 직위가 있을 경우) 등 회사 내 서열 2, 3위의 다른 임원을 이사로 추가하는 것을 고려할 필요가 있을 수도 있다. CEO가 아닌 임원들과 이사회 또는 그 산하 위원회 사이의 직접적인 소통이 이미 이뤄지고 있어야 한다. 고위 임원이 실제 이사회 위원으로 참여하면 해당 고위 임원으로부터 이사회에 보다 일관적이고 시의적절한 의견을 제시할 수 있게 해 줄 것이다.

이사회의 효과적인 감독 역할 수행 능력은 주로 이사들과 조직의 고위 경영진 그리고 리스크 담당 임원 사이에 일어나는 정보의 흐름에 의존한다. 이사회가 자신들이 의무를 수행하기에 충분한 정보를 받고 있는지에 대해 자신이 없을 경우, 이사회는 적극적으로 그 데이터를 요청할 필요가 있다. 이사들은 다음과 같은 정보에 대해 적정한 지식을 지녀야 한다.

- 회사가 직면해 있는 외부 및 내부 리스크 환경
- 회사에 영향을 주는 핵심적인 주요 리스크 익스포져
- 리스크 평가 및 우선순위화 방법론
- 핵심 리스크에 대한 처리 전략
- 리스크 관리 절차 및 하부구조 현황 또는 실행 노력
- 전반적인 ERM 프로그램의 강점 및 약점

보고

이사회가 일차적인 리스크 감독 책임을 이사회 산하 위원회에 위임한 경우, 해당 위원회는 감사위원회가 정기회의 시에 회사의 내부 감사인과 만나고 재무 보고에 대한 CEO 및 CFO의 인증과 관련하여 고위 경영진과 만나는 것과 유사한 방식으로 ERM 리더와 만나야 한다. 고위 리스크 관리자와 고위 임원들은 이사회의 즉각적인 주의를 요하는, 급속히 부상하는 리스크 익스포져를 이사회나 관련 위원회에 알리는데 대해 불편하지 않아야 할 필요가 있다. 이 보고 채널은 정기적인 보고 절차에 대한 보완으로서 항상 열려 있어야 한다. 앞에서 논의한 바와 같이, 리스크 감독을 맡은 위원회는 이사회 전원 위원회에 조직의 리스크 프로필 및/또는 핵심 리스크에 대한 익스포져 상의 중요한 변화를 알려

주기 위해 이를 정기적으로 보고해야 한다.

컴플라이언스

고위 경영진은 또한 이사회에 회사의 컴플라이언스 프로그램과 이 프로그램이 회사의 리스크 프로필에 어떻게 영향을 주는지에 대해 종합적인 검토 의견을 제공해야 한다. 컴플라이언스 노력의 적정성을 평가할 때 몇 가지 원칙을 고려해야 한다. 이사회와 고위 경영진의 회사 정책 미준수는 용납되지 않는다는 것을 강조하는 강력하고 가시적인 "상부에서의 기조"가 있어야 한다. 그리고 이사회와 고위 임원들의 행동은 조직의 정책 및 절차들이 세심하게 준수되어야 한다는 분명한 신호를 제공해야 한다. 컴플라이언스 프로그램은 전문성을 갖춘 사람에 의해 설계되어야 하며, 대부분 워크숍과 서면 자료들을 포함한다. 이사회 전원 위원회가 정기적으로 컴플라이언스 정책의 효과성을 평가하고, 관련 법규 변화에 부합하기 위해 정책을 개정할 필요가 있는지 검토해야 한다. 또한 정책들이 존중되도록 하기 위해서는 적절한 징계 조치를 통해 집행에 일관성을 갖추는 것이 필수적이다. 마지막으로, 직원들이 위반 혐의를 언제, 누구에게 보고해야 하는지 이해할 수 있도록 명확한 보고 시스템이 갖춰져 있어야 한다.

문화

이사회는 공식적인 컴플라이언스 프로그램에 더하여 리스크 관리가 비즈니스에 이익이 됨을 이해하고 이를 전반적인 회사의 전략 및 일상적인 비즈니스 오퍼레이션 안으로 통합시키는 기업 문화를 증진해야 한다. 전사 리스크 관리 기능이 회사의 목표 달성에 장애물로 여겨지거나 회사의 특수한 기능으로 고립되는 것이 아니라, 비즈니스 부문들의 일상적 의사 결정에 불가결한 부분으로 확립되어야 한다. 회사들이 비즈니스를 영위하고 이해관계자들의 수익을 극대화하기 위해서는 리스크를 부담해야 한다. 이사회는 제약 없이 리스크를 취할 때 위험이 있는 것과 마찬가지로, 과도한 리스크 회피에 중대한 위험이 있을 수 있음을 인식해야 한다. 그러나 리스크 평가, 리스크 대 보상의 정확한 비교, 그리고 정보에 입각한 리스크 익스포져 대응이 모든 비즈니스 의사 결정 안으로 통합되어야 한다.

회사의 전사 리스크 관리 구조는 향후 회사에 가장 발생 가능성이 큰 리스크 영역에 대해 지속적으로 평가 및 분석할 수 있게 해줘야 한다. 종종 환경 스캐닝이라 불리는 이 프로세스는 이러한 리스크들이 위기가 되기 전에 이를 피하거나 성공적으로 경감하는 핵심 요소이다. 이사회는 조직의 리스크 관리 프로세스를 검토할 때, ERM 프로그램을 이끄는 고위 경영진에게 발생 가능성이 가장 높은 장기적 리스크 및 회사가 잠재적인 주요 취약점들에 대해 어떻게 대비하는지를 논의하게 해야 한다.

결론

이 장의 서두에서 말한 바와 같이, 조직에서 채택한 ERM 프로세스 감독은 이사회의 가장 중요하고 도전적인 기능 중 하나이다. 이사회는 고위 경영진과 협력하여 리스크 및 리스크 관리가 비즈니스 내에서 이루어지는 전략적 및 운영상 결정들의 전면에 있도록 적절한 "상부에서의 기조"를 확립할 책임이 있다. 경제지를 조금만 살펴봐도 알 수 있는 바와 같이, 회사들은 과거 어느 때보다 더 복잡하고, 서로 연결되어 있으며, 훨씬 더 참혹한 잠재력을 지니고 있는 리스크 익스포져에 직면해 있는 환경에 처해 있다. 이사회가 수임인 의무를 충실하게 이행하기 위해서는 조직 전반에서 이뤄지는 의사 결정과 관련된 리스크를 적정하게 인식 및 관리하고, 이러한 리스크들이 잠재적으로 재앙적인 결과에 이를 수도 있다는 이해를 바탕으로 운영되어야 한다.

INDEX
1) re Caremark International Inc. 주주 대표 소송, 698 A. 2d 959, 971쪽.
2) "Final Corporate Governance Rules", 뉴욕 증권거래소 (2004) www.nyse.com.
3) Committee of Sponsoring Commission of the Treadway Commission (COSO), Enterprise Risk Management – Integrated Framework, 2004년 9월, www.coso.org, 뉴욕, NY.
4) "The Role of U.S. Corporate Boards in Enterprise Risk Management", the Conference Board (2006).
5) "Board Members on Risk", Earnst&Young (2007).
6) "Balancing Risk and Performance with an Integrated Finance Organization – The Global CFO Study 2008", IBM Global Business Services를 보라.

PART 2

ENTERPRISE RISK MANAGEMENT

ERM 관리, 문화 그리고 통제

ERM Management, Culture, and Control

등불을 든 사람 되기 – 떠오르는 CRO의 역할

아네트 마이키스–하버드 경영대학원 비즈니스 관리 조교수

> 리스크 관리자들의 가장 큰 기여 중 하나는 – 거의 틀림없는 단 하나의 큰 기여는 – 횃불을 들고 주위를 비춰서 투명성을 제공하는 것이다. – 2006년 11월 17일자 어느 CRO 인터뷰에서
>
> 의견은 누가 인정해 주느냐에 따라 중요성이 달라진다.
> – 벤저민 카도조(Benjamin Cardozo; 1870-1938)

금융 산업에서 ERM을 널리 채택했음에도 불구하고 은행들은 2007년–2008년에 임원 중 누구도 감지하지 못한 리스크에서 수천억 달러의 손실을 입었다(재무부 위원회 2007a, 2007b). 업계 최초의 서브프라임 관련 손실이 공시되자 관계자들은 다음과 같은 의문을 제기했다. "리스크 관리자들은 어디에 있었는가?"(Bookstaber 2007). 2008년 2월에 발표된 8개 은행 감독 기구 대표들의 모임인 고위 감독 그룹(Senior Supervisors Group)의 연구는 "일부 회사들은 추가적인 리스크들을 인식하고 이를 제한하거나 경감시키는 조치를 취했으나, 다른 회사들은 이를 적시에 적정하게 경감할 수 있을 만큼 충분히 인식하지 못했다"고 밝히고 있다 (Senior Supervisors Group). 이 그룹은 리스크 관리에 대한 회사들의 접근법, 특히 리스크 평가의 설계 및 범위와 보고 관행의 중대한 차이를 강조했다.

특히 서브프라임 신용 위기 초기의 희생자 중 하나였던 메릴린치에는 최고 리스크 책임자가 없었으며, 씨티그룹은 즉각적으로 리스크 감독이 비효과적이었다는 비난을 받았기 때문에 규제 당국 및 업계 관계자들은 전사적 리스크 감독 역할을 전담하는 임원을 지정하도록 요구하고 있다(American Banker 2008). 나아가 많은 이들이 기업 거버넌스에서 최고

리스크 책임자의 역할이 더 강조될 것이라고 말한다. National City Bank의 최고 경영자인 피터 라스킨드(Peter Raskind)는 서브프라임 신용 위기 발생 첫해 말경에 American Banker 지(紙)와의 인터뷰에서 다음과 같이 말했다. "이 환경은 CRO 역할을 할 사람이 절대적으로 필요함을 강조했습니다. 그것은 단지 신용 리스크만이 아니라 운영 리스크, 평판 리스크 등을 포함합니다."[1]

은행의 리스크 관리는 상대적으로 최근의 기능이다. 최고 리스크 책임자 휘하의 리스크 관리 직원들은 현재 불리한 자산 가격 움직임부터 차주의 부도, 해당 기업의 재무적 건강에 대한 위협에 이르는 불확실성에 대응하여 그 영역을 개척하고 있다. 리스크 관리 부서와 특히 CRO의 가시성은 은행 이외에 산업에서도 증대되었다. 컨설팅 회사 맥킨지는 2008년의 조사에서 미국의 산업별 CRO 임명에 대해 조사했다(Winokur 2009). 그 결과 맥킨지는 2002년에는 보험사들의 19%가 전사적 리스크 감독 책임을 맡는 고위 리스크 책임자를 임명한데 비해, 2008년에는 그 비율이 43%로 상승했음을 발견했다. CRO 임명비율이 높은 다른 업종은 에너지 및 유틸리티(2008년에는 50%가 CRO를 두고 있었음), 의료업 그리고 금속 및 광업(20~25%가 CRO를 두고 있는 것으로 보고되었음) 등이었다. 또한 신용평가 기관들은 앞으로 신용평가 프로세스의 일부로서 ERM의 질과 범위를 평가할 것으로 예상되고 있다 (Standard&Poor's 2008; Earnst & Young 2008).

CRO 휘하의 전사 리스크 관리는 회사의 전략적 목표 달성을 위협하는 전사적 리스크들이 알려지고 통제되도록 하겠다고 약속한다. 조직에서 ERM이 중요한 이유는 전략적 의사 결정, 전략 수립, 성과 관리 그리고 거래(deal) 승인 프로세스에서의 불확실성을 파악, 측정, 모니터 및 관리하는 프로세스를 제공함으로써 고위 경영진이 리스크 취하기에 있어서 일정한 패턴을 유지하거나 변경할 수 있도록 하기 때문이다.

이 장(章)은 어떻게 CRO의 중요성을 깨달을 수 있는가라는 문제를 다룬다. 나는 실무자들과 학계의 논문에 기초해서 CRO 역할에 관한 결론을 도출하고, 나 자신의 수많은 리서치 프로그램들에 기초해서 CRO 역할의 발전에 대해 논의한다. 첫 번째 섹션은 CRO의 기원과 부상(浮上)을 다루고 고위 리스크 책임자들이 맡는 4가지 주요 역할들을 개관(概觀)하며, 이어지는 섹션에서는 이 역할들에 대해 논의하고 예를 보여 준다.

CRO의 기원

1956년에 Harvard Business Review는 "리스크 관리: 비용 통제의 새로운 국면(Risk Management: A New Phase of Cost Control)"이라는 논문을 발표했는데, 이 논문에서 러셀 갈라퍼(Rushell Gallagher)는 "대기업에서는 '리스크 관리자' 역할을 전담할 수도 있는 임원 휘하에 실행 가능한 '리스크 관리' 프로그램"을 두도록 요구했다. 이 논문은 계속 증가하고 있는 보험료에 직면해서 "전후의 보다 빡빡한 비용 통제 전쟁"은 리스크 및 위험(hazard) 관리에 대해 "정면 공격 방법"—즉, 전문적인 보험 관리자 임명을 요구한다고 제안했다. 그래서 보험 업계에서 최고 리스크 책임자의 영웅담이 시작되었고, 최근까지 대부분의 비금융회사들은 보험 가입을 리스크 관리 기능의 핵심 업무로 간주했다(Butterworth 2001).

최고 리스크 책임자의 보다 전략적 역할의 씨앗은 1970년대에 뿌려졌다. 1973년의 블랙-숄즈 옵션 가격 결정 모델 발표로 보다 효과적인 가격 결정 및 리스크 경감이 가능해져서 파생상품 시장이 엄청나게 성장했다(Buehler 외 2008). 이후 30년 동안 은행과 증권사들이 "리스크들을 포장, 트레이드, 이전하기 위한 거대한 청산소"를 만들어서 금융 서비스 부문의 리스크 관리 세계는 심대한 변화를 겪었다. 금융회사들은 재무 리스크들을 억제하기 위한 많은 중요한 혁신들을 이뤄내고 이를 활용했다. 리스크 관리에 사용할 무기는 이제 더 이상 보험에 한정되지 않게 되었다. 증가하는 금융의 복잡화는 (1) 포트폴리오 다각화 (2) 헤지라는 두 가지 새로운 리스크 관리 전략을 만들어 냈다. 다양한 산업에 특유한 리스크들에 대한 트레이딩 시장이 열림에 따라 에너지 회사, 식품 생산자 그리고 다른 회사들도 금융회사처럼 리스크 관리 도구들을 늘렸다. 그러나 머턴(Merton)이 관찰한 바와 같이, 대부분 산업의 최고위 임원들은 계속해서 파생상품 및 다른 리스크 관리 도구들의 적용을 본질적으로 전술적인 것으로 보았고, 따라서 재무 리스크들의 관리를 보험 관리자나 회사의 재무 담당자와 같은 많은 사내 재무 전문가들에게 위임했다(Merton 2005). 위임과 그에 따른 "사일로" 접근법의 위험은 지난 20년 동안의 많은 기업 스캔들과 2007-2008년의 신용 위기 기간 중에 가차 없이 드러났는데, 많은 회사들이 장기간에 걸쳐 회사 전체에 미치는 결과에 대한 이해 없이 커다란 리스크를 취해 왔음이 명백해졌고, 2009년 무렵에는 이러한 사실이 해당 조직을 넘어 수백만 명의 이해관계자들과 순진한 구경꾼들에게도 알려졌다.

리스크 관리 부문만을 전담하는 CRO 역할의 창설은 처음에는 간헐적으로 이뤄졌다.

과도한 투자 손실에 대한 대응으로서 대형 금융기관에서 CRO를 두는 최초의 시도가 이루어졌다. 1987년에 메릴린치는 동년 5월에 주택 저당 대출담보부 증권에서 막대한 손실을 입은 뒤에 고위 임원 마크 로렌스(Mark Lawrence)에게 리스크 관리 전담 부문을 신설하게 했다. 그러나 신설한 기능을 제도화하라는 압력이 없었기 때문에 CRO의 역할은 신뢰성이 결여되었으며(Wood 2002), 이 부문은 점차 힘을 잃었다(Power 2005). 하지만 GE 캐피탈의 리스크 관리 부문은 예외였다. 1993년에 CRO로 임명된 제임스 램(James Lam)은 이 직책으로 최초로 통합 리스크 감독 역할을 맡은 사람이 되었다(Lam 2000). GE 재무 기능의 불가결한 부분으로 설계된 램의 팀은 "엄격한 프로세스 접근법"으로 비즈니스 라인에 리스크에 기반한 승인 권한을 할당하고, 데이터 주도 분석법을 적용하여 리스크를 파악하고 모니터하며, 리스크 한도들을 엄격하게 집행했다.[2] 2000년대 초에 도이치 뱅크(Deutsche Bank)는 CRO(Hugo Branziger) 직을 신설하여 비즈니스 라인의 의사 결정이 리스크와 이익에 의미하는 바를 투명하게 하는 임무를 부여했다. 그 무렵에는 리스크 관리 수장(首長) 개념은 방어적인 관리상의 "경찰"로부터 —적어도 희망사항으로는— 리스크 취하기에서 비즈니스 파트너와 조언자로 발전했다(Power 2005, 134쪽; Wood 2002). 이는 리스크 관리 모델(과 CRO)을 후선 부서에서 나와 보다 전략적 역할을 지니는 일선으로 이동하게 했다. 새로운 리스크 기반 자본 적정성 개혁(바젤 II)이 추진력을 얻게 됨에 따라, 리스크 관리 관행들을 리스크 관리 전담 조직 산하 및 고위 임원의 감독 하에 두라는 요구가 강해졌다.

CRO의 대두는 금융 부문에만 한정되지 않았다. 슐처 미디어(Sulzer Media)는 법적 손실을 입은 뒤인 2001년에 CRO를 임명했으며, 델타 항공은 9/11 테러 이후 항공 산업에서 리스크에 대한 우려가 높아진 데 대응하여 2002년에 CRO를 고용했다.

전사 리스크 관리를 다양한 리스크 관리 기준들 안으로 체계화한 데 따라 전사적 리스크 감독을 담당할 고위 리스크 책임자 임명이 가속화되었다. 호주와 뉴질랜드에서 여러 분야에 걸친 전담 작업반들이 1995년에 최초의 리스크 관리 표준을 발표하였고(1999년과 2004년에 개정됨) 다른 표준 수립 기관들도 표준들을 발표하여, 전사 리스크 관리는 훌륭한 경영 관리라는 주장을 성공적으로 확산시켰다. 모범 실무 관행을 채택한 조직이 되기를 열망하는 여러 회사들이 전사 리스크 관리를 채택하고 이의 실행을 감독할 CRO를 임명했다(Aabo 외 2005). 맥킨지의 2008년 조사에 따르면 비금융회사의 10%가 CRO를 두고 있었는데, 2002년에는 이 비율이 4%였다(Winokur 2009).

CRO와 리스크 관리 전담 부서의 대두와 함께, 내부 감사 업계에서도 리스크 관리 영역에 대한 권리를 주장했다(Koleman 2003). 공인 내부 감사인들의 국제 협회인 내부 감사인 협회(The Institute of Internal Auditors; IIA)는 리스크 관리를 감사 직무의 필요 역량에 포함시키고, 전사 리스크 관리의 기반으로 통제 리스크 자체 평가의 개발을 고취했다. 또한 외부 감사인들도 재무 감사가 고객의 비즈니스 리스크 및 관련 리스크들을 보다 잘 인식하도록 변경하여, 감사 계획 수립 도구 및 조언 메커니즘으로서 비즈니스 리스크 평가도 제공한다. 전체적으로 리스크 전문가, 내부 감사인 그리고 외부 감사인들이 회사의 내부 리스크 관리 영역에 대한 설계 및 서비스를 놓고 경쟁함에 따라 리스크 관리 서비스업의 형태가 가시화되었다(Power 2000).

CRO들이 내부 감사, 외부 감사, 재무 관리, 비즈니스 관리 그리고 컨설팅 등 다양한 분야에서 나오는 것도 놀랄 일은 아니다. 업계의 조사들(PWC 2007; 딜로이트 2007; IBM 2005)은 CRO들이 다양한 역할을 수행하지만 궁극적으로는 다음과 같은 두 개의 범주 안에 들 수 있음을 보여 준다. (1) 컴플라이언스와 통제 기능을 수행하고 (2) 보다 전략적인 "비즈니스 파트너" 역할을 수행한다. 서브프라임 신용 위기 이전의 업계의 논쟁 중 많은 부분은 CRO들이 어떻게 컴플라이언스 후원자 역할과 적극적인 비즈니스 의사 결정 참여 역할의 균형을 유지해야 하느냐에 초점이 맞춰져 있었다. 서브프라임 신용 리스크로 일련의 리스크 관리 실패(Stulz 2009), 특히 금융기관의 내부 리스크 평가 관행에서의 차이가 부각되었다. 실로 다양한 금융기관들이 사용하는 리스크 모델들의 유용성과 신뢰성에는 많은 차이가 있다(Tett 2008). 최근의 리서치에 의하면 기업들의 리스크 모델링들은 스타일과 계량적 정교성에 큰 차이가 있으며, 고위 리스크 책임자들이 양적이나 질적 리스크 관리 도구들의 사용 및 조합의 결정에 있어서 큰 재량권을 행사함을 시사한다(Mikes 2005, 2007b). 이 발견은 다양한 범주의 리스크들을 관리함에 있어서 어느 정도의 양적 방법에 대한 열정 또는 양적 방법에 대한 회의론을 채택하는 모델링 전문가로서의 CRO 역할을 강조한다(Mikes 2008b). 또한 자신의 "비즈니스 파트너" 역할을 다르게 해석하는 CRO들도 있다. 15명의 CRO에 대한 연구에서 저자는 일부 CRO들은 자신의 조직에 영향을 주는 (측정 가능 여부를 불문하고) 주요 전략적 불확실성을 파악하고 고위 경영진이 떠오르고 있는 전략적 리스크들을 예기(豫期)하게 하려고 애쓰는 것을 발견했다. 이런 CRO들은 전략적 조언자 역할을 한다. 측정할 수 있는 리스크 영역과 "모든(catch-all)" 리스크의 총량 및 리스크 조정 성과 수치 산출에만 주의를 기울이는 CRO들도 있다. 그들은 전략적 통제자 역할을 한다.

　요약하자면, CRO의 역할은 다면적일 뿐만 아니라, 산업, 리스크 기능이 규제 당국 및 리스크 관리 표준 준수를 강조하는 정도 그리고 회사의 리스크 모델링의 정도 및 정교성에 따라 다르다. 이후의 4개 섹션에서는 CRO의 네 가지 주요 역할 즉, (1) 컴플라이언스 후원자 (2) 모델링 전문가 (3) 전략적 통제자 그리고 (4) 전략적 조언자의 역할을 자세히 설명한다.

CRO의 컴플라이언스 후원자 역할

　컴플라이언스 후원자 역할은 이해관계자들의 정당한 요구 준수에 대한 옹호 및 경찰 활동과 리스크 관리 기능의 설계 및 역할에 영향을 주는 새로운 규제 조항 및 표준을 따라잡는 것을 포함한다. 대부분의 CRO들은 어떤 리스크가 다뤄져야 하며 누구에 의해 다뤄져야 하는지 결정하는 "리스크 정책 프레임워크"를 만들어서 이사회와 고위 임원들의 승인을 받는다.

　이 리스크 정책 프레임워크는 몇 가지 역할을 수행한다.

　첫째, 적절한 표준들과 통제들이 갖춰지게 함으로써 수용할 수 있는 리스크의 한계를 정한다. 어느 고위 리스크 책임자가 말한 바와 같이, 이 프레임워크는 비즈니스 라인에게 "해야 할 일과 하지 말아야 할 일을 충분히 그리고 명확하게 해 주는 행동 규칙"을 말해 준다.[3] 리스크 관리 업계에서는 "베어링스와 쏘시에테 제네랄의 손실은 프로세스를 따르지 않은 직원들에 의해 발생되었다"는 것이 널리 인식되고 있다.[4] 소위 인재(人災)에 관한 리서치는 (어느 산업에서진) 복잡한 조직들은 "통상적인 사건들"을 발생시키며(Perrow 1984), 일상적인 오류들은 전문가로서의 CRO직 창설에 적합하다(그리고 실로 이를 요구한다)(Power 2004, 141쪽)는 사실을 오래 전에 밝혀냈다. 그러한 배경에서 CRO들은 리스크 통제와 리스크 취하기 사이에서 압력을 받게 된다. "리스크 책임자가 각각의 리스크 유형에 대해 반드시 책임을 지는 것은 아니지만, 각각의 리스크 유형의 오너(owner)가 적절한 표준을 수립하게 할 책임을 진다."[5] CRO가 리스크 관리를 지원하고 강화하기는 하지만 상세한 리스크 관리는 라인 관리자의 책임에 속한다.

　둘째, 리스크 정책 프레임워크는 조직이 신경을 쓰는 리스크의 범위(spectrum)에 대한 이해 공유를 옹호한다. 자연적으로, 이 범위는 시간에 따라 변화한다. 어떤 CRO들은 이 이해 공유 조성이 조직의 전략적 우선순위에 대한 공유를 강화하기 때문에 이것이 자신의 업무의 핵심적인 유익이라고 생각한다. Hydro One의 CRO 존 프레이저가 좋은 예이다. 프레이저는 전사 리스크 관리는 최고 경영진이 전략 목표에 동의하는 것에서 시작한다는 입장을 견지한다. 그다음에 경영진은 주요 리스크들에 대한 이해의 공유를 발전시킨다 (Mikes 2008a). 프레이저는 자신의 역할이 비즈니스 부문에 대해 문제에 대한 "답을 주는 것이 아니라" 관리자들 사이에 이해의 공유가 일어나도록 촉진하는 것이었음을 인정하고, 상호적인 리스크 워크숍에서 이를 달성했다.

전사 리스크 관리는 접촉 게임이다. 성공은 사람들과의 접촉에서 나온다. 리스크 워크숍에서 마법이 발생한다. 사람들은 이를 즐거워한다. 어떤 사람은 이렇게 말한다. "저는 항상 이 주제에 대해 염려했는데, 이제 누군가가 이를 다루고 있음을 알게 되었고, 이 일의 발생 가능성이 낮다는 사실을 알게 되어서 덜 염려하게 됩니다." 이렇게 말하는 사람도 있다. "저는 제 견해를 밝히고 이것은 높은 리스크이기 때문에 시간을 더 할애해야 할 사안이라는데 사람들이 동의를 얻어낼 수 있었습니다."[6]

셋째, 리스크 정책 프레임워크는 CRO에게 각각의 리스크 유형에 대한 리스크 측정 및 모니터링 도구 개발을 감독할 수 있는 계획, 언어 그리고 권한을 제공해 준다. 기본적인 수준에서 모든 리스크 기능들은 리스크 정보를 모을 많은 템플릿들을 운영하고, 리스크 평가 가이드라인들을 수립하며, 변화하는 회사의 리스크 프로필을 추적 관리하기 위한 손실 및 기타 리스크 관련 데이터를 수집하는 리스크 모델을 구축한다. 그러나 특정 산업 내에서도 리스크 측정 및 소통 도구들과 관행들이 많으며, 적용에도 많은 차이가 있다.

CRO의 모델링 전문가 역할

일반적으로 CRO들은 자기 회사의 리스크 측정 범위 및 통제를 정할 인력, 프로세스 및 시스템 선정에 있어서 강력한 역할을 수행한다. 현대의 대부분의 리스크 관리 기능의 하부 구조는 다양한 리스크 모델, 프로세스 및 정보 시스템을 포함하는데, 이의 설계는

CRO가 모델링 전문가 역할을 수행하도록 요구한다.

도이치 뱅크의 CRO 휴고 반지거(Hugo Banziger)는 취임 초기의 시스템 구축을 다음과 같이 회상한다.

저는 처음부터 완전히 다른 조직을 만들어야 했습니다. 우리는 신용 전용 프로세스를 설계했고, 시장에서 파생상품에 대해 알고 있는 신용 담당 인력이 없었기 때문에 신용 담당 직원을 고용하여 연수를 실시했으며, 트레이더들의 도움을 받아 신용 리스크 엔진을 구축했고, 몬테카를로 시뮬레이션과 포트폴리오에 대한 스트레스 테스팅을 이용해 우리 자체의 잠재적 미래 익스포져(Potential Future Exposure) 모델을 만들었습니다. 그 뒤에 우리는 이 모든 기능들을 통합하고 우리의 전 세계적인 파생상품 거래 상대방 익스포져를 취합할 수 있는 신용 시스템을 구축해야 했습니다. 이 6년은 매우 도전적인 기간이었습니다.[7]

반지거는 리스크 측정뿐만 아니라 리스크 취합도 강조하는 CRO 중 한 명이다. 그들이 생각하는 바와 같이, 측정된 리스크 취합은 전사 차원의 리스크 모델 실행의 중요한 효용이다. 리스크 익스포져의 취합은 주로 서로 다른 리스크 유형에 적용되는 리스크 측정 방법의 다양성과 리스크 익스포져들 간의 상관관계, 다각화의 효용 그리고 집중에 따른 불리함에 대한 불충분한 지식으로 인해 오랫동안 리스크 실무자들에게 도전적인 과제였다. 최근에 시장, 신용 및 운영 리스크에 대한 공통분모 역할을 하는 경제적 자본 개념이 개발되어 회사들이 계량화할 수 있는 리스크들을 총 리스크 추정량(total risk estimate)으로 취합할 수 있게 되었다.[8] 실로 우드(Wood)(2002)는 CRO의 핵심 역할은 조직 통제 목적상의 경제적 자본 계산을 조율하는 것이라고 주장한다. 따라서 최근의 리스크 관리 연구 문헌은 성과 측정 및 통제에 (경제적 자본에 의해 측정된) 위험 기반 내부 자본 할당을 옹호한다. 리스크 계량화 및 리스크 취합 방법의 발전에 발맞춰 은행들은 리스크 기반 성과 측정 도입을 이상(ideal)으로 삼았다.

리스크를 취합하려면 리스크 관리 기능이 높은 수준의 모델링 전문성을 갖춰야 한다. 이는 리스크 분석을 설명할 수 있는(그러나 아직 알려지지 않은) 속성들에 대한 불확실성에 확장하고, 추가 데이터를 입수할 수 있게 됨에 따라 측정 방법론을 조정하는 것을 포함한다. 그러나 최근의 연구에 의하면 CRO들은 이용할 수 있는 리스크 모델링 방법들의 효용과 한계에 대해 다양한 의견을 표명한다(Mikes 2008b, 2009).

일군(一群)의 CRO들은 회의적인 견해를 취하는데, 그들은 리스크 모델들은 전통적인 통계 분석(예컨대 특정 지역 및 고객 부문의 신용 카드 리스크)에 적합한 좁은 범위의 리스크 관리에만 유용한 도구임을 강조한다. 신용 카드 분야에서는 리스크 프로필이 동질적이고 데이터 수가 많아서 의사 결정을 자동화할 수 있다. 그러나 이 CRO들은 중소기업 및 대기업에 대한 대출과 같이 보다 동질성이 떨어지는 비즈니스 부문에서는 리스크 모델들은 본질적으로 신뢰성이 떨어지며(계량적 회의론) 노련한 전문가의 판단이 필수적이라고 생각했다. 그들은 리스크 모델링이 근저의 리스크 프로필에 대한 객관적인 그림을 산출할 만큼 충분히 정확하지 않고 단지 기본 추세만을 나타낸다고 생각했다.

그러나 다른 군(群)의 CRO들은 광범위한 리스크 모델링에 전력을 기울이고 리스크 모델들이 의사 결정, 특히 전략 수립 및 성과 측정에서 건실하고 적절한 도구로 인식되는 문화를 조성했다(열광적 계량주의자). 이 은행들에서는 리스크 전문가들이 점차 모델링 하부구조를 아직까지는 알려지지 않았던 불확실성(중소기업에 대한 대출 리스크 포함)의 특성 및 분포까지 확장하여 경제적 자본 프레임워크의 일부로서 이 리스크들을 분류 및 측정했다. 그들은 포괄적인 리스크 프로필 취합을 위해 많은 운영 리스크들도 계량화했다. 이 추가적인 리스크 평가가 일단 총 리스크 프로필 안으로 취합되고 나면, 통제 목적상의 경제적 자본 계산에 영향을 주었다. 그러나 이 리스크 계산들을 계획 수립 및 성과 측정에 연결시키는 것은 자동적으로 수행되지 않았다. 여러 고위 리스크 책임자들은 단순히 취합된 리스크 수치들을 들이대는 것만으로는 비즈니스 라인에게 자신의 비즈니스 수행 방식을 변화시키도록 납득시키지 못하리라는 것을 알았다. 어느 고위 리스크 책임자는 이를 다음과 같이 설명했다. "아직도 계량적 측정의 기초를 이루는 방법론 및 데이터 자체가 충분히 신뢰할 수 없다는 주장이 있습니다. 리스크 취합은 개선되어야 합니다. 우리는 리스크 측정 방법론 및 데이터의 질에 대해 좀 더 확신할 필요가 있습니다. 저는 우리가 현재 가지고 있는 취합된 리스크 총량에 근거해서 비즈니스를 운영하고 싶지 않습니다."[9]

CRO의 전략적 통제자 역할

리스크 취합의 발전은 CRO가 전략적 통제자 역할을 하는 길을 열었다. 이 역할은 리스크 기능이 전사적 리스크 모델을 구축하고 나면 회사가 공식적인 리스크 조정 성과 관리 시스템을 운영할 수 있게 해 줄 것으로 가정한다. 이 범주의 CRO들은 리스크 및 성과 측정이 밀접하게 통합되도록 관장하고 리스크 조정 수치들이 신뢰할 만하고 이에 의존할 수 있도록 담보한다. 그들은 다양한 비즈니스 부문들의 절대적 및 상대적 리스크-수익 성과를 최고 경영진에게 알려주며, 자본 및 투자가 어떻게 투여되어야 하는지에 영향을 준다.

이 역할을 수행하는 어느 고위 리스크 책임자는 리스크 조정 계획 수립 프로세스를 다음과 같이 묘사했다. "우리는 분명히 리스크 성향에 관여합니다. 비즈니스 부문들은 그들의 계획안을 그룹 리스크 관리 부서에 제출합니다. 그들은 우리가 그 수치를 보고서 어디에 투자할지를 선택할 수 있는 적절한 숫자들을 만들어 냅니다. 이 계산은 비즈니스 부문에서 먼저 수행합니다. 그들은 이를 리스크 부서와 협조하여 수행합니다."[10] 다른 CRO는 비즈니스 관리자들이 리스크 취하기에 대해 책임을 지게 하는 하나의 방법이 되는 리스크 조정 성과 측정의 중요성을 다음과 같이 강조했다. "우리가 인센티브를 정확하게 정렬시킨다면, 제 일자리가 없어질 것입니다. 비즈니스 부문이 리스크를 책임지게 하고, 리스크에 정확하게 비용이 부과되며 리스크가 가시적이 되게 하는 것이 목표입니다."[11]

전략적 통제자 역할은 리스크 조정 성과 관리의 기초인 적정한 리스크 모델링 능력을 필요로 한다. 그러나 리스크 조정 성과 측정 제도는 본질적으로 정치적이다. 리스크 조정 성과 척도는 그 자체로는 작동하지 않는다. 이 수치들은 작동하도록 만들어져야 한다. CRO는 이처럼 새로운 리스크 조정 성과에 대한 관점은 본질적으로 자원 및 보상 할당에 영향을 주며, 따라서 내부적으로 저항에 직면할 수도 있음을 알아야 한다.

정치적 및 이론적인 이유들로 CRO들은 "객관성" 주장에 있어서 온건해야 한다. 아직 일어나지 않았거나 결코 일어나지 않을 수도 있는 사건의 측정 또는 관리에 진정한 객관성은 있을 수 없다. 조직의 다른 부문들도 이를 리스크 관리 기능의 가장 취약한 부분이라고 생각하게 될 것이다. 현직 CRO들에 대한 현장의 연구는 조직의 다른 부문들의 불신과 비판으로 인해 CRO와 리스크 관리 부서에게 반복적으로 리스크 조정 성과 측정 수치를 재계산 및 수정하도록 요구한다는 것을 보여 준다. 도전과 수정 과정을 통해 조직의 공감대가 형성되면 이러한 계산의 객관성이 달성될 수 있을 것이다. 다른 한편, 잘 확립된 조직의 통제 그룹들의 도전 및 비판에 직면하고 있는 CRO들의 통제에 활용하기 위한

"측정이라는 꿈"은 그저 꿈에 지나지 않는 것으로 밝혀질 수도 있다(Mikes 2005, 2009; Power 2004).

CRO의 전략적 조언자 역할

전략적 조언자 역할에서는 고위 리스크 책임자들이 신흥 리스크들과 계량화할 수 없는 전략적 및 운영상의 불확실성들에 대한 이해를 기반으로 이사회 차원의 가시성과 영향력을 행사한다. 그들은 고위급의 리스크 의사 결정에 전문가적 판단을 제공하고, 비즈니스 계획의 근본 가정에 도전을 제기하며, 전통적인 리스크 통제와 대출 제약들을 사용하여 특정 비즈니스 부문들의 리스크 프로필을 바꾼다.

이 역할을 염원하는 많은 고위 리스크 책임자들은 리스크 모델링이 기저의 리스크 프로필에 대한 객관적인 그림을 만들어 낼만큼 충분히 정확하다고 생각하지 않는다. 그러한 CRO들이 리스크 계산에 의존하는 이유는 리스크 수치가 주로 기저의 추세를 나타내기 때문이다(계량적 회의론). 그러므로 이러한 입장에 있는 CRO들은 리스크 측정을 계획 수립 및 성과 관리에 연결시키기를 꺼리며, 이 통제 관행들을 전통적인 영역인 재무 기능에 맡겨 둔다. 대신 그들은 조직의 다른 전문가들의 견해와 함께 자신들의 경험을 활용하여 의사 결정자들이 모델링에 의해 특성을 설명할 수 없는, 신흥 리스크들을 이해하도록 도와주고자 한다. 어느 고위 리스크 책임자는 이에 관해 이렇게 말했다. "핵심적인 의사 결정들은 모델에 자료를 입력하면 그 모델이 뱉어내는 것에 근거하지 않습니다. 제가 생각하는 방식은 이렇습니다. 리스크는 입자 물리학이 아니라 화학입니다. 리스크들을 분리시킬 수 없습니다."[12]

전략적 조언자 역할의 열쇠는 CRO가 리스크 정보를 주요 의사 결정자들에게 전달해서 "리스크를 키우지 않도록" 방지할 수 있는 능력이다. 여러 CRO들은 이 역할이 자신들에게는 낯설다는 것을 인정하면서도 리스크 기반 시나리오 계획 수립 및 악역 담당 시스템과 같은 리스크 예측(risk anticipation) 관행을 옹호하고 있다. 리스크 사일로를 넘어서 "지상 3만 피트 상공에서 바라보듯이 전체적인 시야"[13]를 취하는 이 CRO들은 취약점과 문제 영역을 발견해서 임원 및 이사회에 경보를 발하기 위해 예측 및 평가를 수행한다.

리스크 예측에는 종종 다양하고 상충되는 견해들이 생겨난다. 어느 고위 리스크 책임자는 고위 리스크 관리자의 역할이란 "무슨 일이 일어나고 있는지에 대해 보다 더 회의적이고, 기존의 가정들 및 견해들에 끊임없이 도전하며, 전략적 의사 결정들이 내려지기 전에 이들을 자세히 조사하도록 허가 받은 중세의 어릿광대 역할과 같다. 다른 사람들이 화나지 않게 도전하는 것이 어려움이다."라고 자조적으로 말했다(Mikes 2009).

이 역할은 고위 리스크 책임자가 실적과 신뢰를 쌓도록 요구한다. Hydro One의 CRO인 존 프레이저는 이렇게 말했다. "스스로 원동력을 얻어야 합니다."[14] 은행에서 라인 관리자들을 두루 거쳐 온 일부 고위 리스크 책임자들은 리스크 전문가들보다는 전략적 조언자 역할을 하기에 더 좋은 위치에 있다고 믿는다. 라인 관리자의 신뢰와 존경을 받게 되면, 그들은 목표에 중점을 두는 비즈니스 수행자의 관점과 리스크를 의식하는 통제자의 관점 모두를 이해함으로써 좋은 비즈니스 조건에 대해 협상할 수 있다. 어느 고위 리스크 책임자는 이렇게 설명했다.

비즈니스 수행자들의 입장과 감정 및 거래에 대한 열정이 그들의 판단을 손상시킨다는 점을 충분히 알 필요가 있습니다. 대부분의 사람들, 대부분의 매우 성공적인 거래 수행자들은 언제나 한계를 넘어가려 할 것입니다. 문제는 그들이 어떻게 자신의 가치 내에서 운영하도록 하느냐입니다. 따라서 비즈니스 부문이 어떤 인센티브로 인해 일을 그르칠 정도로 지나치게 저돌적이 될 수 있는지 이해할 뿐 아니라, 그들의 저돌적인 거래 추진을 늦추고자 할 때 어떻게 그들에게 접근할지를 알아야 합니다. 첫째, 그들이 당신을 신뢰해야 합니다. 둘째, 그들이 당신의 판단을 존중해야 합니다. 그러나 하룻밤 사이에 이를 얻을 수는 없습니다. 일반적으로 당신이 좋은 비즈니스라고 믿는 것을 격려함으로써 이를 얻게 됩니다.[15]

전략적 조언자 역할의 발달은 특히 근본적인 깜짝 사태, 갑작스런 의미 상실(관련인들에게 이치에 맞지 않는 갑작스러운 사건들) 그리고 생각할 수 없고, 숨겨져 있거나 이해할 수 없는 사건들과 같은 극단적인 사건들에 대한 관리와 조직의 복원력을 요구하는 이사회에 의해 주도된다(Weick 1993). "블랙 스완과 같은 사건"(Taleb 2007)의 망령은 리스크 관리 및 CRO의 역할에 관한 근본적인 의문을 제기한다. 발생 가능성이 낮은 사건들은 리스크 모델링의 범주 하에서 이해되어야 하는가 아니면 근본적인 깜짝 사태로 이해되어야 하는가?(Power 2007) 확률 및 통계적 손실 분포로부터 스트레스 하에서의 조직의 복원력과 합리적 경영을 강조하는 방향으로의 이동은 전략적 통제자로서의 CRO 역할과 전략적 조언자로서의 CRO 역할 사이의 차이를 나타낸다.

어떤 CRO 역할을 할 것인가?

컴플라이언스 역할은 환경에 의해 잘 정의되는 경향이 있다. 한 산업 내에서 CRO의 컴플라이언스 역할에는 변화의 여지가 별로 없다. 그러나 CRO가 모델링 역할을 수행할 때에는 리스크 관리 부서가 프로세스 및 모델에 관해 실제적으로 선택하고, 어떤 부분이 신뢰할 수 있게 측정 및 모델링될 수 있고 어떤 부분이 질적 판단에 맡겨져야 하는지에 대한 경계선을 긋는 철학적 선택을 할 수 있다. (비록 절대적일 수는 없지만) 바로 이 선이 전략적 통제자 역할과 전략적 조언자 역할을 구분한다(전략적 CRO 역할에 대한 요약은 보기 5.1을 보라). 이 역할들은 모두 경로 의존도(path dependency)가 높다. 필요한 자원 및 능력은 오직 장기간에 걸쳐서만 얻어질 수 있다(Deutsche Bank의 6년간의 노력을 상기하라).

전략적 조언자 역할은 비즈니스 및 무엇이 잘못될 수 있는지에 대한 이해를 요구하는데, 리스크 책임자는 조직상의 많은 성공과 손실 그리고 위기를 헤쳐 나옴으로써만 이에 대한 경험을 얻을 수 있다. 한편으로 전략적 통제자 역할은 리스크 기반 성과 관리의 토대가 되는 정교한 리스크 모델링 능력을 요구한다. 그러나 리스크 조정 성과 척도들은 그 자체로는 작동하지 않고 조치가 취해져야 작동한다. 계획 수립 및 성과 관리시 리스크 숫자들이 고려되게 하기 위해서는 리더십, 정치적 수완, 소통 그리고 잘 선택된 연합군을 필요로 하는데, 이는 모두 장기간에 걸쳐서만 개발될 수 있다.

CRO들이 ERM을 어느 분야부터 어느 정도로 시행할지 협상할 수 있을 경우, 전략적 조언자 및 전략적 통제자 역할을 성공적으로 개발하는 것이 가능할 수도 있다. 모델 설계시 경영진의 판단이 모델 안으로 내장되기 때문에 일단 리스크 조정 성과 관리를 위한 회계가 모델들에게 맡겨지면, 경영진의 판단 여지는 줄어든다. 계량에 대한 회의론자들은 현재 리스크 조정 성과에 대한 그들의 이해를 모델들에게 위임하기를 꺼린다. 그러나 일부는 그들의 판단 중 많은 부분이 차츰 모델 설계에 반영될 수 있으며, 조심스럽게 운영될 경우 리스크 조정 성과 수치들이 궁극적으로 적절하며 통제 목적에 수용될 수 있음을 인식하고 있다.

	전략적 통제자	전략적 조언자
모델링 역량 리스크 모델링의 일차적 목표	상품 및 비즈니스 라인의 전체 리스크 프로필 측정	리스크 환경의 변화 예측
리스크 모델링에서 판단의 역할	모델 설계는 변수들 간의 복잡한 관계에 대한 모델 설계자의 판단을 포함함	모델 설계는 의도적으로 단순함. 경영진의 판단으로 모델이 시사하는 바를 조정해서 추가적인 복잡성을 반영함
전략적 역량 리스크 통제 범위	계량화할 수 있는 리스크	계량화할 수 있는 리스크 및 계량화할 수 없는 리스크
비즈니스 파트너 역할의 본질	리스크 관리와 계획 수립 및 성과 관리의 통합	리스크 부서가 재량적인 전략적 의사 결정에 영향을 줄 수 있으며, 라인 관리자들에게 결정에 대한 장기적인 리스크 영향을 설명할 수 있음
	리스크 조정 성과 평가 옹호자로서의 CRO	노련한 비즈니스 임원 및 "악역 담당자"로서의 CRO
모델링 태도 계산에 대한 문화	계량에 열광적: 리스크 수치들은 기저의 경제적 실체를 나타내는 것으로 간주됨	계량에 회의적: 리스크 수치들은 추세를 보여 주는 것으로 간주됨
	모델링의 "견고하고(robust)" "단단한(hard)" 성격을 강조	추세 신호로부터 기저의 리스크 프로필에 대한 학습 강조
	리스크 조정 성과 척도들이 인정됨	리스크 조정 성과 척도들이 논의되지만 도전에 개방적임

출처: Mikes(2008b)

계량에 대한 열광주의자들은 모델들이 많은 변수들 사이의 복잡한 관계를 다룰 수 있다는 입장을 취하기는 하지만, 이러한 입장을 취하는 리스크 책임자들도 중요한 판단에 직면한다. 그들은 가장 발전된 모델조차 환경의 중대한 변화의 결과 더 이상 사용할 수 없게 될 시점이 언제인지를 예상해야 한다. 이 연구를 수행하고 있는 시점에서 사용되고 있는 대부분의 모델들은 대개 신용 환경이 양호했던 기간(1998~2007년)에 개발되었기 때문에, 몇 차례의 "지속된 스트레스 사건들"을 겪은 모델링 전문가를 구하기 어렵다.

결론

CRO들은 계산에 대해 어떤 유형의 문화를 지지하든 최소한 상충되는 다음의 두 가지 목표 사이에서 균형을 유지하고 있다. (1) 리스크에 대한 취합적인 관점을 도출한다. (2) 전문가적 판단을 내리기 위해 사안별 비즈니스 지식과 모델에 대한 친숙성을 유지한다. 올바른 균형을 유지하는 것은 모든 CRO에게는 도전과제이며, 그들의 선택은 조직의 의사 결정, 리스크 취하기 그리고 모델링 문화와 부합해야 한다.

새로운 규제 시대가 도래하고, 심각하고 지속적인 금융 위기가 짓누르고 있는 이때에 고위 리스크 임원들은 리스크 감독 기능의 잠재력을 어떻게 발휘하고 있는지 입증하라는 압력을 받고 있다. 어떤 전문 직종도 이해관계자들의 요구와 충돌한다면 영구히 지속될 수 없다(Gardner 외 2001).

전문가 그룹인 CRO들은 감독 당국, 회사 임원, 주주, 채권자, 일반 대중 등 다양한 이해관계자들의 요구를 수용해야 하는데, 이를 위해서는 리스크 관리 기능의 위치가 조직의 거버넌스 프로세스 내에서 명확하고 잘 정의되어야 한다. 점점 더 많은 고위 리스크 책임자들이 CEO와 이사회가 자신의 일차적 고객이라고 생각하고 있다. 그러나 많은 리스크 부서들이 일상의 컴플라이언스 후원자 모드에서 신용 리스크에 붙잡혀 있는 반면, 비즈니스 파트너 역할에 대한 이해를 향해 이동하고 있는 곳들도 있다. 오랫동안 확립된 직종과 달리, 리스크 관리에서는 아이디어들 및 관행들이 아직 통일된 영역 안으로 체계화되지 않았으며, 기업 거버넌스에서 CRO의 역할도 모호하다.

그러나 체계화 결여는 정의(定義)를 위한 기회이기도 하다. 이 모호함은 리스크 관리 직종이 컴플라이언스 후원자, 모델링 전문가, 전략적 통제자 그리고 전략적 조언자 역할들을 정의하고 이들의 장점을 결합함으로써, 또한 훌륭한 리스크 분석론과 전문가 판단을 통합함으로써 비즈니스 의사 결정을 향상시킬 수 있는 기회이기도 하다. 그러나 CRO의 성공 여부에 대한 궁극적인 테스트는 리스크 관리자들이 비즈니스 라인의 리스크 취하기에 영향을 줄 수 있는 능력에 좌우된다. 이 장의 서두에 인용한 어느 CRO는 이렇게 말했다. "리스크 관리자들의 가장 큰 기여 중 하나는 – 거의 틀림없이 단 하나의 가장 큰 기여는 – 횃불을 들어서 투명성을 제공하는 것이다."[16] 성공적인 리스크 관리 기술은 임원들에게 이 빛을 보게 하고, 등을 든 사람을 귀중하게 여기도록 하는 데 놓여 있다.

감사의 글

이 장의 초안에 대해 논평해 준 Robert Koplan, John Fraser 그리고 Betty Simkins 에게 감사드립니다. Roxanna, Myhrum, David Newman 그리고 john Elder에게 열의 와 통찰력 있는 질문 그리고 철저한 편집 작업의 빚을 졌습니다.

참고문헌

Aabo et al. 2005. The rise and evolution of the chief risk officer: Enterprise risk management at Hydro One. Journal of Applied Corporate Finance, 17, 62-75.

AmericanBanker. 2008. Risk Chiefs: As the bar raises,so does demand. Publication date: January 31.

Bank for International Settlements (BIS) Joint Forum. 2003. Trends in risk integration and aggregation. (August).Accessed on www.bis.org on May 13, 2004.

Bookstaber, R. 2007. Where were the risk managers? Accessed October 17, 2007, onhttp://blogs.wsj.com/economics/2007/10/ 16/bookstaber-asks-where-were-the-risk-managers/.

Buehler, K., Freeman, A., and Hulme, R. 2008. The new arsenal of risk management.Harvard Business Review (September).

Butterworth, M. 2001. The emerging role of the risk manager. In Pickford, J. (ed.), Mastering Risk, vol.1: Concepts. (London, UK: Financial Times-Prentice Hall.

COSO. 2003. Committee of Sponsoring Organizations of the Treadway Commission, Enterprise Risk Management Framework. (국내에서는 삼일 회계 법인에서 『전사적 리스크 관리-통합 프레임워크』라는 이름으로 출간하였음).

Crouhy, M., Galai, D., and Mark, R. 2000.Risk Management. New York: McGraw-Hill.

Deloitte, 2007. Global risk management survey: Accelerating risk management practices. 5th ed. Available on www.deloitte.com/dtt/research/0,1015,cid%253D151389,00.html.

Drzik, J., Nakada, P., and Schuermann, T. 2004. Risk capital measurement in financial institutions-Part one. (May 14). Accessed on www.Erisk.com.

Economist Intelligence Unit. 2005. Global Risk Briefing.

Ernst & Young. 2008. Making a difference: Rating enterprise risk management. Accessed on www.ey.com on September 10, 2008.

Federation of European Risk Management Associations (FERMA). 2002. A risk management standard.(Brussels).

Gallagher, R.B. 1956. Risk management: New phase of cost control. Harvard Business Review.

Gardner, H., Csikszentmihalyi, M., and Damon, W. 2001. Good work: When excellence and ethics meet. New York: Basic Books.

Garside, T., and Nakada, P. 1999. Enhancing risk measurement capabilities.Available on www.erisk.com. Previously published in Balance Sheet, vol. 8, no. 3, 12-17.

Hayes, N. People, processes, systems: Deutsche Bank's Hugo Banziger knows it takes all three. RMA Journal, December 2002. Available on http://findarticles.com/p/articles/mi_m0ITW/is_4_85/ai_n14897213/pg_2?tag=artBody;col1

IBM Business Consulting Services. 2005. The clairvoyant CRO. Available on www.ibm.com/industries/financialservices/doc/content/bin/fss_clairvoyant_cro.pdf.

Knight, Frank H. 1921.Risk, uncertainty, and profit. Mineola, NY: Dover Publications.

Kloman, H.F. 2003. Enterprise risk management: Past, present and future. Reprinted in Kloman, H.F., Mumpsimus revisited: Essays on risk management.Lyme, CT: Seawrack Press.

Lam, J. 2000. Enterprise-wide risk management and the role of the chief risk officer.Accessed on www.erisk.com on May 14, 2004.

Liebenberg, A.P., and Hoyt, R.E. 2003. The determinants of enterprise risk management: Evidence from the appointment of chief risk officers. Risk Management and Insurance Review, 37-52.

Lore, M., and Borodovsky, L. 2000.The professional's handbook offinancial risk management. New York: Butterworth-Heinemann Finance.

Marrison, C. 2002. The fundamentals of risk measurement. New York: McGraw-Hill.

Marshall, C. 2001. Measuring and managing operational risks in financial institutions: Tools, techniques and other resources. New York: John Wiley & Sons.

Merton, R.C. 2005. You have more capital than you think. Harvard Business Review (November).

Mikes, A. 2005. Enterprise risk management in action. PhD Thesis, London School of Economics.

Mikes, A. 2007a. Convictions, conventions and the operational risk maze–The Cases of three financial services institutions. International Journal of Risk Assessment and Management 7, no.8: 1027-1056.

Mikes, A., Townsend, D. 2007b. Beyond compliance: The maturation of CROs and other senior risk executives. GARP Risk Review, 39 (November-December): 12-18.

Mikes, A. 2008a. Enterprise risk management at Hydro One. Harvard Business School Case 9-109-001.

Mikes, A. 2008b. Chief risk officers at crunch time: Compliance champions or business partners? Journal of Risk Management in Financial Institutions, 2, no.1 (November-December): 7-24.

Mikes, A. 2009. Risk Management and calculative cultures. Management Accounting Research, 20: 18-40.

Perrow, C. 1984. Normal accidents: Living with high risk technologies. New York: Basic Books.

Power, M.K. 2000. The audit implosion: regulating risk from the inside. The Institute of Chartered Accountants in England and Wales.

Power, M.K. 2003.The Invention of operational risk. London: London School of Economics and Political Science, ESCR Centre for the Analysis of Risk and Regulation, Discussion Paper, no.16.

Power, M.K. 2004. Counting, control and calculation: Reflections on measuring and management. Human Relations, 765-783.

Power, M.K. 2005. Organizational responses to risk: The rise of the chief risk officer. In B. Hutter, and M.K. Power. Organizational encounters with risk. Cambridge, UK: Cambridge University Press.

Power, M.K. 2007.Organized uncertainty – Designing a world of risk management. Oxford, UK: Oxford University Press.

PricewaterhouseCoopers. 2007. Creating value: Effective risk management in financial services.

Risk Management. 2007. A view from the top. (September).Online publication, accessed in October 2008 on www.allbusiness.com/company-activities-management/management-risk/8911274-1.html.

Standard & Poor's. 2008. Enterprise risk management: Standard & Poor's to apply enterprise risk analysis to corporate ratings. Ratings Direct, (May).

Stulz, R. 2009. Six ways companies mismanage risk. Harvard Business Review, (March).

Taleb, N.N. 2007.The black swan. London, UK: Penguin. (국내에서는 동녘 사이언스에서 『블랙 스완』이라는 이름으로 출간하였음).

Tett, G. 2008. Cindarella role moves to the centre of attention. Financial Times, (April 28).

Treasury Committee (of the United Kingdom Parliament House of Commons). 2007a. Minutes of Evidence Taken before Treasury Committee, Tuesday, December 4, 2007 (Uncorrected transcript of Oral Evidence given by Mr. E. Gerald Corrigan, Managing Director and Co-Chair of the Firmwide Risk Management Committee, Goldman Sachs; Lord Charles Aldington, Chairman, Deutsche Bank; Mr. Jeremy Palmer, Chairman and CEO, Europe, Middle East and Africa, UBS; and Mr. William Mills, Chairman and Chief Executive of City Markets and Banking, Europe, Middle East and Africa, Citigroup). Accessed on www.publications.parliament.uk/pa/cm/cmtreasy.htm on January 10, 2008.

Treasury Committee (of the United Kingdom Parliament House of Commons). 2007b. Minutes of Evidence Taken before Treasury Committee, Tuesday, October 16, 2007 (Corrected transcript of Oral Evidence given by Dr. Matt Ridley, Chairman, Mr. Adam Applegarth, Chief Executives, Sir Ian Gibson, Senior Non-Executive Director, and Sir

Derek Wanless, Non-Executive Director, Northen Rock). Accessed on www.publications.parliament.uk/pa/cm200607/cmselect/ cmtreasy.htm on January 10, 2008.

Weick, K. 1993. The collapse of sensemaking in organizations: The Mann Gulch disaster. Administrative Science Quarterly, 38: 628-652.

Winokur, L.A. 2009. The rise of the risk executive. Risk Professional, (February) 10-17.

Wood, D. 2002. From cop to CRO. Accessed on www.erisk.com on May 14, 2004.

INDEX

1) Risk Chiefs: "As the Bar Rises, So Does Demand." American Banker(2008년 1월 31일), 48쪽.

2) 2008년 9월 9일 저자의 인터뷰. 비밀 보호를 위해 인터뷰한 사람의 신원은 밝히지 않았음.

3) 2008년 8월 31일 저자의 인터뷰. 비밀 보호를 위해 인터뷰한 사람의 신원은 밝히지 않았음.

4) 2008년 8월 16일에 저자가 사적으로 들은 말. 출처는 비밀보호를 위해 밝히지 않았음.

5) 2008년 11월 11일에 저자가 사적으로 들은 말. 출처는 비밀보호를 위해 밝히지 않았음.

6) Mikes, A. "Enterprise Risk Management at Hydro One", 하버드 경영대학원 Case No. 9-109-001. (2008).

7) Hayes, N. "People, processes, systems; Deutsche Bank's Hugo Banziger knows it takes all three." RMA Journal(2002 12월). http://findarticles.com/p/articles/mi_4_85/ai_n14897213/pg_2?tag=artBody;coll에서 찾아볼 수 있다.

8) 경제적 자본은 예상치 않은 시장, 신용 또는 운영 리스크 손실에 대해 최악의 시나리오에서 모든 부채를 커버할 수 있도록 통계적으로 추정된 자본량이다. 경제적 자본 방법이 리스크 관리 실무자와 규제당국에 개념적으로 매력이 있는 이유는 "이 개념이 측정될 수 있는 모든 유형의 리스크들에 대한 하나의 수치를 제공해 줄 수 있기" 때문이다(국제결제 은행, 2003년 6월).

9) 2008년 3월 3일의 저자의 인터뷰. 비밀 보호를 위해 인터뷰한 사람의 신원은 밝히지 않았음.

10) Mikes (2005년, 170쪽).

11) 2006년 11월 17일의 저자의 인터뷰. 비밀 보호를 위해 인터뷰한 사람의 신원은 밝히지 않았음.

12) 2006년 8월 17일의 저자의 인터뷰. 비밀 보호를 위해 인터뷰한 사람의 신원은 밝히지 않았음.

13) Mikes (2005, 205쪽).

14) Mariga, Vanesa. "Moving into the C-Suite." Canadian Underwriter (2008년 3월) 10-16쪽.

15) 2007년 11월 22일의 저자의 인터뷰. 비밀 보호를 위해 인터뷰한 사람의 신원은 밝히지 않았음.

16) 2006년 11월 17일의 저자의 인터뷰. 비밀 보호를 위해 인터뷰한 사람의 신원은 밝히지 않았음.

저자 소개

아네트 마이키스(Anette Mikes)는 2006년에 런던 경제학 대학원에서 PhD를 받았다. 마이키스의 논문 "Enterprise Risk Management in Action"은 금융기관의 리스크 관리에 관한 최초의 현장 리서치이다. 마이키스는 부다페스트 대학교 경제학 대학원 경제학 및 파이낸스 석사, 런던 경제학 대학원 회계 및 파이낸스 석사(우등상) 학위를 소지하고 있다. 런던 경제학 대학원 강사(2004-2005)와 런던 경영대학원 조교수(임원 교육)(2002-2005)를 역임한 마이키스는 Standard Charterd Bank에서 18개월간 Group Risk 부서의 고문으로 일한 뒤 Risk Futures 리서치 이니셔티브를 창설하여 이끌고 있다. 영국 은행 협회의 Risk Advisory Panel에 기여한 많은 고위 리스크 책임자들의 협력 하에 진행되고 있는 리서치 프로그램은 리스크 관리의 발전 방향과 고위 리스크 책임자들의 떠오르는 역할들을 조사한다. 마이키스는 많은 국제 컨퍼런스에 연사로 참여했으며 International Journal of Risk Assessment and Management, Journal of Risk Management in Financial Institutions 그리고 Management Accounting Research에 리서치 논문들을 발표했고, 현재 리스크 거버넌스 및 전략 수립에 있어서 리스크 관리의 역할에 초점을 맞추고 있다.

리스크 인식 문화 조성하기

더글러스 W. 브룩스(Douglas W. Brooks)
–AEGON Canada, Transamerica Life Canada 및 AEGON Fund Management 사장 겸 CEO, AEGON Capital Management 의장

문화의 중요성

조직의 전사 리스크 관리 노력 성공에 있어서 ERM을 잘 알고 이를 지원하는 문화보다 더 중요한 것은 없다. 더욱이 문화는 무형의 개념이기만 한 것이 아니라 그 요소들이 정의될 수 있고 바람직한 문화의 이동 여부도 측정할 수 있다.

정보, 기술 그리고 프로세스들이 중요하며, 어떤 프로세스들은 적절한 문화 개발에 도움이 된다. 그러나 일부 조직들은 정보 수집 및 보고를 위한 세계 수준의 기술적 역량과 강력한 프로세스를 갖추고 있으면서도 문화가 취약하여 ERM 노력을 통해 가치를 부가하지 못할 수도 있다.

문화의 정의

이 장에서 사용되는 문화의 정의는 "무엇이 조직의 의사 결정 방식을 결정하는가?"라는 질문에 기반을 둔다. ERM의 맥락에서 문화의 핵심은 문화가 비즈니스 의사 결정에 주는 영향이다. 강한 문화란 의사 결정이 정보에 입각하여 리스크 및 보상을 고려하면서

훈련된 방식으로 이뤄지는 문화를 말한다. 이러한 의사 결정 문화는 가장 큰 전략적 의사 결정에서 일상적인 비즈니스 의사 결정에 이르기까지 조직 전체로 확장된다.

ERM 맥락에서 "훈련된 의사 결정"은 아무런 리스크도 취하지 않거나, 리스크 최소화를 의미하지 않음을 주목하라. 그보다는 조직이 정해진 리스크 성향을 넘어서게 되거나, 보상이 부담하는 리스크에 비해 충분하지 않아서 과도한 리스크를 떠안게 되는 의사 결정을 피하는 것을 의미한다. 이는 실수나 그릇된 판단이 일어나지 않음을 의미하는 것이 아니라, ERM 프로세스가 조직의 리스크–수익 프로필을 최적화한다는 목표 아래 올바른 요소들이 고려되게 함을 의미한다.

문화의 목표

리스크 인식 문화의 목표는 모든 비즈니스 의사 결정자들이 다음 사항을 이해하고 이에 따라 행동하게 하는 것이다

- 현재 및 잠재적인 비즈니스 활동의 리스크 파악 및 이해의 중요성
- 현재 및 잠재적 리스크 소통의 중요성
- 비즈니스 의사 결정에서 리스크와 보상에 대한 고려의 중요성

다시 말하지만, 조직 전체에서 내려지는 의사 결정들이 이러한 사항들을 염두에 두고 이루어지게 하는 것이 목표임을 언급할 가치가 있다. 이는 리스크를 인식하는 문화가 조직 전체, 즉 조직의 비즈니스 의사 결정을 내릴 책임이 있는 사람들 이외의 그룹이나 그들의 상사들에게까지 확산되어야 함을 의미한다.

문화의 중요성

ERM의 목표가 리스크와 보상의 최적화를 통해 이해 관계자의 가치를 최적화하는 비즈니스 의사 결정을 내리게 하는 것이라는 점을 인정한다면, 강력한 리스크 인식 문화가 ERM 성공에 필요한 조건이다. 리스크 인식 문화에 필요한 요소가 빠지게 되면 다음과 같은 일이 발생할 수 있다.

- 일부 리스크가 식별 및 평가되지 않을 수 있다.

- 의사 결정자들이 의사 결정을 내릴 때 일부 리스크를 인식하지 못할 수 있다.

- 특정 리스크를 무시한 채 의사 결정이 이루어질 수 있다.

이러한 상황이 발생한다면, 조직은 일관성 있게 양호한 리스크 조정 비즈니스 의사결정이 일어난다고 확신할 수 없다. 그러므로 이 조직은 강력한 ERM 프레임워크를 지닐 수 없다.

어려운 순간에 어떻게 대처하는가

유사시에 문화는 긍정적인 의미에서 관찰될 수 있다. 즉, 의사 결정 프로세스는 리스크에 대한 고려를 반영하도록 계획될 수 있고, 비즈니스 의사 결정과 관련된 리스크들이 파악될 수 있으며, 가치를 부가하는 건전한 리스크 조정 의사 결정들이 관찰될 수 있다. 이러한 종류의 프로세스는 모든 조직에서 (명시적으로 그렇게 인식되는지를 불문하고) 의도적으로 리스크 인식 문화를 조성한 결과로, 또는 단순히 조직들이 훈련된 접근법에 관한 프로세스들을 갖춰야 하기 때문에 일어날 수도 있고, 종종 일어나기도 한다.

그러나 단기 이익과 장기적 리스크 조정 가치 사이의 균형을 유지하는 의사 결정을 내리라는 압력이 있을 때는 아주 강력한 결과가 나타난다. 단기 이익은 매출, 즉 매출 목표 및 시장의 예상 부응 또는 상회, 회계상 이익을 발생시키는 거래에서 나오는 이익, 또는 심지어 개인의 인센티브 목표와 관련될 수 있다. 조직의 리스크 관리 요건을 완화하라는 중대한 압력이 있고, 조직이 리스크 정책 및 바람직한 리스크 프로필에 명백히 반하는 의사 결정을 내릴 경우, 이 조직은 강한 리스크 문화를 가질 수 없다.

이는 조직의 모든 계층에서 일어날 수 있다. 인수가 고려될 때 조직의 최상부에서 이런 일이 일어날 수 있으며, 리스크에 대한 고려는 거래 참가자들의 이기주의의 희생물이 될 수 있다. 거래 참가자들이 "헤딩 거래와 사랑에 빠지고" 이 거래에 기울인 노력과 잠재적 혜택에 비춰 볼 때 거래를 그만둔다는 생각에 견딜 수 없어서 리스크 고려를 도외시할 수 있다. 사람들이 해당 거래 후의 비즈니스를 떠올릴 때 그 효용이 이미 그들의 마음 속에 확고하게 그려져 있을 수도 있다. 보상 또한 이러한 유형의 행동에 동기를 부여할 수 있다. 이는 보너스와 급여 인상이라는 가시적인 보상일 수도 있고, 성공적인 거래에 참여한 사람들이 조직에서 높이 평가되고 승진하는 비가시적인 보상일 수도 있다.

조직의 하위 직급에서도 인센티브가 과도한 리스크가 있는 행동 보상에 일익을 담당할 수 있다. 자신의 보너스를 극대화하려는 개인들은, 특히 보너스가 즉각적인 결과에 기초하고 장기적인 수익성 및 리스크를 무시할 경우 리스크를 취할 수도 있다. 예를 들어, 자신의 보너스가 오로지, 또는 주로 세일즈 결과에만 기초하고 있는 세일즈 매니저는 리스크에 신경 쓸 이유가 없다. 실제로 조직에게 중요한 것은 세일즈 결과이며, 세일즈 목표 달성 및 초과를 통해 자신이 조직에 가치를 부가하고 있다고 믿는 것이 당연하다고 세일즈 매니저에게 묵시적으로 말하고 있는 셈이다.

예를 들어, 보험 산업에서는 다른 상품들보다 리스크가 상당히 큰 상품들이 있다. 이 상품들은 수익성 특성도 매우 다를 수 있다. 그러나 대리점이나 판매인에게 지급되는 수수료는 동일할 수 있다. 이 경우 리스크의 크기가 다른 상품들의 매출이 해당 조직에 똑같이 귀중하다는 메시지가 대리점에 전달된다. 이는 완전히 사실에 어긋날 수도 있지만, 상품에 대해 의문을 제기하는 것은 판매인의 역할이 아니다. 만약 세일즈 매니저의 수입이 대리점이 해당 상품을 판매한 대가로 받는 수수료 기준 달성에 기초한다면 그에게 전달하는 메시지도 동일할 것이다.

자연히 보상 구조의 단순성과 산업 내에서의 비교 구조가 인식되어야 하는 때가 있다. 그러나 조직들은 자신의 보상 구조가 어떤 결과를 가져올 것인지 판단할 수 있는 정보를 보유해야 한다. 보험의 예에서, 회사가 보험 판매 대리점에게 보다 위험하거나 수익성이 낮은 상품을 판 데 대해 낮은 수수료를 제시하는 것이 실제적이거나 현실적이지 않을 수도 있다. 그러나 세일즈 매니저는 확실히 해당 비즈니스의 리스크 조정 수익성에 기초해 보상되어야 한다. 여기에서도 조직이 해당 비즈니스의 리스크 조정 수익성을 측정할 수 있는 정보를 보유하고 있고 이를 이용하고 있음을 내포한다.

무분별하게 리스크를 취할 다른 원인은 외부적으로 가해질 수도 있다. 경쟁 조직들이 매우 성공적으로 리스크를 취하고 있을 수 있고, 애널리스트들과 기타 분석자들이 이 비즈니스에 우호적인 의견을 주고, 그 결과 주가가 상승할 수 있다. 또한 부적절한 리스크가 취해졌다 해서 그것이 이익이 되지 않음을 의미하지도 않는다. 다른 조직의 무모한 결정이 좋은 결과로 이어지는 것을 보게 되면 짜증이 난다. 그럼에도 불구하고, 강한 리스크 문화를 조성하기 원하는 조직은 이러한 압력 하에서도 계속해서 훈련된(disciplined) 상태를 유지해야 한다. 이는 필연적으로 왜 성공적인 것처럼 보이는 결정이 취해지지 않았는지를 밝히는 강력한 대내외 소통을 수반한다.

서브프라임 모기지 대출 위기 및 이와 관련하여 널리 확산된 시장 붕괴의 원인에 대해 많은 논의가 있지만 이곳에서 자세히 논하지는 않겠다. 그러나 그 핵심을 보면, 이 위기는 단순히 나쁜 비즈니스에서 비롯되었다. 이 비즈니스는 훈련된 조직에서는 일어나지 않아야 했다. 진정한 대출 비용을 지불할 자원 없이 자산에 대해 과도한 차입을 일으키는 개인에 대한 대출은 근본적으로 나쁜 비즈니스이다. (부동산 가격이 상승하여, 익스포저와 레버리지 정도를 숨김에 따라) 조직들이 이 모델로 성공을 경험하자, 다른 조직들도 장기적인 가치 및 리스크의 희생 하에 단기적 비즈니스 성장을 보상해 주는 금융 시장의 단편적 사고(思考)에 의하여 게임에 들어가도록 압력을 받았다.

금융 및 리스크 관리 모델, 신용평가 기관, 규제 당국 그리고 기타 많은 사람들이 이 위기에 기여했고, 이에 대해 비난을 받아 마땅하지만, 근본 원인들은 금융 시장에서 보상받는 단기적 이익에 동기를 부여 받은 나쁜 비즈니스와 관련이 있다. 조직들이 시장의 압력에 직면하여 어떻게 훈련된 상태를 유지할 수 있는가? 특히 어느 조직이 상장회사이고, 시장이 부적절한 기준을 사용하여 누가 성공적이라고 여겨지는지를 결정할 때, 이러한 압력에 직면하여 굳건하게 버티기는 매우 어렵다.

조직들은 무모한 리스크라고 판단된 비즈니스를 피하기로 한 이유들에 대해 내부 및 외부의 이해관계자와 효과적으로 소통해야 한다. 내부적으로는 장기적인 리스크 조정 가치를 보상하는 보상 시스템을 통해 건전한 리스크 문화가 강화될 수 있다.

문화는 좋은 리스크 취하기를 좌절시킬 수 있다

문화는 또한 적절한 리스크를 취할 의욕을 꺾음으로써 최적이 아닌 결과를 가져올 수도 있다. (의사 결정 당시에) 리스크를 취하기로 한 결정이 옳았는지에 관계없이 결과적으로 잘 풀리지 않은 경우 해당 리스크를 취한 사람을 징벌할 때 이런 일이 일어날 수 있다. 1980년에 뉴욕 양키스와 캔사스 시티 로열스의 플레이오프 경기에서 이에 대한 좋은 예가 발생했다. 양키스가 1점 뒤지고 있는 상황에서 양키스의 발 빠른 주자(윌리 랜돌프)가 1루에 나가 있었다. 8회 투 아웃이었다. 타자가 친 공은 외야 구석에 맞았고, 주자는 출발을 잘했다. 3루 주루 코치는 주자의 발이 빠르고, 공을 잡은 외야수는 어깨가 강하지 않다는 것을 알아차렸다. 그 외야수는 대개 다른 야수에게 공을 던지고, 그 야수가 주자를 태그 아웃시키도록 포수에게 공을 던지곤 했다. 투 아웃이었고, 주자가 3루에서 멈출 경우 다음 타자가 안타를 쳐서 득점을 올릴 가능성은 50%에 훨씬 못 미쳤다. 달리 말하자면, 3루 주루 코치는 주자를 3루를 돌아 득점을 시도하도록 한, 리스크에 기반한 좋은 결정을 내렸다. 그러나 실제 사건에서는 외야수가 내야수에게 공을 잘 던졌고, 내야수는 포수에게 완벽하게 송구해 주자를 태그 아웃시켰다. 그 결과 3루 주루 코치는 다음 날 해고되었다. 확실히 뉴욕 양키스에서는 이러한 유형의 양호한 리스크 기반 의사 결정을 내리는 것이 장려되지 않았다.

유사한 사례가 비즈니스에서도 일어난다. 예를 들어, 특정 리스크에 대한 익스포저를 헤지하기 위해 취해진 결정들은 해당 리스크가 일어나지 않을 경우, 특히 다른 회사들이 그 리스크를 취해서 그에 대해 보상을 받을 경우 비판 받을 수 있다. 이로 인해 헤징에 시간과 자원을 낭비했다는 비판을 피하기 위해 부적절한 리스크를 취하게 될 수도 있다.

리스크를 훌륭하게 취하는 조직들은 리스크를 면밀하게 검토하더라도 모두 성공하는 것은 아니라는 점을 인식한다. 파슨(Farson)과 케이즈(Keyes)(하버드 비즈니스 리뷰, 2002년 8월)는 강력하게 리스크 취하기를 장려하는 조직의 리더를 "실패를 용인하는" 리더라 부른다. 그런 리더는 훈련된 접근법에 기초한 결정은 결과에 상관없이 올바른 결정이며, 엉성하고 훈련되지 않은 결정은 이익에 상관없이 나쁜 결정이라는 것을 알고 있다.

리스크 인식 문화의 요소

리스크를 인식하는 문화를 가지길 원하는 조직은 다양한 프로세스들을 갖춰야 할 뿐 아니라 특정 행동들을 장려 및 보상해야 한다. 문화는 모두 행동에 관한 것이다. 바람직한 행동들을 장려하고 강화하기 위해서는 프로세스들이 필요하다.

행동적 요소

말보다 행동이 중요하다. 이는 단순하지만 심오한 표현이며, 조직 문화 분야에도 직접 적용된다. 서류상으로는 존재하지만, 실제로는 적용되지 않는 프로세스들은 조직 안에서 중요하지 않은 것으로 간주될 것이다. 프로세스는 진지하게 다뤄질 때에만 실제로 바람직한 문화를 강화한다.

조직들은 보상되는 행동들을 통해 명시적 또는 묵시적으로 장려되는 결과들을 기대해야 한다. 예를 들어, 조직에 리스크를 안긴 채 세일즈 목표를 달성한 데 대해 보너스와 승진이 주어질 경우 직원들에게 조직의 리스크 규율은 세일즈 결과보다 못하다는 묵시적인 메시지를 주는 셈이며, 회사는 직원들이 리스크 규율에 대해 규정상에 뭐라 쓰여 있던 실제로 보상되는 결과에 일치하는 방식으로 행동할 것이라고 기대해야 한다. 강한 리스크 인식 문화를 만들고 이를 유지하기 위해서는 조직에서 기대되는 행동에 대해 신중히 생각하고, 이에 대해 명시하는 것이 필요하다.

프로세스 요소

위에서 행동적 요소가 일차적이라고 말했는데, 정의된 행동을 장려하는 건실한 프로세스를 만드는 것이 매우 중요하다. 이러한 프로세스에는 측정, 모니터, 보고 그리고 거버넌스가 포함된다.

어떻게 리스크를 인식하는 문화를 만들 것인가

리스크를 인식하는 문화를 만들려면 의도적인 접근이 필요하다. 이는 우연히 일어나지 않는다. 강한 리스크 인식 문화 도입을 성취하기 위해 아래의 단계들과 접근법들이 제안된다.

요소들의 정의

리스크 인식 문화를 조성하는 첫 단계는 그 문화가 어떤 요소를 포함해야 하는지 아는 것이다. 리스크 인식 문화의 요소를 정의하려는 시도들이 있었는데 Risk Manager 지(紙)(3호, 2004년 2월)는 다음과 같은 특성 목록을 담았다.

- 조직 및 프로젝트 내의 강력한 리더십
- 리스크 관리를 현업부서에 맡김
- 참여적 경영진 스타일

- 모든 직원과 팀원의 지식 활용
- 직원들에게 자신의 행동에 대해 책임지도록 장려함
- 조직의 모든 계층 또는 리스크 평가 대상으로 선정된 영역/프로젝트의 리스크를 파악할 수 있게 함
- 리스크가 발생하기 전에 통제를 결정함
- 소통과 팀웍을 향상시킴
- 조직 전체에 리스크 의식을 장려함

이 목록은 리스크 인식 문화를 보유하고 있는 조직들의 특성 일부를 묘사한다. 또 다른 접근법은 이러한 바람직한 특성들을 가져올 문화의 요소들을 정의하는 것이다. 아래의 목록은 저자가 일했던 조직에서 ERM 프레임워크의 일환으로 개발했던 요소들이다.

- 고결한 행동
- 고객에 대한 영향 이해
- 내면화된 리스크 관리-규율
- 완전하고 투명한 소통
- 공동 의사 결정
- 인센티브와 보상의 정렬

조직이 건전한 의사 결정에 이르게 할 것으로 믿는 문화적 요소를 개발하고, 이러한 요소들의 장려 및 보상에 전력을 기울이는 것이 중요하다.

측정과 모니터링

대부분의 비즈니스 노력들의 결과들은 성공에 대한 척도를 개발하고 이 척도를 사용하여 목표 진척도를 모니터함으로써 달성된다. 재무적인 목표나 운영상의 목표 실행뿐 아니라, 문화적 목표를 향한 진척도 마찬가지이다. 측정은 비재무적인 정보와 조직의 재무제표에 나타나지 않는 정보에 근거할 수도 있다. 예를 들어, 조직의 리스크 문화로 정해진 요소 중 하나가 "참여적 경영진 스타일" 또는 "공동 의사 결정"일 경우, 어떻게 의사

결정이 이뤄지는가를 조직 구성원들에게 물어보는 것 외에는 정보를 입수할 수 있는 원천이 없을 것이다.

조직에서 그러한 프로세스에 관한 정보를 얻는 조사 구조와 처리가 매우 중요하다. 조사는 위협적이지 않아야 한다. 즉, 사람들은 보복에 대한 두려움 없이 질문에 정직하게 대답할 수 있어야 한다. 익명 보장은 성공적인 조사의 중요한 특징이며 조사는 반복될 수 있어야 한다. 즉, 조사가 되풀이될 때 믿을 수 있는 추세를 보여 주는 일관성 있는 응답이 나와야 한다. 진척도를 측정하기 위해서는 정기적으로 조사를 수행할 필요가 있다. 또한 이 조사는 파악 및 측정하려는 문화적 요소들의 정수를 파악하는 질문들을 부여해야 한다. 바람직하고 객관적인 결과를 얻기 위해 어떻게 하면 조사를 최대한 제대로 구성할 수 있는지는 이 장의 범위를 넘어선다. 그러나 그러한 전문가를 구할 수 있으며, 타당한 결과를 확보하기 위해서는 그러한 전문가들과 상의해야 한다.

참여 및 수용

강한 리스크 문화 구축은 조직 구성원들의 수용(buy-in)을 필요로 한다. 수용 프로세스의 성공률을 상당히 높일 수 있는 조치 중 하나는 바람직한 문화를 정의할 때 조직 또는 최소한 조직의 핵심 인물들을 참여시키는 것이다. 어떤 목표에서든 목표 설정에의 참여는 수용을 이끌어 내는 가장 좋은 방법이다. 사람들은 일반적으로 자신들이 정한 목표에 대한 오너십을 가지게 될 것이다.

개방성

개방적인 소통을 억제하는 조직에는 강한 리스크 문화가 존재할 수 없다. 완전하고 투명한 소통은 리스크를 인식하는 문화의 불가결한 부분이다. 아이디어와 질문들은 장려되어야 하며, 명시적이든 묵시적이든 억제되지 않아야 한다. 부정적인 행동들은 여러 방식으로 발생할 수 있다.

- 개인들, 특히 고위 직급이 토론을 주도하여 다른 견해는 억제될 수 있음을 시사함
- 조직에 "금기"시 되는 주제가 있어서 비즈니스 모델이나 접근법에 대해 거리낌 없이 의문을 제기하지 못함

- 모델들이 "의심할 여지가 없는" 것으로 여겨지거나 모델의 기능과 사용에 대한 답변들이 전문 기술자들에 의해 무시될 수 있음
- 다른 견해를 가진 사람들의 질문이 이해를 넓혀 주는 경우가 있는데, 의사 결정자들이 지나치게 동질적인 사람들로 구성되어 있어서 시야가 좁아질 수 있음
- 제보자 처벌은 사람들이 이슈들을 제기하지 못하도록 억제하는 명백한 방법임
- 의사 결정이 사실에 기초하기보다 감정에 기초하여, 또는 상사의 비위를 맞추기 위해 내려질 수 있음. 토론이 사실에 근거한 증거 없이 끝나서는 안 됨

강한 조직들은 위와는 다른 모습을 보이며, 어떤 주제에 대해서도 다양한 관점에서 이슈와 질문을 제기하도록 장려하고, 가능한 사실에 근거하여 의사 결정을 내린다.

상부로부터의 기조

거의 모든 조직의 변화 목표는 "상부로부터의 기조"를 핵심 요소로 꼽을 것이다. 문화의 경우, 기조(tone)가 매우 중요하며, 고위 경영진은 자금이나 자원뿐 아니라 행동 면에서도 지원해야 한다. 특정 행동을 장려 또는 억제하고, 솔선해 보여 줌으로써 조직의 문화를 효과적으로 정의할 책임은 리더들에게 놓여 있다.

인센티브와 보상의 정렬 – 언행일치

인센티브와 보상 그리고 이들과 회사 목표의 정렬은 아무리 강조해도 지나침이 없다. 직원들은 일터에서 보상이나 스트레스를 최소화하는 행동을 보이기 마련이다. 인센티브 보상 시스템은 특정 결과에 가치를 부여함을 함축한다. 직원들은 인센티브 보상 시스템에서 명시한 목표들은 고용주가 조직에 가치를 부가하기 위해 직원들에게 달성하기를 원하는 목표들이라고 믿을 만한 권리가 있다. 이 목표들이 리스크와 보상에 대한 적절한 인식을 포함하지 않을 경우, 조직은 뿌린 대로 거둬서 부적절한 리스크를 취하게 될 것이다.

보상이 언제나 금전 보상 형태일 수만은 없다. 조직들은 승진과 인정을 통해 행동들을 보상한다. 조직이 리스크와 리스크 기반 의사 결정을 입으로만 떠벌릴 경우, 안에서 실제로 보상되는 행동에 의해 주어지는 메시지는 더 강력해진다.

리스크 관리자는 무엇을 해야 하는가?

리스크 관리 부서는 조직 내에 적절한 리스크 인식 문화를 개발할 일말의 책임이 있다. 이는 문화의 요소를 정의하고, 이들을 모니터하며, 문화의 바람직한 특징들을 증진하기 위한 새로운 사업 및 방향을 결정하는 것을 넘어선다. 이는 리스크 관리 부문 자체의 행동과 관련이 있다.

조직, 특히 기술 및 금융 산업의 리스크 관리 부서에 있는 사람은 기술자인 경향이 있다. 그들이 받은 훈련은 대개 기술적이었고, 보상되는 행동들은 대체로 기술 지향적이었다. 그러나 소통과 심지어 마케팅마저도 리스크 관리 기능의 중요한 속성들이다. 리스크 관리자들은 비즈니스 의사 결정에 자신의 의사 결정에 대한 근거와 의견을 제시할 수 있어야 한다. 신상품이 조직의 리스크 가중 수익 목표에 미달하거나, 조직이 효과적으로 관리할 수 없는 리스크와 관련이 있을 경우 이를 거부하는 것이 필요할 수도 있다. 그러나 그렇게 함에 있어서 리스크 관리자는 해당 권고의 이유를 명확히 설명할 수 있어야 하며, 이 프로젝트에 상당한 시간을 투자했을 수도 있는 비즈니스 부문의 사람들에게 동정심도 보여야 한다.

리스크 관리 담당자들은 자신이 속해 있는 회사의 비즈니스에 대해서도 이해해야 한다. 비즈니스 매니저들은 리스크 관리자들과 비즈니스를 담당하지 않는 사람들이 비즈니스와 그 목표에 대해 이해하고 있음을 보여 주면, 그들의 의견을 존중할 것이다. 비즈니스에 대한 경험이 없는 사람들은 신뢰성이 결여될 것이며, 비즈니스 리더에게 배척될 것이다.

견고하고 믿을 만한 데이터는 조직 내에서 신뢰를 얻는 데 필요한 또 다른 요건이다. 의심스럽거나, 도전 당할 수 있는 데이터는 무시당할 것이며, 그로부터 도출해 낸 결론이 배척 당해도 할 말이 없다. 그러므로 리스크 관리 기능은 그 정보 관리에 주의해야 한다.

리스크 관리 분야는 또한 거짓 경보를 발하는 "양치기 소년"으로 인식되는 것을 경계해야 한다. 제기된 이슈들은 진정한 이슈여야 하며, 비즈니스 계획 및 프로젝트에 변경을 가하는 것을 정당화할 만큼 충분히 중요해야 한다. 여기에서도 비즈니스에 대한 이해는 비즈니스 의사 결정자들에게 이의 중요성을 소통할 수 있게 해 줄 뿐 아니라, 이슈들의 적절성 및 중대성 결정에도 도움이 될 것이다. 잠재적인 리스크로 제기된 이슈들이 모두 실제적인 리스크로 발전하지는 않을 것이다. 리스크가 현실화되도록 이끄는 시장 상황이나 기타 상황이 발생하지 않을 수도 있지만, 그렇다고 해서 파악 및 제기된 리스크들이 부적절했음을 의미하지는 않는다. 그러나 이는 리스크 관리 부서가 극복해야 할 도전 과제이다.

리스크 관리 부서가 조직을 운영해서는 안 된다. 리스크 관리 부문의 기능은 경영진이 리스크에 기반한 좋은 의사 결정을 내리도록 경영진에게 정보, 분석 그리고 프로세스를 제공하는 것이다. Hydro One에서는 이 방법을 채택했는데, 이 회사의 Corporate Risk Management Group은 전사 리스크 관리가 조직에 내면화하도록 도와준 공로로 2002년에 문화 변화 분야에서 Sir Graham Day Award for Excellence를 수상했다.

결론

조직들이 리스크 관리에 성공하려면 소통의 개방성뿐만 아니라, 훈련된 행동의 장려와 보상의 중요성을 인식해야 한다. 애스워드 다모다란(Aswath Damodaran)은 『전략적 리스크 취하기: 리스크 관리 프레임워크』(Strategic Risk Taking: A Framework for Risk Management) 12장에서 리스크 관리의 성공에 영향을 주는 많은 원칙들로써 결말을 짓는다. 이 원칙들 중의 몇 가지가 직접 문화를 언급하는 것도 놀랄 일은 아니다.

- 리스크를 잘 관리하는 것은 좋은 비즈니스 관행이며, 모든 사람의 책임이다.
- 리스크 관리에서 성공하려면 구조 및 문화를 통해 조직에 내면화해야 하며, 올바른 사람을 구해야 한다.

참고 문헌

Damodaran, Aswath. 2008. Strategic Risk Taking: A Framework for Risk Management. (Upper Saddle River, NJ: Wharton School Publishing).

저자소개

더그 브룩스(Doug Brooks)는 2008년 9월 24일에 AEGON Canada, Transamerica Life Canada 그리고 AEGON Fund Management의 시장 겸 CEO 그리고 AEGON Capital Management의 이사회 의장으로 임명되었다. 브룩스는 2002년부터 2006년까지 Sun Life Financial의 CRO였다. 워털루 대학교에서 수학과 보험 계리학을 공부했으며, 특히 Society of Actuaries와 캐나다 보험 계리사 협회 등 보험업계에서 활발하게 활동하며 전직 이사회 위원을 역임했다. 또한 2006년-2007년에 캐나다 보험 계리사 협회의 Joint Risk Management Section, Casualty Actuarial Society 그리고 Society of Actuaries 의장이었다. 브룩스는 Society of Actuaries 회원, 공인 전사 리스크 분석가, 캐나다 보험계리사 협회 회원 그리고 미국 보험 계리사 아카데미 회원이다.

126

ISO 리스크 관리 프레임워크

존 쇼트리드(John Shortreed)−워털루 대학교 토목 공학 명예 교수

서론

전사 리스크 관리(ERM)는 ISO의 "리스크 관리 프레임워크"에 해당한다. 리스크 관리 프레임워크(따라서, ERM 프레임워크)에 대한 ISO의 정의는 다음과 같다.

리스크 관리 프레임워크: 조직 전체적으로 리스크 관리를 설계, 시행, 모니터링, 검토 그리고 끊임없이 개선하기 위한 토대들과 조직상의 장치를 제공하는 일련의 요소들(ISO 가이드 73 "리스크 관리 − 용어 설명" 2009, 제네바)

ISO 정의에서, 토대는 리스크를 관리하기 위한 정책, 목표, 권한, 전심전력을 포함하며, 장치는 계획, 자원, 프로세스, 관계, 책임 및 활동들을 포함한다.

조직의 리스크 관리 프레임워크는 오로지 리스크 관리 프로세스(Risk Management Process; RMP)를 촉진하기 위해 존재하는 바, 이 프로세스는 조직의 모든 의사 결정에 사용돼야 한다. RMP는 관련 리스크들을 식별하고, 이 리스크들을 평가하며, 리스크들을 적절한 맥

락 안에서 다루는데, 이는 모니터링 및 검토뿐 아니라 리스크에 대한 소통 및 협의를 통해 지원된다.

ERM 프레임워크는 조직의 전반적인 전략적 및 운영상의 정책 및 관행들 안으로 통합된다. 조직 전체 차원에 대한 하나의 ERM 프레임워크가 있으며 의사 결정/경영진의 지위만큼이나 많은 RMP들이 있다. RMP는 ERM 프레임워크에 의해 특정되며, 핵심적인 리스크 관리 프로세스이다.

ISO 리스크 관리 프레임워크 개요

30개가 넘는 국가들의 국제적인 전문가 그룹의 노력에 의해 2009년에 국제 표준 가이드, ISO 31000 리스크 관리 – 원칙 및 가이드라인이 발표되어 리스크 관리의 중요성이 인식되었다. 이 실무 그룹은 또한 ISO 가이드 73(2002)을 2009년에 개정하여, 리스크 관리에 대한 정의를 제공한다.

이 장은 최신의 ERM 프레임워크의 발달사에 대해 종합적으로 검토하기보다는 ISO 리스크 관리 프레임워크에 기초하고 있다. ISO 프레임워크는 리스크 관리 프레임워크에 대한 현재의 모범 실무 관행이다. 이 프레임워크는 COSO, PMI(Project Management Institute), 호주 및 뉴질랜드 표준(AS/NZS 4360:2004) 그리고 선도적인 기타 국제 리스크 관리 표준들의 모범 실무 관행들을 통합한다.

ISO 31000은 특정 프레임워크 및 관련 리스크 프로세스에 대해 조직들에게 어느 정도의 여지를 남겨두지만, 일반적인 ISO 프레임워크가 준수되고, 조직의 ERM 프레임워크는 쉽게 ISO 31000 프레임워크로 인식될 것으로 기대된다. 표준적인 용어와 프로세스에 기반한 공통의 이해라는 이점(利點)을 활용하기 위해서는 이렇게 할 필요가 있다.

ISO ERM 프레임워크의 매우 중요한 개념은 조직에서의 리스크 관리는 조직의 경영 관리 및 방향 안으로 완전히 통합되며, 단지 경영의 한 측면이고, 관리자들이 운영, 파이낸스, 계획 수립, 인적 자원 등 외에도 사용할 수 있는 또 하나의 도구에 지나지 않는다는 것이다. ISO의 일반적인 정의에 따르면, 리스크는 "불확실성이 목표에 미치는 영향"이다. 모든 의사 결정 시에 관련 리스크 및 목표에 미치는 영향을 감안한 리스크 처리 방법에 대한 통상적이고 적절한 고려를 할 것으로 기대된다. 리스크 관리는 덧붙이는 단계가 아니라 모든 의사 결정 프로세스 안으로 완전히 통합되고 이 프로세스에 내재화된다.

리스크에서의 불확실성에는 목표 및 목표 측정, 통제의 효과성, 사건들의 성격 및 그 결과, 이해관계자들의 견해의 불확실성 또는 그 밖의 불확실성들이 포함될 수 있다. 리스크 관리는 조직의 목표로 정의되는 긍정적인 결과의 가능성을 증가시키고 부정적인 결과의 가능성을 감소시키고자 한다.

모든 관리자의 모든 결정은 조직의 목표에 긍정적이거나 부정적인 영향을 준다. 긍정적이든 부정적이든 어떤 의사 결정의 불확실한 결과는 서로 불가분하게 엮여서 분리할 수 없다. "위험을 무릅쓰다", "위험을 취하다", "겁쟁이는 결코 미인을 얻지 못한다", "한 번 해보다"와 같은 표현들은 모두 의사 결정의 결과에 대한 불확실성을 묘사하는 말들이다. "의사 결정을 내린다." 그러고 난 뒤에는 미래의 결과가 어떻게 나타날지 기다리고 그에 따른 긍정적 및 부정적인 결과들을 더해서 목표에 비추어 그것이 좋은 선택이었는지 여부를 파악한다.

"기회"는 확률적으로 의사 결정의 결과가 유리할 것으로 예상되는 상황이다. "위협"은 확률적으로 의사 결정의 결과가 불리할 것으로 예상되는 상황이다. 기회와 위협 모두 관련 리스크를 가지고 있다.

조직은 먼저 안에서 운영되고 있는 외부 및 내부의 맥락을 조사한 후 목표들을 검토하는데, 이에는 리스크에 특유한 목표들도 포함된다. 기회를 추구하거나 위협에 대응함에 있어서 리스크의 수용 가능성 또는 용인 가능성 결정에 사용되는 기준은 목표에 기초한다.

ISO 프레임워크는 이익을 추구하는 조직뿐만 아니라, 일반 대중이 피해를 입지 않도록 보호하기 위해서 존재하는 규제 당국도 수용할 수 있다. 규제 당국은 대중의 신뢰, 통제의 비용 효율성 등과 같은 긍정적인 결과도 고려하도록 권고되지만, 주로 부정적인 결과들에 중점을 둘 수도 있다. 이처럼 유연하게 적용하는 이유는 리스크 프레임워크는 목표에 의해 주도되는 바, 목표들은 어떠한 목적, 제한, 무관용(zero tolerance) 기준, 절대적 우선순위 등도 수용할 수 있기 때문이다.

ISO 기준의 리스크 관리 프로세스는 조직 전체, 조직의 일부, 특정 유형의 리스크, 또는 특정 자산, 프로젝트 또는 활동에 적용될 수 있다. 이 기준은 리스크 관리는 ERM 프레임워크에서 정의된 바대로 조직 전체에 걸쳐 일관된 방식으로 수행될 때 보다 효과적임을 인식한다.

리스크 관리 원칙 그리고 리스크 관리의 탁월함

ISO 프레임워크는 규범적이라기보다는 원칙 기반 접근법이다. 이 기준은 개별 국가, 산업 부문 그리고 조직들이 자신의 독특한 상황에 맞춰 상세하고 구체적인 프레임워크를 만들 것이라는 기대 하에, 일반적인 ERM 프레임워크를 제공한다. 이 기준들은 ISO 표준에 각각의 장(章)을 마련하고 있으며 리스크 관리의 탁월함(excellence in risk management)에 관한 부록에서 확인할 수 있다.

ISO의 근본 원칙은 리스크 관리는 조직에 긍정적인 가치가 있어야 한다는 것이다. 리스크 관리는 돈을 벌고, 평판을 향상시키며, 대중의 안전에 기여하고, 지속 가능성을 개선시키며, 일반적으로 혜택을 증대하고, 피해를 감소시켜야 한다. 리스크 관리는 의사 결정자의 불확실성이 목표에 미치는 영향 이해, 목표 달성에 효과적인 리스크 처리 방안 고안, 리스크 및 통제에 대한 모니터링, 검토 그리고 개선에 의해 이를 수행한다.

불확실성/리스크 그리고 가치 이슈를 설명하기 위해 미국 개간국(US Bureau of Reclamation)이 건설한 댐에 대한 연구를 고려해 보자. 이 연구는 건설 전의 계획상의 추정과 댐 건설 후 운영 데이터를 비교했다. 이 연구는 계획 기간 중에 효용 대 비용 비율이 1.0일 경우, 실제 프로젝트가 수지를 맞출 가능성은 17%에 불과한 것을 발견했다. 실제 효용 대 비용 비율 1.0 즉, 손익 분기점을 달성할 확률이 95%가 되려면 사전의 효용 대 비용 비율 4.0(효용이 비용보다 300% 많다)이 필요했다(James and Lee 1971). 효과적인 리스크 관리는 이러한 편향(偏向)을 축소시키고 실제 가치의 추정치를 개선한다.

기존 리스크 관리 원칙들에 대한 종합적인 분석에 기초해서 ISO의 실무 그룹은 리스크 관리 10원칙을 정했다(ISO 31000, clause 4).

1. 리스크 관리 비용을 공제하고 난 후, 보건, 평판, 이익, 컴플라이언스 등 목표를 위한 가치를 창출한다.
2. 프로젝트 관리, 전략 계획 수립, 감사 그리고 다른 모든 프로세스 등 조직 내 프로세스의 불가결한 부분이다.
3. 리스크를 이해하고, 이를 수용할 수 있는지 결정하기 위한 분석과 평가를 통한 의사 결정의 일부이다.
4. 불확실성 및 불확실성이 어떻게 수정될 수 있는지를 명시적으로 다룬다.

5. 체계적이고, 짜임새가 있으며, 적시적이고, 반복 및 확인이 가능한 결과와 의사 결정을 낳는다.

6. 과거 데이터, 전문가 의견, 이해관계자의 우려 등 입수할 수 있는 최상의 정보(해당 정보의 질 및 이용 가능성에 따라 조정됨)에 기초한다.

7. 조직, 조직의 목표, 조직의 리스크 그리고 조직의 역량에 맞춰진다.

8. 결과의 가능성에 영향을 줄 수 있는 기술적 및 기타 "딱딱한(hard)" 요소 외에도 인적 요소 및 문화적 요소도 고려한다.

9. 투명하고 포괄적이어서 이해관계자와 소통 및 협의를 통해 리스크 관리 및 리스크 기준이 뒤떨어지지 않고 적절하게 유지된다.

10. 맥락, 추세, 리스크 요인 및 기타 대내외 요인들의 변화에 대응하는 "지속적인 개선" 환경 안에서 역동적이고, 반복적이며, 반응을 보인다.

이 원칙들은 ERM의 기본적인 속성들을 제공하지만 조직은 ERM 프레임워크를 시행할 때, 이 원칙의 준수뿐만 아니라 "리스크에 대한 성숙"도 보여줄 것이다. ISO 31000 부록 A는 탁월함의 특징들과 조직 내에서 이들의 존재 및 변화에 대한 증거를 설명한다. 탁월함의 특징들은 다음과 같다.

- 공식적인 프로세스를 사용한 프레임워크의 계속적인 개선
- 쉽게 찾아 볼 수 있는 리스크 오너 목록을 두고 리스크에 대해 책임지도록 함
- 모든 의사 결정의 리스크 관리 프로세스(Risk Management Process; RMP) 사용과 적절한 문서화
- 리스크, 리스크 통제 그리고 기타 RMP 측면의 "가능한 관심사"에 관한 계속적인 소통
- 리스크 관리가 조직의 핵심적인 업무로서 높은 위상을 지님

ERM 프레임워크 요소

ERM 시행의 첫 단계는 프레임워크에 대해 종합적으로 설명해 주는 구성 요소의 목록을 구하는 것이다. 다음에 이 구성 요소들이 설계되고 관련 시행 계획들이 수립되어야 한다. ISO 31000을 포함한 대부분의 ERM 프레임워크들은 이 구성 요소들을 특정하기보다

는 프레임워크에 대한 개념적인 지침과 그 관계적 구조를 제공한다. 이 섹션에서는 ISO 프레임워크의 개념적인 개요를 짧게 살펴본 뒤에 이 프레임워크의 일곱 가지 주요 구성 요소들과 그 하위 요소들을 소개한다.

ERM 프레임워크: 개념과 요소

ISO 31000에서 ERM 프레임워크의 근저를 이루는 개념은 데밍(Deming)의 계획–시행–점검–조치(Plan-Do-Check-Act; PDCA)(Deming 1986) 패러다임을 이용한 품질관리 접근법이다. 조직의 의사 결정에 관한 질은 리스크 관리 프레임워크의 지속적인 개선을 통해 향상된다. 이 프레임워크는 PDCA 접근법을 따라 설계, 시행 및 모니터되고 지속적으로 개선된다.

조직의 ERM 프레임워크는 조직의 의사 결정을 위한 리스크 관리 프로세스를 지원한다. 또한 이 프레임워크는 조직의 리스크, 리스크 관리, 리스크 통제 성과에 관한 정보를 취합한다. 리스크 관리 프로세스(RMP)는 ERM 프레임워크의 핵심 요소이다. RMP는 리스크 관리 및 리스크 통제 운영이 좋은 결과를 늘리고 나쁜 결과를 줄여 주면서 지속적인 개선 사이클을 지니게 해 준다.

이 프레임워크는 실제적이어야 한다. 관리자들은 대개 과중한 업무에 시달리고 있는데, 또 하나의 책임이 효과적으로 수행되려면 이 일이 다룰만 해야 한다. 지나치게 규범적인 접근법은 포괄적이고 상세하기는 하지만, 너무 번거롭고 역효과를 낼 수도 있다. 그러므로 원칙에 기반한 접근법은 상황에 맞게 사용 및 적용된다. 성공적인 프레임워크들은 일반적으로 이해 및 시행하기 쉬우면서도 그 적용 및 지속적인 개선에 있어서 정교함과 미묘함도 허용한다. 일반적으로 리스크 관리의 노력들은 리스크의 크기 그리고 이해관계자들에 대한 영향을 포함하여 리스크 통제의 효용에 비례해야 한다.

프레임워크와 RMP는 표준적인 용어와 프로세스를 사용해야 한다. 가능하면 ISO 가이드 73의 용어가 사용돼야 하며, 다른 용어들이 사용될 경우 ISO 용어에 대한 연결이 이뤄져야 한다. 예를 들어, "환경 진단(environmental scan)"이라는 말이 사용될 경우, 이 용어는 ISO의 용어 "외부의 맥락(external context)"과 연결시켜서 프레임워크에 대한 관계를 명확히 해야 한다. 현행 리스크 관리의 많은 단점들은 표준적이지 않은 용어 사용과 그로 인한 비효과적인 소통, 이해 결여 그리고 혁신 부족 때문이다.

ERM 프레임워크의 7요소

1. ERM 프레임워크 위임 및 전심전력

   a. ERM 진행에 대한 원칙적인 합의

   b. 갭(gap) 분석

   c. 프레임워크의 맥락

   d. 프레임워크 설계

   e. 시행 계획

2. 리스크 관리 정책

   a. ERM 프레임워크 정책, 프로세스 및 절차

   b. 리스크 관리 의사 결정 정책

      · 리스크 성향

      · 리스크 기준

      · 내부 리스크 보고

3. ERM 조직 안으로 통합

4. 리스크 관리 프로세스(RMP)

   a. 맥락

   b. 리스크 평가(식별, 분석 그리고 평가)

   c. 리스크 처리(risk treatment)

   d. 모니터링, 검토 그리고 조치

   e. 소통과 협의

5. 소통과 보고

6. 책임 관계

   a. 리스크 오너십과 리스크 대장(risk resister)

   b. 관리자의 성과 평가

7. 모니터링, 검토 그리고 지속적 개선

   a. ERM 프레임워크 유지 및 개선 책임

   b. 리스크 성숙 및 ERM 프레임워크의 지속적 개선 방법론

보기 7.1은 ISO 31000(Broadleaf 2008)에 따라 ERM을 시행하려는 조직을 위한 전형적인 프레임워크를 보여 준다. 이 그림은 ERM 프레임워크의 주 요소들 외에도 시행 및 지속적인 개선을 위해 필요한 다른 프로세스들과 기능들도 보여 준다. 모든 조직들은 리스크 관리의 통합을 보다 쉽고 효과적이게 한다는 관점에서 ERM 프레임워크를 자기 조직의 구조, 역할 및 책임에 적합하게 맞춰야 할 것이다.

보기 7.1에서 바깥쪽의 4개의 상자들은 조직에서 ERM 프레임워크를 시행하기 위해 수정된 PDCA 형식 즉, "위임과 전심전력"(조치), "소통과 연수"(시행), "구조와 책임 관계"(시행) 그리고 "검토와 개선"(점검 및 조치)이다. 계획 단계는 직접 보여지지 않지만, 보기 7.1에 나타난 프레임워크의 설계로 귀결된다.

보기 7.1의 안쪽의 다섯 개의 상자들은 ISO 31000에서 따온 리스크 관리 프로세스(RMP)이다. 이는 조직의 모든 의사 결정에 사용된다. RMP는 "맥락 파악", "리스크 평가", "리스크 처리", "소통 및 협의" 그리고 "모니터 및 검토"라는 과제 또는 활동들을 지닌다. 보기 7.1은 ERM 프레임워크와 이 프레임워크의 일부인 RMP의 관계를 보여 준다. 보기 7.1은 관리 활동들도 보여 준다. "경영 정보 시스템"은 조직의 전반적인 리스크 관리 프레임워크와 조직 내의 수백 또는 수천 개의 RMP들 사이의 인터페이스를 제공한다. 리스크 관리 정보 시스템은 위로 리스크 성향에 사용되는 모든 리스크들뿐 아니라, 아래로 현지 리스크 기준에 사용할 개별 리스크 및 통제 오너에 대한 프레임워크를 파악하는 역할을 한다.

리스크 관리 프로세스(RMP)

이 섹션은 보기 7.1의 안쪽 상자에서 보여 주는 ISO RMP를 설명한다. 보기 7.1은 모든 조직에서 모든 관리자들이 내리는 의사 결정을 지원하고 도와주기 위한 리스크 관리의 전통적인 과업들을 보여 준다. 맥락은 리스크 관리를 요하는 의사 결정 또는 활동의 무대를 정한다. 리스크 평가는 리스크를 식별, 분석, 평가한다. 리스크 처리는 긍정적인 결과의 가능성을 증가시키고, 부정적인 결과의 가능성을 수용할 수 있거나 용인할 수 있는 수준으로 감소시킨다. 모니터링과 검토는 리스크와 이 리스크를 완화시키기 위해 시행된 통제들을 주의 깊게 지켜본다. 그리고 소통과 협의는 이해관계자들을 리스크 관리

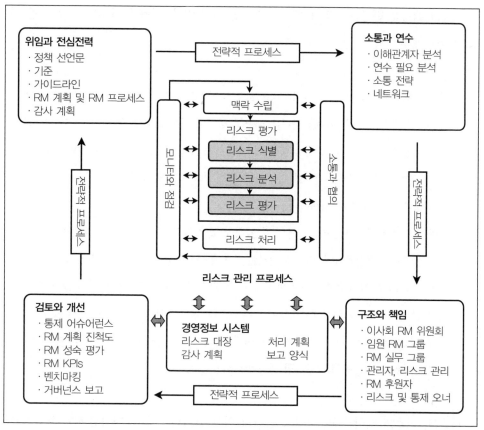

출처: Broadleaf Capital International Pty Ltd., 2008, www.Broadleaf.com.au. Used with permission of Broadleaf Capital International의 허락을 받아 사용함. 리스크 관리 ISO 31000 시행 스타일에 관한 IRR 워크숍, Toronto(2008)에서의 발표에서 차용함. www.IRR-NERAM.ca를 보라.

에 관여 및 기여시키기 위해 계속되어진다.

RMP 프로세스는 조직 안의 모든 의사 결정에 사용되기 때문에 ERM 프레임워크의 첫 번째 구성 요소이다. RMP는 가치를 창출하기 위해 리스크를 완화하기 위한 방법이다. ERM 프레임워크는 주로 RMP를 조직의 모든 곳에 적용시키도록 촉진하기 위해서 존재한다.

보기 7.1의 RMP는 업무 흐름도가 아니라 하나의 업무 흐름도로 적용되기 전에 개별 조직에 맞게 재단되어야 하는 관계 다이어그램이다. 조직에 맞게 재단된 시행은 리스크 관리가 실제적이면서, 조직의 구조, 프로세스 및 목표와 정렬을 이루게 해 준다.

리스크 맥락을 반영하는 RMP에는 여러 접근법이 있다. 예를 들어, 리스크 맥락은 다음과 같이 매우 다를 수 있다.

- 일상적인 오퍼레이션에서는 과거 데이터로부터 리스크들이 잘 알려져 있고, 관련 프로세스들은 상대적으로 간단하며, 실수는 대가기 비싸며 이를 회피할 수 있고, 통제들은 잘 알려져 있고 표준적이다. 소비자 대출 및 전자 네트워크 설치를 예로 들 수 있다. 체크리스트, 밀접한 감독, 감사, 필요할 경우의 재훈련, 기타 전통적 품질 관리 및 감사 방법을 통한 규범적인 접근법이 적절하다.
- 전략적 의사 결정에서는 리스크들이 잘 알려져 있지 않고, 데이터가 제한적이며, 리스크 평가는 어렵고 주관적이며, 리스크 처리는 추측에 근거하고, 실수는 재앙적일 수 있으며, 일반적으로 극단적인 불확실성 하에서 의사 결정이 이뤄진다. 전문가 의견 샘플링, 의견들이 심사숙고되고 가능한 한 정보에 입각하도록 하기 위한 델파이(Delphi) 기법, 리스크 이해에 도움이 되는 시나리오 분석, 대안들과 그 리스크 및 가능한 리스크 처리 방안들에 대한 광범위한 검토 등의 일반적인 접근법이 사용된다.

리스크, 리스크 맥락 그리고 리스크 관리 의사 결정의 특성이 다양함에도 불구하고, ISO RMP는 어떤 상황에도 적용할 수 있다. ISO RMP는 대부분의 현존 RMP와 기능적으로 동일하다. 예를 들어, 저자는 한 연구에서 50개가 넘는 환경 리스크 관리 프레임워크를 유사한 RMP에 매핑했는데, RMP에 포함되지 않은 과업에는 많은 갭들이 있었지만, RMP에서 다루고 있는 과업은 하나도 빠뜨려지지 않았다. 구체적인 리스크 맥락을 반영하기 위해 RMP를 특정 조직에 맞출 때에는 다음 사항들이 포함될 수 있다.

- 법률 또는 감독 규정상의 컴플라이언스 요건.
- 군집 계층적(nested hierarchical) 리스크 평가 및 처리 절차. 예를 들어, 간단한 합격/불합격 리스크 수용 기준이 충족되지 않았는데, 보다 상세하게 분석하면 그 결과가 변경될 수 있는 경우, 보다 자세한 평가 및 처리 활동들이 수행된다. 많은 "정치적" 의사 결정의 경우, 리스크 평가- 리스크 처리 대안- 이해관계자들과의 소통과 협의라는 반복적인 순환 사이

클은 때로는 수년 또는 수십 년이 소요될 수도 있다.

- 알려진 리스크와 알려지지 않은 리스크의 인식. 알려지지 않은 리스크에 대해서는 (가능하지 않은) 리스크 평가는 덜 강조되고, 리스크 성향에 관한 정책 적용, 예방적인 접근법, 탄력성, 유연성 그리고 조직의 견실성뿐 아니라 위험 상황시 자금 조달 및 기타 비상사태 하의 통제들을 더 강조하게 된다.

- 선량한 주의 의무(due diligence). 이는 특정 상황에 대해 리스크의 긍정적 측면 및 부정적 측면에 대해 어느 정도의 최소 수준의 리스크 통제 및 리스크 관리가 요구되는지를 시사하는 관습법에 의해 좌우된다.

- 예를 들어, 이해관계자들의 지원이 매우 중요한데 그들의 인식은 조직의 견해나 기존 데이터에 반한다고 알려진 경우, 리스크 소통 및 협의와 같은 하나의 과업에 대부분의 자원들이 집중되어야 하는 상황.

- 화학물의 효용/안전 이슈처럼 과거의 연구에 기초해서는 "진정한" 답이 알려져 있지 않거나 알 수 없는 상황의 리스크 평가에 대한 집중.

- 몬테카를로 시뮬레이션이나 기타 게임 방법들을 사용하여 일반적인 글로벌 경기와 같은 리스크 요인들이 특정 상품의 매출에 영향을 줄지에 대해 추정하고, 이러한 방법들이 얼마나 많은 상품을 생산해야 할지(너무 많아도 안 되고, 적어도 안 됨)에 대한 의사 결정에 도움을 주는지 여부.

- 데이터입수 가능성 및 입수 비용.

- 예를 들어, 개발도상국, 전쟁 지역 등의 오퍼레이션 등에 대해 조직에서 구할 수 있는 지식, 리스크 처리 및 평가 역량.

이 장은 RMP의 다섯 가지 활동에 대한 종합적인 설명을 제공하기보다는 각 활동의 개요를 제공한다. 모든 조직은 이미 역사, 규제 그리고 산업의표준에 기초한 많은 RMP들을 보유하고 있다. 이러한 기존의 RMP를 ERM 프레임워크와 조직의 정책 RMP 안으로 정렬시키는 것은 이 "맞춤 재단" 작업에서 추가적인 도전 과제인데, 이 장은 이에 대해서는 다루지 않는다.

다섯 가지 리스크 관리 과업들을 살펴보기 전에, 통제 및 관련 의사 결정 과업의 특징을 고려하는 것이 도움이 된다. RMP에서는 의사 결정이 명시적으로 보여지지는 않는데,

이는 조직의 구조와 각각의 의사 결정자들에게 부여되는 역할 및 책임에 묵시적으로 포함되어 있기 때문이다. 리스크 관리에 의해 의사 결정이 영향을 받기는 하지만, 리스크 관리 프로세스는 의사 결정 프로세스의 한 부분일 뿐이다.

리스크 처리 또는 통제에는 여섯 가지의 다른 대안 또는 접근법이 있다. 모든 방법들이 고려되어야 하며, 이 방법들은 종종 함께 사용되기도 한다.

1. 종종 의사 결정 프로세스의 첫 단계로서 특정 리스크를 피할지, 추구할지에 대한 의식적인 결정을 내린다. 이에 관여해야 하는가, 그렇지 않은가? 관여해야 할 경우, 어느 정도로 관여해야 하고, 리스크는 어느 수준으로 관리해야 하는가?

2. 재료 변경, 다른 공급자 사용, 운영 프로세스 수정, 또는 리스크의 원천을 제거할 기타 방법을 사용함으로써 리스크 원천을 제거하거나 격리시킨다.

3. 여분, 연수, 오퍼레이션 단순화, 양호한 실적에 대한 보너스, 인센티브를 통하거나 달리 리스크 발생 가능성을 완화함으로써 이 가능성의 성격 및 크기를 변경시킨다.

4. 보호 장비, 행동을 변경시키기 위한 설계 및 외관 개선, 재무적 인센티브를 통한 바람직한 결과 활용을 통해, 또는 달리 리스크 발생시 결과를 완화함으로써 결과의 성격 및 크기를 변경시킨다.

5. 파트너 또는 보험을 통해 다른 조직과 리스크를 공유한다. 이는 사회 전체의 총 리스크는 감소시키지 않지만, 해당 조직에 대한 리스크는 감소시킨다.

6. 선택에 의해 또는 해당 리스크의 수용 가능성에 대해 명시적인 의사 결정이 없을 경우 기본적인 대안으로 해당 리스크를 유지한다. 리스크 유지에는 비상시 대응 계획과 자본 유보금 설정이 포함될 수도 있다.

리스크 관리 프로세스: 맥락

리스크 관리 프로세스를 위한 맥락은 2004 뉴질랜드와 호주 리스크 관리 표준에서 처음으로 소개된, 상대적으로 새로운 리스크 관리 활동이다. 이 맥락은 그 안에서 조직의 전체적인 리스크 성향이 정해지고 조직의 리스크 관리 환경이 정의되는 조직의 프레임워크-맥락 위에 세워진다. 맥락은 법률, 시장, 경제, 문화, 규제, 테크놀로지, 자연 환경, 이해관계자들의 필요, 이슈들과 우려들 그리고 기본적으로 목표, 리스크 기준과 기타 리스크 관리 활동들에 영향을 줄 수 있는 모든 것들을 살핀다.

맥락의 주요 산출물은 리스크의 수용 가능성 결정에 사용될 리스크 기준이다. 소통과 협의 그리고 리스크 평가와 같은 다른 리스크 관리 활동들의 명시가 맥락 활동의 두 번째 산출물이 될 수도 있다.

리스크 기준은 리스크를 기존의 통제나 제안된 처리와 비교하여 해당 리스크의 중요성을 평가하기 위해 사용된다. 비교를 통해 해당 리스크를 수용할 수 없다는 결정이 내려지면, 추가적인 처리가 고려된다. 리스크가 수용할 수 있을 만한 수준으로 완화되지 않는 경우도 있는데, 이때에는 "수용할 수 없지만, 용인될 수 있는 리스크 수준이 있는가?"라는 질문을 제기함으로써 리스크 기준은 수용 가능성 판단에서 용인 가능성 판단으로 옮겨 간다. 부정적인 결과의 경우 ALARA(As Low As Reasonably Achievable; 합리적으로 달성 가능한 최저치), BAT(Best Available Technology; 입수할 수 있는 최상의 테크놀로지) 등의 접근법이 리스크의 용인 가능성을 결정할 수 있다.

맥락은 다음과 같은 세 개의 범주로 구성된다.

1. **외부 맥락** 이해관계자, 규제, 계약, 비즈니스 동인의 추세, 현지 문화 및 사회 규범, 고용 상황, 경쟁 등 리스크 관리에서 고려해야 할 조직 외부의 모든 요소.

2. **내부 맥락** 역량, 자원, 사람 및 그들의 기술, 시스템 및 테크놀로지, 정보 흐름, (공식, 비공식) 의사 결정 프로세스, 내부 이해관계자, 조직 내의 정책 및 전략 그리고 기타 제약 및 목표 등 RMP에서 고려되어야 할 조직 내부의 모든 요소.

3. **리스크 관리 맥락** RMP에 있어서 적절한 수준의 리스크 식별 및 관련 리스크 처리, 통제, 모니터링 그리고 검토를 추구함에 있어서 주의를 필요로 하는 모든 활동. 여기에는 리스크에 대한 책임, RMP의 범위, 조직에서 어느 상품 또는 서비스의 다른 상품 또는 서비스와의 연결 관계, 사용할 리스크 평가 방법(감독 규정, 산업 표준, 비즈니스 계획 형식 등과 같은 이해관계자들의 요구 등에 의해 정해질 수도 있음), RMP에 할애할 수 있는 시간, 필요할 경우 배경 조사, 모니터링 및 검토 과업뿐만 아니라 소통 및 협의 과업의 조정 그리고 기타 프로세스 및 절차들이 포함된다.

다른 RMP 과업들과 마찬가지로 맥락은 실제적이어야 하며, 조직에 가치를 부가해야 한다. 맥락 설정시 표준 문안 맥락과 체크리스트를 기초로 브레인스토밍을 통해 추가 항목을 더하는 것과 같은 표준화를 고려해 볼 수도 있다. 많은 경우에 모범 실무 관행, 산업 표준, 컨퍼런스, 특수한 소프트웨어 도구들 그리고 "좋은" 방법론을 발견할 수 있는 다른 기회들로부터 지침을 얻을 수 있다.

리스크 관리 프로세스: 리스크 평가

리스크 평가에는 세 개의 과업이 있다. 이곳에서 각각의 과업의 목표와 가능한 접근법에 대해 일반적으로 설명하는 것 이상은 불가능하다. 예를 들어, 일반 기업 및 금융기관, 비정부 기구 또는 농업 기구들에서 과업 수행 방법을 다루는 책들이 많이 있다.

1. **리스크 식별** 설령 나중에 현행 통제 수준에서 해당 리스크 수준이 수용 가능하다는 판단이 내려질지라도, 어떤 의사 결정에 대해서든 이에 관련된 리스크들이 미리 식별되어 리스크 대장 또는 리스크 로그(log)에 기재되어야 한다. 모든 리스크들이 식별되는 것은 아니며, 다른 모든 RMP 활동들과 마찬가지로 리스크를 리스크 대장에 추가하기 위해서는 모니터링과 점검이 필요하다고 가정해야 한다. 리스크 식별시 과거 데이터를 사용할 수도 있으며, 리스크는 종종 신용 리스크, 운영 리스크, 시장 리스크, 기술적 리스크, 인간 행동 리스크, 국가 리스크, 기타 리스크 식별에 도움이 될 수 있는 상호 배타적인 범주로 분류될 수 있다. 리스크의 이름은 이해관계자들이 리스크에 대해 이해할 때 도움이 될 수 있으며, 통제의 효과성을 개선할 수 있는 잠재력을 지니고 있다. 많은 경우에 수백 개 이상의 하위 리스크들을 대표하여 리스크라는 용어가 사용된다. 리스크 식별시 "블랙 스완"과 같이 극히 이례적인 리스크 상황(탈레브 2007)에 대해서는 브레인스토밍, "가정(what if)" 방법, 시나리오 분석 또는 사람들에게 리스크를 식별하도록 도움을 주는 기타 방법들을 사용할 수 있다. 리스크 식별 기법 중 하나로 의사 결정 나무 방법(tree method)이 있는데, 이 방법에서는 때로 의사 결정 나무로 구조화되어 특정 사건에 이르거나(나무뿌리), 최초의 사건을 추종한다(나뭇가지).

2. **리스크 분석** 리스크 분석의 목적은 의사 결정자들이 리스크 처리 및 수용에 관한 결정을 내리기에 충분할 정도의 지식을 지닐 수 있도록, 리스크에 대해 충분히 이해하도록 만들어 주는 것이다. 리스크 분석 방법은 계량적인 수학적 모델에서부터 전문가 의견 표명 또

는 심지어 체계화되고 구조화된 직감에 이르기까지 매우 다양하다. 리스크 분석은 사건의 발생 가능성 추정, 사건의 결과 추정 그리고 리스크 기준에 따른 가능성과 결과의 결합 효과 추정으로 체계화될 수 있다. 리스크 분석은 발생할 수 있는 여러 결과들 및 그 가능성들에 대한 확률 분포 형태로 체계화될 수도 있다. 리스크를 분석할 때 특정 시장, 인물, 상품 등에 관련된 취약성이나 기회를 식별해 내는 리스크 요인들을 별도로 파악할 수도 있다. 리스크 요인들은 일반적으로 신용 등급이 낮은 경우 부도율이 높은 경향이 있다는 식으로 산업 또는 인구에 관한 연구에 의해 결정된다.

리스크의 근본 원인 분석은 유용하면서도 혼선을 가져올 수도 있는 개념이다. 근본 원인 분석의 기본적인 아이디어는 근본 원인이 처리될 경우 리스크의 결과 및/또는 발생 가능성이 완화될 수 있다는 견지에서 어느 부분이 리스크의 원인인지를 찾아낼 수 있을 정도까지 분석을 수행하자는 것이다. 예를 들어, 사고 분석이나 성공적인 프로그램에 대한 보고는 근본 원인 분석으로부터 유익을 얻을 수 있다. 성공을 이끈 근본 원인이 판매원의 행동, 광고 프로그램, 상품 설계 또는 사후 관리 서비스였는가? 예를 들어, 원인이 시스템과 직무 설계보다는 오퍼레이터에게 부적절하게 돌려질 경우, 근본 원인 분석은 혼선을 초래할 수 있다.

3. **리스크 평가** 식별 및 분석된 각각의 리스크는 리스크 처리(또는 현행 통제) 후의 잔여 리스크와 리스크 기준의 비교에 의해 평가된다. 리스크는 처리된 대로 수용되거나, 기각된다. 리스크 평가 및 분석시에는 통제 및 통제 시행과 관련된 리스크들도 고려된다. 리스크 통제들이 추정된 바대로 작동하지 않을 수 있고, 거래 상대방에 대한 통제에는 해당 상대방의 도산이라는 추가적인 리스크가 있으며, 파트너들이 계약상의 의무를 이행하지 않을 수도 있고, 통제들이 실패할 수 있는 다른 이유들이 많이 존재한다.

수용할 만한 리스크 처리 방안을 찾기가 불가능할 경우, 대개 보다 광범위한 통제를 통해 이 리스크를 용인할 수 있게 할 만한 다른 방법이 없는지 고려한다.

리스크 평가 방법에는 다차원적 목표, 리스크 매트릭스, 투표, 주관적 순위, 포커스 그룹에 의한 심사, 통계적 분석 모델, 시장 테스트, 평가 게임 등이 있다. 리스크 평가 방법 및 결과가 의사 결정자들과 이해관계자들에게 정확하게 소통되어 평가 방법 및 결과의 한계와 불확실성이 알려지도록 주의해야 한다. 리스크 분석이 계량적이 아니라면 리스크 평가는 질적 평가여야 한다.

대부분의 경우에 있어서 리스크 관리는 세 개의 별도 과업으로 행해지는 것이 아니라, 이 과업들을 결합하는 방법으로 수행된다. 위험 분석 및 운영 가능성 연구(HAZOP; HAZard Analysis and OPerability)(Crawlley와 Preston 2008), 실패 형태 및 효과 분석(FEMA; Failure Mode Effects Analysis)(Wikipedia 2009b)과 같이 잘 확립된 방법에는 식별, 분석 및 평가가 포함되어 있을 뿐만 아니라, 이 시스템의 분석 수행 지침은 대개 리스크 기준이 충족될 때까지 리스크 통제들을 선택하기 때문에 리스크 처리도 포함되어 있다.

리스크 매트릭스는 전략적 리스크 및 기타 주관적인 분석과 평가를 요하는 리스크들에 대해 널리 쓰이는 결합된 리스크 평가 방법이다. 이 방법은 계량적인 방법을 사용할 수는 없지만, 지식과 경험을 갖춘 팀이 전체적으로 리스크 식별, 분석 및 평가를 할 수 있도록 수용할 만하고 종합적인 이해를 제공할 수 있는 경우에 사용된다. 이 팀은 먼저 리스크를 식별하고 이를 리스크 대장에 올려놓는다. 그다음에는 리스크 발생 가능성과 결과에 대해 3-5단계의 척도 상에 주관적인 평가를 내린다. 이 두 등급은 주관적인 등급을 사용하여 리스크 매트릭스 상에 표시된다. 그다음에는 리스크를 매트릭스 상의 고위험, 중간 위험, 또는 저위험 리스크 또는 처리 필요, 처리 불필요 셀에 표시함으로써 수용할 만한 리스크 수준 및/또는 평가한 리스크의 수준을 정하는데, 이의 결과인 고위험, 중간 위험, 저위험의 부정적인 리스크들을 적색, 황색, 녹색으로 표시할 경우 이를 "온도 지도"(heat map)라 한다. 리스크 매트릭스 방법이 많이 사용되고 있기는 하지만, 이 방법은 다음과 같은 특징 때문에 주의 깊게 사용되어야 한다.

- 이 매트릭스는 '두 리스크들이 같은 셀에 위치해야 하는가?'와 같이 어떤 리스크를 다른 리스크와 비교하는데 도움을 준다. 일관성을 담보하기 위해 종종 델파이 기법과 주기적 재평가(cyclical reevaluation) 방법들이 사용된다.
- 평가 시에 어떤 통제들이 있는지 이해할 필요가 있다. 예를 들어, 다른 이유들로 인해 바람직하지 않기는 하지만, 일부 팀원들은 "내재된" 리스크, 즉 아무 통제도 없을 때의 리스크를 생각할 때, 통제에 심지어 인간의 행동도 포함시킨다(예컨대 오퍼레이터의 행동들은 최후의 리스크 처리인 경우가 있다).
- 팀이 촉진자(facilitator) 등 지배적이고 설득력 있는 사람에 의해 좌우될 수 있기 때문에 무기명 비밀 투표, 개입 규칙 등 이에 대한 견제 장치가 있어야 한다.

- 수학적으로 건전하지 않은 방식으로 등급에 단순 평균치를 사용하는 경우가 있다. 예를 들어 가능성 등급을 결과 등급으로 부정확하게 곱해서 그 결과를 리스크 수준이라고 하는 경우가 있다. 그래서 리스크의 정의를 보다 일반적이고 정확하게 "리스크 수준은 가능성과 결과의 결합"이라고 말하는 것이다.(이에 관련한 자세한 내용은 졸역 『리스크관리펀드멘탈』, 연암사, 5장을 참조하기 바람.)
- 리스크에 대한 묘사를 다르게 해석할 수 있다. 리스크와 리스크 처리가 고려 대상 리스크에 대해 명확하게 관련되도록 주의해야 한다.

리스크 관리 프로세스: 리스크 처리

리스크 처리(risk treatment)는 의료적 처치(medical treatment)와 같이 건강을 증진시키기 위한 비타민이나, 바람직하지 않은 결과를 줄이기 위한 치료가 될 수 있다. 리스크 처리에는 통제 대안 식별, 통제 대안 선택 그리고 선택된 통제의 시행이 포함된다. 리스크 처리 프로세스의 복잡성 이해에 건강에 대한 기준 등 의료적 비유가 유용한 바, 이는 특히 이 프로세스의 모든 단계마다 불확실성이 존재하기 때문이다. 그래서 ISO 표준은 처리 시행 계획 준비, 처리 대안 평가 전략 그리고 처리 시행 및 통제 성과 모니터링에 대한 핵심 역할 등 리스크 처리에 약 8%를 할애하고 있다.

리스크 관리 프로세스: 모니터링과 점검

모니터링 및 점검은 리스크 소통 및 협의와 함께 맥락, 평가 그리고 처리라는 3개 "라인" 활동에 적용되는 2개의 RMP 활동이다. 모니터링 및 점검은 지속적인 리스크 관리 개선의 열쇠이다. 예를 들어, 리스크 성숙에 대한 대부분의 접근법은 모니터링 및 점검이 어떻게 조치를 취하게 해서 관찰 가능한 개선으로 이어지는지를 조사한다. RMP의 모든 측면이 모니티되고 점검되어야 하는 데, 특히 다음 사항들이 포함되어야 한다.

- 추세로 인해 리스크의 특성이 변했는가? 새롭게 발전하고 있거나 떠오르고 있는 리스크가 있는가?
- 예를 들어 2008년 10월의 금융 위기와 같은 사건 이후에 리스크 관리 맥락이 바뀌었는가?

- 리스크 처리 계획이 시행되고 있는가? 계획한 대로 시행되고 있는가?

- 통제들은 효과적인가?

- 적절한 모니터링 빈도는 무엇인가?

- 모니터링은 내부 감사, 제3자, 또는 자체 평가에 의해 수행되어야 하는가?

- 목표들의 실제 결과에 근거해 볼 때, 리스크 평가는 정확했는가?

- 더 나은 핵심 성과 지표들을 찾아냄으로써 모니터링이 개선될 수 있는가?

리스크 관리 프로세스: 소통과 협의

리스크는 불확실성이 목표에 미치는 영향이기 때문에 소통 및 협의에 대한 강력한 인센티브가 있다. 예를 들어, 전략 수립 작업의 많은 부분은 "팀" 작업인데, 이 과정에서 미래의 시장 불확실성, 경쟁자들의 동향, 기술상의 혁신, 경제 상황, 비용 추정의 정확성 그리고 전쟁 발생 확률 등을 파악하고자 한다. RMP 활동들의 정확성과 효과성을 기하기 위해서는 팀원들 사이의 활발한 소통과 조직 내 다른 전문가들과의 협의가 있어야 한다.

리스크 관리 팀원들을 포함하여 사람들에게 리스크가 어떻게 인식되는지에 관한 리스크 소통 연구가 광범하게 이루어져 왔다. 리스크에 대한 사람들의 인식은 리스크 발생 빈도, 자연 재해 대(對) 인재(人災), 리스크의 불확실성 그리고 기타 요인들에 따라 변한다(호주 표준 2009). 또한 사람들은 가능성에 대해 머릿속으로 생각하는 데 서툴기 때문에 가장 간단한 확률 및 빈도 계산 방법만으로도 상당한 유익을 얻을 수 있다.

리스크 관리 분야의 일부 예언자들(Kloman 2008)은 리스크 소통을 올바로 하지 않으면 효과적인 리스크 관리를 할 수 없다라고 말하고 있다. 부분적으로는 2008년 10월의 금융 위기를 이끌었던 서브프라임 모기지를 기초자산으로 하는 담보부 자산들과 관련된 리스크를 고려해 보라. "이 자산과 관련된 리스크는 무엇인가? 공통의 근본 원인이 있는가? 통제가 실패할 경우 어떤 추가적인 리스크가 있겠는가? 모범적인 대출 관행은 무엇인가?"와 같은 질문들에 답하기 위한 소통과 협의가 향상되었다면 이 위기를 피할 수도 있지 않았겠는가?

모니터링 및 점검과 마찬가지로 소통 및 협의도 RMP 안의 다른 모든 과업들의 일부이다. "더 많이 말할수록 더 많이 판매한다"는 말에 드러나 있듯이, 소통은 부정적인 결과뿐 아니라 긍정적인 결과에 대한 리스크 관리의 효과성을 향상시킨다. 소통 및 협의는 또한 리스크 진단(assessment), 처리 그리고 평가(evaluation) 활동들의 성공을 위한 열쇠이기도 하다. 많은 리스크 관리 프로세스 중에서 소통 및 협의에 50%가 넘는 필요 자원을 할애할 수도 있다. 예를 들어, 승패의 결과가 항상 불확실한 선거에서 소통 및 협의의 중요성을 고려해 보라.

리스크 관리 프로세스: 리스크 관리 프로세스 기록

리스크 관리 활동은 기록되어야 한다. 이는 어느 조직에서든 중요한 활동에 대한 표준적인 정책인데, 이 과업은 보기 7.1에서는 RMP를 리스크 관리 프레임워크에 연결시켜 주는 "경영 정보 시스템"으로 나타나 있다. RMP의 필수적인 부분으로 생성된 기록들은 의사 결정의 추적 가능성, 지속적인 리스크 관리 개선, 다른 경영 활동을 위한 데이터, 법률상 및 감독 규정상의 요건 충족 등을 제공해 준다. 기록 유지, 저장, 보호, 검색 그리고 처분을 위한 시스템이 주의 깊게 설계, 시행, 모니터 및 점검되어야 한다.

ERM 프레임워크에 대한 지시 및 전심전력

리스크 관리는 조직의 경영 안에 완전히 통합되어야 한다. 통합은 이사회와 고위 경영진의 지시 및 전심전력을 요구한다. 지시는 새로운 ERM 프레임워크나 기존 프레임워크에 대한 개선을 위한 것일 수 있다. 조직의 지시 및 전심전력에는 3단계가 있는데, 이 단계들은 반복적으로 그리고/또는 상호작용하는 식으로 수행될 수 있다.

1. 리스크 관리 프레임워크, 후원자 임명 그리고 자원 검토 결정
2. 후원자가 다음 사항들을 수행 및 보고함
   a. 일반적으로 ISO 31000, 산업 표준 그리고 기타 벤치마크들과 조직의 기존 ERM 프레임워크 및 기타 리스크 관리 프로세스들의 갭 분석
   b. 조직의 리스크 관리 맥락
   c. (수정된) ERM 프레임워크 설계 및 시행 권고
3. ERM 프레임워크 승인 그리고 IT 시스템, 리스크 관리와 조직상의 프로세스 정렬, 리스크 관리 성과를 반영하기 위한 관리자 평가 방법 변경, 프레임워크의 성과 측정 및 모니터링

등 시행 계획 그리고 지속적인 개선 사이클 내의 프레임워크 점검

ERM 프레임워크가 시행될 뿐만 아니라 유지 및 지속되려면 ERM에 계속 전심전력해야 한다. 이는 지속적인 전심전력이다.

ERM에 전심전력해야 하는 근거

ERM이 조직에 주는 유익은 다음과 같다.

- 대응적이 아니라 선제적인 리스크 관리로 성공은 증가하고 차질은 감소하며, 운영 및 통제가 보다 효과적으로 된다.
- 관련 리스크를 보다 효과적이고 효율적으로 관리함으로써 기회 및 위협에 효과적이고 조직적으로 접근하게 된다.
- 감독 규정과 기타 의무를 보다 잘 준수하게 되고, 직원들의 사기가 진작되고, 보건 및 안전이 향상되며, 위기 관리가 개선된다.
- 조직에 대한 이해관계자들의 신뢰와 신임이 개선된다.
- 리스크 및 리스크 통제에 대한 이해 그리고 조직의 일반적인 탄력성과 견고성 증진을 통해 기업 거버넌스가 향상된다.

리스크 관리의 이러한 유익을 신봉한다면, 조직들은 갭 분석을 수행하고, ERM 프레임워크를 위한 맥락을 파악하며, 적절한 ERM을 설계할 후원자를 임명할 것이다.

ERM 갭 분석

ERM 프레임워크 개발(또는 수정)의 첫 단계는 잠재적인 유익을 확인할 뿐만 아니라 프레임워크의 설계 기초를 제공하기 위해 현행 프로세스를 ISO 31000과 같은 벤치마크에 비추어 갭 분석을 수행하는 것이다.

갭 분석 시 위의 섹션과 같은 프레임워크 구성 요소들의 체크리스트를 고려할 것이다. 또한 갭 분석 시 기능과 오퍼레이션을 포함하여 각 요소들이 묘사되고, 모든 요소들에 대해 조직에 이 요소들이 존재하는지 여부, 중요성과 효과성이 평가된다. 평가 결과는 프레

임워크의 설계를 위한 기초가 된다.

수백 개가 넘는 기존 리스크 관리 활동들이 자체의 독특한 용어와 프로세스를 지니고 있어서 갭 분석이 복잡해진다. 이러한 "역사적인" 리스크 관리 활동에는 보건 및 안전, 환경 보호, 프로세스 안전, 사기 발견, (입력 데이터의) 효과성 검사, 전략 사업들의 "만일의 경우(what if)" 분석, 매출 채권 회수 절차, 이해관계자 분석의 타당성 점검 등이 있다. 기존의 리스크 관리 활동들을 현대 리스크 관리 프레임워크 및 프로세스들에 비추어 보면 갭이 있을 수 있다. ERM 프레임워크가 기존의 활동들을 통합하기 위해서는 몇 가지 기본 원칙, 표준 용어 그리고 그 활동들을 공통적인 RMP 안으로 옮기는 방법을 정할 필요가 있을 것이다. 조직 구조와 관련 역할 및 책임의 변경뿐 아니라, 타성과 변화에 대한 저항으로 인해 이는 쉬운 일이 아니다. 과도기적으로 2개의 용어를 사용할 필요가 있을 수도 있다.

ERM 프레임워크의 맥락

조직은 자신이 그 안에서 운영되는 맥락을 검토해야 하는데, 먼저 검토하게 되는 외부 맥락에는 시장 상황, 경쟁, 테크놀로지 동향, 법적 요건, 날씨 및 기후의 영향, 국가 리스크, 정치적 환경, 세계화 요인, 수익성 및 유지 가능성의 핵심 동인들(자금 조달 및 기타 자원 포함), 외부 이해관계자들의 필요 및 관심사 그리고 위협 또는 기회와 이에 관련된 리스크에 영향을 미치는 다른 모든 요인들이 포함된다.

내부 맥락은 규모, 사업장 수, 소재 국가 수, 수직적 통합 정도, 감독 규정 및 법적 요건, 조직의 핵심적 내부 동인, 조직의 목표, 이해관계자들 및 그들의 인식, 조직의 역량, 전략 및 조직 구조 그리고 리스크나 리스크 관리에 영향을 주는 기타 모든 요인들을 포함한다.

외부 및 내부 맥락을 결합하면 ERM 프레임워크 설계를 위한 변수들과 목표를 정하는 데 도움이 될 것이다. 맥락은 다음 사항들을 결정한다.

- 조직이 직면한 리스크의 성격과 리스크 관리의 유익
- 최고 리스크 책임자에 대한 필요 등 리스크 관리에 필요한 자원
- 갭 분석과 결합하여, ERM 프레임워크와 리스크 관리 프로세스의 다양한 구성 요소에 필요한 강조 사항

ERM 프레임워크의 설계, 의사 결정, 시행

ERM 프레임워크의 구성 요소들은 이 프레임워크의 맥락에 적합하도록 설계되고, 이 장에서 설명되는 프레임워크의 요소들을 따르게 될 것이다.

ERM 프레임워크 시행 계획과 지속적인 개선 프로세스가 설계되고 나면, 조직에서 승인을 받아 시행된다. 보기 7.1은 ERM 프레임워크 설계의 한 예를 보여 준다.

리스크 관리 정책

ERM 프레임워크의 리스크 관리 정책은 다음의 세 개의 그룹으로 생각할 수 있다.

1. ERM 프레임워크와 프로세스 및 절차에 관한 정책
2. 리스크 관리 의사 결정에 관한 정책
   a. 리스크 성향
   b. 리스크 기준
   c. 내부적 리스크 보고
3. 전심전력, 책임, 모니터링 시기 그리고 정책 점검

ERM 프레임워크 정책

정책들은 조직의 리스크 관리 프레임워크의 맥락을 묘사하는 짧은(대개 공적인) 문서로 제시되어야 한다. 여기에는 갭 분석, 리스크에 대한 조직의 접근법, 표준 용어 및 따라야 할 리스크 관리 프로세스, 이 프레임워크의 계속적인 개선을 위한 절차, 리스크 및 리스크 관리 책임 그리고 조직이 리스크 관리 및 통제 성과를 어떻게 모니터 및 점검하는지 등이 포함된다. 프로세스 및 절차에 대한 ERM 정책들은 보기 7.1에서 보여 주는 프레임워크 구조에 해당한다.

리스크 관리 의사 결정 정책

ERM 프레임워크는 RMP에서 리스크 기준 및 리스크 평가의 모든 과정에 적용되는 기본적인 정책을 제공해야 한다.

리스크 관리 의사 결정에 관한 정책: 리스크 성향

현대 시장 경제는 위협(주로 부정적인 결과가 예상되는 불확실성과 관련되는 상황)과 기회(주로 긍정적인 결과가 예상되는 불확실성과 관련되는 상황) 사이의 관계를 강조한다. "겁쟁이는 결코 미인을 얻지 못하는" 동화 속에서조차, 언제나 막내 동생이 성공하기 전에 두 형이 실패하는 것과 같다. 목표 달성의 강화는 언제나 더 높은 수준의 리스크를 수반한다. 조직은 자신의 리스크 성향 즉, 자신과 주주 그리고 이해관계자들의 목표를 달성하기 위해 얼마만큼의 리스크를 취할 필요가 있는지를 결정해야 한다. 리스크 성향은 "조직이 추구하거나 취할 용의가 있는 리스크의 양 및 유형"이다(ISO 가이드 73).

조직이 성장, 수익, 지속 가능성, 평판 및 신뢰 향상, 쇠퇴 회피 등의 목표를 달성하기 위해서는 "리스크를 취"하거나 "리스크를 무릅써야" 한다. 리스크 관리는 조직이 정보에 입각하여 예측할 수 있는 방식으로 리스크 성향을 선택하도록 한다. 리스크 성향은 각각의 RMP에서의 리스크 기준에 표현되며, 리스크 기준은 수용할 수 있는 리스크에 어떤 처리가 필요한지 결정하기 위한 리스크 평가 시에 사용된다.

리스크 성향에는 두 개의 차원이 있는데, 그 중 하나는 평균 또는 예상 상황에 대해 중점을 두며, 다른 하나는 극단 또는 최악의 상황에 중점을 둔다.

1. 리스크 결과의 예상치에 대한 리스크 성향 차원.

   이는 경기 침체, 새로운 "킬러" 테크놀로지, 경쟁자의 혁신 등이 없고 경기가 평상적인 수준을 유지할 때 기대되는 일반적인 상황이다. 채굴(採掘)과 같은 분야에서는 "모든 것을 고려한 평균"은 결코 존재하지 않을 수도 있다.

2. 예상하지 못한 또는 최악의 리스크 결과에 대한 리스크 성향 차원.

   이는 전략적 사업들의 생존 측면이며, 일반적으로 운명의 맹렬한 공격에 대한 조직의 탄력성과 견고성으로 표현된다. 최악의 사례들 중 일부는 특정 전략적 사업이 너무도 성공적이어서 조직이 과도한 성공에 대처할 수 없어서 실패하게 되는 경우도 있다고 알려져 있다.

평균적인 상황 즉 "모든 것이 동일할 경우의 일상적 비즈니스" 상황에서 리스크 성향의 간단한 예를 생각해 보자. 조직은 모든 것을 고려할 때, 목표가 합리적인 변동 내에서 달성될 것으로 예상한다. 예를 들어, 상장회사들은 분기 실적 예상치 범위를 제공할 것이다. 이 비유에서 리스크 성향의 두 번째 측면은 "깜짝 사태" 즉 실적 예상치를 벗어나는 결과와 관련이 있다. 깜짝 사태가 너무 크면 조직이 이에 대처하지 못할 수도 있다. 이 대처 불능은 매출과 이익이 충분하지 않은 부정적인 측면 때문일 수도 있고, 제품에 대한 예기치 않은 수요 증가라는 긍정적 측면이 공급 라인에 부담을 주고, 공급 부족, 고객 불만, 평판 상실 그리고 심지어 다른 조직의 인수로 이어지게 될 수도 있다.

리스크 성향의 두 가지 차원은 조직이 어떤 리스크를 취하고 어떤 리스크를 취하지 않을지를 정하는 리스크 기준의 토대를 제공한다. 리스크 기준은 조직에서 각각의 의사 결정에 수용할 수 있는 리스크 수준에 대한 지침을 제공한다. 이 "리스크 기준" 지침은 빈번하지 않은 극단적 상황뿐 아니라 평균적이고 빈번한 상황도 인식해야 한다. 리스크 기준 설정은 그 자체가 위험한 일이다. 어느 정도의 극단적 상황이 고려되어야 하는가? 90%, 95%, 또는 99%의 신뢰수준이라면 충분하겠는가? 개별 의사 결정자들이 자신의 현지 리스크 기준을 수립할 때 그들이 조직 차원의 리스크 기준을 얼마나 존중할 것인지에 대해 어떤 가정을 해야 하는가? "사기적 결정"과 의사 결정의 상부 보고 누락을 예방하기 위한 통제는 얼마나 효과적인가? 운영 리스크 관리를 위한 품질 감사 방법과 통제는 충분한가? 누적적인 리스크 및 공통의 원인이 되는 리스크는 얼마나 중요한가? 리스크 성향에 관한 통제는 예를 들어, "한 배, 한 조직"이 포함될 수 있다.

평균적인 상황에서의 리스크 성향은 대개 몬테카를로 방법에 의해 계산되거나 단순히 과거 데이터의 평균을 사용할 수도 있다. 이때, 선정된 변수들의 타당성을 확인해야 하며, 모니터링과 점검 프로세스를 통해 취약한 추정을 발견 및 교정하고, 과거의 수치와 달라진 추세가 있는지 확인해야 한다.

재무적 측면의 "최악의 상황" 하의 리스크 성향은 자본 유보, 이익 잠재력, 조직의 역량, 공급자의 역량, IT상의 한계 그리고 기타 비즈니스 자원들에 기초하여 용인할 수 있는 최대 손실(또는 이익)을 고려함으로써 추정될 수 있다. 가장 간단한 최악의 상황 하의 리스크 성향은 은행의 경우 규제 당국에 의해 필요 자본으로 정해지기도 하고, 주가를 결정하는 투자자들의 평가에 기초해서 시장에 의해 정해지기도 한다.

세상은 단순하지 않다. 금전과 관련되지 않은 사항에 대한 리스크 성향도 최악의 상황을 포함한 깜짝 사태 또는 예상치로부터 벗어날 가능성과 관련이 있다. 개념상으로는 단순한 재무적인 예와 똑같다. 그러나 이 경우 대개 리스크 수준을 적절하게 계산하고, 일정 수준의 신뢰 수준에서 조직의 자본 유보, 견고성 그리고 탄력성을 판단하며, 리스크 성향을 결정하기가 불가능하다. 세 가지 추정 프로세스는 동일하지만, 리스크와 자본 유보 및 탄력성의 크기를 측정할 수 없다는 것은 주관적인 방법들이 사용되어야 함을 의미한다.

"최악의 상황" 하의 리스크 성향 결정은 다음과 같이 결정될 수 있다.

- 가능하면 계량적인 방법에 의해, "거명하여" 묘사하고 추정한 조직의 리스크들의 극단적인 수치들을 취합한다.
- 어느 정도 합리적이고 일어날 법한 극단적인 리스크 결과들을 관리하기 위한 탄력성, 견고성 그리고 유보 용량 요구량을 계산한다.
- 1단계의 탄력성, 견고성 그리고 유보 용량 추정치를 2단계의 요구량과 비교하고, 조직에 의해 수용될 수 있는 리스크의 한도를 정함으로써, 리스크 성향을 정한다. 이는 매우 골치 아픈 일이다.
- 리스크 기준들이 조직의 다양한 계층의 실제 리스크 관리 활동들에 적용됨에 따라 리스크 성향이 다듬어진다. 선례를 세우는 법원 결정, 재앙적인 실패 그리고 기타 "블랙 스완"과 같이 극히 이례적인 사건들이 있을 경우 리스크 성향을 재검토하겠지만, 일상적인 정기적 모니터링과 평가도 있어야 한다.
- 리스크 성향 "평균"은 동일한 분석 절차에 의해 계산될 수 있으며, 각각의 차원에 동일한 프로세스가 사용되도록 권고된다. 이렇게 함으로써 보통 상황에서의 비즈니스 목표와 극단적인 상황에서의 생존 목표 모두를 충족시키는 리스크 기준 설정에 일관성 있는 접근법을 사용할 수 있게 된다.

조직들은 평판 리스크, 재무 리스크, 보건 리스크, 시장 리스크 등과 같은 많은 범주의 리스크 또는 리스크 "사일로"들을 직면하고 있다. 리스크 성향에 사용하려면 이 사일로들 사이의 리스크 레벨의 등가성(equivalency)이 추정되어야 한다. 이는 "레벨 1(부정적) 평판 리스크는 3일간 첫 면에 보도되는 경우" 또는 "레벨 3(긍정적) 경쟁 시장 리스크는 매출 목표 40% 초과 달성" 등과 같은 적절한 설명어와 함께 4개 또는 5개의 구간 등급 척도를 사용하여 수행될 수 있다. 조직들은 종종 워크숍 프로세스를 사용하여 리스크 성향 등가성을 결정한다.

조직의 재무적 탄력성과 같은 일부 범주들에 대해서는 구간 등급 척도를 주식 시장 또는 다양한 수준의 충격에 노출된 조직의 사례와 같은 과거 데이터에 결부시킬 수 있다. 계량적으로 측정할 수 없는 리스크들에 대해서도 이전의 역사적 상황이나 결과들의 질적 추정치에 결부시키는 것이 가능할 수도 있다.

RMP에서 리스크 성향은 리스크 기준을 통해 조직 전체에 적용된다. 리스크 기준은 종종 한도(limit)나 의사 결정을 위한 체크리스트를 포함한다. 리스크의 취합은 몬테카를로 또는 기타 시뮬레이션 방법을 통해 계량적으로 평가될 수 있는 경우도 있지만, 일반적으로는 계량적 평가가 가능하지 않으며, 리스크 관리의 많은 부분에서와 같이, 다양한 방법을 통해 제공되는 엄격함과 점검을 통한 주관적 리스크 평가에 의존할 수밖에 없다. 사법 시스템에서 빌려온 한 가지 잘 알려진 기법으로, 특정 사건의 발생 가능성의 범위를 보여주기 위한 증거의 대질 심문(또는 악역 담당자 방법)이 있다.

리스크 관리 의사 결정에 관한 정책: 리스크 기준

리스크 기준은 리스크 성향과 리스크 관리 맥락뿐만 아니라 조직의 목표에도 기반을 둔다. 조직의 목표는 윤리적 및 도덕적 상태, 현행 법률, 직원 처우, 고객, 공급자, 기후 변화 그리고 환경 영향 등을 고려할 수도 있다. 일반적으로 정책은 위에 열거한 사항들이 결코 위반되지 않도록 하기 위해 이를 최소 기준으로 수용할 것이다. 이 정책들은 대개 필요할 경우 시정 조치를 위해 어떻게 모니터 및 점검되는지를 정한다.

조직들은 공동체 지속 가능성, 역사적 유물 및 유산, 보건, 기후 변화, 환경 개선 등에 관한 정책들에 대해서는 탄소 발자국, 배출, 위반 빈도 등과 같이 인정된 지표를 사용한 시행 목표를 선정할 수도 있다. 목표들은 조직의 연례 보고서에 과거 실적과 함께 발표된다.

안전 및 부정적인 결과를 지니는 기타 리스크들에 대한 새로운 접근법은 사회적, 윤리적 그리고 도덕적 고려가 매우 중요하기는 하지만, 그렇다고 해서 이익과 같은 다른 목표 추구를 막지는 않는다고 한다. 실은 종종 안전을 위한 통제가 다른 방식으로 달성할 수 있는 수준의 안전뿐 아니라 경쟁 우위 및 기타 긍정적인 목표도 달성해 줄 수 있다. 예를 들어, 1970년대에 다른 회사들은 정화 장치를 부착하여 연비와 출력을 떨어뜨린 반면, 재규어는 엔진을 재설계하여 대기 오염 기준을 통과하는 동시에 엔진 출력과 연비도 개선했다.

조직 차원에서 조직의 확장, 부문의 리더십, 지속 가능성, 평판, 탁월성, 또는 고용 창출 그리고 기타 사회적 목표에 관한 정책 입장이 있을 수 있다.

리스크 기준은 개별 의사 결정 차원에서 수립된다. 프레임워크 차원에서, 조직은 리스크 성향과 리스크 기준에 대한 관련 지침을 수립할 것이다. 리스크 기준은 조직이 가치 있게 생각하는 것, 전력을 기울이는 것은 어느 것이든 모두 포함해야 하며, 이를 목표에 반영해야 한다. 리스크 기준은 한도, 최적화 기준, 조건부, 또는 거의 모든 것이 될 수 있다. 리스크 기준은 의사 결정 전에 정해지기는 하지만, 정기적으로 점검받아야 하며, 통상적인 상황에서도 특정 리스크 관리 프로세스 도중에 점검될 수도 있다.

리스크 관리 의사 결정에 관한 정책: 리스크 보고

조직 구조와의 통합과 보고는 리스크가 수직적 및 수평적으로 취합되고, 이와 유사하게 리스크 성향이 개별 관리자의 관심사 수준으로 분해될 것을 요구한다. 이 문제는 대개 조직도 및 보고 라인 구조와 조직도의 구성 요소들 사이의 방향에 의해 정의된다.

취합 및 분해에는 여러 가지 방법이 있기 때문에 이는 정책 이슈이다. 어떤 경우에는 자원 사용, 이익, 수입 등과 같은 표준적인 회계 절차가 사용될 수 있다. 이런 경우에서조차 불확실성을 모델링하는 방법이 특정되지 않을 수도 있다. 예를 들어, 바젤 II에서는 VaR 계산에 사용될 방법은 개별 조직들에게 맡겨지고, 이 협약에서 특정하지 않는다.

전략 차원에서는 질적 척도들이 우세한데 현지 관리자 차원에서는 단위 수, 예산 백분율, 직원 수, 매출액, 보험 비용 등과 같은 양적 척도가 우세해짐에 따라 정책 수립 과업이 복잡해진다. 문제는 이들 숫자를 어떻게 리스크 성향과 비교하느냐 하는 것이다. 예를 들어, 리스크 보고 범위가 매우 넓은데, 리스크 성향에 대한 영향은 어떤 식으로든 관리되어야 한다.

정책 점검

정책들은 제대로 시행되지 못할 수도 있으며, 시간이 지남에 따라 그 효과성이 떨어질 수도 있다. ERM 프레임워크의 핵심적인 측면 중 하나는 정책을 이해 및 실행하기 쉽게 만들고, 정책을 점검해서 정책이 계속 유지되고 개선될 수 있게 하는 것이다. 정책을 지키지 않아서 실패한 조직의 예가 매일 신문 지상에 보도되고 있다.

예를 들어 베어링스 은행의 닉 리슨(Nick Leeson, 위키피디아 2009b)은 자기 조직의 정책에 규정된 한도를 초과하는 자금을 제공받았는데, 한 달도 못 되어 이 자금을 모두 날리고 조직을 파산으로 내몰았다. 이와 유사하게 2008년의 금융 위기에 대해 조사하면, 이처럼 정책을 시행하지 않아서 많은 조직들이 붕괴한 수많은 사례들이 나올 것이다.

단순성이 필수적이다. 나는 여러 해 전에 영국 런던에 기반을 둔 운수 업체에서 핵심 성과 지표를 설정하는 것을 목격했다. 100개가 넘는 KPI들에서 모범적인 방식으로 단 하나의 지표로 축약되었는데, 그것은 바로 "(연료) 파운드 당 여객 마일"이었다. 이 지표는 누구나 이해할 수 있었고, 기존 데이터로 계산할 수 있었으며, 조직을 핵심 목표 즉, 승객을 만들어 내고 비용을 절감하는 방향으로 독려했다. 또한 모든 관리자들이 현재의 성과 지표를 자신들의 활동 및 리스크와 연결시킬 수 있었기 때문에, 이 지표는 리스크 성향과 리스크 기준을 정하는데 핵심적인 역할을 했다.

정책, 정책 유지 그리고 정책 적용의 역할을 결정하기 위한 근본 원인 분석 및 기타 방법을 사용하여 조직의 성공 및 실패를 점검할 필요가 있다.

ERM 프레임워크 시행 초기에는 리스크 관리 활동의 많은 부분이 기존 리스크 관리 프로세스의 통합에 할애될 것이다. 정책들이 하나씩 ERM 프레임워크 안으로 통합될 것이기 때문에, 이는 정책을 점검할 기회를 제공해 줄 것이다. 리스크 관리 의사 결정에 관한 과거 데이터 점검 또한 리스크 성향과 리스크 기준 정책들을 점검할 특별한 기회가 된다. 리스크 관리 비용, 통제의 효과성 등과 같은 증거를 사용한 워크숍에서 조직은 정책을 가다듬을 뿐만 아니라, ERM 프레임워크의 가치에 대한 내부의 신뢰도 얻을 수 있다. 대개 이 프로세스에서 권고안이 나오면, 사람들은 이렇게 말한다. "저는 항상 그런 방식으로 해야 한다고 생각했어요."

마지막으로, ERM 프레임워크 자체가 점검되어야 한다. 통제에 의해 리스크가 감소되었는가 아니면 커졌는가? 리스크 관리가 불확실성 감소를 통해 가치를 창출하는가? 더 나은 의사 결정이 내려지고 있고, 전략 수립이 개선되는가? 리스크 관리 프레임워크의 모니터링 및 점검 시에 "조사 횟수", "조정 회의 횟수", "리스크 우선순위 등급" 그리고 기타 부적절한 중간 프로세스 수치들을 살펴보는 경우가 너무도 흔하다. 목표 달성을 측정하는 지표들은 개발하기가 더 어렵지만, 이들만이 ERM의 성공에 대한 의미 있는 척도이다.

리스크 관리와 ERM 자원의 통합

ERM은 따로 떨어져 존재하는 것이 아니라 조직의 관리, 보고, 역할 및 책임에서부터 쓰레기 반출에 이르기까지 모든 것과 하나로 통합되어 이루어진다. ISO가 IOS 31000을 인증할 수 있는 것이 아님을 강조하는 것도 이 때문이다. ERM은 조직의 관리 구조와 정렬 및 통합되고자 하는데, 조직의 관리 구조는 옳거나 그르다고 인증할 수 없기 때문에(실상, 현재의 유행하는 취향은 목표에 의한 관리 및 탁월함을 추구하는 "방법" 서들이다), ERM도 인증할 수 없다.

리스크는 목표 달성의 불확실성과 관련이 있으며, 일반적으로 조직 관리는 목표 달성을 위한 것이기 때문에 ERM의 통합이 가능하다. 목표는 ERM을 조직의 프로세스 안으로 통합시키는 접착제 역할을 한다. "목표에 의한 관리(management by objectives; MBO)"라는 말은 더 이상 유행어는 아니지만, 이 말은 여전히 목표에 의해 관리되는 조직의 특성을 잘 보여 준다.

ERM을 통합시키는 데에는 위로부터의 열쇠와 아래로부터의 열쇠라는 두 개의 열쇠가 있다. 고위 경영진이 ERM이 시행될 것임을 명백히 밝히고 그들의 모든 의사 결정에서 리스크를 명시적으로 고려하기 위해 프로세스를 조정하면, 조직에 확실한 신호가 전달되고 다른 관리자들도 ERM 시행과 모든 의사 결정에서 리스크를 고려하는 것의 이점을 알게 될 것이다. 어느 대규모 조직에서는 본부에서 ERM을 사용하고 있다는 사실이 분명해지자, 다양한 부문들이 리스크 관리 부서에 ERM을 시행할 수 있도록 도와 달라고 요청하는 수요가 폭증했다(하부 조직에서 ERM을 시작할 수 있도록 도와줄 워크숍 일정이 1년 반 분이 쌓였다).

ERM 시행의 두 번째 열쇠는 기존 리스크 관리 프로세스를 ERM 프레임워크 안으로 구현시키는 데에서 찾을 수 있다. 신용 리스크, 공장 수리, 보건 및 안전, 운영 리스크, 인력 채용 및 해고, 유지 보수, 매출 목표 달성 등을 위한 기존 프로세스들이 하나씩 ERM

프레임워크 안으로 통합된다. 감독 규정 및/또는 산업이나 업계 표준이 다른 용어 및 프로세스를 요구할 수도 있기 때문에 이 일에는 상당한 노력이 요구될 것이다.

아래로부터의 통합 이슈에 대한 한 가지 접근법은 두 개의 명칭이 붙은 표를 사용하여 ISO와 기존 감독 규정 및/또는 산업이나 업계의 용어를 보여 주는 것이다. 또한 기존의 리스크 관리 접근법들을 재고(再考)하여 ISO 프레임워크와 양립할 수 있도록 개정할 수도 있을 것이다. 예를 들어, 호주는 ISO 31000 리스크 관리 프로세스에 기초하여 감사 및 어슈어런스 계획 수립 가이드라인을 채택했다. 그리고 최근에 의료 기기 표준도 개정되어 ISO 31000 리스크 관리 접근법과 정렬을 이뤘다(예를 들어, ISO 14971 2007, "의료 기기– 의료 기기에 대한 리스크 관리의 적용" 2판을 보라).

대부분의 조직들은 제품, 상품, 또는 서비스를 생산해 내는 일련의 자연스러운 프로세스와 과업들을 중심으로 조직화되어 있다는 사실에 의해 ERM의 통합, 특히 보기 7.1의 리스크 관리 프로세스가 촉진된다. 예를 들어, 기계 장치를 제조하는 회사는 부품 구매 부서, 생산 부서, 판매 부서, 저장 설비, 선적부서, 고객 서비스 부서, 법무 부서, 내부 감사 등 생산 및 판매 흐름을 반영하는 부서들을 지니고 있다. 리스크 또한 이와 동일한 부서의 구조로 특징지어지는 경향이 있다. 이러한 모든 이유들로 인해 ERM 프레임워크는 기존의 조직 구조에 의해 자연스럽게 주어지는 통합 구조를 지니고 있다.

대규모 조직에서는 ERM이 시작된 이후 완전히 통합되기까지는 3년에서 5년이 소요된다. 이는 조직의 어느 단계에서 다음 단계로 옮겨 감에 있어서의 지연(종종 밑으로부터 및 위로부터 동시에 시작될 경우 중간에서 만나기도 한다), 한두 개의 개선 사이클에 시간을 주기 위한 경우 그리고 내재된 관성을 극복하기 위한 광범한 변화 관리의 필요에 기인한다. 예를 들어, 20만 명이 넘는 직원을 고용하고 있는 광업 회사 BHP Billiton에서는 이 프로세스에 4년이 소요되었는데 이 기록은 광업 분야에서 최단기간 ERM 통합 신기록이었다.

ERM 프레임워크 시행의 일환으로 작성되는 시행 계획은 조직의 리스크 관리 시행에 대한 모니터링 및 필요한 경우 계획 조정의 근거로 사용되어야 한다. 효과적인 ERM 통합을 확보하기 위해서는 변화 관리, 전략 계획 수립, 비즈니스 프로세스 이슈들이 점검되어야 한다.

ERM 통합의 한 가지 측면은 ERM에 자금과 전문성을 포함한 자원을 제공하여 관리자들에게 ERM을 위한 자원을 갖춰 주는 것이다. 이는 연간 기준으로 수행될 수 있으며

ERM에 대해 별도로 수행되기보다는 일반 예산 수립 프로세스에 포함될 수 있다. 대부분의 경우, 내부 자원, 특히 보기 7.1에 예시된 연수 및 기타 시행 초기 활동들을 위한 자원들은 외부 자원에 의해 보충될 필요가 있을 수도 있다.

통합은 ERM 프레임워크의 세 개의 다음 번 구성요소인 소통, 역할 및 책임 그리고 지속적인 개선에 의해 큰 도움을 받는다.

소통, 협의 그리고 보고

소통과 협의 – "조직이 리스크 관리에 관해 이해관계자 등에게 정보를 제공하거나, 공유하거나 입수하고 대화하기 위해 행하는 지속적이고 반복적인 프로세스"

–ISO 가이드 73

정보는 리스크의 존재, 성격, 형태, 발생 가능성, 심각성, 평가, 수용 가능성, 처리, 또는 리스크 관리의 기타 측면에 관한 것일 수 있다. 협의는 특정 이슈에 관해 의사 결정을 내리거나 방향을 정하기 전에 조직들과 이해관계자들 사이에서 정보에 입각한 소통을 하는 프로세스이다. 협의는 결과가 아닌 프로세스로서, 힘보다는 영향력을 통해서 의사 결정에 영향을 주며, 공동 의사 결정이 아니라 의사 결정에 참고 사항을 제공하는 것이다. 내부 소통과 협의는 적절하게 기록되어야 한다.

ERM 프레임워크와 그 구성 요소들에 대한 소통은 내부 및 외부 관계자 모두에게 필요하다. 이는 정보를 주고받는 것이다. 조직의 모든 사람이 ERM 프레임워크가 무엇인지, 이를 통해 무엇이 기대되는지를 알게 하기 위해서는 ERM을 시행하는 과정에서 내부 소통이 중요하다.

ERM 프레임워크는 리스크 소통 책임 및 관리자들이 자신의 오퍼레이션, 의사 결정, 리스크 등에 관해 어떤 정보를 소통해야 하는지에 대한 역할을 명확히 해야 한다. 이 책임은 통상 리스크 및 리스크 통제에 관한 정기적인 소통을 포함할 것이다. 리스크 소통은 리스크 및 리스크 관리 성과 지표를 활용하겠지만, 리스크 소통의 모니터링과 점검이 가능해지도록 그 자체의 성과 지표도 가질 수 있다. 리스크 소통 성과 지표에는 소통 및 협의에 대한 이해관계자들의 만족도가 포함될 수도 있다.

위기 상황 중일 때의 소통과 위기 후의 비상사태 대응 계획 집행이 특히 중요하다. 소통 정책은 다음과 같은 질문들에 답할 것이다. 무엇이 위기인가? 누가 책임지는가? 누가 조직의 공식적인 대외 발표 창구인가? 직원들은 무엇을 해야 하는가? 어떤 조치들을 취해야 하는가? 누가 고객들에게 소통해야 하는가? 어떤 소통 원칙과 가이드라인을 따라야 하는가? (예컨대 사실대로 말하라, 무슨 일이 일어났는지 말하라, 조직이 무엇을 하고 있는지 말하라, 다른 사람들에게 그들이 어떻게 해야 하는지 말하라, 해 줄 수 없는 것을 약속하지 말라, 당신의 소관 사항에 속하는 것에 대해서만 말하라, 존경을 받는 조직들과 협력하라, 메시지를 테스트하라. – Leiss 2009)

위의 ISO 정의에 반영된 바와 같이 협의는 ERM 프레임워크의 매우 중요한 구성 요소이다. 의사 결정은 조직과 조직 관리자들의 특권이지만, 이해관계자들로부터 나온 정보는 정보에 입각한 의사 결정에 도움이 될 수 있으며 ERM의 지속적인 개선을 도와준다. 소통에 관한 협의도 필요하며, 외부 소통 프레임워크는 법률, 감독 규정 및 정부의 요건에 특별한 주의를 기울여야 한다.

역할 및 책임

ERM 프레임워크는 조직에서 식별된 모든 리스크마다 누가 이를 관리할 책임이 있는지 및 누가 리스크를 처리할 통제 책임이 있는지 정하거나 이를 정하는 프로세스를 갖춰야 한다. 관리자들은 자신이 책임을 지는 리스크나 통제를 관리할 권한을 가져야 하며, 그들의 성과가 적절히 평가 및 보상되어야 한다. 통제와 리스크 관리의 지속적인 개선도 오너십의 일부이다.

조직 내의 모든 사람들이 누가 각각의 리스크 또는 리스크 통제를 "소유"하는지 알아야 하는데, 이는 일반적으로 리스크 대장, 처리 계획, 보고 양식 그리고 감사 계획 등으로 구성되는 경영 정보 시스템(또는 리스크 관리 시스템) 안에 포함된다. 경영 정보 시스템은 대형 조직에서는 10만 개나 되는 리스크들을 포함할 수도 있는바, 실제적이 되려면 조직 전체 차원에 상응하는 리스크 대장 안으로 취합되어야 한다. ERM이 조직 안으로 통합되기 때문에 리스크 취합 수준은 자연히 조직의 일반적인 역할과 책임을 따를 테고, 따라서 추가적인 조직 구조는 필요하지 않을 것이다.

ERM 프레임워크 자체에도 조직에서 ERM 시행 및 이의 지속적인 개선 책임을 지는 오너가 있어야 한다. 이 오너는 위에서 언급한 ERM 소통 및 협의에 대한 책임도 질 수 있다.

지속적인 개선

ERM 프레임워크는 계속 발전하고 있다. ERM 시행 초기에는 효용이 높고 시행하기 쉬운 분야들에만 적용될 수도 있다. 비록 그 비율은 낮겠지만, 시행 후 여러 해가 지난 뒤에도 이 프레임워크는 변화되고 있을 것이다. 이는 이 프레임워크의 "지속적인 개선" 때문이다.

개별 관리자들의 리스크 관리 성과는 대개 4개의 점검 프로세스 계층을 통해 모니터되고 지속적으로 개선된다.

1. 개별 관리자들에 의한 자체 평가. 상호 멘토링하는 상황에서는 다른 관리자들로부터 협력을 받을 수도 있음.
2. 해당 관리자 소속 부서의 내부 감사. ERM의 작동 상태, 특히 ERM의 리스크 관리 프로세스 요소 포함(호주 표준 2005).
3. 주요한 리스크 및 통제에 대한 외부 감사(대개 규범적인 체크리스트보다는 프로세스와 성과를 감사함). 예를 들어, 대중의 안전을 확보하기 위한 규제 당국의 활동.
4. 표준 수립 기관, 산업 차원의 사용자 그룹 등에 참여하여 외부 기관이 조직의 리스크 관리에 대해 점검하도록 함. 이 활동은 리스크 관리의 탁월함에 기여한다.

ERM 프레임워크는 개별 리스크 또는 리스크 통제 오너들에 대해 필요한 적절한 감독수준을 결정하는 일련의 규칙들을 명시해야 한다.

프레임워크의 정기적인 모니터링과 점검 시 리스크 프레임워크와 조직의 리스크 문화를 살펴보아야 한다. 이 프레임워크가 시행되고 있는가? 프레임워크의 정책들이 여전히 적절한가? 관리자들은 이 프레임워크를 규범으로 받아들이고 있는가? 리스크 처리들은 불확실성이 목표에 미치는 영향을 감소시키는가? 외부 이해관계자들이 조직을 더 잘 이해하게 되고, 조직이 그들에게 영향을 주는 리스크를 관리할 것이라고 신뢰하는가? ERM 프레임워크는 알맞은 수준의 노력을 기울이도록 되어 있는가?

프레임워크의 지속적인 개선을 위한 모니터링 활동을 통해 조직의 리스크 관리 성숙도를 측정할 수도 있다. ERM 프레임워크는 어느 정도로 탁월한가? 조직의 기회를 최대화하고 위협을 최소화할 수 있는 역량을 보여 주는가? ISO 31000의 부록 A "향상된 리스크 관리의 특성들"에서는 ERM 프레임워크에서 리스크 관리 성숙도의 다섯 가지 기본 요소를 제시한다.

1. 조직의 성과 목표 설정, 측정 그리고 점검 및 이에 따른 프로세스 수정, 시스템, 자원, 역량과 기술을 통한 리스크 관리의 지속적인 개선. 리스크 관리는 조직의 목표 달성 성공을 측정하기 위해 고안된 핵심 성과 지표를 사용해야 한다.

2. 자격을 갖춘 사람에게 리스크 관리 책임을 부여하고 그 사람에게 적정한 자원을 제공해야 한다.

3. 경영 관리 프로세스 및 의사 결정 모두에 리스크 관리 프로세스가 있다는 명시적인 증거.

4. 효과적인 대내외 리스크 관리 소통이 필수적이다. 중대한 리스크들 및 리스크 관리 성과에 대한 종합적이고 빈번한 대내외 보고는 이해관계자들의 신뢰뿐만 아니라 조직 내부의 효과적인 거버넌스에 크게 기여한다.

5. 모든 사람이 리스크 관리가 조직의 목표 달성에 필수 불가결한 것으로 받아들이고 경영 관리 프로세스에 이를 내면화한다.

결론

ISO 31000은 리스크 관리를 위한 ERM 프레임워크의 설계 및 시행을 위한 국제적으로 인정된 벤치마크를 제공한다. ERM 개발 및 시행을 위한 ISO 31000의 접근법은 다른 접근법들과 유사하며 그것들과 양립할 수 있지만, 완전하고 실제적인 해법을 제시하는 최초의 표준이다. 이 표준은 2009년에 발표될 예정이다.(2009년에 발표되었음. 역자 주)

포괄적이고 실제적인 이 ERM 프레임워크의 구성 요소들을 이번 장에서 간략히 설명했다. 각각의 광범위하면서도 자신에게 실제적인 ERM 프레임워크를 개발하기 위해, 자신의 상황을 바탕으로 ISO 프레임워크의 구성 요소들을 어떻게 자신에게 통합시킬지 결정해야 한다.

ERM 프레임워크를 단계적으로 시행하면서 그 과정을 학습 기회로 활용할 수도 있다. 수직적인 위원회들은 리스크 관리 프로세스와 같은 ERM 프레임워크의 핵심 부분들을 설계하고 이의 타당성을 검증할 수 있다. 특히 첫 단계에서 성공 가능성이 높은 분야가 선정될 경우, 이러한 단계적 접근법은 또한 ERM에 대한 수용과 리스크 문화 장려에 도움이 될 것이다.

조직에서 리스크 관리 문화가 성숙해 감에 따라, 리스크를 쉽게 토론할 수 있는 능력, 불확실성 하에서의 의사 결정, 리스크가 있는 상황에서의 안도감 수준 그리고 목표 달성이 눈에 띄게 향상될 것이다.

참고 문헌

Broadleaf Capital International. 2008. Homepage, www.broadleaf.com.au/index.html.

Crawley, F., and Preston, M. 2008. HAZOP: Guide to best practice, London: Institution of Chemical Engineers.

Deming, W.E. 1986. Out of the crisis. Cambridge, MA, MIT Press.

ISO 2007. ISO 14971. Medical devices–Application of risk management to medical devices (2nd ed.), Geneva.

ISO 2009. ISO 31000. Risk management–Principles and guidelines, Geneva.

ISO 2009. ISO/IEC. Guide 73, risk management–Vocabulary, Geneva.

James, L.D., and Lee, R.R. 1971. Economics of water resources planning. New York: McGraw-Hill.

Kloman, F. 2008. Mumpsimus revisited: Essay on risk management", Chapter 8. Risk Communication. Lyme, CT, Seawrack Press, Inc./Xlibris Corporation.

Leiss, W. 2009. Home page for risk communication. McLaughlin Center for Health Risk Assessment, University of Ottawa, Canada.

Standards Australia. 2005. HB 254. Governance, risk management and control assurance. Sydney, Australia.

Taleb, N.N. 2007. The black swan: The impact of the highly improbable. New York: Random House. (국내에서는 동녘 사이언스에서 『블랙 스완』이라는 이름으로 출간하였음).

Wikipedia 2009a. Failure mode and effects analysis (FMEA). http://en.wikipedia.org/wiki/Failure_mode_and_effects_analysis.

Wikipedia 2009b. Nick Leeson and the failure of Barrings Bank. http://en.wikipedia.org/wiki/Barings_Bank.

저자 소개

존 쇼트리드(John Shortreed)는 위험 물질, 혈액 시스템, 비상시태 대응, 대기의 질 및 건강, 모든 형태의 운송, 토지 이용, 대중 안전 기준, 의약품, 리스크 프레임워크 그리고 표준 개발 등 리스크 리서치 업무를 취급하는 리스크 리서치 협회(Institute for Risk Research)(www.irr-neram.ca)에서 28년간 재직하다 최근에 이사로 퇴직했다. ISO 31000(2009) 실무 그룹의 캐나다 측 위원이며, ISO Guide 73(2002)의 캐나다 대표이기도 한 존은 15년 동안 캐나다의 리스크 표준 개발에 참여했는데, 특히 공공 및 민간 조직의 리스크 관리 프레임워크에 주의를 기울여 왔다. 존은 리스크 관리 사업들에 대해서는 문외한이며, 그 어느 것에 대해서도 거장이 아니지만 계속해서 리스크 관리 리서치 활동을 하고 있는데, 특히 ISO 31000 리스크 관리 프레임워크에 대응하여 요구될 변화에 집중하고 있다. ISO 31000은 리스크의 긍정적인 결과들에 대해서도 여지를 남겨둘 뿐만 아니라, 통합된 전사적 ERM에 대한 리스크 오너십 책임도 요구한다. 예를 들어, 이러한 변화들은 조직에서의 리스크 평가 방법들과 리스크 관리 시행에 광범위한 변화를 요구할 것이다.

핵심 리스크 지표 식별 및 소통

수잔 황(Susan Hwang)–Associate Partner, Deloitte & Toche LLP

> …핵심 리스크 지표들은 -전투기 조종사 비유를 사용하자면- 실로 리스크들이 어느 방향에서 출현할지
> [볼 수 있도록] 표시해 주는 디스플레이 장치이다. 핵심 리스크 지표들을 사용해서 리스크 출현을 관측할 수 있다면,
> 이 지표들은 어느 조직에나 매우 유용한 도구가 된다.
> –Garth Hinton, 씨티그룹 EMEA 운영 리스크 담당 이사

서론

핵심 리스크 지표(KRI)들을 ERM 도구로 공식적으로 사용하는 관행이 새롭게 부상하고 있다. 많은 조직들이 비즈니스 목표와 전략의 진척도에 대한 척도로서 핵심 성과 지표(KPI)들을 개발해 왔지만, 이는 KRI를 사용하여 리스크 관리와 전략적 및 운영상의 성과를 지원하는 것과는 다르다.

현재의 리스크 관리 지형은 조직들이 원천을 불문하고 모든 유형의 중대한 리스크들을 선제적으로 관리할 필요가 있다는 것을 점점 인정하고 있음을 시사한다. 또한 리스크들은 다양한 도구들을 사용할 때 가장 잘 관리된다는 점도 인식되고 있다. KRI는 여러 리스크 관리 도구들 중 하나로서 ERM 도구들에 있는 다른 기법들을 보완할 수 있다. 예를 들어, 많은 금융기관들은 운영 리스크를 관리하기 위해 정교한 KRI 시스템을 개발하고 있다. 동시에 이 기관들은 운영 리스크를 관리하기 위해 리스크 통제 자체 평가(risk and control self-assessment; RCSA), 손실 사건 정보 그리고 시나리오 분석 등과 같은 기타 리스크 관리 기법들도 사용하고 있다.

그러나 KRI 프레임워크의 개발 및 시행과 관련된 도전 과제들이 있다. KRI 설계에 대해서는 관찰할 수 있는 모범 실무 관행이 없다는 현실은 별도로 하더라도, 이 기법을 사용함으로써 추가적으로 얻게 될 가치가 무엇인지 알지 못하는 조직들도 있다. 많은 ERM 관행들과 마찬가지로 KRI 프레임워크의 시행 및 유지에도 도전 과제들이 있다. KRI의 가치를 극대화하기는 쉽지 않지만, KRI의 채택 및 사용이 증가하고 있다는 고무적인 조짐도 있다.

이 장에서는 KRI가 무엇인지 설명하고, 이의 실제 적용 및 조직에 주는 가치를 보여 준다. 다음에 KRI 설계의 지도 원리를 개략적으로 설명하고 시행 및 지속 가능성을 논의한다. 이 장에 수록된 정보는 저자가 대규모 고객에게 컨설팅 서비스를 제공하면서 쌓은 경험에서 도출되었으며, 개인적 견해와 통찰력을 나타낸다. 가능한 경우, 현행 관행에 대한 경험적 정보들도 포함시켰다.

핵심 리스크 지표란 무엇인가?

정의

KRI는 리스크의 잠재적인 존재, 수준 또는 추세를 나타내는 척도이다. KRI는 리스크의 발생 또는 부상(浮上) 여부, 리스크 익스포져 수준에 대한 감(感), 리스크 수준의 추세 및/또는 변화를 보여 줄 수 있다. KRI는 존재할 수도 있고 존재하지 않을 수도 있는 리스크 상황의 정보를 제공하기 때문에 사후 조치를 위한 신호 역할을 한다는 점에 주목하기 바란다. KRI는 측정 결과에 기초하여 따라야 할 방향을 제시함으로써 조치에 초점을 맞추는 데 도움을 줄 수 있다. 따라서 KRI는 환자의 체온을 측정하는 체온계 같은 것으로 생각할 수 있다. 높은 체온은 의사에게 환자의 상태를 보다 더 자세하게 조사해서 이유를 찾아내도록 독려하기 때문이다.

KRI는 조직의 "건강 상태" 리스크를 측정한다. 효과적으로 설계 및 시행되면, KRI는 예측력이 있으며, 조직의 리스크 프로필에 있어서 변화에 대한 조기 경보 신호 역할을 할 수 있다.

KRI들의 예

많은 경우에 KRI로 알려져 있지 않았을 뿐, 조직들에는 적지 않은 KRI들이 있다. 사실 도전 과제들 중 하나는 가장 중요한 지표들에 집중할 수 없을 정도로 조직에 KRI들이 너무 많다는 것이다. 예를 들어, 리스크 관리 협회(RMA)는 미국과 캐나다의 예금 수취 기관인 회원 기관들에게 수천 개가 넘는 KRI들의 목록을 제공한다. 모니터되는 리스크에 가장 관련이 있고 자기 조직 또는 비즈니스 분야의 독특성을 반영하는 KRI들을 선택할 필요가 있다.

보기 8.1은 KRI들의 몇 가지 예를 보여 준다. KRI들은 범위가 넓을 뿐만 아니라, 세밀함의 정도도 각기 다를 수 있다. 하나의 예가 보기 8.2에 제시되어 있다.

[보기 8.1] KRI의 예

인적 자원	정보 기술	재무
· 공석 충원 시까지 평균 소요 시간 · 직원 결근/병가 비율 · "만족스러움" 미만 등급을 받은 직원 비율	· 시스템 이용률 대 용량 · 시스템 업그레이드/버전 발표 횟수 · 헬프 데스크 전화 횟수	· 일별 손익 조정(횟수, 금액) · 보고 기한 미준수(건수) · 손익 승인 미완료 (건수, 승인 받지 못한 기간)
법률/컴플라이언스	감사	리스크 관리
· 진행 중인 소송(수, 금액) · 컴플라이언스 조사(건수) · 고객 불만(건수)	· 계류 중인 고위험 이슈들 (건수, 존속 기간) · 검사 발견사항(수, 심각성) · 경영진의 시정 조치 목표 시한 수정(건수)	· 경영진의 무시(override) · 신용 부도(건수, 금액) · 한도 위반(건수, 금액)

출처: 딜로이트의 허락을 받아 사용함.

KRI 및 구체성 수준의 선택은 의도된 사용자 및 KRI에 의해 이끌어질 의사결정에 좌우된다. 위의 예에서 상위 수준(즉, 취합된 또는 일반/공통) KRI들은 최고 컴플라이언스 책임자가 조직의 컴플라이언스 리스크에 대해 개략적으로 파악하는 데 큰 도움이 될 수 있는 반면, 보다 심층적인 척도(비즈니스 부문에 특유한 KRI)는 정보 보호 책임자 또는 자금세탁 방지(AML) 책임자에게 전술적인 리스크 관리 조치들을 개발함에 있어 보다 의미 있는 정보를 제공한다.

[보기 8.2] KRI의 다양한 구체성 수준

법적 책임-직원	법적 책임-고객/제3자	자산 상실 또는 피해	감독 규정, 컴플라이언스 및 세금 위반	절도, 사기, 승인받은 행동	거래 프로세싱
			− 감독 당국의 지적 사항 − 내부 테스팅 예외사항 − 직원의 경험 수준 − 요건 변화 − 비즈니스 활동 변화		

프라이버시 리스크	적합성 리스크	AML 리스크	윤리적 행동 리스크	공시 리스크	감독 당국 보고 리스크	기타 리스크
− KRI 1 − KRI 2 − KRI 3 − KRI 4 − KRI 5	− KRI 1 − KRI 2 − KRI 3 − KRI 4 − KRI 5	− KRI 1 − KRI 2 − KRI 3 − KRI 4 − KRI 5	− KRI 1 − KRI 2 − KRI 3 − KRI 4 − KRI 5	− KRI 1 − KRI 2 − KRI 3 − KRI 4 − KRI 5	− KRI 1 − KRI 2 − KRI 3 − KRI 4 − KRI 5	− KRI 1 − KRI 2 − KRI 3 − KRI 4 − KRI 5

계좌 활동 모니터 실패	혐의 거래 보고 실패	계좌 소유주 은닉 탐지 실패	수입원 은닉 탐지 실패	기타 리스크
− KRI 1 − KRI 2 − KRI 3 − KRI 4 − KRI 5	− KRI 1 − KRI 2 − KRI 3 − KRI 4 − KRI 5	− KRI 1 − KRI 2 − KRI 3 − KRI 4 − KRI 5	− KRI 1 − KRI 2 − KRI 3 − KRI 4 − KRI 5	− KRI 1 − KRI 2 − KRI 3 − KRI 4 − KRI 5

출처: 딜로이트의 허락을 받아 사용함.

그러므로 KRI 보고는 유용한 경영 정보를 제공해 주며, 고위 경영진에게 보고하기 위해서는 공통적인 KRI들이 취합된다. 몇 가지 예를 들자면 감사, 컴플라이언스, 직원 이직률, 정보 기술 그리고 비즈니스 비상 상황 대응 등과 관련된 척도들이 이에 포함된다. 다른 한편, 특정 리스크에 대한 KRI들이 기능/비즈니스 부문 차원에서 보고될 수도 있다. 그렇다고 구체적인 KRI들은 취합되어야만 고위 경영진에게 보고된다는 것을 의미하지는 않는다. 오히려 이 KRI들이 정해진 기준을 충족시키면, 즉 임계점 수준에 도달하면 고위 경영진에게 보고될 수 있다.

핵심 성과 지표들과의 구분

일부 핵심 성과 지표(KPI)들이 종종 KRI 역할을 하기는 하지만, 둘의 차이에 대한 이해가 중요하다. KPI들은 성과 목표에 중점을 두는 척도로서 광범위한 전략적, 전술적 그리고 운영상 목표에 기초한다. 이러한 목표들의 몇 가지 예로는 비즈니스 규모, 수입, 또는 수익성 목표, 시장 점유 그리고 고객 만족 등을 들 수 있다. KPI들은 실제 성과를 측정하며, 따라서 본질상 "후행" 지표이다.

반면에, KRI들은 리스크 모니터링에 도움을 주며, 정해진 특정 수치를 넘어서면 경감 조치를 취하는 것이 타당할 수도 있음을 시사하는 임계점과 관계가 있다. 이 지표들은 리스크 사건(들)의 발생 가능성이나 영향의 변화를 시사하는 특정 리스크와 관련이 있다. KRI는 또한 현재의 리스크 관리 활동들이 어느 정도의 스트레스 또는 긴장 하에서 운영되고 있는지도 보여 준다. 그러므로 이 지표들은 성과에 영향을 줄 수도 있는 리스크, 즉 목표 달성 실패에 대한 척도이다. KRI들은 목표 달성에 중점을 두는 것이 아니라, 흔히 임계점 수준을 정의한다. 미리 정해진 임계점 수준을 넘는 KRI들에 대해서는 경영진이 리스크 관리 조치를 취할 필요가 있는지 주의를 기울여야 한다. 따라서 KRI들은 본질적으로 "선행적"이며, KPI 달성 여부 예측에 도움이 된다. 선행 지표와 후행 지표의 예를 하나씩 들어 보면 다음과 같다.

- 후행 지표: 사기 사건에 관여한 직원 수
- 선행 지표: 휴가를 사용하지 않은 직원 수

휴가를 사용하지 않은 핵심/취약 업무 담당 직원 수가 늘어나면 사기가 발생해도 발각되지 않을 가능성이 높아진다. 이 장의 뒤에서 언급하는 바와 같이, 하나의 지표가 사기가 발생할 거라거나 발생했다는 결정적인 지표는 아님을 인식할 필요가 있다. 그러나 미리 정해진 임계점이 초과되면, 추가적인 분석을 위한 경영진의 행동을 촉발한다.

KRI들은 리스크, 성과 그리고 전략에 연결된다. 보기 8.3에서 이 관계에 대해 그림으로 보여 준다.

보기 8.3은 KRI들은 리스크 동인들뿐만 아니라, 조직이 모니터하고자 하는 구체적인 리스크들로부터 도출됨을 보여 준다. 리스크 자체는 조직의 전략 및 목표에 기반하여 결정된다. 리스크가 비효과적으로 관리되면 성과가 부진해질 수 있다. 요약하자면, KRI들은 리스크의 원천(즉, 리스크 동인)에 대한 이해를 바탕으로 전략, 목표 그리고 성과에 연결될 필요가 있다.

[보기 8.3] KRI는 리스크, 성과 그리고 전략에 연결된다.

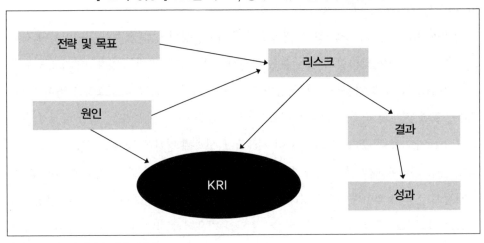

출처: 딜로이트의 허락을 받아 사용함.

실제적 적용

KRI는 리스크 모니터 분야에서 가장 보편적으로 이해되고 사용된다. 하지만 실제로 KRI는 다른 많은 분야에 사용될 수 있다. 다만 시행의 견지에서 KRI를 어느 분야에 적용할 때 경영진이 가장 흡족해 하고, KRI 프레임워크 시행이 더 탄력을 받을 수 있는지를 결정하는 것이 중요하다.

KRI는 아래와 같은 방식으로 전략 및 성과를 지원할 수 있다.

- 계획 수립의 타당성을 검증하고 성과를 모니터한다.

168

- 운영상 효율성과 효과성을 개선시킨다.
- 리스크를 취할 때 기대하는 바를 명확히 한다.
- 리스크 익스포져를 모니터한다.
- 리스크를 측정한다.

이후의 섹션에서는 적용 분야를 좀 더 자세하게 검토한다.

조직의 계획 수립 검증 및 성과 모니터링

비즈니스 전략과 목표가 성과 목표 및 타깃을 정의하며, KRI는 성과 목표 및 타깃으로부터 가장 잘 도출될 수 있음에 비추어 볼 때, KRI를 개발하면 성과 타깃과 비즈니스 전략 및 목표를 보다 잘 정의하고, 때로는 이에 도전을 제기하는데 도움이 된다. KRI를 정의하는 과정에서 리스크 동인들에 대한 면밀한 분석은 목표 및 계획이 얼마나 현실적인지 검증할 기회가 된다. 또한 KRI 모니터링을 통해, 조직은 성과 및 전략 계획을 더 잘 모니터할 수 있게 된다.

실제 적용 사례를 들자면, 조직은 KRI를 전략 계획 수립 프로세스의 일부로 정하고 KRI를 성과 목표에 정렬시킬 수 있다. 이는 비즈니스 부문 차원에서도 수행될 수 있는데, 이 경우에는 KRI가 전술적인 운영상의 목표들과 정렬된다. KRI 모니터링은 조직이 성과에 영향을 줄 수 있는 요소들을 더 잘 예측할 수 있게 해 줌으로써, 성과를 더 잘 모니터할 수 있게 해 준다. KRI는 계획 대비 진척도를 추적 관리하는 스코어카드를 통해 경영진 보고에 포함될 수 있다.

캐나다의 한 통신 회사는 몇 년 전에 KRI 프로젝트에 착수했는데, 이 프로젝트의 목적은 기존의 지표들 중에서 비즈니스를 더 잘 관리하는 데 도움이 될 수 있도록 전망적 (forward-looking) 지표를 찾아내는 것이었다. 전형적인 통신 회사에서 예상할 수 있는 바와 같이, 이 회사에도 특히 시스템에서 생성해 낸 성과 지표들이 적지 않았다. 이 회사에서 철저하게 조사한 영역 중 하나는 고객의 이용 통신사 변경에 관한 것이었는데, 이 변경은 비즈니스의 수익성에 중대한 영향을 주는 것으로 밝혀졌다. 이 프로젝트 팀은 고객 불만, 네트워크 이용가능성과 서비스가 작동되지 않은 시간 그리고 고객의 불만족에 관해 고위 경영진의 주의를 끌게 한 사건들을 검토함으로써 통신 회사를 옮긴 가입자들의 사례를 분석했다. 그들은 고객 만족, 실상은 고객 불만족 수준이 가입자들이 통신사를 옮기는 핵심 동인이라는 결론에 이르게 되었다. 특히 그들은 불만을 제기하기 위해 콜센터에 2회 이상 전화를 하는 고객들이 통신사를 옮길 가능성이 가장 높다는 것을 알아냈다. 이 회사는 이 연결 고리가 밝혀지자 가입자로부터 걸려오는 두 번째 불만을 따로 표시하고, 이와 관련된 수치를 고객 만족과 재무적 결과 개선을 겨냥한 노력의 입력 정보로 모니터하기 시작했다.

실제로 KPI들은 업데이트된 전략 및/또는 비즈니스 계획에 기초하여 연례적으로 개발/검토됨에 반해, KRI들은 조직의 리스크 관리 프로그램의 일부로 개발됨을 주목하기 바란다. 따라서 KPI와 KRI의 개발은 역사적으로 서로 조율되는 프로세스들이 아니었다. 조직의 계획 수립 및 성과 관리 프로세스에 KRI를 적용하는 것에 대한 이해 수준이 향상되면, KPI와 KRI가 조직의 전략적 방향과 정렬될 가능성이 높아진다.

운영상 효율성 및 효과성 개선

조직의 가장 중요한 의사 결정 중 하나는 가장 높은 리스크 조정 수익을 얻기 위해 희소한 자원을 어디에 배정할지에 관한 결정이다. KRI는 자원 할당 의사 결정에 중요한 투입 요소가 됨으로써 운영의 효율성 및 효과성을 지원할 수 있다. 이는 대개 리스크가 보다 높은 분야에 초점이 맞춰지도록 업무를 우선순위화하는 데 사용되는 리스크 식별 및 평가 프로세스의 일부가 됨으로써 달성된다. 보기 8.4를 보라.

보기 8.4는 이 프로세스를 보여 준다. 전형적인 리스크 우선순위화 도구는 두 개의 개념적 요소로 구성된다.

1. KRI들 – 리스크 수준을 나타내는 선행 리스크 지표들
2. 리스크 우선순위를 정하는 규칙들 – KRI들에 어떻게 리스크 점수를 부여하는지를 보여 줌. 구성 요소에는 KRI들에 부여된 가중치와 리스크 점수 취합에 관한 의사 결정 규칙이 포함됨.

이 리스크 도구(즉, 리스크 점수)는 리스크가 가장 높은 분야에 자원이 할애되도록 작업의 우

선순위를 정할 수 있게 도와준다.

많은 조직들이 위에서 설명한 바와 같이 KRI를 포함하는 리스크 우선순위를 정하는 도구를 사용하는 바, 이에는 다음과 같은 조직들이 포함된다.

- 내부 감사 부서와 컴플라이언스 기능은 리스크 모델들을 사용하여 감사 또는 조사의 우선순위를 정한다.
- 의료, 조세 그리고 기타 공공 서비스 기관들은 유사한 도구를 사용하여 접수한 사례 및 적용의 우선순위를 정한다.
- 금융 감독 당국은 리스크 우선순위화 도구들을 사용하여 피규제 기관들의 중점 감독 분야의 우선순위를 정한다.

[**보기 8.4**] KRI는보다 넓은 리스크 평가 프로세스의 구성 요소이다.

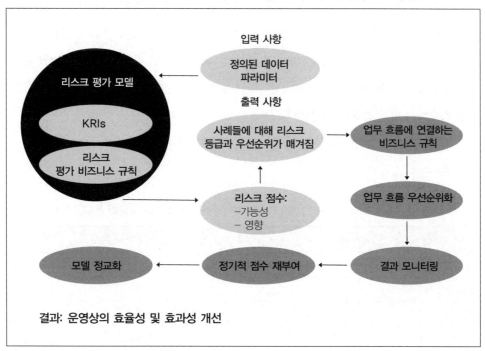

출처: 딜로이트의 허락을 받아 사용함.

금융 감독 당국이 KRI를 어떻게 사용하는지 알아보기 위하여 증권업에 초점을 맞추는 감독 기관을 고려해 보자. 이 기관은 200개가 넘는 회사를 감독하고 있는데, 희소한 검사 요원 할당에 도움을 주고자 이 기관의 핵심 부서들마다 리스크 평가 모델을 개발해 왔다. 피감독 기관의 지급능력과 비즈니스 및 트레이드 행위의 적정성 예측에 도움이 되는 리스크 지표를 포함하고 있는 이들 모델은 검사의 빈도 및 범위 결정에 도움을 준다. 그 결과 검사 요원이 덜 필요하게 되었고, 이보다 중요한 점은 이 감독 기관이 증권업 내에서 리스크가 보다 높은 분야에 더 중점을 두고 있다는 신뢰 수준이 높아졌다.

리스크 부담 시의 기대를 명확히 함

KRI들은 측정 가능하기 때문에 리스크 관리에 대한 기대와 책임의 소통 및 강화에 도움이 된다. 조직들은 KRI들이 가장 중대한 리스크들과 정렬을 이루게 함으로써, 나아가 성과를 모니터할 필요가 있는 중요한 분야를 명확하게 한다. 또한 KRI들과 관련된 임계점 및 상부 보고 기준은 경영진에게 무엇이 수용될 수 있고 무엇이 수용될 수 없는지를 반영하며, 조직의 리스크 성향도 반영한다. 그러나 KRI들이 리스크 부담에 대한 기대를 소통하는 유일한 수단은 아니다. 리스크 성향 및 리스크 용인 수준 그리고 리스크 관리 정책들에 대한 공식적인 발표는 경영진과 이사회에 의해 정해진 리스크 부담 요건과 한계를 소통하는 다른 중요한 수단이다.

KRI들이 리스크 부담에 대한 기대에 어떻게 도움이 되는지가 보기 8.5에 나와 있다.

[**보기 8.5**] KRI는 리스크 부담에 대한 기대 소통에 도움이 된다.

KRI는 다음 사항에 도움이 된다	예 – 매출액 변화율(%)
특정 리스크에 대한 모니터링 책임이 누구에게 있는가?	세일즈 부서
리스크 수용 기준	매출액 5% 감소
이슈 보고 시기	매출액 감소 6% 초과
이슈 보고 대상	세일즈 지역본부장
해당 리스크가 어떻게 다루어져야 하는가?	마케팅 프로그램, 판촉 할인 증대

출처: 딜로이트의 허락을 받아 사용함.

리스크 익스포져 모니터링

보다 널리 적용되는 분야는 KRI를 사용하여 리스크 익스포져를 선제적으로 평가하고 이 익스포져의 변화를 다루는 것이다. KRI는 현재의 리스크 수준, 시간에 따른 익스포져 추세 및 변화를 보다 실시간으로 보여 줘서 적시 조치를 가능하게 해 준다. KRI들은 조치를 격발할 경고 신호를 보내 중대한 손실이나 사고들을 예방하거나 최소화할 수 있게 해 준다. 이렇게 적용될 때에는 리스크 통제 자체 평가(risk and control self-assessment; RCSA) 및 리스크 적시 식별을 지원해 주는 기타 리스크 식별 및 평가 도구들과 함께 사용된다.

KRI들은 많은 글로벌 금융기관들에서 사용되어 운영 리스크 식별 및 관리에 도움이 되고 있다. 유럽에 기반을 둔 어느 보험 그룹은 처음에는 14개의 범용 KRI들을 개발했는데, KRI들은 전 세계에 있는 동 그룹의 사업장들로부터 일관된 방식으로 보고된다. 이 KRI들은 비즈니스 부문 임원들의 의견을 반영하여 글로벌 본사의 리스크 관리 본부가 개발했다. KRI들은 높은 단계의 리스크 매트릭스로서 모든 국가 및 모든 비즈니스 부문에 적용되며, 주요 운영 리스크를 다루고 있다. 이 기관은 범용 KRI들을 그룹 소속의 여러 조직들의 리스크 프로필을 모니터 및 비교하는 도구로 보고 있다. 이 프로젝트의 2단계에서는 각각의 부문 및 국가에 가장 적절한 개별적인 KRI들을 개발했다. 그 결과 이 프로젝트는 현지 조직들 및 비즈니스 부문들에게 자신의 리스크를 보다 효과적으로 모니터할 수 있게 해 주었다. 본부의 리스크 관리 부서도 개별적인 KRI들의 개발 및 시행을 관리하며, 리스크 프로필들을 독립적으로 모니터할 것이다. 이 보험 그룹은 최근에 상부 보고에 지침이 될 임계점 결정과 관련된 프로젝트에 착수했다.

임계점 수준의 결정은 조직의 리스크 용인 수준과 정렬되어야 한다. 흔히 임계점들은 산업 평균, 과거 평균, 외주 위탁 계약(service level agreement; SLA) 상의 요건 그리고 경영진의 기대에 기초한다. 임계점들은 보기 8.6에서 보여지는 바와 같이 경영진의 조치를 위한 가시적인 도화선을 제공한다. 이 예에서 고객 불만 모니터링 추세는 조직의 판매 목표에 영향을 줄 수 있는 리스크가 커지고 있는지에 대해 보다 잘 이해할 수 있게 해 줄 것이다. 고객 불만에 대한 여러 임계점들에 대해 경영진이 취할 조치도 달라질 것이다.

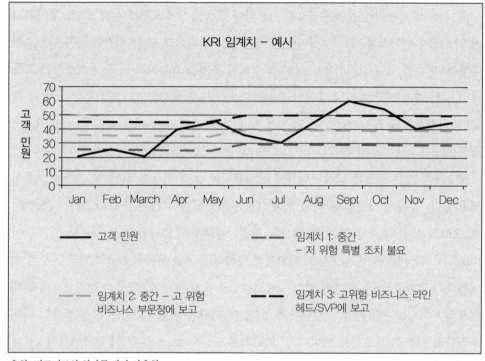

출처: 딜로이트의 허가를 받아 사용함.

리스크 측정

대형 금융기관, 특히 리스크 기반 규제 자본 요건 충족이 요구되는 금융기관의 경제적 자본 모델 구축에 KRI가 사용될 수 있다. 대부분 글로벌 은행 및 보험회사인 이 기관들은 최소 규제 자본 계산을 지원하는 리스크 측정 시스템을 유지하도록 요구된다. 리스크와 자본을 측정함에 있어서, 예컨대 의미 있는 리스크 동인과 같이, 전망적이며 금융기관의 통제의 질 및 운영 환경을 반영하는 요인들이 고려될 필요가 있다. 금융기관들은 최소 규제 요건을 넘어서 "예기치 않은 손실"로부터 자신을 보호하는 적절한 수준의 경제적 자본을 유지해야 한다. 비예상 손실은 예상 손실을 넘어서는 손실로서, 정해진 신뢰 수준까지 끌어 올려진 손실 추정치이다. 그러므로 경제적 자본은 리스크에 대한 보편적인 척도가 된다. 이들 금융기관에는 KRI들이 경제적 모델 구축에 사용되는 입력 자료가 된다.

글로벌 은행들은 다른 금융기관들보다 이 분야에서 보다 더 앞서고 있는 바, KRI의 사용은 운영 리스크에 중점을 둔다. KRI들은 종종 경제적 자본을 정성적으로(즉, 계량적인 방법이 아닌 경영진의 판단을 통해) 조정하기 위해 사용된다. 몇몇 금융기관들에서는 전사 차원 및 비즈니스 부문 차원의 KRI들이 개발되고 있으며, 이 KRI들은 RCSA 및 내부 감사 보고서 등 다른 원천을 통해 입수한 운영 리스크 정보에 비추어 분석된다.

리스크 관리에서 KRI의 가치

사용될 적절한 KRI들을 찾아내고, (데이터 공급 및 모니터링을 포함한) 이 프로세스를 실제로 시행하기 위해서는 자원 투입 및 관심이 필요하다. 흔히 KRI 개발은 조직 내 리스크 관리 전담 부서에 의해 주도된다. 그럼에도 불구하고 이 프로세스는 경영진의 적극적인 참여를 필요로 한다. KRI 프로세스 시행의 핵심적인 도전 과제 중 하나는, 특히 다른 리스크 관리 도구들이 이미 갖춰져 있을 경우, 경영진에게 KRI의 가치를 입증하는 것이다. 이 섹션에서는 KRI 시스템이 조직에 가져다주는 추가적인 가치를 간략히 설명한다. KRI의 실제 적용을 설명하는 위의 섹션과 함께, 이 정보는 KRI 프로세스 개발 및 유지에 있어서 경영진의 적극적인 지원을 얻어 낼 때 KRI가 비즈니스에 도움이 된다는 강력한 근거를 제공해 줄 것이다.

KRI가 리스크 관리에 추가적으로 가져다주는 가치는 다음과 같이 요약될 수 있다.

- **리스크 성향** – KRI들은 임계점 수준 및 보고 수준 설정을 통해 조직의 리스크 성향과 리스크 용인 수준을 지원하고 그 타당성을 검증한다.
- **리스크 식별** – KRI들은 RCSA 및 시나리오 분석에 비해 보다 객관적인 리스크 식별 방법이다. 보다 실제적으로는 정기적으로(예컨대 연 1회) 수행되는 다른 리스크 관리 도구들과 달리, KRI들은 상시적으로 작동되도록 정해질 수 있으며, 따라서 리스크를 보다 적시에 식별하도록 도움을 줄 수 있다. KRI들은 대개 보다 세밀하기 때문에 구체적인 우려 영역에 관한 정보를 제공할 수 있다.
- **리스크 경감** – KRI 시스템은 조사 및/또는 시정 조치의 도화선과 관련이 있으며, 매일매일의 비즈니스 관리를 지원한다. 임계점은 활동들이 한도 내에서 이루어지도록 제약하는 통제역할을 한다.

- **리스크 문화** – 모니터할 필요가 있는 KRI들과 관련된 중요한 비즈니스 분야 및 관련 임계점과 상부 보고 수준을 정함으로써, 이 시스템은 조직이 중요한 사항에 초점을 맞추도록 도움을 준다. 방향의 명확성은 조직의 행동과 바람직한 결과를 이끈다.
- **리스크 측정 및 보고** – KRI들은 객관적이고 계량적인 리스크 정보를 제공한다. 이 지표들을 정책의 한도 및 성과 기준과 비교하여 리스크 수준과 추세를 평가할 수 있다. KRI들은 경영진 및 이사회에 보고되는 다른 정보들과 통합되어 조직의 리스크 상태에 대한 총체적인 그림을 제공한다.
- **규제 준수** – 리스크 및 자본 측정 시스템에 KRI들을 포함하고 있는 기관들에게는 확립된 KRI들로부터 나온 데이터가 운영 리스크 자본 계산에 투입되는 입력 정보 중 하나로 사용될 수 있다. 이 경우 자본 절감은 KRI 시스템을 시행할 강력한 인센티브가 된다. 감독 당국의 리스크 기반 자본 요건을 충족하도록 요구되는 글로벌 금융기관들은 KRI 시스템을 시행할 필요가 있다.

KRI 설계 원칙

양질의 KRI들은 대개 성과 척도와 관련이 있는 몇 가지 최소 설계 기준을 지녀야 한다. 이 기준은 구체적이고, 명확하며, 측정 가능하고, 정확하고, 신뢰할 수 있고, 비교 가능하고, 최근 데이터에 기초하고, 비용 대비 효율적이어야 한다. 이 장을 집필하고 있는 현재, KRI 개발 방법에 관한 구체적인 감독 규정이나 전문가 집단의 기준은 나오지 않고 있다. 그럼에도 불구하고 효과적인 KRI 설계는 아래에서 설명하는 바와 같은 모범 실무 관행 기본 원칙을 따라야 한다.

이해관계자들과 목표들을 염두에 두라

KRI 시스템 그리고 실상은 모든 리스크 관리 시스템의 기본원칙은 핵심 이해관계자들에게 가치를 더해 주는 것이다. 이 이해관계자들은 조직의 내부 및 외부에 있을 수 있다. 누가 이해관계자인지 그리고 그들의 필요와 구체적인 요구는 무엇인지, KRI들이 어디에 사용될 것인지(이 장의 앞에서 논의했던 KRI의 적용 분야를 참고하라)를 정하는 것이 KRI 프레임워크 개발의 첫 단계이다. 이 장의 앞에서 논의했던 구체적인 KRI들 및 이 지표들의 깊이는 이해관계자들의 필요와 정렬되어야 한다. 다음과 같은 질문을 하면 정렬 정도에 대해 알아볼 수 있다. "이해관계자들은 조직의 리스크 관리 시스템을 통해 어떤 결정을 내리는가?" "KRI들은 의사 결정에 도움이 되는가?" 이해관계자들 및 그들의 목표를 염두에 두면 적절한 KRI들이 선정되게 해 줄 뿐만 아니라, 이해관계자들이 KRI 프레임워크의 개발 및 지속 가능성을 기꺼이 지원하려 할 것이다.

경영진의 통찰력과 기존 장치들을 활용하라

앞에서 언급한 바와 같이, 조직들은 대개 많은 KPI들을 지니고 있으며, 이미 모니터링하고 있는 KRI들도 있을 수 있다. 조직들은 기존의 성과 지표들을 KRI 시스템에 활용할 수 있는지 평가함으로써 KRI 개발 프로세스가 비용 면에서 효율적이게 하고, 구체적인 KRI 선정 시 비즈니스 전략, 목표 그리고 성과 목표에 대한 경영진의 통찰력을 활용하도록 노력해야 한다. 평가 프로세스에 경영진을 관여시키면 KRI 사용 수용을 촉진하고 적절한 리스크 문화를 이끄는 부가적인 이점도 있다.

그러나 KRI 선정 시 경영진 입장에서는 이미 존재하는 KRI를 선택하는 쪽으로 편향될 가능성이 있으므로 주의해야 한다. 따라서 독립적인 리스크 관리 부서에서 경영진에 의해 제공된 의견을 여과해서 선정된 KRI들이 리스크에 대한 가장 적절한 지표들이 될 수 있게 해야 한다.

리스크에 대한 기본 사항을 잘 이해하라

조직의 리스크 관리 프로그램이라는 토대 위에 KRI 시스템을 구축하라. 예를 들어, 중대한 리스크들은 대개 RCSA와 같은 기존 프로세스를 통해 식별될 것이다. 이미 식별된 가장 중대한 리스크들을 기초로 KRI들을 선정하라.

KRI들은 모니터되는 리스크들과 관련될 필요가 있다. 이는 대개 KRI와 리스크 사이의 인과 관계를 위해 리스크 및 리스크의 동인들에 대한 분석을 필요로 한다. 원인들과 리스크 사건들의 상관관계가 있어야 하며, 이상적으로는 통계 분석, 경험 및 전문가 판단에 기초한 영향 평가, 그리고 실제 과거 데이터를 바탕으로 사후 검증을 통해 검증되어야 한다.

대표적인 지표들로 제한하라

가장 중요한 리스크 및 가장 강한 인과 관계를 지니는 KRI들에 중점을 두라. 앞에서 말한 바와 같이 조직들은 종종 너무도 많은 성과 척도 및 리스크 지표들을 지니고 있다. ERM은 가장 중대한 리스크들의 관리에 관한 것이다. 비용 효율적인 프로세스는 중대한 리스크들을 대표하는 지표들을 찾아내기 위해 이러한 지표들을 걸러내도록 요구한다. KRI 프레임워크는 관리할 만한 프로세스를 갖춰야 한다.

측정 대상이 무엇인지를 명확히 하라

선정된 KRI들의 정의 및 이 지표들이 어떻게 측정될지 명확히 이해하고 이를 문서화 하라. 비교 가능성 및 적절한 취합을 확보함에 있어서 정의 및 계산 방법의 일관성이 매우 중요하다. 예를 들어, 직원의 이직률을 측정할 때에는 시간제 및 임시직 직원, 장기 휴가 사용자 등의 처리 방법을 명확히 할 필요가 있다.

객관적인 대상에 중점을 두라

정보의 원천을 고려하고, 가능하면 객관적으로 측정될 수 있고, 외부 또는 독립적인 원천에서 나오는 척도들을 선택하라. 외부 또는 독립적인 원천은 해당 정보가 반드시 조직 외부의 제3자로부터 공급됨을 의미하지는 않는다. 측정 대상 분야로부터 독립된 조직 내부의 원천도 신뢰도가 높다. 가장 객관성이 낮은 정보는 해당 리스크 관리에 관여하는 사람의 판단으로부터 나온 정보이다.

보다 넓은 일련의 KRI들을 고려하라

KRI들이 따로따로 사용될 경우, 하나의 KRI만으로는 리스크의 구체적인 수준 및 추세에 대해 확인해 줄 수 없다. 그 이유는 특정 리스크와 완벽한 상관관계를 보이는 선행 지표는 거의 없기 때문이다. 그러므로 의미 있는 분석이 되려면, 여러 KRI들을 동시에 살펴보고 올바른 맥락 안에서 해석되게 해야 한다. KRI들 전체적으로는 모니터되는 리스크에 관해 더 정확한 이야기를 해 줄 것이다.

KRI들의 상대적 중요성을 고려하라

관련된 리스크의 중요성 및 리스크에 대한 상관관계의 정도에 비추어 볼 때 모든 KRI들이 동등한 것은 아니다. 가장 적절한 KRI들을 선정한 뒤에는 임계점 수준 및 (필요시) 가중치를 사용하여 전반적인 리스크 분석에 대한 KRI들의 중요성 정도를 차별화할 수 있다.

유용성에 대해 모니터하라

선정된 KRI들이 시간이 지나도 유용한지 검증하는 프로세스를 시행하고, 필요시 변화시켜라. 시간이 지남에 따라 조직의 중점 성과 목표 및 리스크 프로필이 변하므로, 현재 모니터되고 있는 KRI들의 적절성이 떨어지게 되고, 새로운 KRI들을 찾아내 모니터할 필요가 있을 것이다. 모니터되고 있는 KRI들을 계속적으로 점검 및 평가하는 프로세스가 확립되어야 한다.

장기적으로 생각하라

조직들은 시행 노력을 줄이기 위해 이미 입수할 수 있거나 수집하기 쉬운 사실들에만 기초해서 KRI들을 선택하려는 유혹에 빠질 수 있다. 단기적인 데이터 제약이 어느 KRI들을 사용할지를 제한하지 않게 하라. 단계적 KRI 개발의 일부로서 미래에 가치가 있을 수 있는 지표들을 파악하라.

마지막으로, 효과적이고 예측력이 있는 "전망적" KRI들을 고안하기 위해 내부 및 외부의 원천을 살펴라. 보기 8.7은 유용한 몇 가지 원천을 보여 준다.

시행 시 고려 사항

KRI 프레임워크의 시행은 노력 및 자원을 필요로 하기 때문에 주의 깊게 계획 및 관리되어야 한다. 아래에서는 시행시 고려해야 할 핵심 사항들을 설명하고 있다.

구성원의 수용

이해관계자들을 이해하고 그들에게 KRI를 통해 얻을 수 있는 이점을 소통하는 것이 중요하다. KRI를 전반적인 ERM 프로그램의 일부가 되게 하고, KRI의 추가적인 가치 및 실제적인 응용 분야를 강조하라. KRI를 옹호하는 근거를 제시할 때 다음과 같은 점을 제시할 수 있을 것이다.

- 재무상의 유익: KRI 사용으로 수익성 개선, 손실 또는 변동성 축소, 추가적인 복구 및/또는 자본 경감 등을 도모할 수 있다.
- 품질 개선: KRI의 사용은 서비스 전달, 사회적 책임, 고객 서비스, 그리고/또는 평판에 긍정적인 영향을 줄 수 있다.
- 사람들의 만족: KRI 사용으로 자원 및 기술을 보다 잘 정렬하고 업무량을 보다 잘 조정할 수 있다.

[보기 8.7] KRI는 리스크 부담에 대한 기대 소통에 도움이 된다.

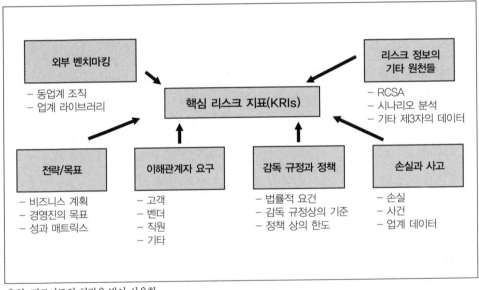

출처: 딜로이트의 허락을 받아 사용함.

자원 및 기술 부족

조직에 KRI 프레임워크를 개발 및 시행할 자원과 기술이 없으며, KRI 시행을 맡을 부서가 없을 수도 있다.

KRI 개발을 돕기 위해서는 내부의 지식을 활용하고, 리스크 관리 및 KRI 분야의 기술적 전문가뿐만 아니라 비즈니스와 리스크를 이해하는 경영진을 관여시켜야 한다. 또한 KRI 모니터링 및 조치 설계에 대한 책임관계를 명확하게 정해야 한다. 보기 8.8은 이 분야의 책임을 보여 준다.

[보기 8.8] KRI의 책임

비즈니스 부문	리스크 관리	내부 감사
KRI 식별	KRI 및 임계점 선정에 대한 지침 및 도전 제공	KRI 프로세스에 대한 타당성 점검 및 독립적 어슈어런스 제공
임계점 설정	위반 사항 보고	결과치를 감사 계획에 반영
목표/한도 모니터링	고위 경영진 및 이사회에 보고	
위반 사항 상부 보고	추세 파악	

출처: 딜로이트의 허락을 받아 사용함.

데이터 및 정보 기술상의 도전 과제

특정 KRI의 사용은 추세 분석에 필요한 데이터의 가용성 및 무결성에 의존한다. 내부 및 외부 데이터 원천의 신뢰성 및 이들의 한계를 고려하라. 이해관계자들의 필요를 충족시키기 위한 여러 수준의 KRI에 대한 보고서 설계는 또 다른 고려 사항이다. 선정된 모든 KRI에 대한 보고보다는 예외에 대한 보고가 경영진이 취해야 할 조치에 대한 초점을 더 잘 맞출 수 있게 해 준다. 또한 KRI분석(개별 지표보다는 유사한 그룹으로 묶어서 분석함) 내용은 다른 정보와 함께 의미 있는 리스크 분석 및 보고의 중요한 구성요소가 된다.

비용-효율성을 위해 KRI를 수집, 계산, 모니터 및 유지할 도구의 필요를 평가하라. 이 프로세스의 자동화 여부에 대한 결정은 KRI의 양, 데이터 원천, 계산 빈도, 계산의 복잡성, 상관관계 분석 필요성 그리고 업무 흐름 및 비즈니스 과제와의 연결 등 여러 요소에 의해 좌우된다.

비즈니스 활동과의 통합

실제적인 견지에서 KRI 사용을 조직의 비즈니스 활동 및 전반적인 리스크 관리 프로그램 안으로 통합하라. 이 프로세스가 전략 형성, 성과 관리, 리스크 성향 결정 그리고 프로세스들을 강화하는 조직 문화와 연결되게 하라. KRI는 다른 리스크 관리 도구들을 보완해 주기 때문에 KRI 분석과 보고는 통합된 토대 위에서 수행되어야 한다.

KRI 프레임워크의 지속 가능성

KRI가 지속적으로 가치를 제공하기 위해서는 계속 점검되어야 한다. 환경, 조직의 비즈니스 및 운영, 리스크 및 데이터 원천의 변화는 어느 때에라도 특정 KRI의 적절성을 변화시킬 수 있다. 그러므로 KRI의 점검 및 업데이트 프로세스를 정하고 이에 대한 책임을 할당하며, 필요시 외부 벤치마킹을 수행할 필요가 있다. 또한 KRI 시행의 지속가능성을 담보하기 위해서는 비즈니스 부문 경영진이 KRI 정보의 모니터링 및 조치에 대한 오너십을 가지는 것이 중요하다.

결론

여러 리스크 관리 도구들 중 하나로 KRI를 공식적으로 사용하는 관행이 생겨나고 있다. 성과(및 리스크) 지표들을 통해 성과를 관리해 온 역사가 있는 조직들과 감독 규정상의 요건[1]을 충족시키기 위해 KRI 프레임워크를 개발할 필요가 있는 조직들은 보다 성숙한 KRI 프로세스를 갖추는 경향이 있다. KRI는 조기 경보 역할을 하고 있으며 전반적인 리스크 관리 시스템에 추가적인 가치를 가져온다. KRI는 적절하게 개발되고 시행되면 리스크 프로필의 변화에 상당한 통찰력을 제공하며, 조직에 전략적 및 운영상의 가치를 가져다준다.

감사의 글

이 장이 기초로 삼은 정보에 관한 자료를 함께 개발한 Deloitte & Touche의 동료 카말 니자(Kamal Nijjar)의 의견에 대해 깊이 감사드립니다.

INDEX

1) 국제 결제 은행(BIS) 자본 측정 및 자본 기준에 대한 국제적 수렴(바젤II 프레임워크) (2006년 6월).

저자 소개

수잔 황(Susan Hwang)은 Deloitte의 Enterprise Risk 부문 Associate 파트너이자 이 회사의 캐나다 리스크 관리 부문 대표로 많은 기관의 ERM 시행 및 기타 리스크 관리 프로젝트를 수행하였다. 수잔이 ERM 분야에서 수행한 업무로는 ERM 시행 전략 및 계획 수립, 필요한 하부구조 구축 및 ERM 시행을 지원하는 문화 조장 그리고 특정 ERM 프로그램 구성 요소를 위한 방법론 설계 등이 포함된다. 또한 보다 넓은 리스크 관리 분야에서는 기업 거버넌스의 효과성 평가, 리스크 및 내부 통제 평가 수행 그리고 리스크 기반 전략적 사업에 대한 조언 등에 경험이 있다. 수잔의 고객사는 금융기관, 고등 교육기관, 테크놀로지 회사, 공공 부문 그리고 제조업 및 소매업 영위 회사들이 포함되어 있다. 수잔은 런던 정경대에서 우수한 성적으로 학사 학위를 받았으며 여러 개의 기타 전문 자격증을 소지한 것 이외에도 켈로그 경영대학원(국제 프로그램)으로부터 MBA를 받았고, 은행 관리 협회(Bankers Administration Institute)로부터 공인 리스크 전문가(Certified Risk Professional) 자격증을 취득했다. 수잔은 여러 컨퍼런스에서 리스크 관리 주제에 대해 강연하고 있으며, 다양한 조직의 CRO들이 참석하는 격월 ERM 라운드테이블의 회장을 맡고 있다.

ERM 도구 및 기법
ERM Tools and Techniques

ENTERPRISE RISK MANAGEMENT

회사 리스크 용인 수준 설정 및 사용 방법

켄 밀리아(Ken Mylea)–캐나다 예금보험공사 Corporate Risk 부문 이사

조수아 라티모어(Joshua Lattimore)–캐나다 예금보험 공사 정책/리서치 고문

> 계산된 리스크를 취하라. 이것은 무모함과는 전혀 다르다.
> – 조지 S. 패튼(1885-1945)

서론

이 장의 목표는 독자들이 리스크 용인 수준에 대해 이해하고 이를 사용할 수 있도록 해 주는 것이다.[1] 이를 위해 우리는 다음과 같은 질문들에 답한다. 리스크 용인 수준이란 무엇인가? 리스크 용인 수준 설정이 왜 중요한가? 리스크 용인 수준 설정 시 고려할 요소들은 무엇인가? 그리고 리스크 용인 수준이 정해지고 나면, 리스크 관리 시에 어떻게 리스크 용인 수준을 유용하게 사용할 수 있는가?

이 목표에 비추어 이 장에서 설명하는 접근법 및 원칙들은 학문적이라기보다는 실무적이다.[2] 더욱이 이의 적용에 있어서 리스크 용인 수준은 ERM 시행 시 고려할 하나의 주제에 지나지 않음을 기억할 필요가 있다. 본질을 압축하자면, ERM은 조직이 노출되어 있는 중대한 리스크들의 식별 및 관리와 이의 입증에 관한 것이다. 또한 ERM은 기업 거버넌스,[3] 전략적 관리[4] 그리고 리스크 관리[5]를 함께 모으는 보다 넓은 프레임워크에서 하나의 구성 요소에 지나지 않는데, 이들은 모두 조직의 통제 환경[6]에 의해 지원된다. 이 구성 요소들은 상호 연결되어 있는 바, 조직이 "잘 관리되고 있다"[7]고 주장하려면 이 요소

들이 함께 고려되어야 한다. 리스크 용인 수준은 이 전반적인 프레임워크의 4가지 구성 요소들 각각의 기초가 되는 주제이며, ERM의 핵심 요소 중 하나이다. 리스크 용인 수준 설정은 조직이 미리 확립된 기준에 따라 의사 결정을 내리고 리스크 익스포져를 관리할 수 있게 해 준다.

리스크 용인 수준이란 무엇인가?

리스크 용인 수준은 조직이 취하거나 취하지 않는 것이 적절하다고 결정하는 리스크 익스포져이다. 이 정의는 간단하다. 그러나 이의 이해 및 시행에는 3개의 핵심 개념이 중요하다.

첫째는 "리스크"이다. 리스크는 흔히 결과의 기회(chance), 가능성, 또는 결과의 불확실성으로 일컬어진다. 리스크는 조직이 수행하는 모든 활동들로부터 비롯된다. 리스크는 조직의 중요한 비즈니스 활동들과 직접 관련된 것들(즉, 조직의 비즈니스 활동들에 독특한 리스크들)뿐 아니라, 이 주요 활동들을 지원하는 오퍼레이션들로부터 발생하는 리스크(즉, 운영 리스크)도 있다. 이 리스크들은 조직이 식별했건 하지 않았건 계속 존재한다. 그러나 먼저 리스크 사건이 발생해야 리스크의 영향을 받는 바, 리스크의 영향은 긍정적일 수도 있고 부정적일 수도 있다. 리스크를 항상 나쁘기만 한 것으로 보아서는 안 된다. 나쁜 영향을 주는 리스크를 식별, 이해 및 관리하지 못할 때에만 나쁜 것이다.

두 번째 핵심 개념은 리스크 익스포져이다. 이 용어가 시사하는 바와 같이, 리스크 익스포져는 리스크(또는 리스크 포트폴리오)에 노출되어 있는 정도이다. 리스크 익스포져는 리스크 사건의 잠재적 영향과 리스크 사건 발생 가능성의 함수이다. 잠재적 리스크 사건들은 조직의 재무 상태, 목표(재무적 목표 또는 기타 목표) 달성 능력 그리고 평판에 영향을 줄 수 있다. 과거에는 조직들이 주로 리스크 사건들의 중대한 재무적 영향에 관심을 기울였다. 그러나 최근의 리스크 사건들이 보여 준 바와 같이, 다음과 같은 두 가지 다른 요인들도 고려해야 한다. (1) 리스크 사건이 평판에 미칠 수 있는 영향 (2) 리스크 사건이 조직의 목표 수행 능력에 미칠 수 있는 영향. 리스크 사건의 잠재적 영향은 사소할 수도 있고 클 수도 있다. 그리고 리스크 사건이 일어날 가능성도 생각할 필요가 있다. 리스크 사건이 발생할 가능성은 매우 희박함에서 매우 높음까지 있을 수 있다.

마지막으로, "적절하다"는 개념을 이해할 필요가 있다. 무엇이 적절한지를 결정하려면 판단이 필요하다. 조직의 리스크에 대한 태도, 목표, 운영 역량, 리스크로 인한 손실을 흡수할 능력 그리고 리스크 관리 비용/효용 등을 개별적으로 및 전체적으로 고려하여 판단해야 하는 바, 이 요인들에 대해서는 이 장의 뒷부분에서 논의한다. 이는 포트폴리오 이론을 사용하여 자신의 리스크 포지션을 모델링하는 조직들에도 해당한다. 모델들은 모델에 사용되는 핵심 가정들에 관한 판단을 필요로 한다. 리스크 익스포져의 적절성에 관한 조직의 판단은 조직으로부터 독립되고, 객관적인 관점을 지니며, 검토 대상 리스크에 대한 지식이 있는 사람들의 면밀한 조사를 견뎌낼 수 있어야 한다. 적절하다고 여겨지기 위해서는 지식이 있는 적절한 외부인이 리스크의 성격, 정도, 복잡성 그리고 시사점에 대해 주의 깊게 고려하여 리스크 익스포져에 대해 조직이 내린 결론과 실질적으로 동일한 결론을 내릴 수 있어야 한다.

리스크 용인 수준 설정이 왜 중요한가?

리스크 용인 수준 설정은 무엇이 수용할 만한 리스크 익스포져인지(그리고 수용할 만한 익스포져가 아닌지)를 명확하게 해 준다. 명확성은 조직이 어떤 익스포져를 취할 수 있고, 어떤 익스포져를 피해야 하는지를 확실하게 알게 해 준다.

리스크 용인 수준 확립은 또한 조직이 실제 리스크 익스포져와 승인 받은 리스크 익스포져를 비교할 수 있게 해 준다. 이러한 비교는 조직이 리스크를 덜 관리하고 있는지 아니면 과도하게 관리하고 있는지 판단하는 데 도움을 준다. 비교는 다음의 질문에 답해 준다. 우리 조직은 리스크를 더 관리할 필요가 있는가, 덜 관리할 필요가 있는가?

리스크 용인 수준 결정은 조직이 리스크 과민증의 덫(즉, 리스크가 나올 때마다 도망침)을 피하는 데 도움이 된다. "리스크"가 항상 "나쁘기"만 한 것은 아니라는 공통의 이해 없이는, 조직은 기본적으로 리스크를 제거하려는 입장을 취할 수 있다(즉, 나중에 유감스럽게 되기보다는 안전한 것이 낫다"는 리스크 관리 전략을 따름). 리스크를 취할 때에는 잘될 가능성과 안될 가능성이 있는데 리스크를 관리하고 활용하기보다는 피하려고 하면 장기적으로 조직에 해가 될 수도 있다. 인도 초대 총리 자와랄랄 네루(Jawalarlal Nehru)의 말을 기억하라. "너무 신중해지는 정책이야말로 최대의 리스크이다."[8]

리스크 용인 수준 설정 시 고려할 요소는 무엇인가?

먼저 보상을 가늠하고 나서 리스크를 취하라.[9]

–야전 참모 총장 헬무트 폰 몰트케(Helmuth von Moltke)

리스크 용인 수준 설정에는 마술적인 계량적 공식이 없다. 하지만 조직이 리스크 용인 수준을 설정할 때 다섯 가지 질문을 해 볼 필요가 있다.

1. 리스크에 대한 우리 조직의 태도는 어떠한가?
2. 우리 조직의 목표는 무엇인가?
3. 우리 조직의 리스크 관리 역량은 어떠한가?
4. 우리 조직은 리스크를 부담함에 따르는 잠재적인 손실을 흡수할 능력이 있는가?
5. 리스크 관리의 비용과 효용은 어떠한가?

요약하자면 리스크에 대한 태도는 리스크를 취할 용의이다.[10] 이는 어떤 사람(또는 조직)이 본질적으로 리스크를 취하는 사람인지 회피하는 사람인지를 묘사한다. 목표, 리스크 관리 역량 그리고 손실 흡수 능력은 리스크를 취하려는 용의에 관계없이 리스크 용인 수준에 영향을 준다. 마지막으로, 리스크 관리의 비용/효용은 리스크를 특정 리스크 용인 수준 이내로 관리하려는 노력이 엄격히 금전적인 견지에서 일리가 있는지에 대한 현실성 점검 역할을 한다. 결국 조직이 목표를 추구함에 있어서 노출되어 있는 리스크들을 적절하게 관리할 수 있는 위치에 있어야 함을 반영하여 이들 각각의 요인들을 개별적으로나 전체적으로 고려하여야 한다.

이제 이 요인들을 좀 더 자세히 살펴보자.

리스크에 관한 태도

리스크에 대한 태도[11]는 리스크를 취하는 특정인의 성향이다. 간단히 말해서 어떤 사람이 리스크를 취하는 사람인가, 리스크를 피하는 사람인가, 아니면 리스크에 대해 중립적인가? 특정인의 리스크에 대한 태도가 어떻게 판단될 수 있는지를 보여 주기 위해 다음의 예가 종종 사용된다.

동전 던지기의 결과에 대해 내기를 한다고 가정해 보자. "앞면"이 나오면 당신이 1달러를 받고 "뒷면"이 나오면 한 푼도 받지 못한다. 앞면이나 뒷면이 나올 확률이 같다는 것을 알고서 (그리고 표본이 매우 클 경우 당신은 평균적으로 50센트를 받을 수 있다고 기대해야 한다는 것을 알고서), 당신은 이 내기에 얼마를 지불할 용의가 있는가? 만약 50센트보다 많이 지불할 용의가 있다면 리스크를 취하는 사람이고, 50센트보다 적게 내려 한다면 리스크를 피하는 사람이다. 그리고 50센트만을 내고자 한다면 리스크에 중립적이다.

사람들은 이 내기의 비용이 50센트보다 적을 경우에만 게임을 할 거라고 생각하겠지만, 카지노의 인기가 항상 그런 것은 아님을 보여 준다. 간단히 말해서, 어떤 사람(그리고 어떤 조직)들은 다른 사람들보다 더 많은 리스크를 취할 용의가 있다(카지노나 복권을 리스크 성향의 예로 드는 데는 다소의 문제가 있음. 카지노나 복권의 당첨금 기대값은 언제나 참여비용보다 적음에도 불구하고 사람들이 카지노나 복권을 이용하는 데에는 여기에 '오락적 요소'가 있고, 사람들이 오락적 요소에 가치를 부여함을 의미할 수 있음. 또한 재미 삼아 해 보는 경우와 큰돈이 걸릴 경우의 리스크 성향이 크게 달라질 수도 있음. 역자 주).

목표

목표(goal)들은 조직이 자원을 그 방향으로 향하도록 하는 타깃을 설정한다. 이는 리스크 용인 수준이라는 관점에서 중요하다. 목표는 리스크를 취할 인센티브를 제공하기 때문에 목표가 달라지면 리스크 용인 수준도 달라질 수 있다. "영리" 민간 부문 조직(즉, 소유자의 가치 극대화를 일차적인 목표로 정한 민간 부문 조직)을 "공공 정책을 위임 받은" 공공 부문 조직(즉, 정부가 정해진 공공 정책 수행을 위해 만든 조직)과 비교함으로써 이에 대해 알아보기로 하자. 예시 목적상, "비영리" 민간 조직(즉, 정해진 비재무상의 목표를 달성하기 위해 세워진 민간 부문 조직)과 "상업적" 공공 부문 조직(즉, 대개 어느 정도의 일부 공공 정책상의 제약이 있기는 하지만, 정부가 상업적인 "영리" 목적으로 서비스를 제공하기 위해 만든 조직)과 같은 다른 형태의 민간 및 공공 부문 조직들은 무시하기로 하자.

보기 9.1은 주요 차이들을 보여 준다.

이 차이들은 사소해 보일 수도 있지만 이 차이들이 함축하는 바는 다양한 이유로 매우 중요하다.

첫째, 공공 부문과 민간 부문 조직들은 "소유자들"의 기대 때문에 목표가 다를 수 있다. 리스크는 조직이 목표를 추구하는 과정에서 취하는 활동들과 오퍼레이션에서 비롯되기 때문에 이 점은 중요하다. 보기 9.2는 간단한 예를 사용하여 이 점을 보여 준다. 이 표에서 알 수 있듯이 공공 및 민간 부문 조직들은 서로 다른 리스크에 직면한다. 일부 리스크들(예컨대 전략적 리스크)은 민간 부문 조직에는 존재하지만, 공공 부문 조직에는 존재하지 않는다. 다른 리스크들(예컨대 유동성 리스크)은 공공 부문 조직들에게는 민간 부문 조직들과는 다른 형태를 띤다. 이는 명시적 또는 묵시적인 정부의 보증이 있기 때문이다. 마지막으로, 일부 리스크들(예컨대 평판 리스크)은 공공 부문에는 민간 부분과는 다른 영향을 미치는데, 이 또한 명시적 또는 묵시적인 정부의 방어벽과 대중(유권자)의 여론 때문이다.

보다 주요한 점으로는(리스크 용인 수준에 대한 강조 면에 비추어 볼 때), (소유권과 성과 척도에 이끌리는) 조직의 목표는 조직이 리스크를 어떻게 보고 이에 어떻게 대응하는지를 좌우한다. 이러한 인식은 리스크 용인 수준과 리스크 관리에 대한 인센티브를 만들어 낸다.

위의 간단한 예를 사용하여 설명을 계속하면, "영리" 민간 부문 조직들은 리스크를 가치를 부가함에 있어서 좋은 쪽과 나쁜 쪽을 가지는 기회로 본다. 그들은 소유자들의 기대를 달성하기 위하여 기회들을 리스크/보상 가능성에 대하여 평가하고 이 기회들을 관리한다. 이 기대들은 대개 일정한 투자 수익률 수준을 반영한다. 그리고 궁극적으로 투자자들은 민간 부문 조직의 성공 여부를 조직이 소유자들을 위한 가치를 창출할 능력에 비추어 판단할 것이다. 가치를 추구함에 있어서 민간 부문 조직들은 어떤 비즈니스 활동을 수행할지 선택함으로써 리스크도 선택할 수 있다. 이와 유사하게 그들은 리스크가 발생하는 비즈니스 활동들로부터 물러서거나 재보험 또는 다른 방법으로 제3자와 리스크를 공유함으로써 수용할 수 없는 리스크를 피할 수도 있다.

반면에 공공 부문 조직들은 공공 정책의 위임 내용을 수행하기 위해 만들어진다. 이들 리스크를 회피한다는 것은 애초에 공공 부문 조직을 창설한 근거에 반한다. 또한 그러한 조직들의 성과는 대개 이 조직들이 자신의 사명을 수행하고 있는지 여부로 측정된다. 사명을 수행하지 않는 것은 대안이 아니다(이는 암묵적으로 어떤 대가를 치르더라도 사명을 수행함을 의미할 수도 있다). 이러한 상황에 비추어 볼 때, 공공 부문 조직들은 잠재적인 불리한 결과(특히 해당 조직의 평판 및/또는 정치적 주인에 대한 불리한 영향)에 신경을 쓰는 경향이 있다. 확실히 리스크가 공공 부문에 긍정적으로 영향을 줄 수도 있다. 그러나 공공 기관들은 대개 리스크의 나쁜 쪽, 즉 공공 정책의 위임에 대한 위협에 초점을 맞춘다. 따라서 공공 부문 조직들은 리스크를 덜 용인하는 경향이 있다. 그들은 불리한 리스크 사건들을 공개적으로 처리해야 될 상황에 처하는 것보다 이를 피하는 것이 낫다고 말할 것이다.

요약하자면, (소유자의 기대에 의해 견인되는) 목표는 리스크 용인 수준과 리스크 관리에 대한 강력한 인센티브를 만들어 낸다.

[보기 9.1] 민간 부문 조직 대 공공 부문 조직

차이	"영리" 민간 부문 조직	"공공 정책을 위임 받은" 공공 부문 조직
소유권	민간 소유자	공공 소유재(즉, 납세자를 대신한 정부)
목표	소유자의 부 극대화	위임 받은 공공 정책 수행
성과 척도	투자 수익률	위임 수행

[보기 9.2] 민간 부문과 공공 부문의 리스크 비교

리스크	민간 부문 조직	공공 부문 조직
전략적 리스크(즉, 조직이 목표를 달성할 수 있게 해 주는 활동에 종사하지 않을 리스크)	있음. 기업은 주주가치를 창출하기 위해 어떤 활동을 추구할지 선택해야 함	없음. 정부가 정해진 공공 정책 위임에서 비즈니스 활동을 결정함
비즈니스 리스크(즉, 비즈니스 활동에 독특한 리스크)	있음. 선택된 비즈니스 활동으로부터 발생하는 리스크	있음. 공공 정책의 위임으로부터 발생하는 리스크
재무 리스크(즉, 유동성, 신용 및 시장 리스크에 대한 조직의 익스포져)	있음. 이 리스크들의 정도는 비즈니스 활동의 특성 및 정도에 좌우됨	있음. 그러나 정부가 조직을 소유함으로 인해 종종 유동성 리스크가 감소됨. 신용 및 시장 리스크의 정도는 비즈니스 활동의 특성 및 정도에 좌우됨
지급 능력/자본 리스크(즉, 조직의 자본이 현재 및 계획된 오퍼레이션을 지탱하기에 충분하지 않을 리스크)	있음. 현재 및 계획된 오퍼레이션 지탱에 필요한 자본의 양 및 질은 조직이 노출된 리스크들과 감독 규정상의 자본 요건을 반영함	있음. 그러나 지급능력 리스크는 대개 명시적 또는 묵시적 보증을 제공할 수도 있는 정부 소유로 인해 감소됨
운영 리스크(즉, 인력, 정보, 기술, 프로세스 그리고 조직 운영과 관련된 기타 리스크들)	있음. 이들 리스크의 성격 및 정도는 비즈니스 활동의 성격과 정도에 좌우됨	있음. 이들 리스크의 성격 및 정도는 비즈니스 활동의 성격과 정도에 좌우됨
평판 리스크(즉, 신뢰성 상실 리스크)	있음. 신뢰도 손상은 주주 가치에 영향을 줄 수 있으며, 최악의 경우 조직을 파멸시킬 수도 있음	있음. 그러나 정부 소유는 공공 정책 위임이 수행되리라는 신뢰도를 강화함. 최악의 경우, 신뢰도 손상은 정권 붕괴, 공공 정책 위임 변경, 이 위임 수행 조직 변경, 또는 이 위임을 수행하는 조직의 인력 교체를 초래할 수 있음

리스크 관리 역량

리스크 용인 수준을 결정할 때, 조직의 리스크 관리 역량도 고려해야 한다. 리스크 관리 역량은 리스크 익스포져를 바람직한 리스크 용인 수준 범위 이내로 관리할 수 있는 능력을 말한다. "역량(capability)"은 이 장의 뒤에서 논의할 조직의 리스크 관리 "능력(capacity)"과는 다르다.

몇 가지 요소가 결합하여 리스크 관리 역량을 제공한다.

- **자신의 리스크 이해:** 조직이 리스크 발생으로 귀결될 수 있는 리스크 사건들과 이 사건들의 잠재적 영향 및 발생 가능성을 이해하는가?
- **리스크 측정:** 조직이 전적으로 과거의 정보에만 기초하여 장래의 리스크 익스포져를 예측하는 전형적인 접근법을 넘어서 리스크를 볼 수 있는 리스크 측정 모델들을 지니고 있는가?
- **인적 자원:** 조직이 리스크를 관리할 충분하고, 자질이 있으며, 경험이 있는 인력을 보유하고 있는가?
- **리스크 관리 관행:** 조직이 리스크를 관리할 적절하고 효과적인 리스크 관리 관행을 갖추고 있는가?
- **리스크 관리 통제 및 감독:** 조직이 리스크 관리 프로세스가 효과를 발휘하도록 담보하기 위한 적절하고 효과적인 통제 및 감독을 갖추고 있는가?
- **리스크 관리 통제 환경**(예컨대 적절한 상부에서의 기조, 리스크에 대한 양호한 소통, 의사 결정 권한과 정렬된 조직 구조, 윤리 강령): 조직의 리스크 관리 환경은 리스크 관리를 지원하는가 아니면 리스크 관리에 방해가 되는가?

"리스크는 당신이 무엇을 하고 있는지 모르는 데서 나온다"[12]는 오마하의 현인 버핏의 말에 귀 기울여야 한다. 조직은 리스크를 자신의 리스크 용인 수준 이내로 관리할 역량을 지녀야 한다.

리스크 부담 능력

리스크 용인 수준을 결정하기 위해서는 조직이 불리한 리스크 사건의 영향을 부담할 능력에 대해서도 고려해야 한다.

앞에서 언급한 바와 같이, 리스크 사건들은 조직에 세 가지 방식으로 불리한 영향을 줄 수 있다. (1) 이 사건들은 중대한 재무적 손실을 일으킬 수 있다. (2) 이 사건들은 조직의 목표 달성 능력에 방해가 될 수 있다. (3) 이 사건들은 조직의 평판을 손상시킬 수 있다. 따라서 리스크 용인 수준을 정할 때, 조직은 다음 사항들을 고려할 필요가 있다.

- 불리한 리스크 사건들과 관련된 손실을 흡수할 재무적 능력. 조직이 예상 손실을 커버하기에 충분한 지속 가능한 이익과, 비예상 손실을 커버하기에 충분한 제약받지 않은 자본을 보유하고 있는가? 미국의 전 국방장관 도널드 럼스펠드(Donald Rumsfeld)의 말을 빌자면, 당신의 조직은 "알려진 불확실성(known unknowns)"과 "알려지지 않은 불확실성(unknown unknowns)" 모두를 다룰 태세가 갖춰져 있는가?[13]
- 불리한 리스크 사건이 조직의 목표 달성에 미치는 잠재적 영향. 불리한 리스크 사건이 조직의 목표 달성을 방해할 가능성은 얼마나 되는가?
- 불리한 리스크 사건이 조직의 평판에 미치는 잠재적 영향. 벤저민 프랭클린이 경고한 바와 같이 "착한 행동을 많이 해야 좋은 평판이 쌓이지만, 평판을 잃는 데는 나쁜 행동 하나면 충분하다."[14] 불리한 리스크 사건 발생이 조직의 평판에 지속적으로 불리한 영향을 줄 수 있는가?

요약하자면, 리스크를 취하기 원하고 그러한 리스크를 관리할 역량을 갖추는 것만으로는 충분하지 않을 수도 있다. 조직은 또한 리스크 사건이 발생할 경우, 이 사건들의 불리한 영향을 흡수할 수 있는 능력(재무적 능력 및 기타 능력)도 보유해야 한다.

리스크 관리의 비용/효용

리스크 용인 수준 결정 시 리스크에 대한 태도, 목표, 리스크 관리 역량 그리고 리스크 부담 능력을 고려하는 것 외에도 각각의 리스크 익스포져 관리의 효용이 그 비용보다 큰지에 대해서도 주의 깊게 고려해야 한다. 모든 것이 동일하다면 5달러짜리 지폐를 보관하기 위해 10달러짜리 금고를 구입하는 것은 실제적이지 않을 것이다.

리스크 용인 수준을 리스크 관리에 어떻게 유용하게 사용할 수 있는가?

리스크 용인 수준 결정 시 핵심 요인들을 고려하고 건전한 판단을 행사하면, 적절한 리스크 용인 수준을 결정할 위치에 있게 된다. 그렇다면 조직은 이를 어떻게 유용하게 적용할 수 있는가? 이 질문에 대한 쉬운 대답은 각각의 주요 원천 또는 범주의 리스크 관리에 관한 기대를 공식화하는 리스크 정책들을 수립하는 것이다. 그러나 보다 어려운 질문들이 떠오른다. 이 정책들은 어떤 지침을 담고 있어야 하는가? 조직은 이러한 정책들을 언제 제정해야 하는가? 조직은 이 정책들로 무엇을 해야 하는가? 이에 대한 대답은 누가 리스크 관리 의사 결정을 내리느냐에 좌우된다.

우리는 조직의 이사회 또는 유사한 지배 기구(이하 "이사회"라 칭함)가 모든 중대한 리스크들[15]에 관한 정책을 정하도록 제안한다.

많은 경우(그러나 반드시 모든 경우는 아님), 이사회는 경영진에게 중대한 리스크에 대한 결정을 내리게 할 것이다. 일부의 경우에는 이사회가 스스로 의사 결정을 내릴 책임을 유보하기로 결정할 수도 있다.

어느 경우이든 이사회의 리스크 정책들은 다음 사항들을 정해야 한다.

- 어떤 리스크 결정을 내릴 것인가
- 누가 이러한 결정을 내릴 권한이 있는가

이사회가 의사 결정을 경영진에게 위임한 경우, 그러한 정책은 다음 사항들을 명확히 정해야 한다.

- 이사회가 경영진이 그 범위 내에서 리스크를 관리하도록 기대하는 리스크 용인 수준(즉, 파라미터들)
- 이사회가 감독 책임을 수행할 수 있도록 하기 위해 경영진이 이사회에 제공해야 하는 정보

이사회가 의사 결정 책임을 유보하는 경우, 이사회가 리스크 정책을 통해 리스크 용인 수준이라는 의사 결정 기준을 수립함으로써 자신의 재량권을 구속하는 것은 일반적으로

196

도움이 되지 않는다. 이사회가 의사 결정 책임을 유보하는 경우의 중요한 거버넌스 원칙은 이사회가 의사 결정을 내림에 있어서 적절한 주의로써 행동해야 한다는 것이다. 이는 의사 결정 기준에 관한 문제가 아니다. 그보다는 거버넌스 프로세스에 관한 문제이다. 따라서 이슈는 이사회가 어떤 기준을 적용할 것이냐가 아니라, 이사회가 적절한 주의로써 의사 결정에 이르게 하기 위해 어떤 정보, 분석 그리고 의견을 지니기 원하느냐에 관한 것이다. 이러한 상황에서 정책들은 이사회가 의사 결정 전에 경영진으로부터 어떤 추천 안과 그 근거를 입수하리라고 기대하는지를 명확히 해야 한다.

다음 질문은 이것이다. 이사회의 정책은 언제 제정되어야 하는가?

이사회는 리스크 용인 수준을 미리 정할 수 있다. 이에 대한 논거는 간단하다. 리스크 관리는 리스크를 정해진 파라미터들 이내로 관리하는 것과 관련된다. 그리고 리스크 용인 수준은 이러한 기대를 공식화하는 것에 관련된다. 그러니 조직이 리스크를 기대치 이내로 관리하도록 담보하기 위해서는 조직이 리스크를 취하기(조직을 새로운 리스크에 노출시키는 새로운 활동에 종사하는 것을 포함) 전에 미리 리스크 용인 수준을 정해 두는 것이 이상적이다.

그러나 리스크 용인 수준을 설정할 때 이사회는 고려되고 있는 리스크에 대해 잘 이해해야 한다. 신설 조직(또는 비즈니스 유형)에 대해서는 이사회에 리스크, 잠재적인 리스크 사건들 그리고 그러한 사건들의 잠재적 영향 및 발생 가능성에 대한 이론적인 설명을 제공함을 의미한다. 그러나 대부분의 조직들은 비즈니스 활동에 종사하고 리스크를 취하기 시작한 지 한참 뒤에 ERM을 시행하고 (리스크 용인 수준을 공식화하고) 있다. 이러한 경우에 경영진은 이사회에 조직의 리스크에 대한 보다 실제적인 설명을 제공해야 하는데, 이에는 각각 리스크에 대한 조직의 실제 익스포져에 대한 경영진의 평가가 포함된다.

조직의 이사회에 의해 정책이 공식화되고 나면 조직은 이들 정책에 대해 어떻게 해야 하는가? 이는 간단하다. 일단 이사회가 정책을 승인하면, 경영진은 조직을 리스크에 노출시키는 모든 사람에게 이 정책들을 소통해야 한다. 이렇게 함으로써 모든 사람이 이사회의 기대를 이해하게 된다. 이사회는 또한 경영진이 정책에 면밀한 주의를 기울일 강력한 인센티브를 부여할 필요가 있다. 예를 들어, 이사회는 경영진에게 정책이 위반될 경우 이를 이사회에 보고하도록 요구해야 한다. 또한 이사회는 다른 무엇보다 경영진에게 해마다 조직이 효과적인 ERM 프로세스를 갖추고 있으며, 이 프로세스를 사용함으로써 중대한 리스크들이 식별되고 리스크 정책에 부합하게 관리되고 있음을 공식적으로 인증하도록 요구해야 한다.

리스크 용인 수준을 공식화하면 외부 이해관계자들과 소통할 때 리스크 및 리스크 익스포져를 가늠할 유용한 준거(準據)도 제공해 준다. 이 점에서 조직의 연례 보고서는 리스크 및 리스크 관리에 관해 보고할 수 있는 기회를 제공해 준다. 조직은 리스크 거버넌스 및 관리 관행을 설명하는 외에도 리스크 익스포져들이 조직에서 인정된 리스크 용인 수준 범위 이내에 있는지에 대해서도 보고할 수 있다. 그리고 리스크 익스포져가 용인 수준을 벗어나 있을 경우, 조직은 그 이유 및 이 상황을 시정하기 위해 어떤 조치를 취하고 있는지 설명할 수 있다.

결론

리스크 용인 수준은 조직이 취하거나 취하지 않는 것이 적절한 리스크 익스포져를 일컫는다. 리스크 용인 수준은 어떤 리스크 익스포져가 수용할 만하고 어떤 익스포져가 회피되어야 하는지를 명확히 해 준다는 점에서 리스크 관리의 중요한 구성 요소이다. 그러나 리스크 용인 수준은 전사 리스크 관리 시행 시 고려해야 할 하나의 주제에 지나지 않으며, ERM도 조직의 통제 환경에 의해 지원되는 기업 거버넌스, 전략적 관리 그리고 리스크 관리라는 보다 넓은 프레임워크의 하나의 구성 요소에 지나지 않는다.

리스크 용인 수준을 결정할 때에는 아래의 다섯 가지 핵심 요인들을 주의 깊게 고려하면서 판단을 내려야 한다.

1. 리스크 부담에 대한 조직의 태도
2. 조직의 목표
3. 조직의 리스크 관리 역량
4. 리스크 부담과 관련된 잠재적 손실의 영향을 흡수할 수 있는 조직의 능력
5. 리스크 관리의 비용/효용

조직이 목표를 추구함에 있어서 노출되어 있는 리스크들을 적절히 관리할 수 있는 위치에 있음을 보여 줄 수 있어야 한다는 점을 생각하면서, 각 요인들을 개별적이나 전체적

으로 고려하여야 한다.

　리스크 용인 수준을 공식화하고 소통하는 중요한 한 가지 방법은 정책을 통하는 방법이다. 리스크가 조직의 재무상태·목표 달성 능력·평판에 중요할 경우, 이사회는 리스크 정책을 수립해야 한다. 정책은 리스크 관련 의사 결정과 누가 의사 결정을 내려야 하는지를 정해야 한다. 이사회가 의사 결정 책임을 경영진에게 위임한 경우, 정책은 다음 사항들도 명확히 해야 한다.

- 이사회가 경영진들이 그 범위 내에서 리스크 관리를 기대하는 리스크 용인 수준(즉 파라미터들)
- 이사회가 감독 책임을 수행할 수 있도록 하기 위해 경영진이 리스크 관리에 관해 이사회에 제공해야 할 정보

　그러나 이사회가 의사 결정 책임을 지는 경우, 이사회가 정책을 통해 리스크 용인 수준에 관한 의사 결정 기준을 정함으로써 자신의 재량권을 속박하는 것은 일반적으로 도움이 되지 않는다.

　이론상으로, 조직은 비즈니스 활동을 수행하기 전에 리스크 정책을 수립해야 한다. 실제로는, 대부분의 조직들은 비즈니스 활동에 종사하고 리스크를 취하고 난 한참 뒤에 ERM을 시행한다(그리고 리스크 용인 수준을 공식화한다). 그런 경우에 조직들은 자신의 실제 리스크 익스포져에 대해 보다 잘 이해하게 된 뒤에 리스크 용인 수준 정책을 정한다.

　이사회와 경영진은 조직을 리스크에 노출시키는 위치에 있는 모든 사람들에게 리스크 정책을 소통해서 그들이 조직의 기대를 알게 해야 한다. 이사회와 경영진은 정책 위반이 식별되고 보고되도록 올바른 인센티브를 두어야 한다.

　정해진 리스크 용인 수준에 대비한 조직의 실적은 외부 이해관계자들에게 조직의 리스크와 리스크 관리에 대해 보고할 수 있는 유용한 준거를 제공한다. 조직은 리스크 거버넌스 및 관리 관행을 설명하는 외에, 리스크 익스포져들이 인정된 리스크 용인 수준 이내에 있는지 여부에 대한 보고도 고려해야 한다. 리스크 익스포져가 용인 수준을 벗어날 경우, 조직은 그 이유와 이 상황을 시정하기 위해 어떤 조치를 취하고 있는지 설명해야 한다.

요약하자면, 리스크 용인 수준은 계산된 리스크 취하기, 즉 조직에 의해 정해진 명확히 정의되고 소통된 파라미터들 이내에서 리스크를 취하기에 관한 것이다.

INDEX

1) 단순성을 위해 저자들은 용인 수준(tolerance)의 복수 형태를 사용하지 않고 단수 형태를 사용했다. 실제로는 조직은 대개 주요 리스크들마다 일련의 용인수준을 가지고 있다.

2) 이 장에 제시된 견해는 저자의 견해이며 반드시 캐나다 예금보험 공사의 견해를 반영하는 것은 아니다.

3) 지배 기구(governing body)가 조직에 제공하는 지도 및 감독.

4) 전략 결정, 전략 실행 그리고 결과가 예상에 부합하는지 확인하기 위한 점검(그리고 부합하지 않을 경우, 전략 조정 또는 전략 실행 방법의 변경) 프로세스.

5) 리스크 식별, 평가, 관리, 모니터링 및 보고활동.

6) 상부에서의 기조, 조직 구조와 의사 결정 권한과의 정렬, 조직의 재무 자원 및 기타 자원의 충분성, 조직의 소통 스타일 그리고 조직 구성원의 행동과 같은 요인들로부터 나오는 조직의 환경.

7) 다음과 같은 상태 또는 조건 (a) 조직의 운영이 지배 기구에 의한 효과적인 지배를 받고 있고, 지속적이고 적절하며 효과적인 전략적 및 리스크 관리 프로세스에 따라 관리되고, 적절한 통제 환경 하에서 업무가 수행됨 (b) 이 분야에 관련된 중대한 취약점이나 붕괴가 있을 경우 이들이 식별되고 이를 다루기 위한 시의적절한 조치가 취해짐.

8) 자와랄랄 네루(1889.11.14 – 1964.5.27). 인도의 정치가, 인도 초대 총리.

9) 헬무트 칼 베른하르드 그라프 폰 몰트케(Helmuth Karl Bernhard Graf von Moltke), (1800.11.14 – 1891.4.24). 프러시아 군 참모총장으로서 1800년대 후반의 위대한 군사 전략가 중 한 명으로 널리 알려져 있음.

10) 이는 개인, 일군의 개인들, 또는 조직의 용의를 포함한다.

11) 문헌에 따라서는 리스크에 대한 태도를 리스크를 취하려는 경향 또는 욕망을 뜻하는 리스크 성향으로 부르기도 한다. 리스크에 대한 태도(또는 당신이 원할 경우 리스크 성향)는 리스크 용인 수준과 혼동되어서는 안 된다. 리스크 요인 수준은 이 장의 앞부분에서 정의한 바와 같이 조직이 취하거나 취하지 않는 것이 적절하다고 결정하는 리스크 익스포져다.

12) 워렌 버펫(1930.8.30 -). 미국 투자가, 사업가 그리고 자선사업가. 세계 최고의 주식 투자가 중 한 명으로 여겨지고 있음.

13) 도널드 헨리 럼스펠드(1932.7.9 -). 조지 W. 부시 행정부(2001-2006) 국방장관.

14) 벤저민 프랭클린(1706.1.17 ? 1790.4.17). 정치인, 외교가, 미국 설립 국부 중 한 사람, 과학자, 철학자, 인쇄업자, 작가 그리고 발명가.

15) 중대한 리스크(또는 리스크들의 조합)는 발생 가능성, 조직의 재무 상태, (재무적 또는 기타) 목표 달성 능력 그리고 평판에 영향을 줄 수 있는 영향의 정도로 인해 이사회가 식별할 필요가 있다. 이는 거버넌스 도구로서의 리스크 관리의 중요성을 반영한다.

저자 소개

켄 밀리아(Ken Mylea)는 캐나다 예금보험공사(CDIC)의 Corporate Risk 이사로 ERM 시행 책임로 캐나다 및 외국의 다른 조직들이 ERM을 시행하도록 도움을 주었으며, 거버넌스 및 리스크 관리 컨퍼런스에서 ERM 시행 이슈들에 관해 강연해 왔다. 금융 서비스 부문에서 30년이 넘는 경험이 있는 켄은 현재의 역할을 맡기 전에는 공공 부문에서 은행 분석, 은행 검사 그리고 공공 정책 분야의 일을 했다. 업적으로는 금융기관의 거버넌스, 전략적 관리, 리스크 관리 그리고 통제 표준 개발과 은행 회계 기준, 이사회 거버넌스 정책 그리고 예금 보험료 시스템을 포함한 리스크 평가 및 신용평가 방법론 개발 및 시행이 있다.

조수아 라티모어(Josua Lattimore)는 캐나다 예금보험공사 정책 및 리서치 고문으로 전문 분야는 기업 거버넌스, ERM 그리고 공공 정책이며, 현재 국제 예금보험협회의 예금보험기관 거버넌스에 관한 지침 개발 소위원회 코디네이터이자 리스크 관리에 관한 리서치 소위원회 코디네이터이다. 조수아는 캐나다 오타와 소재 칼튼 대학교(Carleton University)에서 국제 문제 석사 학위를 받았으며, 토론토 대학교에서 국제 관계 학사 학위를 받았다.

리스크 관리 워크숍 계획 및 운영

롭 퀘일(Rob Quail), 응용과학 학사 – Hydro One Networks Inc. 외주 프로그램 매니저

서론

이번 장의 가이드라인과 권고는 저자가 촉진자로 참여했던 200개가 넘는 다양한 리스크 워크숍 경험에 기초하고 있는 바, 워크숍 참석자 수는 8명에서 800명이었다. 이 장은 워크숍 촉진(facilitation) 기법에 관한 완전한 가이드를 제공하기보다는 독자들이 회의 진행 방법에 대한 기본적인 내용을 이해하고 있다고 가정한다.

리스크 워크숍이란 무엇인가?

리스크 워크숍이란 체계적이고 많은 인원이 참여하는 미래의 불확실성에 관한 대화를 일컫는다.

- 이 워크숍은 의사 결정, 학습 그리고 행동에 대한 서약이라는 특정 의제 내에서 구체적인 결과를 내도록 짜여진다. 그러므로 정해진 의제와 촉진자가 있으며, 촉진자는 대화가 워

크숍의 목표와 정렬을 이루는 특수한 형태를 띠도록 할 책임을 맡는다.

- 이 워크숍은 많은 인원과 관련된다. 여기서 많다는 것은 7~8명 이상의 참석자를 의미한다. 이는 일반적으로 리더나 지침이 없는 상황에서 복잡한 주제에 관해 만족스럽고 효율적인 대화를 통해 효과적인 결과를 낼 수 있는 인원보다 많은 숫자이다.

- 이 워크숍은 대화이다. 리스크 워크숍의 강조점은 논의 대상 리스크에 대한 지식 또는 권위를 지닌 사람들 사이의 개방적이고 솔직한 토론과, 반대되는 견해 및 관점에 대한 격려이다.

- 리스크 워크숍은 미래에 관한 것이다. 이 워크숍은 미래의 불확실성에 관심을 기울인다. 이 워크숍은 알려진 모든 적절한 사실과 미래의 사건 또는 상황들에 관한 사건 가정, 추정을 모아서 이 사건들 또는 상황들이 조직의 공유된 목표에 어떤 영향을 줄지를 예측하고, 조직이 그러한 시나리오를 어떻게 다룰지 또는 다뤄야 하는지를 예측하고자 한다.

왜 워크숍을 사용하는가?

워크숍을 단지 데이터 수집 작업으로 생각하기 쉽다. 결국 리스크 관리자의 관점에서 볼 때, 워크숍은 특정 시점의 여러 전문가들에 대해 접근할 수 있는 기회를 제공해 주지 않는가? 워크숍은 유사한 범위의 데이터 마이닝이나 설문조사 또는 개별적 인터뷰보다 훨씬 신속하게 결과를 얻을 수 있다.

그러나 워크숍의 이점은 리스크 관리자의 편의만이 아니다.

- **학습 기회** 잘 짜인 워크숍은 참석자들에게 리스크를 여러 관점에서 조사하고, 워크숍에 참여한 다른 전문가와 리더에게 배울 수 있게 해 준다. 참석자들은 이 워크숍에서 자신의 비즈니스를 더 이해하게 되고, 회사의 목표와 대내외의 리스크 환경에 대하여 인식을 높이게 될 것이다. 워크숍의 의제가 현행, 또는 약속되었거나 계획된 리스크 경감 수단들을 포함하고 있을 경우, 참석자들은 조직의 다른 부문에서는 리스크를 어떻게 경감하고 있으며, 경감 장치들이 어떻게 결합되는지를 보다 잘 이해하게 될 것이다.

- **팀 세우기** 리스크 워크숍은 팀 세우기를 촉진하는 훌륭한 도구이다. 리스크 워크숍은 관점과 아이디어를 나누고 동등한 참여 기회를 보장하는 "안전한" 환경을 제공한다. 이는

최근에 구성된 경영진에게는 "자신을 알게 되는" 좋은 기회이다.

- **효율적인 시간 사용** 리스크 워크숍은 경영진이 많은 근거들을 신속하게 커버할 수 있는 효과적인 방법이 될 수 있다. 정해진 의제에 초점을 맞추고 회의 촉진 기법 및 리스크 관리 도구들을 사용함으로써 우선순위가 가장 높은 이슈에 토론이 집중되게 된다.

- **리스크 관리 교육** 리스크 워크숍은 리스크 관리 기법 및 방법을 "생생하게" 보여 준다. 따라서 리스크 워크숍은 참석자들에게 리스크 관리 이론과 특정 비즈니스 문제에 대한 적용 교육을 시키는 뛰어난 통로이다.

- **지속적인 개선** 리스크 워크숍은 리스크 관리자들에게 리스크 관리 도구 및 기법의 질을 지속적으로 개선시키는 환경을 제공한다. 지속적인 노출과 다양한 배경을 가진 다양한 직급의 참석자들을 통해, 리스크 워크숍 프로그램은 리스크 용인 수준과 투표 가이드와 같은 도구들을 효과적으로 검증할 것이다.

리스크 워크숍은 어떻게 실시하는가?

아래의 섹션들에서는 전형적인 리스크 워크숍의 실행 및 일반적인 실행 모델을 제공한다. 전체 프로세스가 보기 10.1에 표시되어 있다.

준비

워크숍이 원활하고 성공적으로 운영되어 유용한 결과를 가져올 수 있는가의 여부는 준비에 좌우된다. 효과적인 리스크 워크숍은 결코 "즉흥적"인 결과가 아니다. 리스크 워크숍의 목표와 성격이 어떻든, 준비를 많이 할수록 성공적인 결과가 나올 가능성이 커지기 때문이다.

스폰서 파악

"무기명" 투표와 촉진자의 도움을 받는 토론 등의 도구들을 사용하다보니 리스크 워크숍은 민주적 절차와 같은 외양을 지닌다. 그러나 리스크 워크숍은 민주적 절차가 아니다. 이는 협의이며 특정 의사 결정자의 리더십 하에서 수행되어야 한다. 그러므로 모든 리스크 워크숍에는 토론 대상 리스크에 대해 궁극적으로 책임이 있는 임원급 스폰서가 있어야 한다. 이 사람은 리스크 관리자가 아니다. 리스크 워크숍 스폰서의 역할은 워크숍의 맥락을 정하고, 리스크 부담에 대한 용인 수준에 대한 견해를 제공하며, 리스크 익스포져의 용인 가능 여부에 대해 조직을 대표하여 궁극적인 판단을 내리고, 스폰서의 상사에게 워크숍의 결과를 보고하는 것이다.

아래의 섹션에서 설명하는 바와 같이, 스폰서는 워크숍의 계획 및 설계에 관한 결정을 내리고, 워크숍 자체의 맥락 및 기조를 정함에 있어서 결정적인 역할을 하며, 워크숍의 결과 및 합의된 조치들의 완료에 궁극적인 책임을 진다. 비록 리스크 관리자가 워크숍 계획과 실행이라는 "고역"을 하겠지만, 스폰서는 워크숍 전 및 도중 그리고 후의 핵심적인 의사 결정을 내릴 필요가 있으며, 이러한 의사 결정들이 함께 모아져 워크숍의 성공을 결정짓는 궁극적인 요인이 된다.

[보기 10.1] 리스크 워크숍을 어떻게 실시하는가?

	단계
워크숍 준비	스폰서 파악
	워크숍 목표 설정
	범위 확정 · 조직의 목표 · 리스크 세계(risk universe) · 대상 기간(time horizon)
	참고 자료 수집 · 리스크의 중요도 척도 · 확률 척도 · 경감 수단의 강도 척도
	의제 설정
	참석자 결정
	회의 장소 확보
워크숍 실행	워크숍 촉진 각각의 리스크에 대해 · 리스크 소개 · 중요도 평가 · 경감 장치의 강도 평가 · 확률 평가 · 용인 가능 여부 결정
	결과 기록

워크숍 목표 설정

리스크 워크숍을 설계할 때, 스폰서의 워크숍 목표가 워크숍 설계 대부분의 다른 측면에 영향을 주기 때문에 촉진자는 이 목표를 명확히 이해해야 한다. 이 목표의 이해를 돕는 유용한 모델이 보기 10.2에 나와 있다.

[보기 10.2] 워크숍 목표 설정

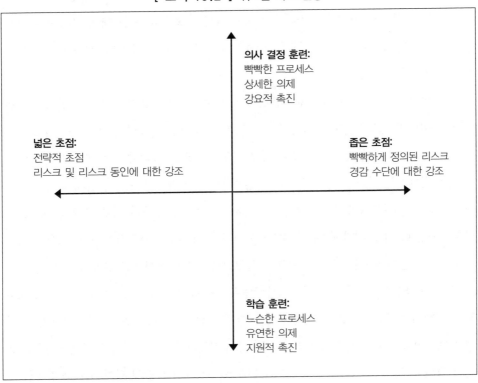

이 그림의 세로축은 워크숍이 바라는 훈련을 나타낸다. 이 그림의 아래쪽에 위치한 학습 훈련 워크숍은 의사 결정을 채근하기보다는 리스크에 대한 개인적 및 전체적인 이해를 높이기 위해 관련 리스크 분야에 대한 토론 및 격의 없는 대화를 강조한다. 이 프로세스는 느슨하게 정의되며, 의제는 "느슨하게" 짜여지고, 촉진자는 상대적으로 간섭을 덜 하면서 토의 참석자들의 관심사항을 따라가도록 허용한다.

학습 워크숍은 즉각적인 의사 결정을 할 필요가 없는 상황에서 비교적 응집력이 있는 경영진이 새로운 문제들과 새로운 리스크 영역에 대해 토의할 때 적합하다. 워크숍은 팀을 세우는 훌륭한 장(場)이 될 수 있기 때문에 워크숍의 목표가 특정 리스크와 이슈 목록들에 대한 즉각적인 의사 결정을 이끌어내는 것이 아닌 한, 새로운 팀들에도 적합할 수 있다.

수직 축의 반대편에 있는 의사 결정 훈련 워크숍은 결과 지향적이다. 의제는 매우 상세하게 정해지며, 프로세스도 공식적이고 촉진자는 토론이 엄격하게 주제에 집중하게 하고 시간을 맞추게 한다. 의사 결정 워크숍은 이름이 시사하는 바와 같이 경영진이 리스크의 중대성 및 통제의 적정성에 관해 즉각적인 의사 결정을 해야 할 때 소집된다. 촉진자는 토론이 주제 및 시간을 고수하도록 간섭하는 역할을 하기 때문에 촉진자에 대한 높은 신뢰가 필요하다.

보기 10.2의 가로 축은 워크숍의 초점을 보여 준다. 넓은 초점의 리스크 워크숍은 전략적 차원의 리스크 또는 리스크 집단을 조사한다. 리스크에 대한 일반적 차원의 묘사는 통제의 적정성에 대한 판단을 내릴 수 있을 정도로 리스크 경감 수단을 평가하지 않기 때문에, 이곳에서는 리스크 경감 수단의 적정성보다는 리스크의 식별과 이해 그리고 측정이 강조된다. 이 워크숍들의 의제는 리스크 환경과 리스크에 대한 내부 및 외부 요인들의 상호작용을 더 잘 이해하게 해 줄 것이다. 이러한 워크숍은 임원진이 전략 계획 수립을 시작할 때 유용하며, 대형 프로젝트 또는 프로그램을 시작할 때에도 유용하다.

보기 10.2의 가로축의 다른 쪽에 있는 좁은 초점 리스크 워크숍들은 구체적으로 묘사되고 이해되는 리스크들을 겨냥한다. 그러한 워크숍들은 일반적으로 성과 지표나 기타 지표 데이터를 사용하며, 기능적 또는 기술상의 전문가들의 참여를 요구할 수도 있다. 좁은 초점의 워크숍들은 각각의 리스크에 대한 통제와 경감 수단의 평가를 보다 강조할 수 있게 해 준다. 이 워크숍들은 기술자 그룹 및 연례 비즈니스 부서 계획 수립과 같은 상세한 계획 수립에 가장 잘 들어맞는다.

이는 양자택일적인 의사 결정이 아니다. 촉진자는 후원자의 선호가 이 4개의 극단들 사이의 어디에 위치하는지를 이해해야 한다. 이는 다음과 같은 질문을 통해 얻어질 수 있다.

- 의제에 나와 있는 모든 리스크들을 다루는 것이 어느 정도로 중요한가?
- 회의장에서 의사 결정이 이루어지리라고 기대하는가?

206

- 의제에 나와 있는 리스크에 대한 참석자들의 이해 정도는 어떠한가? 그들이 모든 리스크를 이해하는 것이 당신에게 어느 정도로 중요한가?
- 이들 리스크의 구체적인 구성 요소들 및 이들을 어떻게 경감하고 있는지에 대한 상세한 이해를 도모할 필요가 있는가, 또는 리스크 전반에 대해 보다 개략적인 이해를 도모하는가?
- 워크숍 참석자들의 신뢰 및 응집력은 어느 정도인가?

범위 확정

리스크 워크숍의 범위는 (1) 조직의 목표 (2) 리스크 세계 (3) 대상 기간의 3개 요소로 구성된다.

1. 조직의 목표 조직의 목표는 워크숍 세션의 범위를 정하는 데 도움이 되고, 워크숍에서 어떤 리스크가 상세한 조사 대상으로 선정될지 명확히 하는 데 도움을 주며, 리스크의 중요도를 평가함에 있어서 참석자들이 사용할 참고 자료의 토대를 형성하므로 조직의 목표를 구체화하는 것은 중요한 활동이다. 넓게는 조직이 표명한 목표, 그리고 보다 좁게는 스폰서가 책임을 지고 있는 목표 또는 결과는 무엇인가? 조직에서 공식적인 목표 설정에 대해 강조하는 바에 따라서는 이 목표들은 쉽게 구할 수도 있고(예를 들어, 균형 스코어 카드나 목표에 대해 공식적으로 언급하는 기타 자료), 워크숍 준비 시의 하나의 단계로서 명시할 필요가 있을 수도 있다. 목표들은 재무 실적, 평판, 고객 관계, 운영상의 효율성, 회사의 선관 의무, 안전 등과 같은 영역에서 정의될 수 있다.

2. 리스크 세계 워크숍에서 논의하기 위해 선정된 리스크들은 보다 넓은 "리스크 세계"에서 추출되어야 한다. 촉진자는 스폰서가 "리스크 세계"에 조직의 목표와 관련이 있으며 우려 대상이 될 수 있다고 알려진 리스크의 목록을 만들도록 도와야 한다. 리스크는 하나 이상의 조직의 목표에 심각한 위협이 될 수 있다고 여겨지거나, 조직을 대표해서 스폰서가 경감할 책임이 있기 때문에 선정될 수 있다.

3. 대상 기간 스폰서와 촉진자는 리스크를 조사함에 있어서 얼마나 멀리 바라봐야 하는지에 한계를 정한다. 보통 리스크 워크숍은 3년에서 7을 대상으로 한다. 이 기간은 조직의 범위(보다 고위 직급의 워크숍은 보다 장기의 기간을 지니는 경향이 있다), 조직 목표의 타임라인(목표가 특정 기간으로 표현

되어 있을 경우, 이는 유용한 준거가 될 수 있다), 비즈니스의 변동성(비즈니스 환경이 극도로 불확실할 경우에는 2~3년 이상의 예측은 신뢰할 수 있는 결과를 낳지 못할 수도 있다)에 따라 달라진다.

참고 자료 수집

워크숍을 효율적으로 진행하기 위해서는 사용하기 쉬운 참고 자료가 중요하다. 워크숍 세션 전에 아래의 자료들이 모아져야 한다.

- 리스크의 중요도 척도. 참석자들이 리스크의 중요도 측정에 사용할 보편적인 프레임워크는 모든 리스크 워크숍의 필수 도구 중 하나이다. 리스크의 중요도는 언제나 조직의 목표에 대한 영향이라는 관점에서 표현되어야 한다. 따라서 중요도 척도는 보기 10.3에 묘사된 것과 매우 유사한 매트릭스로 구성되게 되는데, 이 표에서는 목표가 좌측 열에 나열되고 잠재적 결과의 범위가 "나쁜 정도"를 나타내는 숫자 척도로 표시된다. 경험에 의하면 1에서 5까지의 척도는 대부분의 워크숍에 충분한 등급을 제공한다. Box 10.1을 보라.

BOX 10.1

리스크 용인 수준과 중요도 척도

조직이 일련의 리스크 용인 수준들을 정해서 문서화한 경우, 이 용인 수준들은 리스크 중요도 척도를 정하는 데 있어서 매우 귀중한 정보이다. 이 책의 다른 곳에서 설명한 바와 같이 리스크 용인 수준은 조직의 목표 이탈이라는 관점에서 표현된다. 그러므로 각각의 회사 목표에 상응하는 일련의 범위의 결과들에 대한 회사의 태도를 표현하도록 설계된 척도가 이상적인 리스크 중요도 척도이다. 예를 들어, 보기 10.3과 같이 1에서 5까지의 척도가 있을 경우, 각각의 목표에 대한 결과들이 이 척도 상의 하나에 연계되어 리스크 용인 수준이 "용인할 수 없이 중요한" 결과나 손실로 묘사하는 리스크를 "4-심각"과 같이 표시한다.

[보기 10.3] 리스크 중요도 척도 예시

목표	속성	사건	5 최악의 경우	4 심각	3 중요	2 보통	1 경미
재무	순이익	순이익 미달(세후, 연간)	1억 달러 초과	5천만~1억 달러	2천 5백만~5천만 달러	5백만~2천 5백만 달러	5백만 달러 미만
재무	신용도	재무 비율 또는 리스크 변화	부도 시간: 신용 등급으로 인해 추가 자본을 전혀 조달할 수 없음	신용 등급이 "투자 등급" 이래로 강등; 자본 조달에 필요에 미치지 못함	신용 등급 강등	신용 등급 "감시" 대상으로 지정됨	신용평가 기관 및 채권 보유자들이 우려를 표명함
평판	공적 프로필	부정적인 언론의 관심: 의견 주도자 및 여론	전국적 매체의 관심: 여론 주도자 및 고객이 모두 공개적으로 비판적임	지역/지방 매체의 관심: 여론 주도자 및 고객이 공개적으로 비판적임	상당한 지역적 관심: 다소의 여론 주도자 및 고객이 비판적임	이사회 또는 CEO에 대한 서신(들)	고위 경영진에 대한 서신(들)
평판	직원의 신뢰	직원 불만족	흔하지 않은 기술 또는 지식을 지닌 핵심 직원들의 대규모 사직	직원 조사 결과의 급격하고 지속적인 악화, 흔하지 않은 기술 또는 지식을 지닌 핵심 직원들의 사직	직원 조사 결과의 급격한 악화, 급격한 불만 증가	직원 조사 결과 다소 악화, 불만 다소 증가	직원 조사 결과 개선이 계획에 미치지 못함
경쟁력	단위 비용 절감	단위 비용 절감 실패	단위 비용 25% 초과 상승	단위 비용 15~25% 상승	단위 비용 10~15% 상승	단위 비용 5~10% 상승	단위 비용이 절감되지 아니함
경쟁력	업무 프로그램 달성	업무 프로그램 미달	10개가 넘는 중요 프로젝트 지연, 또는 중요하지 않은 업무의 50% 미만 완료	6~10개의 중요 프로젝트 지연 또는 중요하지 않은 업무의 50~69% 완료	3~5개의 중요 프로젝트 지연 또는 중요하지 않은 업무의 70~84% 완료	1~2개의 중요 프로젝트 지연 또는 중요하지 않은 업무의 85~94% 완료	지연되는 중요 프로젝트를 없음. 중요하지 않은 업무의 95% 이상 완료
안전 및 환경	직원: 이용 가능성/안전	직원 부상	직원 사망 또는 영구적인 중증 장애	직원의 중상	LTI 빈도가 목표 대비 50% 초과	LTI 빈도가 목표 대비 25% 초과	LTI가 목표를 초과함
안전 및 환경	환경 상의 성과	부정적인 환경 영향	영향이 회사 외부에 널리 확산됨(예: 지역 도시의 상수도 공급)	영향이 회사 외부의 여러 장소에 확산됨(예: 여러 주거 부동산 또는 상수도원)	회사 외부의 지역 사회에 성당한 영향을 줌(예: 대중의 통행)	회사 외부의 지역 사회에 경미한 영향을 줌; 하나의 주거용 부동산 또는 인간 상수도원	회사 자산에만 경미한 영향을 줌

* LTI : lost time injury : 작업 중단이 필요한 부상

- 확률 척도. 참석자들은 일관성 있는 확률 등급을 매길 수 있게 해 줄 참고 자료도 필요로 할 것이다. 이곳에서도 1~5의 척도가 권고되는데, 중간 지점은 대상 기간 동안 최소 1회 이상 발생할 가능성이 반반인 경우를 나타낸다. 보기 10.4에 예시가 나와 있다.
- 경감 수단의 강도 척도. 이 프로세스의 이번 단계에서는 참석자들에게 리스크 경감 수단과 리스크를 관리하는 내부 통제에 대한 신뢰 정도를 표시하게 한다. 이곳에서도 1에서 5까지의 척도는 합리적인 수준의 상세함을 제공한다. 경감 수단 척도 표본(이 경우 내부 통제를 매우 강조하고 있음)이 보기 10.5에 표시되어 있다.

[보기 10.4] 확률 척도 표본

등급	확률 척도	계획 기간(5년) 중 발생할 확률
5	매우 높음	95% 초과
4	높음	95~65%
3	중간	65~25%
2	낮음	25~5%
1	매우 낮음	5% 미만

의제 설정

워크숍의 목표가 정해졌다면 다음에 할 일은 의제 설정이다. 어느 정도의 시간을 이용할 수 있으며 그 시간 동안에 몇 개 리스크를 커버할 수 있느냐에 관한 확고한 규칙은 없지만 일반적인 가이드라인은 다음과 같다.

- 온 종일 리스크에 대해 토론하면 피곤할 수 있고, 8개 정도의 리스크를 다루고 나면 이 프로세스가 참석자들에게 부자연스럽고 형식적인 것으로 여겨지기 시작한다. 적절한 휴식 시간을 허용하고, 리스크 워크숍이 총 8시간을 넘지 않도록 하라. 워크숍을 2~3일에 걸쳐 진행하더라도 반일짜리 워크숍이 참석자들에게 긍정적인 경험이 될 가능성이 높다. 리스크 워크숍은 참석자들에게 단조로운 고역이 아니라 흥미 있고 효율적인 대화로 여겨져야 한다는 점을 기억하라.

스코어	등급	설명
5	완전한 경감 수단; 규범적; 고위 경영진/CEO의 감독	완전한 통제(밑의 완전한 경감 수단을 보라)외에도, 다음 사항들이 확립됨 □ 목표, 정책, 계획 그리고 척도들 모두가 고위 경영진/CEO에 의해 공식적으로 승인되고 명확히 문서화됨 □ 권한, 책임 그리고 역할이 자세히 정의됨 □ 조직의 다양한 부분들의 의사 결정에 대한 공식적인 조정 □ 규범적이고 상세한 절차들이 존재함 □ 상세하고 빈번한 성과 모니터링 □ 전반적인 통제들이 공식적 및/또는 독립적인 검토를 받음
4	완전한 경감 수단	모든 요소들이 완전히 시행되고 있으며 빠진 부분 없이 완전함
3	상당한 경감 수단	한두 개 요소만 빠졌거나 불완전함
2	부분적 경감 수단	상당수의 요소들이 빠졌거나 불완전함
1	경감 수단이 거의 없음	거의 아무런 요소도 없음

완전한 경감 수단은 아래의 요소들로 구성된다.

□ 비즈니스 목표들이 전 직급의 임직원들에게 소통됨

□ 정책이 수립 및 소통되어 사람들이 자신에게 기대되는 바를 이해함

□ 계획이 수립 및 소통됨

□ 측정 가능한 성과 목표가 수립됨

□ 권한, 책임 그리고 역할이 정해짐

□ 사람들이 필요한 지식 및 기술을 지니고 있음

□ 사람들이 적절한 컴퓨터 시스템을 포함하여 필요한 자원 및 도구들을 지니고 있음

□ 사람들이 자신의 책임을 수행할 수 있도록 시의적절한 소통/조정이 이루어짐

□ 절차들과 같은 통제 활동이 갖춰져 있으며, 리스크에 따라 적절히 조절됨

□ 목표 대비 성과가 측정됨; 가정들이 주기적으로 도전됨

□ 효과적인 변화를 담보하기 위한 사후 관리

□ 전반적인 통제가 주기적으로 평가됨

□ 비용/효용에 근거하여 잔여 리스크가 수용됨

- 워크숍이 학습과 의사 결정 사이의 합리적인 균형을 이루게 하기 위해서는 리스크 당 최소 40분이 배정되어야 한다.
- 참석자들이 워크숍 프로세스와 도구에 대해 익숙해질 때까지는 처음 몇 개의 리스크에 대해서는 여분의 시간이 배정되어야 한다.

(리스크 세계로부터) 논의 대상 리스크들을 선정하는 방법은 주로 스폰서가 내려야 할 또 하나의 의사 결정이다. 다음과 같은 방법들이 있다.

- 스폰서 혼자서 리스크들을 선정한다. 이 방법은 간단하고 신속하게 수행될 수 있지만, 스폰서가 이미 알고 있는 리스크 프로필을 넘어서는 부분에 대한 상담을 허용하지 않는다. 이로 인해 핵심적이거나 새로 떠오르고 있는 리스크가 논의되지 않을 수 있다.
- 워크숍 실시 전에 전자우편, 인터뷰 등을 통한 사전 투표를 실시하여 참석자들이 리스크 세계로부터 리스크를 선정하도록 한다. 이 방법은 여러 사람이 이 프로세스에 관여하고 참석자들 사이에 의제에 대한 오너십을 고취할 수 있다는 이점이 있으나, 비용이 많이 들고 상당한 준비 시간을 필요로 한다.
- 스폰서와 촉진자가 "최선의 노력"으로 리스크 목록을 작성하고 참여자들이 워크숍 서두에 이를 수정 및 선택하도록 한다. 워크숍에서 논의 대상 리스크 선정을 위해 무기명 투표가 채용될 수도 있다. 이 방법은 위의 두 가지 방법들 사이의 합리적인 타협안이 될 수 있다.

참석자 결정

일반적으로 대부분의 리스크 워크숍에 대한 적극적인 참여자의 수는 약 8명에서 16명 사이여야 한다. 참석자 수가 이보다 적으면 다양한 관점을 제공해 주지 못하거나, 이 장에서 설명한 공식적인 촉진 유형을 요구할 수도 있다. 참가 인원이 이보다 많으면 통제하기 어려울 수 있으며, 집단 역학 통제와 모든 사람에게 말할 시간이 공평하게 주어졌다는 느낌이 들게 함에 있어 특별한 도전에 직면할 수 있다. 대규모 집단도 수용할 수는 있지만, 이 경우에는 추가적인 상세한 계획과 보다 경험이 많은 촉진자를 필요로 한다. 이에 대해서는 "난제들" 섹션을 보라.

누가 참석할지에 대한 결정은 궁극적으로 스폰서에게 맡겨진다. 의사 결정을 내려야 할 리스크들이 미리 알려져 있다고 가정할 경우, 누가 참석할지는 논의될 리스크에 좌우될 것이다. 참석자는 의제로 선정된 리스크들을 충분히 탐구할 수 있고, 필요시 취해야 할 조치에 대한 의사 결정을 내릴 수 있는 인원들이어야 한다. 이는 워크숍에 기능적 또는 기술적 전문가들과 이해관계가 있는 핵심 경영진 및 의사 결정자들이 참석해야 함을 의미한다. 또 하나의 유용한 규칙은 이 워크숍을 통해 어떤 조치를 취하게 되리라고 합리적으로 기대할 수 있는 사람 또는 집단을 참가시키는 것이다.

다른 고려 사항들은 다음과 같다.

- 워크숍이 조직 내 특정 부서 또는 비즈니스 부문의 성공에 대한 주요 리스크에 관련될 경우, 해당 부분의 모든 주요 집단들의 대표자가 참석하도록 해야 한다.
- 워크숍이 대규모 프로젝트의 리스크와 관련될 경우, 기술적 전문가나 해당 프로젝트의 여러 측면의 "주연들" 외에도, 프로젝트 관리 부서 또는 기타 프로젝트 거버넌스에서 핵심 역할을 수행하는 부서의 대표자가 참석하도록 해야 한다.
- 워크숍의 목적이 "팀 세우기"일 경우, 이 또한 참석자 선정 시 하나의 요인이 될 것이다. "팀"의 구성원들을 제외시키면 팀의 응집력에 부정적인 영향을 주고 "팀 세우기"가 훼손될 것이다.
- 파트너나 서비스 제공자 등과 같은 다른 조직 또는 회사를 워크숍에 참석하도록 초대하여, 목표 또는 리스크 경감 장치를 공유하거나 공동으로 개발하는 방안을 고려한다.

저자는 리스크 워크숍을 촉진하기 위해 2명의 촉진 "팀"을 두도록 권장한다. 한 사람은 "촉진자"로서 회의 진행과 토론 가이드를 맡는다. 다른 사람은 "서기"로 회의의 발언 내용과 결정 내용을 기록한다. 촉진자가 두 가지 역할을 다 맡을 수도 있지만, 경험에 의하면 별도의 서기가 촉진자를 도와줄 때 워크숍이 보다 효율적으로 진행되고 보다 나은 기록 문서를 만들어 낼 수 있다. 서기의 역할은 단지 "기록" 기능만을 수행하는 것이 아니라는 점에 주의해야 한다. 서기는 반드시 토론 내용을 듣고 이해한 후, 이를 몇 가지의 핵심 내용으로 요약 기록하여 참석자들에게 보여 줄 능력이 있어야 한다(프로젝터를 사용하여 화면상에 보여 줌).

회의 장소 확보

U자형으로 좌석을 배치하면, 서로 얼굴을 마주 볼 수 있고, 화면에 표시되는 자료를 동시에 읽을 수 있으며, 촉진자가 중앙에서 토론을 이끌며 모든 사람이 참여하게 할 수 있다. 이상적인 회의실 배치는 2대의 컴퓨터와 2대의 프로젝터를 갖추고 회의실 앞 쪽에 화면을 띄워서 모든 참석자들이 볼 수 있게 하되, 한 화면에는 배경 정보 및/또는 투표 결과(무기명 투표를 가정)를 보여 주고, 다른 화면에는 중요한 의사 결정 내용을 기록하는 것이다. 몇 개의 걸개(flip chart)를 준비해 뒀다가 "임시로 보관해 둔 항목들" 및 토론되기는 하지만 중심의제에는 해당하지 않는 항목들을 기록해 두는 것도 가치가 있다.

때로는 사무실에서 멀리 떨어진 곳에서 워크숍을 개최하면, 참석자들이 회의실을 빠져 나와 자기 자리로 돌아가려는 유혹에 빠지지 않도록 하는 데 도움이 될 수 있다. 저자는 회의가 방해되는 것을 완전하게 차단하기 위해 휴대전화를 이용할 수 없는 곳을 회의 장소로 선정한 적도 있었다.

실행

준비가 완벽하게 끝났다면, 워크숍 실행은 주로 토론의 유지 또는 통제, 발언 내용 및 결정 내용의 적절한 기록 그리고 결과 보고에 초점이 맞춰진다.

워크숍 촉진

이 섹션의 목적은 회의 촉진 기법에 대한 상세한 설명을 제공하는 것이 아니라, 대부분 또는 모든 리스크 워크숍에 보편적인 기본 요소들을 설명하는 것이다. 약간의 촉진 "팁"이 다음 섹션에 나와 있다(주: 이 섹션은 무기명 투표를 사용한다고 가정하는데, 저자는 이를 효율적인 리스크 워크숍 실행의 필수적인 도구라고 생각한다).

워크숍은 구체적인 목표와 강조점에 기초하여 계획되겠지만, 리스크에 대한 각각의 논의는 다음과 같은 구성 요소를 지닐 것이다.

- **리스크 소개** 모든 참석자들이 논의 대상 리스크가 무엇을 의미하는지에 대한 공통의 이해를 갖추게 하라. 이렇게 하는 효과적인 방법 중 하나는 참석자들에게 간단한 시나리오

를 통해 이 리스크가 어떻게 발생할 수 있는지, 어떠한 사건 또는 상태가 이 리스크가 발생했음을 알려주는지, 그 결과 조직이 어떤 영향을 받게 될지에 대해 간략히 설명해 달라고 요청하는 것이다. 중요한 결정 사항들을 기록하고 프로젝터를 이용하여 이를 보여 주라. 이러한 간단한 시나리오 몇 개를 브레인스토밍하고, 이들을 모두 기록하라.

- **중요도** 참석자들에게 리스크 중요도 척도를 사용하여 "신뢰할 수 있는 최악의" 리스크 영향에 대해 중요성을 할당하게 한다. 다음과 같은 말로 투표를 실시한다. "방금 전에 설명한 시나리오들을 검토하고, 이들 중 어느 시나리오가 가장 해로울 것으로 생각되는지 결정하세요. 그다음에 이 시나리오에 의해 어떤 목표들이 가장 큰 위협을 받겠는지 결정하고 리스크 중요도 척도상에서 이 영향에 가장 유사한 목표에 상응하는 지점을 찾으세요. 이 영향과 관련된 리스크 스코어가 당신의 투표가 될 것입니다."

투표 후에는 응답의 근거를 알아보고 다양한 의견의 이유들을 탐색하기 위한 대화를 한다. 완전한 토론을 장려하기 위해 촉진자는 다음과 같은 질문을 해야 한다. "당신은 이 리스크에 의해 어떤 목표가 위협을 많이 받는다고 생각했습니까?", "이 리스크를 평가하고 어떻게 투표해야 할지 결정할 때 마음속에서 어떤 과정을 거쳤는지 설명해 주시겠습니까?" 촉진자는 참석자들의 주요 관점을 기록해야 한다.

이 토론의 주된 목표는 리스크의 중요도에 대한 의견 일치를 "강제"하는 것이 아니라, 모든 관점들이 소통되고 모든 참석자들, 특히 스폰서에게 이해되도록 하는 것이다.

워크숍의 이 부분에서는 몇 차례의 재투표와 토론을 할 수도 있다. 촉진자는 다음과 같은 말로 재투표를 실시해야 한다. "이제 우리는 이 리스크의 잠재적 중요도에 대한 여러 관점들과 주장들을 들었습니다. 그 결과 마음이 바뀐 분이 얼마나 되는지 알아봅시다." 의제의 이 부분을 마치기 위해서는 여러 차례의 "투표-토론-투표-토론"을 반복해야 할 수도 있다. 촉진자의 역할은 모든 견해들이 발표되게 하고 건설적인 토론을 장려하는 것임을 기억할 필요가 있다.

- **경감 수단의 강도** 경감 수단의 강도 척도를 사용하여 참석자들에게 현재 및 약속된 리스크 경감 수단들에 전반적인 등급을 부여하게 한다. 다음과 같은 말로 이 절차를 시작할 수 있다. "이 리스크의 발생을 막거나, 이 리스크가 우리 조직을 해치지 못하게 할 수 있는 활동 중 당신이 알고 있는 것들을 생각해 보세요. 투표 가이드에 설명된 바와 비교해서 이러한 활동들이 어느 정도로 완전한지 결정하세요." 투표가 끝나면 촉진자는 참석자

들에게 투표 시에 생각한 경감 수단들과 현행 경감 수단들의 주요 강점들과 갭(gap)/약점들을 다른 사람들에게 설명하도록 요청하고, 이를 기록해야 한다. 토론이 활기를 띠고 참석자들에게 상당한 학습 기회를 제공할 경우, 토론 뒤에 재투표를 실시한다.

- **확률** 확률 척도를 사용하여 참석자들에게 이 리스크가 시작되는 사건들 또는 조건들의 발생 가능성과 경감 수단들에 대한 자신의 확신 정도에 비추어, 위의 두 번째 단계에서 할당된 정도의 영향을 주는 리스크가 발생할 확률을 할당하게 한다. 그 결과 및 근거를 토론하고 최초의 투표 시에 상당한 의견 차이가 있을 경우, 필요하면 재투표를 실시한다.

- **용인 가능 여부** 이 시점에서 촉진자는 투표된 스코어 및 토론 노트 등 토론의 결과를 요약해야 한다. 그다음에 촉진자는 참석자들과 상의하여, 현재의 리스크 익스포져 수준이 조직에 용인될 수 있는지 여부를 선언해야 한다. 해당 리스크가 용인될 수 있다는 답이 나올 경우, 더 이상의 토론은 필요 없다. 용인할 수 없는 리스크 수준이라는 답이 나오면, 리스크를 용인할 수 있는 수준으로 낮추기 위해 필요한 통제 또는 기타 대안들을 검토하고, 추가적인 필요 조치를 논의한다.

  필요 조치에 대한 토론은 지나치게 상세해지지 않는 것이 중요하다. 그렇지 않을 경우, 토론이 빗나가 의제가 위험에 빠지게 된다. 저자는 필요 조치를 두 개의 범주로 나누는 것이 유용함을 발견했다.

  - **간단한 조치**(quick hit) 이는 최소의 자원 및 계획으로 시행될 수 있는, 상대적으로 단순하고 잘 이해되는 행동들이다. 신속한 조치는 특정 개인에게 배정하여 특정일까지 시행되게 할 수 있다.

  - **중대 조치**(big idea) 이는 좀 더 많은 생각과 분석을 필요로 하는 조치들을 나타낸다. 중대 조치들은 추가적인 평가 및 상담을 실시하고, 특정일까지 스폰서 또는 워크숍 그룹에 보다 충분하게 작성된 조치 계획을 가져와 승인을 받을 책임을 맡게 될 "챔피언"에게 배정되는 것이 가장 바람직하다.

결과 기록

이전의 섹션에서 말한 바와 같이 회의실에 전담 서기를 두고 워크숍 발언 내용들을 기록하게 해 모든 참석자들이 볼 수 있도록 하는 것이 좋다. 이때 요점들을 컴퓨터에 입력하여 화면상에 보여줌으로써 모든 참석자들이 발언 내용들을 참고하고 요점들이 적절히 기록되고 있는지 확인하게 하는 것이 좋다. 발언 내용을 모두 기록하려 하지 말고, 토론의 요점을 적절한 형태로 기록해 두라. 서기가 워크숍 의제에 따라 미리 양식을 준비해 두도록 권장한다(보기 10.6을 보라). 촉진자는 워크숍 진행 중에 기록 내용을 보여 주는 화면을 주시하면서 서기가 토론을 따라 가면서 핵심적인 발언 내용들을 잘 정리하고 있는지 확인해야 한다.

[보기 10.6] 기록 양식 표본

리스크:

설명

시나리오
● X

중요도 및 확률			
● X			

	리스크 스코어		통제의 강도		갭	리스크 용인 가능 여부
리스크 등급						

통제	
효과가 있음: +	갭/필요 −

조치			
명칭	설명	담당자	기한
	● X		

최종 보고서 작성

실시간으로 기록하는 서기를 둘 때의 이점 중 하나는 리스크 지도 및 논의 내용 그리고 필요 조치들을 보여 주는 워크숍 보고서가 몇 시간 안에 스폰서 및 참석자 그리고 필

요한 사람들에게 배포될 수 있다는 것이다. 보고서는 최소한 다음 사항들을 포함하여야
한다.

- 투표 결과 및 현재의 경감 수단 하에서 해당 리스크를 용인할 수 있는지 여부에 대한 결론을 보여 주는 시각적 또는 도표 형태의 워크숍 결과 요약(예컨대 리스크 지도)
- 약속된 조치 요약("누가, 무엇을, 언제까지"의 형식으로 요약)

스폰서에 대한 보고 회의를 개최해서 워크숍 보고서의 주요 내용을 살펴보고 할당된
조치들에 대한 사후관리에 대해 명확히 해두는 것이 좋다.

효과적인 리스크 워크숍 계획 및 촉진 기법

리스크 워크숍 촉진자는 이 프로세스의 모든 과정 동안 워크숍 참석자들을 인도하고,
논의 대상 리스크에 대해 효과적이고 효율적인 토론이 이뤄지도록 할 책임이 있다. 이 섹
션에서는 워크숍 촉진자들에 대한 몇 가지 유용한 일반적 조언과 팁들을 제공한다.

"무기명" 투표

저자는 9년이 넘는 기간 동안 200회가 넘는 리스크 워크숍에서 소위 "무기명" 투표 도
구(무선 키패드 송신기와 수신기)를 사용해 왔는데, 이 도구들은 매우 효과적이었다. 이 시스템은 촉
진자가 질문들과 이에 대한 일정 범위의 숫자로 된 반응들(이전 섹션에서 설명된 척도들에 상응함)을 모
든 사람이 볼 수 있도록 화면에 띄워 놓고, 참석자들의 견해에 대하여 실시간 투표 결과
를 입수하여 피드백 할 수 있게 해 준다. 이 시스템에는 다음과 같은 장점이 있다.

- 모든 사람의 참여를 담보한다. 모든 참석자들은 촉진자가 제시한 질문에 대해 개인적으로 생각하고 스스로 적절한 대답을 하도록 강제된다. 이로써 이후의 토론에 모든 사람이 참여할 수 있게 된다.
- 효율적이다. 몇 초 이내에 모든 참석자들의 견해를 피드백 받아서 즉각적으로 제시된 질문에 대한 의견 일치 또는 불일치 정도를 알 수 있게 된다. 첫 번째 투표에서 의견이 크

게 나눠지지 않아서 이미 의견 일치가 이뤄졌음을 시사할 경우, 이는 촉진자에게 토론을 짧게 끝내고 "이유"를 파악하는데 집중할 수 있다는 신호가 된다. 이는 **빡빡한 일정**에서 시간을 절약하고 의견이 보다 넓게 갈라지는 주제에 더 많은 시간을 배정할 수 있게 해준다.

• 토론을 활성화시킨다. 촉진자는 각각의 반응을 뒷받침하는 논거를 구할 수 있다. 의견에 큰 차이가 있으면(투표 결과가 넓게 분포하는 것으로 보여짐), 촉진자는 즉시 그 이유를 탐색하고 건전한 토론을 고취할 수 있다.

• 특정 개인들이 토론을 주도할 기회를 감소시킨다. 투표 도구들이 없으면, 회의실 내의 보다 고위직 참석자가 (때로는 모르는 사이에) 다른 사람들의 견해에 영향을 주고 토론을 주도할 수 있다. 몇 년 전에 저자는 이틀짜리 워크숍에 참석했는데, 그 때에는 무기명 투표가 사용되지 않고, 투표 시에 참석자들이 카드를 들어 자신의 의견을 표시했다. 이 세션에서 다른 참석자들은 자신의 카드를 들기 전에 "상사"가 어떻게 투표하는지 보려고 기다리곤 했다. 확실히 그러한 집단 역학은 특정 이슈의 중대한 측면에 대해 그 자체의 본질에 따라 철저하게 토론하는 데 도움이 되지 않는다.

유용한 촉진 팁

성공적이고 활발한 리스크 워크숍이 되게 하는 데 도움이 되는 몇 가지 유용한 팁을 아래에 제시한다.

• **질문하라** "왜 그런가요?"와 같이 답변에 제약을 두지 않는 질문을 하라. 참석자들에게 자신의 생각뿐 아니라, 다른 사람들은 어떻게 생각할 거라고 생각하는지에 대해서도 말하라고 요청하라. "이에 대해 어떤 반론이 있을까요?"와 같은 반대 의견을 물어보고, "그것을 이떻게 알 수 있나요?"와 같이 증거를 요구하라.

• **다시 말하라** 방금 들은 내용을 요약하거나 다시 말하라. 핵심을 요약하고, 다른 사람들에게 이에 덧붙이거나, 논평하거나, 반론을 제기하라고 요청하라.

• **자극하라** 토론 주제에 관해 당신이 들어 보았거나 상상했던 극단적인 견해를 말하라. 건강한 토론을 격려하라.

• **때로는 침묵을 지켜라** 질문을 한 뒤 즉각적인 반응이 없으면, 좀 더 말하거나 질문

을 반복함으로써 침묵을 깨려는 유혹에 빠지기 쉽다. 그렇게 하지 마라. 침묵하는 동안 기다려라. 당신이 기다리면, 누군가가 말할 것이다.

- **비켜나 있으라** 주제에 관한 활기찬 토론이 시작되었고, 시간 여유가 있다면 "목석이 되라." 회의실 한쪽으로 비켜서 있거나 앉아 있으라. 참석자들끼리 토론하도록 간섭하지 말고 그대로 놔두라. 기다리다 토론이 점차 잦아들거나 주제에서 벗어나기 시작하면 그때 다시 개입하라.

- **과도하게 설명하지 마라** 경험에 의하면 워크숍 의제에 참석자들의 참여 부분이 더 많을수록(그리고 설명이나 강의가 적을수록) 참석자들의 호응이 높아진다. 취해야 할 단계나 기초 이론에 대한 긴 설명을 피하라. 참석자들에게 다음 단계에서 해야 할 기본적인 사항만 말하고, 나머지는 직접 토론하면서 배우게 하라.

난제들

- **참여하지 아니함** 저자는 촉진자의 의무는 열린 토론이 이뤄질 수 있는 조건을 만드는 것이고, 워크숍 참석자들의 의무는 실제로 토론에 참여하는 것이라고 생각한다. 그러므로 저자는 모든 참석자들이 토론 참여 의무를 이행하도록 담보하기 위해 촉진자가 (무기명 투표 시스템 제공 이상의) 더 많은 노력을 기울여야 한다고 생각하지는 않는다. 이런 전제하에서 토론에 참여하지 않는 참석자가 있을 경우, 잠시 토론이 멈춰져 있을 때 그 사람을 거명하여 질문하는 등 그(녀)에게 말을 하도록 격려하는 몇 가지 방법들이 있다. 그러나 이런 식으로 자주 끼어들지 않도록 조심해야 한다. 그렇지 않을 경우 촉진자가 침묵을 지키는 모든 참석자들을 끄집어내는 역할을 하기 시작할 것이다. 워크숍을 시작할 때 모든 참석자들은 자신의 능력을 최대한 기여하기를 기대한다는 점을 분명히 해 두는 것이 더 낫다.

- **지배자들** 특정 멤버가 "다른 사람은 이에 대해 어떻게 생각하는지 알아봅시다. 발표하고 싶은 사람 있습니까?"와 같은 식으로 토론을 주도할 수 있다. 그 주도자가 워크숍 스폰서일 경우, 가장 좋은 방법은 워크숍을 잠시 중단하고 스폰서를 한쪽으로 데려가 참석자들이 다른 사람들의 관점을 알 수 있도록 하기 위해 자신의 견해를 억제해 달라고 요청하는 것이다.

- **큰 그룹** 리스크 워크숍에 대한 열성을 조성하는데 성공할 경우, 훨씬 많은 사람들에게 뭔가를 해 달라는 요청을 받을 수도 있다. (저자는 800명을 데리고 워크숍을 한 적도 있다.) 큰 그룹 세션

의 목표는 작은 그룹 세션의 목표와 다르다. 모든 참석자들이 토론 전체에 대해 충분히 참여한다는 느낌이 들게 하는 것은 실제적으로 불가능하다. 소그룹으로 나눠서 토론을 한 후 소그룹마다 발표자를 정해 토론 내용을 전체 그룹 앞에서 요약 발표하게 할 수도 있다. 또는 상호작용하는 토론이 이 회의 주요 목표가 아닌 경우에는 무기명 투표를 사용 하여 리스크 또는 이슈에 대한 참석자 전체의 견해를 알아보고 난 뒤에 "전문가"나 권위 자에게 투표 결과에 대한 의견을 제공해 달라고 요청할 수도 있다.

결론

리스크 워크숍을 어떻게 계획, 조직 그리고 촉진하는지 살펴보았다. 리스크 워크숍은 임직원들에게 회사의 목표들과 이들 목표를 달성하는 데 있어 리스크를 이해시키는 데 중요한 역할을 한다. 따라서 리스크 워크숍은 중대한 리스크들을 식별하고 다루는 데 도 움을 줄 뿐만 아니라, 참석자들에게 조직의 목표, 리스크 그리고 리스크 경감 수단들에 대한 훌륭한 학습 기회도 제공한다.

저자 소개

롭 퀘일(Rob Quail)은 토론토 대학교에서 산업 공학 학사 학위를 받고, 환경 관리, 직업 안선 그리고 내부 감사 등 리 스크 및 통제 분야에서 많은 경험을 쌓았다. 1999년부터 Hydro One에서 리스크 및 통제에 관해 200회가 넘는 경영진 워크숍을 계획 및 촉진했다. 롭은 연례 비즈니스 및 투자 계획, 대형 조직 변경 프로젝트, 인프라 스트럭처 프로젝트, 테크놀로지 프로젝트, 인수, 파트너십, 분사, 다운사이징 그리고 외주 등 여러 비즈니스 문제들 및 의사 결정에 ERM 을 성공적으로 적용해 왔다. Hydro One은 리스크 관리를 핵심적인 경영 관리 프로세스 및 회사의 태도에 매우 성공 적으로 통합시켜서, 2003년 말에 롭은 리스크 워크숍을 담당하는 상설 실무 그룹을 해체하도록 권고했다. 그 이후 고 객 만족, 프로젝트 관리 그리고 외주 관리 분야에서 일하고 있으며, 필요가 생길 때마다 Hydro One의 고위 경영진에 게 리스크 관리 서비스를 제공하고 있다. 롭은 리스크 관리 컨퍼런스의 인기 강사로 활동 중이며, 여가 시간에는 토론 토의 클럽에서 음악을 연주한다.

리스크 프로필 작성 방법

존 프레이저-Hydro One Networks Inc. 부사장, 내부 감사 & CRO

서론

전사 리스크 프로필[1] 작성 및 공유는 ERM의 주요 구성 요소 중 하나이다. 전사 리스크 프로필이 없으면 ERM도 없다고까지 말할 수도 있다. 리스크 프로필을 어떻게 그리고 얼마나 자주 작성하는지와 이 자료를 누구와 공유하는지는 조직마다 다르다. 그러나 좋은 기본 원칙 중 하나는 이를 간단하게 하라는 것이다. 도구들과 방법론들도 마찬가지로 간단해야 하며, 지나치게 관료적이거나 복잡하지 않아야 한다.

이 장은 조직들이 자신의 필요에 가장 효과적인 리스크 프로필 유형을 선택하는 데 도움을 주고 경영진 및 이사회에 대한 프로필 보고서 작성 및 소통에 대한 지침을 제공하고자 한다. 아래에 설명하는 여러 대안적 방법들은 ERM을 배우는 사람들에게 리스크 프로필이 어떻게 그리고 왜 경영진 및 이사회에 도움이 되는지 그리고 다양한 상황에서 어떻게 이를 가장 효과적으로 작성할 수 있는지 이해하도록 도움을 줄 것이다.

이 장은 두 부분으로 구성되어 있다. 첫 번째 부분에서는 리스크 프로필의 정의, 목적, 용도 그리고 형태 등에 대한 배경 지식과 리스크 프로필 작성에 필요한 정보 수집에 사용되는 다양한 방법들의 장단점을 제공한다. 이 부분은 또한 리스크 프로필이 어떻게 그리고 왜 경영진 및 이사회에 도움이 되는지 그리고 다양한 상황에서 어떻게 이를 가장 효과적으로 작성할 수 있는지를 다룬다. 이 장의 두 번째 부분에서는 리스크 프로필의 가장 간단한 형태인 "Top 10 리스트"를 어떻게 작성하는지에 할애된다. 이 부분은 Hydro One의 사례 연구에 의존한다.[2] 1999년 이후 리스크가 높은 격동기 동안에 Top 10 리스크 방법은 Hydro One의 경영진 및 이사회에 가치가 있음이 입증되었다. 이러한 프로필 형태의 성공은 간단한 작성과 효과성의 결과이다.

전사 리스크 프로필의 정의 및 용도

전사 리스크 프로필은 장래의 특정 기간 동안[3]에 조직이 표명한 비즈니스 목표 달성에 핵심적인 리스크들을 정기적으로 문서화한 것이다. 변동성이 큰 비즈니스 부문들에서는 프로필을 보다 자주 작성하고, 반대로 정체적인 산업이나 조직에서는 덜 빈번하게 작성할 수도 있다.

리스크 프로필의 주된 목적은 CEO와 경영진이 이사회와 소통하도록 돕는 것이다. 이는 리스크 프로필이 CEO에 대한 서비스로 작성되며, 따라서 CEO의 이해와 기조를 반영하여야 함을 의미한다. 예를 들어, 리스크 프로필이 조직의 한 부문 또는 자회사와 같은 하위 단계에서 작성될 경우, 이 프로필은 해당 부문 또는 자회사의 수장(首長)을 위한 관리 도구로 여겨져야 한다. 전사 리스크 프로필은 또한 경영진이 전략 계획 및 비즈니스 계획 수립, 자원 배분 그리고 행동 계획과 같은 다른 목적으로도 사용할 수 있다.

전사 리스크 프로필은 조직의 경영진이 ERM 프로세스의 일부로 사용하기 위해 작성되어야 한다. 그러나 이는 오로지 규제상의 보고서에 포함되는 리스크에 대한 기술(記述)과는 여러모로 다르다는 것을 알아야 한다. 전형적인 차이들은 다음과 같다.

- **기간** 전사 리스크 프로필이 다루는 기간(time horizon)은 대개 3년에서 5년 사이지만, 규제상의 보고서는 훨씬 장기거나 영구적이다. 예를 들어, 장래에 투자자들로부터 소송이 제기될 수 있는 사안들이 이에 해당한다.
- **리스크의 유형** 규제상의 보고서는 대개 재무적인 사항, 즉 투자자들의 관심 영역이 될 사

항에 제한된다. 이에 반해 조직이 안전을 위한 전사적 목표를 정한 경우 이 목표 달성에 대한 리스크들은 투자자들에게 큰 관심사항이 될 가능성이 낮다.

- **목적** 전사 리스크 프로필은 회사를 보다 잘 관리하도록 도와주기 위해 작성된다. 규제상의 보고서는 대개 홍보 및 법적 보호라는 동기에서 작성된다. 이 두 가지 유형의 리스크에 대한 설명은 조화되어야 하지만, 이들의 목적은 다르다. 아무튼 이 둘은 상호 배타적이어야 한다.

"리스크 프로필"이라는 용어는 많은 분야에서 여러 방식으로 사용되고 있는 바, ERM에서 사용되는 의미와 다르게 사용될 수도 있다. 예를 들어, 투자 애널리스트들은 특정 조직이 건전한 투자 대상인지를 평가하기 위해 리스크 프로필을 작성하며, 마찬가지로 신용평가 기관들은 해당 조직의 신용도가 얼마나 되는지 결정하기 위해 리스크 프로필을 작성한다. 그러한 프로필들은 산업, 상품 및 서비스에 대한 수요, 경영진의 질, 경쟁 그리고 재무 구조 및 건전성 등을 고려한다. 이러한 방법은 타당하지만, 특별한 용도가 있으며, 이러한 프로필 사용자의 견지에서 리스크를 정의한다. 이 경우의 사용자는 투자자들과 대출자들이다. 이 프로필들은 ERM에서 사용하는 리스크 프로필이 아니다.

또한 조직이 장래에 어떻게 보일지에 대한 리스크 프로필 작성 또는 리스크 예측을 수행할 수도 있다. 이는 조직의 자본 구조 또는 목표 시장을 염두에 둘 수도 있다. 그러나 이 또한 ERM의 요소라기보다는 유용한 전략 계획 수립 또는 비전 수립과 관련이 있다.

리스크 프로필 작성은 참으로 보편적이다. 영리 조직, 민간 조직, 비영리 조직, 또는 정부를 막론하고 동일한 원칙과 방법론이 적용된다. 리스크 프로필 작성에 관심이 있는 가정에서도 동일한 원칙과 방법론을 사용할 수 있다. 진정한 ERM 리스크 프로필은 총체적이어야 하며, 조직의 비즈니스 목표들에 대한 모든 리스크들을 반영해야 한다.

보편적인 전사 리스크 프로필 유형

주요 리스크 정보를 보여 주고 소통하는 데 여러 유형의 전사 리스크 프로필이 사용된다. 각각의 유형들은 조직의 필요에 가장 부합한 목적에 사용되며, 고위 경영진과 이사회가 주의를 집중하도록 도와주는 특성을 가지고 있다. 리스크 프로필 작성을 위한 정보 수집에 적용된 방법에 유리한 점과 불리한 점이 있는 것과 마찬가지로 각각의 리스크 프로필 유형들마다 장단점이 있다. 다음 섹션에서는 전사 리스크 프로필 작성에 보편적으로 이용되는 세 가지 방법인 Top 10 리스트, 리스크 지도 그리고 온도 지도의 주요 내용을 설명한다.

"Top 10" 리스트

조직이 직면한 가장 큰 리스크들을 식별, 순위 부여 및 공유하는 간단한 방법을 흔히 "Top 10" 리스트라 한다. "Top 10"이라는 용어는 익숙하고, 쉽게 이해될 수 있으며, 짧으면서도 중요한 리스크 목록을 나타낸다. 이 리스트는 혼동되고 관리할 수 없게 하는 모든 목록이 아니기 때문에 성공적으로 사용되고 있다. 단순성 및 소통의 용이성이 성공의 비밀이다.

간단히 얘기하자면, Top 10 리스크 프로필은 조직이 직면하는 가장 중대한 리스크와 조직의 목표 달성 능력에 영향을 줄 가능성이 큰 리스크들에 대해 순위화한 목록을 제공한다. Top 10 리스트는 또한 특정 리스크가 더 위험해지고 있는지, 덜 위험해지고 있는지 및 전기 대비 상대적 순위와 같은 추세 정보도 제공해야 한다(Top 10 리스트 작성 방법에 대해서는 뒤에 별도로 논의한다).

리스크 지도

리스크 지도(보기 11.1을 보라)는 조직이 직면하는 최대의 리스크들을 표시함에 있어서 가장 널리 사용되는 방법이다. 이 방법은 시각적으로 매력이 있으며, 이해 및 설명이 용이하다. 이 지도는 대개 2개의 축으로 구성된다. 종축에는 리스크의 잠재적 영향을 보여 주며, 횡축에는 리스크의 발생 가능성을 나타내는데, 일반적으로 종축 및 횡축 모두 1(낮음)에서 5(높음)까지의 척도로 표시된다. 이 지도는 분석 목적상 다음과 같이 사분면[4]으로 나누어진다.

1. **큰 영향/낮은 가능성** 여기(좌측 상단을 보라)에 해당하는 리스크들은 종종 위기적 성격(예컨대 얼음 폭풍, 지진)을 띠거나 "value at risk"와 같은 방식을 적용할 경우 "두꺼운 꼬리"를 지닌 사건들로 묘사된다. 그런 사건들은 예측 불가능성으로 인해 흔히 보험이나 재해 복구 계획

을 사용하여 경감된다.

2. **작은 영향/낮은 가능성** 여기(좌측 하단을 보라)에 해당하는 리스크들은 비즈니스에 통상적으로 발생하며 중대하지는 않지만, 수용하거나 일상적인 운영상의 방법으로 경감시킬 필요가 있는 사건들이다.

3. **큰 영향/높은 가능성** 이곳(우측 상단을 보라)에 해당하는 리스크들은 긴박하며, 이사회와 경영진의 방대한 주의를 요한다. 이 리스크들이 수용할 수 있을 만한 수준으로 경감될 때까지 중점적으로 다뤄져야 한다.

4. **작은 영향/높은 가능성** 사분면(우측 하단을 보라)에 해당하는 리스크들은 흔히 예측할 수 있거나 거래 실행 상의 실수들로서 절차상의 통제를 통해 수용할 수 있는 비용/효용 수준으로 경감될 필요가 있다.

[보기 11.1] 리스크 지도 – 2006년 12월

리스크 지도들은 리스크 워크숍 중에 투표 기법을 사용하여 작성하는 것이 이상적이다.

리스크 지도에 아래와 같은 사항들을 추가할 수 있다.

- **경감 수단** 예를 들어, 각각의 리스크에 대해 사용되는 상징물(예컨대 보기 11.1에서 보여 주는 거품 등)의 색깔 또는 크기에 의해 경감 수단의 적정성을 보여 준다. 이때 작은 상징물은 낮은 수준의 경감 장치를 나타내고 큰 상징물은 높은 수준의 경감 장치를 의미한다. 이 정보를 보여 주면 리스크 프로필을 받아 보는 사람이 전체 내용을 더 잘 이해하도록 도와준다.
- **추세** 각각의 리스크들의 증감 추세를 보여 주는 화살표는 리스크 프로필 독자에게 도움이 될 수 있다.
- **리스크 대 통제 차트** 종축에는 리스크의 크기 및 발생 가능성을 그리고 횡축에는 통제의 적정성을 표시하는 차트에 리스크들을 보여 줄 수도 있다. 이 차트는 경감 장치와 리스크의 심각성이 정렬되는지를 보여 준다. 이 차트는 과도하게 통제되는 리스크와 통제가 부족한 리스크를 식별해 줌으로써 자원을 적절하게 사용할 수 있도록 도와준다.

온도 지도

온도 지도는 일반적으로 색깔을 사용하여 리스크와 경감 장치[5]의 수준을 매트릭스 형태로 보여 준다. 수준에 대한 설명 및 사용되는 형태는 다양하지만, 일반적으로 리스크의 원천과 조직의 단위라는 매트릭스로 구성된다. 온도 지도는 참여자들이 리스크에 대해 등급이나 색깔을 부여하는 리스크 설문 조사에 잘 들어맞는다. 리스크 원천 온도 지도는 대개 전략, 운영 그리고 체계적 리스크 등으로 구분한 일반적인 리스크 목록을 보여 주는데, 우측의 열(column)에는 각각의 리스크의 심각성과 관련 경감 장치의 적정성 등급들을 보여 준다.

조직 온도 지도는 각각의 조직을 의미하는 열과 부서, 또는 상품 라인을 의미하는 행이 만나는 사각형에 각 리스크의 수준을 나타내는 색깔을 표시하여 작성될 수 있다. 일반적으로 높은 리스크는 적색으로 표시되고, 낮은 리스크는 녹색으로 표시된다.

글로벌 트레이딩 부서에서는 이런 형태의 온도 지도를 보다 정교하게 적용할 수 있다. 이 지도는 옆으로는 트레이딩 데스크의 위치를 표시하고 아래로는 다양한 상품의 리스크를 나열할 수 있다(보기 11.2의 예를 보라). 이러한 응용은 온라인 리스크 관리 보고 시스템에 적합하다. 이 경우 CEO나 트레이딩 부문장은 실시간 온도 지도를 보여 주는 컴퓨터 화면을 보다가 황색이나 적색 사각형이 보이면 이 칸을 더블 클릭하여 무엇이 이 색깔을 부여하게 하는지 보다 구체적으로 알아볼 수 있다. 이 예에서 CEO가 뉴욕의 귀금속 부문의 적색 사각형을 클릭하면 뉴욕의 오퍼레이션에 대해 보다 자세한 정보를 보여 주는 바, 트레이더의 데스크의 이익이 허용된 시간 안에 백 오피스와 대조 확인되지 않아서, 이를 담당하는 직원에게 적신호를 보내고 있음을 보여 준다.

[보기 11.2] 온도 지도

글로벌 트레이딩 리스크 프로필(온도지도)

	런던	뉴욕	토론토	시드니
채권	중간			
주식			중간	
외환			중간	
이자율		중간		중간
귀금속		높음		

뉴욕 귀금속 오퍼레이션

	트레이더	미들 오피스	백 오피스
인력			
결제			중간
대조 확인			
컴플라이언스	높음	중간	높음

정보 수집 방법의 장단점

리스크 프로필 작성에 필요한 정보를 수집하는 방법에는 여러 가지가 있는데, 각각 장단점이 있다. 비교 표(보기 11.3)에서 장단점을 보여 주고 있지만, 이것이 전부는 아니다. 조직들은 자신의 필요, 자원 그리고 역량에 비춰 각각의 방법을 고려하여야 한다.

[보기 11.3] 리스크 정보 수집 방법

	장점	단점
리스크 워크숍	· 효율적 시간 사용과 학습/공유 기회로 인해 참여자들에게 인기가 있음 · 여러 그룹의 사람을 대상으로 할 수 있음 · 결과가 즉각적으로 나옴 · 충분한 토론과 정보 공유로 인해 종종 "마법" 같다고 묘사됨*	· 높은 수준의 촉진 기술이 요구됨 · 투표 테크놀로지가 필요함 · 지리적으로 제약을 받음 · 참여자들에게 충분한 전문성과 지식이 있어야 함
체계화된 인터뷰	· 대화를 조성함 · 면담자의 시간을 효율적으로 사용함 · 대면 접촉이 관계를 강화해 주며, 리스크를 인식하는 문화를 증진함	· 지리적으로 제약을 받음 · 여러 종류의 리스크에 대해 잘 알아야 하며, 높은 수준의 인터뷰 기술이 필요함 · 동료 의사 결정자들과의 대화 기회가 없음 · 인터뷰 일정 수립 및 수행에 충분한 시간이 필요함
공식 설문 조사	· 더 많은 참여자를 커버할 수 있음** · 일관적인 체계 · 문서화가 잘 됨	· 응답의 질이 이슈가 될 수 있음 · 응답자들 입장에서 대화 및 학습 기회가 없음 · 질문 문항 작성에 충분한 준비 기간이 필요함 · 지연되기 쉬움

* 2005년 1월 25일자 Compliance Week에 Matt Kelly가 게재한 "Hydro One CRO와의 Q&A"라는 제목의 기사에 실린 인터뷰에 자세히 설명되어 있다.
**지리적으로 널리 퍼져 있는 조직의 경우, 설문 조사는 전자적 방법에 의해 제출되어 본사에서 취합하거나, 쉽게 사용할 수 있는 리스크 관리 어플리케이션을 통해 현지에서 수행하고 그 결과를 자동적으로 전사 컴퓨터 시스템에 입력할 수도 있다.

"Top 10" 리스크 프로필 작성 방법 – Hydro One의 경험

이 장의 전반부에서는 전사 리스크 프로필의 정의와 용도를 설명했다. 그리고 리스크 프로필에 사용되는 정보를 모으는 방법도 알아보았다. 어떻게 Top 10 리스크 프로필을 작성하고 이 프로필의 정확성 및 유용성을 추적 관리하는지에 대해 중점을 두는 후반부로 넘어가기 위해서는 앞에서 살펴본 배경 지식이 필요하다. 이 섹션에서는 Top 10 리스크 프로필의 작성, 취합 그리고 문서화에 관련된 중요한 측면들을 보다 자세하게 살펴본다. 아래에서 다루는 측면들의 순서는 다음과 같다.

- 인터뷰 일정 수립 및 배경 정보 수집
- 전사 비즈니스 목표 입수, 사건들에 대한 간략한 검토, 잠재적 리스크 열거, 이전의 리스크 목록 제공 그리고 인터뷰 노트 편집 등과 같은 인터뷰 도구 준비
- 인터뷰 결과 요약
- 리스크 등급 및 추세 요약
- Top 10 리스크 프로필 초안 작성
- 리스크 프로필 초안 검토
- 리스크 프로필을 이사회 또는 이사회 내 위원회에 소통
- 결과 추적 관리

1단계: 인터뷰 일정 수립 및 배경 정보 수집

실제로 인터뷰에 착수하기 전에 계획을 수립하는 것이 매우 중요하다. 인터뷰를 효과적으로 수행하려면 인터뷰 기간, 필요 자원, 상세함의 정도 등이 고려되어야 한다.

Top 10 리스크 프로필은 얼마나 자주 작성되어야 하는가?

이는 조직의 임원들로부터 긍정적인 협조와 피드백을 확보하는 핵심적인 결정이다. 시장 및 조직 자체 안의 급격한 변화에 비추어 볼 때 대부분의 조직에 있어서 연례 프로필을 작성한다면 작성 사이클이 너무 긴 셈이다. 반면에 ERM을 막 시작한 조직은 분기별 작성이 과도할 수 있다. 우선 시작하기에는 반기별 작성이 가장 무난하다. 몇 차례 작성해 본 뒤에는 리스크 프로필 작성 주기를 적절히 조정할 수 있다.

누구를 인터뷰해야 하며, 인터뷰는 어떻게 일정을 잡아야 하는가?

Hydro One의 경험에 의하면 평균 규모의 조직들에 대해서는 상위 40명의 임원들 및

리스크 전문가들[6]과 인터뷰하는 것이 가장 효율적이고 균형 잡힌 응답을 이끌어 낸다.[7] 2명의 ERM 팀원이 인터뷰를 수행하여 한 명은 인터뷰를 진행하고, 한 명은 상세하게 기록하는 것이 이상적이다.

반 시간짜리 인터뷰는 한 시간짜리 인터뷰보다 일정을 조정하기가 쉽다. 그리고 모든 인터뷰는 정해진 기간 내에 수행되도록 일정이 잡혀야 한다. 3주간의 인터뷰 기간은 실제적이며 이 프로세스 기간 중 조직에게 영향을 주는 사건에 급격한 변화(예컨대 시장 붕괴, 지진, 적대적 인수 시도)가 없는 한, 일정 시점에서의 조직의 리스크를 잘 보여 줄 수 있다.

CEO를 인터뷰할 때 고려할 점은 무엇인가?

CEO는 스폰서[8]이므로 CEO의 견해가 반영되면서도 CEO 또한 임원들 및 다른 정보원들의 의견에 기초하여 자신의 의견을 가다듬을 수 있는 기회를 가질 수 있도록 인터뷰 및 관련 세션에서 주의가 필요하다. 따라서 다양한 리스크에 대한 CEO의 의견을 물어보되, 이 정보가 다른 인터뷰 결과 및 정보와 통합되면, CEO의 의견과 다른 리스크 프로필이 나올 수도 있음을 알려 줄 필요가 있다. 그러나 궁극적으로는 리스크 프로필 보고서 최종안을 완성하여 이사회에 공유하기 전에 CEO가 임원들과 이를 검토하여야 한다.

어떤 배경 정보를 수집할 필요가 있는가?

이 시점에서 리스크 프로필에 영향을 줄 수 있는 주요 배경 정보가 수집되어야 한다. 이러한 정보에는 벤치마킹 정보, 성과 척도 그리고 핵심 리스크 지표(핵심 리스크지표에 대해서는 8장을 보라)로 사용될 수 있는 기타 추세 분석, 내부 및 외부 감사 보고서 그리고 고위 경영자 및 비즈니스 라인 관리자 차원 모두의 리스크 워크숍 결과 등이 포함될 수 있다.

ERM 환경에서 고위 경영진 및 리스크 전문가들에 대한 인터뷰 결과는 다른 ERM 정보에 비추어 검증되어야 한다. 그러한 다른 정보에는 연례 비즈니스 계획 수립의 일환으로 작성된 비즈니스 부문의 리스크 평가 그리고 연중 실시되는 주요 프로젝트 및 사업의 일환으로 시행되는 리스크 평가(예컨대 리스크 워크숍의 평가) 등이 포함되는 것이 이상적이다. 이러한 비즈니스 부문 및 프로젝트 리스크 평가 결과들은 통합되어서 전사 리스크 프로필에 대한 중요한 입력 자료로 사용되어야 한다. 중요한 원천에서 나오는 모든 정보들은 상호 보완하고 검증되어야 하며, 이들 사이에 상당한 차이가 있는 경우에는 그 이유를 조사해야 한다.

2단계: 인터뷰 도구 준비

어떤 주요 프로젝트나 새로운 사업에 착수하든지 준비는 필수적이다. 전사 리스크 프로필 작성도 다르지 않다. 인터뷰 도구 준비가 이 일의 많은 부분을 차지한다. 이곳에서는 Hydro One의 경험을 이용하여 인터뷰 도구들이 무엇인지, 이 도구들을 어떻게 준비하는지 그리고 그 도구들이 왜 필요한지를 설명한다.

전사 비즈니스 목표 입수

ERM 프로세스 진행 그리고 궁극적으로 Top 10 리스크 프로필을 작성하기 전에, 명확하게 정의된 전사 비즈니스 목표들이 식별되어야 한다. 놀랍게도 주요 비즈니스 목표들이 이해되고 있을 수는 있지만 공식적으로 문서화되지는 않고 있는 일부 조직에서는 이 정보를 언제나 손쉽게 입수할 수 있는 것이 아니다. 비즈니스 목표들은 특정 사업에 막대한 금액을 사용한 데서 드러날 수도 있고, 연례 보고서나 기타 공시 자료에 묻어 있을 수도 있으며, 또는 비즈니스 계획 문서들에 흩어져 있을 수도 있다. 그러므로 먼저 이들을 모으고 향후 수년 동안의 상위 8개에서 10개의 전사 비즈니스 목표에 대해 임원의 동의를 얻을 필요가 있다. 이러한 목표들은 매출액 20% 증가, 특정 수익성 수준 달성, 특정 해외 국가의 진출 그리고 특정 안전 목표 또는 고객 만족도 목표 등과 같이 측정 가능하게 표시되어야 한다. 그러나 이 목표들은 연간 기준으로만 작성되는 핵심 성과 지표(성과척도)들과 혼동하지 말아야 한다. 비즈니스 목표들은 뻗어 나갈 목표 또는 새로운 사업이라는 면에서뿐만 아니라, 주주 가치, 회사의 평판, 직원의 사기 그리고 조직의 고객 기반 보존이라는 면에서도 정해져야 한다.

이 장(章)의 나머지 부분에서는 전사 비즈니스 목표 달성에 대한 리스크라는 견지에서 ERM과 Top 10 리스크 프로필 작성에 관한 모든 추가적인 논의를 진행한다. 무엇보다 각각의 인터뷰에서 가장 먼저 해야 할 일은 인터뷰 대상자에게 이 논의가 향후 수년 동안 비즈니스 목표 달성에 대한 리스크에 집중된다는 것을 알려주는 것이다.

사건에 대한 간략한 검토

전사 리스크 프로필 작성 시 최근에 어떤 외부 사건이 발생했는지, 또는 조직에 영향을 줄 수 있는 어떤 사건이 발생할 수 있는지에 대해 제대로 이해하는 것이 중요하다. 때로는 이러한 조사를 "환경 검토"라 부른다. 이를 준비하는 간단한 방법은 조직 또는 이해관계자[9]들에게 영향을 줄 수 있는 사건들을 묘사하는 신문 클립, 리서치 보고서, 기사 등을 지속적으로 모아 두는 것이다. 이러한 사건들의 예로는 정권 변경, 규제상의 변화 또는 변화 예고, 주식 시장의 이상 현상(예컨대 수익률 곡선 역전), 유사한 기업에서 발생한 뜻밖의 소송 제기 또는 소송 결과, 재앙 또는 위기 등이 있다. 이러한 사건들을 정규적으로 모아 둔 파일들은 상당한 분량에 이르게 되는데, 이중에서 가장 영향이 있는 사건들 또는 잠재적인 리스크가 될 이슈들을 한두 페이지로 요약할 필요가 있다. 이처럼 요약한 사건들 목록을 면담 대상자에게 미리 배포하거나 인터뷰를 시작할 때 전해주되, 이 요약 자료는 면담 대상자에게 직전 인터뷰 이후에 발생했던 사건들을 상기시켜 줌으로써 그들에게 외부 사건들이 조직에 어떤 영향을 줄 수 있는지 생각하는 데 도움을 주려는 것임을 설명해야 한다. 많은 면담 대상자들이 이 요약 정보가 도움이 된다고 말하며 이를 받아 보기를 기대한다. 이 자료는 또한 면담 대상자에게 사건들에 대해 파악 및 논의하고 심지어 부주의하게 빠진 사건들을 덧붙이기까지 할 수 있는 기회를 제공한다.

잠재적 리스크 목록 작성

많은 실제 ERM 사례들에서는 경영진에게 특정 리스크 목록들을 제공하고 이에 대해 등급을 부여해 주도록 요청하거나, 면담자가 특별히 리스크 목록을 상기시켜 주지 않은 채 리스크에 대해 논의할 수도 있다. 그 결과 면담 대상자들이 제공된 목록에 나와 있지 않은 리스크를 고려하지 않을 수도 있고, "무엇이 당신을 잠 못 들게 합니까?"와 같은 일반적인 질문에 대답을 하지 않을 수도 있다. Hydro One에서는 이 두 방법을 모두 사용하며 면담 대상자에게 인터뷰가 시작될 때 과거의 리스크 및 잠재적 리스크 목록을 제공하고, 그들에게 신중한 탐색과 논의를 통해 어떤 시나리오가 현실화될 수 있을지 또는 어떤 새로운 리스크들이 나타날지 생각해 보라고 촉구한다.

잠재적 리스크 목록에 어떤 리스크들이 표시되는가? Hydro One의 잠재적 리스크 목록은 안전, 규제 그리고 고객 기대와 같은 범주들로 그룹화된 리스크들에 대한 간략한 묘사로 구성되어 있다. 직전의 리스크 프로필에서 언급되었던 리스크들에 대해서는 종전의 리스크 등급을 나타내는 색깔이 표시되어 있다. 예를 들어, 빨강은 높은 리스크를 나타내고, 노랑은 중간 정도의 리스크를 나타낸다. 낮은 등급이 부여되었거나, 아직 구체화되지 않아서 리스크 프로필에 언급되지 않았던 리스크들에 대해서는 색깔을 칠하지 않고 "백색 지대(white space)"로 남겨 둔다. 이러한 예로는 전염병 리스크, 규제 변화 그리고 계류 중인 환경 관련 입법들이 있다.

이 목록의 목적은 무엇인가? 모든 리스크들이 큰 시트 위의 3개의 열에 열거되는데, 이를 통해 면담 대상자들이 이 목록을 재빨리 훑어보고, 자신의 관심 분야에 집중할 수 있게 해 준다. 일부 면담 대상자들은 인터뷰 과정 내내 자신의 책임 분야 또는 전문 분야에 대부분의 시간을 할애하기도 한다. 자신이 특히 우려하고 있는 리스크들을 논의 대상으로 선택하는 사람들도 있다. 리스크 목록을 제공하는 목적은 리스크들이 비즈니스에 영향을 줄 가능성과 영향을 줄 경우 그 시기에 대한 의견을 구하기 위함이다. 면담 대상자의 신임을 얻고 타당한 리스크 프로필을 작성하기 위한 정확하고 적절한 정보를 구하기 위해서는 면담자가 다양한 성격 유형을 지닌 사람들을 다루는 기술이 있어야 한다.

지난번의 Top 리스크 목록 제공. 또한 인터뷰를 시작할 때 면담 대상자들에게 지난번 리스크 프로필에서 식별된 top 리스크들과 그들의 등급 목록 매트릭스가 제공되어야 한다.(보기 11.4를 보라.) 이 매트릭스에는 면담 대상자가 생각하는 현재의 등급 및 추세(상승, 하락, 또는 동일)를 기록할 수 있는 빈 칸들도 있다. 면담 대상자들에게 인터뷰를 마치기 전에 각각의 등급이 조정되어야 하는지와 추세가 어떠한지에 관한 의견을 제시해 달라고 요청한다. 그리고 Top 10 리스크에 다른 리스크들이 추가되어야 하는지에 대해서도 질문한다. 마지막 열은 면담자가 간략한 논평을 할 수 있는 칸으로 사용된다.

Hydro One의 경험에 의하면 면담 대상자 중 이 형식을 좋아하며, 기꺼이 각각의 리스크에 대한 평가를 제공하고 새로운 리스크가 있을 경우 이를 추가하는 사람들이 있다. 이 리스크들의 등급 및 추세에 대한 의견은 제시하지 않는 것을 선호하지만, 이 리스크들 및 경감 수단들에 대해 깊이 있게 얘기하며 귀중한 질적 데이터와 관점을 제공하는 사람들도 있다. Hydro One은 이 두 가지 유형을 모두 수용하며, 각각의 면담 대상자에게 어느 한 가지 방법을 사용하라고 요구하지 않는다. 이 점이 바로 ERM이 과학이라기보다는 예술로 간주될 수 있는 지점이다.

[보기 11.4] 리스크 프로필 – 인터뷰 시트

날짜		면담 대상 임원/리스크 전문가		
리스크의 원천	종전 리스크 등급	추세 ↑상승 하락↓	금번 등급 (종전과 다를 경우)	비고
고객의 기대	매우 높음			
자산의 상태	매우 높음			
정부 정책의 불확실성	높음			
규제상의 불확실성	높음			
인적 자원	높음			
적정한 전기 공급	중간			
직원의 사고	중간			
비용 감축	중간			
기타:				
기타:				

인터뷰 노트. 대부분의 인터뷰에는 많은 양의 토론 및 수집 정보가 있을 수 있다. 그러므로 방대한 기록을 하면서 인터뷰를 진행하기가 벅찰 수도 있다. 이상적으로는 ERM 그룹에서 두 명의 면담자가 나와 한 명은 인터뷰를 진행하고 다른 한 명은 자세하게 기록하는 것이 좋다.

인터뷰 프로세스에 대한 면담 대상자의 피드백. Hydro One은 여러 해 동안 이러한 인터뷰를 해 오고 있다. 이 기간 중에 면담 대상자들로부터 인터뷰 프로세스에 대한 긍정적인 피드백이 있었다. 전반적으로 면담 대상자들은 조직에 대한 리스크 전반에 대해 더 많이 배우게 되었고, 이 리스크들에 대해 실제적인 차원에서 생각하게 되었다고 평가했다. 면담자들 또한 이 대화가 방어적이지 않았으며, 보다 많은 경영진에게 비즈니스 목표가 잘 이해되도록 함에 있어서 이 인터뷰가 핵심적인 역할을 했음을 발견했다.

3단계: 인터뷰 결과 요약

모든 인터뷰들이 끝나면 그 결과를 요약해야 한다. 흔히 인터뷰 종료 후 짧은 시한 내에 경영진과 이어서 이사회 내 위원회 또는 이사회 자체에 보고하도록 한다. 집중된 조직에서는 소수의 인원이 인터뷰를 실시하거나 그 결과를 요약할 수도 있는 반면, 세계적인 대규모 조직에서는 지역의 후원자들이 인터뷰를 실시한 후 본부의 ERM 그룹에 요약 문서를 보내서 본부에서 전체 결과를 취합하게 할 수도 있다.

요약 시 도움이 되는 비결

Hydro One에서 사용되는 유용한 방법 중 하나는 주요 리스크들마다 서로 다른 시트에 2칸짜리 요약표를 작성하는 것이다.

1. 첫 번째 칸은 리스크 증가시 그 원천과 이유를 파악한다.
2. 두 번째 칸은 리스크 감소시 경감 노력과 리스크 감소 원인을 나타낸다.

위의 두 칸에 표시된 논평에 대해서는 면담 대상자의 이름을 표시해 특별한 이슈가 있을 경우 쉽게 찾아보고 사후 관리할 수 있게 한다. 모든 인터뷰들은 비밀로 취급되고, 누가 어떤 의견을 표시했는지 절대로 공개하지 않지만, 실무상으로는 원래의 인터뷰 기록을 유지하고 보다 명확히 할 필요가 있을 경우 간헐적으로 면담 대상자에게 추가로 질문하기도 한다.

이처럼 작성이 완료된 개별 리스크들에 대한 요약 시트들은 핵심적인 발견 내용에 대한 요약 자료가 되어서 리스크 프로필 취합 또는 업데이트의 근거를 제공한다. 특정 리스크에 대한 견해가 나뉠 경우, 이에 대해 추가적으로 조사하여 검증할 필요가 있다.

4단계: 리스크 등급 및 추세 요약

면담 대상자들이 특정 리스크에 대한 새로운 등급 및/또는 추세를 제공할 경우, 이를 스프레드시트 상에 기록해 둔 후 전반적인 등급 또는 추세가 참으로 변경되어야 하는지 결정하여야 한다.

특정 리스크를 추가하거나 리스크 등급을 바꾸는 결정은 다음과 같은 항목들로부터 나온다.

- 요약된 인터뷰 결과들의 주요 이슈들
- 면담 대상자들로부터 수집된 리스크 등급들
- 면담 대상자들이 표시한 추세들

때로는 ERM 그룹에서 리스크 프로필에 포함시키기 위해 임원들과 신흥 리스크들을 논의하기 위한 초안을 작성할 필요가 있을 수도 있다. 이는 ERM 그룹이 이전에 우선시되지 않았던 리스크들이 높아지고 있다고 믿을 수도 있기 때문이다. 이러한 새로운 리스크들을 묘사할 때, ERM 그룹은 이처럼 리스크가 높아지고 있다는 사실을 인터뷰 결과 및 기타 증거들로 뒷받침할 필요가 있다.

5단계: Top 10 리스크 프로필 초안 작성

인터뷰가 수행되고 그 결과들이 요약되면 리스크 관리자는 리스크 프로필을 어떻게 가장 잘 소통할 수 있는지 결정해야 한다. 다음 섹션은 문서 작성 및 이에 관한 발표를 인도할 몇 가지 유용한 원칙을 제공한다.

단순하게 하라

전사 리스크 프로필 작성 시에 Hydro One은 몇 가지 기본 원칙들과 모범 실무 관행들을 따른다. 첫째, 보고 문서는 비교적 단순하고 이해하기 쉽게 작성한다. 둘째, 이 문서는 설명과 이해하기 쉬운 도표들을 함께 사용한다. 이렇게 하는 이점 중 하나는 문서가 어려운 용어들이 아니라 평이한 용어로 작성된다는 점이다.

핵심적인 발견 사항에 관한 요소들

이 문서 자체는 세 부분으로 나누어진다. 첫 번째 부분은 따랐던 프로세스, 완료된 인터뷰 수, 평가 대상 기간(예컨대 향후 3년) 그리고 지난번 리스크 프로필에서 삭제되었거나 금번에 새로 추가된 리스크 등과 같은 기본 정보에 중점을 둔다. 두 번째 부분은 매트릭스로 구성된다(보기 11.5를 보라). 이 매트릭스는 Top 리스크들을 나열하고, 현재의 등급과 비교를 위한 종전 등급 그리고 이 리스크들에 대해 설명하는 참고 자료를 보여 준다. 세 번째 부분은 각각의 리스크에 대한 반쪽 분량의 서술로 구성된다. 각각의 서술은 리스크의 원천, 영향을 받는 비즈니스 목표 그리고 현재 또는 계획 중인 경감 수단들을 설명한다.

Hydro One은 리스크를 "잔여 리스크(residual risk)", 달리 말하자면 현재 및 계획 중인 경감 조치들을 고려한 뒤의 리스크로 묘사하고 이를 평가한다. 이 회사는 날씨 등과 같은 예외적인 경우 외에는 "고유 리스크(inherent risk)"라는 용어를 사용하지 않는다.[10]

최초의 리스크 프로필 작성 시 고려할 조언

경영진이나 이사회가 리스크 프로필과 같은 문서를 처음 접해 볼 수도 있으므로, 최초로 리스크 프로필을 작성할 때에는 매우 조심해야 한다. Top 10 방법을 사용해 온 Hydro One의 경험에 비추어, 다음과 같은 가이드라인과 조언을 제시한다.

- 비즈니스 맥락, 경영 스타일, CEO의 취향과 관심사 그리고 민감한 영역 및 이슈들에 대해 평가하라. 이 지식은 리스크 프로필 작성자에게 상황 및 관련자들의 성격에 비추어 리스크가 어떻게 묘사되어야 하는지 안내 역할을 할 수 있다.
- "천 리 길도 한 걸음부터"라는 자세를 취하라. 리스크의 정수를 충분히 넓게 묘사해서 리스크 프로필의 독자들이 관심을 보이되, 의미와 적용이 일반적이지 않을 수도 있는 지나치게 상세한 묘사에 빠져들지 않게 하라.
- 회사에서 사용하는 용어를 쓰라. 경영진과 회사에서 쓰는 용어를 사용하고, 회사의 실제 사례를 보여 줌으로써 이사회가 반응을 보이고 쉽게 이해할 수 있게 하라.
- 전사 리스크 프로필을 구미에 맞게 묘사하라. 실제로는 리스크 프로필은 조직이 직면해

있는 주요 리스크들과 이 리스크들을 관리하기 위한 기존 또는 계획 중인 경감 수단들에 대한 경영진의 이해를 반영한 것으로 여겨져야 한다. 그렇다고 리스크를 대수롭지 않게 생각하거나, 사탕발림을 해야 된다는 것은 아니다. 그보다는 리스크 프로필을 현실적인 "로드맵" 또는 개선 기회로 표현할 수 있다. 리스크를 처음으로 묘사함에 있어서 너무 세세한 부분을 모두 포함하려 하거나, 너무 딱딱할 경우 향후 리스크 프로필 작성 작업뿐 아니라 전체 ERM 프로세스가 위험해질 수 있다.

- 리스크에 대한 견해가 크게 나뉘는 내용들을 파악하여 설명하라. 리스크는 흔히 미래의 사건들에 대한 불확실성으로 정의된다. 그러므로 리스크의 영향, 확률, 또는 경감 수단의 적정성에 대한 견해가 크게 나뉜다는 점이 명백한 경우, 이 불확실성을 파악하여 리스크 프로필에 이를 설명하는 것이 중요하다. 등급 또는 숫자에 관해 매우 정밀하게 제안하려 하면 실제를 반영하지 못할 수도 있으니, 이를 피하라. 수학적 공식은 정확한 숫자를 제시할 수 있는 바, 이로 인해 확실성이 적절한 실제 수준보다 더 크다고 비춰질 수도 있기 때문이다.

[보기 11.5] 리스크 프로필 매트릭스

리스크 원천	페이지	추세	리스크 등급 2003년 7월	리스크 등급 2003년 1월	리스크 등급 2002년 1월
적정한 전기 공급	3	↗	매우 높음	매우 높음	높음
성과, 생산성 그리고 사람 ("일이 제대로 되게 하기")	4	↗	매우 높음	매우 높음	다소 높음
정부 정책의 불확실성	5	→	매우 높음	높음	높음
규제의 불확실성	5	↘	높음	매우 높음	매우 높음
직원 사고	6	→	높음	높음	매우 높음
송전 네트워크 용량	7	↗	높음	다소 높음	중간
송전 네트워크 상태	8	↘	다소 높음	다소 높음	중간
정보 기술	8	↗	다소 높음	중간	낮음
배전 설비 상태	9	↘	중간	다소 높음	높음
고객의 기대	9	↘	중간	다소 높음	높음
환경	10	↘	중간	중간	중간

- 리스크에 대해 미리 정해진 엄격한 범주 또는 설명을 사용하지 마라. 실상 리스크는 경영진의 경감 전략, 전략 목표 변경, 또는 외부 요인들로 인해 변하기도 하고, 다뤄지기도 하며, 종종 감소하기도 한다. Hydro One의 리스크에 대한 설명은 상황에 따라 맞춰지며, 배양 접시 안의 아메바처럼 변하고, 쪼개지고, 다시 합쳐진다. 범주와 설명을 상황에 따라 맞춤으로써 리스크 프로필이 변화하는 환경을 보다 정확히 반영하게 된다. 그러나 이렇게 하려면 비즈니스에 대한 보다 많은 기술 및 지식을 필요로 한다.

Hydro One의 리스크 범주 진화 사례

예시를 위해 Hydro One에서는 리스크가 어떻게 진화하며 이와 관련된 리스크에 대해 어떻게 서술하는지에 대한 예를 제공한다. 여러 해 전에 Hydro One은 자산 실패 사건이 발생할 경우 목표에 미치는 잠재적 영향을 반영하기 위하여 "자산 상태"라는 리스크 이름을 붙였다. 나중에 송전 자산과 배전 자산 사이에 근본적인 차이가 있음이 명백해졌다. 그 결과 Hydro One은 이 리스크 그룹을 쪼개서 각각의 자산 형태에 자신의 리스크 범주와 등급을 부여했다. 온타리오 지역에서의 전기 발전과 수요의 위치가 변화하기 시작하자 Hydro One은 송전 자산 리스크를 둘로 나눴다. 이 분리는 현재 기존 자산의 상태로부터 발생하는 리스크와 점증하는 발전 및 수요 변화를 충족하기 위한 올바른 위치에 충분한 자산을 보유하지 못할 리스크를 반영한다. 보다 최근에는 분산된 발전(예컨대 풍차)이 우후죽순처럼 생겨나 배전 그리드에 수백만 달러의 업그레이드를 필요로 하게 되었다. 이로 인해 새로운 리스크 범주가 생겨났다. 보기 11.6은 처음에는 자산 상태라는 하나의 리스크 범주에서 4개의 리스크 범주로 진화한 예를 보여 준다.

6단계: 리스크 프로필 초안 검토

ERM 그룹에서 리스크 프로필을 작성하거나 업데이트하고 나면, 이 프로필이 경영위원회에 제출된다. 경영위원회에서 이 프로필이 다듬어지고, 어떤 경우에는 사실 관계에 대한 의문을 해결하기 위해 추가 조사가 요구되기도 한다. CEO가 주관하는 경영위원회는 (프로필을 승인하거나 받아들임으로써) 리스크 프로필에 대한 오너십을 가진다.

[보기 11.6] 자산 리스크의 진화

리스크 범주	2002	2004	2006	2008
자산 상태(a)	X			
송전 자산 – 상태(b)		X	X	X
송전 자산 – 용량(c)			X	X
배전 자산 – 상태(d)		X	X	X
배전 자산 – 발전 연결(e)				X

주:
a. 자산 노후화 및 현재의 자산에 대한 정보 결여에서 발생하는 리스크
b와 d. (a)를 송전 자산과 배전 자산으로 분리함
c. 수요와발전의 위치의 지리적 변화로 인해 증가하는 리스크
d. 위의 (a)에서 분리된 배전 자산 – 상태
e. 널리 분산된 새로운 재생 가능 에너지(예컨대 풍차) 원천을 수용하기 위해 상당한 자산 설계 변경이 필요해짐에 따라 생겨난 리스크

7단계: 리스크 프로필을 이사회 또는 이사회 내 위원회에 소통

이번 장의 앞에서 말한 바와 같이 전사 리스크 프로필의 주된 목적은 조직이 직면하고 있는 주요 리스크들을 이사회와 공유하는 것이다. 그렇다면 리스크 프로필은 최소한 연례적으로 이사회 전원 위원회에 보고되어야 한다. 이 프로필은 CEO와 임원진을 대표하여 CRO 또는 다른 고위 경영진이 이사회 또는 이사회로부터 위임을 받은 하위 위원회에 보고되어야 한다. Hydro One에서는 하위 위원회에 보고한다. 좋은 기업 거버넌스의 일환으로서, 이사회는 정기적으로 업데이트된 프로필 또는 위기 시에는 중간 업데이트를 받아 볼 수 있도록 요구해야 한다.

이사회 하위 위원회는 또한 ERM의 후원 및 모니터링을 위한 장(場)으로 지정될 수도 있다. 이 일이 종종 이미 과중한 부담을 지고 있는 감사위원회에 배정되기도 하지만, 향후에는 더 많은 이사회들이 특수한 리스크 관리 위원회를 구성하여 이 위원회에 ERM을 모니터하고 주요 리스크들에 대해 감독하도록 위임하기를 희망한다. 이러한 위원회는 다른 모든 하위 위원회의 위원장들로 구성되는 것이 이상적이다.

리스크 프로필의 두 번째 목적은 전략 계획 수립을 위한 중요한 기반을 제공하는 것이

다. 리스크 프로필은 경영진과 이사회에 그들이 기존 전략 계획 하에서 현재 직면하고 있는 리스크들을 상기시켜 준다. 이를 통해 경영진과 이사회의 비전 변화, 새로운 사업 수행 및 기회 탐색에 대해 숙고할 때, 새로운 전략적 의사 결정에 의해 현재의 리스크가 어떻게 영향을 받을 수 있는가라는 관점에서 틀을 짤 수 있게 해 준다.

8단계: 결과 추적 관리

전사 리스크 프로필의 정확성 및 유용성을 모니터할 수 있는 방법은 여러 가지가 있다. 가장 명백한 것은 시간의 경과이다. 예기치 않은 리스크가 출현해서 조직이 리스크를 식별하고, 논의하며, 평가하여 경영진과 이사회가 적절하다고 생각하는 수준으로 경감하지 않았던 리스크 때문에 놀랐는가? 리스크 프로필이 작성된 뒤에 식별되지 않았던 주요 리스크가 발생할 경우, 경영진과 이사회는 이를 검토해서 어떻게 발생했는지 이해해야 한다. 보다 중요한 점으로서 무엇이 빠져서 그러한 리스크가 탐지되지 않았거나 보고되지 않을 수 있었는가?

전사 리스크 프로필의 유용성을 모니터하는 또 다른 방법 중 하나는 식별된 Top 10 리스크 대비 돈과 자원이 어떻게 배정되는지 비교해 보는 것이다. 예를 들어, 이사회에 리스크 프로필과 정렬되지 않는 비용 지출 승인이 상정되는가? 자원과 경영진의 주의가 리스크 프로필에 따라 할당되지 않을 경우, 이사회는 리스크 프로필이 부정확한지 또는 왜 추가적인 자원에 대한 필요가 충분하게 고려되지 않았는지에 대해 조사해야 한다.

결론

이번 장에서 우리는 전사 리스크 프로필이 전반적인 ERM 프로세스에서 얼마나 중요한지 살펴보았다. 실제적인 경영 관리 및 거버넌스 도구로서의 ERM을 위해 작성되는 리스크 프로필과 다른 목적을 위해 조직 안에서 작성되거나 조직 외부에서 해당 조직에 대해 작성하는 다른 유형의 리스크 프로필들도 구분하였다. 정교함이나 리스크 프로필 작성에 기울이는 노력의 정도는 다양하지만, 이 장은 ERM을 시작하려는 조직이나 이의 시행에 어려움을 겪고 있는 조직이 사용할 수 있는 입증된 방법을 설명하였다. 본질적으로 전사 리스크 프로필은 다음과 같은 역할을 한다.

- 이사회, 경영진 그리고 비즈니스 라인 담당 임원들이 비즈니스 목표 및 이와 관련된 리스크에 대한 이해를 정렬시키도록 도와준다.
- 전략 계획 수립과 자원 할당에 불가결한 역할을 한다.
- ERM 프로세스가 어떻게 작동하며 어떻게 가치를 부가하는지 보여줌으로써 ERM의 가치 홍보에 도움을 준다.

참고 문헌

DeLoach, James W. 2000. Enterprise-wide risk management: Strategies for linking risk and opportunity. Upper Saddle River, NY: Prentice Hall.

Fraser, John R.S., and Betty J. Simkins. 2007. Ten common misconceptions about enterprise risk management. Journal of Applied Corporate Finance.

HM Treasury. 2004. The orange book: Management of risk principles and concepts.

The Institute of Risk Management (UK) and the Institute of Insurance and Risk Managers (UK). 2002. The Risk Management Standard.

ISO / IEC CD 2. 2008. Guide 73 (April 1).

Kelly, Matt. 2005. Q&A with Hydro One's chief risk officer. Compliance Week (January 25).

INDEX

1) ISO는 리스크 프로필을 "일련의 리스크들에 대한 묘사"라고 정의하며, 리스크는 "불확실성이 목표에 미치는 영향"이라고 정의한다(ISO/IEC CD 2 가이드 73, 2008년 4월 1일).

영국 재무부의 오렌지 북: 리스크 관리원칙 및 개념(2004년 10월)은 리스크 프로필을 "조직이 직면한 특정 리스크들의 범위에 대해 문서화 및 우선순위화한 전반적인 평가"라고 정의한다.

영국 리스크 관리 협회와 영국보험 및 리스크 관리자 협회에서 제정한 2002년 리스크 관리 표준은 섹션 4.5에서 리스크 프로필을 다음과 같이 정의한다. "리스크 분석 프로세스의 결과는 각각의 리스크에 중요성 등급을 부여하고 리스크 처리 노력을 우선순위화하는 도구를 제공해 주는 리스크 프로필 작성에 사용될 수 있다. 이 프로필은 식별된 리스크 각각의 상대적 중요성을 볼 수 있도록 이 리스크들에 순위를 매긴다."

2) Hydro One Inc.는 캐나다 온타리오에 소재한 최대의 전기 송전 및 배전회사 중 하나이다. 이 회사는 약 138억 캐나다 달러의 자산과 130만 명의 고객을 보유하고 있다. 이 회사는 1999년부터 임원들과 리스크 전문가(미주 8)들에 대한 인터뷰에 기초한 반기 리스크 프로필을 작성해 오고 있다. 이 프로필들은 리스크 워크숍의 결과들과 비교함으로써 정기적으로 검증된다.

3) 일관성을 위해 1개의 구체적인 연수(예컨대 위기가 분석되고 있는 것이 아니라면, 1년)가 사용되어야 한다. Hydro One은 3년을 사용한다.

4) 제임스 드로우치(James DeLoach)는 저서 Enterprise-wide risk management: Strategies for linking risk and opportunity에서 이들 각각의 사분면을 다루기 위해 취해야 할 조치들에 대한 뛰어난 분석을 제공한다(135-137쪽).

5) 경감 장치는 내부 통제, 보험 그리고 로비활동 등 리스크를 줄이기 위해 조직이 취하는 모든 조치들이라고 정의될 수 있다. 내부 감사인들은 리스크 관리를 일컬을 때 종종 "통제"라는 용어를 사용하기도 한다. 그러나 경감 장치는 통제만이 아니라 훨씬 광범한 조치들을 포함한다.

6) 리스크 전문가들은 안전, 환경, 자금, 보험, 재무, 마케팅, 홍보 그리고 고객 보호 등과 같은 분야에서 특화된 역할을 맡는다.

7) 이 결론은 약 5,000명의 직원을 둔 Hydro One에서 4년 동안(2000-2003) 연간 약 40회의 워크숍(약 400명의 지원이 관여함)에서 수집한 상향식 데이터를 상위 40명의 임원들과 리스크 전문가들로부터 입수한 데이터와 비교해 본 경

험에 근거를 두고 있다.

8) 후원자: Hydro One에서는 CRO의 역할은 촉진 및 지원 기능으로 자리매김해 왔다. 따라서 리스크 워크숍과 리스크 프로필은 언제나 "후원자"를 지원하기 위해 실시된다. 후원자는 이 과제에 대한 리더십을 제공할 책임이 있으며, 대개 이 과제에 관련된 최고위급 임원으로 정의된다. 전사 리스크 프로필에 대해서는 CEO가 후원자로 정해져 있다.

9) 이해관계자들에는 고객, 공급업자, 주주, 규제 당국, 일반 대중 그리고 직원들이 포함된다.

10) Hydro One의 John 프레이저와 오클라호마 주립대학교의 Betty J. Simkins가 Journal of Applied Corporate Finance, vol. 19, 2007년 가을 호에 기고한 "ERM에 관한 10개의 보편적인 오해들"에 나오는 "실수 #1: 고유 리스크가 ERM의 주요관심 대상이다"를 보라.

저자 소개

존 프레이저(John Fraser)는 북미 최대의 전기 송전 및 배전 회사 중 하나인 Hydro One Networks Inc.의 부사장, 내부 감사 & CRO로 온타리오 및 캐나다의 공인 회계사이고, 영국 공인 회계사 협회 회원, 공인 내부 감사인(Certified Internal Auditor), 공인 정보 시스템 감사인(Certified Information System Auditor)이다. 금융, 사기, 파생상품, 안전, 환경, 컴퓨터 및 오퍼레이션 분야를 포함하여 금융 서비스 부문에서 30년 넘게 일했고, 현재 캐나다의 전략 리스크 위원회 컨퍼런스 보드의 자문 위원회 위원장이며, Applied Finance Journal의 실무 부 편집인이고, 캐나다 공인 회계사 협회 리스크 관리 및 거버넌스 위원회 전 회원이었다. 전사 리스크 관리에 있어 알려진 권위자이며, ERM에 관한 세 편의 논문을 공동으로 저술했다(이 논문들은 Journal of Applied Corporate Finance와 Applied Finance Journal에 게재되었다).

12

ENTERPRISE RISK MANAGEMENT

리스크 기반 자원 배분 방법

조지프 토네구조(Joseph Toneguzzo) – Ontario Power Authority 전력 시스템 계획 부문 실행/승인 이사

서론

기업의 비즈니스 목표 달성 확률을 극대화하는 최적의 자원 배분은 선도적인 회사들의 연례 비즈니스 계획 수립 프로세스의 핵심 산물 중 하나이다. 이 장에서는 성공적인 회사 목표 달성을 위험에 빠뜨리는 리스크 관리에 기초하여 자원(여기에서는 회사의 비용이라고 가정한다)을 배분하는 실제적인 비즈니스 프레임워크를 설명한다. 리스크 식별 및 관리에 기초한 자원 배분은 일반 기업체 또는 에너지, 운송 그리고 병원 부문과 같은 공공 서비스 회사 그리고 공공의 인프라 스트럭처를 관리할 책임이 있는 정부 기관 등 자산 포트폴리오를 소유, 운영, 유지 및 대체하는 기관들의 보편적인 비즈니스 관행이다. 이번 장의 논의는 리스크에 기초한 최적의 자원 배분에 중점을 두지만, 이 개념은 기회 또는 기회와 리스크의 조합에 중점을 두는 비즈니스에도 적용되고 있다.

이번 장에서 설명하는 리스크에 중점을 둔 자원 배분 프레임워크(Risk Focused Resource Allocation Framework; RFRAF)는 전력 산업에서 이 특수한 주제에 대해 배웠던 약 10년 동안의 모범 실무 관행에 기반을 두고 있다. 전력 산업 섹터는 업계의 경쟁이 심화됨에 따라 비즈

니스 실적을 개선하기 위해 리스크에 중점을 둔 자원 배분 프로세스를 연구, 개발, 시행 및 운영해 오고 있다. 역사적으로 수직적으로 통합(발전, 송전, 배전)되어 이 산업을 지배해 오면서 심한 규제를 받고 있는 기업들은 지난 10년 동안 여러 나라들에서 분리되어 왔다. 이 새로운 비즈니스 모델로 이동하게 된 주된 목적은 발전 사업자들 사이의 경쟁을 촉진하고, 송전 및 배전 섹터에 대해 보다 초점을 맞춘 규제를 통해 자연스러운 독점에 기반을 두고 있던 송전 및 배전 기능으로부터 효율성을 제고하고자 함이었다. 이러한 비즈니스 환경의 변화로 주주, 규제 당국 그리고 이 산업에 관계된 기타 이해관계자들이 요구하는 비즈니스 성과 개선을 이루기 위한 최적 자원 배분을 가져오는 비즈니스 모델 수립 및 개선을 위해 전력 산업에서 일련의 국제적인 연구[1])에 착수하게 되었다. 규제 프로세스를 간소화하기 위해, 이 섹터 내에서 규제를 받는 송전 및 배전 업체들은 고도의 투명성, 결과의 일관성 그리고 실행의 효율성을 지닌 자원 배분 프레임워크를 개발했다. 투명성, 일관성, 효율성이라는 이러한 속성들은 기업에서 사용되는 비즈니스 계획 수립 모델의 테두리 안에서 평가되어야 한다. 이러한 비즈니스 모델들과 이를 지원하는 의사 결정 프레임워크들의 연구, 개발, 시행 그리고 개선을 위한 국제적 노력은 회사의 목표 달성을 위해 한정된 자원을 최적으로 배분해야 하는 모든 산업에 가치가 있을 것으로 기대된다.

여기에서 논의되는 비즈니스 프레임워크는 규제가 심한 다른 대기업들 및 경쟁이 심한 기업들에게서 사용되는 유사한 프레임워크들에 대한 상당한 분석 후에 전력 산업에 의해 개발되고 다듬어졌다. 이 프레임워크의 요소들은 범용성이 있으며, 경쟁과 규제가 심한 많은 기업들에서 다음과 같은 사항들을 다루기 위한 비용의 우선순위화를 요구하는 연례 비즈니스 계획 수립 시에 사용된다.

- 상품 또는 서비스에 대한 수요 증가
- 비즈니스 또는 비즈니스 설비를 유지하기 위한 상시 운영과 유지 보수
- 수명이 다한 설비 교체와 관련된 작업
- 비용 절감 및/또는 성과 개선을 위한 효율성 향상

그러한 비즈니스의 예로는 석유 및 가스 산업, 설비 관리, 병원 부문, 인프라스트럭처

서비스, 운수 설비 관리, 항공 및 항공 우주 산업, 해운 산업 그리고 일련의 기타 기업들이 포함된다.

이 장에서는 효과적인 RFRAF의 핵심적인 디자인 요소들에 중점을 두며, 이 프레임워크를 개발, 시행, 운영 그리고 개선하면서 배운 몇 가지 주요 교훈들에 대해서도 논의한다.

논의를 촉진하기 위해서, 이 장은 이 프레임워크의 6개 주요 구성요소에 따라 다음과 같이 구성된다.

1. 리스크 정책 및 리스크 관리를 위한 탁월성 센터
2. 전략적 목표를 리스크에 기반을 둔 개념으로 변환함.
3. 리스크 기반 비즈니스 프로세스 및 조직상의 고려 사항
4. 리스크 식별, 평가, 경감, 우선순위화 그리고 관리를 가능하게 해 주는 개념, 방법 및 모델들
5. 정보 요건 및 도전 과제
6. 지속적인 개선을 위한 효과성 척도

또한 이 장에는 핵심 요소들의 상호 의존성을 관리하는 실제적인 교훈과 모범 실무 관행들도 포함되어 있다. RFRAF의 전반적인 효과성에 있어서 이 상호 의존성에 대한 이해는 매우 중요하다.

이 장에서 논의되는 RFRAF는 상위 차원의 ERM 프레임워크(ERMF)와 전사 차원 비즈니스 계획 수립 프레임워크(BPF)의 부분 집합이다. ERMF는 계속적인 실시간 리스크 관리에 필요한 프로세스들을 포함하여, 비즈니스의 모든 측면을 포괄하는 전사 차원의 지속적인 프로세스이다. 그러므로 ERMF는 이 장에서 설명하는 RFRAF보다 상위 개념이다. BPF 또한 대개 연 1회 수행되는 전사적 프로세스이며, 회사 내의 모든 비즈니스 평가에 사용될 기본적인 비즈니스 가정(자본 비용, 인플레이션, 외부 비용 상승 요인, 환율, 성장 추정, 경쟁의 영향, 생산성 목표, 벤치마킹 등)에 대한 설정을 포함한다.

보기 12.1은 주요 비즈니스 프레임워크들과 이들 주요 전사 차원 비즈니스 프로세스들을 떠받치는 RFRAF를 보여 준다.

리스크 관리는 조직이 전략 목표 달성에 대한 장애물들이 식별되고, 필요할 경우 관리되도록 하기 위해 리스크를 상시적이고 체계적으로 식별, 평가, 관리, 보고 그리고 모니터하는 프로세스이다. 종합적인 리스크 관리 프로세스에서의 전형적인 단계들은 이 주제에 관한 문헌에 잘 정리되어 있다.[2)]

[**보기 12.1**] 비즈니스 목표 달성을 위한 주요 비즈니스 프레임워크

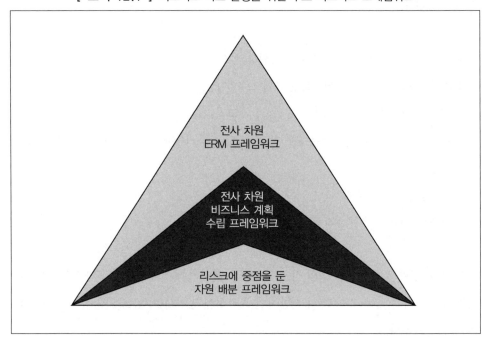

리스크 정책과 리스크 관리의 탁월성 센터

성공적인 RFRAF 개발 및 시행의 2개의 근본적인 구성 요소들은 다음과 같다.

1. 전반적인 리스크 관리 전략 및 목표의 윤곽을 정하는 전사 차원의 리스크 관리 정책
2. 고위 경영진과 요구되는 비즈니스 프로세스 및 관련 개념들의 개발, 시행, 운영 그리고 지속적인 개선 후원에 관심이 있는 실무 직원들로 구성된, 탁월성 센터 설치

핵심 정책 요소

전사 리스크 관리 정책은 전반적인 리스크 관리 전략 및 목표들의 윤곽을 정하는 외에, 리스크 관리 목표 달성에 필요한 다양한 리스크에 기초한 정의들과 역할 및 책임 그리고 권한도 문서화해야 한다. 리스크는 "어떤 사건의 가능성과 그 영향의 조합"으로 정의되어 왔다.[3)]

이처럼 일반적으로 인정된 정의에 기초할 때, 리스크는 바람직하지 않은 사건들이 일어날 확률과 그러한 사건이 일어날 경우 예상되는 결과에 대해 이해할 필요가 있는 2차원적 개념으로 간주될 수 있다. 전사 차원의 리스크 관리 정책과 관련 정책 시행 프로세스, 절차 및 개념들은 이 정의에 바탕을 두고 이 정의와 부합하는 리스크 식별, 평가, 경감 및 자원 배분 방법과 도구들을 개발해야 한다. 이 장의 다음 섹션에서는 비즈니스 계획 수립에 관여하는 모든 직원들이 이해해야 하는 중요한 정의에 기반한 방법들과 도구들을 설명한다.

탁월성 센터

RFRAF의 후원, 개발, 시행, 운영 그리고 개선은 지속적이고 상당한 노력을 필요로 한다. 개발 및 시행 단계에서의 중요한 첫 단계는 회사의 고위 경영진, 중간 경영진 그리고 전문가 그룹 중에서 누가 이 과업에 책임지고 참여할지 정하는 것이다. 회사의 이사회 및 임원진들로부터 요구되는 정책의 후원 및 개발과 이를 가능하게 하기 위해 필요한 비즈니스 프로세스의 개발/시행에 관심이 있는 다양한 계층의 직원들로 구성된 핵심 그룹의 존재는 성공적인 RFRAF의 확립에 매우 중요하다. 경험에 의하면 탁월성 센터(Center of Excellence; COE)는 이 과업을 전담하는 특정 조직 단위일 필요는 없다. 리스크에 기반한 개념들에 대한 원칙 및 지식을 회사에 확산시킬 필요와 리스크 평가가 여러 전문 분야에 걸친 점에 비추어 볼 때, COE는 다양한 부문의 정규직 직원들로 구성되는 것이 가장 효과적이다. 그러나 COE 팀원들은 RFRAF의 개발, 시행, 운영 그리고 지속적인 개선을 감독하는 추가적인 책임 수행에 충분한 시간을 할애해야 한다. 이 작업의 진전 상황을 모니터하고, 운영상의 도전 과제들이나 개선 작업과 관련된 장애물들을 극복하도록 도움을 주기 위해서는 이처럼 팀원들이 여러 부서에 퍼져 있는 COE 팀이 공식적으로 구성되고 정기적으로 회의를 개최해야 한다. 또한 COE 팀은 비즈니스 환경이 변함에 따라 RFRAF에서 사용되는 주요 의사 결정 요인들을 업데이트하는 등, 이 프로세스 안의 특정 전략적 및 운영상의 프로세스 단계에도 관여해야 한다. 이들 주요 의사 결정 요인들은 다음 섹션에서 보다 자세히 정의되고 논의될 것이다. 경험에 의하면 다양한 부문에 소속되어 있는 이 팀은 사실상 새로운 프로세스나 방법에 대한 후원자 및 변화의 주도자 역할을 할 수 있다. 또한 COE 팀원들은 좋은 개선 기회 시별, 회사의 고위 임직원 연수 그리고 고위 경영진 및 실무급 전문가들에게 새로운 프로세스, 방법 및 모델들을 홍보하기에 좋은 위치에 있다.

리스크에 기반을 둔 개념으로 변환한 전략적 목표

리스크에 기반하여 효과적으로 자원을 배분하려면 비즈니스 계획 수립을 담당하는 회사의 직원들이 회사의 비즈니스 목표, 목표 달성을 위험에 빠뜨릴 수 있는 운영상 및 전략적 리스크 그리고 다양한 리스크들을 체계적으로 식별 및 평가하고 우선순위를 부여할 수 있게 하는 개념들의 관계를 이해해야 한다. 전략 목표, 운영상 및 전략적 비즈니스 리스크 그리고 다양한 리스크들을 식별, 계량화, 비교 및 중요성 순으로 정리할 수 있게 해주는 리스크 기반 개념들의 관계를 확립하는 방법론은 RFRAF의 주요 디자인 요소 중 하나이다.

일반적으로 이 관계를 확립하기 위해 회사의 리더들을 전략적 비즈니스 목표(strategic business objectives; SBOs), 구체적인 성공 척도 또는 핵심 성과 지표(KPIs), 그리고, 회사가 KPI로부터 벗어나는 것을 용인하는 정도(리스크 용인 수준(risk tolerances; RTs)이라 불림) 사이의 상관관계를 정하기 위한 워크숍에 참여시킨다. 이 워크숍은 또한 비즈니스 리더들에게 RFRAF에서 사용되는 리스크 기반 개념들을 알려주는 데에도 사용된다. 리더들이 리스크 기반 개념들에 대해 공통의 이해를 가지는 것은 이 프레임워크의 성공적인 개발에 매우 중요하다. 경험에 의하면 하향식 프로세스를 이용하여 각각의 KPI를 달성하지 못하는 데 대한 리스크 용인 수준을 정하는 것은 회사에 내재된 리스크 성향을 정하는 효과적인 방법이다. 이러한 워크숍의 최종 산물로 SBOs, KPIs, RTs 그리고 리스크 기반 개념들 사이의 관계를 파악하고 이를 통합하는 정보의 원천이 생겨난다. 전사 리스크 매트릭스(corporate risk matrix; CRM)라 불리는 이 산물은 리스크 식별, 자세한 리스크 평가 수행 그리고 평가 방법 및 모델 개발을 증진하는 매우 중요한 리스크 기반 정보 및 지표들을 제공해 준다. CRM은 또한 리스크를 일관성 있게 평가 및 우선순위화할 수 있게 해 주는 효과적인 가이드라인과 비즈니스 계획 수립에 관여하는 비즈니스 라인 직원들과의 소통에 사용되는 훌륭한 도구 역할을 한다. 전력 산업의 회사들은 이를 비즈니스 계획 수립의 불가결한 부분으로 이용하고 있다.[4]

앞 섹션에서 말한 바와 같이 리스크는 "어떤 사건의 발생 확률과 그 결과의 조합"이다. 그러므로 SBOs, KPIs, RTs 그리고 리스크 기반 개념들 사이의 관계 확립은 사건의 발생 가능성과 영향이라는 두 측면을 다루어야 한다.

결과 측면

SBOs에 연결된 KPIs의 확립은 여러 해 전부터 효과적으로 관리하는 회사에게는 보편적인 비즈니스 관행이 되었다. 그러나 리스크에 기반하여 자원을 효과적으로 배분하기 위해서는 KPIs를 지니는 것만으로는 충분하지 않다. 회사의 리더들이 각각의 KPI들로부터 벗어나는 것을 어느 정도 용인하는지도 결정할 필요가 있다. KPI에서 벗어나는 것을 더 많이 용인할수록, 회사는 비용 지출을 피하고 비용을 낮게 유지함으로써 이익을 더 많이 낼 수 있다. 그러나 중요한 비즈니스 분야에서 적정한 지출을 하지 않을 경우, KPI 목표와 회사의 중장기 성공에 매우 중요한 관련 SBO를 달성하지 못할 가능성이 높아진다. 그러므로 공식적인 RTs를 통한 KPI 이탈에 대한 용인 수준을 정하는 것은 이 프레임워크의 근본적인 디자인 요소이다. 보기 12.2를 보라.

[보기 12.2] SBO/KPI/RT 계층 구조

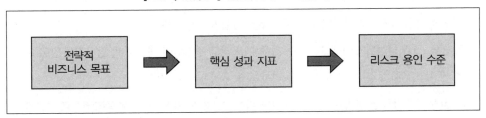

예를 하나 들어보자면, 서론에서 언급되었던 전력 산업은 5개년 비즈니스 계획 기간 중 다음과 같은 5개의 SBOs를 지니고 있을 수 있다.

1. 고객에게 신뢰할 만한 서비스를 제공함에 있어서 상위 25% 안에 든다.

2. 높은 고객 만족 수준을 유지하고, 고객에 대한 전기료를 현 수준으로 유지함으로써 전기료 수입을 유지한다.

3. 순이익을 X% 증대시킨다.

4. 대중 및 직원 안전에 대한 높은 기준을 유지한다.

5. 양호한 회사의 평판을 유지한다.

이 전략 목표들은 구체적인 신뢰성, 효율성 그리고 수익성 목표들로 전환될 필요가 있다. 이 구체적인 목표들은 리스크를 평가하고, 수용할 수 없는 리스크를 경감하기 위해 필요한 조치와 비용을 파악할 책임이 있는 비즈니스 라인 직원들에게 의미가 있어야 한다. 보기 12.3은 SBOs와 KPIs 사이의 연결 관계 명세의 예를 제공한다.

각각의 KPI와 관련된 RT들은 경미에서부터 재앙적/최악의 경우에 이르기까지 몇 가지 결과 수준으로 나누어진다. 5점 척도 사용은 결과 수준에 대한 계획을 수립하는 좋은 관행이다. 이 프레임워크를 실제 적용해 본 결과 다음과 같은 5점 척도는 충분히 자세한 분석을 제공해 주며, 각각의 용인 수준과 각 상황 하에서 요구되는 대응이 시사하는 바를 적절히 묘사할 수 있게 해 준다.

1. **경미** 결과 달성에 대한 뚜렷한 미진 사항이 있음. 이 경우 대개 통상적인 절차 하에서 이 이슈에 대해 책임이 있는 부서의 전문가 및 트레이드 직원들이 대응한다.

2. **보통** 결과 달성의 상당한 저하. 이 경우 부서 담당 경영진이 대응하며 해결을 위해 다양한 분야의 직원들로 구성된 전담 실무 팀을 창설할 수도 있다.

3. **중요** 결과 달성의 중대한 저하. 이 경우 부문 담당 경영진이 대응하며, 경영진의 감독 하에 여러 부서의 실무진으로 해결을 위한 팀을 구성할 수도 있다.

4. **심각** 오퍼레이팅 결과에 대한 근본적인 위협. 이 경우 고위 경영진이 즉각적으로 대응하게 되며, 경영진 및 실무진으로 구성된 전담 팀을 구성해서 근본 이슈를 파악하여 해결하게 한다.

5. **재앙적/최악의 경우** 회사의 생존을 위협하는 결과. 이 경우 전담 경영진을 두고, 경영진

과 실무진으로 구성된 전담 팀을 구성해서 근본 이슈를 파악하여 해결하게 한다.

[보기 12.3] 전략적 비즈니스 목표와 핵심 성과 지표의 관계

SBO	핵심 성공 요인	KPI
상위 25% 내의 신뢰성	· 비즈니스 계획 기간 중 전반적인 시스템 신뢰성을 a% 개선한다.	· 북부 서비스 지역의 시스템 정전 빈도를 b% 감소시키고 남부 서비스 지역의 정전 빈도를 c% 감소시킨다.
고객에게 요금 인상을 하지 아니함	· 생산성을 인플레이션 기대 수준을 상회하는 d%를 개선하여 순이익 목표를 충족시키기에 충분한 마진을 확보한다.	· 모든 업무 프로그램에 대해 단위당 비용을 연간 e% 절감한다. · 작업 프로그램을 100% 완료한다.
순이익 X% 증대	· 규제당국에 요금을 인상하지 않겠다고 확약하고 다른 국가의 ROE에 대한 벤치마크 연구에 기초하여 ROE 제고에 규제 당국의 승인을 받는다. · 3년 내에 운영 유지 비용을 f% 절감한다.	· 향후 2년 내에 ROE 제고 요청을 규제 당국에 성공적으로 제출한다. · 오퍼레이션 센터, 업무 센터, 창고 통합으로 운영 유지 보수 비용을 70% 절감하고, 향후 2년간 모든 주요 자산 그룹에 유지 보수 최적화 프로그램을 시행하여 30% 절감한다.
대중 및 직원 안전 유지	· 양호했던 회사의 과거 안전 수준을 유지한다.	· 과거의 대중 및 직원의 안전사고의 빈도 및 심각성 수준이 악화되지 않는다.
양호한 회사 평판 유지	· 공개적 프로필–높은 수준의 서비스 신뢰성, 낮은 요금, 양호한 환경상의 성과에 대해 산업, 전국적, 주 그리고 지방의 언론들이 긍정적인 관심을 보인다. · 직원 만족도가 높다. 직원의 기술 및 역량이 회사의 요건에 부합한다.	· 최소 연 1회 이상 주요 업계 잡지, 전국적, 주 그리고 지방 신문에 서비스의 신뢰성, 낮은 요금 그리고 안전 및 환경상의 성과에 대해 언급하는 기사가 실린다. · 만족도 점수가 높은 수준으로 유지되고, 직원에 대한 모든 필수 연수가 완료된다.

보기 12.4는 보기 12.3과 관련된 3개의 KPIs에 대한 상대적 RTs를 보여 준다.

전사 리스크 매트릭스(CRM)는 식별된 사건에 대해 아무런 리스크 경감 조치를 취하지 않는다는 가정하에서 KPIs에 나쁜 영향을 줄 수도 있는 리스크 사건 식별에 도움을 주는 비즈니스 계획 수립 작업에 관여하는 모든 직원들이 사용한다. 이를 "아무 조치도 취하지

않는" 시나리오라 한다. 또한 CRM은 리스크 경감 대안들의 적정성 및 비용 효율성 평가에도 유용하다.

CRM을 적용해 온 경험에 의하면, 전사적 KPIs와 관련 RTs 중 일부는 일상적인 오퍼레이션이나 연례 비즈니스 계획을 수립할 책임이 있는 비즈니스 라인 직원들이 경험하는 리스크와 항상 밀접한 관련이 있는 것은 아닌 듯하다. 이런 경우에는 KPIs 하위에 다른 상세한 사항들을 개발하면 유용하다. 계획 수립 지표(planning indicators; PIs)라 불리는, 보다 상세한 이 지표들은 실무급 직원들에게 지역 또는 부서 차원의 리스크에 직접 결부시킬 수 있는 상세한 방안을 제공하며, 오퍼레이션 또는 계획 수립 직원들도 이를 이해한다. 위의 전력 업체의 예에서 상위 25%의 신뢰성을 달성한다는 SBO와 이에 관련하여 전체 서비스 지역에서의 신뢰성을 개선한다는 KPI는 실무 수준의 오퍼레이션 및 계획 수립 직원들에게는 무의미할 수도 있다. 이 직원들은 지역(하위 지역) 차원에서의 리스크를 식별, 평가 그리고 경감할 수 있을 뿐이다. 이 경우 하향식 프로세스에서 개발된 KPI는 리스크 식별 및 경감 노력에 직접적으로 관여하는 직원에게 지침을 제공하는 보다 상세한 수준으로 세분되어야 한다. 다음의 보기 12.5는 KPI가 어떻게 보다 상세하게 세분될 수 있는지 그 예를 보여 주고 있다.

이처럼 보다 상세한 지표를 정하려면 전체적인 서비스 지역의 신뢰성에 기여하도록 하기 위해 지방에 요구되는 신뢰성 수준을 정할 수 있게 하는 방법론을 이용할 수 있어야 한다.

SBOs, KPIs, PIs 그리고 RTs는 통상적인 비즈니스 계획 수립의 일부로 해마다 검토되거나 비즈니스 목표가 수정될 때마다 재검토되어야 한다. RT는 비즈니스 환경의 변화에 민감할 수 있음에 비추어 볼 때, 어느 비즈니스 라인에서 운영상 또는 전략상의 비즈니스 환경 변화를 식별해 낼 때마다 RT를 재검토하는 것도 좋은 관행이다. 아래의 전력 업체의 예에서 특정 설비의 실패율이 올라가기 시작하거나(이에 의해 시스템의 신뢰성에 영향을 줌), 규제 당국이 신뢰성 성과 미준수에 대한 벌칙을 올리면, COE 팀이 RTs와 PIs를 재검토할 필요가 있을 것이다.

KPI를 규칙적인 비즈니스 보고 프로세스의 일부로 이용하는 것도 또 하나의 좋은 관행이다. 이렇게 하면 이 프로세스에 관여하는 직원들에게 자신들이 이 프레임워크 안에서 식별하고 관리하는 리스크들이 회사의 성과에 직접적으로 영향을 준다는 점을 인식하

[보기 12.4] 핵심 성과 지표와 리스크 용인 수준의 관계

핵심 성과 지표	리스크 용인 수준(계획 달성도)
북부 서비스 지역에서의 시스템 정전 빈도를 b% 감소시키고 남부 서비스 지역에서의 정전 빈도를 c% 감소시킨다.	경미 – 개선이 예상치의 75%에 불과함 보통 – 개선이 예상치의 50%에 불과함 중요 – 최근 수치에 비해 개선이 없음 심각 – 최근 수준 아래로 악화됨 재앙적 – 규제 준수 수준 밑으로 악화됨
모든 업무 프로그램에 대해 단위당 비용을 연간 e% 절감한다.	경미 – 예상치 75% 달성 보통 – 예상치 50% 달성 중요 – 최근 결과에 비해 절감이 이루어지지 않음 심각 – 최근 결과에 비해 5% 증가 재앙적 – 최근 결과에 비해 10% 증가
작업 프로그램을 100% 완료한다.	경미 – 목표 90% 달성 보통 – 목표 80% 달성 중요 – 목표 50% 달성 심각 – 목표 60% 달성 재앙적 – 목표 50% 달성

[보기 12.5] 핵심 성과 지표/계획 수립 지표/리스크 용인 수준의 관계

핵심 성과지표	계획 수립 지표	리스크 용인 수준(계획 달성도)
북부 서비스 지역에서의 시스템 정전 빈도를 b% 감소시키고 남부 서비스 지역에서의 정전 빈도를 c% 감소시킨다.	5개의 지방에서 아래와 같이 개선시 킴으로써 북부 서비스 지역에서의 시스템 정전 빈도를 b% 개선한다. 지방 1–20% 지방 2–10% 지방 3–20% 지방 4–30% 지방 5–20%	경미–개선이 예상치의 75%에 불과함 보통–개선이 예상치의 50%에 불과함 중요–최근 수치에 비해 개선이 없음 심각–최근 수준 아래로 악화됨 재앙적–규제 준수 수준 밑으로 악화됨
	4개의 지방에서 아래와 같이 개선시 킴으로써 남부 서비스 지역에서의 시스템 정전 빈도를 c% 개선한다. 지방 1–25% 지방 2–10% 지방 3–25% 지방 4–40%	경미–개선이 예상치의 75%에 불과함 보통–개선이 예상치의 50%에 불과함 중요–최근 수치에 비해 개선이 없음 심각–최근 수준 아래로 악화됨 재앙적–규제 준수 수준 밑으로 악화됨

게 한다. 또한 회사의 성과가 특정 KPIs를 달성하지 못할 경우, 시정 조치는 CRM에서 정해진 임계 수준과 일관성이 있어야 한다. 이러한 일관성 유지와 직원에 대한 소통은 회사의 직원들에게 KPIs, PIs, RTs 그리고 이 프레임워크의 중요성을 입증해 준다. 또한 일관성 있는 리스크 프레임워크 적용은 요구되는 성과를 달성하기 위해 자원들이 정기적으로 조정되게 해 준다.

확률 측면

리스크 분석은 내부 및 외부 비즈니스 환경에서 하나 이상의 비즈니스 목표 달성을 위태롭게 할 수 있는 사건을 식별하는 것을 포함한다. 그러나 바람직하지 않은 사건과 그 결과에 대한 식별만으로는 충분하지 않다. 리스크 분석은 또한 분석 대상 기간 중에 해당 사건이 실제로 일어날 확률(또는 가능성)에 대한 결정도 필요로 한다. 이 논의에서 분석 대상 기간은 대개 1년에서 5년 사이의 비즈니스 계획 수립 기간이다.

보기 12.6은 비즈니스 계획 수립 및 리스크 우선순위화 프로세스에서 일반적으로 사용되는 확률 범주들과 관련된 확률 수준을 보여 준다. 바람직하지 않은 사건들이 발생할 가능성을 평가하기 위한 확률 척도는 충분한 범위의 확률 범주들과 다양한 범주들 사이의 적정한 구분 모두를 제공해야 한다. 경험 및 좋은 관행들에 의하면, "매우 희박"에서 "매우 높음"까지의 5개 확률 범주는 비즈니스 계획 수립 기간 중 리스크 식별, 평가, 통제 및 최적화를 위해 바람직하지 않은 사건들을 나누기에 충분하다. 또한 경험 및 좋은 관행들에 의하면, 확률 수준은 매우 희박 범주에서는 1%보다 작고, 매우 높음에서는 약 90%에 달해야 한다.

[보기 12.6] 리스크 사건에 확률을 할당하기 위한 대표적 범주 및 확률 수준

확률 범주	예상 사건 발생 빈도	당해 연도에 발생할 확률	계획 수립 기간(5년) 중 발생 확률
매우 높음	2년에 1회 초과	0.45 초과	95%초과
높음	2년~5년에 1회	0.45~0.19	95%~65%
보통	5년에서 20년에 1회	0.19~0.05	65%~25%
낮음	20년에서 100년에 1회	0.05~0.011	25%~5%
희박	100년에 1회 미만	0.011 미만	5% 미만

비즈니스 목표/리스크 사건/리스크 개념의 통합

위 섹션들에서 설명한 결과와 확률 개념을 통합하면 보기 12.7에 예시된 바와 같이 한 축에는 사건의 결과를 표시하고 다른 축에는 확률(또는 가능성)을 표시하는 2차원의 "리스크 공간"을 식별할 수 있다.

[**보기 12.7**] 비즈니스 리스크 식별을 위한 리스크 공간 개념

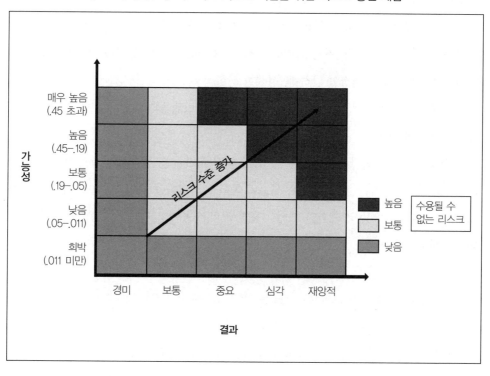

앞에서 논의한 정책에서 구체적인 전시 차원의 KPI에 대해 수용할 수 없는 리스크 수준을 결정할 고위 경영진을 정해야 한다. 이는 보기 12.7의 짙은색(수용할 수 없는 리스크) 지대로 표시된다. 이 프레임워크를 운영해 본 경험에 의하면 효과적인 리스크 식별 및 분석을 위해서는 비즈니스 계획을 수립하기 전에 고위 경영진에게 수용할 수 없는 리스크 수준을 정하고, 중간 수준의 리스크들에 대해 취해야 할 조치들을 결정하게 하는 것이 필요하다. 수용할 수 없는 리스크 지대가 결정되면, 이처럼 수용할 수 없는 지대에 있다고 결정된

내부의 운영상의 사건들이나 외부의 비즈니스 사건들이 효과적으로 통제되어야 한다. "수용할 수 없는 사건들"을 효과적으로 통제하는 리스크 경감 수단을 위한 최소한의 비용은 비용의 우선순위 책정 프로세스에서 비재량적 비용으로 처리될 것이다. 수용할 수 없는 리스크의 예로는 심각한 안전 사건, 필수 규제 요건 위반 그리고 재앙적인 재무적 결과를 가져온 사건들이 포함될 수 있을 것이다.

전반적인 프레임워크의 효과성은 바람직하지 않은 다양한 사건들의 발생 가능성과 결과를 계량화하고 이를 KPI에 연결시키는 데 사용되는 방법과 모델의 정확성에 의존한다는 점을 주목해야 한다. 일부의 평가들은 전문가의 판단을 필요로 할 수도 있음에 비추어 볼 때, 상향식 리스크 식별, 경감 그리고 우선순위화 프로세스의 결과를 검증하는 독립적인 방법을 개발하도록 권장할 만하다. 상세한 상향식 리스크 식별, 경감 그리고 우선순위화 프로세스의 결과를 검증하도록 도와주는 대안적인 방법들의 개발에 대해서는 이 섹션의 뒤에 논의할 것이다.

이 프레임워크의 전반적인 목적은 조직이 핵심 목표들을 충족시키지 못할 전반적인 리스크를 최소화시키는 비용 지출 우선순위 목록을 작성하는 것이다. 전사 리스크 메트릭스(CRM) 개발, 유지 및 지속적인 개선은 RFRAF의 성공에 기여하며, CRM은 아래의 사항들을 제공한다.

- SBOs, KPIs, PIs, RTs 그리고 리스크 통제를 연결하는 단일 정보 원천
- 회사 내 리스크 성향에 대한 하향식 방향
- SBOs와 관련하여 무엇이 리스크를 구성하는지에 대해 소통하는 유용한 방법
- 투자 제안(investment proposals: IPs)을 통해 경감 대상 운영상 및 전략적 리스크를 상향적으로 식별하기 위해 모든 직원들이 사용할 하향식 가이드. IP는 받아들일 수 없는 리스크 사건들을 효과적으로 경감하는 데 필요한 기술 및/또는 프로세스 기반 해법/작업을 설명/특정해 준다. 이에는 경감 해법의 비용 및 "아무 조치도 취하지 않는" 대안 대비 리스크 프로필의 변화 파악이 포함된다.
- 조직 전체적으로 일관성 있는 리스크 처리
- 상향식 해법/IPs의 전반적인 효과성을 평가하기 위한 일관성 있는 정보의 원천

리스크 기반 비즈니스 프로세스 및 조직상의 고려 사항

서론에서 언급한 바와 같이 RFRAF는 보다 넓은 비즈니스 계획 수립 프레임워크의 부분 집합이기 때문에, 이 상위의 비즈니스 프로세스에 요구되는 정보를 제공해야 한다.

리스크 기반 비즈니스 프로세스

RFRAF의 일부로서 반드시 완료되어야 할 주요 프로세스 단계들을 다음과 같이 7단계로 요약한다.

1. 비즈니스 리스크들을 식별하고 이 리스크들이 "아무 조치도 취하지 않는" 시나리오 하에서 SBOs, KPIs 그리고 PIs에 미치는 영향을 평가한다. 이 평가는 전략적 리스크들과 일상적인 운영상의 리스크 모두를 평가해야 한다. 전략적 리스크들은 대개 조직의 여러 부문의 대표자들이 참석한 워크숍에서 담당 고위 및 중간 경영진에 의해 평가된다. 운영상의 리스크들은 대개 비즈니스 계획 수립에 관여하는 다양한 부서 및 지역의 전문가들에 의해 평가된다. 두 평가의 결과들은 일관성 있는 리스크 평가 양식에 문서화된다. 리스크 평가 양식은 최소한 리스크 사건, 이 사건에 의해 영향을 받는 KPI 또는 PI 그리고 영향을 받는 각각의 KPI에 대한 확률 및 결과를 기술(記述)하도록 요구한다. 각각의 KPI에 대해 "아무 조치도 취하지 않는" 시나리오와 관련된 사건 발생 확률 및 결과는 적절한 방법 및 모델을 사용하여 가능한 최대로 계량화되어야 한다. 이를 여러 해 동안 적용해 온 경험에 의하면, 최소한 비즈니스 계획수립에 사용되는 2개의 구체적인 기간 동안의 리스크를 평가하는 것이 좋다. 각각의 리스크 사건에 대해 리스크 수준이 비즈니스 계획의 처음 2년 동안에 대해 평가되어야 한다. 이에 이어서 비즈니스 계획 수립 기간(대개 5년) 전체 또는 그 이상의 기간에 대한 리스크 사건을 평가한다. 이 정보는 우선순위화 작업에서 아주 중요하다. 처음 2년 동안에 중대한 영향을 주는 긴급하고 중요한 리스크 사건들에는 보다 장기에 걸쳐 현실화되는 사건들보다 높은 우선순위가 부여된다. 이 프로세스를 실행할 때 각각의 리스크 사건들에 대한 리스크 경감 대안 수립을 위한 소요 시간 추정을 제공하는 것이 유용하다. 이 프로세스에서 리스크 평가 양식에 이 정보를 포함시키면, 아래의 2단계에 설명된 다음 단계를 수행할 때 잠재적 자원 제약에 대한 식별이 촉진된다.

2. 1단계에서 얻어진 확률 및 결과 정보에 입각하여 처리(또는 경감)가 요구되는 주요 리스크들

을 정한다. 이 분석에 의해 리스크 경감 대안들을 개발하기 위해 사용할 수 있는 자원에 제약이 있음이 드러날 경우, 비즈니스의 최대 리스크가 될 사건들에 대해서만 평가 및 경감할 것이다.

3. 처리를 요하는 각각의 리스크 사건들에 대해, 일련의 리스크 경감 대안들이 개발된다. 1단계에서 언급한 여러 부문의 경영진으로 구성된 워크숍에서 식별된 전략적 리스크들에 대해서는 전담 경영진 그룹이 경감 대안들을 개발한다. 운영상의 리스크들에 대해서는 다양한 부서 및 지역의 전문가들이 경감 대안들을 개발한다. 각각의 대안들은 다음과 같이 계산되는 우선순위화 지수에 관련하여 평가된다.

$$우선순위화\ 지수 = \frac{SBOs에\ 대한\ 총\ 리스크\ 감소\ 효용}{비용\ 수준}$$

각각의 리스크 사건 경감 대안들 중 가장 높은 우선순위화 지수에 근거하여 선호되는 대안이 선택된다. 이 대안들은 투자대안들(IPs)이 되는데, 이는 비용 지출 수준 당 SBOs에 대한 최고의 리스크 감소 효과에 근거하여 전반적인 RFRAF의 일부가 된다.

4. 1단계부터 3단계까지 파악된 우선순위가 높은 모든 리스크 사건들에 대해 우선순위화 모델을 이용하여 우선순위를 정한다. 우선순위화 모델은 제출된 모든 IPs의 정보를 통합하고 우선순위화 지수를 사용하여 최소의 비용으로 최대의 리스크 감소 효과를 달성하는 방향으로 제안 순위를 최적으로 배열하기 위해 고안되었다. 그 결과로 나오는 선호되는 IPs는 최소의 비용으로 SBOs를 달성하는 최적 시나리오를 나타낸다.

5. 선호되는 IPs 포트폴리오를 진행하는 결정이 매우 중요하기 때문에 이 프로세스의 다음 단계에서는 우선순위화 모델에 의해 개발된 최적 시나리오에 대해 일련의 검증 테스트들을 적용하여 검증 검토를 수행한다. 이들 검증 테스트들은 승인권자에게 아래와 같은 보충 정보를 제공할 목적으로, 선호되는 IPs 포트폴리오의 시행에 대한 승인 전에 수행된다.

  a. 우선순위화 기준에 대한 최적 시나리오의 민감도

  b. 과거 비즈니스 성과에 대한 양립 가능성

  c. 자원상의 제약이 있을 경우 선호되는 IPs 포트폴리오 실행 능력. 자원상의 제약은 장비, 재료의 이용 가능성, 직원의 기술과 역량, 가동 중단, 그리고/또는 기타 관련

비즈니스상의 제약을 포함한다.

d. 전반적인 비용 지출 및/또는 다양한 비즈니스 부문에서의 예상 비즈니스 성과 검증
에 사용될 수 있는 다른 독립적인 전략적 평가와의 비교 가능성

검증 검토 및 관련 테스트에 관한 보다 상세한 내용을 아래에 제공한다.

우선순위화 기준에 대한 최적 시나리오의 민감도 – 우선순위화에 사용되는 가중치 요
인에 대한 민감도 분석 수행은 승인권자에게 선호되는 IPs 포트폴리오의 안정성과 관
련된 귀중한 정보를 제공한다. 이때 고위 경영진 워크숍 내에서 대안적인 가중치들을
미리 정하고 우선순위화 모델에 의해 산출된 프로그램의 변화들을 검토하면 좋다. 다
양한 합리적인 가중치 하에서 일관되게 높은 순위를 차지하는 IPs는 높은 신뢰도를 바
탕으로 추진된다. 경험에 의하면 계량화될 수 있는 요인들에 대해서만 민감도 분석을
수행해도 질적 또는 주관적 평가의 영향을 제거하기 때문에 최종 프로그램 결정에 좋
은 대안적 정보원이 된다. 유틸리티 산업(전기, 도시 가스, 수도 등 공공재 성격이 있는 산업. 역자 주)에
서는 안전에 관련된 사건들은 매우 중요하므로 이러한 사건 발생을 방지하기 위한 지
출은 비재량적이라는 가정하에, 이러한 민감도 분석 시 비용과 신뢰성만을 고려할 수
도 있다.

과거 비즈니스 성과에 대한 양립 가능성 – 선호되는 IPs 포트폴리오 및 예상 KPI 성
과를 과거의 비용 지출 프로그램 포트폴리오 및 비교가 가능한 KPI의 과거 실적과 비
교하면 실제 결과에 기반한 귀중한 정보를 제공해 준다. 이러한 비교는 수십 년 간의
정보를 지니고 있는 전력 업체와 같은 오래된 회사에 유효하다. 과거 실적과 달라진
점이 있을 경우, 이러한 변화는 SBOs의 변화 또는 비즈니스의 특정 분야와 관련된 리
스크 프로필의 변화에 입각하여 설명되어야 한다. 역사가 짧거나 제공하는 상품 및 서
비스에 중대한 변화를 경험한 회사들은 그러한 비교를 수행하는 다른 방법을 찾아낼
필요가 있을 것이다. 비교 가능한 조직 또는 경쟁사에 관련된 벤치마킹을 사용하여 비
용과 서비스/상품 성과의 관계를 수립하는 것이 이에 포함될 수 있을 것이다.

실행 능력 – 선호되는 IPs 포트폴리오와 이 일의 수행에 활용할 수 있는 자원(자본, 인력,
재료, 장비 등)을 비교하면, 할당된 시간 내에 이 프로그램을 완료할 수 있는 능력에 관한
정보를 제공해 준다. 이는 자본과 업무 및 트레이드의 전문성이 제한되어 있고, 필요
한 장비 및 재료의 입수 가능성이 불확실한 시대에는 매우 중요한 점검 사항이다. 제

조업의 경우 또 하나의 고려 사항은 고객에 대한 상품/서비스를 제공하고/또는 순이익에 기여하면서도 이 분석 수행에 필요한 장비 가동 중단을 결행할 수 있는지 여부이다.[5]

독립적인 전략적 평가와의 비교 가능성 – 많은 기업들은 성장 추정, 인프라 스트럭쳐 대체 비율, 그리고/또는 자산 노후화 비율등과 같은 요인에 기반을 둔 전반적 중장기 자본 또는 운영 및 유지 보수 필요를 예측하기 위한 거시적 차원의 전략적 평가를 수행한다. 이 독립적인 예측의 결과가 앞에서 설명된 리스크 기반 프로세스에 의해 개발된 선호되는 IP 포트폴리오와 조화를 이루면, 승인권자의 신뢰도 수준은 유의미하게 증가한다. 그러한 비교를 수행하려면 대개 선호되는 IPs 포트폴리오와 관련된 비용을 비즈니스 및 전략적 평가의 성격에 따라 보다 상위의 자산, 지역, 서비스, 인도물(deliverable), 그리고/또는 회계 계정 과목(자본적 지출 및 운영 및 유지 보수 지출) 범주로 나누는 것이 필요하다는 것을 알게 된다. 회사의 SBOs를 달성하리라고 기대되는 작업 프로그램의 상세 내용을 승인하는 이 결정의 중요성에 비추어 볼 때, 두 개의 독립적인 방법들이 유사한 요건을 식별할 경우 신뢰성을 증가시키므로 이 비교를 수행하는 데 필요한 노력을 기울일 가치가 있다.

예를 들어, 전력 업체의 경우 수명이 다해서 대등한 설비의 대체를 필요로 하는 자산에 기초한 장기 자본 지출 필요를 확립하는 모델들[6]이 개발되었다. 이 모델들은 확률 밀도 함수를 사용하여 다양한 자산 그룹들에 대해 예상 수명 연수를 나타낸다. 이 확률 밀도 함수들이 현재의 자산 구성 프로필에 적용되면 자산 대체 예상 수준이 산출될 수 있다. 유사한 자산으로 대체하고 단위 대체 비용이 정형화되어 있다고 가정할 경우, 특정 자산 그룹에 대한 중장기 자본 필요량의 예측이 가능하다. 이에 관한 거시 차원의 장기적 연구를 수행하면 시스템이 노후화하여 장비가 고장을 일으키기 시작함에 따른 시스템 신뢰성 수준 악화와 같은 특정 KPI에 대한 리스크를 식별하는 데에도 도움이 될 수 있다. 이러한 평가는 별도의 장기적/하향식 분석을 사용하여 예상 자본 지출 수준 및 서비스 제공 실패 리스크에 대한 장기 예측을 제공해 준다. 이러한 전략적 평가 결과를 앞에서 설명한 상향식 연례 리스크 분석 결과와 비교하면, 이 결과들에 대한 귀중한 상호 점검을 제공해 준다. 위의 두 개의 독립적인 평가 결과들이 조화를 이룰 수 있으면 두 방법에 대한 신뢰도가 높아진다. 두 평가의 결과들이 조화를 이루지 않을 경우, 앞에서 언급한 다른 검증 테스트들과의 비교 등 추가적인 조사가 필요하다.

6. 이 프로세스의 다음 단계는 이용 가능한 모든 정보를 워크숍에서 승인권자와 검토하고 선호되는 IPs 포트폴리오를 승인하는 것이다. 이 선호되는 IPs 포트폴리오는 SBOs를 달성하는 최적 작업 프로그램을 나타낸다. 비즈니스 계획 수립 프로세스는 이 최적 작업 프로그램을 사용하여 회사에서 사용되는 방법론에 따라 다양한 비즈니스 부문에 비용과 자원을 할당한다.

7. 이 프로세스의 마지막 단계는 필요한 작업 프로그램의 성과 척도를 정하고 선호되는 IPs 포트폴리오를 효과적이고, 효율적이며, 시의적절하게 수행하도록 모니터하는 것이다.

보기 12.8과 12.9는 이 프로세스의 주요 요소를 요약해 보여 준다.

[**보기 12.8**] RFRAF의 주요 프로세스 단계들

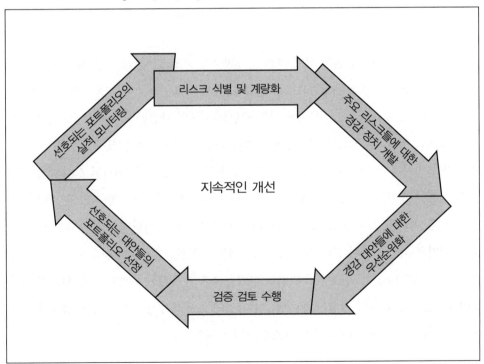

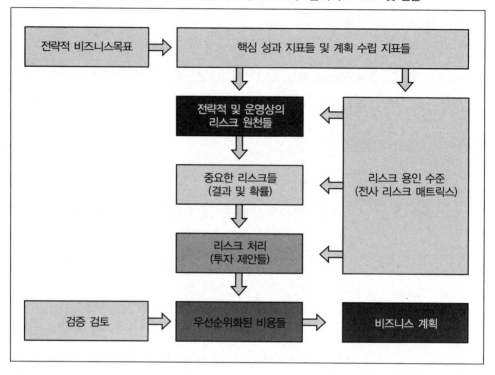

[보기 12.9] 리스크 기반 비즈니스 프로세스들의 주요 요소 및 산물

이 프로세스를 운영해 본 경험에 의하면, 전형적인 리스크 사건을 식별하고 특정 기준에 기반한 선택 리스트를 개발함으로써 결과 및 확률을 표준화할 때 효율성이 향상된다(이는 오퍼레이션 직원들에 의해 선정될 수 있음). 시스템 가동 중단의 빈도와 관련된 KPI 리스크를 평가하는 전력 업체의 예에서는 시스템 가동 중단의 빈도를 표준 장비 고장율 및 특정 일반 시스템 배치와 연결시킴으로써 평가 작업을 크게 간소화시킬 수 있었다. 이러한 상관관계는 최초의 리스크 평가로부터 관찰되었으며, 시스템 가동 중단 빈도에 대한 KPI와 관련된 결과와 확률 평가를 위한 선택 리스트 개발로 이어졌다. 이 상관관계에 기반하여 결과 및 확률 평가를 위한 간단한 선택 리스트를 오퍼레이션 직원들에게 제공함으로써 평가 작업이 크게 간소화되었다. 이로써 이 리스크 사건들 각각의 발생에 대해 평가할 필요가 제거되었다. RFRAF에 대한 경험이 쌓이면, 이 작업의 효율성이 높아져 평가의 정확성이 향상되면서도 이를 위한 전반적인 노력은 감소하게 된다.

조직상의 고려 사항

RFRAF 내에서 비즈니스 프로세스의 일상적 운영을 관리할 전담 부서가 회사에 설치되어야 한다. 이 공식적인 부서는 앞에서 언급한 COE 팀과는 구분된다는 점을 알아야 한다. COE 팀의 주요 기능은 RFRAF를 개발하고, 관련 시행 조치들을 증진 및 착수하며, 성공적인 시행을 감독하고, 성과 척도를 개발 및 모니터하며, 개선책을 개발 및 증진하도록 도와주는 것이다. 전담 부서의 목적은 정보 시스템 설치 및 연례 프로세스의 효과적인 기능 발휘에 필요한 필수 가이드라인과 절차를 개발하는 것이다. 이 전담 부서의 리더는 COE 팀의 일원이어야 한다. 경험에 의하면, 이 전담 부서는 우선순위화 프로세스의 결과에 이해관계가 없는 부문에 소속해야 한다. 가장 좋은 부문의 예로는 회사의 재무 부문이나 전담 투자 계획 수립 또는 리스크 부문 등이 있다. 이를 전담하는 부서는 다음 사항을 담당해야 한다.

- 리스크 식별 및 관리에 필요한 프로세스를 수립한다.
- 투자 제안을 우선순위화할 수 있는 모델을 구한다.
- 이 프로세스의 효과성과 효율성이 갖춰지도록 하는 데 필요한 투명성, 일관성 그리고 연속성을 확보하는 정보 시스템과 양식을 개발한다.
- 이 프로세스에 관여하는 직원들이 필요한 지식을 지니도록 상세한 연수를 시행한다.
- 우선순위화 프로세스의 결과가 합리적이고 견고해지도록 거시적 연구, 시나리오 분석 및 검증 테스트를 실시한다.
- 조직의 부문 내에서 및 부문 간 평가의 정확성과 일관성을 확보하기 위해 모든 IPs에 감독을 제공하는 효과적인 내부 통제를 시행한다.
- 승인을 얻는데 필요한 고위 경영진 워크숍 결과를 정리, 촉진 및 문서화한다.
- 해마다 이 프로세스의 요소 및 가정들을 업데이트한다.
- 이 프로세스가 효과적이고 효율적이도록 담보하고, 프로세스, 모델, 도구 그리고 정보 시스템을 지속적으로 개선하는 데 필요한 모니터링을 제공하기 위해 프로세스에 대한 평가 방법을 개발한다.
- 승인된 IPs 포트폴리오의 시행과, 새로운 리스크 정보를 입수할 경우 중도의 조정을 관리한다.

이 프로세스들을 운영해 본 경험에 의하면, 리스크 사건들과 이 사건들이 SBOs, KPIs 그리고 PIs에 미치는 영향의 식별에 일관성을 기하기 위해서는 조직의 계층 구조가 활용되어야 한다. 수용할 수 없는 리스크를 관리하기 위해 고안되는 IPs 개발도 마찬가지이다. 비즈니스 부문의 관리자들과 임원들에게 자신의 부하 직원인 전문가들이 작성한 리스크 평가 양식과 IPs를 검토 및 승인하게 하면, 조직의 부문 및/또는 지역 간에 리스크 식별 및 평가에서 어느 정도의 일관성 유지에 도움이 된다. 우선순위를 정하는 중앙의 부서에 리스크 평가 양식과 IPs를 최종적으로 제출하기 전에 이렇게 하는 것은 좋은 관행이다. 우선순위화할 책임이 있는 본부 부서는 제출된 모든 리스크 평가 양식 및 IPs를 과거의 평가 및 이전 또는 유사한 평가 결과와 비교하여 검토할 책임이 있는 상위 전문가를 양성해야 한다. 이러한 관행은 회사 내 모든 비즈니스 부문간의 일관성을 확보해 준다.

보기 12.10은 비즈니스 계획 수립 프로세스에 관여하는 전형적인 기능 부서들, RFRAF의 범위 그리고 다양한 기능 부서들이 일반적으로 수행하는 역할들을 보여 준다. 경험에 의하면, RFRAF 프로세스 관리 역할은 재무 또는 투자 관리 기능에 속해야 한다.

리스크 식별, 평가, 경감, 우선순위화
그리고 관리를 가능하게 하는 개념, 방법, 및 모델들

이 섹션은 리스크를 식별, 평가, 경감, 우선순위화 그리고 관리하기 위해 RFRAF에서 사용되는 일반적인 개념, 방법 그리고 모델들을 설명한다.

평가 대상 기간 개념

앞에서 말한 바와 같이, 비즈니스의 SBOs에 수용할 수 없는 영향(발생 시의 결과 및 확률)을 줄 가능성을 식별할 때는 정통한 직원들에 의해 운영상의 리스크들 및 전략적 리스크들이 모두 평가되어야 한다. 운영상의 리스크들은 대개 해당 비즈니스 부문의 운영 관리 책임이 있는 일선 부서의 직원에 의해 평가된다. 이에는 비즈니스 관리에 있어서 일별/주간/월간 이슈들을 다루는 유지 보수, 운영 그리고 고객 계정 담당 직원들이 포함된다. 이 자원들은 비즈니스 계획의 단기적 (비즈니스 계획의 최초 2년으로 정의됨) 요소의 집행을 책임지며, 즉각적인 유지 보수 필요, 시스템 용량을 초과하는 수요, 그리고/또는 고객 만족 이슈 등과 같은 요인들을 알고 있다. 경험에 의하면, 가장 오래된 회사들은 RFRAF의 필수적인 부분인 단기 리스크 평가 수행에 필요한 박식한 인적 자원, 상세한 비즈니스 프로세스 그리고 이를 지원하는 정보 시스템을 갖추고 있다.

[보기 12.10] 비즈니스 계획 수립 시 리스크 평가에 일반적으로 관여하는 기능 부문들

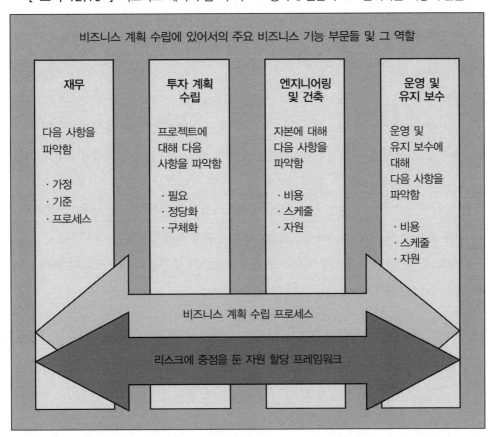

전략적 리스크는 대개 보다 장기적인 영향을 주기 때문에 회사 내의 더 많은 부문들의 책임 영역에 해당할 가능성이 높다. 비즈니스 계획 수립 기간 동안 SBOs가 실현되도록 하기 위해서는 대상 기간 동안 이 리스크들에 대한 통제에 투자할 필요가 있을 수도 있기 때문에, 이러한 리스크들을 밝혀내는 것이 중요하다. 이 프레임워크를 사용해 본 경험에

의하면 중간 및 고위 경영진의 참모 직원은 대개 다방면의 지식을 보유하고 있으며 이 전략적 리스크들에 부합하는 기간을 염두에 두고 업무를 수행한다. 그러므로 참모 직원들은 이러한 리스크들 및 관련 경감 대안들을 식별해내기에 가장 좋은 위치에 있다. 많은 회사들은 또한 전략적 리스크들을 선제적으로 식별, 평가 그리고 관리할 책임을 지는 부서를 설치했다. 전력 산업에서는 일부 규제 당국들이 전략적 리스크 관리의 중요성을 인식하고, 전력 업체들에게 매우 중요한 공공 인프라스트럭처의 건전 경영을 확보하기 위한 장기 계획을 수립하여 공식적으로 제출하도록 요구한다.[7] 이 장기 계획은 새로운 인프라스트럭처의 승인 획득 및/또는 주요 장비 주문 설치에 장기간이 소요됨을 감안하여 대개 약 10년을 대상 기간으로 한다. 단기 평가에서는 앞에서 설명한 바와 같이 특정 자산에 대한 유지 보수 및 대체와 관련된 리스크를 다루지만, 이 계획은 대개 다양한 유사 자산들의 노후화와 관련된 리스크들을 다룬다. 이러한 성격의 전략적 리스크 평가는 (10년과 같이) 훨씬 긴 기간 동안에 걸친 SBOs 달성을 위험에 빠뜨리는 것을 방지하기 위해 단기적 (1~2년) 또는 중장기적(3~5년)으로 관리되어야 할 사건들을 식별할 수도 있다. 전략적 리스크들을 관리하기 위해 개발된 IPs는 운영상의 리스크에서와 같은 양식을 사용하고(또한 영향을 받는 KPIs에 대한 동일한 결과 및 확률 정보를 제공하고), 동일한 우선순위화 프로세스를 거쳐야 한다.

RFRAF를 운영해 본 경험에 의하면 종합적인 리스크 평가를 효과적으로 수행하기 위해서는 바람직하지 않은 사건들을 단기(비즈니스 계획의 최초 2년으로 정의됨), 중기(비즈니스 계획의 3~5년으로 정의됨) 그리고 장기(5년 초과로 정의됨)의 3개의 다른 시간대로 구분하여 평가하는 것이 유용하다. 이는 다양한 시간대에 걸친 잠재적 리스크들에 대해 구체적으로 알고 있는 회사의 직원들을 활용해 수행되어야 한다. 위에서 언급한 바와 같이 많은 회사들은 리스크 식별 및 평가 프로세스에 유용한 정보를 담고 있는 장기 전략 계획을 수립한다. 보기 12.11은 관심 대상 기간, 리스크 분석 및 비즈니스 계획 수립을 위해 제공되는 정보의 유형, 리스크 정보의 근거 그리고 각각의 기간에 대해 일반적으로 수행되는 분석의 정도를 보여 준다. 하나의 기간에 사용되는 리스크 정보는 인접한 기간의 리스크 평가를 검증하는데 사용될 수도 있으며, 최소한 리스크 평가자에게 시간의 경과에 따른 비즈니스 환경의 변화 및 이 변화가 리스크 프로필에 미치는 영향을 알려 줄 수 있음도 인식해야 한다. 보기 12.11을 보라.

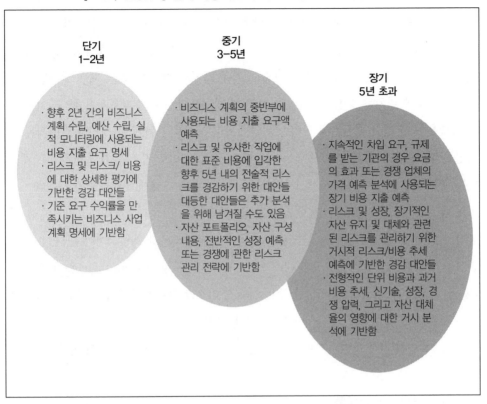

리스크 사건을 계량화하기 위한 방법 및 모델

앞에서 설명한 전반적인 리스크 기반 프로세스는 중요한 리스크 사건들이 각각의 KPI에 영향을 줄 확률과 그 결과를 계량화하는 일의 중요성을 파악하였다. 적절한 방법 및 모델들을 사용한 리스크 사건들이 KPI에 미치는 영향 계량화는 판단과 짐작의 결합일 수 있는 질적 또는 주관적 방법보다 훨씬 더 바람직하다. KPI에 영향을 줄 확률 및 결과의 계량화에 사용되는 방법들과 모델들의 정확성은 리스크 평가 및 경감 프로세스의 전반적인 효과성 그리고 아마도 비즈니스의 성공에 있어서 결정적인 요인 중 하나이다. 따라서 가급적 각각의 구체적인 KPI 또는 PI 측면에서 리스크 사건들의 계량화를 가능하게 해주는 방법들 및 모델들의 포트폴리오 개발에 상당한 노력을 기울여야 한다.

이 방법들과 모델들은 각각의 리스크 사건들에 대해 "아무 조치도 취하지 않는" 시나리오에서 KPI에 미치는 영향을 계량화할 수 있도록 고안되어야 한다. 이들은 또한 IPs

산출 목적상 리스크 경감 대안들이 KPI에 미치는 영향도 평가할 수 있어야 한다. 앞에서 논의했던 전력 업체의 예에서 계획되지 않은 시스템 가동 중단의 빈도 감소가 상위 25%의 신뢰도라는 SBO 달성을 위한 하나의 KPI로 정해졌다. 리스크를 효과적으로 계량화 및 관리하기 위해서는 서비스 지역 내에서 "아무 조치도 취하지 않을" 때의 시스템 가동 중단의 빈도에 미치는 영향을 계량화하기 위한 방법론과 모델이 갖춰져야 한다. 이 방법과 모델은 또한 경감 대안들이 서비스 지역에서의 시스템 가동 중단의 빈도에 미치는 효과성을 파악에도 사용된다. 요구되는 시스템 가동 중단 빈도 감소를 최저 비용으로 제공하는 경감 대안들이 다음 섹션에서 설명하는 우선순위화 프로세스에 제출될 것이다.

전력 부문에서의 RFRAF 경험에 의하면 중요한 모든 KPIs에 대한 리스크의 영향을 계량화하기 위해서는 그러한 방법들 및 모델들의 포트폴리오가 개발되어야 한다. 이에는 단기적으로 영향을 주는 운영상의 리스크 평가(단기적인 장비 고장 리스크를 평가하는 자산 상태 평가 방법 및 모델 등) 및 중장기적으로 KPI에 영향을 주는 전략적 리스크 평가를 수행할 방법들 및 모델들이 포함된다. 방법들 및 모델들의 포트폴리오는 다양한 리스크 요인들(신뢰성, 안전, 환경상의 영향, 감독 규정 준수 등)을 평가하고 기술적 및 재무적인 개념들을 모두 다룰 수 있어야 한다.

투자 제안의 우선순위화

앞에서 말한 바와 같이 우선순위화 모델은 상대적으로 최소의 비용으로 최대의 리스크 감축을 달성하기 위하여 투자 제안에 최적의 순서를 부여할 목적으로 모든 IPs로부터의 정보를 통합하기 위해 고안된다. 이를 통해 산출되는 선호되는 IPs 포트폴리오는 최소의 비용으로 SBOs를 달성하는 최적 시나리오를 나타낸다. 전형적인 최적화 모델의 산물에 대한 시각적 표시가 그림 12.12에 나와 있다. 이 모델은 모든 IPs를 일관성 있게 다루며, IPs를 비용당 효용이 가장 큰 것에서부터 가장 작은 것까지 순서를 부여한다.

최소 비용으로 SBOs에 대한 리스크를 최대로 감소시킬 수 있는 IPs는 이 그래프의 왼쪽의 가파른 상향 곡선 상에 나타날 것이다. 가치가 낮은 IPs는 그래프의 우측에 나타나는데, 극단적인 경우 비용이 상당히 증가하더라도 효용은 별로 변하지 않을 수 있다. 이러한 결과는 비용 상의 제약이 있는 경우 프로젝트들(IPs)의 컷오프 지점 결정에 효과가 있다. 보기 12.12에서 비용 상한이 150으로 정해져 있을 경우 "B"로 표시된 IP는 컷

오프를 간신히 통과할 수 있을 것이다. 시각적 표시는 동일한 리스크 사건을 관리하기 위해 고안된 대안적 IP들 사이의 비교도 가능하게 해 준다. 예를 들어, 보기 12.12에서 "P", "C" 그리고 "B"로 표시된 IP들은 모두 동일한 리스크를 관리하기 위해 고안된 IPs일 수 있다. 이 그래프를 보면 IP-P는 이 리스크 사건을 관리하는 가장 효과적이지 않은 대안임을 쉽게 알 수 있는데, 그 이유는 IP-B는 동일한 비용으로 더 많은 효용을 가져올 수 있고, IP-C는 보다 낮은 비용으로 유사한 효용을 가져올 수 있기 때문이다. 이 경우 승인권자가 이 리스크 사건을 IP-B 또는 IP-C로 경감할지 결정해야 한다. 이 예에서 비용 제약으로 IP-B는 사용 가능한 비용 범위를 초과할 경우에도, 이 리스크 사건은 선호되는 IPs 포트폴리오 내에 있으며(IP-C), 낮은 비용 하에서의 경감을 위한 자금을 받게 될 것이다.

[보기 12.12] 우선순위화 모델의 산물에 대한 시각적 표시

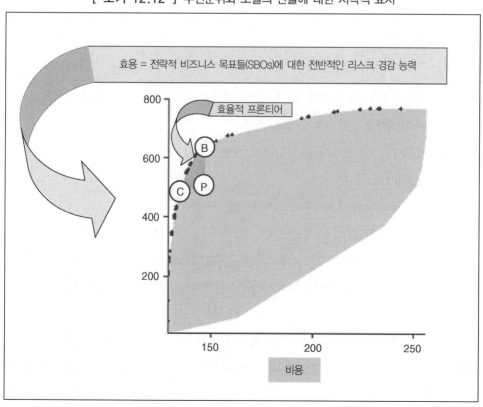

모든 우선순위화 모델은 입력 자료에 대한 평가의 근거로 어느 정도의 다중 기준 의사 결정 분석 형태(예컨대 다중 속성 효용 이론, 다중 속성 가치 이론, 분석적 계층 프로세스 등)를 사용하는 바, 이러한 많은 모델들이 시장에 나와 있다.[8] 회사에서 입수할 수 있는 정보 및 역량과 부합하는 모델을 선정하도록 주의를 기울여야 하고, 모델이 선정되면 관련 입력 프로세스가 수립되어야 한다.

그러한 모델들과 관련한 상세한 이론은 이 논의의 범위를 벗어난다. 그러나 프로젝트 우선순위화 및 프로젝트 관리에 관해 깊이 있는 몇 편의 훌륭한 논문들이 있다.[9] 또한 서비스 요금을 승인하는 감독 당국도 자신이 감독하는 유틸리티 업체의 비용 지출 필요를 정하는 우선순위화 방법 및 모델들의 중요성을 인식한다. 또한 이 방법 및 모델에 의해 제공되는 투명성 및 일관성을 가치 있게 여긴다. 그 결과 감독 당국은 유틸리티 업체들에 의해 사용되는 우선순위화 방법과 관련된 상세한 정보를 제출하도록 요구하기도 한다. 이러한 제출은 복잡한 비즈니스 환경에서의 이러한 비즈니스 프로세스 적용과 관련된 훌륭한 정보원을 제공한다.[10]

전반적으로 우선순위화 모델과 이를 지원하는 프로세스는 다음과 같은 핵심 역량을 지녀야 한다.

- 복수의 의사 결정 기준에 대한 최적화 문제(IPs 포트폴리오의 가치 극대화)를 정확히 풀 수 있음
- 모든 IPs에 대한 공정한 경쟁 무대를 조성함
- 복수의 의사 결정 기준에 대해 다른 영향을 주는 IPs를 다룸
- 많은 수의 IPs를 관리함
- 자본 비용 및 운영/유지 보수 비용 모두를 다룰 수 있음
- 투명하고, 감사를 실시할 수 있는 분석을 제공함
- 효율적 프론티어, 비용 제약의 영향 그리고 동일한 리스크 사건이나 유사한 리스크 사건들을 경감하기 위해 고안된 IPs 간의 교환 관계를 명확히 식별하는 결과를 산출함

이 프로젝트의 성공을 위해서는 최적화 문제와 회사 안에서 활용할 수 있는 정보 및 역량과 부합하는 우선순위화 모델과 이를 지원하는 프로세스의 선정 및 시행이 매우 중요하다. 의사 결정 이론의 복잡한 성격을 감안할 때, 이에 대해 잘 아는 전문가의 안내를

받는 것이 신중한 처사일 수 있다.

선호되는 투자 제안 포트폴리오의 관리

RFRAF 담당 부서는 선호되는 IPs의 시행 승인을 받고 나면 성공적인 시행을 감독해야 한다. 이에는 예측할 수 없었던 선순위 리스크가 실현되거나 연도 중 비용 상의 제약이 변할 경우, 승인된 포트폴리오에 조정을 가하는 것이 포함된다. 이를 위해 다음 사항이 요구된다.

- 승인된 IPs 포트폴리오와 관련된 성과 척도 확립
- 승인된 IPs 포트폴리오에 대한 연도 중의 변화 관리를 위한 방향 재설정 프로세스 개발
- 고위 경영진 및 감독 당국에 대한 포트폴리오 진척 상황 보고

정보 요건 및 도전 과제

RFRAF를 시행 및 운영해 본 경험에 의하면, 이 프레임워크는 전반적으로 상당한 양의 새로운 정보의 개발, 가공 및 저장을 필요로 한다. 이에는 다음과 같은 상품 및 관련 평가와 관련된 정보가 포함된다.

- 전사 리스크 매트릭스 및 이를 지원하는 거버넌스 프레임워크, 사용자 지침서 그리고 선정된 KPIs에 대한 근거를 요약하는 일람표.
- 리스크 사건들과 중요한 리스크들을 관리하기 위한 IPs를 묘사하는 일반적인 양식. 여기에는 양식 작성 가이드라인 및 절차가 포함된다.
- 각각의 리스크 사건들 및 IP가 KPIs에 미치는 영향을 평가할 수 있게 해 주는 리스크 기반 상세 입력 정보. 이 정보는 리스크 사건들과 이 사건들을 경감하기 위해 마련된 IPs와 관련된 새로운 양적, 질적 정보를 제공하기 위해 고안된 새로운 방법, 모델 그리고 도구들로부터 얻어진다.
- 리스크 사건들 및 중요한 리스크를 경감하기 위한 IPs를 명시하는, 완성된 양식. 완성된 양식에는 관련 KPI의 결과 및 확률에 미치는 영향과 IPs의 타당성을 지지하는 근거 정보

가 포함된다. 이 양식들에 포함된 정보는 우선순위화 모델의 입력 정보로 사용된다.

- 우선순위화 모델에 의해 개발된, 선호되는 IPs 포트폴리오.
- 선호되는 IPs 포트폴리오 승인을 촉진하기 위한 검증 검토 및 관련 검증 테스트와 관련된 시나리오 분석 및 민감도 분석. 여기에는 앞에서 언급한 자산 퇴역 모델(Asset Retirement Model)(미주 6을 보라)과 같은 전략적 도구들과 관련된 새로운 리스크 기반 입력 및 출력 정보에 대한 필요가 포함될 수도 있다.
- 승인된 IPs 포트폴리오. 이는 비즈니스계획의 토대를 형성한다.
- 리스크 사건들 및 관련 경감 조치들의 역사를 담고 있는 리스크 대장(臺帳) 작성. 리스크 대장은 보편적인 리스크들에 대한 표준화된 평가를 통해 향후 효율성 제고에 사용될 수 있다.
- 해당 연도 중의 변화를 관리하기 위한 계획 및 관련 성과 척도들의 방향 재설정.

위에서 언급한 바와 같이 RFRAF를 위한 상세한 정보는 KPIs와 관련한 다양한 리스크 사건들의 결과 및 발생 가능성 그리고 경감 계획의 제공을 요구한다. RFRAF를 위해 요구되는 추가 정보는 고려되는 리스크 평가의 유형에 따라 상당히 달라진다.

운영상의 리스크 평가와 전략적 리스크 평가는 비즈니스에 서로 다른 추가 정보를 요구한다.

운영상의 리스크 평가 정보

RFRAF 시행 경험에 의하면, 운영 리스크 평가와 관련된 결과 정보는 대개 회사에서 가장 구하기 쉬운 정보이다. 이 평가는 대개 비즈니스 프로세스, 자산, 또는 공급자가 요구되는 비즈니스 결과를 내놓지 못하는 것과 관련된 리스크 사건들의 식별 및 경감에 관련된다. 이러한 유형의 실패 사건들과 이의 원인들에 대해서는 대개 회사의 운영 담당 직원들이 잘 이해하고 있다. 따라서 그들은 이러한 실패의 결과를 KPIs 또는 PIs에 미치는 영향의 견지에서 묘사할 수 있다. 운영을 담당하는 직원들은 또한 리스크를 관리하기 위한 전형적인 경감 조치들과 이러한 조치들이 "아무 조치도 취하지 않는" 대안에 비해 그 결과를 어떻게 변화시킬지를 잘 파악한다. 운영 리스크 평가의 도전 과제는 사건 발생 확률을 알아내는 것이다. 이는 일반적으로 과거 기록으로부터의 실패율과 원인 정보를 검토하여 향후의 발생 확률을 예측할 것을 요구한다. 이는 과거 정보에 대한 보다 복잡한 분석과 확률 영역의 계량화와 관련된 새로운 정보 생성이라는 과제를 부과한다.

전략적 리스크 평가

전략 리스크 평가가 비즈니스 부문 내에서 통상적으로 수행될 경우, 추가적인 정보 필요량은 운영 리스크 평가의 경우와 유사할 것이고, 이곳에서도 확률 영역이 최대의 도전과제가 될 것이다.

전략 리스크 평가가 비즈니스 부문에서 일상적으로 수행되지 않거나 새로운 전략적 리스크 평가가 필요할 경우, 추가적인 정보의 필요량은 상당히 늘어날 것이다. 새로운 전략적 리스크 평가는 재무 및 비즈니스 실적에 관한 새로운 상세 정보를 필요로 할 수도 있다.

RFRAF는 회사 내의 새로운 입력 및 출력 정보에 대한 계획 수립을 필요로 한다. 입력 정보는 회사의 SBOs에 대한 운영상 및 전략적 리스크의 식별, 계량화 그리고 경감을 가능하게 해 주는 새로운 방법, 모델 및 프로세스 포트폴리오에 의한 리스크 평가를 수행하기 위해 필요하다. 이 새로운 방법, 모델 그리고 프로세스의 출력 정보는 다양한 새로운 정보를 포함하고 있는데, 중요한 비즈니스 의사 결정에 대한 효과적인 감사를 위해 이 정보를 모두 저장하여야 한다. 출력 정보는 KPIs에 관련된 각각의 리스크의 확률 및 결과, 최소 비용의 IPs 확정을 위한 재무 평가, 회사의 부서내 및 부서 간에 적절한 내부 통제가 시행되고 있다는 검증, 우선순위화 모델에 의해 생성된 선호되는 IPs 포트폴리오, 검증 검토의 결과, 관련 워크숍으로부터의 문서 그리고 승인된 IPs 포트폴리오 및 이를 뒷받침하는 근거 등을 포함한다.

전반적으로 RFRAF의 시행은 회사의 정보 요건을 크게 증가시킬 수 있으며, 따라서 정보 기술계획 수립 시 이러한 요건이 적절히 이해되고 고려되도록 담보하기 위해 COE 팀은 정보 기술 분야의 고위직 전문가를 포함해야 한다.

지속적인 개선을 위한 효과성 척도

RFRAF의 산출물의 중요성과 이 프로세스 단계들의 성공적인 완료에 필요한 상당한 자원 요건에 비추어 볼 때, 이 프레임워크의 효과성을 확보하고 개선이 필요한 분야를 찾아내기 위해 성과 척도가 정해져야 한다. 이 프레임워크의 전반적인 성과 관리 및 개선 필요 분야 파악에 도움을 주는 몇 가지 중요한 척도에는 아래와 같은 항목들이 포함된다.

- 리스크 영향 계량화 방법 및 모델을 지니고 있는 KPIs의 비율
- 필요한 연수 프로그램을 완료한 직원의 비율
- 결과 및 확률 평가를 위한 표준화된 선정 리스트를 이용하여 평가된 리스크 사건 수
- 양식 작성 완료에 실제로 소요된 자원 대비 양식 작성 필요 자원 추정치의 정확성
- 전략 리스크 워크숍 및 이 워크숍에 기반한 승인에 소요된 고위 경영진의 시간
- 선호되는 IPs 포트폴리오의 최종 승인을 얻기 위해 요구된 반복 횟수
- 예측하지 못했던 사건의 수 및 방향 재설정 프로세스에 의해 요구된 연도 중 조정 횟수
- 작업의 계획 대비 완료 비율
- 예산 예측 대비 실제 결과

성과 척도들의 모니터링 및 관리는 프로세스의 효과적인 운영 및 프로세스의 비효율성 식별을 촉진한다. 이러한 척도에 따를 때의 초라한 성과의 원인 파악과 성과 개선을 위해 필요한 시정 조치 개발은 RFRAF의 효과성 및 효율성을 지속적으로 향상시킬 것이다.

결론

리스크에 기반한 자원 배분은 포괄적인 비즈니스 프레임워크의 개발, 시행, 운영과 지속적인 개선을 필요로 한다. 이 프레임워크는 모든 중요한 비즈니스 부문을 망라하여 회사의 프로세스 내에서 입수할 수 있는 긴요한 지식, 전문성, 경험 그리고 정보를 통합한다. 이 프레임워크의 개발 및 시행은 비즈니스 계획 수립에 관여하는 모든 주요 비즈니스 부문과 리스크 관리 분야에 이해관계가 있는 부서의 고위 경영진으로 구성된 COE팀에 의해 감독되어야 한다.

이의 개발 및 시행 단계들은 SBOs, KPIs, RTs 그리고 리스크 개념들에 대한 확립을 필요로 한다. 이 프레임워크는 또한 리스크 사건들을 가능한 최대로 계량화하기 위한 방

법들 및 모델들의 개발도 요구한다. 가능하면 신뢰성을 높이기 위해 업계에서 수용된 방법 및 모델이 사용되어야 한다.

이 프로세스가 효과적으로 기능을 발휘하려면, 전략적 비즈니스 리스크에 대해 알고 있는 노련한 고위 경영진으로부터, 신뢰할 만한 운영 리스크 사건들의 확률 및 결과를 식별 및 계량화하고 합리적인 경감 방안들을 결정할 수 있는 다양한 비즈니스 라인의 전문가들에 이르기까지 모든 사람들이 관여해야 한다. 이 프로세스를 성공적으로 운영하려면 또한 직원들에 의해 제출된 IPs의 정확성에 대해 제3자적 의견 제공에 필요한 지식과 경험을 갖춘 중간 경영진도 활용할 필요가 있다. 이 단계는 우선순위화 단계로 나아가기 전에 프로젝트들이 상대적으로 적절히 배점되도록 하는 중요한 통제를 제공해 준다.

관련 비즈니스 프로세스의 일상적인 운영은 전담 부서에 맡겨져야 하며, 이 부서의 리더는 COE 팀의 일원이어야 한다. 이를 전담하는 부서와 COE팀은 RFRAF의 성공과 이의 지속적인 개선에 대해 공동으로 책임을 진다.

이 프레임워크는 리스크 관리와 비즈니스 계획 수립을 통합하여 전반적인 프로세스에 투명성과 일관성 그리고 추적 가능성을 가져다준다. 이러한 요인들이 결합하여 회사 내의 의사 결정의 전반적인 신뢰성을 향상시키며, 규제를 받는 기업들은 그러한 프레임워크가 갖춰져 있을 경우 요금 인상 요구를 성공적으로 뒷받침한다.

리스크에 기반한 자원 배분은 SBOs를 이러한 목표들을 위험에 빠뜨리는 전략적 및 운영상의 리스크 사건들에 연결시키는 종합적인 프레임워크의 시행을 요구한다. RFRAF는 한정된 자원을 최고의 가치를 제공하는 곳에 배분함으로써 이들 리스크의 체계적인 식별 및 관리를 증진한다. 이 프레임워크는 자원, 모델 그리고 정보 시스템에 상당한 투자를 필요로 한다. 그러나 이를 적절히 관리한다면 비즈니스의 장기적인 성공이라는 보상을 받게 될 것이다.

INDEX

1) 이 연구는 대규모 전력 시스템에 관한 국제 위원회(International Council on Large Electric Systems) (CIGRE – Conseil International des Grands Réseaux Électriques)에 의해 수행된 Utility Asset Management 분야의 모범 실무 관행에 대한 업계의 리뷰의 일부이다. 이 연구는 CIGRE Committee C1 – 시스템 개발과 경제학 부분에 해당한다. 이 정보는 전기 유틸리티 산업을 위한 유틸리티 자산 관리를 위한 모범 실무 관행 가이드로 고안된 기술적 안내 책자에

수록되어 있다.

2) 이 프로세스에 대한 개략적인 설명이www.thirm.org/publications/documents/Risk_Management_Standard_030820.pdf에 "A Risk Management Standard ?AIRMIC, ALARM, IRM:2002"라는 제목의 참고 자료에 문서화되어 있다. 리스크 관리에 관한 구조화된 접근법들은 캐나다 리스크 관리 기준과 같은 정부 기구에 의해 발표된 리스크 기준들에 포함되어 있는 경우도 있는데, 이러한 기준들은 www.tbs-sct.gc.ca/pubs.pol/dcgpubs/RiskMAnagement/guide10-eng.asp에서 찾아볼 수 있다. 또한 리스크 관리에 관한 호주/뉴질랜드 기준도 있는데, 이 기준은 www.riskmanagement.com.au/에서 찾아볼 수 있다.

3) 참고 자료 –ISO/IEC Guide 73 Risk Management – Vocabulary-Guidelines for use in standards. ISO는 "국제 표준 기구"이며 세계 최대의 제조업체들에 의해 사용되는 기준 제정 기구이다. IEC는 "International Electrotechnical Commission(국제 전기 기구위원회)"이며, 모든 전기, 전자 및 관련 기술에 대한 국제 기준을 제정하여 발표하는 선도적인 글로벌 기구이다.

4) 이에 대한 훌륭한 예가 British Columbia Transmission Corporation(BCTC)의 2009년에서 2018년까지의 전송 시스템 자본 계획의 일부로 공개적으로 발표되었다. 편의를 위해 이 장의 부록 12.A는 BCTC의 전사 리스크 매트릭스를 수록하고 있다. BCTC-CRM은 2009년에서 2018년까지의 BCTC Transmission System Capital Plan(F2009 Capital Plan)의 부록 D로 제공되었다. 공개적으로 입수할 수 있는 이 문서는 www.bctc.com/regulatory_filings/capital_plan/current_capital_plans/F2009+to+F2018+Transmission+System+Capital+Plan.htm에서 찾아볼 수 있다.

5) 저자는 선호되는 IPs 포트폴리오에 명시된 작업을 수행할 책임이 있는 서비스 그룹의 전심전력을 얻기 위해 이틀짜리 워크숍을 사용하는 한 회사를 알고 있다. 이 워크숍에서는 고위 경영진이 자신의 리스크 스코어와 관련된 예산상 필요를 방어할 책임이 있는 비즈니스 라인 전문가들과의 대면 회의를 통해 모든 우선적 IPs에 대해 검토 및 평가한다. 우선적 IPs는 IPs에 명시된 작업을 수행할 책임이 있는 서비스 그룹이 이 작업이 수행될 것이라는 확신을 제공할 때까지는 승인되지 않는다.

6) 2005년 5월 9일-11일에 북미 송전 및 배전 컨퍼런스 & 엑스포에서 발표된 "The Asset Retirement Model"을 참조하라. 이 논문은 검증을 위한 검토 시에 독립적인 전략적 평가가 어떻게 사용될 수 있는지 설명해 주며www.hydroonenetworks.com/en/customers/LDCs_and_Tx/downloads/ARM_paper_2005_NATD_COnference.pdf에서 구할 수 있다.

7) British Columbia Transmission Corporation – Transmission System Capital Plan for 2009 to 2018(2009 capital Plan)을 보라. 공개적으로 입수할 수 있는 이 문서는 www.bctc.com/regulatory_filings/capital_plan/current_capital_plans/F2009+to+F2018+Transmission+System+Capital+Plan.htm에서 찾아볼 수 있다.

8) 상업적 제품들에 대해서는 다음의 웹 사이트를 참조하라. www.prioritysystem.com/tools.html.

9) 프로젝트 우선순위화 및 프로젝트 관리에 관한 깊이 있는 논문들은 www.prioritysystem.com/papers.html에서 구할 수 있다.

10) 참고 자료–British Columbia Transmission Corporation Capital Plan for 2009 to 2018(F2009 Capital Plan). 이 문서의 섹션 4와 부록 J를 보라. 공개적으로 입수할 수 있는 이 문서는www.bctc.com/regulatory_filings/capital_plan/current_capital_plans/F2009+to+F2018+Transmission+System+Capital+Plan.htm에서 찾아볼 수 있다.

저자 소개

조지프 토네구조(Joseph Toneguzzo)는 온타리오 프로빈스(Ontario Province) 내의 전력 시스템 장기 종합 계획 개발을 담당하는 정부 기관인 Ontario Power Authority 전력 시스템 계획 수립 그룹 내의 실행 및 승인 부문 이사이다. 1980년 이후 온타리오 프로빈스에서 전문 엔지니어로 일해 왔으며 전력 산업에서 30년이 넘는 경험을 쌓았다. 토네구조는 Ontario Hydro와 Hydro One에서 운영, 기획, 자산 관리 그리고 규제 관련 사무 등을 담당하는 전문가 그리고/또는 경영진으로 일한 경력이 있다. 또한 시스템 계획 수립, 자산 관리, 부문 개발 등과 관련된 여러 개의 지역, 국가 그리고 국제적 태스크 그룹에서 일했으며, 2004년부터 2008년까지는 대형 전력 시스템 국제 위원회(international Council on Large Electric Systems; CIGRE-Conseil International des Grands R?seaux ?lectriques) 캐나다 대표였다. 토네구조는 시스템 계획 수립, 통합 자원 계획 수립 및 자산 관리/리스크 관리 분야에서 다수의 글을 썼는데, CIGRE, Institute of Electrical and Electronics Engineers, IEEE Transactions on Power Systems, Electric Power Research Institute 그리고 캐나다 전기 협회 등의 간행물들에 발표되었다.

[부록 12.A] BCTC 전사 리스크 매트릭스

확률 가이드라인	발생 가능성		1	2	3	4	5
90%	1년 내 사건 발생 확률 9/10 이상	5	보통	보통	높음	극단적	극단적
50%	1년 내 사건 발생 확률 1/2 이상	4	요주의	보통	보통	극단적	극단적
10%	1년 내 사건 발생 확률 1/10 이상	3	요주의	보통	보통	높음	극단적
1%	1년 내 사건 발생 확률 1/100 이상	2	낮음	요주의	보통	보통	높음
<1%	1년 내 사건 발생 확률 1/100 미만	1	낮음	낮음	요주의	요주의	높음
영향 기준			1	2	3	4	5
안전			응급 처치를 요하는 부상/질병	의료적 치료를 요하는 부상/질병	노동 시간을 상실하는 부상/일시적 장애	영구적 장애	사망자 발생
재무			영향 총 금액 50만 달러 미만	영향 총 금액 50만~100만 달러	영향 총 금액 100만~500만 달러	영향 총 금액 500만~1000만 달러	영향 총 금액 1000만 달러 초과
신뢰성			25만 시간 미만 고객 전기 사용 또는 2GWh 미만의 에너지가 제공되지 아니함	25만~1백만 시간 미만 고객 전기 사용 또는 2~7GWh 미만의 에너지가 제공되지 아니함	1~3백만 시간 미만 고객 전기 사용 또는 7~20GWh 미만의 에너지가 제공되지 아니함	3~7백만 시간 미만 고객 전기 사용 또는 20~50GWh 미만의 에너지가 제공되지 아니함	7백만 시간 이상 고객 전기 사용 또는 50GWh 이상의 에너지가 제공되지 아니함
시장 효율성			고객들과 요금 납부자들이 BCTC에 만족함	BCTC 고객들과 요금 납부자들이 정부 또는 유럽 리더 위원회에 민원을 제기함	정부 또는 BCUC가 BCTC의 전략 및 정책에 대해 조사를 수행함	정부 또는 BCUC가 BCTC에 관행의 변경을 명령함	요구되는 수준의 서비스 제공 실패로 운영 인가를 상실함
관계			외부의 반대로 업무 계획에 단기적인 지연 또는 경미한 변화가 초래됨	BCTC의 업무 계획 실행에 영향을 줄만한 외부의 반대. 주주들의 조사 및/또는 업무 계획 시행이 제어되고/또는 업무 계획에 대한 실질적인 변화가 요구됨	외부의 반대로 규제의 감독이나 정부의 제 당국/정부의 제 당국이 감독함. 주주의 조사 강화로 정부 또는 현장 접근 제한	외부의 규제로 규제 제한이 강화됨. 업무로 주요 모든 제도 현장에 대한 접근 제한 등 BCTC의 업무에 영향을 주는 업무를 상실함	외부의 반대로 운영 인가 상실 및/또는 회사의 구조조정을 초래함

BCTC의 전사 리스크 관리(ERM)

ERM은 의사 결정 시 조직 내의 모든 사람이 사용하는 보편적인 프로세스이다. 아래의 프레임워크는 주요 ERM 단계들을 묘사한다. 이 리스크 매트릭스를 사용하기 전에 매 스크들을 사용했어야 한다. 이 리스크 매트릭스는 "평가" 단계의 일부를 구성한다. ERM 프레임워크 에서의 단계들은 다음과 같다.

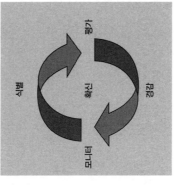

식별 · 평가 · 경감 · 확신 · 모니터

식별 조직 및 부서 차원의 비즈니스 목표와 관련된 모든 잠재적 리스크(위험)와 기회를 식별한다.

평가 영향과 발생 가능성 면에서 리스크를 평가한다. 이 단계에서 전사 리스크 매트릭스를 이용하여 리스크의 영향을 분석한다.

경감 통제 활동들과 보험 프로그램으로 리스크를 경감한다. 리스크를 관리하기 위한 통제 활동들을 파악하고 개선 조치 계획이 필요한 경우 경감 마인드 한다.

뒷면으로 이어짐

모니터: 고유 리스크 및 잔여 리스크 프로필, 리스크 프로필 및 리스크 성향에 대한 변화의 영향을 모니터한다.

확신: 경영진의 자체 평가 또는 내부 프로그램을 통해 통제 활동들이 효과적이라는 확신을 제공한다.

[부록 12.A] BCTC 전사 리스크 매트릭스

영향 기준	1	2	3	4	5
조직 & 인력	서비스 전달 및 직원에 대한 영향 미미	일부 서비스의 효율성 또는 효과성에 영향을 주지만, 내부적으로 다루어질 수 있음	조직의 일부가 예측하지 못한 마모 또는자산 마모로 감소 요인을 경험함	회사 목표 달성 능력이 위험을 받거나 서비스 비용이 크게 증가함	고위 리더들 및 핵심적인 서비스를 전달할 능력을 포함한 다수의 중요한 직원들을 예기치 않게 상실함
환경	보고할 만한 환경 사고 없음	단기적으로(1년 이내) 경감할 수 있는 보고 대상 환경 사고	장기적으로(1년 초과) 경감할 수 있는 보고 대상 환경 사고	규제 당국의 벌금에 처해질 수 있고 경감 가능한 보고 대상 환경 사고	규제 당국의 기소에 처해지거나 경감이 불확실한 보고 대상 환경 사고

심각성 분류	
극단적	상세한 계획을 통해 임원에 의해 관리되어야 함
높음	고위 경영진의 상세한 리서치 및 계획 수립을 요함; 임원이 주의를 요함
보통	경영진의 책임이 명시되어야 함. 특정 모니터링 또는 대응 절차에 의해 관리됨
요주의	일상적인 절차를 통해 관리됨. 정규 모니터링을 요함
낮음	일상적인 절차를 통해 관리됨

ERM의 계량적 리스크 평가

존 하그리브스(John Hargreaves)—하그리브스 리스크 & 전략 담당 상무

> 먼저 고려 사항들을 검토하고 나서 리스크를 취하라.
> – 헬무트 폰 몰트케(Helmuth von Moltke; 1800-1891)

서론

독일군의 전략가 헬무트 폰 몰트케는 리스크를 취하기 전에 이를 평가하라고 조언했다. 이번 장은 기업 또는 정부 조직에서 리스크 평가 및 리스크 계량화를 가장 잘 달성할 수 있는 방법을 논의한다.

대부분의 회사들은 자신이 직면하는 리스크들에 대한 조사를 완료하고 발견한 리스크들의 일부를 통제하기 위한 시스템을 도입했다. 이 분석의 깊이는 지역적 요인에 따라 회사마다 다른 바, 경영진과 이사회가 리스크 관리 방법론에서 얻을 수 있는 효용에 대해 어떻게 평가하는지도 하나의 요인이 될 것이다.

그러나 많은 규제 기관, 주식 거래소 그리고 전문가 단체들이 회사에게 리스크 측정의 질을 개선하도록 권장해 왔고, 지침들을 발표해 오고 있어서, 기업들은 이러한 기준에 부합하라는 상당한 압력을 받고 있다(예컨대 COSO 2004, 호주 기준 2004).

COSO의 다음과 같은 전사 리스크 관리 정의로부터 몇 가지 통찰력을 얻을 수 있다.

전사 리스크 관리는 조직의 목표 달성에 대한 합리적인 확신을 제공하기 위해서 조직에 영향을 줄 수 있는 잠재적 사건들을 파악하고 리스크를 리스크 성향 이내로 관리하기 위해 조직의 전략 수립 및 전체 조직에 적용되도록 설계된, 이사회 및 경영진 등에 의해 시행되는 프로세스이다(COSO 2004).

많은 사람들이 관여하기 때문에 체계적인 개별 리스크 평가 방법이 필요하지만, 취해지는 총 리스크가 리스크 성향 이내로 유지된다고 확신할 수 있으려면, 전사적 차원에서 그림을 볼 수 있어야 한다.

이 장은 리스크를 어떻게 계량화할 수 있는지에 대해 살펴본다. 일반 원칙들을 살펴본 뒤, 개별적인 리스크의 계량화에 대한 4가지 다른 방법에 대해 설명하고 평가하며, 회사의 총 위험 계산 및 보고를 위한 통계적 방법을 설명하고 간단한 예를 통해 이를 보여 준다. 마지막으로 계량화된 리스크들이 어떻게 비즈니스 계획 수립 프로세스 안으로 통합될 수 있는지 고려한다. 이곳에서는 금융기관들에서 리스크들을 계량화하기 위해 사용되는 전문가적 방법들은 다루지 않는다.[1]

이 장에서는 리스크 평가 및 우선순위화에 유일한 최선의 방법은 없다고 가정한다. 조직들마다 방법론은 다르지만 타당성 면에서는 동등한 방법을 찾아낼 것이다. 시간이 지남에 따라, 이 방법들은 상황 변화와 경험에 비추어 발전한다. 이 장의 목적은 조직에게 리스크 관리 관행의 지속적인 발전 및 정교화에 기여할 몇 가지 아이디어를 제공하는 것이다.

왜 특정 리스크를 계량화해야 하는가라는 간단한 질문으로 이 장을 시작한다. 이에는 4가지 주요 이유가 있다. 첫째, 어떤 리스크에 중점을 두어야 하고 어떤 리스크는 그다지 중요하지 않은지 결정할 수 있어야 한다. Box 13.1이 보여 주는 바와 같이 리스크 간에는 중요성에 커다란 차이가 있다. 기대 수명에는 흡연을 줄이는 것이 커피를 마시지 않는 것보다 훨씬 유익하다. 그래서 리스크들을 상대적 중요성에 따라 분류하는 것이 유익하다. 둘째, 해당 리스크 통제에 돈을 쓸지를 결정할 수 있어야 한다. 새로운 통제에 비용이 얼마나 들지 추정할 수 있지만, 이를 시행하기 전에 이 통제가 리스크를 감소시킴으로써 스스로를 정당화하는지 알 필요가 있다. 셋째, 리스크의 존재는 상응하는 활동의 경제적 가치를 감소시키는데, 이 활동의 재무적 기여를 무효화시킬 만큼 클 수도 있다. 넷째, 특정 리스크가 조직이 직면하는 총 리스크에 얼마만큼 기여하는지 추정할 필요가 있다.

BOX 13.1

55세 미국인 남성의 경우, 기대 수명은 다음과 같이 단축된다.

• 일상적인 커피 음용	6일
• 화재	14일
• 가정에서의 사고	90일
• 자동차 사고	195일
• 체중 30% 초과	3.5년
• 하루 20개비 이상 흡연	7년
• 독신	9.5년

출처: Cohen and Lee, 1979.

위의 사항들을 달성함에 있어서 700년 전과 마찬가지로 지금도 타당한 윌리엄 오컴 (William of Ockham)의 통찰력을 고려할 필요가 있다. 이는 Box 13.2에 나와 있다.

BOX 13.2

윌리엄의 통찰력

Dico ergo ad qõnem φ qz pluralitas non est ponenda sine necessitate ⁊ non ē necessitas quare ocbeat poni tpus oi scretum mensuras motum angeli. naȝ

오컴의 면도날, 흔히 다음과 같이 표현된다.

다른 모든 것이 동일하다면,

가장 단순한 해법이 가장 좋다.

출처: 윌리엄 오컴, 1288–1348

리스크가 최초로 식별 및 분석되는 전형적인 상황을 조사해 보는 것이 유익하다. 우리는 대개 내부의 브레인스토밍 세션이나 분석적 논문, 또는 외부의 사건에 대한 보도를 통해 리스크를 인지하게 된다. 처음에는 리스크가 느슨하게 정의될 수도 있으며, 그 중요성에 대해 견해가 갈릴 수도 있다.

이 시작 단계에서 한 걸음 나아가 리스크에 대해 좀 더 알아보기로 한다. 우리는 리스크를 발생시키는 프로세스에 관해 더 많이 알게 되며, 계획 수립 대상 기간 내에 이 리스크가 현실화될 확률을 더 잘 추정할 수 있는 위치에 서게 된다. 때로는 확률 추정은 통계적 빈도 데이터에 입각할 수도 있다. 예를 들어, 다양한 정도의 심각성을 지닌 IT 문제들의 빈도에 관한 데이터를 입수할 수 있는 바, 이를 이용하여 상황이 평균과 다를 경우 이를 조정해서 확률을 추정할 수 있다. 또한 우리는 리스크가 현실화될 경우의 결과에 대해서도 보다 더 잘 알게 된다. 때로는 이러한 내용들이 분명하고 명확히 정의되기도 하지만, 가능한 결과의 유형이 다를 때도 있다. 어떤 배합이 발생하는지 고려하고, 이들의 상대적 중요성을 판단할 필요가 있다. 이러한 결과들의 목록에 대해서는 Box 13.을 보기 바란다.

BOX 13.3

결과 유형들

- 재무
- 평판
- 전략
- 법률 또는 규제
- 직원 또는 공급자에 대한 영향
- 고객에 대한 영향

이러한 결과들에 대해 고려하면 리스크가 조직에 미칠 수 있는 영향을 추정할 수 있기 때문에 이러한 결과들을 고려할 필요가 있다.

때로는 전형적인 결과를 추가 작업의 근거로 삼기에 충분하지만, 종종 리스크에 대해 그 인과관계의 상황과 함께 보다 깊이 있게 고려할 필요가 있다. 예를 들어, 사무실 화재의 대가는 책상에 그을음 자국이 나는 정도로 사소할 수도 있고 회사를 파산에 이르게 할수도 있다. 리스크의 모델을 수립하기 위해 복잡한 방법론을 사용하기로 결정할 경우, 확률과 영향 사이의 관계를 확률 분포로 나타낼 수도 있을 것이다. 그러나 보다 간단한 방법론을 사용할 경우, 일정 범위의 영향에 속하는 결과들의 확률을 추정할 수도 있다. 보기 13.1의 예는 이 개념을 보여 준다. 이 예에서 보다 작은 리스크들을 운영상의 이슈로 간주할 수도 있지만, 낮은 확률과 큰 영향의 조합은 회사 차원에서 우려 대상이 될 수도 있다.

이 단계에서 우리는 아마도 이 리스크들과 관련하여 현재 시행되고 있는 통제들에 대해 알게 될 것이고 그 영향을 감소시키거나 발생 확률을 감소시키기 위해 시행할 수 있는 다른 통제나 조치들을 발견할 수도 있을 것이다. "새로운" 리스크에 대해서는 이러한 조치들 중 일부가 명백히 필요할 수도 있는 바, 이 경우 적은 비용 지출로 리스크를 상당히 감소시키는 유익을 볼 수도 있다. 다른 조치들은 시행하기에 다소 비용이 많이 소요되거나 리스크 감소 측면에서 효과가 그다지 크지 않을 수도 있어서, 이러한 조치들을 시행할지 여부가 명백하지 않을 수도 있다.

[보기 13.1] 영향 범위 확률 분포

영향 범위(달러)	확률	전형적인 금액(달러)
0~4,999	95%	1,000
5,000~49,999	4%	20,000
50,000~249,999	0.9%	100,000
250,000 초과	0.1%	1,000,000

리스크 평가: 4가지 접근법

조직의 리스크를 평가하는 가장 적절한 방법을 결정할 때는 몇 가지 대략적인 대안들 중에서 선택할 수 있다. 보기 13.2에 이 대안들이 나와 있다. 적절한 방법의 선택은 문화적 및 환경적 고려 사항과 관련 산업에 의존한다. 이 장에서는 주로 재무 리스크가 지배적이지 않은 전략적 리스크 및 경영 관리 상황을 고려한다. 금융기관 및 에너지 섹터에서의 재무 리스크 계량화 방법에 대해서는 다른 장들에서 다룬다.

[보기 13.2] 리스크 계량화 방법들

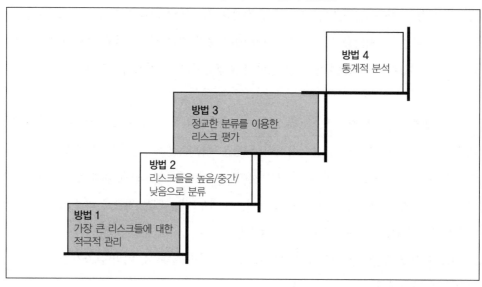

전략적 리스크 평가를 위한 4개의 주요 대안적 방법들을 살펴보고, 그 중에서의 선택에 기여하는 이슈들을 고려해 볼 가치가 있다. 이들 4가지 방법들에 대해 아래에서 설명한다.

방법 1: 가장 큰 리스크들에 대한 적극적 관리

최고 경영자들은 흔히 자신은 그들의 조직이 직면해 있는 주요 리스크들을 이미 인식하고 있다는 입장을 견지할 것이다. 이 점에서 그들은 가장 중요한 리스크 관리 과제는 이 리스크들을 잘 관리하는 것이라는 입장을 취할 것이다. 이러한 태도는 어느 조직이 직면하는 총 리스크의 약 80%는 대개 상위 12개 리스크들에 집중되어 있다는 사실에 의해 정당화된다.

리스크 관리를 실행하기 시작한 조직들과 위기상황을 겪고 있는 조직은 리스크 통제에 활용할 수 있는 자원이 제한될 수도 있다. 그런 경우에는 주요 리스크의 효과적인 관리에 집중하는 것이 최선일 수도 있다. 이로써 경영진의 노력이 너무 얇게 그리고 비효과적으로 펼쳐지게 하는 것을 피할 수 있다.

BOX 13.1에서 보여 준 바와 같이 서로 다른 리스크의 영향에는 큰 차이가 있다. 그곳에서는 일상생활의 예를 들었지만, 요점은 회사의 리스크에도 마찬가지로 적용된다.

리스크 확률에도 큰 차이가 있다. 아주 드물게 발생하는 리스크가 있는가 하면, 꽤 자주 발생하는 리스크들도 있다. 그럼에도 불구하고 상위 12개의 리스크들을 자신 있게 발견해 내기 위해서는 이 리스크에 대해 최소 2번은 고려해 볼 필요가 있다. 이러한 분석을 통해 경영진에 의해 과소평가된 몇 개의 큰 리스크들이 밝혀지는 경우도 종종 있다.

"적극적인" 리스크 관리 스타일 채택을 통해 리스크 영향 및 확률에 큰 차이가 있음을 이용하는 것은 합리적이다(Box 13.4). 상위 12개의 리스크들을 적극적으로 관리하는 것은 리스크들에 대한 긴 목록을 작성하고는 이들에 대해 거의 아무것도 안 하는 것보다는 확실히 낫다.

BOX 13.4

상위 리스크를 먼저 다뤄야 하는 필요성

확률	영향	조치
높음	높음	즉시
높음	낮음	취할 조치 고려
낮음	높음	취할 조치를 고려하고 비상사태 대응 방안을 마련
낮음	낮음	계속 관찰

상위 리스크에 집중한다는 아이디어는 리스크 평가에 대한 최초의 접근법으로는 훌륭하다. 이 방법은 조직이 급격한 변화 프로세스를 겪고 있는 임시적인 상황에서도 적절하다. 그러나 이는 중기적으로는 자신 있는 리스크 관리의 적절한 토대는 아니다.

상위 리스크들에 대한 적극적 관리는 포괄적이 아니라는 단점이 있다. 비즈니스 세계는 드물게 일어나는 사건들이 조직의 몰락을 초래한 예들로 가득 차 있다. 감독 당국들은 회사들이 중대한 악영향을 줄 수 있는 어떤 리스크도 간과하지 않게 하려 하지만, 최근의 경험에 의하면 이는 달성하기 어려운 일이다. 그러나 중요한 리스크들을 잘 관리함으로써 조직을 구했거나 리스크를 감소시켰던 좋은 경험은 덜 중요한 리스크에도 경영진의 관심을 확장할 때 유익이 있다는 것을 시사한다.

방법 2: "높음/중간/낮음"이라는 리스크 분류 – 2차원 리스크 지도

보기 13.3에서 보여 주는 2차원 리스크 지도를 사용함으로써 보다 완전한 리스크 커버리지가 달성될 수 있다. 이 방법을 이용해서 가능한 회사의 모든 활동을 커버하는 리스크의 상세 목록이 작성된다. 각각의 리스크에 대해, 리스크 발생 확률과 리스크의 영향에 대한 추정이 이루어진다. 이 추정은 높음/중간/낮음으로 표현되고 리스크 지도에 표시하여 각각의 확률 및 영향의 상대적 순위를 시각적으로 보여 준다.[2]

[보기 13.3] 2차원 리스크 지도의 예

이러한 접근법에서는 흔히 보고서에서 교통 신호등 색깔(즉, 적색, 황색, 초록색)을 사용하여 리스크의 높음, 중간 그리고 낮음을 구분한다. 만족스럽게 관리되고 있는 중요하지 않은 리스크들은 "녹색" 신호로 표시되고, 우려를 자아내고 있는 높은 위험 상황은 "적색" 신호로 표시된다.

리스크 분석이 주로 한 사람에 의해 수행될 경우 높음/중간/낮음 접근법은 좋은 방법이 될 수 있다. 그러나 리스크들이 조직의 모든 직원에 의해 다뤄질 경우, 많은 사람들이 관여할 필요가 있게 되고, 특정 리스크에 대해 다른 견해들이 있을 것이다. 종종 "높음", "중간", "낮음"이라는 용어가 정확하지 않아서 실제적인 문제들을 일으킬 수도 있다. 예를 들어, 어느 지역의 매니저는 자신의 프로젝트의 특정 리스크를 높다고 여길 수 있다. 이는 그들이 다루는 프로젝트는 회사의 전체적인 업무를 포괄하기 때문이다. 이사회 위원이나 고위 경영진은 회사의 리스크 지도를 전체적으로 알기 때문에 이 리스크에 중간 등급을 매길 수 있어 모든 직원이 리스크 평가에 참가할 수 있으려면 각 분류 등급의 포괄 범위가 명확하게 정해져야 한다.

높음/중간/낮음 분류는 조악한 척도라는 결함이 있다. 이 방법은 세 범주의 분류 외에는 리스크를 보다 세밀하게 표시하지 않는다. 하지만 경영진이 특정 리스크를 감소시키려는 노력을 기울였음에도 이 리스크를 여전히 "높음"으로 표시할 수도 있다. 따라서 세 단계의 분류만 있는 시스템을 통제에 활용하기는 어려울 수도 있으며, 조직의 하위 단계에서는 대부분의 리스크들이 낮은 것으로 분류될 것이다. 이 방법이 일부 기준 및 규제자의 필요를 충족시키기는 하지만, 비교적 약간의 노력을 더하는 것만으로도 아래에서 설명하는 방법 3에 해당하는 보다 정교한 방법론을 통해 훨씬 효과적으로 이를 수행할 수 있기 때문에 우리는 이 방법을 권장하지 않는다.

방법 3: 정교한 분류를 사용한 리스크 평가: 분류의 정교화

확률 및 영향에 대해 좀 더 정교하게 분류하는 것이 간단하지만 보다 효과적인 리스크 관리 방법론에 대한 하나의 해법이 될 수 있다. 예를 들어, 이 분류 단계는 호주 및 뉴질랜드 기준(호주 기준 2004)에서 권고되는 바와 같이 아주 높음, 높음, 중간, 낮음, 아주 낮음의 다섯 등급으로 늘어날 수 있다.

상세한 척도 정의하기

척도를 좀 더 세분화할 경우, 각각의 단계로 무엇을 의미하는지에 대해 정확히 정의하는 것이 더 중요해진다. 통일성을 달성하기 위해서는 영향 및 확률 모두에 대해 숫자로 표시된 범위가 정해져야 한다. 따라서 중간 규모 회사의 경우 매우 높은 재무적 영향은 예컨대 1천만 달러가 넘는 영향을 의미한다고 정의할 수 있을 것이다. 매니저들은 처음에는 계량화된 확률 추정에 자신이 없을 수도 있다. 그러나 그들은 일반적으로 거리낌 없이 보기 13.4에 나오는 확률 척도를 사용하여 확률을 추정한다. 이 척도에서는 한 단계와 다음 단계 사이에는 대략 3배 정도의 확률 차이가 있다. 이 정도의 정확성이라면 상세하게 조사할 필요가 있는 가장 중요한 리스크들을 제외하면, 많은 리스크 관리 목적상 상당한 효과를 발휘한다.

[보기 13.4] 확률 척도의 예

확률 스코어	설명	범위
5	매우 높음	90% 초과
4	높음	31%~90%
3	중간	11%~30%
2	낮음	3%~10%
1	매우 낮음	3% 미만

리스크가 관련된 일련의 통제들과 함께 표시될 경우, 어떤 확률을 사용해야 하는가라는 문제가 제기된다. 특히 우리는 대개 기존의 통제가 갖춰져 있다고 가정하고서 리스크가 다음 연도 또는 단기 계획 수립 대상 기간 동안 발생할 확률을 평가한다. 일부 실무자들, 특히 내부 감사 출신 실무자들은 통제가 갖춰지지 않았을 경우에 리스크가 발생할 확률도 추정하고자 한다. 이는 현존 통제들의 가치에 관한 정보를 제공해 준다.

마찬가지로 매니저들은 많은 노력을 기울이지 않고도 리스크의 재무적 영향을 특정 척도 시스템이 요구하는 정도의 정확성을 보일 만큼은 추정할 수 있다. 그러나 하나의 리스크가 여러 유형의 영향을 주는 상황에 직면할 경우 매니저들은 혼란스러워하는 경향이 있는데, 그들에게 보기 13.5에서 보여 주는 바와 같은 일련의 명확한 정의가 제공되면 영향 추정이 상당히 간단해질 수 있다.

보기 13.5에 나오는 척도를 사용하여 리스크를 평가할 경우, 매니저들은 어느 리스크가 최대의 영향 유형을 지니는지 결정하고 이 유형에 기반하여 평가해야 한다. 어떤 리스크가 주로 직원에게 영향을 미치고, 50명이 넘는 직원들이 중대한 영향을 받을 경우, 이 리스크는 영향 스코어 4로 기록될 것이다. 마찬가지로 중대한 평판상의 손상이 있을 경우, 그 스코어는 4가 될 것이다. 그러나 동시에 동일 수준의 둘 이상의 영향 유형이 겹칠 경우, 스코어는 한 등급 높아질 것이다(예를 들어, 위의 예에서 5의 스코어).

리스크 인식 편향

영향 또는 확률 추정은 계량화 형식이든 높음/중간/낮음으로 표현되든 추정 편향(estimation bias)에 빠지기 쉽다는 점이 알려져 있다. 주로 안전 평가 영역에서 리스크 인식 편향에 관한 슬로빅(Slovic), 트버스키(Tverski), 카네만(Kahneman) 등의 연구 논문들이 있다. 이 연구들은 현재 상업적인 리스크들에 적용되고 있다(Box 13.5를 보라). 위의 이론의 발달에 관한 훌륭한 요약이 위키피디아의 리스크 인식에 관한 글에 실려 있다(주관적 측정 시 편향의 문제를 극복하는 방법에 관해서는 역자의 다른 번역서 『리스크 관리 펀드멘탈』에 자세히 소개되어 있음. 역자 주).

경고의 말 – 전문가들에게 리스크를 평가하게 할 때 주의를 기울일 필요가 있다. 폴 슬로빅(Paul Slovic)은 전문가들이 확률 추정에 있어서 반드시 일반인들보다 나은 것은 아니라는 점을 발견했다. 전문가들은 흔히 자신의 추정의 정확성을 과신하며, 작은 데이터 표본에 큰 의미를 부여한다. 통제를 평가할 때에는 임계치 편향을 주의해야 한다. 사람들은 완전한 확실성에 이르지는 않지만 유사한 이익을 얻는 것보다는 불확실성에서 확실성으로 이동하기를 선호한다. 예를 들어, 대부분의 사람들은 리스크 발생 확률을 35%에서 10%로 감소시기는 통제보다는 이를 20%에서 0%로 감소시키는 통제를 선택할 것이다.

리스크 평가 문서화하기

평가되고 있는 리스크의 원인과 회사가 어떻게 영향을 받을지에 관한 가정에 대해 기록을 잘 해 두는 것이 필수적이다. 명확한 문서화는 리스크의 성격을 분석하여 매니저들 사이에 공유할 수 있게 해 주고, 리스크를 장기에 걸쳐 추적 관리할 수 있는 토대를 제공

[보기 13.5] 영향 척도의 예

영향 스코어	설명	전략적	매출액 대비 재무적 비중	고객 및 직원	평판상	법적/규제상
5	매우 높음	비즈니스 방향에 대한 중대한 영향	10% 초과			자산 강제 이전
4	높음	중요한 비즈니스 목표에 대한 중대한 영향	3.1%~10%	많은(50명 초과) 고객 또는 직원에 대한 중대한 영향 교정에 상당한 자원이 필요	중대한 불리한 기사 및 외부의 관심으로 평판 손상 및/또는 장기적 영향	기소/규제 기관의 감독
3	중간	부정적 영향을 미치나 비즈니스는 계속 수행됨	1.1%~3%	현저한 영향	장기적인 불리한 기사, 지역적으로 국한됨	감독 당국의 승인 상실
2	낮음	중요성이 경미함	0.3%~1%	경미하거나 단기적인 문제	단기적이고 지역적인 불리한 기사	보다 심각한 위반, 그러나 장기적 영향은 없음
1	매우 낮음		0.3% 미만	경미하고 단기적인 영향	불리한 기사가 없음	법적/규제상 요건에 대한 경미한 위반

해 주며, 추정 편향 제거에 도움이 된다. 척도 방법론은 확률 또는 영향에 대표 값으로서 하나의 수치를 부여한다. 때로는 척도 값이 아닌 정확한 추정치를 구할 수 있는 바, 이 경우 보다 정확한 수치들이 포함되어야 한다. 매니저들은 자신의 가정을 문서화해서 나중에 수정이 이뤄질 수 있게 해야 한다.

리스크 데이터베이스

많은 회사들이 스프레드시트를 사용하여 리스크 정보를 보유하고 있지만, 그들의 지식이 성장하고 통제의 숫자가 늘어남에 따라 스프레드시트는 번거로워진다. 각각의 리스크에 관한 다른 모든 정보와 함께 관계형 데이터베이스에 리스크에 관한 정보를 보유하는 것이 모범 실무 관행이다. 이 데이터베이스는 대개 발견된 리스크를 감소시키기 위해 현재 취해지고 있는 모든 조치들에 관한 설명과 통제 정보를 담고 있으며, 리스크 감소 목표도 포함할 것이다.

중요한 특정 리스크들에 대해서는 데이터베이스에서 단기 영향(즉, 이들의 깜짝 사태 요소)과 중기적 영향을 구분하는 것이 유용하다. 주로 단기적 영향을 미치는 리스크들에 대해서는 다른 관리 방법을 요할 가능성이 있으며, 단기적 충격으로 회사가 받을 영향을 분석할 수 있으면 도움이 된다.

BOX 13.5

리스크 인식

확실성에 대한 욕구는 모든 사람에게 보편적이다. 사람마다 리스크를 회피하는 정도는 다르지만, 불확실성에 직면할 때의 불안을 줄이기 위해 불확실성을 외면하다 뜻밖의 사태에 처하게 될 위험에 빠지는 경우도 있다. 확률 및 영향 추정은 몇 가지 효과들로 인해 편향될 수 있다.

- **입수 가능성 편향** 사람들은 특정 사건이 발생한 사례를 기억하거나 상상하기 쉬울 경우 그 확률을 과대평가하는 경향이 있다.
- **통제의 환상** 사람들은 통제할 수 있는 가능성이 그리 높지 않음에도 불구하고 통제할

수 있는 것처럼 행동하는 경우가 있다. 스트레스가 많은 상황에 처해 있는 목표 지향적 리더들은 특히 이러한 환상에 빠지기 쉽다.

- **확인 편향** 하나의 의견을 형성하고 나면, 사람들은 이를 확인해 주는 정보에 더 많은 주의를 기울이고, 이에 반하는 정보는 무시하는 경향이 있다.
- **집단 사고** 만상일치와 일관성을 유지하라는 집단 압력의 결과 현실성 테스트가 감소할 수 있다.
- **두려움의 감정** 두려운 리스크는 공포, 통제할 수 없는 재앙 그리고 미지에 대한 혐오의 감정을 이끌어낸다. 사람은 어떤 활동을 두려워할수록 그 리스크를 더 크다고 인식하고 그 리스크를 감소시키기를 더 원하게 된다.

방법 4: 통계적 분석

이 장에서 지금까지는 리스크의 중요성을 표시하기 위해 각각의 리스크의 영향 및 확률에 대해 범위 또는 단일한 "최선의 추측" 추정치 사용에 대해 논의했다. 그러나 실제로는 확률 추정에 대해 확신하지 못할 수도 있고 가능한 리스크의 영향은 거의 0에서부터 높은 수치까지 다양할 수 있기 때문에, 이는 실제 세계를 단순화한 것이다. 때로는 리스크들의 발생이 밀접하게 서로 연결되어 있을 수 있기 때문에 여러 리스크들의 영향을 함께 조사하기 원할 수도 있다.

그런 경우 각각의 리스크에 대해 일정 범위의 가정을 해서 일련의 "가상의(what if)"의 시나리오를 조사하면 단일 추정치를 사용할 때보다 나은 결과를 얻을 수 있다. 그러나 그러한 경우 몬테카를로 시뮬레이션 기법을 사용하여 보다 정확한 모델을 만들 수 있다. 몬테카를로 방법은 가능한 시나리오들을 생성하기 때문에 "가상의" 시나리오와 유사하지만, 조사되는 시나리오 수가 매우 크며 시나리오를 생성하기 위해 사용되는 변수들은 그 발생 확률에 의해 가중치가 부여된다. 따라서 각각의 리스크는 하나의 수치가 아닌 확률 분포로 나타날 수 있다. 몬테카를로 시뮬레이션 모델의 목적은 조직 전체 차원에서 모든 결과의 확률 분포를 얻기 위해 다양한 불확실성들이 결합된 영향을 계산하는 것이다. 실제로는 모든 관련 기법들이 사용하기 어렵지 않은 스프레드시트 기반 양식으로 구해질 수 있기 때문에, 몬테카를로 시뮬레이션은 생각보다 쉽게 실행할 수 있다.

2개의 리스크를 이용하여 리스크를 합산하는 로직을 보여 주는 예가 보기 13.6에 나와 있다. 이 예에서 2개의 리스크들은 4개의 결합된 결과들만으로 이어진다. 실제로는 많은 리스크들이 있고 각각의 리스크들은 상당한 범위의 결과들을 지니게 된다. 이들을 결합하는 것은 수작업으로는 수행될 수 없지만 저렴한 스프레드시트 기반 모델들이 상업적으로 이용 가능하며, 이 모델들은 사용하기가 어렵지 않다.

큰 영향을 줄 수 있는 리스크들

회사의 이사회가 리스크 관리자들에 의해 고려되고 있는 리스크 중 조직의 존립을 위험에 처하게 할 정도로 극단적인 형태로 현실화될 만한 리스크들이 있는지 문의할 수 있을 것이다. 대부분의 리스크들은 한정된 영향을 끼친다. 예를 들어, 자산을 상실할 경우 그 영향은 해당 자산의 가치로 한정된다. 다른 리스크들은 큰 영향을 줄 수도 있으나, 이러한 리스크들이 발생할 확률은 비교적 낮다. 그러한 극단적인 영향을 주는 리스크들은 리스크 관리의 사각지대에 속하는 경향이 있으며, 200년에 한 번 정도 발생하기 때문에 종종 무시되곤 한다. 그러나 대부분의 회사들은 몇 개의 리스크들을 지니고 있기 마련이며, 많은 사례들이 보여 주는 바와 같이 이러한 리스크들이 전체적으로는 중요할 수 있다. 리스크의 분석에 있어서 문제는 데이터 부족에 관한 것인데, 이는 리스크 분석자의 생애 동안 그러한 리스크가 발생한 적이 한 번도 없었을 수 있기 때문이다. 그러나 이러한 상황을 통계적으로 분석하기 위한 일련의 이론적인 연구들이 수행되었다. 이러한 연구는 에밀 검벨(Emil Gumbel)이 1950년대에 통계 분포(검벨 분포)를 구축하여 많은 리스크들의 극단값 "꼬리"를 표시할 수 있음을 보여 주었다(Gumbel 1935, 1958을 보라). 이 방법은 이후에 GEV(Generalized Extreme Value) 분포의 도입으로 일반화되어 보다 많은 리스크들을 포함할 수 있게 되었다. 모든 꼬리들은 유사한 형태를 띤다는 이 놀라운 결과와 이 주제의 중요성은 하나의 연구 체계를 구성했는데, 그 내용이 너무 수학적이어서 여기에서 다루기에는 적합하지 않다. 많은 예를 보여 주는 이 분야의 좋은 입문서로는 라이스(Reiss)와 토마스(Thomas)(2001)가 있고, 다른 참고 서적으로는 엠브레흐츠(Embrechts)(1997)와 콜즈(Coles)(2001)가 있다.

Box 13.6을 보라.

[보기 13.6A] 예상 손실 추가하기

일정기간 동안 리스크 A의 평균 비용이 연간 £30,000의 25%가 되거나	연간 £7,500
일정기간 동안 리스크 B의 평균 비용이 연간 £10,000의 50%가 될 경우	연간 £5,000
일정기간 동안 두 리스크의 평균 비용은 다음과 같을 것이다.	연간 £12,500

[보기 13.6B] 결합된 영향 분포 계산하기

리스크 A			리스크 B			리스크 A, B를 결합한	
발생?	확률(%)	영향(?)	발생?	확률(%)	영향(?)	확률	영향(?)
예	25	30,000	예	50	10,000	12.5	40,000
예	25	30,000	아니오	50	–	12.5	30,000
아니오	75	–	예	50	10,000	37.5	10,000
아니오	75	–	아니오	50	–	37.5	–

BOX 13.6

회사 전체의 리스크 합산: 실무 사례

리스크들은 단순하게 "가산"되지는 않지만, 통계적 기법을 사용하여 이를 합산할 수 있다. 아래에 나오는 2개의 리스크 예를 통해 이를 보여 줄 수 있다.

이 예는 주택 협회에 두 개의 유지 보수 리스크가 있다고 가정한다. 이 두 리스크들은 서로 독립적으로 발생한다.

리스크 A. 양질의 유지 보수 업체가 없어서, 역량이 없는 계약자에게 보수 작업을 맡김에 따라 유지 보수의 질이 적절하지 않을 리스크가 있다. 이 리스크는 연간 발생 확률이 25%이고 £30,000의 영향을 줄 것으로 평가된다.

리스크 B. 유지 보수 업체가 합의된 성과를 내도록 강제하기 위해 해당 업체를 상대로 제기한 법적 절차 진행 지연으로 그 비용이 늘어날 리스크가 있다. 이 리스크의 연간 발생 확률은 50%이고 그 영향은 £10,000로 평가되었다.

이와 같은 방식으로 각각의 리스크의 평균 비용(흔히 "예상 손실"로 불린다)이 쉽게 계산될 수 있다. 이를 단순 합산하여 조직 전체의 평균 비용을 구할 수 있다.

확률 및 영향 합산하기

특정 연도, 가령 향후 1년 동안에 무슨 일이 발생할 수 있는지 계산하기 위해서는 가능성들의 조합을 열거할 필요가 있다.

보기 13.6B의 표는 해당 연도 동안의 결합된 영향 분포를 보여 준다. 예를 들어 £40,000의 결합 손실을 입을 확률이 12.5%이지만, 전혀 손실을 입지 않을 확률도 37.5%이다. 이 예는 실제로는 결과들의 분포를 아는 것이 리스크의 평균 비용을 아는 것보다 더 중요함을 보여 준다.

실제로는 조직의 리스크 프로필에는 많은 리스크들이 있으며, 이 분석을 수작업으로 수행하기는 불가능할 것이다.

회사의 총 리스크: 예시

회사가 직면한 총 리스크는 하나의 손실 결과가 아니다. 넓은 가능한 결과의 범위가 있는데, 이를 분포 그래프 형태로 나타낼 수 있다.

보기 13.7은 3년의 계획 수립 기간 동안 계산된 영국 주택 협회의 리스크 분포를 보여준다. 그래프를 보면 약 10,000채의 주택의 보수를 담당하는 이 협회의 손실 중간값은 이 그래프의 확률 0.5에 해당하는 값인 £2.4백만임을 알 수 있다. 이는 활발한 리스크 관리 프로그램을 정당화한다. 이 협회가 계획 수립 기간 중에 £3.3백만 미만의 손실을 입을 확률이 80%이며, 따라서 손실이 이 수준을 넘을 확률이 20%임을 알 수 있다. 한편, 이 협회가 계획 수립 기간 중에 £1.4백만 미만의 손실을 입을 확률은 20%에 지나지 않으며, 따라서 손실이 이 수준을 넘을 확률은 80%나 된다.

이 사례에서 철저한 리스크 관리 프로그램이 시행되었으며, 그 결과 회사의 총 리스크는 절반이 넘게 줄어들었다.

[보기 13.7] 주택 협회의 중기적 회사의 총 리스크(리스크 관리 조치 이전)

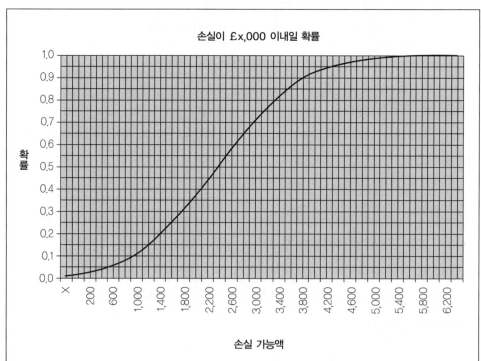

비즈니스 계획 수립 프로세스에서 리스크 계량화를 통합시키기

비즈니스 계획(일반적인 우발 상황 제외)을 리스크 계량화의 토대로 사용하여 리스크 관리 프로세스가 조직의 일상적인 계획 수립 및 통제 메커니즘 안으로 통합될 수 있게 하는 것은 좋은 관행이다.

리스크 평가 프로세스에서의 계량화 수준이 높음/중간/낮음 분류에 근거를 두고 있을 경우, 리스크들을 정확하게 합산하는 것은 불가능하다. 그럴 경우 비즈니스 계획 수립 프로세스의 리스크에 대한 고려는 잠시 후에 보다 자세히 설명하는 민감도 분석을 이용한 개별 리스크 분석에 기초해야 한다.

한편, 예를 들어 조직의 상위 리스크들 각각에 대한 확률 분포를 추정하고, 이들 분포의 꼬리 형태에 적절한 주의를 기울이며, 이 리스크들 사이의 상관관계를 고려하여 정확한 계량화가 이루어졌을 경우에는, 조직의 리스크들을 조직의 총 리스크 프로필로 합산하는 것이 가능하다. 모든 리스크들이 조직의 비즈니스 계획에 나오는 성과 기준선(baseline performance)에 비춰 측정될 경우, 위의 프로필은 해당 비즈니스 계획의 리스크 프로필을 나타낼 것이다.

이 분석은 비즈니스 계획에 포함된 일반적인 우발 상황에 대한 토대로 사용될 수 있다. 예를 들어, 이 비즈니스 계획에서 가정된 재무 실적이 달성될 확률이 75%가 되도록 하는 우발 상황이 선택될 수 있다.

마찬가지로 "최악의 경우의 재무 시나리오" 분포의 극단 값들도 계산될 수 있다. 그 결과가 회사의 재무 약정들과 비교될 수 있으며, 회사의 재무적 안전 확인에 도움을 줄 수 있다.

이러한 고찰은 리스크 관리 조치 프로그램이 회사의 총 리스크를 보다 낮은 수준으로 끌어내릴 수 있는 능력을 확인해 줄 것이다.

회사의 리스크 관리 전략은 회사의 전반적인 전략과 밀접하게 관련되고, 이 전략들과 일관성이 있어야 한다. 특히, 전반적인 전략은 조직의 리스크 성향과 충돌하지 않아야 한다. 리스크 성향은 회사가 취한 총 리스크가 합의된 한도를 초과하지 않도록 리스크 관리 전략 선언문에서 제한하는 방식으로 정해질 수 있다.

민감도와 시나리오

비즈니스 계획 수립 분석 시, 경영진 및 이사회는 계획이 중요한 가정에 어떻게 의존하는지 이해할 필요가 있다. 많은 회사들이 리스크 관리 시스템에서 수집된 정보를 사용하여, 재무 측면 및 기타 목표 달성 실패 측면에서 주요 가정들의 변화에 대한 비즈니스 계획의 민감도를 계산한다.

이 분석 결과는 일반적으로 가정에서의 한 단위 변화(예컨대 이자율 1% 포인트 상승)의 효과로 표현된다. 이는 1%의 변화가 발생할 가능성이 얼마나 되는지에 대한 질문을 제기한다. 주어진 확률 수준에서 이자율이 얼마나 상승할 수 있는지에 대한 견해를 수집하고 그 영향을 계산함으로써 이 정보를 보충하는 것이 유용하다. 예를 들어, 회사의 비즈니스 계획 수립 기간 동안 평균 이자율이 계획 수립 시 가정했던 이율보다 1.5% 포인트 이상 상승할 가능성이 10%라는 것이 금융 시장의 견해일 수 있다. 민감도 계산은 이 일이 발생할 경우, 회사에 대한 영향은 가령 £2백만임을 보여 줄 것이다.

계획 수립에서의 주요 불확실성들에 대한 일련의 민감도들이 계산되고 나면, 이들을 결합해서 일관성 있는 특정 가정 변화의 조합, 즉 시나리오에 대한 비즈니스 계획의 견고성을 계산할 수 있다. 이 프로세스는 시간이 많이 소요되기는 하지만 경영진이 비즈니스 계획에 자신감을 가지게 되는 데 있어서 매우 유용하다. 평가될 시나리오들을 주의 깊게 선정함으로써, 계획 수립 팀은 이러한 시나리오들이 현실화될 경우 자신들의 계획을 어떻게 조정할 수 있을지도 동시에 고려할 수 있다. 일부 계획들은 다른 계획들보다 유연성이 있다는 이유로 선호될 수도 있다.

많은 조직들이 스프레드시트 모델을 사용하여 계획 수립 데이터를 유지한다. 기본 계획의 일부 핵심 가정들, 예컨대 인플레이션 및 이자율에 관한 가정들은 스프레드시트의 특정 셀에 명시적으로 표시된다. 이들 셀에 하나의 값을 집어넣기보다는 확률 분포를 입력하고 몬테카를로 시뮬레이션을 수행함으로써, 계획 수립의 핵심 가정들의 있을 법한 조합들에 대한 비즈니스 계획의 민감도를 보여 주는 확률분포를 구할 수 있다.

또한 계획의 가정들의 변화를 탐지해 내기 위한 조기 경보 시스템을 설치하는 것도 도움이 된다(Box 13.7을 보라).

BOX 13.7

조기 경보 메커니즘

비즈니스 목표들 및 관련 계획들은 측정 가능한 성과 목표 및 지표들을 포함해야 한다. 핵심 성과 지표들은 유용한 조기 경보 메커니즘이 될 수 있다. 그러나 경영진의 통상적인 핵심 성과 지표들은 일반적으로 과거 결과를 보고하기 위해 설계되기 때문에 그 자체로는 이 용도에 충분하지 않을 수도 있다. 핵심 성과 지표들이 중대한 악화를 보이기 시작할 때쯤이면 손실 또는 기타 악영향들을 막기에 너무 늦었을 수도 있다. 따라서 핵심 리스크 지표들의 사용도 고려해야 한다.

출처: "Turnbull 시행 – 이사회 설명 자료", ICAEW에서 발췌함.

요약하자면, 리스크 계량화 기법을 반영하면 비즈니스 계획 수립 프로세스의 신뢰성이 크게 향상될 수 있다.

결론

이 장은 조직의 리스크 계량화에 대한 4가지 접근법을 논의하는 바, 어떤 방법을 선택할지는 조직의 상황 및 역량에 좌우된다. 이 장은 또한 조직의 비즈니스 계획에서의 리스크 총량의 계량화 방법도 제시한다. 이사회 위원들은 자신의 조직이 리스크를 적절하게 평가했으며, 리스크 감소 조치들 및 통제들을 적용한 이후의 잔여 리스크가 수용할만하다는 점에 대해 안도감을 느낄 필요가 있다.

참고 문헌

Abbate D., Farkas, W., and Gourier, E. 2008.Operational risk quantification using extreme value theory and copulas: From theory to practice. SSRN (July)

Australia Standards.2004. AS/NZS 4360 risk management.

Coles, S. 2001.An introduction to statistical modeling of extreme values.London, UK: Springer-Verlag.

Condamin L., Louisot, J-P., and Naim, P.2006. Risk quantification: Management, diagnosis and hedging. New York:John Wiley& Sons.

COSO. 2004. Enterprise risk management-Integrated framework executive summary. (국내에서는 삼일 회계 법인에서 『전사적 리스크 관리-통합 프레임워크』라는 이름으로 출간하였음).

Embrechts P., Kluppelberg, C., and Mikosch, T. 1997.Modellingextreme values for insurance and finance. Berlin, Germany: Springer-Verlag.

Embrechts P., McNeil, A., and Straumann, D. 2002. Correlation and dependence in risk management properties and pitfalls.Risk Management: Value at risk and beyond, M.A.H. Dempster, ed. (2002b).176-223.

Garlick A. 2007. Estimating risk, a managementapproach.Gower(July).

Gumbel B. 1935. Les valeurs extr?mes des distributions statistiques.Annales de l' Institut Henri Poincar?, 5, 115-158.

Gumbel B.1958.Statistics of extremes.New York: Columbia University Press.

Hargreaves J., and Mikes, A.2001.The Quantification of Risk. The Housing Corporation.

Hubbard D. 2007.How to measure anything: Finding the value of intangibles in business. Hoboken, NJ: John Wiley & Sons.

Kahneman D., Slovic, P., and Tversky, A. 1982.Judgement under uncertainty: Heuristics and biases. Cambridge, UK: Cambridge University Press.

Marrison C. 2002 The fundamentals of risk measurement. New York: McGraw-Hlll.

Moeller R. 2007. COSO enterprise risk management. Hoboken, NJ: John Wiley & Sons.

Reiss, R-D., and Thomas, M. 2001.Statistical analysis of extreme values. 2nd ed. Basel, Switzerland: Birkhauser.

Slovic P., Ed. 2000. The perception of risk. London, UK: EarthscanLtd.

Slovic P., Fischhoff, B., and Lichtenstein, S. 1982. Why study risk perception? Risk Analysis2 (2): 83-93.

Tversky A., and Kahneman, D. 1974. Judgment under uncertainty: Heuristics and biases. Science 185 (4157) (September): 1124-1131.

INDEX

1) 금융기관에서의 리스크 계량화에 관한 정보를 원할 경우, Marrison, 2002를 보라.
2) IRM, Airmic 그리고 Alarm에 의해 출간된 영국 리스크 관리 기준은 이 3X3 매트릭스 접근법에 기반을 두고 있다.

저자 소개

존 하그리브스(John Hargreaves)는 케임브리지 대학교에서 수학 학위를 취득하고 KPMG에서 6년간 전략 컨설팅 경험을 쌓은 후, National Freight의 재무 컨트롤러, 간간하게 운영하는 Shell 사의 본사 재무 및 관리 회계 및 시스템 기획 그리고 3년 간의 런던 지하철 재무 이사 등 일련의 재무 관련 업무를 수행했다. 존은 1991년 이후 리스크 관리에 관여해 왔는데, 최초에는 바클레이 은행의 재무 이사로 재직하면서 영국의 직전 경기 침체 이후 동 은행의 리스크 관리 시스템 도입을 맡았다. 1996년에 주택, 은행, 석유 그리고 운송 부문에 고객을 보유하고 있는 하그리브스의 리스크 및 전략 담당 상무가 되었는데, 이 회사는 60여 개 조직의 리스크 관리 시스템 시행에 컨설팅을 제공했다. 존은 리스크 계량화에서 선도적인 전문가로 영국의 주택 부문의 리스크 프로필에 대해 여러 해 동안 연구를 수행했는데, 처음에는 고객의 리스크 지도를 통해 연구를 하였으나, 후에는 41개 회사들의 표본에서 발생한 리스크에 대한 분석을 통한 연구도 수행하였다. 2005년에 주택 부문의 리스크 관련 규제 시스템 설계에 이 연구를 통해 알아낸 사실들이 사용되었다. 존은 또한 리스크 관리와 전략 사이의 관계에 대한 권위자이기도 하며, 런던 경제학 대학원에서 이학석사 프로그램을 위한 전략 관리 과정을 15년 동안 운영해 왔다.

리스크의 유형
Types of Risk

시장 리스크 관리

릭 네이슨(Rick Nason), Phd, CFA-달하우지 대학교 파이낸스 학과 부교수, RSD 솔루션스 사장

신용 리스크 및 시장 리스크의 개요

신용 리스크는 고객 또는 거래 상대방의 신용도 변화에 기인한 이익 또는 손실 가능성 이다. 시장 리스크는 이자율, 상품가격, 환율과 같은 시장 상황 또는 주가나 주택 신규 착 공과 같은 기타 경제적, 재무적 변수들의 변화에 기인한 이익 또는 손실 가능성이다.

신용 및 시장 리스크는 그 이름이 시사하는 바와 같이 자본 시장에서 가격이 정해지고 관찰될 수 있다는 점에서 운영 리스크와 같은 기타 리스크들과 다르다. 이에 따라 대부분 의 다른 유형의 리스크들은 측정 및 관리가 보다 주관적일 수밖에 없는데 반해, 신용 및 시장 리스크에 대해서는 측정 및 관리를 위한 도구 및 전략들이 존재한다.

데이터 입수 가능성 및 계량적 성격으로 인해, 신용 및 시장 리스크들은 리스크 관리 자가 통제할 필요가 있는 다양한 리스크들 가운데 가장 많이 연구되고 분석된다. 그러나 테스트할 수 있는 모델들의 존재, 풍부한 데이터 그리고 이 분야의 수학적 정교함들이 신 용 및 시장 리스크 관리는 아직도 과학이라기보다는 기술에 더 가깝다는 사실을 가리고 있다. 리스크 관리를 위한 수학적 모델의 유혹은 언제나 강력하지만, 리스크 관리자는 유

일하게 완벽한 헤지는 모형의 세계에서만 가능하다는 사실을 기억할 필요가 있다.

이번 장과 다음 장에서는 신용 리스크 및 시장 리스크 분석을 위한 프레임워크에 대해 설명한다. 이 장에서는 리스크에 대한 공통적인 개요와 분류를 제시하고, 나아가 시장 리스크에 중점을 두는 프레임워크를 설명한다. 15장은 신용 리스크에 중점을 두고 논의를 진행하며 글로벌 신용 위기 배후의 요소들을 설명한다.

시장 리스크와 신용 리스크의 분류

다양한 리스크들이 궁극적으로는 시장 리스크로 분류되거나 이에 연결될 수 있다. 이 장에서는 아래와 같은 프레임워크를 사용하여 이들 리스크를 고려한다.

- **신용 리스크**
  - **고객 신용 리스크** 재무적 곤경, 부정직, 또는 법적 이유 등으로 고객이 의무, 또는 부채를 상환하지 못하거나 상환하지 않으려 하는 리스크.
  - **소버린 리스크** 어떤 국가의 정부와 같은 주권 기관이 채무를 적시에 완전히 상환하지 못하게 막거나 자산이 수용되게 하는 조치, 규정, 또는 법률을 부과할 리스크.
  - **자금 조달 리스크** 회사 자체가 적시에 또는 합리적인 비용으로 충분한 자금을 구하지 못할 리스크.

- **시장 리스크**
  - **통화 리스크** 환율 변화가 조직의 예상 현금 흐름에 영향을 줄 리스크. 환율 리스크에는 자국 통화로 실현된 현금 흐름이 예상과 다를 경우와 같은 직접 효과 또는 환율과 관련된 가격 경쟁력 변화에 기인한 예상 매출에 대한 영향과 같은 간접 효과가 있을 수 있다.
  - **이자율 리스크** 이자율 변화가 조직의 예상 현금 흐름에 영향을 줄 리스크.
  - **상품 가격 리스크** 상품 가격의 변화가 조직의 예상 현금 흐름에 영향을 줄 리스크.
  - **주가 리스크** 주가의 변화가 조직의 예상 현금 흐름 또는 운영 전략에 영향을 줄 리스크.
  - **경제적 리스크** GDP 성장, 주택 신규 착공 또는 소비자 신뢰 지수와 같은 다양한 경제적 변수들의 변화가 조직의 예상 현금 흐름 또는 운영 전략에 영향을 줄 리스크.

- **유동성 리스크** 시장 유동성의 변화로 인한 시장의 거래 활동이 변화되어 조직이 거래 또는 거래 전략을 효율적이고 합리적인 비용으로 촉진할 능력에 극적인 영향을 줄 리스크.

이 리스크들의 결합은 현금 흐름에 대한 영향 이상의 의미가 있다. 종종 리스크들은 상당한 상관관계 또는 피드백 루프를 지닌다. 또한 이들의 가시적인 성격은 경쟁자들과 고객들도 동시에 이 리스크들을 독특하게 또는 보편적인 방식으로 다루고 있어서, 시장 전체적인 피드백 루프로 이어지거나, 수요 및 시장 차원의 유동성 이슈로 인해 전통적인 대응 전략이 보다 어려워지게 할 수도 있음을 의미한다.

신용 및 시장 리스크는 경제 전반과 비즈니스 상황에 직접적으로 영향을 준다. (정확하든 정확하지 않든) 위의 어떠한 경제적 변수에 중대한 변화가 있다는 인식만으로도 회사의 채권자, 주주, 공급자 그리고 규제 당국들이 해당 회사의 상황이 어떻게 변할지에 대해 평가하고, 이에 따라 그들 나름의 방식으로 대응하기 때문에 회사에 중대한 의미가 있다. 이에 대한 극적인 예로는 신용 경색이 투자은행 베어스턴스(Bear Stearns)에 미친 영향을 들 수 있을 것이다. (실제 상황이었건 그렇게 인식되었건) 베어스턴스가 의무를 이행하지 못하거나 적절한 자금을 확보하지 못할 것이라는 두려움으로 고객들은 이 회사와의 거래를 철회하였으며 연방 준비 위원회가 선제적으로 인수를 통해 구제할 수밖에 없었다.

ERM 프레임워크에서 신용 및 시장 리스크

앞에서 논의한 바와 같이 신용 및 시장 리스크는 한 조직의 현금 흐름을 훨씬 넘어서는 영향을 미친다. 신용 및 시장 리스크는 기업의 정치적, 법률적 그리고 규제상의 환경에 영향을 준다. 이 리스크들은 기업 및 소비자의 신뢰에 영향을 준다. 이 모든 결과들은 조직의 마케팅 및 운영 전략에 함의하는 바가 있다.

이 리스크들을 비즈니스 수행에 필요하며 피할 수 없는 것으로 치부하기 쉽지만, 이는 정확하지 않다. 신용 및 시장 리스크는 모든 회사에 다소간의 영향을 주지만, 조직이 이이슈들에 준비되어 있고 대응을 잘하면 경쟁 우위로 연결된다는 것을 보여 주는 많은 사례들이 있다. 사우스웨스트 항공사(Southwest Airlines)의 사례가 이에 대한 명확한 예가 될 수 있는데, 이 회사는 선제적이고 전략적으로 연료 비용을 헤지함으로써, 여러 이유(일부는 타당

하나 일부는 의문스러운 이유들임)로 연료 비용 변화 리스크에 대해 의도적으로 아무 조치도 취하지 않기로 결정한 경쟁자들에 비해 상당한 비용상의 우위를 점하게 되었다.

신용 및 시장 리스크는 회사의 비즈니스 환경, 이해관계자들(채권자, 주주, 공급자, 직원, 규제 당국 그리고 고객 등)과의 관계, 전략 계획 및 운영 전술에 영향을 주기 때문에 이 리스크들을 회사의 ERM 전략 안에 포함시키는 것이 자연스럽고 필수적이다. 신용 리스크 및 시장 리스크의 특성 및 성격이 이에 대한 관리 책임은 CFO 또는 재무 담당자의 역할임을 암시하지만(그리고 기능적으로 이들이 ERM 전략을 시행할 가능성이 가장 높다), 신용 및 시장 리스크들이 고려되도록 하고, 그 영향을 ERM 프레임워크 내에서 고려되도록 하는 것이 중요하다. 신용 및 시장 리스크는 따로 떨어져 존재하는 리스크가 아니다. 이 리스크들은 조직에 내재된 다른 리스크들에 영향을 주며, 이와 마찬가지로 회사의 특정 신용 리스크 및 시장 리스크는 회사 전체를 관리하면서 내려진 결정들에 의해 영향을 받는다.

회사의 재무 리스크 철학은 회사의 핵심 전략과 직접적으로 연결된다. 예를 들어 금 채굴 회사는 (1) 미래의 모든 예상 생산 분에 대해 금 가격을 헤지하는 회사 (2) 생산량에 대해 가격을 전혀 헤지하지 않는 회사라는 두 개의 뚜렷한 그룹으로 나누어진다. 생산량에 대해 가격을 헤지하는 회사는 회사의 이해관계자들에게 자신들은 가급적 효율적으로 금을 채굴하는 데 중점을 두고 있으며, 회사의 성패는 이 원칙에 달려 있다고 말한다. 금 판매 가격을 헤지하지 않는 회사는 회사의 성공이 대체로 장래의 예상 금 가격의 움직임에 좌우될 것이다. 금에 대한 투자의 대용물로 금 관련 회사의 주식을 사는 주주들은 생산에 대해 헤지하지 않는 회사들에 투자하는 것을 선호하는 반면, 자신의 포트폴리오에 금 가격 리스크를 원하지 않는 투자자들은 생산량을 완전히 헤지하는 회사들에 투자하는 것을 선호할 것이다. 해외 통화 익스포져에 대해 헤지하거나, 헤지하지 않는 다국적 회사들에 대해서도 이와 유사한 논의를 할 수 있을 것이다.

신용 리스크 관리는 또한 전략적이면서도 운영상의 원칙이다. 예를 들어, 대부분의 자동차 회사들은 관대한 신용 판매 조건 제공을 통해 경쟁한다. 다른 한편, 회사들은 자신의 자금 조달 구조(그리고 이는 자신의 신용 리스크를 함축함)를 운영 전략의 핵심적인 부분으로 사용한다. 저채무, 저 금융 레버리지 정책은 자본 비용이 더 높아지게 하지만, 파산 위험을 감소시키고 재무 융통성을 증가시키는 이점이 있는 바, 이는 불리한 경제 상황이나 신용 시장의 상황이 빡빡한 경우에 흔히 사용된다.

신용 및 시장 리스크에 관한 결정은 의식적인 전략적 결정이어야 함을 주목할 필요가 있다. 재무 이론은 조직이 이들 리스크에 대해 취해야 하는 올바른 반응에 대해 이분법적인 대답을 제공하지 않는다. 신용 및 시장 리스크 관리 철학 및 전략은 이들 리스크의 전략적 중요성 및 다른 리스크들과의 상호 관련성을 인식하는 ERM 프레임워크 안에서 의식적으로 결정되어야 한다.

신용 리스크 및 시장 리스크에 대한 대응

조직이 시장 리스크에 대응하여 취할 수 있는 특정 조치들에 대해서는 나중에 논의한다. 그러나 이 시점에서 회사가 자신의 시장 리스크를 관리하려고 시도해야 하는가라는 질문에 대해 논의할 가치가 있다.

리스크 관리 전략을 실행하려고 시도하기 전에, 먼저 리스크 철학을 선택할 필요가 있다. 상장회사에게는 2명의 CEO에 의해 표명된 아래의 리스크 철학의 예가 그러한 리스크 철학이 취할 수 있는 두 가지 극단을 보여 준다.

1. "우리는 주주들에게 우리의 비즈니스의 본류가 아닌 리스크들을 경감할 절대적인 의무를 지고 있다."
2. "우리의 주주들은 정상적인 경제적 관계들이 헤지되어 없어지는 것을 기대하지도 않고 바라지도 않는다."

회사의 리스크 관리 철학이 이 극단적 견해들 사이의 어느 곳에 놓이느냐는 아래와 같은 다양한 요인들에 좌우된다.

- **산업의 경쟁 구조**
  - 예를 들어, 불리한 상품 가격 변화가 고객에게 전가될 수 있는가?
- **경쟁 우위에서 비용의 상대적 중요성**
- **현금 흐름의 변동성에 대한 경영진과 이해관계자들의 용인 수준**
  - 경영진이 특별히 신경을 쓰게 되어서 일상적인 비즈니스 관리가 지장을 받을 정도로

시장 리스크에 과도한 시간을 할애하는가?

- 채권자와 잠재 고객들이 시장 상황이 불리한 시기에 해당 기업의 생존가능성에 대해 우려하는가?

- **리스크 관리 도구 및 기법에 대한 경영진의 이해**
  - 경영진이 리스크 관리 도구들에 대한 기본 사항을 이해하는가?
  - 경영진이 자신의 이해에 대해 편안하게 생각하는가?
  - 리스크 관리 도구 사용에 대한 이사회 및 주요 이해관계자들의 안도 수준은 어떠한가?
- **주주들의 바람에 대한 경영진의 인식**
  - 애널리스트들은 회사의 리스크 관리 관행에 대해 어떤 의견을 내놓는가?
  - 주주들은 경쟁 우위의 하나로서의 리스크 관리의 중요성을 어떻게 생각하는가?
- **경영진의 성과가 측정 및 보상되는 방법**
  - 경영진이 회사의 주요 주주들인가?
  - 경영진 보상의 상당 부분이 성과에 기반하는가? 어떤 성과 척도들이 사용되는가?
- **시장의 방향성에 대한 경영진의 견해와 강도**
  - 잠재적 시장 가격 변화에 대한 경영진의 견해는 긍정적인가, 부정적인가?
  - 견해의 강도는 어떠한가? 견해가 잘못되었을 경우의 영향은 어떠한가?

위의 요인들이 보여 주는 바와 같이 고려할 사항이 많이 있는데, 이 중 많은 항목들이 리스크 철학이라는 배경에서 고려할 때 서로 상충되는 경우가 흔하다. 아래의 섹션들에서 설명하는 바와 같이 적극적인 시장 리스크 관리에 대해서는 설득력 있는 찬반 양론이 있다. 직관적으로 분명한 사실 한 가지는 회사가 일관적으로 안정적인 리스크 철학을 고수해야 한다는 점이다.

적극적 시장 리스크 관리 찬성론

적극적인 시장 리스크 관리에 찬성하는 몇 가지 강력한 논거가 있다. 이 논거들에는 현금 흐름 예측 가능성 향상, 자금 조달 비용 감소, 수임인 책임, 핵심 비즈니스 전략 및 오퍼레이션에 집중할 수 있게 해 줌, 불확실성 회피 등이 있다.[1]

적극적 시장 리스크 관리에 찬성하는 주된 논거는 현금 흐름의 예측 가능성과 일관성 유지이다. 현금 흐름의 예측 가능성과 일관성은 여러 이유로 중요하다. 먼저, 주주들 및 채권자들은 보다 예측 가능한 현금 흐름을 보이는 것을 선호한다. 현금 흐름의 예측 가능성은 오퍼레이션상의 계획 수립 및 예측에 도움이 된다. 지속적인 연구 개발 또는 자본 지출을 요하는 회사들에게 현금 흐름의 안정성은 경제 상황에 무관하게 필요한 투자를 할 수 있도록 도움을 준다.

현금 흐름의 안정성은 두 가지 이유로 자본 조달 비용 감소에 도움이 된다. 채권자와 주주들은 보다 안정적인 회사들에 보다 낮은 자본 비용으로 보상해 줄 뿐만 아니라, 선제적인 시장 리스크 관리는 재무적 곤경 가능성을 낮춰 주는 바, 이 자체가 자본 비용을 낮춰 준다. 또한 적극적인 리스크 관리를 통해 유동화, 국제 금융, 구조화 금융 등과 같은 추가적인 자금 조달원에 대한 문이 열릴 수 있는 바, 이 모두 회사의 유동성을 증가시키고 자본 비용을 낮춰 준다.

특정 상황에서는 회사가 시장 리스크를 관리할 명시적 수임인 책임이 있거나 그렇게 인식되는 경우가 있다. 리스크 관리 정책은 공시되어야 할 중요 정보임에도 회사가 이를 공시하지 않았다며 주주들이 소송을 제기한 사례가 여러 건 있다. 상장회사들에서 경영진과 이사들이 시장 리스크를 선제적으로 관리하지 않았다고 고소당한 사례도 있다. 이 사건들의 기본적인 결과는 경영진과 이사들이 선제적으로 시장 리스크를 관리할 의무는 없지만, 선제적인 시장 리스크 관리 철학 및 전략에 관하여 신중하고 정보에 입각한 결정을 내릴 의무가 있다는 것이다.

경영진은 시장 리스크를 선제적으로 적절하게 관리함으로써 걱정거리를 하나 줄이게 된다. 이를 통해 경영진은 시장의 사건들에 지나치게 우려할 필요 없이 핵심 운영 전략 실행에 집중할 수 있게 된다.

마지막으로, 시장 리스크를 관리하는 주요 이유는 확신 요소이다. 이는 다른 말로 "두려움 요소" 또는 "수면 요소"라 불릴 수 있다. 시장 리스크가 적극적으로 관리되고 있음을 안다는 것은 경영진이 시장의 움직임에 대해 과도하게 염려할 필요가 없음을 의미한다.

적극적 시장 리스크 관리 반대론

놀랍게도 회사들이 선제적으로 시장 리스크를 관리하지 않아야 할 많은 이유들이 있다.[2] 그 이유로는 시장 리스크 관리는 비용이 많이 들고, 주주들의 최선의 이익에 합치하지 않을 수도 있으며, 적절히 수행하기 어렵기 때문이다.

시장 리스크 관리 기법이 비쌀 수도 있다는 데에는 이론(異論)이 없다. 직접 비용은 헤징 도구 및 전략 제공에 대해 금융기관이 부과하는 수수료들(스프레드 포함)이다. 선도 거래(forward) 형태의 거래에는 프리미엄이 개입되지 않지만, 선도 거래 가격에는 매입−매도(bid−ask) 스프레드가 있으며, 시장 가격이 유리한 방향으로 움직일 때의 이익이 사라질 수 있다는 점에서 이 또한 비쌀 수 있다.[3] 옵션 유형의 전략은 명시적인 선취 수수료가 있는데, 많은 관리자들은 이 "보험" 비용이 헤지의 잠재적 효용을 능가한다고 생각하여 이를 부담하기를 꺼린다. 시장 리스크 관리의 두 번째 비용은 점점 더 특화된 전문 분야가 된 포지션을 관리할 리스크 관리 전문가와 정보 시스템을 갖추는 비용이다. 마지막으로, 대규모의 헤징 프로그램은 재무 및 보고 요건의 복잡성을 증가시킨다.

자신의 금 생산량을 모두 헤지하는 앞의 금 채굴 회사의 예를 잠시 재고해 보자. 금에 대한 투자의 대체물로서 금 채굴 회사에 투자하는 투자자들은 이 회사들이 금의 시장 가격 리스크를 헤지하기를 원하지 않는다. 이 투자자들은 금 가격이 움직임에 따라 채굴 회사들의 주가가 움직이기를 원하고, 또 그렇게 기대하지만 이 회사가 생산량 모두를 헤지할 경우 그렇게 되지 않는다.

이와 관련하여 회사의 시장 리스크 헤지에 반대하는 또 하나의 논거는 영리한 투자자들은 자신의 리스크 포지션에 대해 더 잘 이해하고 관리할 수 있는 위치에 있다는 주장이다. 이 주장은 정교한 투자자들에게는 사실일지 모르나, 자신의 포트폴리오의 리스크를 알고 이를 적극적으로 관리할 시간이 있는 개인 투자자들은 극히 적다는 사실을 무시한 주장이다. 이 주장은 또한 회사가 자신의 리스크를 헤지할 때 존재하는 규모의 경제도 무시한다. 그러나 이 주장은 스스로 시장 리스크를 적극적으로 관리하기 원하며 이를 효과적으로 수행할 수 있는 규모, 기술 및 역량을 지닌 대형 기관 투자자들에게는 아주 적절할 수도 있다.

적극적인 리스크 관리에 반대하는 마지막 논거는 이를 적절하고 효과적으로 수행하기 어렵다는 것이다. 잘 알려진 파생상품 및 헤지의 실패들은 이러한 사고(思考)를 뒷받침하는 증거들이다. 파생상품과 관련된 대부분의 시장 리스크 관리 전략들은 이해 및 가격 결정이 어렵다. 또한 가장 간단한 파생상품들도 특히 시장 가격의 변동성이 크거나 시장의 유동성이 부족할 때에는 미묘하지만 중요한 담보 효과가 있을 수 있다. 나중에 보게 되겠지만, 익스포져의 규모 및 시기 등 추정하기 어려운 고려 대상이 많다. 궁극적으로 시장 리스크 관리는 과학이라기보다는 예술이다. 그러나 시장 리스크 관리가 어렵다는 사실 그 자체가 이 리스크의 이해 및 관리를 시도하지 않는 변명이 되어서는 안 된다.

자연적 시장 리스크 관리

시장 리스크 관리에 대해 언급할 때, 흔히 일정 종류의 파생상품이나 이와 유사하게 복잡한 금융 상품을 사용할 것으로 가정한다. 그러나 반드시 그런 것은 아니다. 자연적, 또는 파생상품에 기반하지 않은 시장 리스크 관리는 회사가 복잡한 금융 상품들을 사용할 필요를 최소화시키거나 이를 제거하는 운영, 마케팅 및/또는 재무 정책을 활용한다.

자연적으로 헤지하는 가장 간단한 방법은 상품 라인을 다각화하고, (운영면에서 및 상품 마케팅 양면에서) 지리적으로 다각화하며, 자금 조달을 본국 이외의 지역으로 다각화하고 자금 조달 방법도 다각화하는 것이다.

예를 들어, 매출에 상당한 외화 익스포져를 지니고 있는 회사라면 해외 매출이 일어나는 국가에서 자금을 조달함으로써 외화 익스포져의 일부를 경감할 수 있다. 환율 변동으로 해외 매출을 통한 (자국 통화 표시) 현금 유입이 줄어들면, 해당 통화 표시 이자 지급에 필요한 현금도 줄어들 것이다. 마찬가지로 이자 지급에 필요한 현금이 늘어나면, 해당 통화로 표시된 매출을 통한 현금 유입액 증가로 이를 상쇄할 수 있을 것이다.

해외에서의 자금 조달은 몰수와 같은 소버린 리스크 사건 헤지에 특히 효과적이다. 채무 계약이 통화 통제나 몰수와 같은 시장 교란 사건을 상호 참조하도록 적절하게 언급될 경우, 소버린 리스크가 높은 국가에 자본투자를 한 회사는 해당 국가에서 자금을 조달함으로써 이 리스크를 헤지할 수 있다. 몰수와 같은 소버린 리스크 사건이 발생할 경우, (자금 조달 계약서가 법적으로 적절히 작성되었다고 가정하면) 이 회사는 최소한 자신의 채무를 벗어날 수 있다. 이는 확실히 영향을 받은 투자로부터 얻게 될 장래 수익을 헤지하거나 대체하지는 못하지만, 회사가 자본 투자를 잃을 뿐만 아니라 채무도 상환해야 하는 이중의 불이익을 당하지는 않음을 의미한다. 주요 해외 투자가 투자국으로부터 자금을 조달한다는 사실이 해당 소버린으로부터 국내 투자자들과 연결되어 있는 회사를 몰수 대상으로 삼을 때의 정치적 부담에 대해 재고하게 함으로써 몰수 자체가 발생하지 않도록 예방할 수도 있다.

외환 리스크를 경감시키는 또 다른 간단한 방법은 글로벌 다각화이다. 모든 통화들이 특정 선진국의 통화와 같은 방향으로 움직이는 일은 극히 드물다. 글로벌 마케팅은 또한 회사에 대한 인식을 제고하여 해외 투자자들로부터의 자금 조달 문호를 개방해 줄 수도 있다. 이러한 재무 융통성 증가는 시장 유동성이 빡빡할 때 자금 조달 상의 경쟁 우위가 될 수 있다.

다른 유형의 자연적 헤지는 공급 및 가치 사슬에 있어서 전후방 통합과 원가 가산 방식(cost plus) 계약을 통해 비용을 고객에게 전가하는 것이다. 사실 활용할 수 있는 자연적 헤지의 유형은 스스로 부과한 운영상의 제약 및 창조적 아이디어에 대한 경영진의 의지에 의해서만 제한된다.

그러나 많은 자연적 헤지에서의 중심 이슈는 이러한 방법들이 회사를 운영상의 안도지대(operational comfort zone) 밖으로 끌어 낼 수도 있다는 것이다. 또한 자연적 헤지는 파생상품과 같은 금융 기반 헤지처럼 잘 들어맞는 경우가 아주 드물다. 금융 헤지도 결코 완벽하지 않다는 점도 기억하는 것이 좋다.

자연적 헤지에 관한 또 다른 이슈는 이들은 장기적 헤지라는 점이다. 이를 실행하고 효과가 발생하게 하는 데 소요되는 시간은 전체 비즈니스 사이클보다 장기인 경우가 흔한데, 이는 확실히 모든 분기마다 투자자들을 달랠 필요가 있다고 믿는 경영진에게는 이상적인 헤지 수단이 아니다.

시장 리스크의 측정

리스크를 효과적으로 관리할 수 있으려면, 먼저 리스크의 성격 및 규모가 측정되어야 한다. 리스크 측정에는 2개의 부분이 있다. 첫 번째 부분은 어떤 리스크가 있는지 밝혀내는 것으로 구성되며, 두 번째 요소는 리스크의 규모 결정이다. 특정 리스크의 규모를 계산하기 위한 많은 척도들과 기법들이 있으나, 어떤 리스크가 존재하는지에 대한 결정은 리스크 관리자의 경험, 직관 그리고 창의력에 의존한다.

도널드 럼스펠드가 한 말을 인용해 보기로 한다. "안다는 것을 아는 것(known known)... 모른다는 것을 아는 것(known unknowns)... 그리고 알지 못한다는 것조차 모르는 것(unknown unknown)이 있다."[4] 시장 리스크 맥락에서 볼 때, "안다는 것을 아는 것"은 예를 들어, 어느 회사가 자신의 매출이 엔화 환율과 관련이 있음을 알고 있다는 사실이 될 수 있을 것이다. "모른다는 것을 아는 것"은 회사가 그 관계가 얼마나 민감한지 모른다는 사실이 될 수 있을 것이다. "알지 못한다는 것조차 모르는 것"은 이 회사 매출의 진정한 동인은 엔화 환율이 아니라 중국의 성장률인데, 중국의 성장률이 중국에 판매하는 일본의 공급자에 대한 이 회사 매출의 성장 동인이라는 사실이 될 수 있을 것이다.

회사가 직면해 있는 가장 큰 리스크는 "알지 못한다는 것조차 모르는 것"이라 할 수 있다. 이의 불행한 측면은 회사가 존재 자체를 인식하지 못하는 리스크를 효과적으로 관리하기 위해 할 수 있는 일이 제한되어 있다는 것이다. 그래서 리스크 관리팀이 리스크를 측정하기 시작할 때에는 창조적으로 생각하거나 "한가한 시간"을 가져야 한다. 조직이 모든 리스크들에 대해 계획을 세우거나 모든 리스크들을 경감할 수는 없지만, 있을 수 있는 리스크에 관심을 기울일 수 있는 창조적인 팀은 회사에 진정한 자산이 될 수 있다. 또한 어떤 리스크들이 발생할 수 있을지에 관해 계속 창의적으로 생각함으로써, 회사는 독특한 리스크 발생으로 이어질 수 있는 조기 단계에 이를 더 잘 인식하게 된다.

회사가 직면하는 리스크들을 수집(compile)하기 위한 여러 기법들이 있다. 첫 번째 방법은 핵심 그룹(focus group) 및 경영진에 대한 보고 세션을 통해 경영진과 직원들이 이미 알고 있는 리스크들을 정리하는 것이다. 보다 다양한 생각과 배경을 지니고 있는 이사회는 경영진이 비즈니스에 중점을 두느라 놓치고 있는 리스크를 인식하는 데 도움을 줄 수 있다. 물론 많은 리스크들은 일상적인 비즈니스 관리의 자연스러운 부분일 것이다.

리스크 지표로서의 시장

금융 시장은 그 자체가 리스크에 대해 많은 것을 알려준다. 시장은 가격의 정확성에 강한 이해관계를 가지고 있는 많은 사람들의 공동의 판단으로 구성되어 있기 때문에 효율적이고 효과적인 지표이다. 시장은 장기 투자자, 단기 투기자, 상품 및 통화의 소비자 및 공급자, 채무자와 대출자 그리고 헤지자(hedger)와 중앙은행, 차익 거래자들로 구성되어 있다. 이 그룹들 각각은 (예를 들어 원자재를 구매하여 보다 가치가 있는 완성품을 제조함으로써) 직간접적으로 이익을 얻는 데에 이해관계가 있다. 따라서 시장은 상품, 통화 및 차입의 균형, 단기 투자자 및 장기 투자자의 균형 그리고 시장이 균형에서 벗어난 것으로 인식될 때마다 개입하는 차익 거래자, 규제 당국 및 중앙은행의 행동들을 반영한다.

주식 시장은 흔히 경제의 미래 성과에 대한 주요 선행 지수 중 하나로 언급된다. S&P 500과 같은 주요 지수들은 경제 전망에 대한 투자자들의 예측에 대한 광범위한 지표인 반면, 한 기업의 주가는 개별 기업의 장래의 운명에 대한 지표가 될 수 있다.

시장에서의 두 번째 주요 지표는 공개적으로 거래되는 선물(futures) 시장이다. 선물 시장은 투자자, 헤지자 그리고 투기자들이 미래의 특정 시점에 상품, 이자율 그리고 환율을 거래할 의향이 있는 가격을 제공한다. 선물 가격은 미래에 실제로 실현되는 가격의 완벽한 지표는 아니지만, 이 시장에서의 호가(quoted price)는 일반적으로 최상의 지표 중 하나로 여겨지며, 가격 변화를 과대평가하거나 과소평가할 가능성이 같다는 면에서 편향되지 않았다고 간주된다.

금융 시장에서 가격의 변동성은 불확실성 수준에 대한 정보를 제공한다. 시장 변동성이 클수록 불확실성 정도도 높다. 흔히 사용되는 지수는 VIX인데, 이는 CBOE(시카고 옵션 거래 위원회)에 의해 편찬 및 발표되는 일별 지수이다. VIX는 거래소에서 거래되는 주식 옵션들의 가격에 내재된 내재 변동성을 측정함으로써 만들어진다.[5]

시장 가격의 변동성은 시장 가격의 표준 편차를 취함으로써 측정된다. 리스크 관리에 주요한 두 번째 관련 척도는 가격 변화의 상관관계 측정이다. 가격 변화의 상관관계는 개별 가격의 변동성만큼이나 중요하다. 시장 가격은 모두 어느 정도는 서로 관련되어 있다. 예를 들어, 원유 가격은 주식 가격과 상관관계가 있는 경향이 있으며, 주식 가격은 이자율과 상관관계가 있는 경향이 있다. 따라서 리스크들을 개별적으로 조사하면 조직에 대한 영향을 왜곡하거나 오도할 수 있다.

시장은 불안정한 경향이 있다는 점이 시장 데이터를 사용하여 리스크에 대한 잠재적 영향을 계산할 때 자주 언급되는 문제 중 하나이다. 실로 변동성 수준 및 상관관계를 조사해 보면, 상대적으로 단기간 내에 큰 변화가 있음을 보여 준다.

예측 시장 분야에서 개발된 기법이 일부 회사들이 외부 세력의 영향을 측정하는 데 사용되고 있다. 예측 시장은 선거 결과를 예측하는 하나의 방법으로 오랫동안 사용되고 있다. 예측 시장에서는 참여자들이 특정 변수의 미래 가치 또는 결과에 대한 "주식"을 산다. 예를 들어, 선거에서 승리한 후보의 주식을 보유하고 있는 주주들은 해당 후보가 승리할 경우 보유 주식 1주당 1달러를 받게 함으로써 이 선거의 결과를 예측하기 위한 예측 시장이 개설된다. 만일 A후보의 주식은 0.63달러에 거래되고 B후보와 C후보의 주식은 각각 0.22달러와 0.15달러에 거래된다면, 이 예측 시장은 A후보가 승리할 확률이 63%인 반면, B후보와 C후보가 승리할 확률은 각각 22%와 15%임을 나타내는 셈이다.

회사는 예측 시장을 개설하여 다양한 수준의 미래 수요를 나타내는 주식을 매도함으로써 특정 상품에 대한 수요를 예측할 수 있다. 참가자들 사이에 최고 가격에 거래되는 주식들을 발생 가능성이 가장 높은 수요 수준으로 간주할 수 있다. 예측 시장에서의 거래가 몇 차례 다른 시기에 발생하게 할 수도 있다. 예를 들어, 회사가 2년 뒤의 수요 수준을 예측하고 싶을 경우 회사는 각각 여러 수준의 수요를 나타내는 "주식들"을 발행할 수 있다. 예측 시장은 2개월 동안 정기적으로 (예컨대 매주) 열리고, 이 시장은 8회의 거래 후 닫히는 것으로 간주될 수 있다. 그러면 최고 가격에 거래되었던 주식에 대한 수요 수준이 2년 뒤의 가장 가능성이 높은 수요 수준을 나타낼 것이다. 회사는 이 수요 수준에 기초하여 운영 계획을 수립할 수 있을 것이다. 예측 시장들은 놀라우리만큼 정확했으며, 일반적으로 예측 시장 참가자들이 자신이 예측하고 있는 분야에 대해 잘 모를 경우에도 전문가들의 예측보다 우수하다.[6]

잠재적 영향 측정

시장 가격 및 미래 가격의 변동성과 상관관계를 추적하면 가격의 방향과 특정 기간 동안 가격이 어느 정도나 변할 잠재력이 있는지에 대한 시사점을 제공해 준다. 다음 단계는 이러한 가격의 변화가 조직에 미치는 영향을 측정하는 것이다. 이익에 대한 영향과 현금 흐름에 대한 영향은 상관관계가 높을 수도 있고 그렇지 않을 수도 있는데, 조직이 이 중 어느 영향을 측정하기 원하는지를 결정하는 것이 매우 중요하다. 재무 이론은 현금 흐름이 더 중요한 관리 대상이라고 제안하지만 회사의 이익 공표가 보다 널리 행해지고 있으며, 투자자들도 이 지표를 면밀하게 조사하고 있고, 관리자들도 이 지표에 의해 보상받는 경우가 가장 흔하다. 그러나 채권자들은 현금 흐름에 대한 리스크의 영향에 보다 더 관심을 기울일 것이다.

회사에 대한 영향을 측정하는 일차적인 방법은 다양한 시장 변수들의 가격 변화에 대한 이익의 회귀분석을 실시하는 것이다. 예를 들어, 2개의 상품을 사용하고 2개의 통화로 판매하는 회사는 분기 이익을 2개 통화의 가격 변화율(%)과 2개 상품 가격 변화율(%)에 대해 아래와 같은 회귀 분석을 실시할 수 있다.

$$E_t = A + CA_t + CB_t + FXA_t + FB_t + \varepsilon_t \qquad (14.1)$$

위의 식에서 E_t 는 t기 동안의 이익 성장률(%)를 나타내고, CA_t, CB_t, FXA_t, FB_t는 각각 t기 동안의 상품 A, 상품 B, 환율 A, 환율 B의 가격 변화율(%)를 나타낸다. (A와 ε_t는 각각 절편과 오류 항이다.)

위의 분석을 수행할 때, 변수들 사이의 상관관계가 부정확하고 오도하는 회귀분석 결론을 이끌어 낼 수 있음에 주의해야 한다. 예를 들어, 회귀 분석에서 통화와 상품 가격 사이에 강한 상관관계가 있을 수 있다. 상관관계가 고려되지 않으면 회귀 분석 결과가 왜곡되어 주요 변수 중의 하나가 중요하지 않다고 믿게 될 수도 있다. 회귀 분석에서의 두 번째 문제는 신뢰할 만한 결과를 얻기 위해 필요한 데이터의 양이다. 일반적으로 통계적으로 유의미한 결과를 얻으려면, 10년 이상의 분기 데이터가 필요하다. 업종에 따라서는 리스크 관리 목적으로 향후 5년을 바라볼 때 5년에서 10년 전에 존재했던 관계가 여전히 적절할 수도 있고, 더 이상 적절하지 않을 수도 있다.

EaR

시장 가격의 잠재적 움직임의 크기가 결정되고, 시장 가격 움직임이 회사에 미치는 영향이 계산되고 나면, 양자가 결합되어 Earnings at Risk라고 불리는 척도를 산출할 수 있다. Earnings at Risk(EaR)는 투자 관리 및 금융기관에서 잠재적 손실 측정에 사용되는 Value at Risk(VaR)를 회사에 적용한 것이다. EaR은 회사가 일정한 신뢰 수준에서 예상하는 가장 부정적인 이익 수준이다. 예를 들어, 어느 상장회사의 EaR은 95% 신뢰 수준에서 주당 마이너스 3.5달러가 될 수 있다. 달리 말하면 이 EaR은 회사의 이익이 주당 마이너스 3.5달러 이상일 확률이 95%라고 말하는 셈이다.

EaR 계산에 대한 자세한 설명은 이 장의 범위를 벗어난다. 그러나 기본적인 프로세스는 앞 섹션에서 설명한 시장의 움직임의 표준편차와 상관관계를 측정함으로써 시장 변수들의 움직임의 잠재적 범위를 측정하는 것이다. 시장 가격 변화가 회사의 매출액, 비용, 이자 비용 등과 같은 회사 이익 구성 요소에 미치는 영향이 모델링된다. 다음에 몬테카를로 기법을 사용하여 회사의 이익이 모델링되며, 회사의 잠재적 이익 분포가 계산되어 일반적으로 보기 14.1에 나오는 히스토그램 형태로 표시된다. EaR은 이 곡선의 왼쪽 끝 부분에 해당하는 수치이다. 실현된 회사 이익이 EaR보다 클 확률은 이 분포에서 EaR 수준 오른쪽에 해당하는 면적이고, 실현된 회사 이익이 EaR보다 작을 확률은 이 분포의 "왼쪽 꼬리"의 면적과 같다고 얘기할 수도 있다.

[보기 14.1] 잠재적 이익 히스토그램

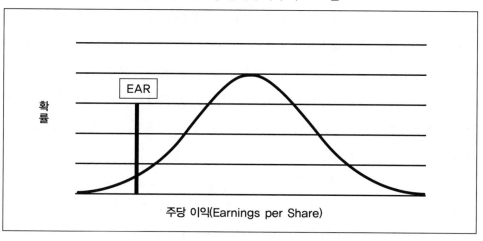

EaR은 강력하고 유용한 리스크 관리 도구이다. 경영진은 특정 리스크 관리 조치들이 시행된다고 가정하여 시뮬레이션을 다시 수행해서 특정 리스크 관리 전략 실행 시의 이익 분포를 다른 전략 실행 시의 이익 분포와 비교할 수 있다. 시뮬레이션이 미래에 실제로 어떤 일이 일어날지에 대한 답을 제공하지는 않지만, 합리적인 범위 추정치와 가능한 결과들의 확률을 제공해 준다.

Earnings at Risk 이용 시 몇 가지 단점도 있다. 먼저, 이 기법은 계산하기가 상대적으로 복잡하다. 몬테카를로 기법에 대한 지식이 필요할 뿐 아니라, 회사가 각각의 경제 변수들이 회사 실적에 어떻게 영향을 주는지도 이해해야 한다. 정확한 모델을 구축하려면 이러한 관계들이 필요하다. 부정확한 모델은 부정확할 뿐만 아니라 오도하는 결과를 산출할 것이다. 또한 조직이 경제 변수들로부터 손익 계산서가 어떻게 모델링될 수 있는지 이해하도록 함으로써 얻어지는 통찰력은 조직이 EaR 계산시 몬테카를로 분석을 수행하는지 여부를 불문하고 그 자체가 경영진이 수행해 볼만한 유용한 연습이라고 할 수 있다.[7]

선도 거래 형태의 상품을 이용한 시장 리스크 관리

시장 리스크 관리에 사용되는 두 가지 유형의 파생상품이 있는데, 이는 선도 거래 유형 상품(선도 거래, 선물 그리고 스왑)과 옵션 유형 상품(콜, 풋, 캡션 그리고 스왑션)이다. 이 두 유형의 헤지 도구들의 특성은 매우 다르며, 각각은 회사의 리스크 철학의 차이를 암시한다.

선도 거래는 미리 정해진 가격과 장래의 미리 정해진 시기에 자산 또는 현금 흐름을 교환하기로 하는 쌍방의 합의이다. 선도 거래는 기업과 금융회사 사이에 거래되는 장외 (OTC) 계약이다. 선물은 거래소에서 거래되는 상품이다. 경제적으로는 두 상품이 유사한 기능을 수행하지만, 양자의 구조적 차이는 상대적으로 중요할 수 있다.

선도 거래 (또는 선물) 계약의 "매입자"는 미리 정한 기초 자산을 지금 미리 정한 가격에 미래에 매입하기로 약정한다. 반대로 선도 거래 계약의 "매도자"는 기초 자산을 동일한 조건에 매도하기로 약정한다.

선도 거래 계약을 체결할 때에는 (이 섹션의 뒤에 설명할 마진이나 담보를 제외하면) 최초의 현금 흐름이 없다. 대신에 미래에 해당 가격으로 거래가 발생할 가격은 양측 거래 상대방 모두에게 "공정한" 거래가 되도록 정해진다. 선도 거래 가격이 정해지고 난 뒤에, 경제 상황이 바뀌게 되면 해당 계약의 가치는 선도 거래의 매입자 또는 매도자에게 유리하게 움직인다.

다양한 금융 지수, 이자율/환율, 경제 변수들에 대한 선도 거래 및 선물을 이용할 수 있다. 예를 들어, 선물은 이자율, 주식 및 채권 지수, 정부 채권(장기 이자율 헤지에 대한 대용품으로 이용된다), 통화, 모든 종류의 상품 그리고 기온 및 강우량 등과 같은 변수에 대한 선물이 거래되고 있다.

예를 들어, 미국 소재 기업이 6개월 후에 20만 유로를 수령할 것으로 예상하고 있을 경우, 이 회사는 1유로당 1.40달러의 확정된 가격에 6개월 후에 이 유로화를 팔기로 하는 선도 거래 계약을 오늘 체결할 수 있다. 달러화에 대한 유로화의 가치가 예컨대 1유로당 1.30달러로 하락할 경우, 현행 시장 환율로 매도할 달러 수령액은 26만 달러이나 이 회사는 28만 달러를 받게 되므로 이 거래로부터 이익을 얻게 된다. 반대로 유로화의 가치가 달러화에 비해 예컨대 1유로당 1.55달러로 상승할 경우, 이 회사는 20만 유로를 미리 정해진 환율로 매도할 의무가 있어서 현행 시장 환율에 의한 31만 달러가 아니라 28만 달러만 받게 되므로 기회 손실을 입게 된다. 이 회사가 유로화를 받지 못할 경우(예를 들어, 고객이 파산을 선언하고 지불하지 못할 경우), 선도 거래를 이용한 헤지에 추가적인 리스크가 발생할 수 있다.

이 경우에도 회사는 여전히 선도 거래 상대방에게 20만 유로를 미리 정해진 가격에 매도하여야 한다.

실효 이자율을 "고정시키는(lock in)" 이자율 스왑과 같은 복수 기간(multi-period) 선도 거래 유형의 계약에도 같은 논리가 성립된다. 선도 거래 유형 계약의 가격 고정 특성이 미래의 자산 부채 익스포져의 불확실성을 감소시키기는 하지만, 이 계약은 헤지를 하는 회사가 기초 자산 가격 및 이율/환율의 유리한 움직임으로부터 이익을 얻는 것은 허용하지 않는다.

익스포져의 규모가 정확하게 계산된다고 가정하면 선도 거래를 이용한 헤지는 아주 단순하다. 선도 거래 유형의 전략은 헤지의 가치 및 규모를 고정시키므로, 헤지의 규모를 적절하게 조정할 필요가 있다. 익스포져의 규모가 불확실할 경우, 선도 거래 헤지에 또 다른 리스크를 가져온다. 즉, 헤지하는 회사가 익스포져 규모를 과소평가하면 과소 헤지하게 될 수 있으며, 익스포져 규모를 과대평가하면 과대 헤지할 수 있다. 6개월 후에 20만 유로를 수령할 것으로 예상하고, 1 유로 당 1.40 달러에 이를 팔기로 하는 선도 거래 계약으로 달러화 수령액을 고정시키는 위의 예로 돌아가 보자. 만일 실제 수령액이 17만 유로에 불과한데 유로화 환율이 1유로당 1.60달러로 상승할 경우, 이 회사는 3만 유로의 과도한 헤지로부터 손실을 입게 될 것이다. (이 회사는 유로당 1.60달러에 3만 유로를 사서 1유로당 1.40달러만 받고 팔아야 한다.) 손실액은 3만 곱하기 0.2에 해당하는 6천 달러가 될 것이다. 유로화가 1.10달러로 하락할 경우 베이시스 리스크는 회사에 유리하게 작용하는데, 이 경우 회사는 3만 달러의 과도 헤지 곱하기 0.3에 해당하는 9천 달러의 기대하지 않았던 이익을 얻게 된다.

선물은 거래를 촉진하고 유동성을 창출하기 위해 표준화된 선도 거래 상품이다. 선물은 표준화된 만기, 각각의 계약에 대한 표준화된 명목 금액 규모 (서로 다른 거래소에서 거래되는 두 개의 다른 계약인 서부 텍사스 중질유 대 브렌트 원유와 같은), 이 계약이 기초하고 있는 자산인 표준화된 기초 자산을 가지고 있다. 선물의 표준화와 거래소에서 거래된다는 사실이 유동성과 가격의 투명성이라는 이점을 제공한다. 거래소에서 거래되는 선물을 사용하면 헤징 계약의 가치를 평가하는 투명한 방법이 제공된다. 또한 선물을 사용하는 회사는 추가 계약을 매입하거나 매도함으로써 헤지 비율을 쉽게 조정할 수 있음을 안다.

선물 계약을 사용할 때에는 선도 거래 계약을 사용할 때에 비해 몇 가지 불리한 점도 있다. 먼저 선물의 표준화는 헤지하는 회사가 베이시스 리스크를 보유할 가능성이 있음을 의미한다. 베이시스 리스크는 헤지되는 리스크의 가격 변화와 헤지에 사용되는 파생 상품의 가격 변화 사이의 차이이다. 거래 만기의 시기, 정확한 기초 자산 상품 그리고 헤지에 필요한 명목 금액으로 인해 선물을 사용할 때의 베이시스 리스크가 발생한다. 예를 들어, 어느 회사가 3개월이 되는 달의 15일에 로스엔젤레스에서 3만 갤론의 항공유 매입을 헤지할 필요가 있다고 가정하자. 거래소에서 거래되는 항공유 선물 계약이 없기 때문에, 헤지하는 회사는 대체물로 난방 연료 선물 계약을 사용하기로 할 수 있다(교차헤지(cross-hedge)로 알려져 있음). 확실히 난방 연료는 항공유와 100% 상관관계를 보이지 않기 때문에 이는 베이시스 리스크의 한 원천이 된다. 또한 뉴욕 상품 거래소(NYMEX)의 선물 계약은 42,000갤런인데, 이는 거래의 명목 금액에 베이시스 리스크를 가져온다. 그리고 선물 계약은 해당 월의 말일에 만료되지만, 항공유 구입은 월 중에 일어나므로 시기의 불일치도 있다. 마지막으로 NYMEX 계약은 뉴욕에서의 인도 가격에 기초하고 있으나 회사는 항공유를 로스엔젤레스의 가격에 기초하여 구입하기 때문에 위치상의 베이시스 리스크도 있다. 이 모든 요소들이 헤지에 베이시스 리스크를 들여온다. 베이시스 리스크는 회사에 유리하게 작용하거나 불리하게 작용할 수 있으나 가능한 한 베이시스 리스크를 줄이는 것이 바람직하다.

선물을 이용한 헤지를 보다 더 복잡하게 하는 요소는 거래소의 증거금(margin) 요구이다. 거래 개시 시점에 선물 계약의 매입자 및 매도자 모두 만기 또는 결제 시에 계약을 결제할 수 있는 자금이 확보되도록 담보하기 위해 증거금을 제공한다. 선물 거래소는 매일 선물 계약의 가치 변화에 기초하여 각각의 계정의 손익을 계산한다. 이 가치 변화는 각 트레이더의 계약 포트폴리오에 가산되거나 이로부터 차감된다. 증거금 계정이 유지 증거금이라 불리는 수준 아래로 떨어지면, 이 계정은 마진 콜(margin call)을 받게 되고, 증거금 계정을 최초의 증거금 수준 이상이 되도록 추가 증거금을 납부해야 한다. 이는 회사가 헤지를 유지하기 위해 예기치 않았던 추가 증거금을 납부하도록 요구받을 수도 있음을 의미한다. 증거금 계정의 효용은 거래 상대방의 신용 리스크 이슈를 사실상 제거한다는 점이다.

선도 거래 계약은 선물을 사용할 때 내재된 많은 베이시스 리스크를 제거해 준다. 앞에서 언급한 바와 같이 선도 거래는 어느 거래 상대방과 금융기관 사이에 거래된다. 주요 금융기관들은 다양한 선도 거래 유형의 상품들을 기꺼이 제공하며, 기초 자산의 범위는 거래소에서 이용 가능한 것보다 훨씬 넓다. 선도 거래 계약의 주요 장점은 고객의 상황에 따라 맞춤형으로 이루어질 수 있다는 점이다. 선물은 표준화되어 있지만, 각각의 선도 거래 계약은 명목 금액, 기초 자산, 만기일이 다르게 정해질 수 있다. 사실상 거의 모든 선도 거래 계약들은 현금 결제되는데, 이는 계약의 만기 가치가 교환되고 실제 물리적 자산은 교환되지 않음을 의미한다. 이는 인도물 선택권(delivery option)과 관련된 복잡한 문제를 피하게 해 준다.

선도 거래 계약의 불리한 점은 이 계약은 두 거래 당사자 사이의 거래 상대방 리스크를 발생시킨다는 점이다. 특정 포지션을 헤지하는 회사에게는 은행이 의무를 이행하지 못하는 거래 상대방 리스크는 일반적으로 우려 사항이 아니다. 그러나 은행은 회사의 거래 상대방 리스크에 대해 우려할 수 있다. 이 리스크에 대처하기 위하여 두 거래 상대방은 거래의 가치가 특정 수준 이상으로 균형이 무너지면 다른 상대방에게 담보를 제공하기로 하는 담보 약정을 체결할 수 있다. 아무튼 선도 거래 계약을 체결하는 금융기관은 이 거래에 내재된 신용 리스크를 상쇄하기 위해 규제 자본을 따로 설정해야 한다. 또한 금융기관은 기업 고객에게 공여하는 신용 한도에 대한 리스크를 설정하게 된다. 따라서 특정 회사가 특정 거래 상대방과 다수의 선도 거래 계약을 체결할 경우 동일한 금융기관으로부터 차입할 능력이 손상되거나 제한될 수도 있다.

선도 거래의 또 다른 단점은 선도 거래는 선물처럼 유동적이지 않다는 점이다. 선도 거래는 거래 상대방의 상황에 맞춰진 계약이기 때문에, 이는 일반적으로 거래의 포지션을 해소하기 위한 최상의 거래 상대방은 당초 이 계약을 체결한 금융기관임을 의미한다. 그러나 한 거래 상대방에게 가격을 의존한다는 것은 최상의 가격을 받지 못할 수도 있음을 의미한다. 선물 계약의 표준화는 이미 표준화된 계약에 포지션을 지니고 있거나 관심이 있는 많은 잠재적 거래 상대방들과 포지션을 해소할 수 있음을 의미한다.

옵션 형태의 상품을 이용한 시장 리스크 관리

옵션을 이용한 시장 리스크 익스포져 헤지의 한 가지 이점은 옵션은 헤지하는 회사에게 유리한 시장 가격 또는 이자율/환율 변화로부터 이익을 얻도록 허용한다는 점이다. 두 가지 주된 형태의 옵션이 있다. 콜 옵션은 옵션 매입자에게 명목 금액에 대해 미리 정해진 시점에 미리 정해진 가격으로 매입할 수 있는 권리를 제공하는 반면(그러나 매입할 의무는 없음), 풋 옵션은 옵션 매입자에게 팔 의무는 없이 매도할 수 있는 권리를 부여한다. 옵션 매입자는 거래를 선택할 수 있는 권리가 있으나 옵션 매도자는 매입자가 거래하기로 선택하면 반드시 거래에 응해야 하므로 옵션은 비대칭적인 도구이다. 그러므로 옵션 매입자는 시장 가격이 옵션 매입자가 거래할 권리를 행사할 때 매입자에게 유리할 경우에만 권리를 행사할 것이다. 이 권리를 얻으려면 옵션 매입자는 옵션 매도자에게 옵션 프리미엄이라고 불리는 수수료를 지불해야 한다. 따라서 옵션 거래는 선불 수수료를 지불하게 되며, 이 이유로 회사들은 선불 수수료가 없는 선물로 헤지하기를 선호한다.

옵션에 지불되는 프리미엄은 자산의 현행 시장 가격, 옵션 만기까지의 시간, 중간에 기초 자산을 보유할 때의 효용 또는 비용이 있을 경우 그 가치, 이자율, 매입자가 그 가격에 거래할 권리를 지니게 되는 가격(행사 가격이라 불림) 그리고 마지막으로 기초자산의 변동성 등 여러 변수들의 함수이다. 옵션 가격 결정은 복잡하지만 가격 결정에 빈번하게 사용되는 블랙-숄즈 옵션 가격 결정 모델이라고 불리는 잘 알려진 공식이 있다. 모든 옵션 가격 결정 변수들은 옵션 계약의 일부이거나(예컨대 만기까지의 시간, 행사 가격) 시장에서 쉽게 관찰할 수 있거나 알려져 있다(이자율 그리고 기초 자산 소유 시의 비용과 효용). 알려져 있지 않거나 쉽게 관찰할 수 없는 유일한 변수는 기초자산의 변동성이다. 이 변동성은 기술적으로는 옵션의 존속 기간 동안의 자산의 미래 변동성이다. 옵션 가격이 알려져 있으면, 알려진 다른 가격 결정 변수들을 사용하여 블랙-숄즈 옵션 가격 결정 모델을 풀어서 "내재 변동성"을 구할 수 있다. 시장에서 관찰되는 옵션의 가격으로부터 계산된 내재 변동성은 시장이 인식하는 미래의 시장 가격의 불확실성 수준을 결정하는 핵심적인 방법이다.

옵션은 거래소 및 장외 시장에서 거래된다. 옵션은 선물이 거래되는 사실상 모든 종류의 자산에 대해 거래된다. 또한 개별 주식 및 채권에 대한 옵션도 있다.

옵션에는 선불 수수료가 있지만, 옵션 사용에는 많은 이점이 있다. 앞에서 언급한 바와 같이 옵션은 시장 변수가 유리하게 움직일 때 헤지하는 측이 이익을 보도록 허용한다. 6개월 후에 수령할 20만 유로를 헤지할 필요가 있는 회사의 예로 돌아가 보자. 이 회사는 1유로당 1.40달러의 행사가격에 유로를 매도할 수 있는 옵션을 살 수 있다. 회사는 이에 대해 옵션 프리미엄을 지급해야 하겠지만, 1유로가 1.25달러로 가치가 하락해도 보호될 수 있다. 이때 옵션의 이익은 20만 곱하기 0.15에 해당하는 3만 미국 달러가 될 것이다.

이 금액은 회사가 유로화 가치 하락으로 입은 손실을 보상해 줄 것이다. 그러나 유로화가 1유로당 1.74달러로 가치가 상승하면, 회사는 1유로를 1.40달러에 팔 수 있는 옵션을 행사하지 않고, 유로를 옵션의 행사 가격보다 높은 시장 가격 1유로당 1.74달러에 팔아 이익을 볼 수 있을 것이다.

옵션 사용 시의 두 번째 이점은 과대 헤지 또는 과소 헤지의 베이시스 리스크가 제거되지는 않는다 하더라도 최소한 감소한다는 점이다. 예를 들어, 회사가 과대 헤지를 해서 달러화를 수취하기로 하고 20만 유로를 팔기로 했는데, 17만 유로만 수령하게 되면 유로화의 가치가 상승할 경우 회사는 옵션을 행사해서 유로 부족분을 매입할 필요가 없게 될 것이다. 그러나 회사는 옵션 명목 금액을 과대 매입한 만큼의 프리미엄을 추가로 지불한 셈이 될 것이다. 이자율이 미리 정해진 이자율 상한을 넘을 때마다 이자 초과분을 지급하는 캡과 같은 기간 옵션들도 동일한 방식으로 작동한다. 달리 말하자면 캡으로 이자 지급을 헤지하는 회사는 이자율이 하락하는 기간 동안에는 이익을 보겠지만, 이자율이 상한선 위로 올라가는 기간 동안에는 캡 계약에서 받는 금액으로 높아진 이자 부담을 보상받게 된다.

이색 옵션(exotic option)이라 불리는 다양한 옵션들이 있다. 이색 옵션들은 특수한 지급액 함수를 지니고 있는 옵션들이다. 예를 들어, 아시아 옵션은 옵션의 지급액이 특정 시기의 가격이 아니라 일정 기간 동안의 평균 가격에 기초한다. 매월 1일에 석유를 구입하는 회사를 예로 들어 보자. 연중 평균 비용이 특정 시점에서의 비용보다 더 적절하기 때문에 회사의 리스크 관리자는 옵션의 지급액이 연중 평균 가격에 기초한 아시아 옵션을 매입하기로 결정할 수 있다.

다른 유형의 이색 옵션으로 바스켓 옵션이 있다. 바스켓 옵션은 옵션의 지급액이 특정 바스켓의 변수들의 평균 가격에 기초하는 옵션이다. 유로, 엔 그리고 파운드화로 판매하는 미국 소재 회사의 리스크 관리자는 옵션 지급액이 위의 세 통화의 평균 환율에 기초하는 바스켓 옵션을 구성할 수 있을 것이다. 따라서 두 통화는 미국 달러화 대비 가치가 하락하는데, 한 통화는 상승할 경우, 이 옵션의 지급액은 가치가 상승하는 통화가 가치가 하락하는 통화를 상쇄하는 만큼 줄어들 것이다. 그러나 이러한 경우의 확률을 반영하여 옵션 프리미엄 비용도 낮아질 것이다.

많은 유형의 이색 옵션들이 있다. 이색 옵션들의 일반적인 특징은 이색 옵션들은 일반적으로 프리미엄이 낮은 대신, 특정 리스크 시나리오에 관해 지급액이 적은 경향이 있다.[8] 위의 예에서와 같이, (연중 평균 연료 가격 또는 다양한 통화로 수취한 본국 통화의 순 수령액과 같이) 리스크 관리자가 달성하고자 하는 특정 유형의 헤지가 있을 경우, 이색 옵션이 전통적인 옵션 전략보다 나을 수도 있다. 이색 옵션들의 단점은 이해 및 가격 결정이 어려울 수 있다는 점이다.

옵션 전략과 선도 거래 전략의 비교

시장 리스크 헤지에 관해 회사들이 계속해서 관심을 기울이는 부분은 무엇이 최적의 전략인지를 결정하는 것이다. 이에 대해 짧게 답하자면 결과적으로 항상 최선인 최적의 전략은 없다는 것이다. 아래의 간단한 예를 고려해 보라. 어느 회사가 3개월 뒤에 1배럴의 원유를 구입할 필요가 있는데 현재 원유 가격은 100달러라고 가정하자. 보관 비용과 화폐의 시간가치를 무시하면, 3개월 선도 거래의 가격도 배럴당 100달러라고 가정할 수 있다. 마지막으로 행사 가격 100달러인 3개월 원유 콜 옵션 비용은 15달러라고 가정하자. 3개월 후의 원유 가격이 배럴당 100달러가 넘으면 이 회사는 선도 거래 계약을 매입하는 것이 좋았을 것이다. 반대로 3개월 후의 원유 가격이 배럴당 100달러 밑이면, 이 회사는 헤지를 안하고 현물 시장에서 원유를 사는 것이 나았을 것이다. 배럴당 100달러를 참조점으로 삼아, 아래의 표는 아래의 세 가지 다른 전략들의 장단점을 보여 준다. (1) 헤지를 안 하고 기다렸다가 현물 시장에서 매입 (2) 선도 거래 가격 100달러의 선도 거래 계약 매입 (3) 15달러의 프리미엄을 지급하고 행사 가격 100달러의 콜 옵션 매입.

예를 들어, 원유 가격이 75달러로 하락하면 회사가 헤지를 하지 않고 현물 시장에서 매입하기로 결정하면 참조 가격 100달러에 비해 원유를 싸게 매입함으로써 25달러의 이익을 보게 될 것이다. 회사가 선도 거래 계약을 체결했더라면 더 비싼 100달러에 원유를 매입할 수밖에 없을 것이고, 이 회사는 25달러를 손해 봤다고 후회하게 될 것이다. 회사가 콜 옵션을 매입해서 헤지하기로 했다면, 현물 시장에서 75달러에 원유를 매입함으로써 25달러를 절약할 수 있겠지만, 옵션 프리미엄으로 15달러를 지급했기 때문에 이를 공제한 이익은 10달러가 될 것이다. 보기 14.2를 보라.

[보기 14.2] 현물, 선도 거래 그리고 옵션 헤지 전략의 비교

	현물 시장에서 매입	선도 거래 계약 매입	콜 옵션 매입
70	30	−30	15
75	25	−25	10
80	20	−20	5
85	15	−15	0
90	10	−10	−5
95	5	−5	−10
100	0	0	−15
105	−5	5	−10
110	−10	10	−5
115	−15	15	0
120	−20	20	5
125	−25	25	10
130	−30	30	15

보기 14.2에서 보여 주는 바와 같이, "아무 조치도 취하지 않고 현물 시장에서 매입"하는 전략은 미래에 실현되는 원유 가격에 따라 부호가 다르다는 점을 제외하면 "선도 거래 매입" 전략과 동일한 결과를 가져온다. 그러나 "콜 옵션 매입" 전략은 지불한 프리미엄으로 인해 차선의 전략인 경향이 있다. 선도 거래 매입 전략은 가격을 고정시키지만 유리한 가격 변동으로부터 이익을 얻도록 허용하지 않기 때문에 잠재적인 기회 리스크가 있다. 조치를 취하지 않고 현물 시장에서 매입하는 전략은 회사에게 유리한 가격 변동으로부터 이익을 볼 수 있게 해 주지만 시장 가격의 불리한 움직임으로부터 회사를 보호해 주지 않는다. 옵션 매입 전략은 불리한 가격 변동에 대해 회사를 보호해 주며, 유리한 가격 변동으로부터 이익을 취하도록 허용하지만 가격이 어느 방향으로든 유의미하게 움직이지 않으면 매우 비쌀 수도 있는 프리미엄을 내야 한다. 따라서 사후의 결과에 비추어 볼 때에는 최적의 전략은 없다고 할 수 있지만, 옵션 전략은 언제나 최선의 전략에서 지불한 옵션 프리미엄을 제한 것과 같다고 말할 수 있다.

파생상품 이용 시 운영상의 이슈들

회사가 파생상품을 이용해 포지션을 헤지할 때 많은 운영상의 이슈들을 알아둬야 할 필요가 있다. 파생상품은 개념적으로는 이해하기 쉬운 도구들이지만 실제로는 훨씬 복잡해질 수 있다. 파생상품들은 미묘한 도구들로서 문서에 묘사되는 구조적인 특성들에 크게 좌우된다. 또한 파생상품의 가치 평가 및 회계는 상당한 전문성을 요하는 특화된 분야이다.

파생상품과 관련한 주요 운영상의 이슈 중 하나는 문서화와 문서 작성이 회사와 거래 상대방인 금융기관 사이의 관계에 어떻게 영향을 주느냐이다. 파생상품의 문서화는 일반적으로 국제 스왑 파생상품 협회(International Swap and Derivatives Association; ISDA) 기본 계약서(Master Agreement)와 거래 확인서(Trade Confirmation) 하에서 이뤄진다.[9] ISDA Master Agreement는 금융기관과 회사의 법률 대리인들 사이에 협상되는 문서이다. ISDA Master Agreement는 두 거래 당사자 사이의 일반적 거래 기간 동안에 나타날 수 있는 모든 조건들을 명시한다. 이 이슈들에는 지급이 어떻게 이뤄질지, 이자율 계산에서 일수(日數)는 어떻게 정의되는지 등이 포함된다. 또한 지급액이 어떻게 계산되는지와 지급일이 휴일에 해당하면 이를 어떻게 처리할지 등과 같은 이슈를 정하는 조항도 포함한다. 문서를 작성할 때 파생상품은 주로 헤지 목적으로 이용되며, 헤지는 극단적이고 예기치 않은 시장 사건이 발생할 때 가장 필요하게 되리라는 점을 기억하는 것이 좋다. 따라서 문서는 유효하고, 합리적이고, 가능한 모든 형태의 정상적 사건 및 극단적 사건들을 포함해야 한다. ISDA Master Agreement는 오랫동안 검증된 표준 양식이며, 은행과 상대 기업들은 자신의 계약을 협상할 때 표준 ISDA 양식으로 시작하는 것이 가장 좋다는 것을 발견했다.

두 당사자 사이에 ISDA Master Agreement가 완성되면, 각각의 거래는 Confirmation으로 추가적으로 문서화된다. Confirmation은 명목 금액, 만기까지의 시간, 행사 가격과 같은 각각의 거래들의 세부사항을 명시하며, Master Agreement에 대해 언급하고, 이 Agreement의 지배를 받게 된다. Confirmation은 사용되는 법률 용어를 이해할 뿐만 아니라, 이 거래의 목적이 무엇이며, 이 거래가 다른 시장 상황들에서 어떻게 기능하게 되어 있는지에 대해서도 이해하는 사람에 의해 집행되는 것이 매우 중요하다. 파생상품의 Confirmation은 흔히 법률 용어는 이해하지만 이 거래의 기초가 되는 거래의 목적을 충분히 이해하지 못할 수도 있는 법률 부서에 의해 점검된다. 역으로 리스크 관리자들은 이 거래가 어떻게 효과를 발휘하도록 구성되어 있는지 이해하지만, 이러한 내용이 어떻게 법률 용어로 표현되어야 하는지를 항상 완전히 이해하는 것은 아니다. 이 문서는 대개 자신의 이익이 강력하게 반영되도록 하는 데 이해관계가 있는 금융기관에 의해 초안이 작성된다는 사실에 의해 문제가 더 복잡해진다.

헤지 거래를 위한 거래 상대방을 선택할 때, 제시하는 가격 이외의 요소들에도 중점을 두는 것이 중요하다. 거래의 시초에 공정한 가격을 받는 것이 중요하기는 하지만 거래가 유효한 동안 계속해서 공정한 가격과 유동성을 제공해 줄 상대방을 구하는 것도 중요하다. 운영의 변화 또는 활동 성격의 변화로 회사들이 헤지 거래를 해소하기 원하는 경우가 빈번하다. 따라서 회사가 헤지를 적시에 그리고 합리적인 가격에 해소할 수 있게 되는 것이 매우 중요하다.

또한 회사는 각각의 거래 상대방이 제공하는 조언의 질 및 양에 근거하여 헤지 거래 상대방을 선택해야 한다. 금융기관들은 파생상품 담당 인력들의 고용 및 연수에 많은 돈과 시간을 사용하는데 그들의 거래 상대방인 회사들은 이 재능을 가능한 최대로 이용해야 한다.

금융기관들이 고객을 위해 제공하는 주요 서비스 중 하나는 헤지 포지션에 대한 정기적인 가치 평가이다. 이 가치 평가는 금융기관이 이 거래를 해소할 의향이 있는 가격에 기초해야 한다. 이 가치 평가들은 회사가 자신의 포지션의 가치를 정확히 아는 데 중요하다. 헤지 전략의 효과성을 점검하고 필요시 헤지 전략을 변경하기 위해서는 헤지 거래의 가치와 리스크 익스포져의 가치를 정기적으로 비교해야 한다.

현재 존속 중인 거래들의 가치를 수집하거나 잠재적인 거래의 가격을 산출할 때, 가치 평가의 공정성 및 독립성을 확보하기 위해 여러 원천을 이용하는 것이 현명하다. 일반적인 규칙은 3개의 다른 금융기관들로부터 호가(quote)를 제시 받고, 각각의 가격과 거래소에서 거래되는 유사한 도구들의 가격과 대비해 보는 것이다. 호가를 문의할 때 항상 해당 거래의 매수 및 매도 호가(즉, 금융기관이 어떤 가격에 사거나 팔 수 있는지) 모두를 문의하는 것이 좋다. 이렇게 하면 가격을 제시하는 금융기관이 자신의 잠재적 이익을 늘리기 위해 편향된 가격을 제시하는 것을 막을 수 있다.

시장 리스크 관리 거버넌스와 감독

리스크 관리 전략 및 파생상품 이용에 문제가 발생하여 무너진 회사들에 대한 일화들은 회사에 리스크 관리 기능 및 운영에 대해 잘 이해하는 강력한 감독이 갖춰질 필요가 있음을 보여 준다. 리스크 관리 및 파생상품의 이용은 상당히 복잡해질 수 있다. 흔히 조직들은 자신의 시장 리스크 관리 포지션을 정밀하게 조정하고자 하며, 이 과정에서 이를 불필요하게 복잡해지게 한다. 이로 인해 경험이 부족한 직원이 과도하게 복잡하고 부담스러운 전략을 실행하다 급속하게 문제에 빠져들게 될 수 있다. 또 다른 이슈는 회사들이 리스크 관리 업무를 이익 창출 활동으로 사용하려 한다는 것이다. 파생상품 포지션을 취해 (본질적으로는 자신의 시장 리스크 익스포저를 과도하게 헤지하여 이익을 내려고 시도해서) 상당한 이익을 낸 회사들이 있는 것은 사실이지만, 신중한 리스크 관리 면에서 볼 때 이는 큰 문제가 있는 관행이다. 금융기관들과 달리 일반 회사들은 시장 리스크를 취함으로써 이익을 얻기 위해 비즈니스를 수행하는 것이 아니다. 트레이딩 이익을 위한 리스크 관리 기법 사용은 주주들로부터 상당한 우려를 자아냈으며, 종종 이사회가 이 이슈에 대해 지각이 있고 단호한 자세를 취하게 했다.

시장 리스크 관리 전략 실행에 관한 주주들과 이사회의 의사 결정에 도움을 주는 많은 연구와 출판물들이 있다.[10] 이들의 중심 주제는 이사회와 경영진은 리스크 관리에 대한 기조를 설정하고 정책들과 이 정책들의 정신이 준수되도록 엄격한 감독을 유지할 필요가 있다는 것이다.

최소한 이사회는 회사가 헤지 활동에 관여할 것인지, 헤지를 한다면 헤지 거래로부터 이익을 얻기 위한 의도로 헤지 활동에 관여할 것인지 여부를 명확히 밝히는 리스크 철학을 정해야 한다. 또한 이사회는 고위 경영진과 리스크 관리팀이 정해진 전략을 성공적으로 실행하고 이를 유지하는 지식과 필요 도구들을 보유하도록 해야 하며, 리스크 관리 전략의 성공 여부를 자주 평가하고 필요한 통제가 갖춰져 있는지 재확인해야 한다.

파생상품과 관련된 개별 헤지 거래를 실행하기 전에 리스크 관리자들은 아래의 다섯 가지를 물어봐야 한다.

1. 이 상품은 어떤 리스크를 헤지하는가?

사소한 질문 같지만, 알려진 리스크 또는 예상되는 리스크에 직접적으로 연결되지 않는 헤지가 실행되는 경우가 자주 있다.

2. 이 헤지가 효과가 있을 것인가?

기본적인 질문 같지만, 극단적인 시장 사건들이 발생하면 리스크를 줄이기 위해 실행되는 복잡한 많은 헤지들이 효과적이지 않게 되는 경우가 있다. 물론 이 시기야말로 효과적인 헤지가 가장 필요한 시기이다.

3. 다양한 경제 환경 하에서 극심하게 테스트될 때 헤지가 어떤 반응을 보이겠는가?

이는 교차 헤지 또는 헤지들 사이의 상관관계가 관여할 때 특히 문제가 된다.

4. 헤지 거래가 시장에 대한 당신의 견해 및 회사의 전략에 부합하는가?

헤지 전략이 회사의 전략과 상충하지 않아야 한다.

5. 헤지 도구는 관리할 만한가?

리스크 관리팀이 해당 거래를 적절히 평가하고 유지하기 위해 필요한 지식, 금융 분석 도구 및 데이터를 보유하고 있는가?

파생상품들은 회사의 목표 달성에 큰 도움을 줄 수 있다. 경영진에게는 이 금융 도구들을 효과적이고 신중하게 활용할 책임이 있다. 엉성하게 실행된 리스크 관리 전략은 리스크 관리자에게뿐만 아니라 회사의 고위 경영진과 이사회에도 좋지 않은 영향을 줄 것이다.

결론

신용 및 시장 리스크는 모든 조직의 리스크 관리 계획의 주요 요소이다. 다양한 모든 리스크 종류 중 신용 리스크와 시장 리스크의 측정 및 관리를 위한 도구들과 기법들이 가장 많이 발달되어 있고 계량화되어 있지만, 리스크 관리팀은 이들 리스크의 관리에 있어서 여전히 창의력, 직관 및 상식을 사용할 필요가 있다. 조직의 전사적 리스크 관리 프레임워크 안에서 신용 및 시장 리스크 관리 기능을 성공적으로 실행하기 위해서는 신용 및 시장 리스크 관리 도구들 및 기법들에 대한 이해뿐만 아니라, 근저의 비즈니스에 대한 광범위한 이해도 필요로 한다.

파생상품과 같이 리스크 관리자가 시장 리스크를 다루는 데 사용할 수 있는 강력한 도구들이 많이 있다. 파생상품들은 신중하게 사용된다면 다양한 리스크 관리 전술의 실행을 촉진한다. 그러나 파생상품의 복잡성은 의도된 리스크 관리 목표들이 달성될 수 있도록 하기 위해 주의 깊고, 사려 깊은 감독을 필요로 한다.

참고 문헌

Chicago Board Options Exchange, www.CBOE.com.

Group of Thirty Consultative Group on International Economic and Monetary Affairs Inc. 1993. Derivatives: Practices and principles, www.group30.org.

International Swaps and Derivatives Association, www.ISDA.org.

Smithson, Charles W. 1998. Managing financial risk: A guide to derivative products, financial engineering, and value maximization, 3rd ed. New York: McGraw-Hill.

Stulz, Ren? M. 2003. Risk management & derivatives. Mason, OH: Thomson-Southwestern.

Surowiecki, J. 2005. The wisdom of crowds. Toronto, ONT: Anchor Books.

Westby, D. 1995. Caveat emptor. Risk (June) 24-25.

INDEX

1) 이 섹션은 Charles W. Smithson의 Managing financial risk: A guide to derivative products, financial engineering, and value maximization, 3rd ed, McGraw-Hill, 1998에 제시된 많은 주장들을 이용한다.

2) 이 섹션은 D. Westby의 글 "Caveat Emptor", RiskMagazine, June 1995, 24-25에 크게 의존한다.

3) 이 점은 이 장의 뒤에서 "옵션 전략과 선도 거래 전략의 상쇄" 섹션에서 보다 자세히 다루어진다.

4) 이 말은 도널드 럼스펠드가 미 국방부 장관이던 2002년 6월에 한 말이다. 완전한 인용문은 다음과 같다. "우리가 안다는 것을 알고 있는 것들이 있다. 모른다는 것을 아는 것, 즉 우리는 현재 어떤 사항에 대해 모른다는 것은 알고 있는 것들이 있다. 그러나 모르고 있다는 사실도 모르는 것들이 있다. 우리가 모른다는 사실을 알지 못하는 것들이 있다."

5) VIX에 대한 보다 자세한 정보는 시카고 옵션 거래 위원회 웹 사이트 www.cboe.com에서 찾아볼 수 있다.

6) 예측 시장에 대한 보다 자세한 정보는 James Surowiecki의 The wisdom of crowds, Anchor Books, 2005를 보라.

7) VaR 및 EaR과 유사한 또 다른 리스크 척도는 Cashflow at Risk(CaR)이다. 달리 말하자면, 이는 현금 흐름이 특정 값 아래로 떨어질 리스크에 대한 척도이다. 보다 자세한 정보는 Stulz 2003을 보기 바란다.

8) 예컨대 특정 기간 동안의 최고 가격에 기초해서 지급이 이루어지는 Lookback 옵션과 같은 특정 유형의 이색옵션은 프리미엄이 훨씬 비싸다.

9) ISDA와 ISDA Master Agreement에 관한 추가 정보는 ISDA 웹 사이트 www.isda.org에서 찾아볼 수 있다.

10) 이러한 보고서들 중 잘 알려져 있고 존경을 받는 보고서 중 하나는 Group of Thirty Consultative Group on International Economic and Monetary Affairs Inc.에서 1993년에 발간한 "Derivatives: Practices and Principles"이다. 자세한 내용은 www.group30.org를 보라.

저자 소개

릭 네이슨(Rick Nason, PhD, CFA)은 다수의 글로벌 금융기관에서 주식 파생상품, 이색 옵션, 신용 파생상품 그리고 자본 시장 연수의 고위직을 맡아 일해 오면서 자본 시장과 파생상품 산업에 많은 경험을 쌓았다. 기업, 투자 펀드, 은행에 대해 금융 리스크 관리 컨설팅과 교육을 제공해 주는 컨설팅 회사 RSD Solutions의 공동 설립자이기도 한 네이슨은 노바 스코샤(Nova Scotia) 주의 할리팍스(Halifax) 소재 달하우지(Dalhousie) 대학교 파이낸스학과 부교수로서 대학원에서 기업 재무, 투자, 전사 리스크 관리 그리고 파생상품을 가르친다. 여러 차례 우수 교수상을 받았고, 여러 번 올해의 MBA 교수로 선정되기도 한 네이슨의 관심 연구 분야는 재무 리스크 관리, 전사 리스크 관리 및 복잡성이다. 피츠버그 대학교에서 물리학 석사 학위를 받았고, 웨스턴 온타리오 대학교 리처드 아이비(Richard Ivey) 경영대학원에서 MBA와 PhD를 받았다. CFA 자격증 소지자인 네이슨은 여가 시간에 핀볼 머신(pinball machine)으로 리스크 관리 원칙을 연습하기를 즐긴다.

15

신용 리스크 관리

릭 네이슨(Rick Nason), Phd, CFA—달하우지 대학교 파이낸스 학과 부교수, RSD 솔루션스 사장

앞 장에서는 신용 리스크와 시장 리스크의 공통점에 대해 논의했고, 시장 리스크 관리의 몇 가지 주요 원칙들을 다루었다. 이 장에서는 국제 자본 시장을 휩쓴 신용 위기에 대한 개요를 포함한 신용 리스크에 중점을 둔다.

신용 리스크 분석

금융기관의 규제 자본 관리 규칙 변화와 신용 파생상품 및 담보부 채무 증서(collateralized debt obligation; CDO)와 같은 신용 상품들의 부상(浮上)은 신용 리스크의 관리 및 트레이딩에 많은 새로운 아이디어, 리서치, 분석 기법을 발생시켰다.[1] 신용 분석 수행 시, 시장 리스크와는 달리 신용 리스크는 언제나 불리한 방향의 리스크라는 점, 즉 예기치 않은 신용 사건들은 언제나 부정적인 사건들이며 긍정적인 깜짝 사태인 경우는 극히 드물다는 점을 기억할 필요가 있다. 둘째, 신용 사건들은 거의 항상 예기치 않은 사건이라는 점을 기억해야 한다. 달리 말하자면, 누구도 상환되지 않으리라고 예상하면서 고객에게 신용을 공

여하거나 거래 상대방에게 대출해주지 않는다.

　신용 리스크 측정은 간단한 일이 아니다. 신용 리스크의 규모는 (1) 부도 발생 시점에서의 잠재적 익스포져의 규모 (2) 부도 또는 신용 사건의 발생 확률 (3) 신용 사건이 발생할 때의 손실률의 세 부분으로 구성된다.

$$\text{신용 리스크} = \text{익스포져 규모} \times \text{부도 확률} \times \text{부도 발생시 손실률}$$

$$(15.1)$$

　위 식의 각 항들의 측정에는 많은 불확실성이 도사리고 있다. 또한 위의 각각의 항, 특히 부도 확률과 익스포져 규모의 측정은 시기에 따라 큰 폭의 변동을 보일 수 있다.

　부도 발생시 손실률(Loss Given Default; LGD)에 대해 여러 연구가 수행되었는데, 이는 흔히 1 빼기 회수율(recovery rate)로 알려져 있다. 회수율은 부도 회사 문제가 최종 정리될 때 해당 채무로부터 채권자가 받게 되는 백분율이다. 보기 15.1은 신용평가 기관 무디스에 의해 수행되고 헐(Hull)의 책에 인용된 연구 결과를 보여 준다.[2]

[보기 15.1] 1982년-2003년까지의 액면가 대비 회사채 회수율 (%)

증권의 종류	평균 회수율
선순위 담보 채권	51.6
선순위 무담보 채권	36.1
시니어 후순위 채권	32.5
후순위 채권	31.1
주니어 후순위 채권	24.5

　부도 회사가 소속된 업종 및 회사가 재무적 곤경에 처하게 된 상황의 성격에 따라 회수율에 큰 차이가 있다는 점을 주목할 필요가 있다. 회수율은 어림잡아 대략 50%, 또는 보다 보수적으로는 40%로 가정할 수 있는데, 이 경우 LGD는 60%가 된다.

잠재적 익스포져는 신용 사건 발생 시점의 여신 잔액 규모이다. 고정 금리 만기 일시 상환 채권과 같이 간단한 상품의 익스포져는 채권의 액면 금액이다. 그러나 채권에 감채 기금(sinking fund)이나 상환 특성이 있을 경우 익스포져 계산은 좀 더 복잡해진다. 신용 상품의 잔액이 변할 수 있다면 잠재적 익스포져 금액도 신용 사건 발생 시기에 따라 달라진다. 외상 또는 매출 채권 잔액의 규모가 차입자의 구매 주기 또는 운전 자본 주기나 채권자의 신용 정책의 변화에 따라 변동할 수 있는 경우, 잠재적 익스포져의 계산은 점점 더 복잡해진다. 환율 변동 및 시장 가격 변화도 잠재적 익스포져 계산의 복잡성에 일조한다.

잠재적 익스포져 계산을 단순화하기 위해 많은 회사들이 익스포져는 거래 상대방에게 부여된 최대 여신 한도라고 가정하는 정책을 채택한다. 이 보수적 가정은 상당히 현실적일 수 있는데, 이는 재무적 어려움을 겪고 있는 고객은 가능한 모든 자금 조달원을 최대로 이용하려 하는 바, 이에는 물론 공급자에 대한 외상 한도를 최대로 이용하는 것이 포함되기 때문이다.

여신 정책 및 여신 한도가 없는 경우 고객의 구매 주기 또는 운전 자본 주기상 최고의 익스포져를 측정하는 것이 가장 좋다. 이상적인 상황에서는 각각의 고객에 대한 매출 추정에 근거해 익스포져가 측정되겠지만, 고객에 대한 실제 매출은 고객의 재무 상태와 상관관계가 있을 것이다. 고객이 자신의 재무 상태에 대해 우려하기 시작하면, 그 고객은 상품을 덜 주문하게 되고, 이로 인해 재고 소진 또는 오래된 재고품 판매로 이어져 고객 만족도가 떨어지고, 이는 또 재무적 건강 상태를 악화시켜 "신용 사망 소용돌이"가 시작된다.

부도 확률 측정은 얼핏 보기에는 객관적인 듯이 보이며, 몇 가지 잘 확립된 부도 확률 측정 방법들도 있다. 간단히 요약하자면, 이 방법들은 펀드멘탈 분석, 통계적 분석 그리고 시장에 기반한 방법으로 나누어질 수 있다. 그러나 이 각각의 방법들은 분석 기간에 따라 상당히 다른 수치를 내놓을 수 있다. 또한 이 방법들을 사용할 때 모든 신용 사건들은 예기치 않은 사건으로서 갑작스럽고 예상하지 못한 상황 변화에 기인하는 경향이 있음을 기억해야 한다. 펀드멘탈 분석이나 통계적 분석이 예상하지 못했던 이러한 독특한 사건들을 잡아내기란 개념적으로나 실제적으로 매우 어려운 일이다.

근본적 신용 부도 리스크(부도 확률) 분석

회사의 신용도를 평가하는 가장 기본적인 방법은 (1) 능력(capacity) (2) 자본(capital) (3) 담보(collateral) (4) 상황(conditions) (5) 성격(character) 등 신용 분석의 "5C"였다.

능력은 회사가 비즈니스를 통해 창출된 현금 흐름으로 채무를 지불할 능력이며 일반적으로 보상 비율(coverage ratio)과 같은 다양한 회계 비율을 조사하여 평가한다(이에 대해서는 이 섹션의 뒷부분에서 설명한다). 자본은 회사가 확보하고 있는 현금의 액수이며, 담보는 신용 사건이 발생할 경우 채무를 상환하기 위해 매각될 수 있는 자산의 질에 근거한다. 상황은 회사 및 소속 산업에 독특한 일반적인 비즈니스 상황을 일컫는다. 마지막으로, 성격은 회사가 채무를 적시에 상환할 의향을 말한다. 기본적으로 성격은 회사 및 경영진의 평판과 고결성(integrity)으로 귀결된다.

지불 능력 측정은 회계 자료에 근거하여 신용도를 평가하는 근본적인 기법이다. 이 회계 척도들은 단기적 익스포져 상환 능력, 장기적 재무 유연성 그리고 마지막으로 회사가 현금 흐름을 관리함에 있어서 보유하고 있는 안전 버퍼(safety buffer)를 살펴본다.

단기 지불능력을 측정하기 위해 흔히 사용되는 두 가지 재무비율은 유동 비율과 당좌비율(Acid test라고도 함)이다.

$$\text{유동비율} = \frac{\text{유동자산}}{\text{유동부채}} \tag{15.2}$$

$$\text{당좌비율} = \frac{(\text{유동자산} - \text{재고자산})}{\text{유동부채}} \tag{15.3}$$

이 두 비율은 회사가 개념적으로 단기간 내에 갚아야 할 것으로 예상되는 부채 규모 대비 회사가 신속하게 현금으로 전환할 수 있다고 생각되는 자산의 규모를 보여 준다. 당좌 비율은 재고 자산은 위기시에는 부채를 상환할 현금으로 전환할 수 없다고 가정하기 때문에 보다 더 보수적이다. 또한 회사가 재무적 어려움을 겪고 있을 때에는 재고 자산의 가치가 심각하게 손상될 것으로 가정하는 것이 합리적이다.

신용도의 단기적 안정성에 대한 세 번째 척도는 1일 지출액(burn rate) 또는 이와 관련된 척도인 1일 지출액 보유 일수(days cash on hand)이다. 1일 지출액은 회사가 평균적으로 1일 동안에 부담하는 비용의 액수이며 1일 지출액 보유 일수는 회사가 추가적인 매출을 하지 않고서도 비용을 계속 지출할 수 있는 일수이다.

$$1일 지출액 = \frac{연간지출액}{365} \tag{15.4}$$

$$1일 지출액 보유 일수 = \frac{이용 가능한 현금}{1일 지출액} \tag{15.5}$$

이 두 척도는 제품 개발 단계에 있어서 판매할 수 있는 제품이 없는 신생 기업과 거래할 때의 신용 리스크 측정에 사용된다. 1일 지출액 보유 일수는 회사가 언제까지 제품을 개발하여 고객에 대한 매출을 통해 현금을 받거나, 운영을 계속하기 위해 추가적인 자금을 조달해야 하는지를 알려준다.

부채 비율은 회사의 장기적 재무 안정성과 유연성을 확인하기 위해 계산된다. 부채 비율에는 많은 형태가 있지만, 가장 보편적인 비율은 다음과 같다.

$$부채비율 = \frac{총부채}{총자산} \tag{15.6}$$

$$또는 \quad 부채비율 = \frac{장기부채}{자본} \tag{15.7}$$

이 두 비율들은 회사의 자본 및 운영 구조에서 레버리지 수준 및 재무적 유연성을 보여 준다. 각각의 산업마다 해당 산업의 위험도 수준에 따라 산업 평균 부채 비율이 다르다는 점을 인식할 필요가 있다. 일반적으로 현금 흐름이 안정적이고 거액의 자본 투자가 필요한 산업의 회사들(예컨대 유틸리티 회사)은 부채 비율이 높은 경향이 있다.

회사의 신용 리스크에 대한 또 다른 장기적 척도는 보상 비율이다.

$$보상비율 = \frac{EBITDA+리스료}{이자+원금상환액+리스료} \tag{15.8}$$

EBITDA는 이자 및 세금 전 이익에 감가상각액과 이연자산상각액을 더한 금액이다. 본질적으로 EBITDA는 회사의 현금 흐름에 대한 대체물이다. 위의 식의 분모는 회사가 회기 중에 지불해야 하는 계약상의 총 지급액이다. 그러므로 보상 비율은 회사에 의해 창출된 현금을 계약상 지급액으로 나눈 비율이다. 보상 비율이 높다는 것은 회사가 지급에 필요한 현금 창출에 많은 여유(buffer)가 있음을 시사한다.

재무제표는 본질상 회고적이며 일반적으로 수개월이 지나서야 공표된다. 그러므로 신용 리스크를 조사할 때 특정 시점의 비율과 함께 그 추세에도 주의를 기울여야 한다. 비율들은 운영 및 비즈니스 주기에 따라 변동하겠지만, 이 비율들의 시계열 변화를 조사함으로써 잠재적인 문제들을 조기에 찾아내는 것이 가능하다. 예를 들어, 부채 비율이 상승하고 보상 비율이 하락하면, 최근의 비율 자체로는 수용할 만한 범위 이내에 있더라도 회사의 재무 상태와 재무적 유연성이 악화되고 있다는 신호가 될 것이다.

재무제표를 조사할 때에는 회사의 비율을 해당 업종의 동료 그룹 비율과 비교하는 것이 상책이다. 이를 통해 해당 회사의 재무적 건강 상태 추세에서 산업 전체의 추세를 떼어 낼 수 있다. 특정 회사의 신용 상태를 그 회사 자체의 재무 비율만으로 판단하는 것은 의미가 없다. 신용 상태는 해당 산업의 평균 비율과 추세라는 맥락에서만 정확하게 평가될 수 있다.

신용 리스크에 대한 조기 경보 신호로 사용되는 두 번째이자 간단한 방법은 거래 상대방이 지불 할 때까지의 소요 시간에 예기치 않은 중대한 변화가 있는지 측정하는 것이다. 고객이 지불 기간을 늘리는 것은 운전 자본 정책의 변화를 의미할 수도 있지만, 신용 위기로 진행될 수 있는 현금 흐름상 문제가 있다는 신호일 수도 있다.

마지막 펀더멘탈 분석 방법은 S&P, 무디스, 또는 피치와 같은 다양한 신용평가 기관들이 발표한 신용 등급을 사용하는 것이다. 이들 신용평가 기관들은 평가 대상 기업으로부터 수수료를 받고 회사의 신용도에 대해 지속적으로 평가한다. 등급들 자체는 쉽게 구할 수 있지만, 회사별 보고서는 구독자만 받아 볼 수 있다.

여러 평가 기관들의 신용 등급은 신속하고 손쉽게 이용할 수 있다. 신용 등급 사용의 주된 특성 중 하나는 등급을 신용평가사들이 유지하는 방대한 데이터베이스에 연결시킬 수 있다는 점이다. 이 데이터베이스들은 일정 기간 동안의 부도 확률 및 특정 신용 등급이 다른 등급으로 "옮겨 갈" 확률을 보여 주는 전이행렬(transition matrices)을 제공한다. 보기

15.2는 헐(Hull)의 책에 나와 있는 무디스 사(社)의 전이행렬을 보여 준다.[3]

보기 15.2가 보여 주는 바와 같이 연초에 Baa 등급으로 시작한 회사는 Baa 등급으로 해당 연도를 마칠 확률이 88.70%이고, 연말까지 Ba 등급으로 하락할 확률이 4.60%이며, 당해 연도 중 부도 확률이 0.19%이다.

[보기 15.2] 1년 전이행렬 – 1970년에서 2006년까지의 무디스 등급 백분율

최초 등급	1년 후 등급								
	Aaa	Aa	A	Baa	Ba	B	Caa	Ca–C	부도
Aaa	91.56	7.73	0.69	0.00	0.02	0.00	0.00	0.00	0.00
Aa	0.86	91.43	7.33	0.29	0.06	0.02	0.00	0.00	0.01
A	0.06	2.64	91.48	5.14	0.53	0.10	0.02	0.00	0.02
Baa	0.05	0.22	5.16	88.70	4.60	0.84	0.23	0.03	0.19
Ba	0.01	0.07	0.52	6.17	83.10	8.25	0.58	0.05	1.26
B	0.01	0.05	0.19	0.41	6.27	81.65	5.17	0.75	5.50
Caa	0.00	0.04	0.04	0.25	0.79	10.49	65.47	4.44	18.47
Ca–C	0.00	0.00	0.00	0.00	0.46	2.78	11.07	47.83	37.85
부도	0.00	0.00	0.00	0.00	0.00	0.00	0.00	0.00	100.00

Baa 이상(S&P 또는 피치 등급 체계에서는 BBB 이상)의 등급을 지닌 회사들은 투자 적격으로 간주되는 반면, Ba 또는 BB 이하 등급의 회사들은 투자 부적격, 또는 하이 일드(high yield), 또는 정크 본드로 분류된다.

신용 등급이 거래 상대방의 신용도 계산에 중요하기는 하지만, 회사는 자신의 신용 등급에도 주의를 기울일 필요가 있다. 채권 발행 시 가격 결정(따라서 채무 조달 비용)은 회사의 신용 등급과 밀접한 관계가 있다. 등급이 낮으면 채무 조달 비용이 높을 것이라는 점이 거의 확실하며, 채권 시장이나 주식 시장에서 조달할 수 있는 자금의 규모도 제한될 수 있다.

신용 등급을 쉽게 사용할 수는 있지만, 신용 등급에도 결점이 없는 것은 아니다. 신용

평가 기관들은 최근에 특정 회사의 신용 상태 변화를 적시에 반영할 수 있을 만큼 충분히 빈번하게 등급을 변경하지 않는다는 비난을 받아 왔다. 신용평가 기관들은 자신들은 특정 시점만이 아니라 전체 비즈니스 사이클에 기초하여 회사의 신용 리스크를 평가한다고 반박한다(특정 시점에서의 신용도를 적시에 반영하는 데 중점을 두는 방식을 'point in time' 철학이라 하며, 비즈니스 사이클의 전 과정에 유효한 등급을 부여하려는 철학을 'through the cycle' 이라 한다. 역자 주). 또한 그들은 신용 분석 시 회수율을 평가하기 위한 노력의 일환으로 회사 자산의 규모 및 질을 조사한다. 따라서 신용 등급은 부도 확률에 대한 엄격한 매순간의 평가로 여겨져서는 안 된다. 신용 등급의 "고착성 (stickiness)"에 기여하는 또 다른 요소는 신용평가 기관들이 평가하는 회사의 채권 거래에서 불필요한 변동성을 피하려 한다는 점이다. 대부분의 기관 투자자들은 투자 부적격 등급 회사채 보유를 엄격히 제한한다. 투자 적격과 부적격 등급 사이를 빈번하게 넘나들면 거액의 해당 회사 채권이 거래가 되었다 안 되기를 반복하게 될 것이고, 이는 명백히 바람직하지 않다. 시장이 등급 변경에 질서 있게 적응할 시간을 주기 위해 신용평가 기관들은 해당 회사가 긍정적 또는 부정적 검토 대상임을 알리는 경고를 보낸다.

시장에 기초한 신용 부도 확률 분석

시장에 기초한 척도를 사용한 부도 리스크 측정에는 두 가지 주요 방법이 있다. 첫 번째 방법은 회사가 발행한 채권의 만기 수익률(yield to maturity)을 조사하는 것이고, 두 번째 방법은 해당 회사를 기초로 하는 신용 부도 스왑의 가격을 조사하는 것이다.

만기 수익률(또는 보다 정확하게는 위험 채권의 만기 수익률과 동일 만기의 무위험 국채의 만기 수익률과의 차이인 스프레드)은 시장이 인식하고 있는 해당 회사의 부도 확률에 대한 전통적인 척도이다. 신용 스프레드가 클수록 해당 회사채가 재무적 곤경을 겪을 리스크가 큰 것으로 인식된다. 만기 수익률은 전반적인 이자율 수준에 의해 영향을 받으므로, 단순히 만기 수익률을 보기 보다는 스프레드를 볼 필요가 있다.

만기 수익률과 신용 스프레드는 일반적으로 해당 채권의 구조적 특성, 또는 보다 구체적으로는 콜 옵션부, 풋 옵션부, 주식 전환 가능성, 상환 가능성, 연장 가능성 또는 채권에 내재된 기타 옵션 등에 의해 영향을 받는다. 내재된 옵션이 채권의 만기 수익률에 미치는 영향을 감안하기 위해 옵션 조정 스프레드(option adjusted spread; OAS)라 불리는 척도가 사용된다. OAS는 내재된 옵션이 있을 경우 이를 감안하기 위해 만기 수익률을 조정하고,

해당 채권이 내재된 옵션이 없을 경우에 해당할 신용 스프레드를 계산한다. OAS를 사용하면 전통적인 평범한 채권과 옵션이 내재된 채권들 간의 스프레드를 비교할 수 있다.

신용 부도 스왑 시장은 상대적으로 새로운 시장이다. 신용 부도 스왑에서는 보장 매입자라 불리는 거래 상대방은 보장 매도자라 불리는 거래 상대방에게 신용 부도 스왑 스프레드라 불리는 정기적인 수수료(일반적으로 반기)를 지불한다. 이 수수료는 명목 금액에 기초한다. 이에 대한 대가로 보장 매도자는 기초 신용 채무(일반적으로 상장 채권 또는 신디케이션 대출)가 파산 또는 지불 불능과 같은 신용 사건을 겪을 경우 그리고 오직 그러한 경우에만 보장 매입자에게 지불한다. 지급액은 일반적으로 명목 금액에 1 빼기 기초 신용 채무의 회수율을 곱한 금액에 기초한다. 간단히 말하자면, 보장 매입자는 신용 리스크 사건에 대한 보험을 매입하는 것이다.[4]

신용 파생상품 시장에는 많은 헤지자, 투기자 및 시장 조성자들이 있다. 거래량이 많아서(기초 채권 및 대출의 거래량보다 많다) 거래되는 기초 회사의 신용 상태에 대해 즉각적으로 평가하는 역동적인 시장을 제공해 준다. 신용 부도 스왑의 지급액은 신용 사건에 직접적으로 연결되어 있고 이자율에는 관련이 없기 때문에 신용 부도 스왑 가격은 회사의 부도 확률을 직접적으로 반영한다. 신용 부도 스왑은 또한 회사가 자신의 신용 리스크 익스포져를 다른 회사에 헤지하는 주요 방법 중 하나인데, 이에 대해서는 이 장의 뒷부분에서 논의한다.

시장에 기반한 또 하나의 신용 리스크 측정 방법이 Moody's KMV에 의해 개발되었다.[5] 머튼 모델(옵션 가격 결정 모델의 일종)에 입각한 이 방법은 회사의 주식을 이 회사의 채권 보유자들이 매도한 콜 옵션으로 모델링한다. 왜 그런지 알아보기 위해 도산하는 회사의 경우를 고려해 보자. 이 회사의 주식을 매입했던 주식 보유자들은 가치를 잃게 되지만, 더 이상 지급할 책임은 없으므로 그들의 하방 리스크(downside risk)는 주식을 구입하기 위해 지불한 금액으로 제한된다. 그러나 윗쪽을 보면 회사의 부가 증가하면 주식 가격이 오르게 되고, 개념상으로는 주주에게 부가되는 이익은 제한되지 않는다. 따라서 주식 보유자의 수익 구조는 콜 옵션 보유자의 수익 구조와 유사하다. 즉, 손실은 지급한 프리미엄 금액으로 제한되고 위쪽으로는 개념상으로는 제한되지 않는다.

Moody's KMV는 머튼 모델을 이용하여 회사의 예상 부도 빈도(Expected Default Frequency; EDF)를 계산한다. 이 모델은 (주가에 내재된) 회사의 자산 변동성과 알려진 시장의 가치(주식 시장 가치 및 채권 시장 가치)를 구한다. 자산 변동성을 이용하여 회사의 시장 가치가 회사의 부채 수준 밑으로 떨어질 확률을 계산할 수 있다. 회사의 시장 가치가 회사의 부채 수준 밑으로 떨어질 경우 이 회사는 부도가 발생하는 것으로 가정된다. 이처럼 계산된 부도 수준을 경험적으로 관찰된 부도 수준과 연관시켜 회사의 EDF를 계산한다.[6]

EDF 방법의 장점은 현재 시장이 평가하는 회사의 가치 및 변동성에 입각하므로 동태적이라는 점이다. 또한 시장이 제공하는 입력 정보가 전망적이기 때문에 이 방법도 전망적이다.

통계 기반 신용 리스크 모델

신용도 스코어링은 통계에 기반한 신용 부도 리스크 추정 방법이다. 신용도 스코어링은 쉽게 관측되는 특성들로부터 일련의 요소들을 찾아내고, 각각의 요소들에 특정 가중치를 부여하여 이를 합산한 스코어를 산출하는데, 이 스코어에 의해 회사의 신용도에 서열을 매긴다. 가장 잘 알려진 신용도 스코어링 모델은 알트만 Z 스코어인데, 이 스코어는 다음 식에 의해 주어진다.

$$Z \text{ 스코어} = 1.2 \times F_1 + 1.4 \times F_2 + 3.3 \times F_3 + 0.6 \times F_4 + 0.9992 \times F_5 \qquad (15.9)$$

여기서 각 요소들은 다음과 같다.

$$F_1 = \frac{\text{운전자본}}{\text{총자산}} \qquad (15.10)$$

$$F_1 = \frac{\text{유보이익}}{\text{총자산}} \qquad (15.11)$$

$$F_1 = \frac{\text{이자 및 세금전 이익}}{\text{총자산}} \qquad (15.12)$$

$$F_1 = \frac{\text{주식의 시장가치}}{\text{부채 장부가}} \qquad (15.13)$$

$$F_1 = \frac{\text{매출액}}{\text{총자산}} \qquad (15.14)$$

계산된 Z 스코어가 1.80 밑이면 해당 회사가 재무적 곤경에 처할 확률이 높고, Z 스코어가 2.99 위이면 이 회사는 신용 리스크 면에서 안전하다고 간주된다. 1.80에서 2.99 사이의 Z 스코어는 회색 지대로 간주된다.[7]

다양한 상황 및 다양한 신용 유형에 대해 다양한 스코어링 모델들이 개발되었다. 예를 들어 소비자 신용에 대해서는 현 직장 재직 연수, 현 거주지 거주 연수, 교육 수준, 소득, 현재의 부채 수준 그리고 과거의 연체 기록 등과 같은 요소에 기초한 신용 스코어가 계산된다.

신용 스코어링 모델의 주요 결점은 이 모델들이 방대한 과거 데이터에 의존한다는 점이다. 방대한 데이터베이스 없이는 모델의 통계적 타당성과 신뢰성에 심각한 의문이 제기된다. 또 다른 복잡한 문제는 스코어링 모델은 고려 대상 신용 포트폴리오의 규모가 크다고 전제한다는 점이다. 큰 규모의 신용 포트폴리오를 조사할 때에는 스코어링 모델의 특성이 옳음을 증명할 가능성이 높다. 스코어링 모델은 계량 모형이기 때문에 이 모델은 회사에 특유한 효과나 사건들을 감안할 수 없으며, 소규모의 신용 계좌 포트폴리오를 스코어링 모델에 의존하면 잘못된 결론에 도달할 수 있다. 그래서 스코어링은 흔히 신용의 수가 많은 신용 카드나 매출 채권 패키지의 유동화에 사용된다.

신용 리스크 경감

앞에서 언급한 것처럼 신용 리스크에는 (1) 고객 신용 리스크 (2) 소버린 리스크 (3) 자금 조달 리스크 등 세 가지 형태가 있다. 이 외에도 유동성 리스크는 예컨대 2007년에 시작된 신용 위기 시 유동성의 역할에서 볼 수 있었던 바와 같이, 자금 조달 리스크의 특수한 경우로 간주할 수도 있다. 이 각각의 리스크들의 경감에 대해 차례로 논의한다.

고객 신용 리스크 경감은 특정 고객에게 취할 익스포져 규모, 상환 기간 및 이자율 등 상환 조건, 담보 또는 분할 상환 요구 여부 등과 같은 정책에 근거한다.

앞에서 언급한 바와 같이 고객에 대한 신용 공여는 흔히 회사의 마케팅 패키지의 일환으로 사용된다. 고객에게 제공되는 신용 조건이 완화될수록 매출이 증가하리라고 예상할 수 있지만, 신용 리스크로부터의 예상 손실도 커진다. 또한 가장 필사적인 신용 상태에 있는 고객들이 신용을 최대로 이용할 가능성이 있기 때문에, 느슨한 신용 조건 제공에는 역선택(adverse selection) 측면도 있다. 그러므로 고객에 대한 회사의 신용 정책은 재무 및 마케팅 측면 양쪽에 관계되는 중요한 전략적 의사 결정 중 하나이다.

일반적으로 회사들은 매출과 비즈니스 관계를 촉진하기 위해 고객에게 일정 형태의 신용을 제공하게 된다. 가장 일반적인 형태는 일정 기간 동안(예컨대 60일) 지불을 유예해 주는 것인데, 미리 지불할 경우 정해진 비율의 할인을 제공해 줄 수도 있다. 그러나 신용 분석 결과 고객이 지불할 가능성이 낮거나, 고객이 과거 거래 시에 적시에 상환하지 못한 적이 있을 경우, 신용거래를 거절하고 물건 인도 시에 현금을 요구하거나, 주문을 처리하기 전에 전부 또는 일부를 미리 지불하게 할 수도 있다. 고객에 대한 신용 제공 거절로 고객이 경쟁사와 거래할 경우, 회사는 고객을 잃게 되겠지만 경쟁사가 해당 고객에 대한 신용 손실을 입게 될 수도 있다.

고객에 대한 신용을 거절하는 또 다른 이유는 그 자체에 비용이 수반되기 때문이다. 신용을 제공하는 회사는 고객이 지불하기 전에 자신이 커버할 필요가 있는 비용을 지불할 추가 자금을 확보해야 한다. 회사는 자신의 고객에 대한 신용 공여가 자신의 운전 자본 사이클을 손상시키고, 나아가 자신의 신용 리스크를 손상시키지 않도록 할 필요가 있다. 회사들이 고객에게 양호한 신용 조건을 공여함으로써 매출은 증가하지만 운전 자본 필요도 증가하여 자신이 어려움에 빠지는 경우가 흔하다. 이 경우 회사는 매출 부진으로 어려움에 빠지는 것이 아니라 신용 정책이 자신의 운전 자본 사이클과 단기 자금 조달 유연성을 좌우하게 함으로써 곤경에 처하게 되는 것이다.

신용 조건 강화 외에도 고객에 대한 매출 채권을 관리하기 위한 몇 가지 기법들이 있다. 회사가 충분한 매출 채권을 보유하고 있을 경우, 회사는 매출채권 패키지로 구조화 증권을 만들어 유동화시켜 시장의 투자자들에게 매각할 수 있다. 외상으로 구매하는 다양한 그룹의 고객들을 보유하고 있는 대기업들은 이러한 매출 채권 관리 방법을 선호한다. 아마도 가장 잘 알려진 이러한 예는 계속적으로 자동차 대출을 유동화하는 제너럴 모터스의 파이낸싱 부문(General Motors Acceptance Corp., GMAC으로 더 잘 알려져 있음) 또는 포드의 파이낸싱 부문(Ford Motor Credit)일 것이다. 대부분의 경우 유동화는 소구권(遡求權)이 없도록 짜여지는데, 이는 유동화 증권 매입자가 고객의 부도 리스크를 부담함을 의미한다. 따라서 이 증권의 발행인은 (예컨대 GMAC) 대출을 매각함으로써 자금을 조달할 뿐만 아니라 소비자 대출과 관련된 신용 리스크도 떨어낸다.

두 번째 방법은 회사가 자신의 매출 채권을 팩터링 회사라 불리는 특수 목적 회사에 매각하는 것이다. 팩터링 회사는 본질적으로 회사를 위해 매출채권을 매입하는 투자자 역할을 한다. 팩터링 거래는 팩터링 회사라는 하나의 투자자에 의해 매입되는 소규모의 유동화와 매우 유사하다. 회사는 자신의 매출 채권을 소구권을 부여하거나 소구권 없이 매도할 수 있다. 회사가 매출채권을 소구권을 부여하고 매각할 경우, 팩터링 회사는 고객이 부도를 낼 경우 매출 채권을 매각한 회사에게 손실을 보상 받을 수 있음을 의미하며, 따라서 매출 채권을 매각한 회사는 자금은 조달하지만 부도를 내는 고객의 신용 리스크는 떨어내지 못한다. 팩터링, 특히 소구권 없는 팩터링은 값비싼 형태의 자금 조달로 간주된다.

고객 신용 리스크 관리의 두 번째 측면은 고객이 적시에 지불하지 않을 경우 어떤 조치를 취할 지 미리 결정해 두는 것이다. 회사가 계속 고객에게 독촉 전화를 할 것인가, 회수 업체를 고용할 것인가, 아니면 법적 조치를 취할 것인가? 취할 조치의 순서는 무엇인가? 각각의 대응을 격발할 신용 잔액의 수준은 어떠한가? 언제 어떻게 이러한 조치들이 취해질지에 관한 정책을 미리 정해 두면 불가피한 사건이 실제로 발생할 때, 특히 다수의 고객 및 거래들이 관여되어 있을 때 많은 스트레스와 관리 시간을 줄여 줄 수 있다.

고객 신용 리스크를 관리하는 또 다른 방법은 신용 파생상품을 통하는 것이다. 앞에서 말한 바와 같이, 신용 파생상품 거래에서는 보장 매입자가 일반적으로 저명 금융기관인 거래 상대방에게 신용 부도 스왑 스프레드라 불리는 정기적인 수수료를 지급한다. 이에 대한 대가로 금융기관은 기초 신용에 부도 또는 파산과 같은 신용 사건이 발생할 경우 보장 매입자에게 회수율에 기초한 금액을 지불한다. 채권 또는 신디케이션 대출 잔액이 있는 잘 알려진 상장회사들에 대한 신용 파생상품은 쉽게 이용할 수 있다. 그러나 소규모 회사나 비상장회사에 대한 신용 파생상품들은 일반적으로 이용할 수 없다.

신용 리스크 경감에 사용되는 신용 파생상품들은 개념상으로는 간단한 상품들이다. 그러나 자세히 조사해 보면, 신용 파생상품을 효과적으로 사용하기에는 실무적으로 많은 어려움들이 있다. 첫째는 신용 파생상품들의 대규모 거래 특성이다. 신용 파생상품들은 일반적으로 명목 금액 1천만 미 달러화 단위로 판매되는데, 이는 최대의 고객 외상 계정을 제외하면 도달할 수 없는 규모임을 의미한다. 두 번째 측면은 신용 파생상품은 대개 5년 만기인데, 이는 회사가 자신의 신용 익스포져에 대해 예측하고자 하는 기간보다 장기일 수도 있다. 또 다른 이슈는 특정 고객에 대한 신용 리스크 규모는 비즈니스 사이클에 따라 변동할 가능성이 높다는 점이다. 이는 신용 사이클 중 신용 익스포져가 계속 변하기 때문에 헤지를 하는 회사가 때로는 과도 헤지를 하고, 때로는 과소 헤지를 할 수 있음을 의미한다. 신용 파생상품을 이용한 헤지의 마지막 관심사는 신용 파생상품이 부도 발생 시 익스포져의 특성에 부합하도록 계약이 맺어지게 하는 것이다. 대부분의 신용 파생상품 계약은 현재 미상환 채권(outstanding bond)의 회수율에 기초한다. 채권의 회수율은 매출 채권으로부터 회수하려고 하는 회사가 경험하는 회수율과 다를 수도 있다.

익스포져가 충분히 크다고 가정할 경우, 신용 파생상품은 소버린에 대한 익스포져를 헤지하기에 유용한 도구이다. 기업은 대부분의 소버린에 대한 신용 파생상품을 이용할 수 있다. 소버린에 대한 신용 파생상품은 소버린에 보다 특수한 지급정지나 몰수와 같은 추가적인 신용 사건들이 지급을 유발시키는 부도 조항에 포함된다는 점을 제외하면, 회사에 대한 신용 파생상품과 동일한 방식으로 작동한다.

위험한 소버린 국가에의 대규모 자본 투자에 필요한 자금을 해당 외국 국민들로부터 조달하는 기법에 대해서는 앞에서 설명했다. 자본을 투자하는 회사가 외국에서 투자자 들을 끌어들이기에 충분한 지명도가 있다면, 이는 익스포져를 헤지하는 자연스러운 방법이다.

해외 고객의 신용 리스크를 다룰 때, 미국의 수출입 은행이나 캐나다 경제 개발청과 같은 정부 기관의 신용장이 이용된다. 이들 정부 기관들은 전통적인 금융기관들이 평가 및 관리하기 어려운 신용 리스크의 많은 부분들을 취함으로써 국제 교역을 증진하기 위해 설립된다. 이 기관들은 해외 고객의 부도에 대비하여 신용장 또는 신용 보험을 제공한다.

지금까지 언급한 모든 고객 및 소버린 신용 리스크 경감 기법들에는 명시적 또는 묵시적 비용이 수반된다. 거의 모든 리스크 관리 형태에 있어서와 마찬가지로, 리스크 축소에도 비용이 들어간다. 회사가 신용 조건을 강화하면 신용 손실은 줄어들게 되지만, 매출도 줄어들 가능성이 높다. 매출채권을 소구권 없이 팩터에게 매도할 때 회사는 묵시적인 자금 조달 비용뿐 아니라 신용 비용도 지불해야 한다. 신용 파생상품 계약을 체결하면 명시적인 수수료를 지급할 뿐 아니라 이 거래에서 상당한 리스크가 수반된다.

신용 리스크 헤지는 어려운 과제이다. 효과적인 신용 리스크 관리에는 여러 가지의 상쇄 관계가 있다. 신용 리스크는 사건에 좌우된다는 사실이 신용 리스크의 정확한 추적 관리 및 효율적인 보호를 어렵게 한다.

신용 리스크 관리의 마지막 측면은 자신이 신용상 곤경에 처하지 않고, 합리적이고 경쟁력 있는 비용으로 외부 자금을 손쉽게 조달할 수 있도록 담보하는 것이다. 이는 회사의 자금 조달 리스크로 불릴 수 있을 것이다.

자금 조달 리스크에는 회사의 소속 산업, 전반적인 자본 시장 상황, 국내 및 해외 시장에서의 회사의 지명도, 회사의 실제 및 외부에 인식되고 있는 재무 상태 등이 복합적으로 작용하는 바, 이 자금 조달 리스크는 회사의 수익성, 운영 정책 및 자본 구조에 의해 결정된다.

자금 조달 리스크를 경감하는 가장 좋은 방법은 거액의 현금 흐름을 창출하는 효율적이고 수익성이 좋은 회사로 운영하는 것이다. 그러나 경쟁이 심한 산업에서는 말은 쉬워도 실제로 그렇게 하기는 어려운 일이다. 회사는 주로 부수적인 자본 구조 유지, 여러 금융기관들과의 밀접한 관계 유지 그리고 지리적으로 및 자금 조달 형태 면에서의 자금 조달 다각화에 의해 자금 조달 리스크를 경감한다. 그러나 이들 각각의 요소에는 시간 또는 편리성이라는 면에서 상쇄 관계가 있다. 예를 들어, 부채 자금 조달에 대한 세법상 비용 인정으로 인해 보다 보수적이고 부채를 덜 사용하는 자본 구조는 세후 비용 면에서 보다 비싼 경향이 있다. 은행들과 파트너 관계를 맺으면 보다 복잡한 관계로 진행되며, 다른 국가들에서의 자금 조달은 규제상의 보고 요건과 비용을 증가시킨다.

궁극적으로 성공적인 자금 조달 리스크 관리는—특히 자금 조달이 더 어려운 경기 침체기에는—마케팅 기회 및 전략적 기회를 증가시켜 줄 수 있다. 재무 유연성이 있는 회사들은 경쟁사들보다 관대한 신용 조건을 제공할 수 있고, 보다 공격적인 가격 정책을 구사할 수 있으며, 경쟁사들보다 자금 조달 상의 우위에 있을 경우 전략적 이익을 위한 개발 기회를 더 많이 추구할 수 있다. 실제로 경기 침체기 동안의 경쟁사들간 자금 조달 불균형으로 자금 조달 상의 경쟁 우위를 지닌 기업들이 자금 조달에 제약을 받는 회사들을 인수하는 경우가 흔하다.

신용 위기 분석

최근의 신용 위기에 대해서는 여러 이론들이 제안되었다. 미국 서브프라임 대출 시장과 담보부 채무 증서(CDO)의 시장 가치 붕괴의 몇 가지 특징들은 리스크 관리를 공부하는 이들에게 흥미 있고 귀중한 많은 교훈을 제공한다.

이 상황을 이해하기 위해서는 2000년대 초의 미국의 신용, 주택 그리고 투자 시장 조사부터 시작하는 것이 가장 좋다. 미국의 주택 시장은 어느 모로 보나 안정적이고 성장하는 시장이었다. 주택 소유는 신중한 개인 투자 전략의 초석으로 여겨졌다. 주택 수요는 강했고 가격은 꾸준히 상승하고 있었다. 더욱이 이자율 및 모기지 대출 금리는 일반적으로 안정적이고 계속 낮게 유지되었으며, 연방 준비위원회가 이자율을 역사상 최저 수준으로 유지함에 따라 이자율과 모기지 대출 금리도 하락하고 있었다. 금리가 큰 폭으로 내릴 때마다 개인들은 반복적으로 주택 리파이낸싱 전략을 구사했다. 게다가 낮은 이자율이 주택 가격 상승과 맞물려, 개인들이 레버리지를 늘려 더 큰 집을 사도록 부추겼다. 주택 소유자들은 리파이낸싱할 때마다 대부분의 주택 가격 상승분을 현금화하여 빼갔기 때문에, 더 높은 레버리지를 통한 주택 리파이낸싱은 유동성을 창출해 냈다. 이는 미국에서의 유동성 과잉을 자아냈는데, 이 유동성 과잉이 전 세계적인 유동성 증가와 결합되자 이자율을 낮게 유지하도록 한 요소들을 더욱더 강화하기만 했다.

그러나 낮은 이자율은 모든 이들에게 요긴한 것이 아니었는데, 연기금, 보험회사 그리고 장학 재단 등에는 특히 그러했다. 이 투자자들은 장래의 재무적 의무들을 충족시키기 위해 상대적으로 고율의 이자를 지급하는 확정 수입 투자(fixed-income investment)에 크게 의존했다. 이는 더 높은 수익률을 약속하는 보다 구조화된 상품들에 대한 수요를 만들어 냈다.

이 복잡한 수수께끼라는 맥락에 대한 마지막 요소는 금융 서비스 섹터의 규제 및 경쟁 환경의 변화였다. 바젤 II로 알려진 국제 규제 자본 협약은 은행들이 자신의 지불능력을 확보하기 위해 유보금으로 설정해 둬야 하는 규제 자본의 양에 대한 변경을 제안하고 있었다. 이 규칙 개정안의 정수는 은행들은 자신이 최선이라고 생각하는 어떤 형태로든 신용 리스크를 매각함으로써 신용 리스크를 털어낼 강력한 유인을 가지게 되었다는 것이다. 이 규제 개혁의 또 다른 인센티브는 은행들이 신용 및 시장 리스크를 보다 더 잘 모델링하는 방법을 배우는 것이었다. 이로 인해 수학적 모델들에 대한 연구 및 개발 활동들이 활발해졌다.

이제 CDO를 소개할 환경이 갖추어졌다. 기본적인 CDO의 구조가 아래의 그림에 나와 있다. CDO에는 자산 공급자가 있는데, 자신의 장부에서 털어내기 원하는 대출 자산들을 보유하고 있는 은행이 일반적으로 자산 공급자가 된다. 은행은 특수 목적 회사(special purpose vehicle; SPV)를 설립한다. SPV는 은행과 투자자들 사이를 연결시켜 주기만 하는 법적 기구이다. SPV는 은행으로부터 직접 대출 패키지를 매입하거나, 보다 일반적으로는 일련의 CDS나 신용 포트폴리오 내의 기초 신용들 각각에 연결된 총 수익 스왑(total return swap; TRS)을 이용하여 은행으로부터 신용 리스크를 매입한다. 이어서 SPV는 투자자들에게 일련의 구조화된 증권을 발행한다. 이 일련의 증권들은 "폭포(waterfall)"구조로 알려진 증권을 만들어 내도록 설계되어 각각의 트랜취(tranche)의 리스크 수준과 수익률은 서로 달라지게 된다. SPV는 일반적으로 이들 증권 매각 대금으로 무위험 국고채에 투자한다. 보기 15.3 을 보라.

[보기 15.3] CDO의 구조

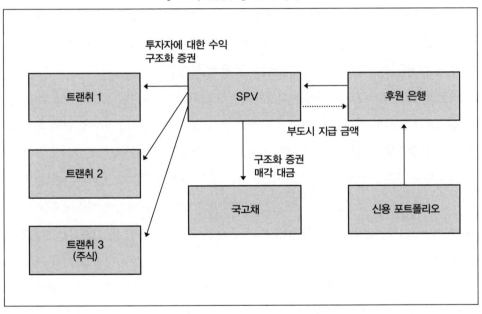

각각의 기간 중 은행은 포트폴리오에 포함된 대출들로부터 원리금을 수령하고, 관련 CDS 스프레드를 SPV에 지급한다. SPV는 부도 발생 시 미리 정한 금액을 은행에 지급한다. SPV는 남아 있는 CDS의 수수료와 국고채 이자 수령액으로 구조화 증권 소지자들에게 지급한다. 선순위 트랜취(흔히 리스크가 극히 낮음을 나타내기 위해 수퍼 선순위로 불리기도 한다) 소지자들은 약속된 이자를 맨 먼저 받는다. 다음에 그 아래 트랜취(일반적으로 투자 등급 트랜취이다)를 지급하고, 잔여 금액이 남아 있을 경우 가장 낮은 트랜취(이 트랜취는 주식으로 간주된다. 왜냐하면 이 트랜취는 잔여 금액 모두를 지급받거나 다른 트랜취들이 전액을 지급받고 난 다음에 지급받기 때문이다)에게 지급한다.

이러한 구조가 고안된 초기에는 등급이 높은 트랜취는 매력적인 수익률을 보이면서도 리스크가 낮은 것으로 간주되어서 이에 대한 수요가 많았다. 등급이 낮은 트랜취, 특히 주식 트랜취는 팔기 어려웠다. 실상 포트폴리오에 포함된 신용 자산 중 어느 부분이라도 부도를 내고 SPV가 CDS 부도 지급액을 은행에 지급해야 할 경우, 주식 트랜취가 맨 먼저 손실을 입게 되기 때문에 이 트랜취는 "유독성 쓰레기"라는 별명이 붙었다. 은행들은 주식 트랜취를 손쉽게 팔지 못해서, 흔히 이들을 자신이 보유해야 했다. 즉, 은행들은 자신의 리스크를 줄이기 위해 이 리스크를 CDO를 통해 매각했지만, 가장 나쁜 신용(즉, 최초로 부도 발생하는 부분)은 자신이 보유해야 했다. 은행이 주식 트랜취를 보유함에 있어서 한 가지 긍정적인 효과는 이를 통해 투자자들에게 선순위 트랜취의 안정성 및 안전성에 대한 신뢰를 주었다는 점이다. 달리 말하자면, 은행이 형편없는 포트폴리오를 만들어 내면 그들이 주식 지분을 소유하므로 맨 먼저 손실을 입게 될 터였다.

역설적이게도 CDO의 초기에는 회사들의 부도율이 믿을 수 없을 정도로 양호했다. 유동성이 풍부했으며, 회사들은 손쉽게 추가 자금을 빌릴 수 있어서 파산을 면했다. 사실 CDO의 등장으로 은행들은 자신들의 신용 리스크 관리 지식 증가와 CDS 및 CDO와 같은 도구들을 통해 최소한 부분적으로라도 신용 리스크를 헤지할 수 있다는 사실을 알게 되어서 보다 양호한 조건으로 그리고 보다 허약한 고객들에게 기꺼이 대출해 주고자 했다. 기업 부도율이 낮았다는 사실은 CDO의 주식 트랜취 수익률이 예상했던 것보다 훨씬 높았음을 의미했다.

은행들은 CDO를 만들어 냄으로써 신용 리스크를 털어내 필요 규제 자본을 낮추고, 자신들이 만들어 낸 CDO의 주식 트랜취에서 높은 수익을 내며, 수익율이 높은 증권을 만들어 냄으로써 고객들을 만족시키고, 이러한 구조를 만들어 냄으로써 거액의 발행 수수료 및 서비스 수수료를 챙겼다. 이러한 배경 및 맥락 하에서 서로 엮인 체계적 신용 리스크를 통해 신용 위기가 만들어졌다.

CDO 시장이 발달함에 따라, 고수익 상품에 대한 기관 투자가들의 수요가 증가했다.

은행들은 고수익 자산에 대한 수요를 충족시키기 위해 CDO의 주식 트랜취를 포함한 등급이 낮은 트랜취를 팔고, 기초 자산 풀(pool)의 리스크도 증가시켰다. 이로써 CDO의 기초 자산 풀에 서브프라임 모기지가 들어오게 되었다. 또한 은행들은 CDO로 재포장할 수 있는 신용 자산 재고를 늘리기 위해 신용 부도 스왑을 통한 보장을 매도하여 새로운 신용 리스크 원천을 적극적으로 취하기 시작했다.

처음에는 서브프라임 모기지의 성적이 상당히 좋았는데, 이로 인해 상대적으로 새로운 이 자산들의 부도 경험을 모델링할 때 보다 공격적인 가정을 하게 되었다. CDO의 가치 평가 및 구조는 복잡하고 일부 투자자들만 이에 대해 이해할 수 있었음에도 불구하고, CDO의 양호한 투자 실적과 이들의 가치 평가의 기초가 되는 수학적 모델의 정교함으로 인해 투자자들은 CDO에 대해 더 편안해지게 되었다.

위기의 발단은 서브프라임 모기지의 부도율이 서서히 그리고 거의 인식할 수 없게 증가하면서 시작되었다. 경제 일반과 함께 주택 시장이 부진해지기 시작했는데, 이로 인해 전통적인 모기지에서도 부도율이 상승하게 되었다. 이로 인해 많은 CDO에서 SPV가 후원은행에게 지급하는 비율이 상승하였다. 이는 CDO의 낮은 등급 트랜취에 직접적인 영향을 주었기 때문에 그 자체로는 문제가 아니었다. 그러나 높은 등급의 트랜취 투자자들도 자신이 투자한 증권의 가치에 의문을 품기 시작하였다.

이 CDO의 가치에 관하여 거래 상대방 은행에 CDO를 담보로 제공한 금융기관과 해당 은행 사이에 발생한 분쟁이 위기를 전면적으로 확대시키는 촉매가 되었다. 담보를 수취한 은행이 추가 담보를 요구했지만 상대방은 담보로 제공된 CDO의 가치는 담보 약정에서 정한 조건을 충족시키고도 남는다고 반박했다. 담보 수취 은행은 이에 동의하지 않았으며 자신들의 주장을 입증하기 위해 담보로 수취한 CDO를 매도하겠다고 위협했다. 이 분쟁이 언론에 보도되자, 일부 주요 기관 투자자들이 자신의 포트폴리오에 보유하고 있는 CDO의 가치에 의문을 품게 되었다. 아마도 이때가 투자자들이 처음으로 CDO의 가격을 객관적으로 평가하기 위해 진지하게 시도한 때이며, 따라서 처음으로 가격 평가 시의 복잡성과 가정에의 민감도가 충분히 이해된 때였을 것이다.

이처럼 가치 평가를 해 보고 난 대부분의 투자자들은 CDO를 더 잘 이해하게 될 때까지 이에 대한 투자를 줄이는 것이 신중한 처사라고 생각하게 되었다. 금융기관들은 자신들이 상당한 CDO 포트폴리오를 보유하고 있었고, 이에 더해 상당한 신용 리스크를

CDO로 구조화하기 위해 재고로 보유하고 있었다. 시장의 역학 관계 그리고 고객들을 달래고 자신들의 신용 재고의 가치를 방어하기 위해, 많은 은행들은 자신의 고객들로부터 CDO를 재매입하기로 합의함으로써 CDO 시장을 떠받쳤다. 유동성을 창출하고 시장을 지탱하려는 이러한 노력은 효과가 없었으며, 은행들은 가치가 급격하게 떨어지고 있고 합리적인 가격에 팔기가 거의 불가능한 것으로 입증된 신용 자산들을 더 많이 보유하게 될 뿐이었다. 궁극적으로 CDO의 가치 평가 및 구조화 모델에 대한 신뢰가 상실되었고, 기초가 되는 가정들에 대한 신뢰가 상실되었으며, 이 복잡한 상품들의 유동성에 대한 신뢰 상실이 결정타가 되었다.

이 신용 붕괴로부터 시장 및 신용 리스크에 대해 많은 교훈을 배울 수 있다. 첫 번째 그리고 가장 중요한 교훈은 모델 리스크이다. 세상은 모델에 의해 작동되지 않는다. 모델은 기껏해야 지도에 불과하며, 지도가 실제 고속도로와 같지 않듯이 모델은 트레이더들의 실제 행동과 같지 않다. 모델들은 효과가 있는 듯이 보이기 때문에 받아들여진다. 실제로 신용 리스크 모델들은 시장이 양호할 때에는 잘 작동했는데, 신용 위기가 오기 전에는 시장이 양호했었다. 신용 위기 전에 몇 건의 주요 신용 사건들(엔론, 월드콤, 파말랏(Parmalat) 그리고 델파이)이 있었지만, 이러한 사건들은 따로 떨어진 특수한 사건들로 생각되었으며, 보다 넓은 신용 시장을 교란시키지 않았다. 또한 미국의 경제가 번성하여 개인들의 도산도 비교적 적었다. 그러나 부도율, 특히 모기지 부도율이 높아지자 부도율 및 회수율(부도를 낸 모기지의 매각 예상액)에 대한 가정에서 위험이 심각하게 과소평가되었음이 드러났다. 궁극적으로 배운 교훈은 스트레스 상황에서 모델이 어떻게 반응하는지에 대한 이해가 매우 중요하다는 점이다. 정상적인 상황에서는 특정 모델이 잘 들어맞을 수 있겠지만, 경제 상황이 긍정적이고 변동성이 낮을 때에는 그 모델뿐 아니라 거의 모든 모델들이 잘 작동하기 마련이다. 모델의 성공 여부 결정은 불확실하고 스트레스를 받는 시기에 이 모델이 어떤 성과를 보이느냐에 달려 있다.

신용 위기로부터 배울 두 번째 교훈은 상황은 변한다는 것이다. 추세는 영원히 지속되지 않으며, 궁극적으로 가격과 비율들은 과거 수준으로 되돌아갈 수 있다. 투자자들은 이 자율 하락, 부도율 하락 그리고 부도 자산의 회수율 상승에 그릇된 확신을 가지게 되었다. 특히 서브프라임 모기지의 경우 너무도 새로운 시장이었는데, 모델의 입력 요소들에 있어서의 불확실성이 충분히 이해되지 않았다.

세 번째 교훈은 특정 모델의 기초적인 역학 관계를 이해할 필요가 있다는 점이다. CDO 및 신용 리스크 이면에 놓여 있는 수학은 복잡하며, 최상의 경우에조차 의문스럽다. 그러나 많은 투자자들은 모델의 구성 요소들이나 모델의 구성 요소들이 어떻게 결합하는지 이해하지 못하면서도 수학자들의 말을 액면 그대로 받아들였다. 투자자들은 모델의 엄격함을 받아들이는 대신 시장에 대한 자신의 직관을 버렸다. 역으로 모델의 대부분을 구축한 모델 설계자들은 실제 삶의 시장의 역학 관계와 직관을 모델에 충분히 구현하지 않았다. 대부분의 모델 설계자들은 트레이딩 경험이 거의 없는 수학자들이다. 트레이딩 경험이 있는 투자자들은 수학에 대해 별로 이해하지 못한다.

신용 및 시장 리스크 모델들은 부도 상관관계라는 미묘하면서도 중요한 효과를 정확하게 구현하지 못했다. CDO의 가치 평가 및 거래의 핵심 요소 중 하나인 부도 상관관계를 모델링하기 위해 보험 산업에서는 코퓰라(Copula)라고 불리는 수학적 기법을 사용하였다. 보험 계리학에 입각한 코퓰라 모델은 (많은 수의 생명 보험이 인수되는 경우와 같이) 많은 수의 투자가 이루어질 때에는 잘 작동한다. 그러나 CDO의 경우 기초가 되는 여신의 수가 많기는 했지만, 투자자들은 적은 수의 CDO만을 매입했다. 둘째, 트레이더나 수학자들이 부도 상관관계의 미묘함을 이해했는지 확실하지 않다. 예를 들어 제너럴 모터스가 신용 사건으로 시달릴 경우, 포드의 부도 확률에는 어떤 변화가 있을 것인가? 제너럴 모터스의 부도는 명백히 자동차 산업이 침체를 겪고 있다는 신호이므로 포드의 부도 확률 증가를 시사한다고 주장할 수 있을 것이다. 반대로 포드의 주요 경쟁자 중 하나가 부도로 발이 묶여 있으므로 포드의 부도 확률이 내려갔음을 함축한다고 주장할 수도 있을 것이다.

상관관계 리스크에 관한 측면 중 하나는 피드백 회로(feedback loop)의 존재이다. 신용 사이클에서는 주택 가격 상승에 대한 소비자의 신뢰는 더 많은 집과 더 넓은 집의 구매로 이어진다. 이러한 가격 상승은 투자자들이 주택 구입자에 대해 돈을 빌려주는 것에 대한 신뢰를 증가시킨다. 이는 더 많은 신용을 창출하고, 더 넓은 주택을 구매할 인센티브와 대출을 받을 수 있는 기회를 증가시키며, 이는 다시금 더 높은 주택 가격으로 피드백되고 상승 방향으로 사이클이 계속된다. 하락 쪽에서는 경기가 반전하기 시작함에 따라 주택 구입 자금 리파이낸싱이 점점 더 어려워지고, 주택 구입자들은 더 이상 증가된 부채를 조달할 수 없게 된다. 이는 부도 증가로 이어지고 이는 투자자들이 주택 시장에 신용을 공급하던 데에서 물러나게 하며, 이에 따라 주택 가격이 더 내려가고, 더 많은 부도가 발생하여 급기야는 하향 사이클이 가속화된다.

CDO 시장이 활발했지만 시장의 유동성은 풍부했다. 이러한 신뢰의 증가로 일이 틀어질 경우 시장의 유동성이 풍부하므로 파국을 피할 수 있다는 확신이 제공되었기 때문에 회의적인 투자자조차도 이 시장에 들어 오게 되었다. 그러나 유동성에 대한 필요가 가장 큰 바로 그 시점에 시장이 매도자들만 있는 한 방향 시장이 되어 유동성이 말라 버렸다. 일부 투자 은행들이 시장 조성자로 활동하며 시장을 떠받치려 했으나, 이는 자신들의 리스크와 유동성 이슈를 증가시키기만 했다. 모델들에서와 마찬가지로 정상적으로 기능을 발휘하는 시장에서는 항상 유동성이 있을 것이다. 그러나 시장이 스트레스를 받게 되면 유동성과 모델 모두 붕괴하는 경향이 있으며, 서로 부정적인 영향을 줄 수도 있다. 유동성에 대한 가정은 엄격한 스트레스 테스트를 받아야 한다는 점이 실제적인 교훈이다. 어떤 상품이 더 복잡하거나 이 상품에 대한 경험이 짧을수록 스트레스 테스트는 보다 더 엄격해야 한다.

궁극적으로 시장을 마비시키고 위기를 조성한 것은 신뢰의 위기였다. 투자자들이 가치 평가 모델과 그들의 투자의 근저를 이루고 있는 가정에 관해 우려하게 되자 보유 자산을 무차별적으로 팔기 시작했고, 이는 시장에서 작은 공황을 만들어 냈다. 신용 위기 이전에는 모델과 시장의 유동성에 대해 의존했지만, 신용 위기가 닥치자 추가 반대 방향으로 너무 멀리 가서 리스크 관리 모델들에 대한 근거 없는 극단적 신뢰 결여가 일반화되었다고 주장할 수도 있을 것이다.

결론

신용 및 시장 리스크 관리는 회사의 전사 리스크 관리 전략에 필수적인 부분이어야 한다. 신용 및 시장 리스크는 회사 수익성에 중요한 변수일 뿐만 아니라, 이 리스크에 대한 분석 및 관리 방법도 잘 발달되어 있다. 리스크들을 관리하는 방법이 많기는 하지만, 이 분야의 리스크 관리에서 성공하기 위해 필요한 예술과 과학의 균형을 유지하기 위해서는 명확한 전략, 분석적 도구들에 대한 지식, 리스크 관리 도구들에 대한 이해, 고위 경영진과 이사회로부터의 책임 있는 감독과 지도 그리고 가장 중요한 요소로서 명확하고, 창의적이고, 직관적으로 생각할 수 있는 능력이 겸비되어야 한다.

참고 문헌

Altman, E. 1968.Financial ratios, discriminant analysis and the prediction of corporate bankruptcy.Journal of Finance (September) 189-209.

Caouette, J.B., Altman, E.I., Narayanan, P., and Nimmo, R. 2008. Managing credit risk: The great challenge for global financial markets, 2nd ed. Hoboken, NJ: John Wiley & Sons.

De Serviguy, A., and Renault, O. 2004.The Standard & Poor's guide to measuring and managing credit risk. New York: McGraw-Hill.

Hull, J.C. 2008.Options, Futures and Other Derivatives, 7th ed. Upper Saddle River, NJ: Prentice Hall. (국내에서는 퍼스크 북에서 『선물·옵션 투자의 이론과 전략』이라는 제목으로 출간하였음).

Meissner, G. 2005. Credit derivatives: Application, pricing, and risk management. Hoboken, NJ: John Wiley & Sons.

INDEX

1) 예를 들어 de Serviguy와 Renault(2004), Caouette 외(2008) 그리고 Meissner(2005)를 보라.
2) 존 헐(John Hull)의 Options, Futures and Other Derivatives, 7th ed. Pearson, Prentice Hall. (2008).
3) 존 헐(John Hull)의 Options, Futures and Other Derivatives, 7th ed. Pearson, Prentice Hall. (2008).
4) 일반적인 보험 계약에서는 보험에 가입한 사건 발생 시 보장 매입자가 손실을 입어야 보상을 받는다. 신용 부도 스왑의 경우, 보장 매입자는 기초 채권 또는 대출을 보유하지 않아서 기초 기업의 채무 불이행의 결과 손해를 보지 않는 투기자일 수도 있다. 이 이유로 신용 부도 스왑은 기술적으로 및 법률적으로 보험 계약이 아니다
5) CreditGrades라 불리는 유사한 신용리스크 평가 방법이 RiskMetrics에 의해 제공된다. CreditGrades도 부도 확률과 신용 스프레드를 제공해 주는 회사의 리스크 평가 방법이다.
6) Moody's KMV 모델에 관한 추가 정보는 www.moodyskmv.com에서 구할 수 있다.
7) Edward Altman, "Financial Ratios, Discriminant Analysis and the Prediction of Corporate Bankruptcy", Journal of Finance (September 1968) 189-209쪽.

저자 소개

릭 네이슨(Rick Nason, PhD, CFA)은 다수의 글로벌 금융기관에서 주식 파생상품, 이색 옵션, 신용 파생상품 그리고 자본 시장 연수의 고위직을 맡아 일해 오면서 자본 시장과 파생상품 산업에 많은 경험을 쌓았다. 기업, 투자 펀드, 은행에 대해 금융 리스크 관리 컨설팅과 교육을 제공해 주는 컨설팅 회사 RSD Solutions의 공동 설립자이기도 한 네이슨은 노바 스코샤(Nova Scotia) 주의 할리팍스(Halifax) 소재 달하우지(Dalhousie) 대학교 파이낸스학과 부교수로서 대학원에서 기업 재무, 투자, 전사 리스크 관리 그리고 파생상품을 가르친다. 여러 차례 우수 교수상을 받았고, 여러 번 올해의 MBA 교수로 선정되기도 한 네이슨의 관심 연구 분야는 재무 리스크 관리, 전사 리스크 관리 및 복잡성이다. 피츠버그 대학교에서 물리학 석사 학위를 받았고, 웨스턴 온타리오 대학교 리처드 아이비(Richard Ivey) 경영대학원에서 MBA와 PhD를 받았다. CFA 자격증 소지자인 네이슨은 여가 시간에 핀볼 머신(pinball machine)으로 리스크 관리 원칙 연습을 즐긴다.

16

운영 리스크 관리

다이애나 델 벨 벨루즈(Diana Del Bel Belluz) – Risk Wise Inc. 사장

개요

가상의 일화 하나를 소개한다.

리처드 프레스톤(Richard Preston)은 출근 후 두려움이 엄습해 옴을 느꼈다. 아침 신문 1면에 자신이 18개월 동안 다니고 있는 회사인 스틸벨트사(Steelbelt Corporation)에 관한 기사가 나왔다. 단지 안 좋은 뉴스 정도가 아니라, 끔찍한 교통사고로 젊은 부부와 두 자녀가 사망한 사건에 관한 기사였다. 이 기사는 사고가 난 자동차에 장착돼 있던 스틸벨트-500 타이어기 제대로 작동하지 않았다고 말했다. 기자는 스틸벨트 타이어와 관련된 4건의 최근 사고들에 대해 자세히 언급했다. 그는 리처드가 일했던 공장에서 만든 것과 동일한 모델인 스틸벨트-500 타이어의 품질에 의문을 제기했다. 이제 고객들은 스틸벨트사의 타이어 구입을 두려워한다. 비즈니스 섹션의 다른 기사는 주주들이 이 회사의 주가가 지난 2개월 동안 50% 넘게 하락한데 대해 화가 나 있다고 전했다. 리처드의 동료들 사이에 정리 해고와 비용 삭감에 관한 소

문이 나돌았다. 스틸벨트의 최대 고객 중 두 곳은 북미와 유럽에서 생산되는 자사 자동차의 30%에 해당하는 타이어를 구매하기로 한 계약을 파기하겠다고 위협했다.

설립된 지 50년이 넘은 스틸벨트사는 디트로이트에서 공장 하나로 시작하여, 현재는 다국적 기업으로 성장했다. 리처드는 MBA 과정을 마친 직후 스틸벨트사의 대표 공장에 인턴 사원으로 들어왔다. 그는 생산, 구매, 자금 조달 부문의 일을 좋아했다. 때로는 점심 시간에 회사의 자동차 테스트 트랙에 나가 운전자들과 연구원들을 바라보곤 했었다. 리처드는 스틸벨트사에서 일하는 것을 좋아했고, 특히 사람들과 제품 그리고 진취적인 분위기를 좋아했다. 어떻게 그처럼 심하게 잘못될 수 있었단 말인가?

모든 조직은 자신의 목적을 달성하기 위해 존재한다. 흠 없이 목적을 달성하는 조직은 아주 드물다. 조직이 생존할 수 없을 정도로 비참하게 실패하는 조직도 있다. 대부분의 조직들은 자신의 잠재력에 미달하는 결과만 달성하는 상태에 있다. 잠재력과 실제 성과 사이에 왜 이러한 차이가 존재하는가? 이는 상당 부분 운영 리스크 관리(operational risk management; ORM)를 제대로 하지 못해 운영상의 효과성이 떨어지기 때문임이 판명되었다.[1]

이번 장은 운영 리스크 관리의 기본 사항과 조직의 잠재력을 최대로 발휘하는 성과를 내기 위해 ORM이 어떻게 사용될 수 있는지 알아본다. 아래와 같은 근본적인 질문을 보여 주기 위해 이 장 내내 스틸벨트 일화가 언급될 것이다.

- 운영 리스크는 무엇이며, 왜 이에 대해 관심을 기울여야 하는가?
- 역동적인 비즈니스 환경 하에서 운영 리스크는 어떻게 평가하는가?
- 정렬이 이루어진 의사 결정을 위해 왜 리스크 용인 수준을 정의할 필요가 있는가?
- 운영 리스크를 관리하기 위해 어떤 일을 할 수 있는가?
- 운영 차원에서 어떻게 리스크 관리 문화를 장려하는가?
- 운영 리스크 관리를 어떻게 전사 리스크 관리와 정렬시키는가?

운영 리스크는 무엇이며, 왜 이에 대해 관심을 기울여야 하는가?

모든 조직은 자신의 목적을 달성하기 위해 존재한다고 언급했다. 목적의 성격은 예를 들어, 주주들을 위한 "이익"(회사), "시민들에 대한 봉사와 대중의 이익 보호"(정부), "가치 있는 대의명분 지지"(비영리 기관) 등과 같이 조직마다 매우 다를 수 있다. 목적이 무엇이든 이를 달성하기 위해서는 조직이 목표(목적을 달성하기 위해 어떤 타깃과 이정표(milestone)를 추구해야 하는가)와 전략(조직이 어떻게 목적을 달성할 것인가)을 정할 필요가 있다. 전사 리스크 관리(ERM)는 이 목표 달성의 불확실성 관리에 중점을 두며, 운영 리스크 관리(ORM)는 조직의 전략을 실제로 실행하는 일상의 활동들 가운데서 나타나는 리스크 관리에 초점을 맞춘다.

모든 조직에서 날마다 많은 의사 결정들이 이루어진다. 일부는 당해 조직이 미래에 무엇을 이루기 원하는지(즉, 전사적 목표들), 이 목표들을 어떻게 달성할지(즉, 전사적 전략)에 관한 전략적 의사 결정이다. 이러한 결정들은 전사적인 결정이며, 대개는 드물게 이뤄지고 조직의 리더들에 의해서 이뤄진다. 전사적 결정들은 조직의 운명과 방향을 정하고 사람들이 어떻게 행동해야 하는지에 대한 정책을 정의하는 결정이다.

운영의 중심 목표는 수행, 즉 전사적 전략을 사용하여 전사적 목표를 효과적으로 달성하는 것이다. 전략을 효과적이고 효율적으로 실행하지 못하는 것이 운영 리스크의 주요 원천이다. 임원들이 운영 리스크를 관리하기 위해 관여해야 하는 3가지 주요 활동들은 다음과 같다.

1. **목표, 역할 및 책임을 명확히 한다**   이에는 모든 사람이 조직 전체가 지향하고 있는 목표에 대한 명확한 이해 및 각자 자신이 이 목표에 정확히 어떻게 기여할 것인지 그리고 그것이 큰 그림에서 어떤 부분을 차지하는지에 대한 이해를 포함한다. 조직의 리더들은 사람들이 회사의 전략을 알고, 자신을 이에 정렬시키고, 조직의 목적과 목표 달성을 위해 협력하게 할 필요가 있다.

   예를 들어 NASA가 달에 우주선을 착륙시키기로 결정하면, 이 결정은 분명히 하나의 목표이다. 이를 달성하기 위해서는 조직의 모든 사람들이 이 목표 달성에 자신이 어떻게 기여할 것으로 기대되는지 알 필요가 있다.

2. **탁월한 성과를 내도록 자원을 정렬한다**   조직이 통제할 수 있는 요소들을 잘못 관리한 데에는 변명의 여지가 없다. 이에는 올바른 자원(사람, 비즈니스 프로세스 그리고 시스템)을 모으고, 합의된 전략을 사용하여 목표를 달성하는 방향으로 이 자원들을 최적으로 배치 및 관리하는 효과적이고 효율적인 프로세스를 설계 및 적용하는 것이 포함된다.

역동적인 비즈니스 환경에서 일관적인 성과와 양질의 결과를 낼 수 있는 능력은 완벽한 계획을 세웠다고 해서 저절로 생기는 것이 아니다. 이는 인생은 불확실하며, 모든 것이 예상대로 되지는 않기 때문이다. 뛰어난 성과를 달성하는 관리자는 아래와 같은 역량에 기반하여 계획을 능란하게 조정한다.

- 성과의 동인 중 자신의 통제하에 있는 요소들(사람, 비즈니스 프로세스 그리고 시스템 사이의 상호 관계)에 대해 이해한다.
- 바람직한 성과를 달성하기 위해 어떤 요소들이 조정될 필요가 있는지 알기 위해 성과 지표들을 모니터한다.
- 목표 달성을 향해 자원을 다시 최적화한다.

자원 최적화 프로세스는 진척 상황에 대한 지속적인 모니터링과 전략과의 정렬을 유지하고 궁극적으로 탁월한 성과를 내기 위해 요구되는 운영 계획 및 비즈니스 실무의 조정을 포함한다.

앞의 예로 돌아가 보면, NASA는 지구로부터 24만 마일 떨어진 달 위의 목표 지점에서 몇 야드 이내에 우주선을 착륙시킨다. NASA의 해당 프로젝트 팀은 훌륭한 비행 계획을 가지고 시작하지만, 우주선 비행 중 99%의 시간을 우주선의 위치 및 시스템에 대한 모니터링과 우주선이 궁극적인 목표 지점에 도달하게 하는 코스 수정에 보낼 것이다.

3. **예상하지 못했거나 통제할 수 없는 요소들을 다룰 수 있는 역량을 개발한다**　예상 범위 밖에 있거나 외부의 힘에 의해 조직에 부과된 리스크들에 대한 경영진의 입장은 예방 및 통제에서 준비성과 복원력으로 바뀐다. 통제 및 예측이 불가능한 리스크들을 다루는 3가지 전략은 다음과 같다.

1. 외부 환경의 요인들 및 동향에 대한 경각심을 배양한다. 관리자들은 환경에 대한 예리한 모니터링을 통해서만 새로운 리스크를 예기(豫期) 및 탐지할 수 있다.
2. 외부 이해관계자들과 관계를 맺는다. 긍정적인 관계는 조직이 이해관계자들이 부정적인 외부 요인들이 조직에 미치는 영향을 예방하거나 감소시키고, 성공에 기여하는 긍정적인 요인들의 영향을 강화할 수 있는 결정을 내리도록 영향을 주는 데 도움이 될 수 있다. 위기 발생 전에 이해관계자들과의 관계를 확립해 두는 것이 위기관리에 매우 중요하다.
3. 대응 능력을 배양한다. 이는 위기관리 계획 작성 및 조직이 대규모 또는 단계적 변

화나 재앙적인 사건에 민첩하게 대응할 수 있도록 조직의 자원을 신속하게 재정렬할 수 있는 역량을 개발하는 것을 포함한다. 참으로 일반적이지 않은 사건들 및 상황들에 대응하기 위해서는 관리자가 유연하고, 혁신적이며, 임기응변에 능할 필요가 있다.

NASA의 예에서 이는 조직의 통제 밖에 있는 예상 상황 및 요인들(예컨대 날씨, 운석, 자금 조달)을 파악하고, 이들을 다루기 위한 전략과 역량(예컨대 리스크에 대한 인식을 증가시키기 위한 날씨 모니터링 및 예측 시스템 개발, 적시 대응을 위한 운석 회피 시스템 개발 그리고 NASA가 큰 가치가 있다는 인식을 유지하기 위해 자금 조달 기관들 및 이해관계자들과의 관계 배양)을 갖추는 것을 의미할 것이다. 이는 또한 일반적인 범위를 벗어나는 "예상하지 못한" 요인이나 사건 또는 상황을 다루는 역량을 갖춤을 의미한다.

운영 리스크를 충분히 관리하려면 목표를 명확히 하고, 자원을 정렬시키며, 예기치 않았던 사태에 대한 대응 능력을 개발하는 3가지 활동들 모두에 주의를 기울여야 한다. 이들 중 어느 활동이라도 무시될 경우, 조직은 자신의 잠재력을 다 발휘하지 못할 것이다.

이 주장은 맨킨스(Mankins)와 스틸(Steele)이 2004년에 매출액 5억 달러를 초과하는 전 세계의 197개 회사를 대상으로 수행한 리서치에 의해 입증되었다.[2] 그들은 각각의 회사에 대해 달성된 실제 성과를 평가하고 이를 회사의 비즈니스 계획상의 재무 예측과 비교했다. 평균적으로 회사들은 재무적 성과와 관련된 목표의 63%만 달성하고 있었다. 이는 평균 37%의 성과 손실에 해당한다.

왜 잠재적 역량과 실제 성과 사이에 37% 차이가 존재하는가? 맨킨스와 스틸이 발견한 구체적인 근원들이 보기 16.1에 열거되어 있다. 리서치에 의하면 미흡한 운영 성과는 대체로 운영 리스크 관리 미흡에 기인한다. 그들이 파악한 근본 원인들은 모두 하나 이상의 운영상의 효과성의 동인들을 달성하지 못한 것과 관련이 있음을 주목하라.

- 목표, 역할 및 책임을 명확히 한다(이 연구에서 15.8%의 성과 손실이 ORM 활동과 관련이 있다).
- 전략 실행에 있어서 질을 도모하기 위해 자원을 정렬시킨다(이 연구에서 15.4%의 성과 손실이 ORM 활동과 관련이 있다).
- 예상하지 못했거나 통제할 수 없는 요인들을 다룰 수 있는 역량을 개발한다(이 연구에서 6.3%의 성과 손실이 ORM 활동과 관련이 있다).

이 연구에 근거하여 운영 리스크 관리의 핵심 활동들은 성과 동인들과 밀접하게 정렬되어 있다는 결론을 내릴 수 있다. 이 리서치가 재무 성과 미달에 대해 발견한 사항이 조직의 다른 성과 목표들에도 해당한다면, 운영 리스크를 제대로 관리하지 못하면 조직의 성과 목표 달성 또는 초과라는 견지에서 막대한 비용이 수반된다고 예상할 수 있다. 임원들과 관리자들은 조직의 성과 잠재력의 37%를 내버려 둘 여유가 있는지 자문할 필요가 있다. 만약 그렇지 않다면 운영 리스크 관리에 신경을 쏟고 운영 리스크를 제대로 관리할 필요가 있다.

[보기 16.1] 성과가 어디로 가는가

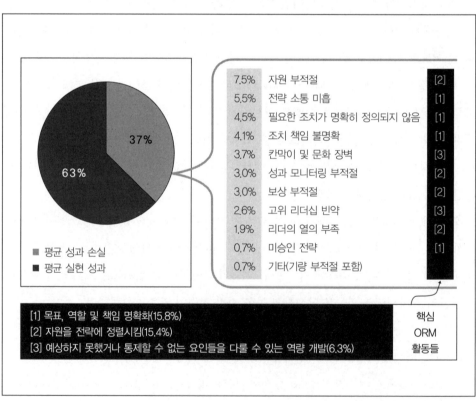

출처: "Turning Great Strategy into Great Performance", Mankins and Steele, 하버드 비즈니스 리뷰 2005년 8월호.

스틸벨트 일화로 돌아와서, 이 조직은 어느 시장에 진출할지(그리고 각각의 시장에 얼마나 진출할지), 시장의 필요를 충족시키기 위해 어떤(그리고 각각에 대해 얼마만큼의) 제품을 만들지 및 이익 목표 등의 방향을 전략적 차원에서 정했을 것이다. 운영 차원에서는 이러한 전략들이 매출, 생산 및 비용 목표로 전환되었을 것이다. 생산 목표에는 고객, 규제 당국 그리고 기타 이해관계자들의 기대를 충족시키는 품질 및 안전 목표가 포함되었을 것이다.

이 장의 서두에 나오는 일화의 주인공인 리처드는 이해가 되지 않았다. "어쩌다 이 지경이 되었는가?" 이 일화는 품질을 유지하지 못할 때 어떤 일이 벌어질 수 있는지 단적으로 보여 준다. 이 일화에서 품질이 불량한 타이어로 인해 사고, 사망 그리고 소송이 발생하여 회사의 평판을 훼손하고 조직의 생존을 위협하기에 이르렀다. 품질 저하의 원인은 무엇이었을까? 이 일화는 충분한 정보를 제공해 주지 않지만 그 이유를 추측할 수는 있다. 제품의 안전이라는 목표가 명확하지 않았거나 비용 절감과 같은 다른 우선순위와 상충했을 수도 있다. 자원(사람, 비즈니스 프로세스 및 시스템)이 고품질의 제품 생산과 정렬되지 않았을 수도 있다. 허리케인이 석유 가격을 상승시켜 자동차의 매출 부진을 초래하고, 이에 따라 시장 점유와 이익 마진을 유지하기 위해 비용을 낮추라는 압력을 야기하는 등의 예상하지 못했던 요인 때문에 회사가 자원을 전략에 정렬시키지 못했을 수도 있다. 스틸벨트사가 곤경에 빠지게 된 이유가 무엇이든, 이 일화는 적절한 운영 리스크 관리의 중요성과 운영 리스크가 조직의 전반적인 성과에 미칠 수 있는 영향을 강조한다.

리스크는 모두 나쁜가?

많은 사람들에게 "리스크"라는 단어는 부정적인 의미를 지니고 있으며, 모종(某種)의 손실 또는 피해와 관련이 있다. 그러나 어떤 사람들에게 있어 리스크라는 말은 실제로 긍정적인 의미를 지닌다. 그들에게 리스크는 효용, 보상, 또는 모종의 이익 가능성, 즉 기회와 동의어이다.

실상은 인간의 모든 노력에는 리스크가 존재한다. 리스크(위협 및 기회 모두), 효용 그리고 비용은 불가분하게 연결되어 있다. 우리는 손실을 피하기 위해서가 아니라 효용을 얻기 위하여 리스크를 감수한다. 리스크를 부정적인 것으로 보는 사람들이 흔히 저지르는 실수는 모든 리스크를 회피, 제거 또는 통제함으로써 조직의 가치를 보호하려는 것이다. 이는 조직의 자원 분포를 가치 보호에 치우치게 하고 가치 창출로부터는 멀어지게 한다. 이러한 리스크 회피적 자세의 결함은 모든 손실 위협을 제거하려 시도하다 이익에 대한 기회마저 감소한다는 것이다. 그러나 가능한 손실에 대한 고려 없이 리스크를 취하면 불필요한 위협에 노출될 수 있다(이 책에서 "리스크"에는 기회도 포함된다는 주장이 반복되고 있는 바, 역자 서문에서 언급한 바와 같이 이는 리스크 관리와 의사 결정을 혼동한 것이다. 이에 대한 정확한 이해가 매우 중요하기에 역자는 원 저자의 의도를 충실히 전달해야 한다는 번역의 기본을 깨고 이는 잘못된 견해라고 주장하는 바이다. 이에 대한 자세한 설명은 역자의 다른 번역서 『리스크 관리 펀더멘탈』을 참고하기 바란다. 역자는 리스크를 부정적인 것으로 보고 있지만, 그렇다고 해서 모든 리스크를 제거하거나 통제해야 한다고 생각하지는 않는다).

비결은 무모한 도박이라는 극단적 입장과 무조건적인 리스크 회피를 피하는 책임감 있는 리스크 감수 수준을 발견하는 것이다. 책임감 있는 리스크 감수는 비즈니스 및 인생에 있어서 필요한 부분이다. 윌리엄 로저스(William Rogers)의 말로 하자면, "때로는 나뭇가지에 올라가야 하는데, 왜냐하면 그곳에 과일이 있기 때문이다." 비즈니스의 거장이며 와튼 스쿨의 부학장이자 임원 교육 이사인 로버트 미텔스테트(Robert Mittelstaedt)[3]는 이를 다음과 같이 말한다. "어떤 실수도 하지 않는다면 충분한 리스크를 취하지 않을 수도 있다. 그러나 아무 리스크도 취하지 않는 것은 기업이 저지를 수 있는 가장 위험한 유형의 실수일 수도 있다."

리스크, 효용 그리고 비용은 모두 불가분적으로 연결되어 있는데, 이들 사이에 어떻게 올바른 균형을 유지하는가? 이 균형을 찾아내는 것은 조직의 리스크 용인 수준 결정에 중심적인 역할을 하는데, 리스크 용인 수준에 대하여는 뒤의 섹션에서 다룬다. 그러나 리스크 용인 수준에 대해 설명하기 전에 조직은 자신이 직면하고 있는 리스크의 크기와 이에 대해 무엇을 할 수 있는지 먼저 이해해야 한다.

스틸벨트사의 일화로 돌아와 보면 고전적인 리스크(낮은 품질에 의해 촉발된 소송 및 평판 손상) 대 효용(시장 점유와 이익 마진을 보호하기 위한 비용 절감) 사이의 교환 관계가 있는 듯하다. 이 이야기는 무엇이 품질 저하를 야기했는지 말해 주지 않지만 회사에 개척자적인 "분위기"가 있었다고 말한다. 리스크가 실현된 뒤에 뒤돌아보면 개척자적인 분위기가 50년간 회사의 성장을 촉진하는데 있어서 얼마나 중요했었는지 잊기 쉽다. 이번에는 너무 과도하게 비용을 줄였는가? 스틸벨트사의 예에서는 리스크와 효용의 교환 관계가 품질 유지보다 비용 절감에 치우친 것으로 보일 수도 있을 것이다.

역동적인 비즈니스 환경 하에서 운영 리스크를 어떻게 평가하는가?

대부분의 관리자들은 매우 많은 리스크에 직면하지만 가장 중요한 소수의 리스크에만 관심을 기울일 수밖에 없는 것이 현실이다. 어떤 리스크가 관심을 기울일 가치가 있는 "중요한 소수"인지 결정하기 위해 관리자들은 추측, 직관 및 경험에 기초한 직감에 의존하기, 훈련된 방법을 적용한 리스크 크기 평가, 또는 이러한 방법들의 혼합 등 몇 가지 방법을 선택할 수 있다. 리스크 익스포져의 규모 추정에 사용되는 방법이 무엇이든 리스크 익스포져가 용인할 만한지, 조직이 목표 및 리스크 용인 수준 기준을 성공적으로 충족하기 위해 더 많은 리스크를 취해야 하는지, 리스크 익스포져를 줄여야 하는지에 대하여 가치 판단이 내려져야 한다.

대부분의 운영 환경은 변화로 특징지어진다. 변화는 리스크를 가져오는 바, 변화에 대한 적절한 대응책 강구는 운영 리스크 관리의 주요 목표 중 하나이다. 일부 변화들은 조직의 통제 하에 있다. 즉, 이러한 변화는 조직의 내부 환경(예컨대 신규 또는 개정된 비즈니스 프로세스, 새로운 시스템, 새로운 사람들로 인한 새로운 관계들, 새로운 리더들로 인한 새로운 우선순위들)에서 나온다. 외부 비즈니스 환경(예컨대 새로운 고객, 새로운 경쟁자, 새로운 규제, 인구 구조 변화, 경제의 변화, 이해관계자들의 기대 변화, 날씨, 기후)에 기인하는 변화도 있다. 조직이 이러한 외부 요인들을 통제할 수는 없지만, 대응 및 준비를 통제할 수는 있다.

그러한 역동적인 환경에서 운영 리스크를 어떻게 이해하고 적절히 평가할 수 있는가? 열쇠는 성취할 목표에서부터 시작하는 것이다. 다음 단계는 성과 및 리스크를 견인하는 요소들을 식별하고, 이 요소들 중 어느 요소가 성과에 가장 큰 영향을 줄 가능성이 있는지 이해하며, 그다음에는 목표 달성에 영향을 줄 수 있는 잠재적 영향의 크기를 이해하는 것이다. "실제로 발생하게 될 일들보다 더 많은 일들이 일어날 수 있다"[4]는 리스크의 간단한 정의는 왜 하나의 시나리오나 잠재적 결과에 초점을 맞추기보다는 가능한 영향들의 범위를 고려하는 것이 좋은 관행인지에 대해 상기시켜 준다. 이렇게 하는 간단한 방법은 극단적인(또는 최악의) 경우와 전형적인(또는 예상되는) 경우를 모두 생각해 보는 것이다. 관리자는 이러한 분석에 기초해서 어떤 요인들이 가장 중요한지 결정하고 이 요인에 노력을 집중할 수 있다. 마지막으로 성과 및 리스크 요인 식별, 평가 및 선택 시 이루어진 가정들에 주의할 필요가 있다.

리스크는 직접적으로 측정될 수 없다. 리스크는 미래의 결과 예측과 관련이 있기 때문에 추정할 수 있을 뿐이다. 그러므로 모든 리스크 추정에는 판단이 개입한다. 이는 리스크 추정이 계량적 평가 및 잘 알려진 사실에 기초하건, 순전히 직관에 기초하건 마찬가지이다. 몇 가지 가정을 하지 않고는 리스크를 추정할 수 없기 때문에, 분석에 있어서 가정과 사실을 명확히 구분하는 것이 매우 중요하다. 또한 비즈니스 환경에 변화가 생기고 새로운 정보를 입수할 수 있게 되면, 이 가정들이 여전히 유효한지 테스트해 보는 것이 현명하다. 시간이 지남에 따라 가정들이 정확하지 않거나 타당하지 않다고 밝혀지면 완전히 새로 분석할 필요가 있을 것이다.

리스크 평가에 투자하는 노력은 리스크 및 입수 가능한 정보에 상응해야 할 것이다. 커다란 리스크들에 대해서는 대개 리스크 평가를 상세하게 할 가치가 있으며, 리스크 모델 구축이 정당화될 수도 있다. 이는 큰 리스크들은 일반적으로 리스크 경감을 위해 더 많은 자원을 필요로 하기 때문에 자원 할당 결정을 잘하기 위해서는 충분한 정보를 수집하는 것이 바람직하기 때문이다. 관리자들은 작은 리스크에 대해서는 잘못되더라도 잃을 것이 많지 않기 때문에 일반적으로 과거 경험과 직관에 의존한다. 리스크 모델 구축이 불가능하거나 비용 면에서 정당화되지 않을 경우에는 판단에 의존할 필요가 있다.

운영 리스크 평가 원칙을 보여 주기 위해 스틸벨트사의 다른 이야기들을 검토해 보자. 리처드 프레스톤은 생산 부서에서 근무할 당시에 제조 절차가 회사의 새로운 지속 가능성 정책과 양립하도록 담보하기 위해 이 절차를 점검하고 개정하는 일을 맡았다. 리처드는 이 일과 관련된 운영 리스크를 평가하기 위해 아래와 같은 7단계를 사용했다.

1. **목표를 명확히 정의한다** 이 사례에서 리처드의 목표는 제조 절차가 회사의 새로운 지속 가능성 정책과 양립하도록 하는 것이다.
2. **성과 동인들을 이해한다** 이 목표 달성은 아래의 요인들에 의존할 것이다.
   - 현재의 제조 절차에 대해 정확한 지식을 가지게 될 능력
   - 지속 가능성 정책이 기대하는 바를 잘 이해하게 될 능력
   - 지식을 결합하여 새로운 지속 가능성 정책을 반영하도록 제조 절차를 개정하는 문서를 작성할 수 있는 능력
   - 생산 부서가 제조 절차를 비즈니스 실무의 일부로 채택할 수 있고, 또 그러기를 원하도록 업데이트할 수 있는 능력

3. **리스크 동인들을 이해한다** 어떤 요인들이 목표 달성에 관한 불확실성을 견인하는가?

- 현재의 제조 절차에 대해 정확한 지식을 가지게 될 능력은 생산 부서의 협력을 얻을 수 있는 그의 능력에 의존한다.
- 지속 가능성 정책이 기대하는 바를 잘 이해하게 될 능력은 그의 자습 능력과 정책의 명확성에 의존한다.
- 지식들을 결합하여 새로운 지속 가능성 정책을 반영하도록 제조 절차를 개정하는 문서를 작성할 수 있는 능력은 자신의 지식을 통합하고 적용할 수 있는 능력에 의존한다.
- 생산 부서가 제조 절차를 자신의 비즈니스 실무의 일부로 채택할 수 있고, 또 그러기를 원하도록 업데이트할 수 있는 능력은 그가 생산 부서들과 협력하고 문화 및 기타 이 부서 직원들에게 동기를 부여할 관련 요인들을 이해할 능력에 의존한다.

4. **목표에 영향을 줄 가능성이 가장 큰 요인들을 식별한다** 리처드는 성과 요인과 리스크 요인을 검토한 후 둘째와 셋째는 자신의 통제 하에 있으며, 지식을 습득하고 적용하는 데는 자신이 있으므로 우려하지 않아도 된다고 판단했다. 그러나 나머지 요인들은 전적으로 자신의 통제 아래에 있는 것이 아니다. 그는 자신이 생산 부서와 협력할 수 있는지 여부가 이 리스크 요인들 모두에 있어서 핵심적임을 인식했다.

5. **영향의 크기를 추정한다** 시나리오의 범위는 다음과 같다. 생산 부서들로부터 전적인 협조를 받거나, 부분적으로 협조를 받거나, 아무런 협조도 받지 못할 수 있다. 리처드는 최악의 시나리오, 즉 생산 부서가 전혀 협조하지 않을 경우 자신의 목표를 달성할 수 없게 되리라고 추정한다. 예상되는 시나리오는 생산 부서들이 그가 서면 절차를 개정하기에 충분한 협조를 하지만 실제로는 개정된 절차를 적용하는 데 있어서 다소의 저항을 보인다는 것이다. 리처드는 부분적인 협조만 받을 경우 목표도 부분적으로만 달성할 것이다.

6. **중요한 몇 가지를 선택한다** 리처드는 가장 중요한 운영 리스크 요인은 생산 절차에 지속 가능성에 대한 고려를 도입하는 개정안을 실제로 채택함에 있어서 생산 부서의 협조를 얻는 것이라고 결정했다.

7. **기초가 되는 가정을 파악한다** 리처드가 가정한 사항들은 다음과 같다.

- 지속 가능성 요건을 정확하게 이해하고 해석할 것이다.
- 개정 프로세스에서 생산 부서의 협조를 얻을 수 있을 것이다.
- 지식을 통합하고 적용할 수 있는 능력에 대한 추정은 정확하다.

- 소통을 잘 한다면 생산 부서는 변경된 절차를 채택할 것이다.

간단한 리스크 평가에 관한 위의 예시는 어떻게 리스크를 효과적으로 관리하고 운영상의 성과 목표를 성공적으로 추구하기 위해 초점을 맞춰야 할 핵심 요인들을 신속하게 찾아낼 수 있는지를 보여 준다.

왜 정렬이 이루어진 의사 결정을 위해 리스크 용인 수준을 정의할 필요가 있는가?

모든 결정 또는 행동은 그 안에 운영상 목표 그리고 궁극적으로 조직의 전사적 목표에 긍정적 혹은 부정적 영향을 줄 수 있는 잠재력을 안고 있다. 전사 차원 및 운영 차원에서의 효과적인 관리의 도전 과제는 긍정적 효과와 부정적 효과의 가능성 사이에서 적절한 균형을 유지하는 결정 및 행동을 취하는 것이다. 이 균형은 조직의 리스크 성향 및 리스크 용인 수준에 반영된다.

리스크 성향은 조직이 목표를 달성할 수 있는 많은 기회를 확보하기 위해 얼마나 많은 리스크를 취할 용의가 있는지를 일컫는다. 의사 결정 시에 임직원들은 어느 것이 취하기에 좋은 리스크이고 어느 것이 나쁜 리스크인지, 즉 조직이 목표를 추구함에 있어서 어디에는 가고 어디에는 가지 않을 지를 구별하기 위해 조직의 리스크 성향을 이해할 필요가 있다. 이는 고기를 잡으러 호수로 갈지 바다로 갈지를 정하는 것과 유사하다. 바다에서 고기를 잡을 때에는 물도 많고 고기도 많아서 호수에서 잡는 것보다는 고기를 잡을 수 있는 기회가 더 많다. 그러나 이는 더 많은 장비를 필요로 하며 위험도 더 많다. 스포츠에서 또 하나의 비유를 사용하자면 조직의 리스크 성향 결정은 동호인 단체, 아마추어 팀, 또는 프로 팀 중 어느 곳에서 야구를 할 지를 결정하는 것과 흡사하다. 각각의 리그들이 선수들에 대해 거는 기대가 다르며, 그들은 서로 다른 잠재적 효용을 제공한다. 소비자를 통해 비유하자면 대폭 할인된 가격에 판매하지만 환불은 허용하지 않는 가게에서 살 지, 또는 가격은 비싸지만 환불을 허용하는 가게에서 살 지 결정하는 것이다.

리스크 용인 수준은 리스크가 수용할 만하다고 여겨지기 위해 어느 수준으로 관리되는 것이 적절한지를 소통하기 위해 사용된다. 리스크 용인 수준은 하나의 정해진 숫자로 정의되기보다는 운영 리스크가 과소 관리되지도 않고 과대 관리되지도 않는 지대 또는 수치들의 범위로 정의된다. 리스크가 과소 관리되면 현존하는 리스크 관리 활동이나 관행들이 운영상의 목표가 달성될 것이라는 충분한 확신을 주지 못한다. 리스크가 과대 관리되면 현존하는 리스크 관리 활동 및 관행들이 가져다주는 확신의 정도가 다른 곳에 투입되면 더 좋았을 시간, 노력 및 자원이 리스크 관리에 투자되는 것을 정당화해 주지 않는다. 임직원들이 자원을 가장 효율적이고 효과적으로 사용하고 잠재적 효용과 위험의 균형을 이루는 의사 결정을 내리기 위해서는 리스크 용인 수준에 대한 조직의 기준을 이해할 필요가 있다.

일반적으로 리스크 성향 및 리스크 용인 수준은 경험적으로 도출되지 않는다. 이것들은 무엇이 적절하고 바람직한지에 대한 조직(그리고 의사 결정자)의 진술이다. 리스크 성향 및 리스크 용인 수준에 대한 명백한 이해가 조직의 체계적인 운영 리스크 관리 시행의 기초가 된다. 그러나 많은 조직들(또는 보다 정확하게는 조직의 리더들)이 리스크 용인 수준을 명시적으로 정의하고 이를 적극적으로 소통하는 데 어려움을 느낀다.

조직들이 자신의 리스크 성향 및/또는 리스크 용인 수준을 명료하게 밝히지 못하는 데에는 세 가지 보편적인 이유가 있다. 첫 번째 이유는 많은 임원들이 리스크 성향이나 리스크 용인 수준 명시는 사실상 위험한 행동을 허용하는 것이라고 잘못 생각하기 때문이다. 두 번째 이유는 그들이 신뢰할 수 있는 리스크 용인 수준 측정 방법을 모르기 때문이다. 세 번째 도전 과제는 리스크 용인 수준 및 리스크 성향을 운영 차원에서의 조직의 목표 및 전략과 어떻게 정렬시킬지가 항상 명확하지만은 않다는 것이다. 조직이 어떻게 이러한 장애들을 극복하고 의사 결정 및 행동에 대한 적절한 지침을 정하는 방식으로 리스크 용인 수준 및 리스크 성향을 정의하는가?

첫 단계는 관리자 직무(stewardship)의 기초로 리스크 회피적인 마음 자세를 지니고 있던 흔적을 리스크 관리를 포용하는 자세로 대체하는 것이다. 많은 사람들이 리스크를 부정적인 것으로 여기며, 특히 인간의 보건 및 안전 이슈에 관해서는 리스크가 조금만 있어도 받아들일 수 없는 것으로 여긴다. 그 논거는 어떤 수준의 리스크에 대한 용인도 받아들일 수 없다는 것이다. 그러나 이러한 사고 틀은 그릇된 것이다. 물론, 인간, 환경 그리고 사회에 대한 피해는 받아들일 수 없다. 리스크 관리가 하는 일은 어느 정도의 피해가 지지될 수 있는지 결정하는 것이 아니라, 자원을 가장 잘 활용하도록 하는 것이다. 관리자 직무란 성과 목표를 달성하면서도 직원 보건 및 안전, 환경상의 지속 가능성, 기업 시민으로서의 책임과 같은 다른 가치에 대한 기준도 충족하기 위해 희소한 자원(과 주의)을 가장 적합하게 배분하기에 관한 것이다. 리스크 성향과 리스크 용인 수준이 명확하고 명시적으로 소통되지 않으면 임직원들이 이에 관한 조직의 가치를 지지하리라고 기대할 수 없다.

리스크 성향 및 용인 수준에 대해 소통할 때, 대부분의 조직은 사실상의 리스크 용인 수준과 리스크 성향 측정에서부터 시작한다. 실상 조직의 리더들이 조직의 리스크 용인 수준 및 리스크 성향을 공식적으로 명시했건 하지 않았건 간에, 리더들은 자신의 의사 결정 및 자신이 장려하고 눈감아 주는 비즈니스 관행들을 통해 암묵적으로 이들을 표명하고 있다. 따라서 리스크 성향과 리스크 용인 수준을 측정하는 논리적인 방법 중 하나는 조직의 현재의 목표, 전략 및 경영 관리 관행 하에서 조직이 노출된 리스크의 수준을 추정하는 것이다. 이것이 바로 조직의 사실상의 리스크 성향과 리스크 용인 수준이다.

이를 보여 주기 위해 대폭 할인된 가격을 제공하지만 환불은 허용하지 않는 가게와 가격은 좀 높지만 환불을 허용하는 가게 중 어디에서 구입할지 결정하는 예로 돌아가 보자. 어느 조직이 특정 금액(예컨대 500달러) 이하의 사무실 비품에 대해서는 직원들이 할인점에서 구입할 수 있지만, 500달러가 넘는 항목들에 대해서는 환불이 허용되는 가게에서 구입하게 하는 정책을 지니고 있을 수 있다. 이 정책은 사무실 비품 구입에 대한 사실상의 리스크 용인 수준은 비용 절감 기회를 추구하기 위해 500달러를 초과하는 금액을 위험에 처하게 하지 않는다는 것이다. 500달러라는 기준은 조직이 자신의 현금에 부여하는 가치를 가리킨다. 이에 대해 재고해 본 뒤에 경영진은 직원들이 반품에 소비하게 될 시간의 가치를 고려할 때, 특히 구입한 품목 반환에 소비할 시간이 500달러가 넘는 가치가 있을 경우, 이 기준은 너무 낮다고 결정할 수도 있다.

고위 리더들이 조직의 사실상의 리스크 성향과 리스크 용인 수준을 평가하고 나면 사실상 또는 실제 금액과 옹호되는 금액 사이에 차이가 있는지 주의 깊게 검사할 수 있다. 실제 금액은 관리자와 직원들이 실제로 이 금액을 대인 관계의 기초로 삼아 행동하게 되는 금액이다.[5] 옹호되는 금액은 고위 리더들이 구두 및 서면으로 바라고 소통하는 금액이다. 실제 금액과 옹호되는 금액 사이에 차이가 있을 경우, 고위 리더들은 양자를 정렬시키기 위해 조정을 원할 수도 있다. 예를 들어, 현재의 리스크 및 리스크 관리 관행에 대해 평가한 결과, 고위 관리자들이 일부 직원들이 높은 수준의 리스크를 취하고 있거나, 반대로 리스크 취하기를 두려워하여 좋은 기회를 놓치고 있음을 발견하고 놀라는 일이 흔하다. 그 결과 고위 리더들은 리스크 성향 및 리스크 용인 수준을 명시적으로 밝힘으로써 의사 결정에 관한 정책과 기대를 분명히 하고자 할 것이다.

리스크 용인 수준과 리스크 성향을 조직의 목표 및 전략과 정렬시키기 위해서는 성과 관리 및 보고 시스템 안으로 엮어 넣는 것이 중요하다. 예를 들어, 성과 목표가 사람들에게 조직의 목표 달성에 필요한 양의 리스크를 취하도록 격려하게 함으로써 리스크 성향이 운영상의 성과 관리 안으로 들어오게 할 수 있다. 용인할 수 있는 지대의 경계를 문제 및 기회에 대한 보고의 임계치로 사용함으로써 리스크 용인 수준이 보고 시스템 안으로 들어오게 할 수 있다.

스틸벨트사의 일화에서 우리는 리처드가 "사람들을 좋아했고, 회사의 제품을 좋아했고, 진취적인 분위기를 좋아했다"는 것을 알았다. 진취적인 분위기는 이 회사가 건강한 리스크 성향을 지니고 있었다는 신호이다. 그러나 이 사례 연구에서 리스크 용인 수준은 명확하지 않다. 조직이 비용 절감 조치를 취할 때 리스크가 고려되었는가? 제품 품질에 관한 리스크 지표가 설정되었는가? 특히 변화의 시기에는 직원들이 이 변화를 실행할 때 얼마만큼의 재량권을 지니고 있는지 알게 하기 위해서는 조직이 어느 정도의 리스크를 취할 용의가 있는지를 명확히 밝히는 것이 중요하다. 또한 리스크가 용인할 수 있는 지대를 벗어나고 있다는 조기 경보를 제공해 주는 리스크 지표를 정하고 이를 모니터하는 것이 중요하다.

운영 리스크를 효과적으로 관리하기 위해 어떤 일을 할 수 있는가?

모든 조직들은 운영 리스크를 어느 정도는 관리하고 있는 바, 그렇지 않다면 조직이 생존할 수 없을 것이다. 그러나 많은 조직에서는 리스크 관리가 주먹구구식이고 단편적이다. 이에 따라 조직이 계획하지 않은 리스크에 불필요하게 노출되게 되고, 앞에서 설명한 바와 같이 성과에 부정적인 영향을 줄 수도 있다. 전사적 차원에서는 리스크 관리가 최선의 전략 선택에 중점을 두는 반면, 운영 차원에서 리스크 관리의 초점은 전략의 성공적인 실행에 맞춰진다.

이전의 섹션에서는 리스크를 어떻게 체계적으로 식별 및 평가하는지에 대한 어느 정도의 통찰력을 제공했다. 바로 앞 섹션에서는 어떻게 리스크 성향과 리스크 요인 수준을 명확하게 밝히는지를 보여 주었다. 이 섹션에서는 리스크 관리의 효과성을 어떻게 평가하는지 및 어떻게 효과적인 리스크 대응 능력을 개발하는지를 다룬다.

체계적인 운영 리스크 관리는 아래와 같은 과제에 훈련될 것을 요구한다.

- 특정 전략 실행과 관련된 리스크들이 운영상의 목표들에 미칠 수 있는 잠재적 영향을 이해할 수 있도록 이 리스크들을 식별 및 계량화한다.
- 현행 리스크 처리 노력들이 목표에 미칠 수 있는 긍정적 효과를 최대화하고 부정적 효과를 최소화하게 할 수 있는 능력을 평가함으로써 조직의 리스크 관리의 효과성을 평가한다. 이 평가 결과 리스크 익스포져가 조직의 리스크 용인 수준 범위 안에 있지 않을 경우, 현행 리스크 처리 방안들이 개정될 필요가 있다.
- 리스크를 정의된 리스크 용인 수준 이내로 유지하고, 리스크 수준의 변화(대개 내부 및 외부의 비즈니스 환경 변화로 야기됨)나 조직의 리스크 용인 수준의 변화가 발생하더라도 리스크 수준을 리스크 용인 수준 이내로 유지하기 위해 적응력이 있는 리스크 대응 능력을 개발한다.

조직의 현행 리스크 대응의 효과성을 분석할 때, 좋은 방법 중 하나는 식별된 핵심 리스크 각각에 대해 현재 시행되고 있는 조치들의 목록 작성부터 시작하는 것이다. 다음에는 현행 리스크 처리 방안 하에서의 리스크 익스포져 수준을 조직의 리스크 용인 수준과 비교해 봐야 한다. 리스크가 용인할 만하면 더 이상의 조치가 불필요하다. 리스크가 과소 관리되고 있을 경우, 추가적인 리스크 처리 조치가 고려되어야 한다. 리스크가 과대 관리되면, 리스크 처리 방안에 소요되는 자원의 일부를 보다 중요한 리스크에 재할당하는 것이 바람직할 수도 있다.

전형적인 리스크 대응 활동들은 아래의 두 가지 유형에 속한다.

- 리스크 수준의 변화를 탐지하기 위한 모니터링. 이 정보는 리스크 처리 조치 유발에 사용된다.
- 리스크 발생 가능성을 변화시키거나(즉, 예방 활동 감소 또는 증가) 리스크의 잠재적 영향을 변화시키기 위한(즉, 경감 활동 감소 또는 증가) 행동.

과소 또는 과대 관리되는 각각의 리스크에 대해, 담당자는 해당 리스크를 다시 리스크 용인 수준으로 되돌리기 위해 어떤 조치를 취할 수 있는지 그리고 얼마만큼의 조치를 취할 필요가 있는지 결정할 필요가 있다. 정기적으로 리스크 익스포져 수준이나 리스크 용인 수준에 변화가 탐지될 때마다 리스크 처리 방안을 재평가하고, 필요할 경우 새로운 상황에 적응하기 위해 처리 방안을 수정할 필요가 있다.

리스크를 어떻게 관리할지에 대한 설명을 시작하기 전에 아래의 관계를 이해하는 것이 도움이 된다.

- 리스크 사건의 전조인 리스크 요인(원인, 이슈 또는 근저의 상태라고도 불린다.)
- 리스크가 명백해질 때 발생하는 리스크 사건(문제 또는 기회로도 불린다.)
- 결과가 가능성을 뛰어넘어 실제가 될 때 일어나는 결과

[보기 16.2] 나비넥타이 모델

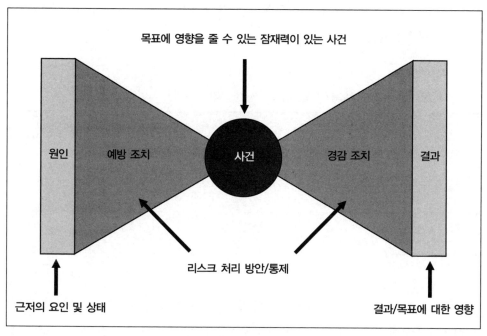

목표에 영향을 줄 수 있는 잠재력이 있는 사건

원인 / 예방 조치 / 사건 / 경감 조치 / 결과

리스크 처리 방안/통제

근저의 요인 및 상태

결과/목표에 대한 영향

근저의 원인에서 리스크 사건으로 그리고 결과로 진행되는 것을 보여 주기 위해 보기 16.2에 나오는 나비넥타이 모델이 사용된다. 중앙의 나비넥타이 매듭은 목표 달성에 영향을 줄 수 있는 잠재력이 있는 사건을 나타낸다. 나비넥타이의 왼쪽 절반은 사건을 촉발시키는 근저의 상태 또는 원인과 현재 갖춰져 있는 예방 조치를 나타낸다. 예방 조치(예컨대 리스크 통제 또는 리스크 처리 방안)는 리스크 사건이 일어날 확률을 제한하는 데 중점을 둔다. 나비넥타이의 오른쪽 절반은 사건이 발생한 뒤에 목표에 대한 궁극적인 영향이라는 견지에서 이 사건의 결과와 현행 경감 조치를 나타낸다. 경감 조치(예컨대 리스크 통제 또는 리스크 처리 방안)는 이 사건이 목표 달성에 미치는 효과의 성격 또는 정도를 제한하는 데 중점을 둔다.

보기 16.3은 원인, 리스크 사건 그리고 결과들 사이의 관계에 대한 3개의 예를 보여 준다. 예 #1에서는 직원이 걸려 넘어지는 것이 리스크 사건이다. 원인은 끊어진 신발끈이다. 이 사건의 결과는 그 직원이 손목을 삐는 것이다. 넘어지는 것을 방지하기 위해서는 예를 들어, 끈이 있는 신발을 모니터링하고 새 끈을 마련함으로써 근저의 원인을 제거하는 데 중점을 둘 것이다. 리스크 사건(즉, 넘어짐)의 결과를 경감하기 위해서는 직원들에게 보호 장비(예컨대 손목, 팔꿈치, 무릎 보호대)를 착용하게 할 수 있을 것이다. 보기 16.4는 나비넥타이 모델이 어떻게 적용되는지 보여 준다.

[보기 16.3] 리스크 요인, 리스크 사건 그리고 결과들 사이의 관계에 대한 예

예	원인/리스크 요인	리스크 사건	결과(들)
#1	끊어진 신발 끈	걸려 넘어짐	삔 손목
#2	지속 가능성 강화 절차 채택에 대한 저항	지속 가능성 원칙들이 제조 실무 안으로 통합되지 않음	이해관계자들의 눈에 회사의 평판과 브랜드가 저하됨
#3	비용 절감 지시	타이어의 펑크	치명적인 자동차 사고, 브랜드 훼손

보기 16.3의 예 #2는 리처드 프레스톤이 제조 절차가 회사의 새로운 지속 가능성 정책과 양립시키기 위해 제조 절차 점검과 개정 책임을 맡고 있던 앞의 스틸벨트사의 예를 재정리한다. 리처드가 식별했던 주요 리스크 요인은 생산 라인 직원들이 제조 절차에 지속 가능성 향상 조치를 채택하는 데 저항하는 것이었음을 기억하라. 잠재적인 리스크 사건

은 지속 가능성 원칙들이 제조 실무 안으로 통합되지 않게 되는 것이다. 잠재적인 결과는 선량한 기업 시민으로서의 회사의 평판 손상과 이에 관련된 스틸벨트 브랜드의 가치 저하가 될 것이다. 이 리스크 사건을 예방하기 위해 리처드는 생산 부서의 변화에 대한 저항의 근본적인 이유를 이해하고, 저항을 극복하기 위한 대응책을 마련할 필요가 있을 것이다.

나비넥타이 모델을 선제적으로 사용하여 리스크 사건으로 이끌 수도 있는 근본 원인들과 리스크 사건이 목표 달성에 미치는 잠재적 영향을 설명할 수 있다. 나비넥타이 구조는 현행 리스크 예방 조치 및 경감 조치를 열거하기 쉽게 해 준다. 현행 리스크 처리 방안들에 대한 목록을 갖추고 나면, 조직은 자신이 가장 중요한 리스크들을 용인할 만한 수준으로 관리할 수 있는지 평가할 수 있다. 나비넥타이 구조의 렌즈를 통해서 보면 현행 리스크 처리 방안들에 있는 미흡한 점이 명백해진다. 또한 나비넥타이 방법은 근본 원인, 리스크 사건 그리고 잠재적 결과들 사이의 관계를 중심으로 짜여 있기 때문에 이 분석은 현행 리스크 처리 방안의 어느 요소가 강화될 필요가 있는지 정확히 지적해 준다.

[보기 16.4] 나비넥타이의 예

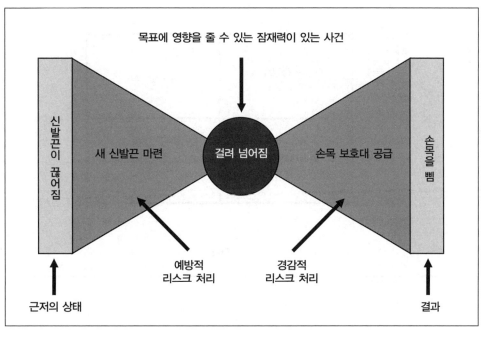

나비넥타이 방법은 원인으로부터 리스크 사건으로, 그리고 결과로 직접 연결할 수 있도록 도움을 준다. 리스크 관리 노력들은 예방(즉, 근저의 원인 제거 또는 감소를 통한 리스크 사건이 발생하지 못하게 함) 또는 경감(즉, 리스크 사건이 발생한 뒤의 결과를 제거하거나 감소시킴)에 중점을 두기 때문에 이러한 진전 관계에 대한 이해가 중요하다.

나비넥타이 접근법은 또한 사건이 목표에 부정적인 영향을 준 사건이건, 단순히 "니어 미스(near miss)"에 지나지 않건 간에 사건 발생 이후 학습 도구로 사용될 수도 있다. 예방 및 경감 계획의 예상 성과와 실제 성과를 비교함으로써 배울 수 있다. 이 비교는 효과적이지 않은 리스크 처리 방안들을 드러내 줄 것이고, 리스크를 용인할 수 있는 수준으로 관리하기 위해 이들을 어떻게 향상시킬 수 있을지에 대한 통찰력도 제공해 줄 것이다.

대부분의 경우 리스크 반응(또는 리스크 처리 방안)들은 어느 정도 예방 및 경감 조치의 조합이 될 것이다. 자원을 가장 효율적으로 사용하기 위해서는 리스크 처리 전략이 리스크의 성격 및 정도에 맞춰지는 것이 중요하다. 보기 16.5는 리스크 수준에 기초한 적절한 리스크 처리 방안 조합의 선택 기준을 보여 준다.

[보기 16.5] 리스크 처리 방안 선택 기준

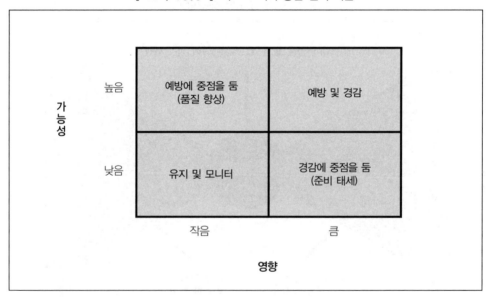

- 우측 상단은 발생 가능성도 높고 목표에 큰 영향을 줄 가능성이 있는 리스크들을 나타낸다. 이 사분면에 있는 리스크들에 대해서는 리스크 예방 및 경감 전략을 모두 사용한다.
- 발생 가능성은 낮으나 큰 영향을 줄 가능성이 있는 우측 하단의 리스크들에 대해서는 리스크 경감에 대한 투자, 즉 리스크 사건이 발생할 경우 이에 대응할 준비를 갖추는 것이 일리가 있다. 이 리스크의 원천이 조직의 외부에 있어서 조직이 리스크 사건을 예방할 수 없을 경우에는 이러한 준비 태세가 특히 중요하다.
- 좌측 상단에 해당하는 리스크들, 즉 발생 가능성은 높지만 잠재적 영향은 적은 리스크들에 대해서는 리스크 사건 예방에 중점을 두는 것이 일리가 있다. 이 영역의 운영 리스크들은 품질 관리의 취약성에 관련된 경우가 흔한데, 이러한 리스크들을 최소화하면 성과 개선으로도 이어질 것이다.
- 마지막으로 좌측 하단의 리스크들은 영향이 미미하거나 충분히 잘 관리되고 있어서 일반적으로 추가적인 리스크 처리 방안을 실행할 가치가 없다. 대신 이 영역에 해당하는 리스크들에 대해서는 기존의 리스크 처리 방안들을 유지하고 이 리스크들이 다른 부분으로 이동하고 있는지 모니터하는 것이 신중한 처사이다. 또한 과도하게 관리되고 있는 리스크들은 좌측 하단에 속하는 리스크들인 경향이 있어서 이 영역은 숨어 있는 자원 공급원이 될 수도 있다. 과잉 관리되고 있는 좌측 하단의 리스크들에 배정된 자원을 과소 관리되고 있고 중요한 다른 영역의 리스크들에 재분배함으로써, 조직은 자신의 리스크 익스포저를 최적화하고 자원 사용의 효과성을 최대화할 수 있다.

일반적으로 예방 조치가 경감 조치보다 비용 면에서 보다 효율적이기 때문에 가능하면 예방을 강조하는 것이 현명하다. "다섯 가지의 왜(5why)" 질의-답변 방법을 사용하여 특정 리스크 사건 또는 문제의 기초를 이루는 인과 관계를 탐구할 수 있다. 5Why 방법을 사용할 때에는 하나의 리스크 사건으로부터 시작하여 "왜 이 사건이 일어났는가(또는 일어날 것인가)?"에 대해 질문하고 근본 원인이 밝혀질 때까지 이 질문을 반복한다. 대개 하나의 리스크 사건의 근본 원인에 도달하기까지는 그리 많은 질문을 요하지 않는다.

5Why 방법이 어떻게 작동하는지 알아보기 위해, 보기 16.3의 예 #3 "비용 절감 지시"로 돌아가 보자. 리스크 사건으로부터 근본 원인에 이르는 순서는 다음과 같을 것이다.

- 치명적인 자동차 사고(문제)

- 왜? – 타이어 펑크(첫 번째 왜)

- 왜? – 타이어 품질이 기준에 미치지 못함(두 번째 왜)

- 왜? – 비용 절감 조치 결과 저렴한 자재 공급자로 전환이 이루어졌고, 이로 인해 타이어 품질 저하로 이어짐(세 번째 왜)

- 왜? – 품질에 대한 고려는 없이 전적으로 비용에 대한 고려만으로 공급처 전환이 이루어짐(네 번째 왜)

- 왜? – 새로운 공급자의 품질 인증 프로세스에 리스크가 고려되지 아니함(다섯 번째 왜)

마지막 답변은 이 공급자만이 아니라 훨씬 더 많은 곳에 영향을 줄 수도 있는 체계적인 이슈를 드러낸다. 예를 들어, 리스크가 품질 인증 기준에 반영되어서 이 문제가 해결될 경우 다른 많은 리스크 사건들도 예방될 것이다.

5Why 방법의 열쇠는 근저의 근본 원인에 도달할 때까지 계속 질문하는 것인데, 연구 결과에 의하면 근본 원인은 일반적으로 조직의 경영 관리 시스템 및 비즈니스 관행에서의 실패나 약점들이 결합된 데 있다.[6] 체계적인 약점에 도달하기까지는 3개에서 7개의 질문이 필요할 수 있다. 운영 리스크 관점에서 볼 때 전형적인 경영 관리 시스템 상의 약점들은 다음과 같다.

- 리스크를 식별하지 아니함
- 리스크 관리에 충분한 자원이 할당되지 아니함
- 표준 운영 절차가 수립되지 않았거나 준수되지 아니함
- 리스크 처리 방안(소통 및 피드백 포함)에 대한 감독이 적정하지 아니함

물론 어떠한 예방 프로그램도 이 프로그램이 항상 100% 효과적이라거나 모든 근저의 리스크 요인들이 식별 및 통제되리라고 보장할 수는 없다. 그러므로 목표에 큰 영향을 줄 수 있는 리스크들에 대해서는 경감 수단들을 갖추는 것이 현명하다. 나비넥타이 모델이 예측에 사용될 경우, 이 모델은 목표 달성에 중대한 영향을 줄 수 있음에도 불구하고 조직이 적절하게 준비되어 있지 않은 리스크 사건들을 식별하는 데 도움이 될 수 있다. 현

행 리스크 경감 조치들이 잠재적 결과를 용인할 수 있는 수준까지 감소시킬 것으로 예상되면 추가적인 리스크 경감 방안들은 불필요하다. 그러나 평가 결과 현행 리스크 경감 조치들이 잠재적인 결과를 용인 가능한 수준으로 감소시키지 못할 것으로 드러나면, 조직은 리스크 사건이 발생할 경우 이에 대해 대응하고 이로부터 회복하기 위한 준비 태세를 개선해야 한다.

스틸벨트사의 일화에서 리처드는 이렇게 질문했다. "어떻게 이렇게 심하게 잘못될 수 있었는가?" 위기가 발생한 후에는, 불가피하게 제기되는 다음 질문은 "누구 잘못인가?"이다. 많은 조직에서 "죄인"이 처벌되고 이전 상태로 돌아간다. 운영 리스크 관리를 잘하는 조직은 위기를 학습 및 리스크 관리 역량 강화 기회로 사용할 것이다. 예를 들어, 가장 재앙적인 손실은 개별 관리자의 탓이라기보다는 경영 관리 시스템 실패의 결과이기 때문에, 학습 관점에서 보다 유용한 질문들은 다음과 같다.

- 우리의 경영 관리 시스템상 어떤 허점이 이 부정적인 결과에 이르게 했는가?
- 조직상의 어떤 사각 지대가 우리가 이 일이 다가오고 있음을 알아채지 못하게 했는가?
- 어떻게 향후의 유사한 손실을 피할 수 있는가?

이러한 질문들에 답하고 경험을 통해 배우기 위해 다양한 분석 방법들(나비넥타이 모델 및 5Why 등)이 사용될 수 있다. 성공에 대한 분석도 경험으로부터 배우고, 이 성공이 순전히 운에 의한 것이 아니라 성과와 리스크 요인들을 주의 깊게 관리한 결과임을 검증할 수 있는 기회를 제공한다. 학습 문화를 확립하는 것이야말로 운영 리스크 관리 향상과 성과 극대화 추구에 있어서의 핵심 구성 요소이다.

요약하자면, 효과적인 운영 리스크 관리 방안의 평가, 선택 및 설계를 위한 핵심 개념들은 다음과 같다.

- 리스크 익스포져가 용인 범위 이내인지 결정한다. 그렇지 않을 경우, 리스크 대응 활동들을 조정한다.
- 리스크를 어떻게 가장 잘 관리할 수 있을지 결정하기 위해서는, 먼저 리스크가 어떻게 발생하는지 이해할 필요가 있다. 나비넥타이 방법은 근저의 원인으로부터 리스크 사건 그

리고 궁극적으로는 결과(즉, 목표에 미치는 영향)에 이르는 순서를 파악하는 데 도움이 된다.

- 리스크 처리 방안에는 크게 두 가지 유형이 있다. 리스크 사건의 발생 가능성 감소를 겨냥하는 예방 활동들과 리스크 사건이 발생할 경우 영향의 크기를 감소시키고자 하는 경감 활동이 그것이다.
- 대부분의 운영 리스크 관리는 예방과 경감 조치들의 결합으로 구성된다. 일반적으로 예방이 보다 비용 면에서 효율적이기 때문에 예방에 중점을 두도록 권장된다. 그러나 어떠한 예방 조치도 완벽하지는 않기 때문에, 목표에 중대한 영향을 줄 수 있는 리스크 사건들에 대해서는 강력한 경감 장치들도 마련하는 것이 신중한 자세이다. 성공과 실패를 분석하여 개별적인 리스크 처리 방안과 조직이 리스크를 예기하고 이를 관리할 수 있는 능력 모두를 향상시킬 기회를 파악할 필요가 있다.

운영 차원에서 어떻게 리스크 관리 문화를 장려하는가?

리스크 관리 문화를 장려하기 위해서는 조직 전 부문의 리더들이 리스크에 관해 소통할 필요가 있다. 필요한 일차적인 소통 모드는 행동, 즉 솔선수범이다. 구두 및 서면 소통이 필요하기는 하지만, 이들은 2차적이다. 이는 문화는 주로 조직의 리더들의 행동을 통해 확립되기 때문이다.

특히 운영 차원에서 리스크 관리 문화를 장려하기 위해 리더들이 소통할 필요가 있는 3가지 방법이 있다.

1. 좋은 리스크 관리 행동 모델이 된다.

리더들은 자신들이 스스로 리스크 관리를 실천해야 한다. 회사의 가치 및 윤리 선언문과 비즈니스 정책들은 조직이 옹호하는 리스크 관리 문화를 나타내며, 조직의 리더들이 어떤 종류의 문화를 고취하기 원하는지를 소통함에 있어서 좋은 도구이다. 그러나 조직의 리더들이 옹호되는 가치에 모순되는 방식으로 행동하는 순간 이 문서들은 무력화될 것이다.

2. 리스크 관리 행동에 대한 기대를 명확히 한다.

특히, 리더들은 무엇이 좋은 리스크 관리 행동이고(즉, 무엇을 추구해야 하고) 무엇이 좋지 않은 행동인지(즉, 무엇을 피해야 하는지) 소통할 필요가 있다. 이 기대들은 정책 문서, 절차 그리고 비즈니스 실무에 반영되어야 한다. 가장 중요한 사항으로서, 운영 리스크 관리에 대한 기대는 성과 관리 및 보상 시스템 안으로 통합되어야 한다. 문서화된 기대를 공식적인 소통과 비공식적 대화를 통해 언어로 자주 재강조하는 것이 중요하다.

리더들은 소극적으로 리스크 관리에 대한 기대를 직원들에게 "주입"하기보다는 바람직한 리스크 관리 행동을 적극적으로 "이끌" 필요가 있다. 이는 자신의 부하 직원들에게 리스크 관리에 대한 기대를 어떻게 충족시키고 있는지 질문함으로써 달성될 수 있다.

- 리더들은 리스크에 대한 사고를 의사 결정 및 경영 관리 프로세스에 어떻게 통합시키고 있는가?
- 리더들은 어떤 중대한 리스크에 직면해 있는가?
- 리스크를 용인할 만한 범위 내로 관리하기 위해 리더들은 무엇을 하고 있는가?
- 가장 중요한 리스크들이 통제 하에 있게 하기 위해 리더들은 어떤 리스크 지표들을 모니터하고 있는가?

3. 결과에 대해 명확히 하고 이를 관리하라.

인간의 행동은 결과에 의해 견인된다. 사람들은 긍정적 결과 달성 및/또는 부정적인 결과 회피를 원하기 때문에 행동할 동기를 부여 받는다. 그러므로 리더들이 리스크 관리 기대 충족의 긍정적인 결과와 기대를 충족하지 못할 경우의 부정적 결과에 대한 "처리 방안"을 정하고 이를 명확히 밝히는 것이 중요하다.

그렇게 하고 나면 리더들은 결과를 사후 관리할 필요가 있다. 여기에는 다른 사람들, 특히 부하들의 훌륭한 리스크 관리 행동에 대한 인정이 포함된다. 그리고 직원들이 리스크 관리 기대를 충족시키지 못할 경우 이에 대한 처리도 포함된다. 좋지 못한 리스크 관리 행동이 무시될 경우, 리스크 관리가 중요하지 않다는 메시지가 전달될 것이다. 조직은 이에 대해 두 번의 대가를 치르게 될 것이다. 첫째, 이는 조직을 불필요한 리스크에 노출시킬 것이다. 둘째, 이는 리스크 관리 기대를 충족시키기 위해 열심히 노력하는 사람들의 동기를 저하시킬 것이다.

위의 세 가지 행동들은 "상부로부터의 기조"를 소통한다. 리더들의 강력하고 일관적인 지원이 없이는 강력한 리스크 관리 문화를 만들기가 불가능하지는 않을지라도 매우 어렵다.

운영 리스크 관리를 어떻게 전사 리스크 관리와 정렬시키는가?

전사 차원에서 의사 결정자들은 무엇을 달성할지(전략적 목표)와 어떻게 그곳에 도달할지(전략적 방향)에 초점을 맞춘다. 그러므로 임원들은 장기적 안목으로 향후 조직의 존속 또는 성장 기회를 모색해야 한다. 이를 위해서 임원들은 조직의 현재의 역량과 실행 능력을 잘 파악해야 한다. 현재의 역량을 잘 파악하고 있을 경우 임원들은 조직이 계속 목표를 달성하고 장기적으로 존속하기 위해 개발할 (또는 습득할) 필요가 있는 중요한 역량도 파악할 수 있다.

운영 차원에서 관리자들은 전략의 집행에 초점을 맞춘다. 그들의 초점은 현재, 즉 현행 계획 및 보고 사이클이다. 이를 위해 관리자들은 자신들의 목표를 효과적이고 효율적으로 달성하기 위해 자원을 정렬시키는 데 중점을 둘 필요가 있다.

전사 차원과 운영 차원을 정렬시키려면 장기적인 전사적 목표와 전략을 단기적인 운영상의 목표와 전략으로 전환시킬 필요가 있다. 운영 차원과 전사 차원의 리스크 관리를 정렬시키는 열쇠는 전사 차원 및 운영 차원 사이의 명확한 연결선을 통해 책임 관계를 확립하는 것이다. 이 연결선은 리스크 관리 사고를 조직의 성과 관리 및 보고 시스템 안에 내재화함으로써 만들어진다.

직원 각자에게 명확히 밝혀지고 조직 전체적으로 조정될 필요가 있는 핵심 성과 관리 및 보고 시스템의 요소들은 다음과 같다.

- 목표, 즉 그 사람이 달성해야 할 것은 무엇인가? 조직이 전략적 목표를 가지고 각 개인들이 측정할 수 있는 목표를 지닌다는 개념은 리스크 관리의 기본이다. 각 직원의 목표를 달성하기 위해 무엇이 필요한지와 이 목표 달성을 둘러싼 불확실성을 만들어 내는 요인들을 알아야 리스크 관리를 시작할 수 있다. 많은 공공 및 민간 부문의 조직들에서는 목표들이 사람들에게 영감을 부여하고 책임을 지게 하는 유의미하고 측정 가능한 타깃이라기보다 희망과 꿈들의 목록에 더 유사하다.
- 전략 즉, 개인들이 자신의 목표를 달성하기 위해 어떻게 할지에 관한 사항. 전략은 때로는 그 사람이 추구할 방향 또는 경로로 일컬어지기도 한다.
- 리스크 성향 즉, 그 사람이 자신의 목표를 달성할 많은 기회를 가지게 하기 위해 조직이 얼마나 많은 리스크를 취할 용의가 있는지에 관한 사항. 이는 어느 것이 취하기에 좋은

리스크인지, 어느 것이 나쁜 리스크인지, 즉 조직이 목표를 추구함에 있어서 어디에 가고 어디에 가지 않을지에 대해 정의함으로써 전략 안으로 구현될 수 있다.

- 각 개인의 운영상의 목표 달성 진척도 및 조직의 전략 목표 달성 진척도 평가에 사용될 성과 척도 및 타깃들.
- 중대한 리스크가 임박했을 수 있다거나 리스크 수준이 용인할 수 있는 지대를 벗어나려 한다는 조기 경보를 제공하기 위해 모니터될 핵심적인 상태들을 명확히 해 주는 리스크 지표 및 리스크 용인 수준.

성과를 체계적으로 관리하려면 리스크 요인들을 추적 관리하고 이 요인들이 성과에 미칠 영향을 계량화하기 위한 척도 개발을 포함하여 성과 및 리스크의 동인들 사이의 관계를 파악하고 이해할 필요가 있다. 예를 들어 "잘 아는 직원"이 특정 목표에 대한 핵심 성과 동인이며, 관련된 리스크 요인들은 직원들을 고용하여 요구되는 지식 수준까지 연수시킬 수 있는 능력이라고 가정하자. 이 성과 동인 담당 관리자가 새로 들어오는 직원들의 지식 수준이 떨어지는 추세에 있거나 직원들이 연수 프로그램을 마쳤음에도 요구되는 지식 수준에 도달하지 못하고 있음을 인식하게 되면, 이 관리자는 적시에 개입할 수 있다. 그러나 이 관리자가 이를 알지 못하거나 현실을 외면하면 성과는 불가피하게 저하될 것이다.

보기 16.6은 전사 차원 및 운영 차원 사이의 정렬 메커니즘을 보여 준다. 가장 위에는 조직의 최고 경영자가 있다. CEO의 목표들은 전사적 목표들이다. 그의 성과 표적들은 그에게 직접 보고하는 사람들, 즉 부사장 차원의 목표들로 전환된다. 그러면 각각의 부사장들은 성과 타깃들을 자신에게 직접 보고하는 사람들, 즉 이사 차원의 목표들로 전환한다. 이 성과 타깃들은 계속 라인을 따라 아래로 내려가고, 그렇게 하는 과정에서 전사적 목표들은 운영상의 목표들로 전환된다. 이는 하향식(top-down) 정렬 메커니즘을 만들어 낸다.

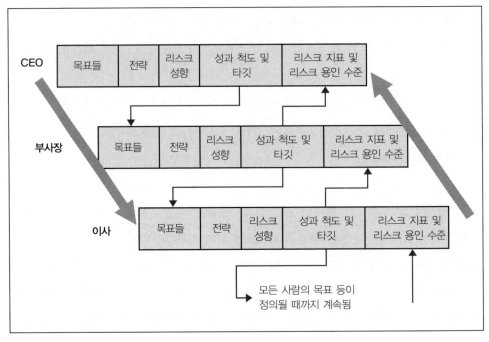

보기 16.6은 운영 차원 및 전사 차원 사이의 상향식(bottom-up) 정렬 메커니즘도 보여 준다. 이 그림의 밑에서부터 시작하여 이사의 성과 척도는 부사장의 리스크 지표에 반영된다. 차례로 각각의 부사장들은 자신의 성과 척도를 CEO에게 보고할 것이고, CEO는 자신의 리스크 지표들의 일부로서 이를 모니터할 것이다. 이는 상향식 정렬을 이뤄낸다.

정렬에 기여하기 위해서는 각 사람이 두 가지를 할 필요가 있다.

1. 자신의 각각의 목표들이 자기 상사의 성과 척도에 상응하게 한다. 이에는 그들의 목표들 각각에 관해 바람직한 리스크 성향 및 리스크 용인 수준에 대해 동의하게 하는 것이 포함된다.
2. 그들이 모니터하는 리스크 지표들이 자기에게 보고하는 사람의 성과 척도를 포함하게 한다. 이 상향적 관점은 상시적인 전략 집행 중의 정렬을 이뤄낸다.

성과 관리 시스템은 전사 차원 및 운영 차원의 리스크 관리를 정렬시키는 핵심 도구이

386

다. 목표와 전략을 명확하게 수립하는 것부터 시작하라. 다음에는 리스크가 목표에 어떻게 영향을 줄 수 있는지 이해하고 핵심 성과 동인들을 관리하라. 그리고 리스크가 용인할 수 없는 수준에 도달하고 있다는 적절한 경고를 줌으로써 이 리스크가 목표 달성에 부정적인 영향을 주기 전에 뭔가 조치를 취할 수 있도록 하기 위해 핵심 리스크 요인들을 추적 관리하라.

결론

모든 조직은 목표를 달성하기 위해 존재한다. 많은 조직들에서는 목표 달성에 대한 리스크들이 비일관적으로 또는 즉흥적으로 관리된다. 그 결과 많은 조직들은 잠재력과 실제 결과 사이에 상당한 차이를 경험한다. ORM은 조직의 전략을 집행하는 매일의 활동들 중에 발생하는 리스크들을 관리하여 조직의 잠재력을 극대화함을 목표로 한다. 이를 위해 임원들과 관리자들은 아래의 3가지를 할 필요가 있다.

1. 목표, 역할 그리고 책임을 분명히 정한다.
2. 뛰어난 성과를 내기 위해 자원을 정렬시킨다.
3. 예기치 않았거나 통제할 수 없는 요인들을 다룰 수 있는 역량을 개발한다.

리스크(위협 및 기회 모두), 효용 그리고 비용은 불가분하게 연결되어 있다. 잠재적인 긍정적 효과와 부정적 효과 사이의 적절한 균형을 이루도록 조직의 리스크 용인 수준 및 리스크 성향을 명확하게 밝히는 것이 임원들에 대한 주요 도전 과제이다.

효과적인 ORM은 아래 사항들에 대한 체계적이고 훈련된 접근법을 취하는 것이다.

- 특정 전략 실행과 관련된 리스크의 식별 및 계량화
- 탐지, 예방 그리고 경감 조치의 적절한 조합 선택을 포함하여, 조직의 리스크 관리의 효과성 평가 및 최적화
- 적응력이 있는 리스크 대응 역량 개발

ORM은 리스크 관리 정책을 개발하고 리스크 분석 도구를 적용하는 것 이상이다. ORM이 성공적이려면 조직 문화의 일부가 되고, 비즈니스 실무와 단절되지 않고 통합되어야 한다. 리스크 관리 문화는 고위 경영진의 헌신된 리더십을 통해서만 조성될 수 있다.

운영 차원과 전사 차원의 리스크 관리를 정렬시키는 열쇠는 전사 차원 및 임원들 차원 사이에 명확한 연결선을 통해 책임 관계를 확립하는 것이다. 이 연결선은 리스크 관리 사고를 조직의 성과 관리 및 보고시스템 안으로 내재화시킴으로써 만들어진다. 특히 다음 사항들을 위해서는 성공과 실패의 근본 원인을 나타내는 핵심 동인들이 식별, 모니터 및 관리될 필요가 있다.

- 전사적 목표 및 운영상의 목표가 달성된다.
- 자원들이 효과적이고 효율적으로 배치된다.
- 조직이 매일의 운영 과정에서 발생하는 리스크를 다룰 준비가 되어 있다.
- 사람들이 자신의 성과에 대해 책임을 진다.

INDEX
1) "Turning Great Strategy into Great Performance", Michael C. Mankins and Richard Steele, Harvard Business Review, 2005년 7-8월호를 보라.
2) 위의 책.
3) 2004년에 와튼 스쿨 출판부에서 발행한 Robert E. Mittelstaedt, Will Your Next Business Mistake Be Fatal? Avoiding a Chain of Mistakes that Can Destroy Your Organization을 보라.
4) Peter L. Burnstein이 "What Happens If We're Wrong?"에서 인용한 런던 비즈니스 스쿨의 Elroy Dimson를 인용한 말.
5) David Lapin의 Using Values & Ethics for Competitive Advantage에 나오는 "Management may have never previously articulated these values and employees may never have identified them"을 보라.
6) 케임브리지 대학교 출판부에서 1990년에 출간된 James Reason, Human Error를 보라.

저자 소개
다이애나 델 벨 벨루즈(Diana Del Bel Belluz)는 임원과 경영진들에게 체계적이고 지속 가능한 리스크 관리 관행을 실행하도록 도와주는 컨설팅 회사 Risk Wise Inc. 사장이다. 1990년 이후 다이애나는 Bombardier, British Columbia Safety Authority, Dofasco, Health Canada, the Neclear Waste Management Authority 그리고 The Toronto Transit Commission 등 다양한 기업 및 정부 조직을 위해 선도적인 리스크 관리 작업을 해 오고 있다. 개별 조직들이 자신의 운영 리스크 관리 관행을 개선하도록 돕는 것 외에도 다이애나는 많은 업계 위원회 참여, 대학교 및 경영진 연수 세미나 강의, 컨퍼런스 발표 그리고 다양한 분야의 리스크 관리 주제에 대한 저술을 통해 리스크 관리 분야를 선도하고 있다. 또한 체계적인 리스크 관리 실행을 위해 팁을 주는 무료 온라인 신문 Risk Management Made Simple을 발행한다(www.riskwise.ca). 뉴욕 대학교 Schulich School of Business의 전사 리스크 관리 탁월성 센터 설립 핵심 멤버로 활동한 다이애나는 워털루 대학교에서 시스템 디자인 엔지니어링 학사 및 석사를 취득했으며 기술사 자격을 지니고 있다.

리스크 관리: 전략 추구 기법

조 리찌(Joe Rizzi)–CapGen 시니어 전략가

개요

금융기관들은 주로 규제 당국으로부터 자극을 받아 지난 10년간 리스크 관리에 상당한 자원을 투자했다. 그 과정에서 과거 경험에 기초하여 향후의 손실을 추정하는 보험계리 통계적 접근법 사용은 통제가 향상되었다는 환상을 낳았다. 불행하게도 시장은 보험계리 표가 아니다. 2007년의 신용 위기가 드러나자 오류의 정도가 명백해졌다. 예를 들어 메릴린치의 2007년 말 1일 VaR는 1억 5천 4백만 달러였는데[1], 이 금액은 99%의 신뢰수준에서 하루 동안 입을 수 있는 최대의 손실로 생각되었다. 1%의 신뢰 수준 너머의 공개되지 않았던 리스크가 매우 컸는데, 이로 인해 메릴린치는 BOA에 강제매각되었다.[2] 씨티그룹, 와초비아(Wachovia) 그리고 워싱톤 뮤추얼 등 다른 금융 기관들도 유사한 경험을 했다. 이 손실들로 막대한 주주가치가 파괴되고 기존 주주지분율 희석을 수반한 자본 확충, 전체 경영진 교체, 수많은 기관들의 파산 그리고 7천억 달러의 TARP[3] 구제 프로그램 채택이 초래되었다. 확실히 현행 리스크 관리 상태에는 뭔가 문제가 있으며, 이는 리스크 관리 활동에 대한 재고를 요구한다.

대형 금융기관 및 소형 금융기관 모두 도전적인 업계 상황과 핵심 사업의 수익성 저하를 상쇄하기 위해 더 많은 리스크를 떠안았다. 나중에 밝혀진 바와 같이, 금융업의 황금 시대는 사실은 그다지 황금빛이 아니었다. 대형 기관들은 구조화 상품들을 통해 리스크를 늘렸다. 소형 기관들은 건축 및 개발 대출로 부동산 부문에 편중했다. 그들은 레버리지를 사용하여 이 부분의 포지션에 대한 익스포져를 더욱더 늘렸다. 리스크는 유동성과 리스크 분산이라는 쌍둥이 환상에 의해 통제되고 있다고 여겨졌다. 사실상 금융기관들은 리스크를 분산시키기보다 대차대조표의 차변 및 대변 양쪽에 리스크를 편중시켰다. 레버리지를 일으킨 금융기관들의 차변 및 대변 포지션이 손실을 보기 시작하자 유동성이 증발했다.

이 장은 왜 이 일이 일어났으며, 향후 이를 피하기 위해 무엇을 할 수 있는지 살펴본다. 리스크 관리는 주주 가치 창조에는 별로 연결되지 않는 기술적이고 전문가적인 통제 기능에서 벗어날 필요가 있다. 실로 리스크 측정으로부터 리스크를 전략 수립, 자본 관리 그리고 거버넌스 안으로 통합시키는 리스크 관리로 옮겨갈 필요가 있다. 전사 리스크 관리(ERM)는 이 기능들을 통합하는 프레임워크를 제공한다. ERM은 따로따로 이루어진 리스크 의사 결정들의 복합적 영향을 통합한다. 회사들과 리스크 의사 결정은 내부에 중점을 두던 방식에서 회사를 시장의 맥락 안으로 통합시키는 외부 시스템 접근법으로 옮겨 가야 한다.

현재의 상황

금융 서비스 산업은 과잉 용량과 상품(product)의 상품화(commoditization)로 골머리를 앓고 있는데, 이로 인해 마진이 압박을 받고 있다. 금융기관들은 보기 17.1에 반영된 바와 같이 주주 가치를 늘리지는 않으면서 명목 수익을 늘리기 위해 리스크 익스포져를 증가시켰다.

보기 17.1은 리스크를 증가시킨다 해서 반드시 주주 가치가 향상되지는 않음을 보여준다. 경쟁이 극심한 금융 산업에서 수익 등 참되고 지속되는 알파(떼안은 리스크에 상응하는 시장 평균 수익을 초과하는 수익. 역자 주)를 달성할 수 있는 기회인 "D"를 발견하기는 아주 어렵다. 진입 장벽이 낮고 대체재도 널려 있다. 따라서 대부분의 리스크 증가는 체계적인 시장 리스크 즉, 베타 리스크인데 이는 주주들이 스스로 달성할 수 있다. 베타 성과와 알파 성과의 구분은 어려울 수 있다.

과거 데이터가 제한된 신상품에 대해서는 특히 그렇다. 베타 수익에 대해 알파 보너스를 지급하지 않도록 하기 위해서는 강력하고 숙련된 거버넌스 시스템이 필요하다. 투자 선상의 이동은 리스크 성향의 변화를 나타낸다. 리스크 성향 변화는 총 리스크 수준을 유지하기 위해 필요한 자본량에 직접적인 영향을 준다.

[보기 17.1] 리스크 성향 변화가 가치에 미치는 영향

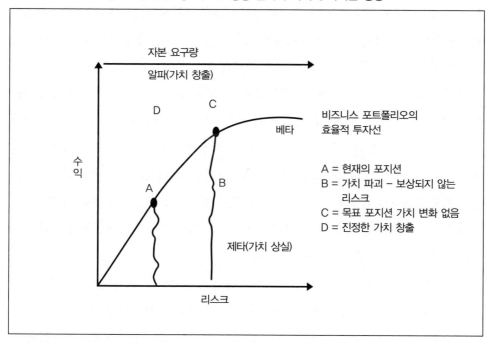

리스크 익스포져는 대차대조표의 양쪽 모두에서 증가할 수 있다. 옵션과 같은 지급 구조를 지닌 많은 신상품에 고유한 꼬리, 하향 리스크 익스포져를 취함으로써 자산 리스크가 증가할 수 있다. 예를 들어 2007년에 메릴린치의 1일 VaR는 2001년 대비 거의 5배 증가했다.[4]

VaR는 정확한 리스크 지표로서는 문제가 있지만 추세를 나타내는 지표로서는 유용하다. 대차대조표의 부채 측면에서는 레버리지 수준이 급격히 증가했다. 이는 은행들의 대

규모 부외 거래 기구 이용과 증권회사들의 부채 비율 증가에 의해 이루어졌다.[5] 실상 금융기관들에 의해 조달된 대규모 자본은 부족한 자본 또는 과도한 레버리지에 대한 대체물(proxy)이었다. 메릴린치의 경우 이 금액은 2008년 상반기에 거의 320억 달러에 달했다.[6] 유동성 증발로 촉발된 은행에 의한 부외 거래 기구의 통합은 이미 부담을 느끼고 있던 대차대조표에 수십억 달러의 위험 자산을 늘어나게 했다.

결함이 있는 리스크 모델들이 문제를 키웠다. 모델에 대한 과신은 통제가 적절하다는 환상을 만들어 냈다. 이익은 늘어나고 있었고 리스크 모델들은 어떠한 우려할 점도 보여주지 않았다. 그러나 이 모델들은 여러 면에서 실패했다. 먼저 이들은 리스크가 시스템의 외생 요인이라고 가정함으로써 리스크의 성격을 잘못 파악했다. 그러나 리스크는 포커에서와 유사한 시장 참여자들의 상호작용에 의해 야기된 시장의 내생 요인이다. 따라서 시장의 행태 변화가 무시되거나 모델에 적절히 반영되지 않았다.

모델 리스크는 데이터의 빈도 및 가용성에 크게 의존한다. 따라서 역사가 짧은 신상품에 대해서는 모델들이 부적합했다. 마지막으로 데이터가 있다 해도 모델은 익스포져가 아니라 경험에 의존한다. 어떤 일이 아직 일어나지 않았다 해도 익스포져는 여전히 존재할 수 있다. 대형 사건 리스크 또는 "블랙 스완"을 다룰 때에는 특히 그렇다. 리스크 모델들은 역사를 과학과 혼동함으로써 일반적인 사건들에 집중하고 흔하지 않은 이례적 사항은 제외한다. 이는 관찰된 패턴의 안정성에 대한 과신에 기초하여 발생 가능성이 작은 리스크를 과도하게 떠안을 유인을 증가시켰다.[7]

규제 당국은 이 모델들을 인가함으로써 문제를 악화시켰다. 바젤 II는 금융기관들이 리스크를 과소평가할 유인이 있음을 깨닫지 못한 채, 자체의 내부 리스크 모델에 의존하여 필요 자본 수준을 정하도록 허용했다.[8] 더욱이 규제당국은 신용평가 기관의 등급에 점점 더 의존했다. 신용평가 기관들은 자신들이 등급을 부여하는 기관들과 마찬가지로 결함이 있는 모델들을 사용했다.

의사 결정은 단지 역사뿐만 아니라 가능성에 근거해야 한다. 역사는 발생할 수 있는 시나리오 중 하나에 지나지 않는다. 따라서 과거의 수익에서 모든 리스크들을 볼 수 있는 것은 아니다. 이것이 바로 페소에서 초과 수익인 알파로 보였던 것이 실상은 과거에 그러한 일이 발생했는지 여부에 관계없이 발생할 수 있었던 보이지 않는 리스크에 대한 보상일 뿐이었던 페소 문제의 기초였다.[9]

2008년 9월의 독립적인 투자은행들의 붕괴는 하강해 가는 비즈니스 모델을 보상하기 위해 리스크를 증가시켰음을 보여 준다. 독립적인 투자은행들은 대체로 글래스-스티걸 (Glass-Steagall) 법이 상업은행과 투자은행 업무를 분리한 결과 인위적으로 만들어졌다. 그들은 1976년에 주식 거래에 대한 고정 수수료가 폐지될 때까지 양호한 수익성을 향유했다. 그 이후 그들은 대체 수익원을 찾아 나섰다. 살로먼 브러더스와 같은 많은 기관들은 고유 계정 트레이딩과 같은 고위험-고수익 활동으로 옮겨갔다. 1998년에 글래스-스티걸 법이 사실상 폐지되어 상업은행들은 대리인 역할을 하는 인수및 자문 비즈니스에 진입하도록 허용되었다. 이 법의 폐지는 투자은행들에게 부정적인 영향을 줄 것으로 예측되었다.

투자은행들은 다시금 보다 마진이 높은 활동들을 추구하기 시작했다. 이는 2005년의 골드만 삭스 연례 보고서에 분명하게 진술되어 있다. 그들이 설명한 비즈니스 모델(이는 후에 "골드만 모델"로 알려졌다)은 그들의 전통적인 대리인 비즈니스는 상품이 되었다고 했다. 그들은 이제 자문에 자본을 결합해야만 했다. 골드만 삭스는 비상장 주식, 트레이딩 그리고 구조화 상품에 대한 투자로 이동하기 시작했다. 경쟁자들은 이 모델의 초기 성공을 매우 부러워하여 곧바로 이를 모방하기 시작했다.

골드만 모델은 본질적으로 많은 자산을 보유하는 헤지 펀드 활동이었다. 이 회사는 다양한 캐리 트레이딩 또는 5L 전략을 구사했다. 5L은 다음과 같다.

1. 장기 투자(Long-term investment)

2. 거액의 편중 자산 보유(Large concentrated holdings)

3. 고위험 불량 자산(Low-quality high-risk assets)

4. 레버리지를 일으킨 포지션(Leveraged positions)

5. 유동성 자금 조달 불일치 하의 자산(이 자산들은 유동성이 있을 수도 있고 없을 수도 있음)((I)liquid assets with liquidity funding mismatch)

이 모델은 유동성이 풍부하고 이자율이 하락하는 강세장에서는 효과가 있었다. 하지만 이 모델은 잠재적으로 치명적인 약점도 안고 있었다. 이 자산들은 주로 익일물 RP 시장에서 단기로 자금이 조달되었다. 그들은 30:1이라는 높은 레버리지와 단기 자금 조달이라는 독성 조합을 사용했다. 거시경제 환경에 어떠한 변화가 일어나 투자자들이 자신의 리스크 성향을 바꾸게 되면 (1998년에 헤지 펀드) 롱텀 캐피탈 매니지먼트(LTCM)에서 일어났던 것처럼 유동성 문제가 발생할 터였다. 투자 은행의 리스크 관리는 두 가지 핵심 부분에서 실패했다. 첫째, 그들은 보다 위험한 자산을 보유함으로써 불가피하게 발생할 손실을 견뎌낼 충분한 자본을 보유하지 않았다. 둘째, 그들은 포트폴리오 손실이 발생하기 시작할 때 채권자의 우려를 커버할 적절한 유동성을 보유하지 않았다.

이사회가 이 상황을 인지하여 교정하지 못했다는 것은 거버넌스가 붕괴되었음을 의미한다. 흔히 이사들은 전략적 조치들이 리스크에 대해 의미하는 바를 알지 못했고, 단기 실적을 기량과 혼동했다. 예를 들어 골드만 삭스에 필적하고 구조화 금융 시장 점유 면에서 리더가 되겠다는 메릴린치의 전략은 수십억 달러의 추가적인 자산 보유 리스크를 떠안도록 요구했다. 본질적으로 그들은 프렌차이즈 도박을 하고 있었다. 이 전략은 부정적인 시나리오나 자본 구조에 대한 영향에 대해서는 적절히 고려하지 않은 채 리스크 성향을 대폭 상향 조정했다. 다음으로는 인센티브 제도가 역효과를 낳는 행동의 변화를 조장했다. 유력한 관리자들은 허약한 거버넌스를 악용하기 시작했다. 인센티브는 단기 실적 지향적이 되었고, 리스크를 충분히 조정하지 않은 채 명목 이익에 기초했다. 리스크 관리자가 우려를 제기할 경우에도 무시되거나 뒤집힌 듯한데, 이는 특히 모델, 신용 등급 그리고 규제 당국들이 리스크가 통제되고 있다고 시사했기 때문이었다.[10]

리스크 관리 내부에서조차 조직상의 장애물이 있다. 개별적인 리스크 기능들은 전략적인 연결은 거의 없이 따로 노는 경향이 있다.[11] 또한 거래 리스크를 평가할 때 비즈니스 모델과 시장 상황에 대해 별로 고려하지 않는다. 이는 문자적으로 나무 때문에 숲을 보지 못하는 것이다. 불안정한 시장이 급격한 체제 변화를 겪을 때에는 시장 상황도 변하게 된다. 부화뇌동은 겹치는 포지션의 "수퍼 포트폴리오"를 형성하게 한다. 일단 이 포지션들이 중대한 상태에 도달하면, 우연한 방아쇠가 포지션을 청산하게 한다. 상관관계들이 변하고, 다각화가 무너지며, 다양한 자산 유형에 대해 재앙적인 손실이 발생한다.[12]

모든 조직들이 직면하고 있는 주요 리스크인 전략적 리스크는 무시되었다. 전략적 리스크는 조직이 비즈니스 계획을 달성할 수 있는 능력에 영향을 주는 사건이 발생할 가능성이다. 리스크를 전략 수립, 자본 관리 그리고 성과 측정에 통합할 필요가 있다.[13] 이는 비즈니스와 리스크에 대한 고려를 가치 창출이라는 하나의 전사적 견해 안으로 결합시킬 것이다. Box 17.1을 보라.

BOX 17.1

워렌 버핏의 리스크 관리 교훈들

워렌 버핏의 버크셔 해더웨이 2001년 및 2002년 연례 보고서는 그의 리스크 관리 프레임워크를 다음과 같이 보고한다.

- 자신이 이해하는 리스크만 받아들여라(이는 과신과 통제되고 있다는 환상이라는 쌍둥이 편견에 경계할 것을 요구한다).

- 확률이 아니라 영향에 중점을 두라: 아무리 발생 가능성이 낮다 할지라도 지급능력을 위협하는 리스크들을 받아들이지 마라. 이는 리스크 성향을 자본과 비교할 것을 요구한다. 리스크는 과거에 발생했던 일에 대한 경험에만 기초하는 것이 아니라, 데이터가 없는 영역에도 기초하고 있음을 명심하라.

- 파생상품은 속일 인센티브를 만들어 내므로 위험하다. 파생상품은 불투명하며, 잠복되어 있고 잠재적으로 치명적인 위험이 내재되어 있다. 이들의 진정한 특성은 나중에야 분명해지기 때문에 과거의 실적은 거의 쓸모가 없다. 따라서 속이는 사람을 가려내기가 어려워진다.

- 거버넌스: 버크셔에는 관심이 있으며 자기 밥값을 하는 소수의 이사들이 있다. *그들은 리스크 성향을 명확하게 진술했다(여기에서의 리스크 성향은 이 책의 다른 부분에서 말하는 리스크 용인 수준에 해당하는 듯함. 역자 주). 이 금액은 2007년 현재 자본금 1200억 달러에 근거하여 6십억 달러로 정해졌으며, 이 리스크 성향 이내에 머물기 위해 시장 점유를 희생할 용의가 있다.

버핏의 대부분의 원칙들과 마찬가지로, 위의 내용들은 믿을 수 없을 만큼 단순하다. 그는 신용 붐 기간 동안에는 감을 잃었다는 혹독한 비판을 받았다. 시장의 압력을 이겨낼 수 있는 그의 능력은 대부분의 회사에서 찾아보기 어려우며, 버크셔의 강력한 거버넌스를 반영한다.

---

* 미공개 회사에도 거버넌스 문제가 있을 수 있다. 중간급 직원들이 정보의 불균형을 이용하여 고위 경영진의 리스크 익스포져 이해 및 통제 능력을 제한할 수 있다.

리스크 전략 프레임워크

가치는 투자 의사 결정을 통해 대차대조표의 자산 쪽에서 창출된다. 리스크 관리의 가치는 모든 상황 하에서 자본 시장에 접근할 수 있도록 유지함으로써, 투자 계획에 필요한 자금 조달을 확보하는 것이다. 이는 목표 신용 등급에 부합하는 총 리스크 프로필을 유지하는 것을 포함한다. 따라서 자산 포트폴리오 리스크가 자본 구조와 균형을 이루게 할 필요가 있다. 그렇게 하지 못하면 금융기관의 전략적 지위와 독립성을 훼손할 수 있다.

자금이 적절하게 조달되지 않은 의문스러운 전략적 성장 조치들이 많은 금융기관들의 문제의 근원이었다.[14] 은행가들은 성장이 가치를 부가했다고 믿었다. 불행하게도 수익이 자본 비용에 미치지 못할 때에는 성장이 가치를 파괴한다. 이 점을 이렇게 표현할 수 있다.

$$\text{가치} = \text{현금 흐름} + \text{투자(자산 수익} - \text{자본 비용)} \, T$$

$$(17.1) \qquad\qquad (17.2)$$

출처: 모디글리아니(Modigliani)와 밀러(Miller)(1961)에서 채용함.

항 17.1은 이미 존재하고 있는 자산에 의해 창출된 가치를 나타내며, 항 17.2는 성장에 의해 창출된 가치를 나타낸다. 경쟁 우위 기간 T는 회사가 수익성 있는 프로젝트에 투자할 기회를 누릴 수 있는 년수를 나타낸다. 금융기관이 자본비용보다 덜 버는 프로젝트에 투자할 때에는 성장이 가치를 파괴할 수 있다. 가치 창출은 또한 허약한 리스크 관리를 통해 영향을 받을 수 있는데, 리스크 관리가 허약하면 예기치 못한 사건을 흡수할 수 있는 자본 및 유동성 상태가 부적절해서 회사의 투자 프로그램에 지장을 줄 수 있다.

성장을 위한 조치로부터 수익이 충분히 발생하지 않으면, 자본 구조 및 배당에 압박을 받을 수 있다. 배당을 줄이지 않으면서 그러한 성장을 유지하려면, 기존 주주의 지분을 희석시키고 주식을 발행하든지, 레버리지를 늘려야 한다. 많은 금융기관들이 주주들의 심기를 건드리기보다는, 보기 17.2에서 볼 수 있는 바와 같이 레버리지를 늘리는 길을 선택했다.

	2004년 1분기	2007년 1분기
베어스턴스	28	34
모건스탠리	25	34
리먼 브러더스	25	32
메릴린치	19	28
골드만 삭스	20	28

출처: SEC 보고 자료 및 Kara Scanell, "SEC가 베어스턴스의 적신호를 보지 못했다고 비난을 받았다", 월 스트리트 저널, 2008년 9월 27일 A3면.

놀랍게도 레버리지 증가에도 불구하고, 많은 금융기관들의 자본 수익률(ROE)은 20% 초반에서 중반 수준에 머물렀다. 이는 주로 수입의 50%를 넘는 보상 수준과 스프레드 축소 때문이었다. 상황이 악화될 경우 이처럼 높은 레버리지 수준은 실수의 여지를 거의 남겨 놓지 않았다.

리스크 관리는 전략과 자본 수준을 연결시키는 자본 구조 의사 결정 프로세스를 포함한다. 리스크 관리는 금융기관의 전사적 전략을 지원할 필요가 있는 바 이 전략은 보기 17.3에 설명된 바와 같이 은행 조직이 직면하는 리스크의 범위를 결정한다. 회사는 리스크 관리를 통해 보유되는 리스크의 성격을 바꿀 수 있다.

[보기 17.3] 리스크 관리 전략 동인

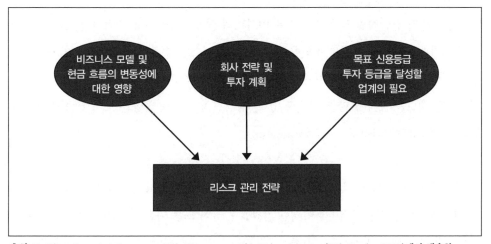

출처: T. Oliver Leautier, Corporate Risk Management for Value Creation(Risk Books, 2007)에서 채용함.

보기 17.3이 보여 주는 바와 같이 현재 및 장래의 투자 현금 흐름 변동성은 전략적 투자 계획과 함께 리스크 관리의 가치를 견인한다. 변동성과 성장성이 낮고, 투자의 필요도 제한된 회사는 급속히 성장하고 있는 회사보다 리스크를 관리할 필요가 적다. 금융기관들은 추가적으로 높은 투자 등급 목표 즉, A 등급 이상 회사가 누리는 유연성이 필요하다. 이는 금융기관들의 부채의 민감성 때문이다. 그들의 고객들은 예금 및 트레이딩 상품에 대해 우려하는 채권자들이기도 하다. 따라서 고객을 유지하기 위해서는 높은 신용 등급이 필요하다.

금융기관이 경쟁 우위가 있는 분야의 리스크는 보유하고 나머지는 제거하는 데에 전통적인 인수(引受), 경감 그리고 이전(移轉)이라는 리스크 관리 기법들이 사용될 수 있다. 예를 들어, 지방 은행들은 지역의 고객들에 관한 정보상의 우위가 있다. 따라서 그들은 신중한 수준까지는 그러한 리스크를 보유해야 한다. 하지만 이자율 리스크와 같은 시장 리스크들은 해당 기관이 특별한 정보를 가지고 있거나, 현재의 가격이 잘못 정해져 있다고 알려져 있지 않는 한 보유되어서는 안 된다. 투자 계획의 자금을 조달하기에 충분한 자본 시장 접근을 확보하기 위해서는 보유된 리스크가 목표 신용 등급에 부합하는 자본으로 커버되어야 한다. 이 관점에서 볼 때, 리스크 관리와 자본은 호환성이 있는 것으로 볼 수 있는 바, 자본은 보유된 리스크의 비용이다. 사실 리스크 관리는 본질적으로 비용이 경비로 인정되는 합성 자본이다. 핵심은 대차대조표의 자산 및 부채와 자본의 부조화를 피하는 것이다. 자산 리스크에 비해 자본이 너무 적으면 유연성이 떨어지는 반면, 자본이 너무 많으면 자본수익률을 떨어뜨린다.

금융기관의 전반적인 리스크 수준은 이사회의 리스크 성향, 즉 조직이 전략을 추구하면서 대차대조표의 양쪽에서 떠안을 용의가 있는 리스크 수준에 의존한다. 리스크 성향은 이해관계자에 따라 상대적인 용어이다. 경영진과 이해관계자의 성향이 대개는 정렬을 이루지만 때로는 양자가 다른 경우도 있다. 경영진의 리스크 성향은 보기 17.4에 반영된 연속선으로 표현된다(Oliver Wyman 2007에서 인용함).

경영진 교체, 감독 당국의 조치, 또는 도산 리스크를 명백히 알면서 받아들이는 계획을 세우는 사람은 아무도 없다. 이러한 상황들은 극히 드문 나쁜 상황의 확률을 적절하게 고려하지 못한 데서 비롯된다. 이러한 전략들은 우발성에 대한 도박 및 페소 리스크 수용과 관련이 있다. 금융 강세장이 20년 넘게 계속되자 경영진, 이사, 규제 당국 그리고 주주들은 그릇된 안도감에 빠져들었다. 그들은 자신의 자본에 비해 커다란 리스크 포지션을 취함으로써, 드물기는 하지만 일어날 수도 있는 부정적인 상황을 깡그리 무시했다.[15) 희귀한 사건이 발생하지 않을 때의 성공적인 리스크 전략은, 자동차가 충돌하지 않을 경우에만 기능을 발휘하는 에어백을 가지는 것과 마찬가지이다.

[보기 17.4] 리스크 성향 연속선

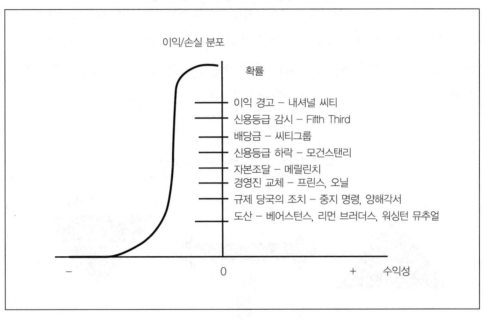

리스크 성향에 관한 결정은 최악의 상황이 발생할 경우 회사의 가치가 얼마만큼이나 위험에 처하게 될지, 이 손실 금액을 견딜 수 있는지 그리고 견딜 수 없을 경우 스스로를 보호하기 위해 얼마만큼의 추가 자본이 필요한지 결정하는 것과 관련이 있다. 보기 17.4는 최근의 역사에 의해 입증된 많은 금융기관의 내부 리스크 성향들을 보여 준다. 경영진이 거액을 지급받고 물러나며, 전년도의 보너스를 챙길 수 있도록 허용한 왜곡된 보상 시스템이 이 문제를 악화시켰다. 이 보상 시스템은 경영진이 "앞면이 나오면 내가 이기고 뒷면이 나오면 네가 지는" 상황에서 "주사위를 굴리도록" 장려했다. 보상 시스템에 의해 고위 경영진의 이해가 잘못 정렬되었다. 이에 따라 경영진은 주주의 희생 하에 예측 가능하고 합리적인 방식으로 행동했다.

내부 및 외부 이해관계자들의 상충되는 리스크 성향을 보기 17.5에서 보여 준다(P. Laurin 2006에서 인용함).

해결되지 않은 내부 및 외부 이해관계자들의 이해상충이 많은 금융기관 문제의 밑바탕이 되고 있다. 경영진은 보너스의 극대화를 추구하기 위해 보다 리스크가 큰 새로운 전략을 구사했는데, 회사의 자본구조는 이러한 전략 추구시 불가피한 손실을 흡수할 수 없는 상태였다. 리스크 성향의 경기 순응적(pro-cyclical) 성격이 문제를 복잡하게 한다. 강세장이 오래 지속되면 이익이 늘어나고 경계심이 감소한다. 금융기관들은 지금까지의 추세가 향후에도 지속될 것으로 가정한다. 결국 강력한 거버넌스가 없으면, 그들은 강세장을 자신의 기량으로 착각하고 (보기 17.1에 나오는) 리스크 곡선의 보다 오른쪽으로 이동한다. 이로 인해 불가피한 수정이 일어나면 과도하게 노출된 포지션을 보유하게 된다.

[보기 17.5] 리스크 성향과 가치 창출

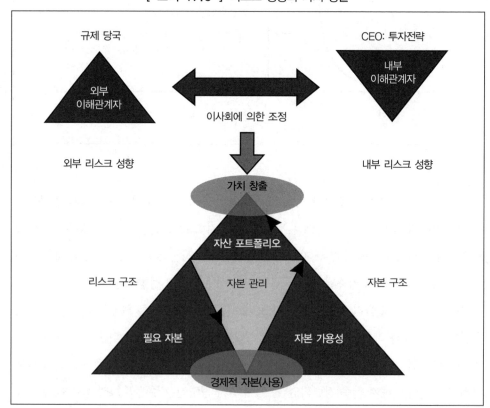

리스크 모델도 리스크 성향이 높아지는 데에 기여했고, 개인은 주어진 리스크 수준을 유지하려 했다. 리스크가 줄어든 것으로 인식되자, 마치 리스크 온도계를 가지고 있기라도 하는 양, 원래의 리스크 수준으로 돌아가기 위해 리스크 익스포져를 늘리는 행동 변화가 촉발되었다. 금융기관들은 리스크 관리가 리스크를 줄였다고 믿었고, 이에 따라 리스크 익스포져를 늘림으로써 이에 대응했다.[16] 이는 리스크 경감이 리스크를 줄이기보다는 재분배한다는 역설적인 결론에 이르게 한다.

이에 더하여, 많은 금융기관들이 제한적인 비교 우위만을 지닌 분야에서 거액의 리스크를 보유했다. 사실상 그들은 "유통시키기 위해 익스포져를 발생시키는" 비즈니스 모델에서 "보유하기 위해 발생시키는" 모델로 이동했다. 이 시장 리스크 베타는 명목 이익은 증가시킨 반면 주주가치를 창출하지는 못했다. 더 안 좋은 점은 증가된 리스크 익스포져에 대해 보상받지 않았다는 것이다. 현재 상황은 LTCM 붕괴의 보다 증폭된 시스템 차원의 버전이라 할 수 있는데, LTCM 붕괴를 현재의 위기의 설계도로 볼 수 있다. 두 경우 모두 리스크를 과소평가한 모델에 기초하여 옵션과 같은 자산의 꼬리 리스크에 거액, 레버리지 사용, 유동성 없는 편중이라는 도박을 한 것이었다.[17] 리스크 관리 시스템의 "사각지대"의 약점을 이용하기 위해 LTCM이 사용했던 풋 옵션 숏 포지션이 이들 금융기관들에서는 스텔스 기처럼 탐지하기 어려운 구조화 금융 상품들로 대체되었다. 구조화 금융 상품들은 리스크 및 보상 시스템을 이용하기 위한 완벽한 도덕적 해이 상품들이다.[18] 구조화 상품들의 적법성은 그러한 상품들에 부여된 높은 신용 등급(흔히 AAA 등급이 부여되었음)에 의해 강화되었는데, 구조화 상품들은 이러한 높은 신용 등급으로 인해 유동성이 있는 것처럼 보였다.[19]

유동성과 지불능력을 구분하는 것이 중요하다. 유동성은 대차대조표의 구성에 관계된다. 특히 유동성은 일련의 나쁜 사건들을 견뎌내기에 충분한 현금 보유 여부에 초점을 맞춘다. 유동성은 성공하기까지 충분히 오랫동안 생존하게 해 준다. 지불능력은 자산 가치로 부채에 대해 어느 정도 담보느냐와 관련된다.

시장 위기상황에서 주된 관심 대상은 유동성이다. 하지만 놀랍게도 바젤 II 하에서 감독 당국과 신용평가 기관은 이 이슈에 대해서는 거의 관심을 기울이지 않았다. 자산 가치는 유동성 위기 중에는 변동성이 커진다. 이 점은 LTCM 사태에서도 강조되었다. 그들의 트레이드는 궁극적으로는 수익을 낼 수 있었지만, 충분한 유동성을 보유하지 못했기 때문에 이익을 실현시키기 전에 포지션을 청산해야만 했다. 이 점은 아래의 보기 17.6에서 볼 수 있다.

패닉 시기의 매도/매입 스프레드의 크기는 자산 손실을 보지 않고 현금으로 전환하는 것을 복잡하게 한다. 단기 부채 만기에 대응하기 위해 장기 자산을 현금으로 전환하지 못하게 되자, 리먼 브러더스나 베어스턴스 등은 지불능력이 있을 것으로 추정됨에도 불구하고 도산하게 되었다.

[보기 17.6] 자산 가격 유동성

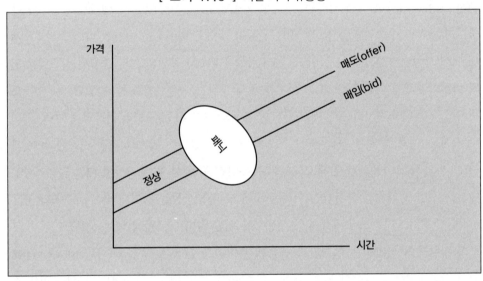

유동성에는 두 가지 원천이 있다. 전통적으로 금융기관들은 자산 가격의 유동성 우려를 커버하기 위해 현금 또는 현금과 유사한 유동성 완충 수단을 보유했다. 그러나 이는 비용이 많이 든다. 많은 금융기관들은 부채 기반 유동성으로 전환했다. 이는 합리적인 조건으로 부채를 조달할 수 있는 능력에 기초했다. 투자은행들은 대개 단기 자금, 흔히 익일물 자금이 덜 비싸기 때문에 이를 이용하여 장기 자산 포지션을 지탱했다. 불행하게도 이러한 자금의 가용성은 취약하며, 잠재적으로 변동성이 큰 시장 상황에 영향을 받는다.[20] 차입 능력에 대한 가정은 경기 상황에 따라 따르다. 이 가정은 평상시에는 성립하지만, 가격 하락이 매입자보다는 매도자를 더 많이 만들어 내고, 따라서 유동성 블랙 홀을 만들어 내는 공황 상태에서는 타당하지 않다.[21] 신용에 기반한 유동성은 환상에 지나지 않는다. 회사 자산의 질이 어떠하든지 레버리지와 유동성 부채의 결합은 치명적이다. 자산의 문제는 궁극적으로 회사의 자금 조달 능력에 영향을 주고, 이는 유동성 위기로 이어진다.

거버넌스

거버넌스는 핵심적이지만 소홀하게 여겨지고 있는 리스크 관리의 구성 요소 중 하나이다. 르네 스툴즈(Rene Stulz)가 정확하게 지적한 바와 같이 리스크 관리자들만이 현재의 신용 위기에 책임이 있는 것이 아니다. 리스크 관리의 핵심은 익스포져 측정과 회계 시스템이다. 주요 리스크를 취하기로 하는 결정은 최고 경영진과 이사회의 책임이다.[22]

거버넌스는 잠재적으로 상충하는 경영진과 주주들의 이해관계를 정렬시키기 위한 적절한 인센티브 및 통제 설계와 관련이 있다. 이는 의사 결정 권한 할당, 성과 지표 설정 그리고 적절한 보상 시스템 개발과 관련된다. 이는 리스크가 나중에 가서야 명백해지는 불투명한 리스크 포지션을 취하는 금융기관들에게 특히 중요하다. 이러한 상황에서는 강력한 인센티브 보상 제도와 정보의 비대칭이 결합하여 경영진이 보상 시스템과 게임을 벌여 보기 17.7의 DAR(Decisions at Risk)로 이어질 유인이 조성된다.[23] 단기 실적과 주식 옵션에 연계된 보너스는 경영진과 주주들의 이해관계를 잘못 정렬시키고 과도한 리스크를 취하게 한다(이 이슈에 관해 보다 자세한 정보를 원할 경우 역자의 다른 번역서 『거버넌스, 리스크 관리, 컴플라이언스』를 참조하기 바람. 역자 주).

[보기 17.7] DAR 통제 프레임워크

비대칭적 정보	행동상의 편향	통제
역선택 – 정보 결여로 부정확하게 선택 도덕적 해이 – 성과에 대한 정보 결여	낙관주의 과신 통제되고 있다는 환상 ⎬ DAR ⮕	내부 이사회의 모니터링 인센티브 제재 외부 규제 당국 경영권 시장

경영진은 정보의 우위를 악용하여 이사회를 속일 수 있다. 구조화 상품은 복잡한 회계 및 가치 평가 문제와 연루되어 있기 때문에 DAR가 높다. 이것이 바로 워렌 버핏이 이 상품들이 "대량 파괴 무기"라고 비난한[24] 근저의 이유이다. 더욱이 경영진은 자신의 리스크 포지션을 감독하고 이해할 역량이 부족할 수도 있다. 이런 경우 고위 경영진은 리스크를 늘려서 자신의 보너스를 극대화할 유인이 있는 중간 관리자들의 조종을 받게 된다. 틀림없이 고위 경영진이 회사의 리스크 익스포져를 이해하지 못했던 베어스턴스에서도 이런 일이 발생했을 것이다.

우리는 주요 리스크 의사 결정이 어떻게 이루어져야 하는지 알지만, 실제로 어떻게 이루어지는지는 제대로 알지 못한다. 의사 결정자들은 리스크가 어떻게 인식되고 관리되는지에 관한 행동상의 편향에 굴복한다. 행태 재무학은 의사 결정자들이 정보를 어떻게 수집, 해석, 가공하는지를 조사한다. 이러한 편향들은 의사 결정 프로세스를 변질시키고, 최선에 미치지 못하는 결과에 도달하게 한다.

주요 행태상의 편향에는 아래와 같은 사항들이 있다.

- **과신** 기술을 과장하고 변화 또는 외부 상황의 영향을 무시한다. 과신은 결과의 가변성을 과소평가하게 한다. 때로는 "강세장을 기술로 착각"하는 것으로 알려져 있다.
- **가용성 편향** 주관적 확률은 최근의 경험에 의존한다. 따라서 시장 또는 회사의 붕괴와 같은 희귀하고 극단적인 사건들은 간과되고, 이에 따라 그릇된 안도감이 조성된다.[25]
- **부화뇌동** 개인들이 다른 사람의 의사 결정을 흉내 내기 시작한다. 부화뇌동은 피드백 루프에 과도하게 의존함으로써 시장 사이클을 확대시킨다.

아무리 데이터가 양호하고 모델이 정교할지라도 우리는 우발성에 의해 속을 수 있고, 행동을 결과와 혼동할 수 있으며, 형편 없는 리스크 결정의 희생물이 될 수 있다. 이는 피드백이 지연되는, 어렵고 드문 특정 유형의 의사 결정에 특히 중요하다.[26] 주요 신규 투자 프로그램들은 이러한 유형의 예이다. 잘못 정렬된 인센티브와 결합되면 이는 공유의 비극(tragedy of the commons; TOTC) 상황으로 이어질 수 있다. TOTC는 유한한 자원의 가격이 낮게 책정되어 과도한 남용으로 이어질 때 발생한다. 은행들은 자산 리스크를 과소평가함으로써 자신의 자본 가격을 잘못 책정했다. 이는 그들이 위험에 눈감고 리스크 성향을 늘리게 했다.

DAR 문제로 골머리를 앓는 이사회들은 경영진과 유착하게 되었다. 그들은 시장의 위기에 의해 어쩔 수 없게 되기 전에는 좀처럼 경영진에게 의문을 제기하지 않는다. 비효과적인 이사회의 증상에는 아래의 사항들이 포함된다.

- 대규모 이사회
- 경험이 없는 이사들
- 은퇴한 CEO들이 현직 CEO를 펀드는 경향이 있음
- 한정된 소유 지분: 이사들의 몰입을 축소시킴

이사회는 금융기관의 전략, 리스크 성향 그리고 비즈니스 계획의 가정의 영향을 이해할 필요가 있다. 그렇지 않으면 그들은 리스크 성향의 변화, 전략 변화가 리스크에 미치는 영향, 필요 자본 수준 그리고 보상 제도가 경영진의 유인에 미치는 영향 및 프랜차이즈 도박(franchise bet)을 알아차리지 못할 것이다.[27] 불행하게도 이사회의 성과를 개선하려는 시도들은 도전에 직면할 수 있다. 이는 개인들을 보호하기 위해 만들어진 장치들이 피규제 기관들의 이익에 봉사하는 결과로 귀결되는 규제상의 포획(regulatory capture, 공공의 이익을 위해 행동하도록 창설된 규제기관들이 피규제 기관의 이익을 증진할 때 규제상의 포획이 일어난다. 규제상의 포획은 회사들이 부정적 외부 효과를 낳도록 조장하기 때문에, 이는 정부 실패의 한 형태이다. 위키피디아 설명에서 인용함. 역자 주)과 유사하다.

내부 통제 붕괴는 일반적으로 실적 저하와 주주들의 압력 그리고 경영권 변동으로 이어진다. 이러한 조치들의 일반적 형태는 위임장 대결 및 적대적 인수합병과 관련이 있다. 은행업과 같이 규제가 심한 산업에서는 규제가 그러한 조치를 어렵게 한다. 규제 당국이 외부의 경영권 시장의 대체물이 된다. 그러나 규제 당국은 비효율적인 대체물이다. 그들이 반드시 주주와 정렬을 이루는 것은 아니며, 그들 또한 이사회와 마찬가지로 DAR 문제에 직면한다. 더욱이 그들은 유착 문제에 빠질 수 있는데 그 해결책은 규제 강화가 아니라 시장의 규율을 늘리도록 허용하는 것이다. 이는 두 가지 영역에서 이루어질 수 있다.

첫째, PEF와 같은 적극적인 대주주들이 이사회에 진출하면 경영진과의 균형을 잡아줄

수 있다. 불행하게도 은행 지주 회사 규칙은 이러한 노력을 복잡하게 한다.[28] 또 하나의 대안은 민간 보험업자들에 의해 제공된 의미 있는 금액의 우발 자본(contingent capital)에 근거하는 것이다.[29] 보험사는 경영진에게 도전하고 적절한 리스크 관리 감독이 행해지도록 하는 데에 대해 금전상의 인센티브를 보유할 것이다. 또 다른 준 시장적 접근법은 은행들에게 후순위 사채를 발행하도록 요구하는 것이다. 후순위 사채는 은행의 지불 능력 이슈에 대해 조기 경보를 제공하는 "탄광 안의 카나리아" 역할을 할 것이다.[30] 우리는 이 분야에서 추가적인 진전이 있을 것으로 기대할 수 있다. 그러한 해결책이 없으면 은행은 정보 불확실성 할인을 당할 것이고, 이는 은행의 자본 비용을 상승시킬 것이다.[31] 따라서 금융 기관의 소유 구조와 구성은 리스크 관리의 중요한 고려 대상이 되어야 한다.

새로운 방향들

우리는 리스크 측정을 넘어 리스크를 전략 수립, 자본 관리 및 거버넌스 안으로 통합시키는 리스크 관리로 이동할 필요가 있다. 전사 리스크 관리는 이러한 기능들을 통합시키는 프레임워크를 제공한다.

전사 리스크 관리(ERM): 첫 단계

리스크 관리는 하나의 전략이며 목적을 위한 수단이지 목적 자체는 아니다. 여기에서의 초점은 거버넌스의 통제 측면을 전략 및 성과와 총체적이고 통합적으로 연결시키는 데에 맞춰진다. 리스크는 대차대조표의 양쪽을 연결시키는 회사 전체 포트폴리오의 관점에서 보게 된다. 따라서 리스크 관리는 부분의 합 이상이다. 사일로 안에서 수행되는 리스크 관리에서는 다양한 부문 및 리스크들의 상호작용이 무시되지만, 이 상호작용은 부문 및 리스크들 자체만큼이나 중요하다. ERM은 그러한 부분들을 통일시키는 메커니즘을 제공한다. ERM의 범위는 전통적인 재무 리스크를 넘어 인적 자원, 인센티브 그리고 거버넌스 문제도 포함한다.

ERM은 조직 전체를 아우르는 하향식 종합 리스크 관리로서 모든 비즈니스 부문 및 리스크 유형을 다룬다. ERM에서는 개별 거래 단위가 아니라 전략 차원에 초점을 맞춘다. ERM은 조직 전체의 상호 관련된 리스크들에 대한 포트폴리오 관점을 통해 의사 결정을 향상시키고자 한다. 이는 비즈니스 부문들에 리스크 문화를 내면화시켜 이러한 전략 수립시 리스크에 대한 고려가 하나의 입력 사항이 되게 함으로써 달성된다. 이는 통제 조직을 발전시키는 것이 아니라, 조직이 확실히 통제 하에 있게 해 준다. 급속도로 변화하는 금융 시장에서 핵심 영업 분야의 쇠퇴에 직면한 금융기관들이 대체 비즈니스 모델을 찾고 있는 상황에서는 이 점이 특히 중요하다.

리스크 관리는 진공 상태에서 작동하지 않는다. 리스크 관리는 맥락에 의존하며, 외부 환경을 고려해야 한다. ERM은 너무 내향적으로 되어 변화하는 불안정한 시장 상황에 대한 회사의 적응력을 고려하지 못하게 될 수 있다. 유용한 접근법이 보기 17.8에 나와 있다.

[보기 17.8] 회사 및 회사의 환경

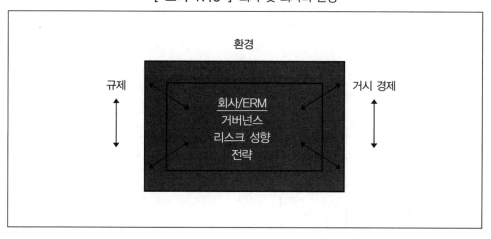

산업들은 복잡하게 상호작용한다. 산업들의 관계는 비선형적인데, 이는 작은 변화가 큰 영향을 줄 수 있음을 의미한다. 또한 산업 시스템은 피드백 루프에 의해 밀접하게 연결되어 있고, 사건은 시스템 전체에 예측할 수 없는 방식으로 신속하게 퍼진다. 현재의 위기는 시스템의 실패를 보여 주는 바, 하나의 원인 또는 비난 대상을 찾으려는 노력은 소용이 없다.

성공하기 위해서는 리스크 전략이 충분히 유연해서 환경 상태가 변하면 이에 따라 변할 수 있어야 한다. 현재의 시스템처럼 하나의 시장 상황에서만 통할 수 있는 정교한 시스템은 다른 상황들에서는 유용성이 제한된다. 회사들이 생존하고 예상하지 않았던 환경 변화에 적응하기 위해서는 충분한 회복력을 지녀야 한다.

회사의 회복력(Enterprise resilience; ER): 다음 단계?

회사는 복잡하며 살아 있는 시장 시스템이다. 이 시스템 안에서의 위기는 흔하지는 않을지라도 불가피하다. 회사가 예상하지 않았던 사건에 적응할 수 있는 능력(회사의 회복력)이 중요한 성공 요인이 된다. 시장 시스템은 너무 복잡해서 언제 어디서 사건들이 발생할지 예측할 수 없다. 열쇠는 사건들을 알아차리고 이에 대응할 수 있는 유연성이다. 보기 17.9에서 볼 수 있는 바와 같이 ER은 리스크 관리 발달의 다음 단계일 수도 있다.[32]

[보기 17.9] 적응적 리스크 관리

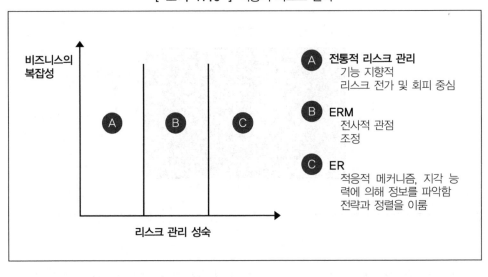

ER은 발생 확률 여하에 관계없이 무슨 일이 일어날 수 있는지와 다양한 시장 상태에 대해 초점을 맞춘다. 그렇다면 회사는 시장에 어떤 유형의 폭풍이 닥쳐도 회사의 리스크가 용인 수준 이내로 관리될 수 있도록 해 주는 리스크 관리 구조를 세워야 한다. ER은 모든 시장 상황에서 최적은 아닐지라도, 여러 시장 상황에서 생존을 확보해 준다.

결론

구조화 상품 신용 위기는 현재의 리스크 관리의 단점을 보여 주었다. 리스크 관리는 금융 혁신에 뒤쳐졌다. 리스크가 측정되었을지는 몰라도 적절하게 관리되지 않았다. 대신에 리스크 관리는 제의(祭儀)상의 예언 활동과 같았다. 전통적인 리스크 관리는, 이면에서는 과도한 리스크 취하기가 벌어지고 있는데도 지나치게 자신만만하고 규제를 준수하고 있다는 허상에 빠지게 되었다. 리스크 관리는 회사 전체가 직면해 있는 리스크와 수익의 교환 관계를 포함해야 한다. 이는 전략적 리스크와 자본 구조 이슈를 포함한다. 회사가 높은 리스크에 대해 보상을 받고 있고, 리스크를 이해하며, 불리한 사건을 견딜 수 있고, 이해관계자들의 이해관계가 정렬되어 있다면 고위험 전략 자체가 잘못된 것은 아니다.

쇠락하고 있는 은행업 비즈니스 모델에서 나오는 리스크는 이해관계들이 잘못 정렬될 우려를 증가시킨다. ERM과 ER은 비즈니스와 리스크에 대한 고려를 여러 시장 상황에 걸쳐 가치를 창출한다는 단일한 전체 회사 차원의 관점 안으로 결합시킴으로써 이 간극을 메운다. 그다음에는 부분적으로는 현재의 문제들의 원인일 수도 있고, 또는 다른 리스크의 원천들을 통제하기에 적절하지 않을 수도 있는 거버넌스 이슈들이 다루어져야 한다. 거버넌스는 상충하는 이해관계자들의 주장을 식별하고 다루며, 해결하는 의사 결정권 부여에 관한 것이다. 이에 더하여 리스크 성향과 리스크 프로필을 반영하는 보고의 투명성이 필요하다. 리스크 관리의 가장 중요한 구성 요소는 측정이 아니라 관리이다. 성공적일 경우, 이러한 발전은 리스크 관리를 전략적인 가치 창조에 도움을 주는 요소로 변환시킬 것이다.

참고 문헌

Adams, J. 1995. Risk. New York: Routledge.

Bak, P. 1996. How nature works: The source of self-organized criticality. New York: Copetnicus Books.

Berkshire Hathaway. 2002. Annual Report: Principles of insurance underwriting, 7.

Booksatbler, R. 2007. Demons of own design. New York: John Wiley & Sons.

Brealey, R., Myers, S., and Allen, R. 2008. Principles of corporate finance, 9thed. New York: McGraw-Hill.

Buehler, K., Freeman, A. and Hulme, R. 2008. New arsenal of risk management, Harvard Business Review(September).

Credit Suisse, "European Banks" (June 11, 2008) 35.

Crouhy, M., Galdi, D., and Marx, R. 2006.The essentials of risk management. New York: Mcgraw-Hill. (국내에서는 맥그로우힐 코리아, 삼정 KPMG에서 『에센셜 리스크 매니지먼트』라는 제목으로 출판하였음).

Doud J. 1998. Beyond value at risk: New science of risk management. New York: John Wiley & Sons.

Froot, K., and Stein, J. 1998. A new approach to capital budgeting for financial institutions. Journal of Applied Corporate Finance, vol. II, no. 2, (Summer) 59.

Goldman Sachs. 2005. Annual Report.

Hahn, A.H. 2008. Missing pieces. CFO(March) 51.

Kashyar, A., Rajan, R., and Stein, J. 2008. Rethinking capital regulation. Paper prepared for Federal Reserve Bank of Kansas City Symposium. Jackson Hole, Wyoming(August).

Kucitzkes, A. 2008. Risk governance: Seeing the forest for the trees. MMC Journal. Oliver Wyman, (October 14).

Jorion, P. 2000. Risk management lessons from long-term capital management. European Financial Management 6 (September) 277.

Lam J. 2003. Enterprise risk management: From incentives to control. New York: John Wiley & Sons. (국내에서는 세종서적에서 『지속 가능 경영을 위한 경영 리스크 관리』라는 제목으로 출간하였음).

Laurin, Pierre.2006. OCCA presentation at Towers Perrin, December 6.

Merton, R. 1974. On the pricing of corporate debt: The risk structure of interests. Journal of Finance 29:449.

Meulbrook, L. 2001. Total strategies for company-wide risk control. Financial Times Mastering Risk vol. 1: Pickford, J. (ed.)Harlow, UK: Pearson.

Miller, M., and Modigliani, F. 1961.Dividend policy, growth, and the valuation of shares. Journal of Business 34 (October) 411-433.

Nocco, B., and Stultz, R. 2006. Enterprise risk management: Theory and practice. Journal of Applied Corporate Finance 18: 4.Fall 2008.

Oliver Wyman. 2007. The new finance and risk agenda: What's your risk appetite.

Persaud, A. 2003.Liquidity black holes. London, UK: Risk Books.

Perrow, C. 2007. The next catastrophe. Princeton, NJ: Princeton University Press.

Petroski, H. 2006. Success through failure: The paradox of design. Princeton, NJ: Princeton University Press.

Pulliam, S., Serna, N., and Smith, R. 2008. Merrill Lynch will report up to $8 billion in write downs. Wall Street Journal, April 16.

Rabin, M. 2000. Inference by believers in the law of small numbers. Quarterly Journal of Economics.

Rizzi, J. 2007. The mismanagement of risk management. American Banker(September 28).

Rizzi, J. 2008. Why this crisis goes deeper than credit. American Banker(September 5).

Rosen, D., and Zenros, W. 2006. Enterprise-wide assets and liability management: Issues, institutions and models. Handbook of Asset and Liability Management, vol.I(ed. W. Zenios, and W. Zima. 2006 Elsevier R.V.) Chapter 1.

Sheffi Y. 2005. The resilient enterprise: Overcoming vulnerability for competitive advantage. Cambridge, MA: MIT Press.

Smithson, C., and Simkins, R. 2005. Does risk management add value: A survey of the evidence.Journal of Applied Corporate Finance, vol. 17, no. 3, 8 (Summer).

Stulz, R. 2008. Risk management failures: What are they and when do they happen? Journal of Applied Corporate

Finance, vol. 20, no. 4 (Fall).

Stulz, R. 1996. Rethinking risk management. Journal of Applied Corporate Finance, vol. 9, no. 3, p. 8 (Fall) 8. 1996.

Thaler, R., and Sunstein, C. 2008.Nudge: Improving decisions about health, wealth and happiness. New Haven, CT: Yale University Press.

Tirole, J. 2006. The theory of corporate finance. Princeton, NJ: Princeton University Press.

Wruk, K. 2008. Private equity, corporate governance, and the reinvention of the market for corporate control. Journal of Applied Corporate Finance, vol. 20, no.3 (Summer).

INDEX

1) Credit Suisse, "European Banks", 2008년 6월 22일을 참고하라.

2) F. Guerra, "Merill's Recent Losses…", 파이낸셜 타임즈, 2008년 1월 29일을 보라.

3) TARP는 2008년에 미국 재무부에서 제정한 부실자산 구제 프로그램(Troubled Asset Relief Program)이다.

4) 위의 Credit Suisse, "European Banks"를 보라.

5) 보편적인 부외 거래 기구들에는 구조화 투자 기구와 자산담보부 기업어음(ABCP) 발행 기구가 있다. 이들은 사실상 은행 규제를 피하기 위해 개발된, 규제를 받지 않는 은행 역할을 했다.

6) 리먼 브러더스는 2004년에서 2007년 사이에 자본은 겨우 60억 달러 증가한 반면, 거의 3천억 달러의 자산을 증가시켰다. 파산 당시 이 회사의 레버리지 비율은 30 대 1을 넘었다. 2004년은 SEC가 주요 증권회사들에게 내부 리스크 모델에 입각해 레버리지 비율을 증가시키도록 허용한 해였다.

7) 때로는 "소수의 법칙(law of small numbers)"으로 알려져 있는 이 현상은 작은 표본이 모집단을 닮았을 거라는 과장된 믿음을 말한다. M. Rabin의 "Inferences by Believers in the Law of Small Numbers"를 보라.

8) 워렌 버핏은 이를 자체 채점 시험이라 불렀다.

9) 페소 리스크는 전례 없는, 또는 혼하지 않은 사건이 자산 가격에 영향을 줄 가능성이다. 여분의 알파 수익은 작은 표본 수에 의한 편향(bias)에 근거한 예상 수익에 있어서의 환상이다. 페소 리스크는 1970년대 초에 M. Friedman에 의해 최초로 제기되었다.

10) 이는 보상에 있어서 예방과 구제 사이의 근본적인 비대칭을 반영한다. 이 점은 위기 뒤에 메릴린치와 같은 기관들을 구제하기 위해 영입된 리스크 관리자들에게 지급된 거액의 보상에 의해 부각되었다.

11) 이 점은 2007년 10월에 씨티그룹의 CFO 개리 크리텐덴(Garry Crittenden) 의해 강조되었다. 그는 구조화 상품에서의 리스크는 사실상 신용 리스크임에도 불구하고 그들은 이를 시장 리스크로 생각했다고 말했다. 그래서 그들은 자신들의 포트폴리오에서의 진정한 리스크를 놓쳤다.

12) 이 점은 Per Bak의 모래시계(collapsing sand pile)에서 흥미진진하게 보여졌다.

13) R. Kroszner의 "Strategic Risk Management in an Interconnected World", RMA Speech, 2008년 10월 20일을 보라.

14) 올리버 와이만(Oliver Wyman)의 A. Kucitzkes의 최근 리서치는 2004년에서 2006년 사이에 성장률이 25%를 넘은 회사들 해당 기간 중 보다 안정적으로 성장했던 회사들이 입은 손실보다 두 배의 트레이딩 및 신용 손실을 경험했음을 보여 준다.

15) 전 미국 연방 준비 위원회 의장 알랜 그린스펀의 2008년 10월 23일 의회 증언은 이러한 확률을 무시했음을 보여 준다. 그는 20년간의 데이터가 그로 하여금 금융기관들이 자신의 이해관계에 따라 행동할 수 있는 능력에 관한 정책상의 오류를 저지르게 했다고 말했다.

16) 리스크 보상 개념은 J. Adams에 의해 개발되었다. 그는 안전벨트 착용을 의무화하는 법이 사망자 수를 줄이지 않았음을 발견했다. 운전자들은 더 빨리 운전하는 경향을 보였다. 이에 따라 보행자와 자전거를 타는 사람들의 사망이 늘어나 운전자에 대한 안전벨트의 효용을 상쇄했다.

17) 구조화 상품에서 숨겨진 재앙적 사건 리스크에 대해 대한 잘못된 가격 책정은 J. Coval, J. Jurek 그리고 E. Stafford, "Economic Catastrophic Bonds", 하버드 경영대학원 Working Paper No. 07-102, 2008년 4월에서 볼 수 있다. 이 논문은 상응하는 대안적 익스포저를 기초 자산에서 취했더라면 상당히 더 높은 수익을 낼 수 있었음을 보여 주었다. 가격 책정 오류는 보다 덜 투명한 구조화 증권에 대한 수요 증가에 기인했는데, 리스크 관리 시스템을 이용하기 위해 구조화 증권이 사용될 수 있다.

18) 구조화 금융은 비즈니스로 위장한 보상 기법으로 볼 수 있다.

19) AAA 등급의 구조화 상품들은 AAA 등급의 구조화되지 않은 일반 회사채에 비해 높은 프리미엄 스프레드를 받았는데, 이로 인해 순진한 투자자들로부터 이러한 상품들에 대한 수요가 증가하였다. 이는 신용 등급의 정확성에 대한 의문을 제기한다.

20) 헤지 펀드와 같이 규제를 받지 않는 신용 공급자의 새도우 뱅킹 시스템은 외생적인 유동성을 크게 확대시켰다. 이로 인해 그러한 유동성을 계속 이용할 수 있을 것이라는 그릇된 안도감이 생겨났다. 이후에 이 시스템에 종말이 오자 고통스러운 유동성 경색이 촉발되었다.

21) R. Bookstabler는 2008년 6월 19일의 상원 증언에서 위기에서는 핵심적인 이슈들은 누가무엇을 소유하고 있는가, 그들이 받고 있는 청산 압력 그리고 그들이 그 외에 무엇을 소유하고 있는가라고 말했다.

22) R. Stulz, "Risk Management Failures: What Are They and When Do They Happen?" Journal of Applied Corporate Finance vol. 20 no. 4 (2008년 가을 호)를 보라.

23) 정보의 비대칭은 관련 정보가 참가자들 사이에 동등하게 공유되지 않는 상태이다. 이는 대리인인 경영진이 자기들이 더 많이 알기 때문에 본인인 주주들을 착취하는 대리인 문제(agency problem)의 토대를 이룬다.

24) Berkshire Hathaway의 2002년 연례 보고서를 보라.

25) 경계심 감소의 법칙에 의하면 경계심은 지난번 사건 발생 후 경과한 시간의 제곱에 비례하여 감소한다.

26) R. Thaler와 C. Sustein, Nudge: Improving Decisions About Health, Wealth, and Happiness, (예일 대학교 출판부, 2008년) 참조.

27) 2008년 4월 26일자 월 스트리트 저널에 따르면, 메릴린치는 2006년에 CDO 익스포져를 10억 달러에서 20억 달러 이내로 보유해야 한다고 주장한 리스크 관리자를 해고했다. 그 후에, CDO 익스포져는 분기당 50억 달러씩 증가했는데, 이사회는 이에 대해 의문을 제기하지 않았다. 저울이 있어야 어떤 사람이 뚱뚱한 지 알 수 있는 것이 아니듯이, 모델이 없어도 그러한 익스포져의 성장 및 규모가 위험하다는 것을 알 수 있다.

28) 연방 준비 위원회는 최근에 PEF에 대한 제한 일부를 완화했다. 하지만 소유 지분 제한과 Texas Pacific Group 및 Corsair가 은행에의 수동적인 투자에서 입은 대규모 손실을 함께 고려해 보면, 추가적인 완화가 필요함을 알 수 있다.

29) A. Kashyar, R. Rajan 그리고 J. Stein, "Rethinking Capital Regulation", "변화하는 금융 시스템에서의 안정성 유지하기"에 관한 캔사스 씨티 연방 준비은행 심포지엄 (Jackson Hole, WY, August 21-23, 2008)을 위해 준비한 미발행 논문을 보라.

30) 대형 은행들은 1990년대 후반에 은행의 리스크 취하기에 대해 가하려던 이러한 제한을 성공적으로 막아냈다.

31) 투자자들은 은행의 리스크 관리에 대한 불신을 반영하여 불확실성 할인을 적용할 것이다.

32) 부즈 알랜과 해밀턴, "Redefining the Corporate Governance Agenda: From Risk Management to Enterprise Resilience", 2003년 6월에서 채용함. 이 글은 www.boozallen.com에서 구할 수 있다.

저자 소개

조 리찌(Joe Rizzi)는 CapGen에 합류하기 전에 24년 간 ABN AMRO 그룹과 미국 내 관계회사 LaSalle Bank에서 일했다. 이 은행에서 퇴직 당시 LaSalle Bank Corporation의 북미 전사 리스크 관리 부문 Managing Director였다. 리찌는 ABN AMRO 그룹에 재직할 때 담보 대출 및 리스 부서를 시작으로 기업 금융 그룹에 합류했고, 1986년부터 2000년까지 시카고의 전략 기획, 구조화 금융 또는 레버리지드 파이낸스 팀의 선임 직원이었다. 2001년에는 암스테르담에서 그룹장이 되었고, 그후 5년간 암스테르담과 뉴욕에서 그룹 리스크 관리, 자산/부채 관리, 미국 법인 대표 등을 맡았다. 베스트셀러 저자이며 유럽 및 미국의 다양한 기관에서 강의를 하고, 암스테르담의 Institute of Finance와 노테르담의 Mendoza 경영대학교에서도 가르쳤다. 리찌는 드폴 대학교를 최우등으로 졸업했고, 시카고 대학교에서 MBA를 취득했으며, 노테르담 로스쿨에서 우등으로 법학박사 학위를 취득했다.

재무 리스크 관리 및
전사 리스크 관리와의 상호작용

(이 장에서 사용되는 "재무 리스크"라는 용어는 시장 리스크만을 의미함. 역자 주)

다니엘 A. 로저스(Daniel A. Rogers) – 포틀랜드 주립대학교 경영대학원

개요

재무 리스크 관리는 측정할 수 있는 리스크들을 제거하거나 감소시키는 회사 차원의 재무 거래 채택 전략을 포함한다. 대부분의 기업은 환율의 변동성, 이자율 변경, 상품 가격 변동과 같은 재무 리스크에 직면한다.

재무 리스크의 주요 속성 중 하나는 현금으로 결제될 수 있는 일정 형태의 계약을 체결함으로써 관리될 수 있다는 점이다. 이러한 특성을 지닌 전통적인 형태의 계약에는 두 당사자 사이에 사적으로 마련되는 선도거래계약이나 전 세계에 존재하고 있는 거래소에서 거래되는 선물계약이 포함된다. 보기 18.1은 미국의 주요 선물 거래소들에서 거래되는 몇 가지 형태의 계약에 대해 간략히 보여 준다. 다양한 계약 유형 및 기초 자산을 통해 볼 수 있듯이, 선물 시장은 주식 시장(예컨대 S&P 500)으로부터 발생하는 리스크부터 보스턴이나 뉴욕의 강설량에서 발생하는 리스크에 이르기까지 다양한 리스크를 관리하기 위해 존재한다.

계약 유형	거래소	기초자산
농업	시카고 선물 거래소 시카고 선물 거래소 시카고 상품 거래소 시카고 상품 거래소	옥수수 밀 소 우유
에너지	뉴욕 상품 거래소 뉴욕 상품 거래소 뉴욕 상품 거래소	원유 천연 가스 가솔린
금속	뉴욕 상품 거래소 뉴욕 상품 거래소	금 플라티늄
주식	시카고 상품 거래소 시카고 선물 거래소 시카고 상품 거래소	S&P 500 지수 다우존스 지수 나스닥 생명공학 지수
외국환	시카고 상품 거래소 시카고 상품 거래소	유로 일본 엔
이자율	시카고 상품 거래소 시카고 상품 거래소 시카고 선물 거래소	유로 달러 10년 스왑 이자율 미국 국채
날씨	시카고 상품 거래소 시카고 상품 거래소	허리케인 지수 강설량 지수

흔히 재무 "헤지"라 불리는 재무 리스크 관리 전략들은 전사 리스크 관리 프로그램의 발전 단계에서 초창기에 해당한다고 생각할 수 있다. ERM은 금융 계약을 이용하여 쉽게 헤지될 수 있는 리스크보다 훨씬 광범위한 리스크를 다룬다. 그러나 전 세계의 회사들이 보편적으로 재무 리스크를 헤지하고 있어서 이러한 행태에 대해서는 과거 15년 동안 많은 연구가 이루어졌다. 재무 헤지에 관해 많은 리서치가 수행되었는데, 여기에서 발견된 사항들은 ERM과 같이 보다 광범위한 리스크 관리 전략 실행을 고려하는 회사들에게도 의미가 있다.

이번 장에서는 먼저 재무 헤지의 정의 및 적용 사례를 포함하여 재무 리스크 관리의 배경에 대해 추가적으로 설명한 다음 (재무) 리스크 관리의 이론적 근거 및 이와 관련된 경험적 발견 사항에 대해 살펴본다. 재무 헤지와 (운영 리스크 및 전략적 리스크 등과 같은) 다른 분야의 리스크 관리의 잠재적 상호작용도 살펴본다. 마지막으로 재무 헤지에 관해 배운 바로부터 ERM에 적용할 수 있는 교훈들에 대해 논의한다.

재무 리스크란 무엇이며 어떻게 관리되는가?

회사의 리스크 관리라는 맥락에서 볼 때, 재무 리스크는 두 가지 필요한 특성을 지니고 있다. 재무 리스크의 첫 번째 특징은 이 리스크는 재무 실적에 영향을 줄 수 있는 잠재력을 지닌 외생적 사건(즉, 회사가 통제할 수 없는 사건)이라는 점이다. 회사의 재무 리스크가 현실화될 때 일어날 수 있는 결과는 다음과 같다.

- 현금 흐름 감소
- 시장 가치 감소
- 회계상의 이익 감소

재무 리스크의 두 번째 특징은 이 리스크는 현금으로 결제되는 금융계약을 체결함으로써 감소될 수 있다는 점이다. 회사들이 재무 리스크를 관리하는 가장 보편적인 방법은 선도 계약이나 선물계약, 스왑 계약 및/또는 옵션 계약과 같은 금융 파생상품을 이용해 재무 리스크를 관리하는 것이다. 사용되는 파생상품은 거래소에서 거래되는 계약이거나 사적으로 협상되는 장외(OTC) 계약일 수 있다.

이 섹션에서는 회사들이 보편적으로 경험하는 다양한 유형의 재무 리스크에 대한 간단한 예들을 보여 준다. 각각의 경우에 이 리스크가 특정 파생상품을 이용하여 어떻게 관리될 수 있는지에 대한 예도 보여 준다.[1]

사례 1 통화 가치 리스크: 다국적 기업

2007년 말 현재 코카콜라 사는 200개가 넘는 국가에서 수입을 올리고 있다. 이 회사가 다국적으로 운영되는 점을 감안할 때, 당연히 코카콜라 사가 외국 통화 가치의 변동에 중대한 영향을 받으리라고 예상할 수 있다. Box 18.1은 코카콜라 사의 2007년 10-K 보고서에 포함된 일반적인 통화 리스크 공시를 보여 준다.

BOX 18.1

코카콜라 사의 SEC 10-K 보고서에 나와 있는 통화 리스크 공시

외국 통화 가치의 변동은 당사의 재무실적에 영향을 줄 수 있습니다.

당사는 유로, 일본 엔, 브라질 레알 및 멕시코 페소 등 미국 달러가 아닌 다른 통화를 사용하는 국가들에서 수입을 올리고, 비용을 지불하며, 자산과 부채를 보유하고 있습니다. 2007년 당사는 미국 달러 외에 67개의 기능 통화(functional currency)를 사용했으며, 당사의 순영업 수입의 약 74%를 미국 이외의 지역에서 올렸습니다. 당사의 결합 재무제표는 미국 달러로 표시되어야 하기 때문에 당사는 자산과 부채뿐 아니라, 수입, 비용 및 이익도 보고 대상 기간 중 또는 말의 환율로 환산해야 합니다. 따라서 주요 통화 대비 미국 달러의 가치 상승 또는 하락은 당사의 순영업 수입, 영업 이익 그리고 외국 통화로 표시된 대차대조표 항목들의 가치에 영향을 줍니다. 당사 운영의 지역적 분산으로 인해 장기적으로는 일부 통화의 약세는 다른 통화의 강세로 상쇄될 수도 있습니다. 당사는 환율 변동에 대한 당사의 순익스포져를 추가로 감소시키기 위해 파생 금융 상품도 사용합니다. 그러나 당사는 외국 통화 가치 변동, 특히 주요국 통화 대비 미국 달러의 가치 상승이 당사의 재무 실적에 중대한 영향을 주지 않으리라고 보장할 수 없습니다.

출처: 코카콜라 사가 제출한 2007년의 SEC 10-K 보고서(2008년 2월 28일에 보고함), 13쪽(다음의 URL을 참고하라). www.sec.gov/Archives/edgar/data/21344/000119312508041768/d10k.htm.

코카콜라 사의 수입은 미국 달러 외에도 67개의 통화로 이루어져 있고, 74%의 영업 수입이 미국 밖에서 발생한다. 2006년과 2007년 사이에 코카콜라 사의 순영업수입은 20% 증가했는데, 그 가운데 수입의 1/5은 미국 달러 약세(10-K 보고서의 47쪽을 보라)에 기인했다.

미국 달러 약세가 판매 관리비 증가에도 기여했지만, 약한 달러의 전반적인 효과는 코카콜라 사의 영업 이익에 긍정적으로 기여했다(10-K 보고서의 51쪽을 보라). 코카콜라 사의 2007년 실적이 시사하는 바는 향후에 외국 통화가 약세를 보이면 장부상의 이익 및 현금 흐름이 감소될 수 있다는 것이다.

코카콜라 사는 자사의 통화가치 변동 리스크를 어떻게 관리하는가? 이 회사는 2007년 10-K 보고서 주석 12에 다음과 같이 공시한다.

당사는 외국 통화로 표시된 예상 현금 흐름의 일정 부분을 헤지하기 위해 통화 선도 거래 계약을 체결하고 있으며 외국 통화 옵션(주로 유로와 일본 엔)과 환율 상하한 계약(collar)을 매입합니다.

코카콜라 사는 2007년에 (이자율 또는 상품 파생상품 등과 같은) 다른 주요 파생상품 계약을 보고하지 않았다. 이 회사의 공시는 2007년 중에 거래되었거나 2007년 말 현재 보유 중인 환율 계약이 어느 정도인지 자세한 정보를 제공하지 않는다. 그러나 (이 회사가 미국 달러 강세에 대비해 헤지했으리라고 가정할 경우) 미국 달러의 약세가 2007년에 코카콜라 사에 막대한 파생상품 손실을 야기하지는 않은 듯하다. 이 회사는 2007년 중에 기타 포괄 이익에서 6천 4백만 달러의 파생상품 순손실을 보고했다(코카콜라 사의 10-K보고서 69쪽의 주주 지분표를 보라). 거의 60억 달러에 달하는 동사의 2007년 순이익에 비해 외환 파생상품의 손실은 매우 적은 금액이다(순이익의 약 0.1%).

사례 2 이자율 리스크: 부채가 많은 회사

콤캐스트(Comcast) 사는 2007년 말에 310억 달러가 넘는 부채를 안고 있었다.[2] 이 회사의 부채 부담은 2007년에 23억 달러의 이자 비용을 발생시켰다. 한편 이 회사는 약 56억 달러의 영업이익을 냈다. 콤캐스트는 2006년과 2007년에 34억 달러의 부채를 상환하고 운영 자금에 충당하기 위하여 11억 2천만 달러가 넘는 부채를 추가로 조달했다.

콤캐스트는 10-K 보고서에서 자사의 이자율 리스크 구성에 관한 명확한 내용을 제공하지는 않지만, 콤캐스트가 이자율 변동이 현금 흐름 및 시장 가치에 미치는 영향을 고려한다는 점을 추론할 수 있다. 즉, 이 회사의 이자 비용 중 일부는 시간에 따라 변동하는 반면(즉, 현금 흐름 리스크), 고정 금리 부채는 이자율이 변함에 따라 시장 가치가 변할 것이다(즉, 시장 가치 리스크).

2007년 말 현재, 콤캐스트는 자사가 변동 금리를 지급하고 고정 금리를 수취하는 스왑 계약을 체결하여 이자율 리스크를 관리했다. 콤캐스트는 명목 금액 32억 달러에 달하는 스왑 계약을 보유하고 있으며, 이 계약들은 2008년에서 2014년 사이에 만기가 도래한다. 본질적으로 이 회사는 총 부채의 약 10%에 해당하는 부채를 변동 금리 채무로 전환함으로써 자사의 부채의 시장 가치 리스크를 축소시키고 있다. 2006년 말에서 2007년 사이에 이 회사의 평균 스왑 지급 금리는 연 7.2%에서 연 6.8%로 하락했다(평균 "수취" 고정 금리는 연 5.9%였다). 스왑 계약의 시장 가치는 2006년 말의 1억 3백만 달러에서 2007년 말에는 1억 2천만 달러로 1천 7백만 달러 증가했다. 이러한 스왑의 시장 가치 증가는 변동 금리 하락에 따른 콤캐스트의 고정 금리 부채에서의 기회 손실을 상쇄한다.

사례 3 상품 가격 리스크: 원자재 비용 변동성이 매우 큰 회사

2007년에 항공유 비용은 사우스웨스트 항공의 운영 비용의 28%를 차지했다.[3] 항공유 현물 가격은 2002년 말에서 2007년 말 사이에 대략 3배 상승했는데, 사우스웨스트의 갤런 당 평균 연료 비용은 2003년 중의 0.72달러에서 2007년 중의 1.70달러로 항공유 가격 인상 폭보다는 적게 증가했다.[4] 달리 말하자면 사우스웨스트 사의 평균 연료 비용은 현물 항공유 가격 상승이 시사하는 3배가 아니라 2.36배만 증가했다. 사우스웨스트 사는 연료 비용 증가를 어떻게 제한했는가? 사우스웨스트 항공사는 원유 및 정제유 가격 상승 시 이익을 보는 헤지 거래를 체결함으로써 항공유 가격 상승 효과를 부분적으로 경감할 수 있었다. 2007년에 이 회사는 항공유 가격 상승 리스크에 대비해 체결해 두었던 파생상품 계약에서 7억 2천 7백만 달러의 이익을 실현했다. 이 이익은 사우스웨스트 사의 2007년 순이익 6억 4천 5백만 달러의 중요한 구성 요소이다.

재무 헤지의 이론적 기초 및 경험적 증거

완벽한 자본 시장 프레임워크에서는 회사들은 자신의 리스크 프로필을 변경시킬 아무런 이유가 없다. 이 주장은 모디글리아니와 밀러에 의해 수행된 자본 구조 분석[5]으로부터 직접적으로 도출된다. 그러나 실제 세계의 완벽한 자본 시장 가정 위반은 회사들이 재무 리스크를 헤지할 적법한 환경을 조성한다. 더욱이 이들 중 많은 이유들은 헤지가 주주들에게 추가적인 가치를 창출함을 시사한다. 이 섹션에서 저자는 리스크 관리를 옹호하는 기본적인 논거들을 개관하고, 각각의 이론적인 주장들이 "헤지가 가치를 부가한다"는 주장을 지지하는지에 대해 논의하고, 이 주장들에 대한 경험적 지지(즉, 이 주장들이 재무적 헤지에서 관찰되고 있는 변화를 설명하는지 여부)에 대해 간략히 검토한다. 특히 헤지가 가치를 부가하는지를 다루는 경험적 증거를 검토함으로써 이 섹션을 마무리한다.

헤지는 예상 재무적 곤경 비용과 과소 투자를 감소시킨다

자주 거론되는 효과적인 재무 헤지 프로그램의 효용 중 하나는 헤지가 회사가 재무적 곤경에 처하게 될 확률을 감소시킨다는 것이다. 이 근본적인 주장은 처음에 스미스와 스툴쯔(1985)가 공식적으로 제기하였다. 곤경의 시작은 예상 현금 흐름에 영향을 주는 것으로 가정되지 않기 때문에(예상 현금 흐름은 현금 흐름 분포의 가능한 결과들 중 하나일 뿐이다), 할인된 현금 흐름과 같은 근본적인 기업 가치 평가 원칙들은 재무적 곤경의 잠재적 영향을 무시하며, 곤경은 (체계적 리스크가 아니라) 개별 기업에 특유한 리스크이기에 자본 비용은 곤경의 효과를 반영하지 않는다. 그런데 확장된 기업 가치 평가 모델은 예상 미래 현금 흐름의 현재 가치에서 예상 곤경 비용을 차감한다. 그러므로 재무 리스크를 헤지함으로써 재무적 곤경에 빠질 확률을 효과적으로 감소시키는 회사는 헤지를 하지 않는 경우에 비해 높은 평가로 보상을 받아야 한다.

재무적 곤경 비용은 흔히 (법률 및 회계 수수료 그리고 기업 경영보다는 파산 절차를 다루는데 사용되는 경영진의 시간과 같은) 파산과 관련된 비용들로 구성된다고 해석된다. 그러나 재무적 곤경과 관련된 가장 만연하는 비용은 회사가 가치 있는 투자 기회를 살리지 못하기 때문에 발생하는 가치 상실이다. 이러한 유형의 문제는 흔히 "과소 투자 문제"로 불린다. 프루트와 샤프스타인 그리고 스타인(1993)은 재무 리스크를 헤지하기로 한 결정이 어떻게 과소 투자 문제를 피하는 데 도움을 줄 수 있는지 보여 주는 공식 모델을 개발했다. 특히 리스크 익스포져가 현실화되어 회사의 영업이익이 줄어들게 될 경우, 회사는 내부 자본이 없고 외부 자본에 대한 접근성이 신통하지 않아서 가치 있는 투자 기회를 취하지 않기로 결정할 수 있다. 반면에 회사가 미리 리스크 익스포져를 상쇄하는 재무 헤지 계약을 체결해 둔 경우, 헤지 도구들에서의 이익이 회사에 추가적인 현금 흐름을 제공한다. 만일 그 현금이 가치 있는 투자 기회에 투자하는 데 사용된다면 과소 투자 문제가 해결되고, 회사의 가치는 이 투자의 긍정적인 가치를 반영하게 된다.

회사의 헤지에 대한 경험적 연구들은 일반적으로 재무적 곤경 비용 가설(과소 투자 비용 가설 포함)을 지지하지만, 이들 연구의 발견 사항들이 일치를 보이는 것은 아니다.[6] 일반적으로 많은 회사들이 재무적 곤경 및 과소투자와 관련된 예상 비용을 축소시킴에 있어서 헤지가 유익하다고 믿는다는 충분한 증거가 있다.

헤지는 부채 부담 능력을 증가시킨다

재무 리스크 헤지가 회사가 곤경에 처할 확률을 감소시킨다면 회사가 부채를 증가시키는 것이 최적의 행동일 수 있다. 르랜드(1998)는 헤지에 의한 리스크 축소의 주된 이익은 회사가 자본 구조를 재조정 한 후 증가된 부채로부터 발생하는 세금 혜택 증가라는 이론을 제시했다. 일반적으로 이러한 노선의 사고는 헤지를 통한 추가적인 부채가 추가적인 세금 혜택을 보게 하거나, 헤지가 가치 있는 투자 기회에 자금을 조달해 주기 때문에 헤지가 가치를 창출한다고 제안한다.

그레이엄과 로저스(2002)는 재무 리스크 헤지를 지지하는 "부채 부담 능력" 논거가 평균적으로 타당하다는 최초의 실질적인 증거를 제공한다. 그들은 "평균적인" 이자율 및/또는 환율 파생상품 사용자는 재무 리스크를 헤지하지 않는 회사들보다 부채 비율이 높으며, 보다 높은 부채 비율은 세금 혜택을 통해서 평균적으로 1%의 추가적인 가치를 제공함을 발견했다.

부채를 더 늘리기 위한 헤지는 주주들에게 세금 혜택을 통한 추가적인 가치를 제공하는 것 이상으로 유익할 수 있다. 추가적인 부채가 회사의 자본 기반 확충에 사용되고 가치 있는 투자 기회를 추구하는 자금을 제공해 준다면, 늘어난 부채 부담 능력은 가치를 부가하는 자본이 될 것이다. 또한 회사는 자본 비용 감소를 통해 이익을 볼 수도 있을 것이다.

헤지는 회사의 경영진 및 이사회의 인센티브를 반영한다

회사의 재무 리스크 관리 전략은 회사 경영진 및 이사회의 인센티브와 특성의 함수일 수도 있다. 예를 들어 스미스와 스툴쯔(1985)는 상당한 금액의 부를 옵션으로 지니고 있는 고위 관리자들은, 변동성이 커지면 옵션의 가치가 커지므로 회사의 리스크를 축소시키는 것이 아니라 증가시킬 인센티브를 지닌다고 주장한다. 반면에 그들은 경영진이 주식을 보유하면 개인적인 리스크 혐오가 강화되며, 따라서 경영진이 자사의 주식을 더 많이 보유하고 있는 회사들은 헤지할 가능성이 더 높음을 보여 준다. 터파노(1998)는 프루트 등 (1993)에 의해 제안된 모델을 확장해서, 자신의 이익을 추구하는 관리자들은 내부 자본 공급자의 희생 하에 경영진이 특혜를 누릴 수 있도록 외부 자본 시장 공급자들의 감독을 피하기 위해 헤지할 수도 있음을 보여 준다. 리스크 관리에 있어서 이사회의 역할은 명시적으로 모델링되지는 않았지만, 경영진이 자신의 이익을 도모하는 정책(주주들의 희생 하에 그렇게 할 수도 있음)을 추구할 수 있다는 사실은 이사회가 회사의 헤지 정책에서 감독 역할을 할 수도 있음을 시사한다.

홀과 머피(2002) 그리고 뮬부렉(2001) 등과 같은 다른 이론적 리서치들은 스미스와 스툴쯔 (1985)의 프레임워크는 개인적인 리스크 회피와 분산 결여의 상호작용을 고려하지 않음을 시사한다. 분산이 잘 되어 있지 않은 관리자는 옵션 형태의 보상이 리스크를 증가시키는 인센티브를 인식하지 않을 수도 있다. 그러한 경우에는 경영진의 옵션 보유는 경영진이 헤지에 의한 리스크 감소를 원하게 할 수도 있다. 일반적으로, 경영진의 인센티브라는 논거는 헤지가 가치를 부가하는지 여부에 관해 말해 주지 않는다.

터파노(1996)는 채굴 회사들의 금 가격 헤지는 주로 옵션 및 주식 보유를 포함한 경영진의 특징에 의해 결정된다는 증거를 제공한다. 로저스(2002)는 CEO들이 옵션을 통해 더 많은 리스크를 취할 인센티브를 지니고 있는 회사들은 이자율 및 환율 파생상품들을 덜 사용하고 있음을 보여 주며, 이 두 개의 선택들(경영진에게 제공된 헤지와 리스크를 취할 인센티브)은 동시적으로 결정된다는 증거를 발견했다.

회사의 고위 관리자들과는 달리 대다수의 이사들은 자신이 이사로 재직하고 있는 회사의 주식 및/또는 옵션을 경제적으로 유의미한 수준으로 보유할 가능성이 낮다. 그럼에도 불구하고 이사들의 모니터링 역할은 그들이 회사의 중대한 리스크들과 이 리스크들이 어떻게 관리되고 있는지에 대해 잘 이해하고 있어야 됨을 시사한다.

보록코비치, 브루나르스크, 크루칠리 그리고 심킨스(2004)는 사외 이사와 내부 이사 수의 차이가 더 큰 회사들은 리스크를 효과적으로 관리함으로써 부를 극대화하는 데 더 중점을 둘 가능성이 보다 높다는 가설을 세웠다. 그들은 1995년에 비금융 대기업들의 이자율 파생상품 사용을 분석함으로써 자신들의 가설을 테스트했는데, 그들은 사외 이사들이 회사의 리스크 관리 프로세스에서 중요한 역할을 한다고 시사하는 증거를 발견했다. 더욱이 사외 이사들이 가치 극대화를 위한 효과적인 감시인일 경우, 리스크 관리가 가치를 부가할 가능성이 높다. 이 논의를 확장하면 효과적인 이사회는 고위 경영진에게 리스크를 관리할 적절한 인센티브를 제공하는 주식 기반 보상 계약을 고안할 것이라고 생각할 수 있다.

헤지가 회사의 가치에 영향을 주는가?

리스크 관리 이론들은 대개 헤지가 기업 가치를 증대시킬 수 있는 회사 전략이라고 한다. 궁극적으로 이 섹션에서 제기한 질문은 경험상의 문제이다. 흥미롭게도 재무 분야의 리서치들은 이 문제에 대한 직접적인 연구를 별로 많이 제공하지 않았다. 앨라이야니스와 웨스턴(2001)은 회사의 헤지 결정이 기업가치 평가에 미치는 영향을 직접적으로 분석한 최초의 연구이다. 그들은 파생상품으로 환율 변동 익스포져를 헤지하기로 한 회사들은 이 익스포져를 헤지하지 않는 회사들에 비해 평균적으로 5%만큼 더 가치가 있다는 결론을 내렸다.

보다 최근에는 카터, 로저스 그리고 심킨스(2006a 및 2006b)가 미국 항공사들의 항공유 헤지를 분석했다. 그들은 특정 산업 표본의 데이터에서 이러한 점이 명백히 보여진다면 가치 향상의 원천을 더 잘 이해할 수 있다고 주장한다. 그들은 항공유 가격을 헤지하는 회사들의 중간에 해당하는 회사(다음 연도 필요량의 약 30%를 헤지함)는 헤지를 하지 않는 회사에 비해 기업 가치가 5%에서 10% 높게 평가됨을 발견했다. 그들은 헤지에 대해 이러한 프리미엄을 지급하는 것은 헤지 이익을 산업의 불황기에 (재무적으로 곤경을 겪고 있는 항공사로부터 자산을 싸게 구입하거나, 곤경을 겪고 있는 경쟁사들이 철수한 노선에 신규 취항함으로써) 가치 있는 투자 기회를 추구하는 데 사용할 수 있기 때문이라는 결론을 내렸다.

그러나 헤지가 모든 상황에서 가치를 부가하는 것은 아닐 수도 있다. 진과 조리온(2006)은 석유 및 가스 생산 회사의 헤지 의사 결정을 연구한다. 그들은 자신들의 표본에 포함된 회사들에서는 헤지가 더 높은 기업 가치와 관련이 없음을 보여 준다. 터파노(1996)는 금 채굴 회사들의 헤지 의사 결정을 견인하는 유일한 요인은 경영진의 인센티브라는 결론을 내린다. 터파노가 헤지가 기업 가치에 미치는 영향을 명시적으로 연구하지는 않았지만, 그의 연구 결과는 이 회사들이 기업 가치 극대화를 헤지하기로 한 결정의 근거로 삼았음을 특별히 지지하지는 않는다.

　의사 결정의 핵심 측면을 요약하자면 헤지가 기업 가치를 극대화하는 전략일 때도 있지만, 투자자들이 이를 가시적인 혜택을 제공하는 것으로 여길 경우에만 그렇다. 재무 리스크 관리 전략을 추구하는 회사들은 헤지에 의해 제공되는 효용에 대해 그리고 보다 구체적으로는 이 효용이 상시적인 헤지 프로그램 추구와 관련된 비용을 충분히 능가하는지에 대해 명확히 이해해야 한다.

재무적 헤지와 기타 유형의 리스크 관리의 상호작용

　재무 리스크 관리는 회사들이 자신의 리스크 익스포져를 관리하기 위해 채용하는 하나의 전략에 지나지 않는다. 재무 헤지의 주목할 만한 특징은 헤지는 대부분의 경우 단기적인 리스크 관리 전략이라는 점이다. 구에이와 코다리(2003)는 대부분의 회사들이 보유하고 있는 파생상품 포지션은 헤지된 기초 자산의 가치에 비정상적으로 큰 충격이 발생한 경우 의미 있는 현금 흐름을 실현시키기에는 너무 작다는 점을 보여 준다. 그들은 헤지 프리미엄이 5%라는 앨라이야니스와 웨스턴(2001) 등의 연구 결과들은 아마도 파생상품 사용 이외의 요인들의 효과를 반영할 것이라고 주장한다. 특히 파생상품의 활발한 사용은 보다 넓은 리스크 관리 노력이 이루어지고 있음을 시사한다고 추론할 수 있다. 그 결과 파생상품을 사용한 회사의 헤지 전략은 다른 유형의 리스크 관리 전략을 보완해야 한다(또는 최소한 이로부터 탈선하지는 않아야 한다). 이 단계에서 저자는 재무적 헤지와 다른 형태의 리스크 관리의 잠재적 상호작용에 대해 논의한다.

신용 리스크 관리

　신용 리스크는 많은 회사들에게 잠재적으로 큰 리스크의 원천이다. 특히 금융회사들은 주요 수익 자산으로 자체의 대출 채권을 보유하고 있다. 그러나 비금융회사들도 자산의 상당한 부분을 매출 채권으로 보유하고 있다. (회기 말이 2007년 6월말에서 2008년 4월말까지에 걸쳐 있는) 2007 회계연도에 S&P 500 편입 회사 중 395개의 비금융회사들은 7조 1천 3백 2십억 달러의 매출에 대해 대차대조표에 9천 9백 4십억 달러의 매출 채권을 보유하여, 계상된 매출액의 약 14%를 외상으로 보유하고 있었다.

외상 매출은 회사의 단기 대출 결정을 반영하는 바, 신용 부서가 판매한 상품이나 제공한 서비스 대금 미지급에 의한 신용 리스크가 어느 정도 현실화될지를 과소평가할 경우 외상 매출 대금 회수 불능이 회사의 전반적인 수익성에 악영향을 줄 수 있다. 간단한 예를 통해 이를 알아보기 위해, 어느 회사가 1억 달러의 매출을 올리는데 1천 4백만 달러를 외상으로 판매하고 있으며, 예상 순이익 마진이 5%에 예상 순이익은 5백만 달러라고 가정하자. 만일 외상 매출금의 25%를 예기치 않게 받을 수 없게 된다면, 이 회사의 실제 순이익은 1백 5십만 달러에 불과하게 될 것이다(즉, 순이익이 예상보다 3백 5십만 달러 줄어든다).

지난 20년 동안 파생상품 시장이 확장되어 신용 파생상품을 포함하게 되었다. 이 시장은 규모가 크며 성장하고 있다. 2007년 말 현재 신용 부도 스왑(credit default swap; CDS)의 명목금액은 58조 달러이며, 국제 결제 은행(BIS)에 따르면 이 계약들의 가치는 2조 달러로 평가되었다.[7] 2005년 말의 CDS의 명목금액은 14조 달러 그리고 시장 가치는 2,430억 달러였다. 따라서 재무적 헤지에 신용 리스크 관리도 포함된다고 예상할 수도 있을 것이다. 한편 OTC 상품 계약은 9조 달러의 명목금액(그리고 7,530억 달러의 시장가치)을 보였다. 그러나 스미손과 맹글(2006)은 비금융회사가 신용 파생상품을 헤지 도구로 받아들이지 않고 있음을 발견했다. 그들은 영국 은행 협회의 최근 데이터는 신용 보장 매입자의 2%만이 비금융회사임을 보여 준다고 지적했다.

재무적 헤지와 신용 리스크 관리의 주요 상호작용은 대부분 많은 헤지 전략들이 예상되는 거래들과 관련된 통화 및/또는 상품 가격 리스크 관리에 사용된다는 사실로부터 발생한다. 예상되는 거래가 장래의 매출일 경우, 대개 이 회사가 고객에 대한 신용 리스크를 인식하기 전에 재무적 리스크(즉 통화 및/또는 상품 가격 리스크)가 먼저 인식된다(이는 신용 리스크는 외상 매출이 회계 장부에 실제로 인식될 때 시작되기 때문이다). 신용 리스크에 앞서서 재무 리스크를 관리함으로써 회사는 미래의 거래에 대한 예상 이익을 보다 잘 관리할 수 있는 반면, 신용 리스크 관리는 이익 실현을 확실하게 하는 데에 사용될 수 있다. 비금융회사들이 신용 파생상품을 비교적 덜 이용하는 점에 비추어 볼 때, 대부분의 회사들은 다른 기법을 사용하여 고객들의 대금 미지급 리스크를 관리하는 듯하다.

운영 리스크 관리

(이 섹션에서 사용하는 '운영 리스크'라는 용어는 '비즈니스 리스크'를 의미하며, '사람, 프로세스, 시스템의 실패나 외부 사건에서 비롯되는 손실 가능성'으로 정의되는 일반적 의미의 운영 리스크와는 다름. 역자 주)

회사의 운영상의 선택들은 회사를 많은 리스크에 노출시킨다. 금융 경제학의 기초 이론 중 하나는 회사의 투자 결정은 리스크가 조정된 기반에서 양$(+)$의 순 현재가치를 반영한다는 것이다. 달리 말하자면 회사는 자사의 임직원들이 가치 창출에 필요한 전문성과 기술을 지니고 있다고 믿는 위험 자산들에 투자한다. 회사의 운영 리스크 관리[8] 전략에는 회사의 운영상의 선택들과 관련된 리스크를 감소시키는 행동들이 포함된다.

회사 운영상의 선택들에는 흔히 재무 리스크가 내재되어 있다. 예를 들어 제조회사는 제조 설비를 어디에 둘 것인가에 관한 선택에 직면한다. 어느 회사가 인건비가 낮은 국가에 공장을 짓지만, 제품은 전 세계의 다른 시장들에 수출하기로 하는 결정을 했다고 가정하자. 이 회사는 스스로를 통화 리스크에 노출시킨 셈인데, 이는 통화 파생상품(즉, 재무 헤지)을 이용하여 관리될 수 있다. 이번에는 제조 장소가 제품이 판매될 최종 시장의 접근성 우위에 기초하여 선택되었다고 가정하자. 이 경우 통화 리스크는 먼저 번의 경우보다 작을 것이다(그러나 여전히 통화 리스크가 존재한다).

제조 장소 선정은 사용된 기준에 따라 회사의 리스크 프로필을 변화시키는 오퍼레이션상의 결정이다. 재무 이론으로부터 리스크를 조정한 기준에서 최고의 예상 가치를 지니는 장소가 선정되는데, 이는 운영 리스크 관리 결정을 반영한다. 재무 리스크 관리를 통해 회사의 운영 리스크 관리에 관한 선택의 명시적 함수인, 헤지 가능한 모든 리스크를 유연하게 상쇄할 수 있다.

회사는 운영상의 선택을 정기적으로 재평가할 수 있다(위의 예에서, 기존 공장을 매각하고 다른 장소에서 매입하거나 신축하는 것을 고려한다). 예를 들어 미국 달러가 약세를 보이는 현재의 상황으로 인해 국내의 제조에 비해 인건비가 상대적으로 낮다는 이유로 해외에서 제조하기로 한 미국 회사들은 제조 설비의 일부를 미국으로 이전해 오는 것을 고려하고 있다. 최근의 예로 FEI Corporation은 2008년 4월 29일에 실적 공개 시에 "주로 달러 기반인 저 비용 대안"들로 공급 체인과 제조 공정을 이전할 계획이라고 발표했다.[9]

전략적 리스크 관리

전략적 리스크는 회사의 경쟁 환경 하에서 회사가 직면해 있는 기회 및 위협을 반영한다. 명백히 이러한 리스크는 기업에 매우 중요하다. 재무 리스크는 전략적 리스크의 일부가 아닌 리스크들로 구성된다. 그럼에도 불구하고 특정 전략적 리스크를 취함에 있어서 재무 리스크 관리가 도움이 될 수 있다.

재무 헤지의 효익 중 하나는 과소 투자 문제를 감소시킬 수 있다는 점이라고 알려져 있다. 가치 있는 모든 투자 기회들을 이용하지 못한다는 것은 전략적 리스크의 원천 중 하나이다. 따라서 재무 리스크 관리는 회사가 재무 리스크를 관리하지 않았더라면 투자할 수 없었을 수도 있는 시기에 가치를 증가시키는 투자를 할 수 있는 잠재적인 방안을 제공해 준다.

이러한 상호작용에 대한 좋은 예가 미국 항공 산업에서 발생했다. 사우스웨스트 항공은 항공유 가격의 불확실성에서 발생하는 재무 리스크에 대해 가장 적극적으로 헤지하는 회사였다. 이 기간 동안에 다른 항공사들은 긴축할 수밖에 없었지만, 이 회사는 성장했다. 2008년 7월 1일자 어쏘시에이티드 프레스(Associated Press)에 실린 항공유 헤지에 관한 기사에서 S&P 항공사 애널리스트 베시 스나이더(Betsy Snyder)가 이렇게 말한 것으로 인용되었다. "이 회사는 항상 다른 회사의 불행을 이용해 오고 있는 회사이다."[10] 항공유 비용 상승을 예견한 적극적인 헤지 프로그램에서 나온 현금 흐름이 이러한 전략을 추구하는 데에 도움이 되었다.

평판 리스크 및 법적 리스크 관리

회사의 재무 리스크 관리 실패는 회사의 평판 및 심지어 존립에까지 영향을 줄 수 있다. 1990년대 중반에 세간의 이목을 끄는 몇 건의 커다란 리스크 관리 실패 사례들이 발생했다. 찬스와 브룩스(2007)는 1993년의 메탈게젤샤프트 AG(원유에서 13억 달러 손실), 1994년의 캘리포니아 주 오렌지 카운티(레버리지를 일으킨 RP 계약에서의 16억 달러 손실) 그리고 1995년의 베어링스 은행(주가지수 선물 및 옵션에서의 12억 달러 손실)의 헤지 붕괴에 대해 설명한다. 파생상품들이 부적절하게 사용될 경우 비즈니스 자체가 망할 수 있기 때문에, 모든 파생상품 사용자들은 이 사례들(그리고 찬스와 브룩스 2007의 572-573쪽에 나오는 다른 많은 파생상품 손실들)을 주목할 가치가 있다. 또한 엉성하게 고안된 재무 헤지 전략으로 인해 회사가 불만을 품은 주주들에 제기한 법적 소송에 휘말리게 될 수도 있다.

　반면에 일부 회사들은 성공적인 재무 헤지 역할 모델의 예로 거론된다. 카터, 로저스, 심킨스(2006b)는 사우스웨스트 항공은 항공유 헤지 전략으로부터 상당한 현금 흐름을 실현했으며, 이 현금 흐름이 동사가 성장 기회를 활용하는 데에 도움이 되었다고 지적한다. 머크(Merk) 사의 통화 헤지 전략은 이 회사의 귀중한 연구개발비 조달 능력을 보호하는 데에 도움이 되었는데, 학계에서는 이를 자주 인용한다(예를들어, "조지아 대학교 ERM 라운드테이블" 2003을 보라).

재무 보고 및 공시 리스크 관리

　재무 헤지는 파생금융상품 사용과 관련된 추가적인 재무 보고 요건을 만들어 냈다. 2000년에 미국의 회계 기준 수립 기관인 재무회계기준위원회(Financial Accounting Standards Board; FASB)는 파생상품 회계에 관한 미국의 회계원칙(GAAP)을 정하는 FAS 133을 시행했다. FAS 133을 채택하기 전에는, 회사들은 재무제표 주석에 보고 대상 기간 말에 보유하고 있는 파생상품의 공정 가치, 명목 금액 그리고 파생상품 사용 전략(회사의 파생상품 사용 목적 포함)에 관한 몇 가지 추가적인 질적 정보를 공시하도록 요구될 뿐이었다. 미국 FAS 133 시행으로 파생상품 계약의 시장 가치는 이 계약이 수취할 항목인지 지급할 항목인지를 반영하여 자산 또는 부채로 표시하도록 요구된다. FAS 133 하의 파생상품에 대한 회계 처리 원칙은 국제 회계 기준(즉, IAS 39)이 요구하는 바와 유사하다.

　FAS 133의 가장 중대한 측면은 회사들이 파생상품 계약시 "헤지 회계" 적격성을 갖추어야 한다는 점이다. 파생상품 거래가 헤지 회계 자격을 갖추면 손익이 실현될 때까지 이익에 영향을 주지 않는다. 그러나 파생상품 계약이 헤지 회계 처리 자격을 갖추지 못하면 계약에서 실현되지 않은 시장 가치 변화는 회사의 이익에 반영되도록 요구된다.

　회계 규정이 헤지 회계 자격 갖추기를 어렵게 할 경우 재무 회계는 회사의 회계상 이익에 변동성을 더할 수 있다. 투자자들이 헤지 회계 요건을 이해하지 못하면(FASB가 제정한 회계 기준 중 FAS가 가장 복잡한 기준이라고 간주되고 있는 점을 고려하면 충분히 그럴 가능성이 있다), 경제적으로 의미 있는 재무 헤지 전략을 채택한 회사들이 이익에 포함된 미실현 파생상품 손익의 영향 때문에 더 큰 순이익 변동성을 보일 가능성이 있다.

　회계 규정이 어떻게 회계상 이익에 변동성을 키울 수 있는지에 대한 한 예를 들어 보면, 사우스웨스트 항공은 2007년 10-K 보고서에서 자사는 2006년에 항공유 헤지가 FAS

133 하에서의 헤지 회계 기준을 충족하지 못하여 1억 1백만 달러의 영업외 손실을 인식했다고 공시했다.[11] 반면 사우스웨스트는 2005년에 같은 이유로 1억 1천만 달러의 영업외 이익을 인식했다. FAS 133은 실현되지 않은 파생상품 가치 변화와 관련된 영업외 이익과 손실 사이를 주기적으로 왕래할 가능성을 만듦으로써, 헤지를 하는 회사가 헤지를 하지 않는 회사에 비해 더 큰 변동성을 보일 수 있는 환경을 조성한다.

재무 헤지의 지식에 비추어 ERM에 대해 무엇을 배울 수 있는가

이 물음에 대한 답은 "많은 것"이다. 재무 헤지 연구에 사용되는 이론적 근거는 ERM의 효익을 더 잘 이해하는 데에 직접 적용될 수 있다. 우리는 리스크 관리가 다양한 경로를 통해 조직에 가치를 부가할 수 있다는 사실을 논의해 왔다. 첫째, 효과적인 리스크 관리는 회사가 직면해 있는 리스크 요인들의 "나쁜" 결과의 확률을 줄여 준다. 재무 헤지는 관찰되고 측정할 수 있는 리스크 요인들의 축소에 중점을 두는데, 이러한 리스크 요인들은 파생상품과 같은 계약을 체결함으로써 상쇄할 수 있다. ERM 프로그램은 재무 리스크 이외의 다른 중대한 리스크 요인들도 식별, 측정 및 관리할 수 있게 설계되어야 한다. 따라서 이런 의미에서 엄격한 재무 리스크 관리는 재무 리스크가 중대한 모든 기업의 ERM 프로그램의 부분 집합이어야 한다.

둘째, 재무 헤지는 기업들이 "나쁜" 결과를 이용할 수 있는 메커니즘을 제공한다고 주장되어 왔다. 앞에서 저자는 사우스웨스트 항공은 항공유 헤지 프로그램에서 나온 현금흐름을 이용하여 석유 가격 상승 시에 미국 항공 산업의 시장 점유율을 계속 높였다고 말했다. 이런 의미에서 재무 헤지는 전략적 리스크 관리의 한 요소(즉, ERM 프로그램에서 다루는 또 다른 리스크 요인)가 된다.

셋째, 재무 헤지는 회사의 레버리지에 관한 의사 결정에 영향을 줄 수 있다. 이전의 리서치들은 헤지를 하는 회사들은 더 많이 차입할 수 있음을 시사한다. 아마도 그러한 결정의 근저를 이루는 하나의 이유는 헤지를 하는 회사들은 덜 위험한 것으로 여겨지고, 따라서 신규차입 시 낮은 부도 리스크 프리미엄을 적용 받을 수 있다는 점일 것이다. S&P와 같은 신용평가 기관들은 회사의 ERM 프로그램에 대한 분석을 신용 등급에 반영하는 방안을 연구하고 있다. 강력한 재무 리스크 관리 역량을 보여 줄 수 있는 회사들은 신용평가 회사들과의 대화 시에 다른 중요한 리스크들의 식별, 측정 및 관리 능력을 더 잘 입증할 수 있는 입장에 서게 될 것이다.

넷째, 보다 적극적으로 재무 리스크를 헤지하는 회사들에서는 이사회가 주주들의 모니터링을 많이 받고 있는 (따라서 더 많은 가치 창출 자세를 지니고 있는) 것이 거버넌스의 일반적 현상이다. 성공적인 ERM 프로그램의 시행에 이사회의 적극적인 관여 및 지원이 매우 중요함을 감안할 때, 재무 리스크들을 더 잘 이해하는 이사회들은 회사의 실적에 부정적인 영향을 줄 수 있는 다른 중대한 리스크들에 대한 대화에 보다 수용적이 될 가능성이 있다.

마지막으로 재무 리스크 헤지가 주식 시장에서 가치 있게 여겨질 수 있다는 가능성은 ERM을 추구하는 데에 관심이 있는 고위 경영진 및 이사회 위원들에게 어느 정도의 안도감을 제공해 줄 것이다. ERM 프로그램이 효과적으로 실행되어 전략적 이익을 성취할 수 있는 기회를 파악해 낼 뿐만 아니라 비즈니스 결과가 부정적으로 나올 중대한 리스크를 감소시킬 수 있다면, ERM은 회사의 경영진이 추구할 가치 있는 새로운 비즈니스 전략이 될 수 있을 것이다.

참고 문헌

Allayannis, G., and J.P. Weston. 2001. The use of foreign currency derivatives and firm market value. Review of Financial Studies 14, 243-276쪽.

Borokhovich, K.A., K.R. Brunarski, C.E. Crutchley, and B.J. Simkins. 2004. Board composition and corporate use of interest rate derivatives. Journal of Financial Research 27, 199-216쪽.

Branson, B., P. Concessi, J.R.S. Fraser, M. Hofman, R. Kolb, T. Perkins, et al. 2008. Enterprise risk management: Current initiatives and issues ? Journal of Applied Finance roundtable. Journal of Applied Finance 18, no.1(Spring/Summer), 115-132쪽.

Carter, D.A., D.A. Rogers, and B.J. Simkins. 2006a. Does hedging affect firm value? Evidence from the U.S. airline industry. Financial Management 35, 53-86쪽.

Carter, D.A., D.A. Rogers, and B.J. Simkins. 2006b. Hedging and value in the U.S. airline industry. Journal of Applied Corporate Finance 18, 21-33쪽.

Chance, D.M., and R. Brooks. 2007. An introduction to derivatives and risk management, 7th ed. Mason, OH: Thomson Southwestern.

Froot, K., D. Scharfstein, and J. Stein. 1993. Risk Management: Coordinating investment and financing policies. Journal of Finance 48, 1629-1658쪽.

Graham, J.R., and D.A. Rogers. 2002. Do firms hedge in response to tax incentives? Journal of Finance.57, 815-839쪽.

Guay, W., and S.P. Kothari. 2003. How much do firms hedge with derivatives? Journal of Financial Economics 70, 423-461쪽.

Hall, B.J., and K.J. Murphy. 2002. Stock options for undiversified executives. Journal of Accounting and Economics 33, 3-42쪽.

Jin, Y., and P. Jorion. 2006. Firm value and hedging: Evidence from U.S. oil and gas producers. Journal of Finance 61, 893-919쪽.

Leland, H.E. 1998. Agency costs, risk management, and capital structure. Journal of Finance53, 1213-1243쪽.

Modigliani, F., and M.H. Miller. 1958. The cost of capital, corporation finance and the theory of investment. American Economic Review 48, 261-297쪽.

Meulbroeck, L.K. 2001. The efficiency of equity-linked compensation: Understanding the full cost of awarding executive stock options. Financial Management 30, 5-44쪽.

Rogers, D.A. 2002. Does executive portfolio structure affect risk management? CEO risktaking incentives and corporate derivative usage. Journal of Banking and Finance 26, 271-295쪽.

Smith, C.W. Jr., and R.M. Stulz. 1985. The determinants of firms' hedging policies. Journal of Financial and Quantitative Analysis 20, 391-405쪽.

Smithson, C., and D. Mengle. 2006. The promise of credit derivatives in nonfinancial corporations (and why it's failed to materialize). Journal of Applied Corporate Finance 18, 54-60쪽.

Triki, T. 2005. Research on corporate hedging theories: A critical review of the evidence to date. Unpublished working paper, HEC Montreal.

Tufano, P. 1996. Who manages risk? An empirical examination of risk management practices in the gold mining industry. Journal of Finance 51, 1097-1137쪽.

Tufano, P. 1998. Agency costs of corporate risk management. Financial Management 27 (1), 67-77쪽.

University of Georgia roundtable on enterprise-wide risk management. 2003. Journal of Applied Corporate Finance 15, 8-26쪽.

INDEX

1) 코카콜라 사의 2007년 SEC 10-K 보고서(2008년 2월 28일에 보고함)는www.sec.gov/Archives/edgar/data/21344/000119312508041768/d10k.htmwww.sec.gov/Archives/edgar/data/21344/000119312508041768/d10k.htm에서 구

430

할 수 있다.

2) 이 사례의 모든 정보는 www.sec.gov/Archives/edgar/data/1166691/000119312508034239/d10k.htm에서 구할 수 있다.

3) 항공유 가격 데이터를 제외한 모든 정보는 http://www.sec.gov/Archives/edgar/data/d53331e10vk.htm에서 구할 수 있는 사우스웨스트 항공사의 2008 SEC 10-K 보고서에서 구할 수 있다.

4) 항공유 현물가격은 http://tonto.eia.doe.gov/dnav/pet/pet_pri_spt_s1_d.htm에서 구할 수 있다.

5) 완벽한 자본 시장 가정에 의하면, 회사의 리스크 프로필은 완전히 투명하게 투자자들에게 알려진다. 회사에 대한 투자자들은 적절한 시장에서 금융 헤지상품들을 거래함으로써 자신이 선호하는 리스크 프로필을 만들어 낼 수 있다. 이는 본질적으로 모디글리아니와 밀러(1958)가 자본 구조의 무관성에 대해 한 것과 같은 주장이다.

6) 트리키(2005)는 2005년까지의 회사 헤징에 대한 경험적 리서치에 대한 뛰어난 개요를 제공한다. 그녀는 자신의 논의에 29개의 발표 논문 및 미발표 논문으로부터의 결과들을 통합한다. 그녀가 논의하는 대부분의 논문들은 재무적 곤경 비용 가설을 테스트하기 위해 부채 비율과 헤징의 관계를 연구한다. 한편, 과소 투자 비용은 대개 시가 총액 vs 장부가 비율, R&D 지출, 또는 기타 투자 변수(금 채굴 회사의 탐사 비용 등)와 같은 투자 기회 척도들로 측정된다. 카터(Carter)와 로저스(Rogers) 그리고 심킨스(Simkins)(2006a)는 미국 항공 산업을 이용하여 과소 투자 가설에 대한 테스트는 가치 있는 투자기회의 입수 가능성과 헤지할 수 있는 리스크 사이의 상관관계를 고려해야 한다고 주장한다.

7) BIS의 서베이 데이터는 www.bis.org/statistics/otcder/dt1920a.pdf에서 구할 수 있다.

8) "운영 리스크"는 보다 일관성 있는 분류가 업계 및 학계 모두에 유용할 수 있는 용어이다. 나는 이 용어를 일반적으로 회사의 운영상의 선택들과 관련된 리스크를 반영하는 것으로 사용한다. 그러나 이는 어느 모로 보나 표준적인 정의는 아니다. ERM에 관한 최근의 실무자/학계 라운드테이블은 운영 리스크에 대한 일관성 있는 정의 결여를 보여준다(Branson, et,al. 2008을 보라).

9) 이 보고 자료는 www.sec.gov/Archives/edgar/data/914329/000119312508095083/dex991.htm에서 구할 수 있다.

10) David Koenig가 쓴 "항공사들이 치솟는 항공유 비용을 헤지하려 한다"는 제목의 2008년 7월 1일자 Associated Press 기사를 보라.

11) 이 정보는 사우스웨스트의 SEC 10-K(2007년 2월 1일자)상의 재무제표 주석 10("파생상품 및 금융 도구들"이라는 제목이 붙어 있음)에 나오는 "연료 계약"에 대한 설명에 근거한다. 이에 해당하는 URL은 www.sec.gov/Archives/edgar/data/92380/000095013407001724/d42975e10vk.htm이다.

저자 소개

다니엘 A. 로저스(Daniel A. Rogers) 박사는 포틀랜드 주립대학교, 노스이스턴 대학교, 메시 대학교 그리고 유타 대학교에서 가치 평가(부동산 가치 평가 포함), 기업 금융 및 파생금융 상품을 가르쳐 왔다. 로저스는 회사의 리스크 관리와 파생상품 사용, 보상으로부터 발생하는 경영진의 인센티브 그리고 주식 옵션 가격 재평가 분야에서 리서치자료들을 발표해 왔고, Journal of Finance, Journal of Banking and Finance, Financial Management, Journal of Applied Corporate Finance 그리고 Journal of Futures Markets 등에 기고했다. Financial Management 지에 실린 항공 산업에서의 항공유 헤징이 기업 가치 평가에 미치는 효과에 관한 논문(David Carter 및 Betty Simkins와 공저)은 2006년에 에디슨-웨슬리상을 공동 수상했다. 로저스는 학자의 길을 걷기 전에 국내 항공사 및 석유 제품 유통회사에서 항공유 및 디젤유 구매 및 이들 상품 가격의 리스크 관리를 담당하는 임원으로 일했다. 로저스는 워싱턴 주립대학교에서 경영학 학사를 취득했고, 틀레인 대학교에서 MBA를 취득하였으며, 유타 대학교에서 박사(재무 전공) 학위를 취득했다.

은행 자본 규제와 ERM

벤턴 E. 굽(Benton E. Gup), PhD-앨라배마 대학교 은행학과장

개요

전 세계의 은행가와 규제 기관은 은행의 세계화와 변화하는 리스크 프로필을 다뤄야 하는 도전에 직면해 있다. 이 도전의 한 측면은 국제적인 은행 규제 기관들이 건전성 규제 기준을 조화시키기 위한 노력을 기울이고 있다는 점이다. 조화는 서로 다른 금융기관의 유사한 활동에 적용되는 많은 기준의 등장뿐만 아니라 통일된 규정도 일컫는다. 국가의 은행 감독 기관들로 구성된 위원회인 은행 감독에 관한 바젤 위원회(이하 '바젤 위원회')가 통일된 기준 제정 노력을 이끌었다. 바젤 위원회는 1988년에 은행들에 대한 리스크 기반 자본 기준을 수립했다. 경쟁적인 시장 시스템에서 자기 자본은 예상치 않은 손실로부터 부채와 자본 소유자들을 보호하는 완충 역할을 한다. 규제를 받는 은행 시스템에서 요구 자본은 재무적 곤경 비용, 대리인 문제 그리고 연방 안전망에 의해 야기된 시장 규율 감소를 줄이는 데 사용된다.[1]

전 세계의 많은 국가들이, 위험가중자산의 8% 이상을 자본으로 보유하라는 바젤 I 기준을 채택했다. 바르트, 카프리오 그리고 레빈(2006)이 150개가 넘는 국가들을 대상으로 실

시한 연구에 의하면, 요구되는 최소 자본 비율은 자산의 4%에서 20%에 달하였다.

여러 국가에서 사업을 영위하는 은행들은 국가마다 다른 자본 기준이 경쟁상의 우위나 열위, 즉 공평하지 않은 경쟁 무대를 초래한다는 특히 어려운 문제에 직면하고 있다. 또 하나의 어려운 문제는 특정 국가 내 및 여러 국가들에 걸쳐 있는 법적 실체(legal entity) 사이에 운영 리스크에 대한 자본을 할당하는 것이다.[2] 운영 리스크는 잠시 뒤에 설명할 것이다. 운영 리스크는 실패한 프로세스, 사람, 시스템 그리고 사건들을 다룬다. 자본 기준은 ERM 및 경제적 자본을 고려하도록 발전하고 있다.

은행 자본 요건의 발전

은행업은 과거에는 단순하고 지역 밀착형이었으며 소형 은행에 의해 주도되었다. 그러나 오늘날의 은행업은 복잡하고 국제적이며, 대형 은행에 의해 주도된다. 과거에는 소형 은행이 지역의 고객에게 대출해 주었고, 소형 은행의 주요 관심사는 고객들의 대출 상환 능력이었다. 오늘날 국제적인 대형 은행들은 패키지된 대출을 매매하며, 전 세계를 대상으로 다른 활동에도 관여한다. 이 은행들에게는 대출자와 차입자 사이의 개인적인 연결 관계가 대체로 사라졌다. 그리고 대출 매매 및 은행의 기타 활동들과 관련된 리스크들이 극적으로 증가했다. 은행의 자본은 대출 및 기타 활동들로부터 발생하는 손실에 대한 완충 역할을 한다. 이후의 섹션들에서는 미국 및 국제 사회에서 은행 자본 요건의 발전에 대해 살펴본다.

미국의 자본 비율 개요

보기 19.1의 데이터는 1896년에서 2007년까지 미국 은행들의 자기 자본 대 자산 비율을 보여 준다. 자산의 장부 가액에서 부채의 장부 가액을 차감한 금액인 자기 자본은, 후순위 부채와 일부 대차대조표 부외항목에 대한 조정을 포함할 수 있는 규제 자본과 다르다. 자기 자본은 또한 잠시 뒤에 설명할 리스크 및 자본에 대한 통계적 추정치인 경제적 자본과도 다르다.

보기 19.1에서 알 수 있는 바와 같이 미국 은행들은 1896년에 23.5%의 자본/자산 비율을 보였다. 1896년과 1900년의 비율은 많은 은행이 "진성 어음 원칙"(단기 차입 및 단기 대출)

하에서 영업하던 시기를 반영한다.

자본/자산 비율은 점점 하락하여 1980년에는 5.8% 밑으로 떨어졌다. 그 사이에 은행들은 대출 기간을 늘렸으며, 부동산 대출을 포함하여 보다 장기의 대출을 제공하였지만 여전히 단기로 차입했고, 보다 장기의 대출들이 리스크를 증가시켰다. 1985년-1992년 사이에 연방 예금 보험공사(FDIC)에 예금보험을 가입한 1,373개의 은행들이 파산했다.[3] 이에 더하여 1,073개의 저축 대부 조합과 1,707개의 신용 협동조합이 도산했다. 이 기관들은 모두 연방 예금 보험에 가입되어 있었다. 따라서 미국에서는 은행의 자본을 다루는 감독 규정을 강화하라는 압력이 제기되었다. 그 결과 1991년 연방 예금보험공사 개선법(FDICIA)이 통과되었는데, 이 법은 은행의 자본 요건을 강화했다. FDICIA에는 위험 기반 자본 비율이 6% 이하인 자본이 부족한 은행(undercapitalized bank)들을 다루는 적기 시정 조치(Prompt Corrective Action; PCA)도 포함되었다. 자본이 잘 갖춰진 은행(well-capitalized bank)들은 위험 기반 자본 비율이 10% 이상이다.

[보기 19.1] 미국 은행의 자본/자산 비율

연도	미국 은행들	비금융회사들
1896	23.5%	
1900	17.9%	
1980	5.8%	69.1%
1988	6.2% (바젤 I)	
2000	8.5%	49.2%
2007	10.2%	35.4% (2005년)

출처: 모든 은행 통계, 미국, 1896-1995, 미국 통계 발췌 1989, 1993, 2008. 비금융회사들의 가장 최근 데이터 (Table 730 corporations)는 2005년 자료임을 주의하라. 이 데이터는 2008 통계 발췌에 발표될 예정이다. FDIC Quarterly Banking Profile, (2008).Full Year 2007, Table III-A. FDIC에 예금 보험을 가입한 상업 은행들.

두 개의 추가적인 요인들이 은행들의 성장 기회 및 리스크 증가에 기여했다. 첫째 요인은 상업은행들이 은행 지주 회사를 구성하여 증권 및 보험 인수, 종합금융(merchant banking), 보험 그리고 기타 부수 업무를 영위하도록 허용되었다는 것이다.[4] 이로써 은행들이 복잡한 대형 은행 조직(Large Complex Banking Organizations; LCBOs)이 될 수 있는 길이 열렸다. 둘째 요인은 모기지 대출에서 유동화의 성장이었다. 유동화란 모기지 대출 풀(pool)을 패키지화해서 투자자들에게 매각하는 것이다.[5] 유동화는 모기지 담보부 증권(Mortgage Backed Security; MBS), 담보부 부채 증서(Collateralized Debt Obligation; CDO) 그리고 구조화 투자 기구(Structured Investment Vehicle; SIV) 등과 같은 복잡한 구조와 관계된다.

보기 19.1은 비금융회사들은 자본/자산 비율이 69%에서 35% 사이라는 사실도 보여 준다. 이는 은행의 자본/자산 비율보다 매우 높은데, 여기에는 몇 가지 이유가 있다. 은행이 낮은 자본/자산 비율을 보이는 이유 중 하나는 은행은 연방 및 주의 감독 당국에 의해 규제를 받으며 은행의 리스크 기반 자본 비율이 특정 수준 밑으로 떨어지면 감독 당국에게 적기 시정 조치를 취하도록 요구하는 연방 예금보험공사 보험법이나 1991년 FDICIA와 같은 다양한 법의 적용을 받기 때문이다. 리스크 기반 자본 비율은 (예컨대 대출과 같은) 은행의 위험 가중 자산 대비 자본의 비율이다. 자본이 잘 갖춰진 은행들은 10% 이상의 위험 기반 자본 비율을 보이는 반면 자본이 부족한 은행들은 이 비율이 6% 이하이다. 다른 이유로는 연방 준비 제도의 재할인 창구, 정부 개입 그리고 대마불사(Too-Big-to-Fail)[6] 원칙들이 포함된다.

바젤 I

1974년에 바젤 위원회가 설립되었다. 이 위원회는 은행 감독 당국들 사이의 정보 공유와 협력 촉진 및 강화 그리고 국제적으로 활발히 활동하는 대형 은행들에 대한 감독 원칙 개발에 중점을 두었다. 1970년대에 저개발 국가들(Less Developed Countries; LDC)로부터 거액의 손실을 입은 이후, 바젤 위원회는 대형 은행들의 파산 및 국가간 전염에 관해 점점 더 우려하게 되었다. 특히 그들은 대형 은행들이 부담하고 있는 리스크에 비해 적절한 자본을 보유하고 있지 않다는 우려를 하게 되었다. 1980년대에 그들의 우려는 세계적으로 확장하고 있던 일본 은행에게 향해졌다. 이러한 결과로 1998년 자본 협약 또는 바젤 I으로 알려지게 된, 일률적인 8% 자본 요건이 시행되었다.

바젤 I 하에서는 은행의 자본은 2개의 층(tier)으로 구성된다. Tier 1에는 납입 자본금과 이익 잉여금이 포함되며, 이의 최소 비율은 4%이다. Tier 2는 은행이 이용할 수 있는 추가적인 내부 및 외부 자금을 포함하며, 총 8%의 자본 중 최대 4%까지 인정된다.[7] 이와 같이 바젤 I은 8%의 위험 조정 자본을 요구했다.

바젤 I은 주로 신용 리스크에 중점을 두었으며, 위험 가중치는 경제협력개발기구(OECD) 회원국의 중앙은행과 정부에 대한 채권은 0%가 적용되었고, 기업 및 소비자 대출과 OECD 비회원국의 정부에 대한 채권은 100%가 적용되었다.

이 맥락에서 은행들은 일반적인 모기지에 대해서는 유동화된 모기지 풀에 비해 더 많은 자본을 보유하도록 요구되었다. 따라서 은행들은 모기지 대출을 보유하던 데서 이를 유동화하여 다른 투자자들에게 매각하는 쪽으로 비즈니스 방식을 바꾸기 시작했다. 은행들은 모기지 대출 및 기타 대출을 계속했지만, 유동화 프로세스로 인해 은행들은 유동화된 증권을 매입한 투자자들에게 리스크를 떠넘길 수 있게 되었다.[8]

8%의 리스크 기반 자본 비율은 리스크 모니터링에 사용되는 자의적 비율이다. 8%의 "최소 자본은 일종의 가이드이다. 이 비율은 은행들이 달성할 목표가 되도록 의도되지 않았으며, 그래서도 안 된다. 그리고 이 비율은 내부 리스크 관리 기준이 되어서도 안 된다."[9] 이 비율은 리스크를 측정하지 않는다. 이와 동등하게 중요한 사항으로서, 파산한 많은 은행들이 파산 직전에 8%가 넘는 자본 비율을 보였었다. FDIC의 한 연구에 의하면 1980년에서 1994년 사이에 파산한 1,600개의 미국 은행들 중에서 26%가 파산 1년 전에 CAMEL(자본(capital), 자산의 질(asset quality), 경영진(management), 수익(earnings) 그리고 유동성(liquidity)) 1, 2등급을 받았다.[10] CAMEL 등급은 은행 감독 기관이 은행을 평가하기 위해 사용하는 등급이다. 이 등급은 최고 1등급에서 최저 5등급까지 있다.[11] 이 연구는 계속해서 "…은행의 자본 상태는 은행이 파산하기 몇 년 전에 이를 잘 예측하지 못한다"고 말한다.[12]

2007년, FDIC에 가입한 미국의 모든 상업 은행들은 바젤 I에서 요구하는 8%의 규제 자본을 훨씬 초과하는 평균 12.23%의 리스크 기반 자본 비율을 보였다.[13] 가장 작은 은행들(자산 1억 달러 미만)은 19.84%의 리스크 기반 자본을 보유한 반면, 가장 큰 은행들(자산 100억 달러 초과)은 11.86%의 자본을 보유했다. 최소 요건을 초과하는 자본 보유는 부분적으로는 FDICIA, 보다 높은 이익, 합병으로 인한 영업권 그리고 성장 기회를 활용하기 위함에 기인한다.[14]

1980년부터 1996년까지 국제 통화 기금(IMF)의 181개 회원국 중 133개국이 중대한 은행 부문 문제를 겪었다.[15] 은행의 파산은 여러 건이 발생하는 경향을 보이는 것이 일반적인데, 은행의 파산은 금융 충격(예컨대 외환)과 관련되는 경우가 빈번하며, 부동산 대출의 부도가 가장 흔한 은행 파산 원인이다.

1980년대 초에 칠레 또한 체계적인 은행 부문 문제들을 경험했다. 구리 가격 하락, 심각한 경기 침체, 미국의 금리 상승 그리고 90%의 페소화 가치 하락이 국내 차입자들의 외화 대출에 부정적인 영향을 주었다. 칠레 중앙은행은 26개의 상업 은행들 중 14개와 17개의 국내 파이낸스 회사들 중 17개를 인수했다. 이 은행들 중 8개 및 모든 파이낸스 회사들은 청산되었다.[16]

바젤 I의 요점은 자본이 중요하다는 것이다. 그러나 여러 가지 변화가 일어나 바젤 I을 훼손했다. 이러한 변화에는 파생상품의 발달, 세계화 그리고 복잡한 대형 은행 조직(LCBOs)의 통합이 포함된다. 이와 동등하게 중요한 요소로서, 은행의 기본적인 비즈니스 모델이 진성 어음 원칙(단기 차입, 단기 대출)에서 단기 차입, 장기 대출(즉, 매입 및 보유)로 그리고 최근에는 단기 차입, 자산 매각(즉, 대출을 한 뒤에 신디케이션, 유동화 그리고 신용 파생상품을 통해 다른 투자자들에게 매각함)으로 옮겨 갔다.[17] 이 맥락에서 연방 준비위원회 위원인 수잔 슈미트 비스(2007)는 이렇게 말했다.

US의 감독 당국들은 2005년의 바젤/국제 유가증권 위원회 조직(IOSCO)의 1996년 시장 리스크 개정안(Market Risk Amendment; MRA)에 대한 개정을 지지합니다. MRA 채택 이후 은행들의 트레이딩 활동은 보다 정교해졌으며 많은 은행들에서 사용되고 있는 기존의 value-at-risk 모델들에서는 쉽게 파악되지 않는 보다 광범위한 리스크들이 생겨나게 되었습니다. 예를 들어 은행들은 자신의 트레이딩 북에 CDS 및 CDO들과 같이 신용 리스크와 관련된 상품들을 보다 많이 포함시키고 있습니다. 이러한 상품들은 10일의 보유 기간과 99%의 신뢰 수준을 특정하는 현행 MRA 규칙 하에서 요구되는 방법론에 의해서는 잘 파악되지 않는 부도 리스크를 만들어 내서, 비 트레이딩 계정과 트레이딩 계정 사이에 잠재적인 차익거래 기회가 생길 수 있습니다.

간단히 말하자면, 전 연방 준비위원회 부의장 퍼거슨(2003)은 "바젤 I은 가장 복잡한 은행들의 활동을 다루기에는 너무 단순하다"고 말했다. 바젤 I은 리스크에 충분히 민감하지 않다. 따라서 퍼거슨은 2001년에 바젤 위원회에서 제안한 바젤 II를 지지했다.

바젤 II

바젤 II[18]는 계속적인 과정이다. 이는 규제 자본을 은행들이 직면하는 리스크와 정렬시키려는 시도이다. 바젤 II에는 매우 다르지만 관련된 두 가지 측면이 있다. 하나는 3개의 기둥들(three pillars)과 관련이 있고, 다른 하나는 전사 리스크 관리와 관련이 있다. 각각에 대해 아래에 설명한다.

Pillar 1: 최소 자본 요건 – 규제 자본 요건은 신용 리스크(거래 상대방의 부도), 시장 리스크(대차대조표 항목 및 부외 항목의 가격 변화) 그리고 운영 리스크(실패한 프로세스, 사람, 시스템, 사건)에 기반을 둔다. 바젤 II에서 총 자본의 정의는 바젤 I에서와 같다. 총 자본을 신용 리스크, 시장 리스크 그리고 운영 리스크의 합계액으로 나눈 비율이 8% 이상이어야 한다.

$$\frac{총자본(정의는 \ 변하지 \ 아니함)}{신용리스크+시장리스크+운영리스크} \geq 8\% \ 최소자본비율$$

$$(19.1)$$

Pillar 2: 감독 당국의 점검 프로세스 – 리스크 관리에 관한 감독 당국과 은행의 대화를 강화한다.

Pillar 3: 시장 규율 – 정보 공개에 의존한다.

상세한 내용은 논하지 않지만 은행들은 바젤 II 자본 요건을 맞추기가 비교적 쉽다는 것을 재빨리 알아차렸다.[19] 자본 비율을 계산하는 데는 (1) 표준 방법 (2) 기초 내부 등급법 (3)고급 내부 등급법 등 3가지가 있다.

보기 19.2에 나오는 데이터는 100달러의 상업 대출에 대한 최소 자본은 신용 리스크 및 필요 자본 계산에 사용되는 방법에 따라 1.81달러에서 41.65달러까지 될 수 있음을 보여 준다.

[보기 19.2] 바젤 II - 100 달러의 상업 대출에 대한 최소자본

	AAA 신용 리스크	BBB 신용 리스크	B 신용 리스크
표준방법	1.81달러	8.21달러	12.21달러
기초 내부등급법	1.41달러	5.01달러	18.53달러
고급 내부등급법	0.37달러~ 4.45달러	1.01달러~ 14.13달러	3.97달러 ~41.65달러

출처. Susan Burhouse, John Field, George French, and Keith Ligon, "Basel and the Evolution of Capital Regulation: Moving Forward and Looking Back", An Update on Emerging Issues in Banking, FDIC, February 13.

[보기 19.3] 규제상의 차익 거래: 2개의 1백만 달러짜리 대출

예상 손실(EL) =	부도 확률(PD) ×	부도 시 손실률(LGD)
대출 1EL = 1%	5%	20%
대출 2EL = 1%	2%	50%
자본 부과액 1백만 달러 x 1%	= 1만 달러	= 1만 달러

이에 더하여 보기 19.3은 예상 손실(expected loss; EL)이 부도 확률(probability of default; PD) 곱하기 부도 시 손실률(loss given default; LGD)일 때 2개의 1백만 달러짜리 대출에 대한 규제상의 차익을 보여 준다. 이 두 대출의 PD와 LGD는 아주 다르지만, 동일한 자본을 부과 받는다.

은행들은 부실 채권이 될 수도 있는 대출들을 채무조정을 통해 상각을 피할 수 있다. 또는 채무자에게 두 번째 대출을 해 줌으로써 첫 번째 대출을 상환하게 해서 차주가 부도를 내지 않게 할 수도 있다. 마지막으로 은행들은 대출을 유동화하여 대차대조표에서 떨어낼 수 있다.

바젤 II의 다양한 측면들을 테스트하기 위해 여러 차례의 계량 영향 연구(Quantitative Impact Study; QIS)들이 수행되었다. 4번째 계량 영향 평가 QIS-4에 대한 FDIC의 견해는 "QIS-4의 결과는 바젤 II는 가장 큰 은행들에 대해서는 수용할 수 없을 정도로 큰 폭의 요구 자본 감소로 이어질 가능성이 있음을 보여 준다. 동일한 대출 포트폴리오에 대해서 바젤 II를 적용하지 않는 은행들의 자본의 일부만을 보유해도 되는 대형 은행들과 치열한 경쟁을 벌이는 지방 은행들에게는 벅찬 도전이 될 것"이라고 말했다.[20] 필요한 Tier 1 자본이 31% 감소했다(중앙값).[21] 이는 일반적으로 모든 은행들을 위한 그리고 특히 지방 은행들을

위한 공정한 경쟁의 장에는 도움이 되지 않았다. 그러나 앞에서 본 바와 같이 미국의 소형 지방 은행들은 최소 필요 규제 자본을 훨씬 상회하는 자본을 보유하였기 때문에 바젤 II가 이들의 경쟁 지위를 해친 것 같지는 않다.

그럼에도 불구하고 2007년 7월에 미국의 연방 은행 감독 기관들은 바젤 II를 시행하기로 합의했다.[22] 바젤 II는 3년의 과도기 기간 동안 테스트되며, 필요 자본 감소액이 15%를 초과하는 것은 허용되지 않는다. 주된 영향은 내부 등급법을 적용하기로 "선택하는" LCBOs와 기타 대형 은행들에게 미치며, 소형 은행들은 "표준" 방법을 사용한다. 2008년 6월에 FDIC는 고급 방법을 사용해야 하는 가장 크고, 가장 복잡한 은행들을 제외한 모든 은행들에게 표준 방법을 승인했다.[23]

연방 준비위원회 이사 크로츠너(2007)는 바젤 I은 "규칙"에 기반한 반면, 바젤 II는 "원칙"에 기반했음을 발견했다. 그는 "보다 원칙에 기반한 방법의 채택은 은행들에게 이 요건을 충족함에 있어서 다소의 유연성을 허용해야 하며, 은행들의 관행들 사이에 합리적 수준의 다양성을 허용해야 함을 의미한다"고 말했다. 즉, 동일한 대출에 대한 자본 요구량은 은행마다 다를 수 있다.

또 하나의 복잡한 요인은 은행의 자산, 부채 그리고 특정 금융 상품 평가에 공정 가치 회계를 채택했다는 점이다.[24] 바르트(2004) 그리고 굽과 루톤(2008)은 공정 가치 회계와 관련해서 자산 및 부채의 변동성이 커졌음을 지적한다. 이 변동성은 은행의 자본 적정성에 긍정적이거나 부정적인 영향을 줄 수 있다.

FDIC 의장 쉐일라 베어(2008)는 바젤 II와 리스크 관리에 관한 연설에서 구조화 금융(즉, CDO들)에는 투명성이 매우 낮다고 말했다. 베어는 "고급 방법은 일반적으로 모델들과 계량적 리스크 척도들의 정확성에 큰 도박을 겁니다"고 말했다. 바젤 II 프레임워크는 과거에 손실을 많이 경험하지 않은 대부분의 여신 부류들에 더 낮은 자본을 요구한다는 의도하지 않은 결과를 초래했다. 베어는 계속해서 이렇게 말한다. "또한 이는 은행들에게 자신의 자본 이익률을 제고하기 위해 레버리지를 더 올리도록 조장합니다. 그러므로 고급 방법은 과녁에서 크게 빗나갈 수 있습니다. 이제 수학 공식보다는 건전한 리스크 관리에 더 많은 것이 있다는 인식이 널리 확산되고 있습니다…" 단순한 "레버리지 비율"을 선호하는 베어는 미국 상원에 대한 증언에서 다음과 같이 주장했다. "레버리지 비율은 리스크 기반 척도들이 리스크가 미미하며 자본이 별로 필요하지 않다는 잘못된 정보를 제공하는 상황에서도 손실을 흡수할 수 있는 기본 수준의 자본이 존재하게 함으로써 리스크기반 자본 비율을 보완합니다. 이 안전장치는 적기 시정 조치와 더불어 자본을 보존하고 안전하고, 건전한 은행 시스템을 증진할 것입니다..."[25]

2008년 7월에 일부 은행과 은행 지주회사를 대상으로 하는 "미국의 바젤 II 고급 방법 시행"에 관한 감독 기관 합동 성명서가 발표되었다.[26] 이 성명서는 고급 방법을 적용하려는 은행들 및 은행 지주 회사들은 2011년 4월 1일까지 이 방법을 시행할 특정 절차들을 따라야 한다고 말했다.

전사 리스크 관리(ERM)와 경제적 자본

바젤 II는 ERM의 맥락에서 고려되어야 한다. COSO(committee on Sponsoring Organization)는 ERM을 "기관의 목표 달성에 관한 합리적인 확신을 제공하기 위해 이사회, 경영진, 기타 인력에 의해 수립되어, 전사적으로 적용되어 리스크를 식별, 평가 및 조직의 리스크 성향 이내로 관리하는데 사용되는 프로세스"라고 정의한다.[27]

연방 준비 위원회 이사 수잔 쉬미트 비스(2006)는 ERM에 관한 COSO의 정의에 대해 논평하면서 ERM은 사람마다 각기 다른 것을 의미할 수 있지만, "모든 은행들은 리스크 관리를 잘할 필요가 있다. ERM은 조직 전체의 목표를 수립하고, 전사적 문화를 고취하며, 핵심 활동들과 리스크들이 정규적으로 모니터되게 하는 데 있어서 적절하다."고 말했다.

여기에서의 요점은 ERM은 전망적이라는 점이다. ERM은 경제 상황과 향후 은행에 영향을 줄 수 있는 다양한 범위의 리스크들 및 기타 요인들을 고려한다. 규제 자본은 미래가 아니라 과거에 관한 것이다.

ERM은 리스크를 측정하는 통계적 개념인 경제적 자본 개념을 채택하는데, 경제적 자본은 은행이 리스크를 부담하는 자신의 활동을 지탱하는데 필요한 자본의 양에 대한 은행의 추정을 반영한다. 경제적 자본은 규제 자본 보유액이 아니다.[28]

회계감사원(General Accountability Office; GAO)이 수행한 리스크 기반 자본 연구는 다음과 같은 사실을 발견했다. "바젤 II의 고급 방법은 규제 자본과 경제적 자본을 보다 가깝게 정렬시키는 것을 목표로 했지만, 양자는 근본 목적, 범위 그리고 특정 가정들에 대한 고려 등 중요한 측면들에서 서로 다르다. 이 차이들에 비추어 볼 때, 규제 자본과 경제적 자본은 동등할 것으로 의도되지 않는다... 바젤 II에서 제안된 규제 자본은 신용 리스크, 운영 리스크, 그리고 해당 사항이 있을 경우 시장 리스크에 대해서만 명시적으로 측정하는 반면, 경제적 자본 모델들은 보다 넓은 범위의 리스크들을 명시적으로 측정할 수 있다."[29] 따라서 경제적 자본은 은행이 리스크를 부담하는 자신의 활동을 지탱하기 위해 필요한 자본(장부 상의 자본이나 규제 자본이 아님)의 양에 대한 은행의 추정을 반영한다. 통계적으로는 이는 조건부 무작위 변수이다. 실제적으로는 일부 대형 은행들은 경제적 자본과 관련된 위험 자본 수익률을 사용하여 조직 전체의 대출 및 투자 의사 결정을 내린다.

ERM의 맥락에서 글로벌 은행에는 신용, 시장 그리고 운영 리스크 이외에도 많은 리스크들이 있다. 이에는 중요한 인프라스트럭처 와해, 변화하는 법률 및 규제, 테크놀로지 변화, 소버린 채무의 부도, 허리케인, 유가, 테러리즘, 정치적 불안정 및 기타 요인들이 포함된다.

이 리스크들의 일부는 발생 가능성이 매우 낮은 것으로 보일 수도 있지만, 과거에 발생한 적이 있고, 향후에 다시 발생할 수도 있다. 예를 들어 1800년대에 라틴 아메리카/카리브 지역 국가에서 소버린 부도가 자주 발생했었다. 예컨대 칠레는 1826년, 1880년, 1931년 그리고 1983년에 정부 채무에 부도를 냈다. 그 지역에서 가장 최근의 소버린 부도는 2003년에 도미니카에서 발생했다.[30]

리스크는 확률, 예상 영향 그리고 표준편차 면에서 측정된다. 이같이 측정했을 때, 경제적 자본은 손실 분포의 특정 백분위수와 예상 손실 사이의 차이이다. 이는 때로는 99.97% 신뢰 수준에서 미예상 손실로 일컬어지기도 한다. 이는 해당 은행이 12개월 내에 지급불능으로 될 확률이 3/10,000임을 의미한다(바젤 II의 고급 방법에서는 은행 및 회사의 부도 확률 하한선을 0.03%로 정하고 있는 바(바젤 II §285), 신뢰 수준 99.97%는 부도 확률 0.03%에 해당함. 이는 신용 등급 AA- 이상에 해당하며, 글로벌 은행들이 목표 신용 등급을 AA- 이상으로 하고 있음을 의미함. 역자 주). 경제적 자본 측정 방법은 은행마다 다르며, 상황이 변함에 따라서도 달라질 수 있음을 주목해야 한다. 보기 19.4는 경제적 자본 개념을 보여 준다.

2007년 3월 바젤 위원회는 리스크 관리 및 모델링 그룹에게 경제적 자본 측정 관행의 범위를 평가하는 임무를 부여했다.[31] 강조 대상에는 다음과 같은 사항들이 포함된다.

- 신용 리스크에 대한 새로운 측정 방법
- 분산 투자의 효과

- 복잡한 거래 상대방 신용 리스크

- 이자율 리스크

- 내부 자본 평가에 대한 은행들의 검증 방법[32]

[보기 19.4] 경제적 자본

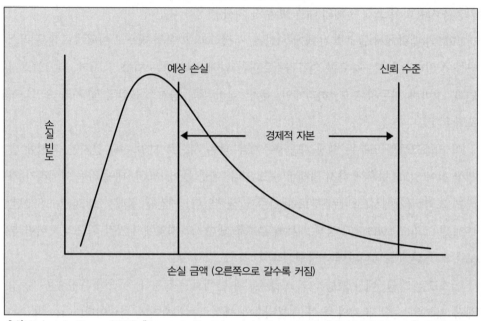

출처: Robert L., Burns. (2004) "Economic Capital and the Assessment of Capital Adequacy", Supervisory Insights, FDIC, Winter.

경제적 자본은 이론적으로는 괜찮아 보이지만, 실제로는 다음과 같은 문제가 있다.

연방 준비 위원회는 대형 은행들이 자신의 리스크 프로필에 비추어 그들의 자본 필요액을 계산하려는 내부 목적에 사용되는 방법인 소위 "경제적 자본" 사용 관행을 평가하기 위해 다수의 대형 은행들에 대한 점검을 실시했다. 다른 발견 사항들과 마찬가지로, 우리는 일부 은행들이 모델의 산출물을 적절한 회의론을 가지고 보지 않고 모델의 결과에 과도하게 의존하는 것을 발견했다. 모델들은 이를 구축하기 위해 사용된 데이터에 의존한다. 데이터의 역사가 짧거나 데이터가 대부분 호경기 시절로부터 추출되었을 경우, 금융기관의 리스크 프로필에 모델의 결과들을 전적으로 적용할 수 없을 수도 있다. 우리는 은행들은 일반적으로 내부 자본 모델에 사용되는 입력 값들의 계산 개선, 자신의 모델에 대한 보다 강력한 검증 그리고 자신의 모델에 내재된 한계를 보완하는 스트레스 테스팅과 시나리오 분석의 보다 광범위한 사용에서 유익을 얻을 것이라는 결론을 내렸다.[33]

결론

은행의 세계화는 앞으로도 계속될 터인데, 이는 전 세계의 은행 및 은행 감독 당국에 이슈들을 제기한다. 바젤 위원회는 은행들의 공정한 경쟁 무대를 갖추기 위해 바젤 I에서 8%의 리스크 기반 자본 비율을 정했다. 앞에서 언급한 바와 같이 150개가 넘는 나라들에서의 최소 자본 비율 요건은 4%에서 20%까지에 달했다.[34] 은행들이 현재 보유하고 있는 수준보다 적은 자본을 요구하는 국제적 자본 기준이 무슨 가치가 있느냐고 의문을 제기할 수도 있다. 다른 한편으로는 은행들이 자본 비율을 높여야 한다는 사실로 인해 대출 감소가 초래될 수도 있다. 예를 들어 미국 은행들이 바젤 I 기준을 맞추려 한 시도가 1990년대 초의 신용 경색에 기여하였다.[35]

앞에서 언급한 바와 같이 바젤 II는 계속적인 과정이며 ERM을 더 강조할 필요가 있다. 2007년 6월에, 바젤 위원회 의장 나우트 웰링크는 이렇게 말했다. "하나의 예는 바젤 II가 회사의 리스크 관리 인프라스트럭처를 더 강조한다는 점이다. 예를 들어 이 프레임워크는 1회의 경제 사이클에 걸친 경제적 자본 및 규제 자본 평가를 뒷받침하는 PD(부도확률), LGD(부도 시 손실률) 그리고 EAD(부도 시 익스포저)를 지원하는 데이터의 근본적인 개선을 요구한다. 이는 데이터 수집 및 경영 정보 시스템과 같은 영역의 개선에 박차를 가했다. 이러한 진전들은 리스크 관리 관행을 개선시킬 인센티브와 함께 리스크 관리와 경제적 자본 모델링에서의 혁신과 개선을 지원할 것이다."[36]

일반적으로 규제 당국들은 은행을 하나의 비즈니스 라인으로 취급하거나 '사일로' 적인 자본 적정성 접근법을 취해 신용 리스크를 가장 큰 우려로 여긴다. 그러나 LCBOs는 자산 관리, 데이터 프로세싱, 투자 은행 그리고 생명 보험과 같은 다양한 비즈니스 라인들을 지니고 있는데, 이러한 비즈니스 라인들은 모두 매우 다른 리스크들에 직면한다. 이와 동등하게 중요한 요소로서, 대형 은행들의 기본적인 비즈니스 모델은 예금을 수취하고 대출을 하던 데에서 예금을 수취하고 유동화를 통해 대출을 유통시키는 방향으로 바꾸고 있다.

ERM은 "조립 블록" 방법을 사용하여 모든 비즈니스 라인으로부터 리스크를 취합한다. 이 맥락에서 ERM은 일반적으로 신용 리스크와 같은 단일한 비즈니스 라인을 다룰 때 효과가 가장 큰 분산 투자의 이점을 고려한다. 분산 투자의 효과는 비즈니스 라인들 간에는 감소하는 경향이 있다.[37]

개별 은행에 대한 ERM 및 경제적 자본과 관련된 복잡성 때문에 국가 및 은행들 사이의 이해관계를 일치시키기 어렵다. 따라서 은행들은 비즈니스 사이클의 변화, 환율의 변동 그리고 기타 요인들을 반영하여 경제적 자본 수준을 계속 변화시킬 것이기 때문에 경제적 자본 추정은 계속적인 과정이다.

경제적 자본은 어떻게 계산되든 자의적인 8%의 규제 자본보다 더 일리가 있다. 그러나 국제적으로 공정한 경쟁 무대를 갖춘다는 면에서는 경제적 자본이 바젤 II에서 요구되는 규제 자본 수준 이상이 되도록 하는 것이 중요하다. 경제적 자본은 "전망적"이어야 하며, 최근의 역사가 아니라 예상 시나리오에 근거해야 한다.

최근의 서브프라임 위기는 씨티그룹과 베어스턴스의 문제들에서 알 수 있듯이 가장 큰 은행들 및 금융기관들이 리스크를 적절히 관리하지 못했음을 명백히 보여 준다. 이 선상에서 씨티그룹, UBS, 바클레이즈 그리고 기타 대형 은행들에 거액의 자본 주입이 요구되었다. 이와 동등하게 중요한 점으로서, 경제적 자본을 채택하는 모델들은 큰 오류에 빠질 수 있다. 월 스트리트 저널(Hadas, 2008년 4월 7일)의 머리 면에 실린 한 기사의 제목은 "모랄 헤저드의 유혹에 빠지다: 낮은 이자율, 허약한 감독이 은행원들과 트레이더들을 꼬드겼고, 많은 사람들이 쉽게 유혹된다"였다. 이와 유사하게 포춘 지(2008년 4월 14일)의 머리 면은 "은행들은 리스크, 레버리지 그리고 높은 보수와의 연애에 희생물이 되었다"라고 말했다.[38] 달리 말하자면 은행들은 재무적 보상을 과대평가했으며, 복잡한 채무증서의 위험을 과소평가했다. 자산의 거품은 거품이 꺼질 때까지는 탐지하기 어렵다.

마지막으로 S&P는 국제적으로 활발한 대형 금융기관들에게는 ERM의 질이 자사가 신용 등급을 부여할 때 고려할 하나의 요인이라고 발표했다.[39] 이 신용 등급들은 은행의 자본 전략에 중요한 요소의 하나인 각 은행의 자본 비용에 영향을 줄 것이다.

참고 문헌

All-bank statistics, United States, 1896-1955 (1959).Washington, D.C., Board of Governors of the Federal Reserve System, Table B1, 53.

Bair, S. 2007. Remarks by Sheila C. Bair, Chairman, Federal Deposit Insurance Corporation, before the Global Association of Risk Professionals; New York City, February 26.

Bair, S. (2008). Remarks by Sheila C. Bair, Chairman, Federal Deposit Insurance Corporation, before the Global Association of Risk Professionals; New York City, February 25.

Bair, S. (2008). Statement by Sheila C. Bair, Chairman, Federal Deposit Insurance Corporation on the State of the Banking Industry; Part II before the Committee on Banking, Housing and Urban Affairs, June 5.

Barth, J. G., Caprio, Jr., and R. Levine. 2006. Rethinking bankregulation, till angels govern. New York: Cambridge University Press.

Barth, M. 2004. Fair values and financial statement volatility, appears in The market discipline across countries and industries, edited by C. Borio, W. Hunter, G. Kaufman, and K. Tsatsaronis. Cambridge, MA: MIT Press.

Basel Committee Newsletter No. 11. 2007. Progress on Basel II implementation, new workstreams and outreach. Bank for International Settlements, May.

Berger, A., R. Herring, and G. Szego. 1995. The role of capital in financial institutions. Journal of Banking and Finance 19, 393-440쪽.

Berger A., R. DeYoung, and M. Flannery, 2007. Why do large banking organizations hold so much capital? Presented at the Federal Reserve Bank of Chicago, Bank Structure Conference, May.

Bies, S. 2007. Remarks by Governor Susan Schmidt Bies. An update on Basel II implementation in the United States. Presented at the Global Association of Risk Professionals Basel II Summit, New York, February 26.

Bies, S. 2006. Remarks by Governor Susan Schmidt Bies—A supervisory perspective of enterprise risk management, October 17.

Board of Governors of the Federal Reserve System. 2007. Banking agencies reach agreement on Basel II implementation. Joint Press Release, July 20.

Brealey, R. 2006. Basel II: The route ahead or cul-de-sac? Journal of Applied Corporate Finance, Fall, 34-43쪽.

Burhouse, S., J. Field, G. French, and K. Ligon. 2003. Basel and the evolution of capital regulation: Moving forward and looking back. An update on emerging issues in banking, FDIC, February 13.

Burns, R. 2004. Economic capital and the assessment of capital adequacy. Supervisory Insights, FDIC, Winter.

Carlson, M., and G. Weinbach. 2007. Profits and balance sheet developments at U.S. commercial banks in 2006. Federal Reserve Bulletin, July, A37-A71.

Curry, T., P. Elmer, and G. Fissel. 2003. Using market information to help identify distressed institutions: A regulatory perspective. FDIC Banking Review, September.

Dziobak, C. and C. Pazarbasioglu. 1988. Lessons from systemic bank restructuring. Economic Issues, no. 14. International Monetary Fund, May.

Enterprise risk management-integrated framework, executive summary. 2004. Committee of Sponsoring Organizations of the Treadway Commission.

Estrella, A. 1995.A prolegomenon to future capital requirements. Economic Policy Review, Federal Reserve Bank of New York, July, 1-12쪽.

FDIC Annual Report, 2001. 2002. Washington, D.C., FDIC.

FDIC Press Release. 2008, FDIC board approves Basel II-based standardized approach capital proposal as an alternative to the current rules. June 26.

FDIC Press Release. 2008. Interagency statement—U.S. implementation of Basel II advanced approaches. PR-55-208, July 7.

FDIC Quarterly Banking Profile. 2008. Full Year 2007, TableⅢ-A. FDIC-Insured Commercial Banks.

FDIC. 2005. Supervisory insights. Winter.

Ferguson, R. Jr. 2003. Remarks by Vice Chairman Roger W. Ferguson Jr., at the ICBI Risk Management

Conference, Geneva, Switzerland, December 2.

Ferguson, R. Jr. 2003. Testimony by Vice Chairman Roger W. Ferguson Jr., Basel Ⅱ, before the Committee on Banking, Housing, and Urban Affairs, U.S. Senate, June 18.

Financial Accounting Standard Board. 2007. Summary of statement No. 157. Fair value measurements.

Financial Accounting Standard Board. 2007. Summary of statement No. 159. The fair value option for financial assets and liabilities—including an amendment to FASB statement No. 115.

Gup, B. 1998. BankFailures in the major trading countries of the world: Causes and remedies. Westport, CT: Quorum Books.

Gup, B. 2004.The new Basel capital accord. New York: Thomson/Texere.

Gup, B. 2004.Too big to fail: Policies and practices in government bailouts. Westport, CT: Praeger.

Gup, B. 2005. Capital games. Appears in Benton E. Gup, Capital markets, globalization and economic development. New York: Springer Science, Chapter 3.

Gup, B. and T. Lutton. 2008. Potential effects of fair value accounting on U.S. bank regulatory capital. Working Paper.

Hadas, E. 2008.Seduced by moral hazard: Low rates, weak oversight lured bankers and traders, but many easily tempted.Wall Street Journal, April 7, C12.

Hatchando, J., L. Martinez and H. Sapriza. 2007. The economics of sovereign defaults. Economic Quarterly, Federal Reserve Bank of Richmond Spring, 163-187쪽.

History of the eighties—lessons for the future. 1998. Washington, D.C., FDIC, vol. 1.

Kohn, Donald L. 2008. Vice Chairman, Federal Reserve, Risk management and its implications for systemic risk. Before the Subcommittee on Securities, Insurance, and Investment, Committee on Banking, Housing, and Urban Affairs, U.S. Senate, June 19.

Kroszner, R. 2007. Remarks by Governor Randall S. Kroszner at the New York Bankers Association Annual Washington Visit, Washington, D.C. "Basel Ⅱ Implementation in the United States", July 12.

Kuritzkes, A., T. Schuermann, and S. Weiner. 2002. Risk measurement, risk management and capital adequacy in financial conglomerates, Wharton School Center for Financial Institutions. Working Paper 03-02.

Lindgren, C., G. Garcia, and M. Saal. 1996. Bank Soundness and macroeconomic policy. Washington, D.C., International Monetary Fund.

Risk based Capital. 2007. United States Government Accountability Office, GAO-070253, February.

Rosen, Richard J. 2007. The role of securitization in mortgage lending. Chicago Fed Letter, no. 244. November.

Standard & Poor's to apply enterprise risk analysis to corporate ratings. 2008. Standard & Poor's Ratings Direct, May 7. www.standardandpoors.com/ratingsdirect.

Statistical Abstract of the United States 1989. 1990. Washington, D.C., U.S. Census Bureau.

Statistical Abstract of the United States 1993. 1994. Washington, D.C., U.S. Census Bureau.

Statistical Abstract of the United States 2001. 2002. Washington, D.C., U.S. Census Bureau.

Statistical Abstract of the United States 2008. 2009. Washington, D.C., U.S. Census Bureau (근간).

Tully, S. 2008. What's wrong with Wall St., and how to fix it.Fortune, April 14, 71-76.

Wellink, N. 2007. Risk management & financial stability—Basel Ⅱ& beyond. Remarks by Dr. Wellink, Chairman of the Basel Committee on Banking Supervision, at GARP 2007 8th Annual Risk Management conference, New York, February 27.

Wellink, N. 2007.Basel Ⅱ and financial institution resiliency. Remarks by Dr. Nout Wellink, President of the Netherlands Bank and Chairman of the Basel Committee on Banking Supervision, at the Risk Capital 2007 conference, Paris, June 27.

Wessel, D. 2007. Revised bank rules help spread woes Wall Street Journal, September 20, A7.

World's Best Banks. 2007. Annual Survey, Global Finance, October, 80.

INDEX

1) Bergeret al. (1995).

2) Furguson (December 2, 2003).

3) FDIC 연례 보고서 2001, 86쪽.

4) 1956년 은행지주회사법, 1991년 Gramm-Leach Bliley법.

5) Richard J. Rosen (2007), "The Role of Securitization in Mortgage Lending", Chicago Fed Letter, no. 244, November.

6) 대사불사 및 정부 개입에 관한 정보는 B. Gup, (2004).Too Big to Fail, Policies and Practices in Government Bailouts (Westpost, CT: Praeger)를 보라.

7) Tier 2는 Tier 1의 100%를 초과할 수 없다.

8) Wessel (2007).

9) Estrella (1995).

10) History of the Eighties-Lessons for the Future (1998), Washington, DC, FDIC, vol. 1, 57쪽.

11) 1997년에 은행 감독 당국은 CAME에 "S" 항목을 추가했다. "S"는 민감도(sensitivity)를 의미한다. CAMEL에 대한 추가 정보는 Curry, et al., 2003을 보라.

12) 앞의 책 History of the Eighties-Lessons for the Future (1998), 80쪽.

13) FDIC Quarterly Banking Profile (2008).Full Year 2007, Table III-A.

14) 자본 수준에 대한 보다 자세한 논의는 Berger et al., 2007 그리고 Carlson, 2007, A47, A48을 보라.

15) Lindgren at al.(1996), Table 3, Gup (1998).

16) Dziobak (1988).

17) Wellink (February 2007).

18) 바젤 II에 관한 보다 자세한 정보는 B. Gup. (2004) The new Basel Capital Accord (new York: Thompson/Texere)를 보라.

19) B. Gup (2005)를 보라.

20) FDIC(2005), "supervisory Insights", 겨울 호.

21) S. Bair (2007).

22) 연방 준비 제도 이사회 (2007).

23) FDIC 언론 보도 (2008), "FDIC Board Approves Basel II-Based Standardized Approach Capital Proposal as an Alternative to the Current Rules", (June 26).

24) Financial Accounting Standards Board (2007), "Summary of Statement No. 157. Fai Value Measurements", Financial Accounting Standards Board (2007), Summary of Statement No. 159, "The Fair Value Option for Financial Assets and Liabilities – including and amendments to FASB Statement No. 115."

25) Bair, S. (2008).연방 예금 보험 공사 의장 Sheila C. Bair의 은행 산업 현황에 관한 진술 은행, 주택 및 도시 문제 위원회 증언 2부, 6월 5일.

26) FDIC 언론 보도자료 (2008), "interagency Statement ?U.S) Implementation of Basel II Advanced Approachs", PR-55-208, Jul 7. 고급 방법은 연결 기준(consolidated) 자산 2,500억 달러 이상, 대차대조표 상 외환 익스포져 100억 달러 이상, 또는 고급 방법을 사용하는 은행의 모회사나 자회사인 은행들에 적용된다.

27) "Enterprise Risk Management-Integrated Framework, Executive Summary", (2004) Committee of Sponsoring Organizations of the Treadway Commission.

28) 보다 자세한 설명은 R. Burns, (2004)를 보라.

29) "리스크 기반 자본", (2007).

30) Hatchondo, et al. (2007).

31) "Basel Committee Newsletter No. 11", (2007).

32) 같은 글

33) Kohn (2008).

34) Barth, Carprio, and Levine (2006).

35) Brealey (2006).

36) Wellink (June 27, 2007).

37) Kuritzkes, et al. (2002).

38) 기사 전문은 Tully(2008)를 보라.

39) "Standard & Poor's To Apply Enterprise Risk Analysis to Corporate Ratings,' (2008).

저자 소개

벤턴 E. 굽(Benton E. Gup)은 금융분야에 경험이 풍부한 굽은 신시내티 대학교에서 학부와 대학원을 마치고 경제학 박사 학위를 받은 후 클리블랜드 연방 준비 은행에서 이코노미스트로 일했다. 굽은 현재 앨라배마 주 루스칼루사(Tuscaloosa) 소재 앨라배마 대학교에서 로버트 코크란(Robert Cochrane)/앨라배마 은행협회 은행학과장을 맡고 있고, 버지니아 대학교 및 툴사(Tulsa) 대학교에서 은행학과장을 역임했다. 안식년 동안에는 통화감독청(OCC)에서 은행 리서치 일을 했고, 호주(멜버른 대학교, 시드니의 테크놀로지 대학교, 멜버른의 모나쉬 대학교), 뉴질랜드(오클랜드 대학교), 페루(리마 대학교), 사우스 아프리카(비즈니스 리더십 대학원)에서 임원 교육 및 대학원 과정을 가르치는 저명한 강사이다. 일본 은행, 시드니의 맥쿼리 대학교 객원 연구원을 역임하고, 미 국무부를 위해 오스트리아, 브라질, 그리스, 모로코, 튀니지에서 현재 경제 상황에 대한 주제로 강의했으며, 우루과이 소재 IMF에서 컨설턴트로 일했다. 굽은 아래의 스물여덟 권의 책의 저자이자 편집자이다.

The valuation Handbook: Valuation Techniques from Today's Top Practitioners (With Rawley Thomas, Forthcoming); Handbook for Directors of Financial Institutions(2008); Corporate Governance in Banking: A Global Perspective (2007); Money Laundering, Financing Terrorism, and Suspicious Activity (2007), Capital Market, Globalization, and Economic Development (2005); Commercial Banking: The Management of Risk, 3rd. ed., (with J. Kolari, 2005); The New Basel Capital Accord (2004); Too-Big-TO-Fail: Policies and Practices in Government Bailouts (2004); Investing Online (2003); The Future of Banking (2003); Megamergers in a Global Economy – Causes and Consequences (2002); The New Financial Architecture: Banking Regulation in the 21st Century (2000); Commercial Bank Management, 2nd ed. (with D. Fraser and J. Koari); International Banking Crises; Bank Failures in the Major Trading Countries of the World; The Bank Director's Handbook; Targeting Fraud; Interest Rate Risk Management (with R. Brooks); The Basics of Investing, 5th ed.; Bank Frau: Exposing the Hidden Threats to Financial Institutions; Bank Mergers; Cases in Bank Management (with C. Meiburg); Principles of Financial Management; Financial Institutions; Financial Intermediaries; Personal Investing: A Complete Guide; Guide to Strategic Planning; How to Ask for a Business Loan.

그는 또한 금융을 주제로 한 글들을 다음 잡지에 게재했다. The Journal of Finance, The Journal of Financial and Quantitative Analysis, The Journal of Money, Credit, and Banking, Financial Management, The Journal of Banking and Financial Analysts Journal .

SOX 및 서브프라임 사태 이후의
법적 리스크 – 이사회 구조로 돌아오다

스티븐 라미레스(Steven Ramirez)–시카고 로욜라 대학교 기업 & 회사 거버넌스법 센터 이사

개요

ERM은 회사의 모든 리스크들을 관리 및 통제할 수 있는 것으로 본다. 법적 리스크 관리도 예외는 아니다. 사실 이 장은 법적 리스크는 단지 회사가 직면한 많은 유형의 리스크 중 하나일 뿐이라는 원칙을 전제한다. 이는 필연적으로 법적 리스크도 다른 리스크들과 마찬가지로 리스크 "사일로" 안에 갇혀 있지 말고, 회사의 전반적인 리스크 용인 수준이라는 견지에서 이사회 및 고위 경영진의 조정된 노력을 통해 관리되어야 한다는 기본 원칙과 일치되게 관리되어야 함을 의미한다(심킨스와 라미레스 2008). 그러므로 ERM은 적절한 법적 리스크 관리 방안에 대한 고려를 포함한다.

2001년 말과 2002년에 엔론 및 월드콤 같은 주요 회사들이 파산하고 미국의 상장회사에 부정과 불법이 만연해 있다는 사실이 밝혀진 뒤에, 의회는 2002년 사베인–옥슬리법(SOX)을 제정했다. SOX는 대리인들의 규율은 주(州)의 책임이라는 규칙들을 배제하고 상장회사에 연방 기준을 부과했다. SOX는 또한 SEC에게 미국의 상장회사들의 법률 준수를 관리할 새로운 메커니즘(적격 법률 준수 위원회(the Qualified Legal Compliance Committee; QLCC))을 창설하게 했

다. SOX는 감사 기능을 완전히 수정했고, 윤리적 행동을 확보하는 하나의 수단으로 윤리 강령을 갖추도록 권장했다. 마지막으로 SOX는 내부 고발자를 보호하는 규정을 확대한 새로운 법 조항을 공포했다. 이처럼 SOX는 상장회사에게 법률 및 평판 리스크를 관리할 보다 적합한 메커니즘을 위한 길을 닦았다. 특히 QLCC 혁신은 적절히 구성되고 관리될 경우, 법적 리스크와 평판 리스크 관리 및 감소를 위한 "귀중한" 기업 거버넌스 조직이 될 수도 있을 것이다(볼츠와 타지안 2006).

서브프라임 모기지 사태는 이 새로운 체제에 대한 최초의 중요한 시험을 부과했다. 불행하게도 SOX 프레임워크가 법적 리스크 및 평판 리스크를 효과적으로 감소시키지 못한 듯하다. 컨트리와이드 파이낸셜(Countrywide Financial)과 같은 서브프라임 모기지 대출을 해 주었던 회사들은 약탈적 대출을 했다는 주장에 직면하여 주 감독 당국과 합의하기 위해 수십억 달러를 지출하게 되었다. 그런 모기지를 유동화한 골드만 삭스와 같은 회사들은 전 세계의 투자자들에게 판매할 모기지 패키지를 만들어 낸 것과 관련된 사기로 고소되었다. 신용평가 기관들은 의회 선서에서 자신의 등급은 기초가 의문스러우며(의회에 보내진 텍스트 메시지 기록은 어느 신용평가 기관 직원이 "우리는 암소가 구조화한 거래라도 등급을 부여했을 것이다"라고 한 말을 보여 주었다) 수익 추구가 투자자들에게 정확한 정보를 제공할 필요를 능가했음을 인정했다(팔레타와 스카넬 2009). 씨티그룹은 고위 경영진이나 이사회에게도 알려지지 않았고, 주주들에게는 더욱더 알려지지 않았던 계약상의 의무에 따라 수십억 달러의 서브프라임 모기지 증권을 환매해야 했으며, 메릴린치는 유가증권 사기 소송을 해결하기 위해 5억 달러가 넘는 돈을 지출했다(S. 라미레스 2009). 궁극적으로 이 회사들은 중대한 구조조정에 직면했으며 주주들에게 엄청난 손실을 입혔다. 2008년 말 현재, 이처럼 법률 리스크 및 평판 리스크를 잘못 관리한 거시경제적 결과가 해결되어 가고는 있지만, 그 피해액은 전체적으로 수조 달러에 달한다.

법률 및 평판 리스크는 소송 또는 벌금이나 규제상의 범칙금으로 인한 손해 이외에도 여러 형태를 띤다. 서브프라임 사태 이전에는 텍사코(Texaco)와 같은 회사들이 명백한 차별 금지법 위반이 공개된 결과 막대한 주주들의 손실 및 소비자 불매 운동을 겪었다(S. 라미레스 2000). 많은 회사들이 불법적으로 자사 임원들에 대한 보상을 강화하기 위하여 옵션 부여 일자를 소급한 관행이 투자 대중에게 공개되어 주주들이 막대한 피해를 입었다(라미레스 2007). 사베인-옥슬리법이 통과될 때까지 많은 회사들이 부실 회계 사실 공개로 재무적 어려움을 겪었다(S. 라미레스 2002). 마지막으로 사회적 투자 운동이 증가하고 있는데, 이는 회사의 행동이 합법적이기는 하지만 도덕적으로 의문스러울 경우 그 회사의 자본 비용이 높아질 수도 있음을 시사한다. 2007년의 소위 사회적 투자 펀드 관리 자산은 2005년 대비 18% 증가한 2조 7천억 달러였다(사회적 투자 포럼 2007). 그러므로 회사들은 법률 미준수 그리고 이와 관련하여 회사가 투자자의 신뢰를 고양하고, 주주들을 공개되지 않은 법적 책임으로부터 보호하며, 소비자 시장 침투를 극대화하고, 규제 당국의 제재나 조사를 피할 수 있는 능력을 손상시킬 수 있는 변칙 행위로부터 많은 리스크에 직면한다.

이 장은 법률 리스크와 평판 리스크를 통제 및 관리하기 위한 상장 기업들의 노력을 규율하는 법적, 규제상 프레임워크를 검토한다. 그다음에 이 장은 너무도 자주 불법적이고 적절하지 않은 방식으로 대출을 실행하여 패키지화하고 이를 전 세계의 투자자들에게 판매한 서브프라임 모기지로부터 발생한 최근의 글로벌 금융시장 붕괴에 중점을 두고서 이 체제의 약점들을 평가한다. 마지막으로, 이 장은 회사 차원에서 및 보다 나은 법적 프레임워크 측면 모두에서 보다 효과적인 평판 및 법률 리스크 통제 방법을 명시한다. 간단히 말해서, 서브프라임 사태는 법률 및 평판 리스크에 빛을 비춰주었으며, 리스크를 보다 적절히 관리하기 위한 교훈을 제공해 주었다.

법률 리스크 및 평판 리스크 관리의 법률적 프레임워크

SOX가 제정되기 전에는 법률 리스크 및 평판 리스크 관리를 규율하는 법률에 별로 내용이 없었다. 일반적으로 변호사들을 규율하는 직업상의 책임에 관한 규칙들에 결함이 있었고, 회사법의 발달이 저해되었으며, 내부 고발이 장려되지 않았고, 윤리 강령은 전적으로 선택사항이었으며, 감사 기능에 대한 규정도 충분하지 않았다.

내부 고발자 보호를 규율하는 법률 규정들이 산재해 있었지만, 이러한 보호들은 내부 고발을 장려하기에는 너무 복잡하고 예측하기 어려웠으며, 변호사가 내부 고발을 하려는 사람에게 해 줄 수 있는 최선의 조언은 고발을 하지 말라는 것이었다. 메리 라미레스 교수는 이렇게 말한다.

내부 고발자 보호는 법 집행에 있어서 특정 실패에 반응하여 장기간에 걸쳐 진화해 왔다. 이러한 진화는 촘촘하게 짜인 보호망이라기보다는 복잡하고 직관적이지 않은, 구멍이 많은 보호를 만들어 냈다. 현재의 보호 하에서 내부 고발자가 된다는 것은 비용과 리스크 부담을 요구한다. 이러한 결정에 직면한 직원들에게는 두 가지 중요한 고려 사항이 대두되는 경향이 있다. 첫째, 이 정보 제공이 현상을 변화시키고 문제를 고칠 것인가? 둘째, 내부 고발자들이 경력 파괴, 재정 파탄 그리고 물리적 위협으로부터 보호될 것인가? 이러한 위험에 비추어 볼 때, 내부 고발을 하려는 사람들에게 건전한 유일한 과정은 변호사를 고용하는 것이다.[1]

자연히 이러한 사정을 잘 모르는 사람이나 회사에 법률적, 윤리적 의무를 강제하기 위해 상당한 지출을 할 만큼 충분한 돈이 있는 사람만 내부 고발을 할 수 있다.

마찬가지로 변호사들은 자기 고객에 대해 내부 고발을 할 인센티브가 적었다. 직업적 책임에 관한 모델 규칙(Model Rules of Professional Responsibility)은 회사를 대표하는 변호사에게, 그들이 법률이 위반되었다는 것을 "알지" 못하는 한, 경영진에게 비리가 진행 중이라는 사실을 알려주도록 요구하지도 않았다. 물론 "변호사들은 자신의 고객들이 범죄를 저지르고 있다는 것을 절대로 알지 못한다"(코니악(Koniak) 2003). 더욱이 회사의 불법이 "중대한 신체상의 위해(危害)"를 위협하지 않는 한, 이를 당국에 신고할 수 없었다. 그러나 "변호사들은 자신이 행동을 취하지 않음으로써 의문스러운 활동이 억제되지 않고 계속되는 결과를 초래할지라도, 그들이 보고를 하지 않음으로써 현재 또는 잠재적 고객의 매니저들의 환심을 사려는 강력한 경제적 인센티브를 지니게 될 것이다"(하버드 법률 리뷰 2004). 이처럼 SOX 제정 전에는 많은 불법들이 발견되지 않았으며, 변호사가 주주들에게 해로운 것으로 밝혀질 수도 있고 불법적일 수도 있는 행동을 발견할 경우에도, 그 변호사는 중요한 회사 고객과 소원(疎遠)해질 위험을 무릅쓰기보다는 침묵을 지킬 수 있었다.

어떤 법률도 상장회사들에게 윤리 강령을 갖추라고 요구하지 않았다. 신디아 윌리엄스 교수는 1999년에 SEC가 사회적 책임에 관한 사안은 상장회사의 비즈니스에 중요하지 않으며, 따라서 회사의 보고서에 어떠한 공시도 요구하지 않는다는 1970년대에 나왔던 입장을 유지하는 것은 옳지 않다고 주장했다. 신디아는 회사의 문제시되는 행동이 재무적 결과에 영향을 줄 수 있으며, 기업 윤리 문제에 대한 회사의 접근법에 대한 투자자들의 관심이 증가하고 있음을 입증하였다(윌리엄스 1999). 그럼에도 불구하고 21세기 초에 기업 부패 위기가 발생하고 나서야 의회가 SEC의 입장을 바꾸게 했다.

기업 거버넌스 법률 및 규정에 관해 델라웨어법(델라웨어 법원은 회사법 측면에서 가장 영향력이 있는 법원임)은 기업 거버넌스 구조에 대해 높은 유연성을 허용하며, 법률 리스크 및 평판 리스크에 관한 한 법적 의무 조항이 별로 없다. 미국 기업 거버넌스 법의 특징인 기업 거버넌스에 대해 CEO의 영향이 과도한 점을 감안할 때(예컨대 이사 선임에 대한 자율권 및 위임장 권유에 대한 통제 등)(S. 라미레스 2007), CEO들이 법률 및 평판 리스크 관리의 리스크 사일로라는 사실은 놀랄 일도 아니다. 그러나 CEO는 감사 기능에 대한 적절한 매니저가 아닌 것과 마찬가지로, 법률 및 평판 리스크에 대한 독점적인 관리자로서는 적합하지 않다. 앞으로 살펴보겠지만 SOX는 CEO에게서 감사 기능에 대한 통제 권한을 박탈했다. 법률 기능에 대해서는 그렇다고 말할 수 없다. 아마도 서브프라임 사태의 가장 중요한 교훈은 인센티브가 중요한데, CEO들은 너무도 자주 당기 수익에 따라서 보상을 극대화하기 위해 상당한 리스크를 이연시키도록 조장할 보상 인센티브에 직면한다는 사실일 것이다(Rajan 2007). 더욱이 CEO는 법률 리스크 및 이에 관련된 평판 리스크 관리, 또는 이러한 리스크를 이사회나 주주들에게 소통함에 있어서 특별한 전문성을 지니도록 요구되지도 않는다. 이러한 체제의 결과로 너무도 많은 법률 및 평판 리스크가 생기고, 이에 관하여 투자자들에 대한 투명성도 부적합해지게 된다. 마지막으로 델라웨어법은 사실상 이사들에 대한 주의의무 책임을 폐지하였기 때문에 경영진이 불법적인 행동을 탐지 및 예방하지 못한 데 대한 제재도 별로 가하지 않는다. 이사들은 그들이 선량한 관리자의 주의의무를 다하는 한 책임을 지지 않는다(Sale 2007)(이에 관한 자세한 내용은 역자의 다른 번역서 『컴플라이언스』의 '케어마크' 사례를 참조하기 바람. 역자 주).

(SOX 전의) 연방 유가증권 법은 상장회사에 관한 모든 중요한 사실을 공시하도록 요구하였으며, 상장회사의 감사인들에게 최소한 불법적 행동이 회사의 재무 상태에 중대한 영향을 줄 수 있는 한, 감사 활동의 일부로서 이를 탐지해 낼 수단을 갖추도록 요구하였다(Backer 2003). 그럼에도 불구하고 유가증권 법의 사적 집행은 턱없이 제한적이었으며(S. Ramirez 1999), SEC는 일반적으로 유가증권 법을 효과적으로 집행할 충분한 자원을 보유하지 않았다. 더구나 모든 불법적인 행동들이 감사 프로세스에서 발견되지도 않는다(Orol 2008). 따라서 연방 유가증권법 체제는 불법적인 행동이 탐지되고 주주들에게 공시되리라는 확신을 주지 못했다.

SOX는 최소한 상장회사에 대해서는 다음과 같은 4가지 중요한 면에서 이러한 체제를 변화시켰다. (1) SOX는 상장회사를 대표하는 변호사들에 대한 주의 규정을 (최소한 어느 정도까지는) 배제하고 특정 법률 위반을 SEC와 고위 경영진에게 보고하게 하는 새로운 체제를 요구했다. (2) SOX는 감사 규정을 개선했다. (3) SOX는 내부 고발자 보호를 확대했다. (4) SOX는 기업들에게 윤리 강령을 실행하도록 권장했다. 이 모든 변화들은 비리가 적발될 가능성이 높아졌고, 기존 체제에서보다 더 조기에 적발될 것이라는 점을 의미한다.

따라서 SOX는 법률 및 평판 리스크 관리를 규율하는 법적 프레임워크에서 혁명적 조치가 되었다. 불행하게도 이 혁명은 무산되지는 않았지만 불완전했다. SOX는 상장 기업들에게만 적용된다. SOX 체제에서 가장 혁신적인 요소들은 선택 사항이며, 대다수 회사들은 이 법의 회사 개혁 조치 적용을 거부했다. 상장회사의 비리 보고를 강화하려는 SEC의 한 가지 노력은 법률로 제정되지 못했다. 전반적으로 SOX의 조항 및 SEC의 이 조항 실행 규칙들은 최적에 미치지 못한다.

그럼에도 불구하고 이 장은 SOX 프레임워크 위에 세워진 미국의 기업 거버넌스 법률의 맥락 안에서 최적 법률 및 평판 리스크 관리를 설명하고, 서브프라임 사태에서 밝혀졌듯이 이 프레임워크에 존재하는 결함들을 설명하고자 한다.

변호사의 직업상 책임에 관한 연방 규칙

법률 리스크 관리에 관한 한 SOX 개혁의 가장 중요한 요소는 연방 정부가 상장 기업을 대리하는 특정 유형의 변호사의 직업상 책임 규율 권한을 행사할 수 있다는 점이다. 기업들은 오랫동안 사내 변호사들이 불법행위에 수반하는 심각한 재정상 손실로부터 회사를 보호할 수 있기를 희망해왔다. 그러나 변호사들은 때로는 불법에 관련돼 있고, 사내 변호사들에게 경영상의 판단이 비판받지 않도록 주의를 기울이게 하는 회사의 경영진에게 재무적으로 의존하고 있어서 제 역할을 수행하지 못했다(Henning 2004). SOX에 의거하여 공표된 SEC 규정들은 상장회사들의 법률 리스크와 평판 리스크 관리 및 감축 능력을 향상시키는 방향으로 작동할 수 있는 중요한 혁신 조치를 도입했다.

개요

SOX 섹션 307은 SEC에게 상장회사를 대리하여 "위원회에 출석하거나 위원회와 관한 업무를 수행"하는 변호사들에게 적용되는 규정을 공표하도록 요구했다. 의회는 SEC가 변호사들이 특정 법률에 대한 특정 "중대한 위반"을 고위 경영진에게 보고하고, 경영진의 대응을 모니터하도록 요구하는 규정을 제정하도록 명시했다. 이와 같이 의회는 변호사들이 상장회사의 법률 위반을 보고할 의무를 지게 하는 주(州)의 규정을 보충했다. "변호사들의 직무 수행에 대한 최소 기준"을 규율할 수 있는 이 권한은 연방이 변호사들의 직무 수행에 대해 상당한 규제를 가한 시발점이 되었다.

SEC는 의회의 이 지시를 이행하기 위해 SEC 규정 파트 205를 제정했고, 이 규정들은 2003년 8월 3일에 효력을 발휘했다. SEC는 이 규정의 특정 요소들을 기준점(threshold)으로 정의했다. 예를 들어 이 위원회는 섹션 205.2에서 "위원회에 출석하거나 위원회와 관련된 업무를 수행"하는 변호사들을 연방 유가증권법률에 따라 제출하는 보고서나 공시에 포함될 수 있는 정보에 관해 상장회사에 조언을 제공하는 모든 변호사들을 포함하도록 이를 넓게 정의했다. 이 규칙에 대한 논평들은 감사 서한에 대응하는 변호사들은 파트 205의 적용을 받게 됨을 내포한다. 자연히 사법부의 공식적인 해석이 없는 현재로서는 상장회사의 변호사들은 자신들이 SEC 규칙의 적용을 받는다고 가정해야 한다.

파트 205의 영역에 속하는 변호사들은 "상황에 비춰 볼 때 신중하고 유능한 변호사라면 중대한 위반이 발생했을 합리적인 가능성이 있다고 결론을 내리지 않는 것이 합리적이지 않게 할, 신뢰할 만한 증거"를 가지고 있는 경우 조치를 취할 의무가 있다. 이중 부정을 벗겨내면, 변호사가 위반이 발생했음을 합리적으로 입증하는 신뢰할 만한 증거를 가지고 있으면, 이 규칙이 발동하는 것 같다. 이 규칙 발표에 수반한 SEC의 코멘트에 의하면, 신뢰할 만한 증거는 가십, 풍문, 빈정거림을 포함하지 않는 증거를 의미한다.

섹션 205.2는 또한 "중대한 위반"이 연방 유가증권법이나 주 유가증권법에 대한 중대한 위반, 또는 주나 연방 법률상 중대한 수임인 의무 위반을 포함한다고 정의한다. SEC는 또한 "유사한" 법률 위반이 "중대한 위반"이 된다고 정의했다. 특정 법률이나 규정 위반이 유가증권법 위반 또는 연방이나 주의 수임인 의무 위반과 유사한지 결정할 실체적인 수단은 없다. 아마도 판례법상 사기, 태만에 의한 허위 표시가 이 규정상 "유사한" 위반에 해당할 수 있을 것이다. SEC는 "중대한"이라는 용어를 정의하지 않았지만, 연방 유가증권법상의 판례법은 합리적인 투자자라면 투자 의사 결정 시 그러한 정보를 원했을지 여부에 의해 중대성을 가늠한다.

"중대한 위반"에 대한 정의의 모호함과 불확실성은 골칫거리인데, 이는 SEC 규칙에 따른 변호사들의 두 가지 주요 의무(특히 섹션 205.3에 묘사된 의무)는 변호사가 "신중하고 유능한" 변호사라면 중대한 위반이 발생했을 "합리적인 가능성이 있다"는 결론에 이르게 할 "신뢰할 만한 증거"를 가지고 있다는 사실에 의해 촉발되기 때문이다. 첫 번째 의무는 중대한 위반을 최고 법률 책임자, 또는 최고 법률책임자와 CEO에게 보고하는 것이고, 두 번째 의무는 이들의 반응을 모니터하고 대응이 "적정"하지 않을 경우 이를 이사회에 통지하는 것이다.

SEC는 또한 (섹션 205.3에서) 위원회에 출석하거나 위원회와 관련된 업무를 수행하는 변호사들이 합리적으로 다음과 같이 믿는 한, 중대한 위반을 SEC에 보고하더라도 주㈜의 비밀 유지 기준 위반이 되지 않는다고 한다. 해당 상장회사 또는 투자 대중에게 해를 끼칠 중대한 위반을 방지하기 위해 SEC에 이를 공개할 필요가 있는 경우, 위원회에 대한 위증이나 사기를 방지하기 위해 공개가 필요한 경우, 해당 변호사가 발견한 중대한 위반을 바로잡기 위해 필요한 경우가 이에 해당한다. 이 규정은 SEC에 대한 그러한 보고는 선택사항임을 시사한다. 그러나 변호사들은 후에 상장회사에 대한 손실로 이어진 중대한 위반 미보고는 배임에 따른 손해배상 청구의 근거가 될 수도 있음을 알아야 한다. 변호사들은 자신이 회사에 해를 끼칠 중대한 위반을 SEC에 알리지 않을 경우, 변호사가 판례법 의무를 위반했다는 주장을 지지하는 취지로 말해 줄 전문가들이 많을 것으로 가정하는 편이 좋을 것이다.

적격 법률 준수 위원회

SOX 하에서 부과된 새로운 연방 직무상 책임 규칙들은 상장회사의 변호사들에게 두 가지 리스크를 만들어 낸다. 첫째, 이 규칙은 변호사를 중대한 위반 보고에 대한 고위 경영진의 반응을 모니터할 불편한 입장에 처하게 한다. 둘째, 이 규칙은 변호사가 경영진의 대응이 적절한지 여부에 대해 SEC에 공개할 권한을 줌으로써 배임 소송의 가능성을 높인다. 이 리스크들은 SEC의 혁신적 장치인 적격 법률 준수 위원회(qualified law compliance committee; QLCC)를 통해 제거될 수 있다.

섹션 205.2(k)상의 QLCC는 최소 1인의 감사위원회 위원과 해당 상장회사에 고용되지 않은 최소 2인의 이사회 위원을 포함하는 이사회 산하 위원회이다. QLCC는 중대한 위반에 대한 보고를 받고 이에 대해 조사할 가치가 있는지 결정할 권한이 있어야 한다. QLCC는 자신을 보조하여 전원 이사회 또는 감사위원회에 보고할 사외 변호사나 전문가를 고용할 권한이 있어야 한다. QLCC는 중대한 위반 보고에 대한 적절한 대응이나 조사를 권고하고, 자신의 결론에 근거하여 시정 조치를 권고한다. QLCC는 권고가 무시될 경우 자신들이 발견한 내용을 SEC에 보고할 수도 있다.

QLCC의 장점은 섹션 205.3(c) 하에서 상장 기업을 위해 일하는 변호사가 중대한 위반 증거 보고에 대한 회사의 반응을 모니터할 필요가 없다는 점이다. 변호사는 QLCC에 대한 보고로 SEC규칙에 따른 의무를 이행하게 된다. 더욱이 QLCC는 모든 보고에 대해 조사할 수 있고 발견사항을 SEC에 보고할 수도 있기 때문에, 변호사가 SEC에 보고하지 않고 QLCC에 보고했다 해서 배임 책임에 대한 익스포져에 노출되리라고 상상하기도 어렵다. 따라서 이러한 장점들로 인해 QLCC를 둔 회사들은 변호사들이 QLCC가 없는 회사에 비해 업무 수행과 관련한 법률 리스크가 더 작다고 인식하리라고 예상할 수 있다.

또한 QLCC는 변호사의 직무상 책임에 관한 SEC 규칙의 특정 결함도 치유한다. 비평가들은 일찍이 SEC의 접근법에서 중요한 약점들을 찾아냈다. 예를 들어 SEC의 접근법 하에서는 진정한 내부 고발자가 나오지 않았는데, 이는 변호사들이 자신의 고객인 회사를 고발하는 것이 자신에게 거의 이익이 되지 않는다고 생각했기 때문이다. 사실 내부 고발을 하는 변호사들이 향후 많은 고객들을 발견하리라고 상상하기 어렵다. 마찬가지로 변호사들이 법률 위반 사실을 회사의 경영진에게 보고할 수도 있겠지만, 이 또한 고위 경영진이나 이사회가 비리에 연루되었거나 비리에 대응하기를 거절할 경우 불법적인 거래를 막지 못할 것이다(Harvard Law Review 2004). 반면에 QLCC에게는 이사회 또는 (최악의 경우) SEC에 통지함으로써 비리를 중지시킬 힘이 있다. 또한 QLCC에게는 SEC 제재뿐 아니라 이사의 책임을 피하기 위해 비리를 막을 유인이 있다. 그러므로 QLCC는 더 나은 법률 및 평판 리스크 방지 수단이다. 아래에서 설명하는 바와 같이 QLCC는 SEC가 정한 최소 요건을 충족하는 한, 상장회사가 추가적으로 최적화할 수 있다.

그러나 QLCC는 선택사항이다. 서베이 결과들은 QLCC를 채택한 회사들은 소수에 불과함을 시사한다. 로젠(2005)에 의하면, 2005년 하반기 현재 NYSE에 상장된 기업의 96%가 QLCC를 채택하지 않기로 했다. 비상장회사들에는 SEC의 (변호사) 직무 책임 규정이 적용되지도 않으며, 따라서 QLCC를 둘 가능성도 낮다. QLCC는 기업 거버넌스 모범 실무 관행 중 하나로서 법규 준수를 향상시키고 외부 변호사 수임료를 줄일 가능성이 있다는 결론을 내릴 수 있을 것 같다(리프만과 리프만 2006). QLCC의 명백한 효용에도 불구하고 회사들은 이에 저항하는 듯하다.

SOX 하에서의 내부 고발자 보호

의회는 오랫동안 건전한 법 집행 제도가 내부 고발을 장려한다는 것을 인식하고 있었다. 그래서 SOX 섹션 806은 상장회사의 직원인 내부 고발자를 보복으로부터 일정 부분 보호해 준다. 연방 유가증권법(또는 전자 금융사기, 우편 사기, 또는 은행 사기 금지) 위반이라고 합리적으로 의심할 수 있는 행동에 관한 정보를 상사, 연방 기관, 또는 의회 위원회 조사에 제공한 직원이 이를 이유로 보복을 받은 경우, 90일 이내에 (노동부에) 구조를 신청하면 이 직원은 보호를 받는다. 직원이 승리할 경우 해당 직원은 복직되고 해당 기간 동안의 임금 그리고 소송 비용을 받을 수 있다. SOX 섹션 1107은 누구든지 연방법 집행 기관에 대해 진실한 정보를 제공하는 사람을 방해하는 자는 벌금 또는 10년 이하의 징역에 처해진다고 규정한다.

SOX 내부 고발자 규정에 따른 보호를 신청하는 직원 수가 실제로 SOX 보호 규정이 적용되는 수보다 훨씬 많다. 2006년 중반 현재, 702명의 보호 신청자 중 499건의 보호 청구는 기각되었다. SOX 내부 고발자 보호 규정이 제정된 후 처음 27개월 동안, 노동부는 95%가 넘는 청구를 기각했다. 따라서 많은 직원들이 보호를 기대하지만 실제로는 그렇지 않음이 명백하다. 직원을 보호하는 SOX의 내부 고발자 규정이 직원들에게 비리를 고발하도록 장려하는 기능을 다하지 못하고 있는 듯하다. 이 규정이 "밀고자" 또는 "배신자"가 되는 데에 대해 반감을 품는 강력한 사회적 관습을 극복하기에는 충분하지 않다는 점은 확실하다. 어떤 학자는 모든 잘못된 행위에 대해 어떤 정부 기구나 회사 기구에 고발하는 모든 사람에게 광범위한 보호를 제공하는 총괄적인 법령이 필요하다고 제안했다 (M. Ramirez 2007). 또 다른 학자는 내부 고발자에 대한 금전 보상 시스템을 제안했다(Dworkin 2007). 익명성 보장도 내부 고발을 장려할 수 있는 바, 이는 SOX 하에서의 감사위원회 개혁이라는 맥락에서 다룰 것이다.

감사 개혁

많은 비평가들과 정책 입안자들은 감사 실패를 2001년-2002년 회사 위기들의 주요 원인으로 지목했다. 따라서 SOX는 상장회사의 감사 기능을 변경했다. 완전히 새로운 상장회사 감사 산업 규제 구조(상장회사 회계 감독 위원회) 외에도, SOX는 모든 상장회사들이 독립적인 감사위원회를 설치하고 그러한 위원회에 적어도 1인 이상의 재무 전문가를 두도록 요구했으며, 감사위원회에 감사 기능을 감독할 권한을 부여했다(그리고 이 기능에 대한 CEO의 권한을 제거했다). 그리고 감사위원회가 감사 및 회계 사안에 관한 내부 고발 불만 접수 및 조사 절차를 수립하도록 요구했다(섹션 301).

이 점에 대해서는 SOX가 기업 거버넌스를 변혁시켰다. 처음으로 연방 법률이 주(州)법이 전혀 요구하지 않았던 기업 거버넌스 구조(독립적인 감사위원회)를 강제했다. 또한 감사 기능을 CEO 휘하의 또 하나의 경영 관리 이슈에 지나지 않던 데에서 독립적인 이사회 산하 위원회로 옮긴 것은 기업 거버넌스 제도상의 구조를 재고(再考)함에 있어서 획기적인 돌파구가 되었다. 보다 구체적으로는, SOX는 CEO가 감사 기능 관리에 있어서 아무런 전문성이 없으며, CEO가 감사 프로세스를 변질시킬 수도 있는 인센티브로 인해 이 기능을 관리하기에 제도적으로 적합하지 않다는 결정에 해당했다. 법률이 제어되지 않는 CEO에게 감사 기능에 대한 자율권을 행사하도록 허용할 이유가 없다. 이러한 깨달음은 최적의 법률 및 평판 리스크 관리 구조에 관한 사고에 매우 중요하다.

행동 강령

불법은 아니더라도 회사를 부정적으로 보이게 하고 회사가 주주의 부와 재무적 성과를 극대화할 수 있는 능력을 저해할 수 있는 행동들이 많이 있다. 비윤리적이라고 간주되는 회사의 행위들이 대가를 치르지 않을 가능성은 낮으며, 회사의 재무적 성과와 윤리적 행동에 대한 전심전력 사이에 밀접한 관계가 있다는 증거도 있다. 소비자, 직원 그리고 투자자들은 기업의 윤리적 행동이나 비윤리적 행동에 둔감하지 않다(Verschooer 1999). 따라서 기업들은 윤리가 어떻게 소비자와 직원들의 충성심을 고취하고 자본 비용을 낮출 수 있는지 고려해야 한다. 또한 견실한 윤리적 행동 문화는 법규 준수를 강화하고 법적 제재 면에서의 비용을 낮추는 경향이 있다.

SOX 섹션 406은 SEC가 상장회사의 재무 책임자에게 회사의 윤리 강령 구비 여부를 공시하도록 요구하는 규정을 제정하도록 요구한다. SEC는 이러한 법률상의 지시를 확장하여 책임자의 범위에 집행 임원들을 포함시켰다. 보다 중요한 점으로, SEC는 상장 기업들에게 윤리 강령을 갖추고 이 강령을 공시하며, 이에 대한 예외가 있을 경우 예외사항도 공시하도록 요구하는 NYSE 및 나스닥 상장 요건 규칙을 승인했다. 이 강령들은 모든 이사, 책임자 그리고 직원들에게 적용되어야 한다(Barclift 2008). 대다수의 상장 기업들은 행동 강령 또는 윤리 강령을 갖추고 이를 공시하고 있다. 이 규칙들은 어떤 내용을 공시할지는 특별히 정하지 않는다.

배커(2008)는 윤리 강령의 공시만으로도 회사가 직원, 소비자, 공급자 그리고 투자자와 같은 중요한 구성원들의 의사 결정에 반영된 공동체의 규범에 합치하는 방식으로 운영될 것이라는 확신을 주기에 충분하다고 제안한다. 배커는 윤리적인 회사의 행동에 관한 객관적인 합의가 없는 상황에서 시장은 경제 주체들에게 "그들의 경제적 의사 결정을 통해 효과적으로 스스로에게 가치를 부과하도록" 허용하기 때문에 그러한 기준 설정에 적절한 메커니즘이라고 주장한다. 확실히 문화적으로 다양한 지역에 걸쳐 있는 글로벌 경제에서는 윤리적 규범 설정에 대한 다른 기초를 제시하기 어렵다는 배커의 주장은 옳다. 기업의 행동 및 기준 공시가 긍정적이지 않다고 주장하기도 어렵다.

그럼에도 윤리적 행동에는 시장의 의사 결정 규범에 체화된 것보다 더 많은 사항이 들어 있다. 시장은 때로는 오로지 시장에 의해서만 지배되지는 않는 일부 당국에게는 수용될 수 없는 행동을 수용할 만하다고 여길 수도 있다. 예를 들어 2차 세계 대전 중 독일 기업들의 의사 결정을 고려해 보자. 13명의 IG 파르벤(Farben) 임원들이 노예 노동 사용 혐의로 뉘른베르크에서 18개월에서 8년 형을 선고 받았다는 사실을 주목할 가치가 있다. 독일의 철강 거물 프리드리히 플릭은 해외 공장을 빼앗고 노예 노동을 사용한 혐의로 7년 형을 선고 받았고, 알프리드 크룹(Alfried Krup)은 유사한 전쟁 범죄로 12년 형을 선고 받았다 (Ehrenfreund 2007). 다른 기업들도 2차 세계 대전과 관련된 비행(非行)의 결과 제재를 받았으니, 뉘른베르크가 예외였다고 생각하지 말아야 한다. 실제로 스위스 은행들, 프랑스 은행들 그리고 포드 자동차까지도 2차 세계 대전이 끝난 지 50년도 더 지난 시점에서 상당한 소송 리스크에 직면하여 합계 10억 달러가 훨씬 넘는 합의금을 지불했다(Bazyler and Alford 2007).

아마도 배커의 시장 기반 기업 윤리 개념은 경영진이 단기적인 시장 신호가 장기적으로 뒤집힐 때의 비용을 이해하는 한, 적절하다고 추정할 수 있을 것이다. 시장에 기반한 과도함을 피하기 위해 강력한 도덕적 나침반을 갖추고서 시장에 의존하는 것이 최선의 접근법일 것이다.

법률 및 평판 리스크에 대한 SOX 프레임워크 평가

SEC는 전혀 생각하지 못했던 방식으로 QLCC를 만들어 냈다. 그렇게 함으로써 SEC는 주 차원의 기업 거버넌스법 발달에 도전을 제기한 셈이다. SEC의 혁신적 조치는 주의 기업 거버넌스법은 덜 발달되었다는 주장에 진배없다. 그러나 2005년 현재 로젠 교수는 QLCC가 행동한 경우를 한 건 밖에 보지 못했다(Rosen 2005). 더욱이 서브프라임 모기지 위기와 관련된 명백한 모든 부정행위들에도 불구하고 내부 고발은 없는 것 같다. 피터 J. 헤닝 교수는 사베인-옥슬리법은 변호사들의 내부 고발을 장려하기에는 비효과적일 것으로 예언했는데, 서브프라임 모기지 사태는 그가 옳았음을 보여 준다(Henning 2004). 이 섹션에서는 서브프라임 사태와 관련하여 나타나고 있는 비행들을 검토하고, 이 검토를 통해 법률 및 평판 리스크 관리에 관한 한 SOX 접근법의 단점을 보여줄 것이다.

서브프라임 사태

이 장을 집필하고 있는 현재, 서브프라임 위기의 전모(全貌)가 완전히 밝혀지지는 않았다. 그럼에도 불구하고, 현재 드러나고 있는 그림은 불법 행위 및 거의 불법에 가까운 행위들이 만연했음을 보여 준다. 신규 대출 취급부터 유동화, 투자 그리고 신용 등급 게임에 이르기까지 모든 중요한 단계들이 부패한 듯하다. 이러한 부패로 이미 수십억 달러가 지급되는 결과를 초래했다. 틀림없이 더 많은 금액이 지불될 것이다. 이 섹션에서 서브프라임 사태로부터 발생한 법률 및 평판 리스크 비용을 완전히 요약할 수는 없다. 이에 관해 대략적으로 파악하려 노력한 사람들이 있지만(Bethel, Ferrell, and Hu 2008), 이 섹션에서는 법률 및 평판 리스크 관리의 역할을 보여 주기 위해 대략적인 개요만을 제공할 것이다.

컨트리와이드(Countrywide)에 쏟아진 혐의들은 서브프라임 대출 취급 시 성행했던 부패를 보여 준다. 일리노이 주와 캘리포니아 주는 컨트리와이드를 약탈적이고 기만적 대출 혐의로 고소했다. 궁극적으로 컨트리와이드는 87억 달러의 비용을 치르고 40만 건의 모기지를 시정하기로 11개 주와 합의했다. 컨트리와이드는 모든 대출자 중에서 모기지 대출을 가장 많이 취급했고, 서브프라임 모기지도 가장 많이 취급했다. 컨트리와이드는 세계의 자본 시장에 이 대출들을 매각함으로써 더 많은 현금을 창출하기 위해 불필요하게 비싸고 위험한 모기지를 차입자들에게 떠안겼다고 한다. 컨트리와이드는 대출 책임자들에게 보다 위험하고 보다 비싼 대출을 팔도록 장려했다. 그 결과 컨트리와이드가 취급했던 서브프라임 대출들은 부도율이 월등히 높았다(Illinois v. Countrywide 2008). 일리노이 주 검찰총장 리사 매디간에 의하면 이 혐의들에 대한 수십억 달러의 합의는 "전국 최대의 모기지 대출업자가 기만적으로 차입자들이 이해할 수 없고, 상환할 재원이 없으며, 벗어날 길이 없는 대출을 받게 한 책임을 지게 한 것이다. 바로 이러한 관행이 현재 우리가 겪고 있는 경제 위기를 만들어 냈다"(일리노이 주 검찰총장 리사 매디간 2008). 컨트리와이드는 본질적으로 국가의 주거용 부동산 시장 붕괴에 크게 기여한, 체계적인 약탈적 대출을 자행했다.

모기지의 유동화는 또한 모기지 담보 증권을 투자자들에게 판매한 기관들에게도 상당한 법률 및 평판 리스크를 낳았다. 민간 부문의 원고들은 이미 연방 유가증권법 상의 공시 미흡으로 골드만 삭스와 같은 투자 은행들에 대해 소송을 제기했다. 이러한 소송들에서의 주장은 컨트리와이드에 대한 주장과 닮았으며, 많은 대출들은 컨트리와이드에서 취급한 모기지와 관련되었다.

> 모기지의 승인 및 자금조달과 관련한 인수(underwriting), 품질 관리 그리고 실사(due diligence) 관행들이 매우 취약해서 차입자들은 그들이 말한 수입에 기초해서 대출을 받았는데… 이 수입은 대출 신청 서류의 직업란이나 무료 "온라인" 급여 데이터베이스 점검을 통해 확인할 수 없었다.
>
> – NECA–IBEW Health and Welfare Fund v. Goldman Sachs & Co. 2008

클리블랜드 시는 대량 경매 처분으로 인한 재산세 상실과 방치된 주택 관리 비용 증가에 기인한 공공의 골칫거리 야기 혐의로 21개 투자은행들을 고소했다(City of Cleveland v. Deuche Bank 2008). 머지않아 이러한 청구에 기인한 총 손실이 파악될지 모르지만, 아무튼 회사들이 서브프라임 유동화와 관련하여 취한 리스크들은 전혀 합리적으로 관리되지 않은 듯하다. 도처의 모기지 유동화에서도 법률 및 평판 리스크를 제대로 관리하지 못했다.

의회 증언 및 신용평가 기관에서 작성한 서류들도 법률 및 평판 리스크를 건전하게 관리했다고 주장하는 회사들의 단기 이익에 암울한 전망을 드리운다. 예를 들어 감독 및 거버넌스 개혁 위원회에 제출된 한 문서는 신용평가 기관의 두 직원들 사이에 오간 일련의 텍스트 메시지를 담고 있다.

직원 1. 그런데, 그 딜은 터무니없죠.

직원 2. 맞아요. 모델은 리스크의 절반도 잡아내지 못하죠.

직원 1. 우리는 그 딜에 등급을 부여하지 말아야 해요.

직원 2. 우리는 모든 딜에 등급을 부여해요. 암소가 구조를 짜도, 우리는 거기에 등급을 부여할 걸요.

다른 전직 신용평가 기관의 고위 관리자는 이렇게 설명했다. "우리는 수익을 위해 악마에게 영혼을 팔았습니다"(감독 및 거버넌스 개혁 위원회 2008). 신용평가 기관들은 명백히 리스크에 대해 무신경한 그들의 태도가 비즈니스에 미칠 장기적인 피해를 잘못 계산했다. 예를 들어 2008년 12월 3일에 SEC는 신용평가 기관에 대한 새로운 규정을 승인했다. 서브프라임 사태와 관련한 신용평가 기관들의 다소 초라한 성과로 비롯된 규제 당국의 조치는 이것이 끝이 아닐 것이다.

법률 리스크 관리 실패는 서브프라임과 관련된 모기지에서도 횡행했다. 예를 들어 세계에서 가장 정교한 은행 중 하나인 씨티그룹은 투자자들에게 특정 담보부 부채 증권 (CDO) 펀드에서 특정 시장 붕괴 발생 시 씨티그룹에게 비용을 부담하고 이 증권을 환매할 의무를 지우는 소위 유동성 풋을 투자자들에게 제공했다. 놀랍게도 씨티그룹 집행위원회 의장인 로버트 루빈은 유동성 풋에 대해 모르고 있었다(Loomis 2007). AIG는 2007년 말에 주식 애널리스트들에게 서브프라임 모기지에 대한 자사의 익스포져는 "미미"하다고 말했다(Villagran 2007). 궁극적으로 이 회사는 유동성 풋에서 430억 달러의 손실을 입었고 1,500억 달러의 정부 구제금융을 필요로 했다(Son 2008). 확실히 AIG가 투자 대중에게 자사는 서브프라임 자산에 대한 리스크 익스포져를 통제했다고 재차 확인하고 있던 순간에도, 이 회사의 자회사들은 수십억 달러의 서브프라임 손실로 이어진 장기 파생상품 계약을 맺고 있었다(Loomis 2008).

요약하자면 대출 신규 취급, 유동화, 리스크 평가, 투자에 이르기까지 서브프라임 사태의 모든 국면에서 법률 리스크 관리가 허술했다. 실로 규제 리스크부터 소송 리스크에 이르기까지 법률 및 평판 리스크 관리의 모든 영역이 취약했던 것으로 드러났다.

SOX의 단점

SOX 체제는 올바른 방향으로 향하는 첫걸음일 수 있다. 서브프라임 사태 근저의 막대한 법률 및 평판 리스크 관리 실패는 이보다 훨씬 많은 사항이 필요하다는 교훈을 준다. 의회가 개입하여 법률 및 윤리와 관련된 회사의 리스크 관리에 고유한 결함들을 교정해야 한다는 주장에 상당한 설득력이 있다. 이 리스크들을 관리하고자 하는 회사들은 의회의 조치 없이도 많은 제안들을 취할 수 있다. 아래와 같은 조치들이 취해져야 한다.

조치 1: QLCC가 의무사항이 되어야 한다

법률 및 평판 리스크 관리 및 감소를 위해 QLCC를 의무사항으로 해야 할 필요가 가장 절실한 분야는 금융서비스업이다. 실제로 은행 감독에 관한 바젤 핵심 원칙(Basel Core Priciples for Bank Regulation)은 금융기관들의 법률 및 평판 리스크를 특별히 강조한다. 바젤 규정은 법률 리스크는 법률이나 감독 규정 위반 또는 소송의 결과에 따른 리스크보다 범위를 넓혀 "부적절한 법률 조언 또는 문서화로 인해 자산 가치가 예상보다 작아지거나 부채가 예상보다 커지는 리스크"를 포함하는 것으로 생각되어야 한다고 제안한다. 이는 씨티그룹이 서브프라임 모기지 상품과 관련한 소위 "유동성 풋"에 따라 수십억 달러의 의문시되는 자산을 환매할 수밖에 없었던 리스크, 씨티그룹의 집행 임원 위원회 의장 로버트 루빈조차 이해할 수 없었던 리스크에 대한 완벽한 묘사인 것 같다. 바젤 규정은 또한 은행들은 생존을 예금자들의 신뢰에 의존하기 때문에 평판 리스크에 독특하게 노출되어 있다고 단언한다.

그러므로 이 핵심 원칙은 규제 당국이 은행들에게 법률 및 평판 리스크를 관리 및 축소할 메커니즘을 갖추게 하라고 촉구한다. 바젤 규정은 정책들은 "포괄적"이어야 하며 "적절한 이사회 및 고위 경영진의 감독"을 포함해야 한다고 제안한다(은행 감독에 관한 바젤 위원회 1997). QLCC는 미국의 기업 거버넌스 법에서 최초로 모든 상장회사에 대해 이사회가 공식적으로 법률 준수에 관여하게 하려는 열망을 실현시킨다. 저자의 견해로는 QLCC는 모든 회사, 특히 금융기관들에게 의무사항이 되어야 한다.

조치 2: 위반의 정의는 더 넓어져야 한다

회사(그리고 그 주주들)는 중대한 법률 및 감독 규정 위반으로 피해를 입을 수 있다. 나아가 윤리 규범이 유가증권법, 사기, 또는 수임인 의무 등 어느 것과 관련되었건, 그러한 규범 위반도 회사에 피해를 입힐 수 있다. 텍사코의 기업 문화에 인종 차별이 있다는 사실이 폭로되자 일반 대중과 시장이 보인 반응은 이 점을 잘 대변한다. 컨트리와이드는 약탈적 대출 주장을 해결하기 위해 87억 달러를 지불했다. 따라서 직무상 책임에 관한 SEC 규칙을 이 규칙에 정의된 바와 같이 연방 사기와 유가증권법 위반에 국한할 근거가 별로 없다. QLCC는 어떠한 법률 또는 윤리 기준이 위반되었거나 위반된 것으로 의심되는 모든 비행 또는 불법 행위에 관한 보고를 조사할 권한이 있어야 한다. 마찬가지로 위반 보고자를 변호사로 한정할 이유가 없다. 위반에 관한 정보를 가지고 있는 모든 회사 관계자들은 QLCC에 이를 보고하도록 요구되어야 한다. 이렇게 하면 QLCC가 모든 법률과 윤리 위반에 따른 법률 및 평판 리스크로부터 회사를 가장 효과적으로 보호해 줄 것이다.

조치 3: 보다 넓은 내부 고발자 보호가 필요하다

SOX의 내부 고발자 보호는 내부 고발을 확보하지 못한다. 메리 라미레스 교수는 내부 고발자를 보복으로부터 가급적 넓게 보호하는 광범위한 보호를 제안한다. 내부 고발을 못 하게 하는 사회적 압력이 하도 강하다보니, 정보 흐름을 촉진하기 위해서는 가장 넓은 보호가 필요하다. 변호사로 구성된 QLCC에 보고할 수 있다면 그러한 소통은 변호사－고객 특권을 누리게 될 것이다. 회사는 직원에게 소통의 특권적 성격을 명확히 알려줘야 하며, 직원에게 보고를 이유로 보복하는 것은 해고 사유에 해당함을 근로계약에 명백히 밝혀두어야 한다. 이렇게 하면 회사의 적절한 의사 결정권자(아마도 QLCC일 공산이 크다)에 대한 정보 흐름을 극대화할 것이다.

조치 4: 익명성

더 많은 보고를 확보하는 또 다른 방법에는 익명 보고를 허용하는 것이다. 예를 들어 변호사들은 수임료를 지불하는 고객과의 관계가 소원해지는 것을 원하지 않는다. 이런 상황에서는 보고를 지지하는 증거가 압도적이지 않는 한 변호사들이 보고하는 것은 비합리적이다. 최적의 법률 및 평판 리스크 관리는 단순한 의심도 적절한 회사 기구(앞에 말했듯이 현재 최상의 모범관행은 QLCC이다)에서 조사하도록 요구한다. 이 기구는 수임료 지급과 고객과의 기능적 관계 유지에 신경을 써야 하는 변호사들처럼 고유한 제도상의 약점에 노출되지 않는다. 중대한 법률 및 평판상의 리스크에 대한 정보가 적절하게 보고되게 하는 유일한 방법은 보고의 비밀을 최대로 유지하는 것이다. 이는 변호사들이 직면하는 계산법을 바꿀 것이다. 즉, 익명성으로 인해 보고에 거의 비용이 들지 않을 것이기 때문에 고용 상실 리스크는 최소화되는 반면, 보고하지 않은 위법행위 책임은 최대화될 것이다. 보고가 최대의 익명성과 변호사 특권을 모두 누릴 경우, 보고하지 않는 변호사는 보고하지 않기로 한 결정을 정당화하기 어려울 것이다.

최적의 평판 및 법률 리스크 관리를 향하여

SOX 혁신과 서브프라임 경험은 법률 및 평판 리스크를 관리 및 줄일 최적의 방법에 대해 법적 개혁을 뛰어넘어 많은 것을 가르쳐준다. 절대 다수의 회사들에서는 역사적으로 그리고 현재에도 이러한 이슈들이 CEO의 수중에 있기 때문에 경험적 지지를 얻기는 어렵다. 그럼에도 불구하고 합리적으로 보이는 몇 가지 결론을 내릴 수 있다.

첫째, 회사들이 QLCC를 수용할 이유는 많고 거부할 이유는 적은 것 같다. 미국 사내 변호사 협회 법률 고문 수장 헤켓은 QLCC를 SOX 이후에 변호사들이 직면한 문제들, 특히 고객이 "위반" 보고에 대해 적절히 대응했는지 평가하거나 언제 SEC에 보고하는 것이 적절한지 결정할 도전과제에 대한 "매우 영리한 해법"이라고 말했다(American University Law Review 2003). 다른 비평가들은 QLCC가 회사 내에서 "지배적인 계층 관계를 위협하며" 이것이 QLCC가 보급되지 않는 이유라고 제안한다(Rosen 2005). QLCC의 명백한 장점과 법률 및 평판 리스크를 CEO에게 맡겨둘 때의 제도상으로 의심스러운 성격에 비추어볼 때, 법률 리스크 및 평판 리스크 관리를 심각하게 생각하는 회사들은 QLCC를 받아들여야 한다. 또한 변호사–고객 특권 적용을 최대화하고 전문성의 유익을 확보하기 위해 QLCC는 오로지 변호사로 구성되어야 한다.

둘째, QLCC가 증권거래위원회에서 정의한 "위반"을 다룰 뿐만 아니라, SOX 하에서 감사 기능을 재배치한 것과 동일한 정책에 근거하여, 이 기능에 대한 CEO의 통제를 줄이는(그러나 제거하지는 않는) 방식으로 법률 및 평판 리스크를 평가 및 관리하는 메커니즘이 되도록 이를 강화할 수 있다. QLCC는 SEC에 의해 정의된 법규 위반만이 아니라 모든 잠재적 법률 위반 및 회사의 윤리 강령 위반에 대해서도 조사 및 집행할 수 있는 논리적인 지위에 있다. QLCC 규정은 회사의 법률 및 평판 리스크만큼이나 방대해야 한다.

셋째, 법률 및 평판 리스크를 통제하기 원하는 회사들은 도덕적으로 수용할 수 있는 약간의 개념뿐 아니라 자사의 고객, 투자자, 공급자 그리고 규제상의 맥락에도 신경을 쓰는 윤리 강령을 갖춰야 한다. 이 장에서 지지하는(그리고 형태를 변경한) 배커 교수의 접근법에서는 강제화되고 회사의 핵심 구성원들의 도덕적 정서를 반영하는 윤리 강령을 통한 평판 리스크 (그리고 간접적으로 법률 리스크) 관리에는 부정적인 면이 거의 없다. 사실 적절히 고안될 경우, 윤리 강령은 장기적으로 회사의 수익성을 강화하게 되어 있다.

넷째, 최적화된 QLCC는 법규 위반, 회사의 윤리 강령을 위반하는 행위, 또는 기타 수용할 수 없는 행동을 보고하는 사람을 이에 따른 불리한 결과로부터 보호하는 익명의 보고 수단을 만들어 낸다. 내부 고발자라는 사회적 오명(汚名)은 무시하기에는 너무도 강력하다. 이 오명에 효과적으로 맞서는 유일한 수단은 그러한 내부 고발자에 대한 비밀을 최대로 유지함으로써 이를 가능한 최대로 떨쳐버리는 것이다. 익명성은 보고자를 보복으로부터 보호해 준다.

다섯째, QLCC의 구조는 이 위원회가 감사위원회와 긴밀히 협력하게 해야 한다. 감사위원회는 회사 업무의 모든 측면에 관여한다. QLCC와는 달리, 감사위원회는 필연적으로 재무 데이터를 이 데이터의 타당성과 정확성을 입증하는 실제 증거에 비추어 테스트한다. 회사의 업무에 대한 이러한 상세 분석은 의심할 나위 없이 위반 보고를 확증할 뿐만 아니라, QLCC의 조사도 증진한다. 더욱이 감사위원회 위원들은 회사의 내부 통제 시스템뿐 아니라 그 한계도 잘 알고 있다. 마지막으로 감사 관련자들은 보고의 원천이 될 수도 있다. 따라서 QLCC와 감사위원회의 관계는 가급적 긴밀해야 한다. QLCC 위원 중 1인은 감사위원회 위원이기도 해야 한다는 SEC의 요건은 이상적인 상태가 아니라 최소 요건으로 여겨져야 한다.

마지막으로 회사는 연례 법률 감사 활용을 고려해야 한다. SEC에 의해 고안된 QLCC는 보고 접수 전에는 휴면 상태에 있는 위원회이다. 이것이 부분적으로는 미국 법률 협회가 1990년대에 이사회가 법률 준수 책임을 져야 한다고 제안한 데 대해 제기된 반대 논리였다(Rosen 2005). 그러나 QLCC가 적절하게 기능을 수행하기 위해 요구되는 전문성으로 인해 법규 준수 및 평판 리스크 이슈들에 관해 이사회를 인도할 이사회 산하 전문 위원회가 만들어진다. 이를 통해 이제 회사는 법률 및 평판 리스크의 모든 측면에 있어서 이사회를 도울 수 있는 법적 전문성이 있는 제도적으로 유능한 이사회 산하 위원회를 갖추게 된다. 법률 및 평판 리스크를 다루기 위한 기업 거버넌스 구조를 최적화함에 있어서 마지막 단계는 QLCC에게 연례 법률 및 평판 리스크 평가를 수행할 권한을 부여하고, 이를 최고 리스크 책임자와 최고 법률 책임자에게 보고하도록 하는 것이다. QLCC는 잠재적 위반 보고 접수 외에는 다른 역할이 없을 것이다. 법률 감사 기능은 이 위원회의 역할을 회사의 법률 및 평판 리스크 프로필에 대해 연례적으로 분석하게 하는 미미한 수준으로만 확대할 것이다. 보고 접수 및 회사의 법률 기능 감사 가능성 외에는 과거에도 그랬던 것처럼 경영진의 통제 아래 놓이게 된다.

결론

이 장은 법률 및 평판 리스크를 규율하는 가장 발달된 법적 프레임워크인 SOX를 재검토한 후 서브프라임 사태에서 명백하게 보여진 법률 및 평판 리스크에 비추어 이 프레임워크를 테스트했다. 전반적으로 SOX 프레임워크에는 흠이 있는 듯하다. 법률 및 평판 리스크는 제대로 관리되지 않았고, 대체로 경감되지 않은 이 리스크들이 서브프라임 모기지 사태의 원인에 기여했으며, 사태를 악화시켰다. 그럼에도 불구하고 SOX는 여전히 법률 및 평판 리스크를 어떻게 가장 잘 통제할 수 있을지에 대해 생각할 토대를 형성한다. 법률 및 평판 리스크 관리의 핵심 요소는 QLCC(이는 아마도 현재 상태보다 더 많은 부분에서 법률로 강제되어야 할 것이다)이다. 위에서 언급한 바와 같이 강화된 견고한 QLCC는 법률 및 평판 리스크를 CEO의 배타적 통제에서 제거하여 제도적으로 보다 더 적합한 기업 거버넌스 기구인 QLCC로 옮김으로써 장기적으로보다 나은 재무적 성과를 낳게 할 것이다.

참고 문헌

Backer, Larry Cata. 2008. From Moral obligation to international law: Disclosure systems, markets and the regulation of multinational corporations, 39. Georgetown Journal of International Law 591쪽.

Backer, Larry Cata. 2003. The duty to monitor: Emerging obligations of outside lawyers and auditors to detect and report corporate wrongdoing beyond the federal securities laws, 77. St. John's Law Review 919, 928-929쪽.

Barclift, Jill. 2008. Codes of ethics and state fiduciary duties: Where is the line? 1. Journal of Business, Entrepreneurship and the Law. 237쪽.

Basel Committee on Banking Supervision, Core Principles for Effective Banking Supervision, September 1997, www.bis.org/publ/bcbs30a.pdf?noframes=1에서 구할 수 있음.

Bazyler, Michael, and Roger P. Alford. 2007. Holocaust restitution: Perspectives on the litigation and its legacy. New York: New York University Press.

Bethel, Jennifer E., Allen Ferrell, and Gang Hu. 2008. Legal and economic issues in litigation arising from the 2007-2008 credit crisis. November 17. http://papers.ssrn.com/sol3/papers.cfm?abstact_id=1096582&rec=1&srcabs= 980025에서 구할 수 있음.

City of Cleveland v. Deutsche Bank Trust, et al., Court of Common Pleas, Cuyahoga County, No. CV 08 646970, www.pbs.org/moyers/journal/07182008/Foreclosure_Doc.pdf에서 구할수있음.

Committee on Oversight and Government Reform, U.S. House of Representatives, Credit Rating Agencies and the Financial Crisis, October 22, 2008, http://oversight.house.gov/documents/20081023162631.pdf에서 구할 수 있음.

Developments in the law: Corporations and society. 2004. 117 Harvard Law Review 2169, 2244-2248쪽.

Dworkin, Terry M. 2007. SOX and whistleblowing, Michigan Law Review 1757-1780쪽.

Ehrenfreund, Edmund. 2007. The Nuremberg legacy: How the Nazi war crime trials changed the course of history. New York: Palgrave MacMillan.

Henning, Peter J. 2004. Sarbanes-Oxley Act § 307 and Corporate Counsel: Who better to prevent corporate crime? 8 Buffalo Criminal Law Review 323쪽.

Implementation of Standards of Professional Conduct for Attorneys, 67 Fed. Reg. 71, 670 (Dec. 2, 2002) (codified at 17 C.F.R. § 205)www.sec.gov/rules/final/338185.htm에서 구할 수 있음.

Koniak, Susan P. 2003. When the hurlyburly's done: The bar's struggle with the SEC, 103. Columbia Law Review 1236, 1271쪽.

Lipman, Frederick D., and Keith Lipman. 2006. Corporate governance best practices 190-192쪽. Hoboken, NJ: John Wiley & Sons.

Loomis, Carol J. 2008. AIG's recue has a long way to go. CNNmoney.com, December 24, http://money.cnn.com/2008/12/23/news/companies/AIG_150bailout_Loomis.fortune/index.htm에서 구할 수 있음.

Loomis, Carol. 2007. Robert Rubin on the job he didn't want. November 11. CNNmoney.com. http://money.cnn.com/2007/11/09/news/newsmakers/merrill_rubin.fortune/index.htm에서 구할 수 있음.

NECA-IBEW Health and Welfare Fund v. Goldman Sachs & Co., et al. 2008.U.S. District Court for the Southern District of New York.http://Securities.stanford.edu/1041/GS_01/20081211_f01c_.pdf에서 구할 수 있음.

Orol, Ronald D. 2008. Madoff arrest raises questions about SEC oversight, Marketwatch.com, December 8. http://www.marketwatch.com/news/story/madoff-arrest-raises-questions-about/story.aspx?guid=%7BE2002EFA-C24D-453B-BF6C-EC67992A0A3C%7D&dist=msr_44에서 구할 수 있음.

Paletta, Damienm and Kara Scannell. 2009. Ten questions for those fixing the financial mess. WSJ.com, March 9. http://online.wsj.com/article/SB123665023774979341.html에서 구할 수 있음.

People of the State of Illinois V. Countrywide Financial Corporation, et al. Circuit Court of Cook County, No. 08-22994. www.illinoisattorneygeneral.gov/pressroom/2008_06/countrywide_complaint.pdf에서 구할 수 있음.

Rajan, Raghuram. 2008. Bankers pay is deeply flawed. Financial Times January 8. www.ft.com/cms/s/0/18895dea-be06-11dc-8bd9-0000779fd2ac.html에서 구할 수 있음.

Ramirez, Mary Kreiner. 2007. Blowing the whistle on whistleblower protection: A tale of reform versus power, 76 University Cincinnati Law Review183,191쪽.

Ramirez, Steven A. 2000. Diversity and the boardroom, 6 Stanford Journal of Law, Business and Finance 85, 108쪽.

Ramirez, Steven A. 2007. The end of corporate governance law: Optimizing regulatory structures for a race to the top, 24 Yale Journal on Regulation 313쪽.

Ramirez, Steven A. 2002. Fear and social capitalism: The law and macroeconomics of investor confidence, 42 Washburn Law Journal 31쪽.

Ramirez, Steven A. 2009. Lessons from the subprime debacle: Stress testing CEO autonomy. March 18. http://papers.ssrn.com/sol3/papers.cfm?abstract_id=1364146에서 구할 수 있음.

Rosen, Robert Eli 2005. Resistances to reforming corporate governance: The diffusion of QLCCs, 74 Fordham law Review 1251, 1309쪽.

Sale, Hillary A. 2007. Monitoring Caremark's good faith, 32 (3) Delaware Journal of Corporate Law 719-755쪽.

Sarbanes-Oxley Act of 2002, Pub. L. No. 107-204, 116 Stat. 745 (U.S.C.S [2005] 섹션 11, 15, 18, 28, 29에 산재해 있음). www.pcaobus.org/About_the_PCAOB/Sarbanes_Oxley_Act_of_202.pdf에서 구할 수 있음.

Simkins, Betty J. and Steven A. Ramirez. 2008. Enterprise-wide risk management and corporate governance, 39 (3) Loyala University Chicago Law Journal.

Social Investment Forum, Press Release. 2008. Report: Socially Responsible Investing Assets In U.S Surged 18 Percent From 2005 To 2007, Outpacing Broader Managed Assets, March 8. www.socialinvest.org/news/releases/pressrelease.cfm?id=108에서 구할 수 있음.

Son, Hugh. 2008. With fed's help, AIG unloads $16 billion in credit default swaps. Washington Post, December 25, at D-2. www.washingtonpost.com/wpdyn/content/article/2008/12/24/AR2008122402128.html에서 구할 수 있음.

Verschoor, Curtis C. 1999. Corporate performance is closely linked to a strong ethical commitment, 4. Business and Society Review 407쪽.

Villagran, Lauren. 2007. AIG reassures investors on subprime Washingtonpost.com, August 9. www.washingtonpost.com/wp-dyn/content/article/2007/08/09/AR2007080901027.html에서 구할 수 있음.

Volz, William H., and Vahe Tazian. 2006. The role of attorneys under Sarbanes-Oxley: The qualified legal compliance committee as facilitator of corporate integrity. 43 American Business Law Journal 439쪽.

Williams, Cynthia A. 1999. The securities and exchange commission and corporate social transparency. 112. Harvard Law Review 1197, 1294-1296쪽.

INDEX

1) M. Ramirez (2007) (내부 인용은 생략됨).

저자 소개

스티븐 라미레스(Steven Ramirez)는 시카고 로욜라 대학교 법률 교수이며 기업 & 회사 거버넌스 법 센터를 이끌고 있다. 법학계에 입문하기 전에는 SEC법 집행 변호사, FDIC/RTC 직무상 책임 부문 시니어 변호사 등으로 10년간 변호사 실무를 수행했고, 여러 회사의 이사회 위원으로 활동했다.

재무 보고 및 공시 리스크 관리

수잔 흄(Susan Hume)-NJ 칼리지 경영대학원 재무 및 국제 비즈니스 조교수

고요함 가운데서 배울 수 있는 것이 있는가 하면, 폭풍 가운데서 배울 수 있는 것도 있다.
-윌라 시버트 캐더(Willa Sibert Cather)

공시 관리의 중요성과 ERM

전사 리스크 관리(ERM)는 경영진에게 비즈니스 리스크 전체를 판단할 수 있게 해 주는 훈련이다. 많은 사람들이 기업의 전사 리스크 모니터링에 관심을 보인다. 이사회, 경영진, 직원 등의 내부인과 투자자, 벤더 그리고 신용평가 기관 등의 외부인이 이에 포함된다. 적절한 계량 모델이 갖춰져 있고 경영진이 질적인 추론을 한다면, ERM 프로세스는 기업이 강력한 폭풍을 피하거나 견딜 수 있게 해 준다.

ERM 보고 및 공시는 회사의 주요 취약점과 리스크들을 토론하고 경영진의 책임을 강화하는 장(場; forum)을 제공한다. 그러나 임원들이 자신의 비즈니스를 독특하게 만드는 요소가 무엇인지 결정하고, 회사의 모든 일들이 그 안에서 작동되게 하는 종합적인 가이드라인을 확립할 필요가 있는 바, ERM 보고 및 공시가 경영진에게 훌륭한 비즈니스 감각을 제공해 줄 수는 없다. ERM 공시에는 투명성이 중요하며, 비즈니스 매니저, 고위 경영진 그리고 이사회가 익스포져를 추적 관리하고 이를 정기적으로 논의할 필요가 있다. 투명성 및 공시가 없다면, 회사가 리스크에 대해 중요한 결정을 내릴 정보가 부족해진다.

완전한 ERM 시스템 구축에는 많은 비용이 소요되며, 상당한 인적 자원과 여러 벤더 시스템들이 이에 관여할 수 있다. 투명한 회사의 양호한 공시 관리는 리스크에 대한 상하 간 소통을 제공해 줄 것이다. 하향적 리스크 정책에서는 이사회와 고위 경영진이 리스크 정책에서 수용할 수 있는 리스크 수준을 정하고 이 정책을 매니저와 직원들에게 소통한 다. 다음에 이의 실행 및 보고는 하부에서부터 고위 경영진 및 (이상적 구조에서는 이사회의 하위 위원회 일 수도 있는) 리스크 관리 위원회에 올라간다. 또한 정보가 외부감사인, 규제 당국, 신용평가 기관, 투자자 그리고 벤더들에게 적절히 공개된다. 공시는 적정하고 광범위하며, 이자율, 시장, 신용 그리고 운영 리스크에 대한 양적 및 질적 평가를 제공해야 한다. 공시는 익스 포저에 대한 상세내역과 그 한계도 고려한다. 전반적으로 공시는 많은 사람들에게 도움 이 되지만 적정성이 질을 좌우하기 때문에 적정성이 중요하다.

미국의 공시토대

현행 공시 리스크 관리 프레임워크는 2001년-2002년의 기업 위기에 대한 입법부 및 규제 당국의 대응과 함께 시작되었다. 엔론, 월드콤, 타이코, 글로벌 크로싱, 아델피아, 헬스사우스, 파말랏 등의 기업과 회계 법인 아더 앤더슨의 붕괴는 기업 공시 실패, 사기, 내부 통제 결여뿐만 아니라 회계 법인의 이해상충과 허약한 감독을 보여 주었다. 보기 21.1을 보라.

정부는 2001년과 2002년의 실패들에 대해 상당히 부담스러운 회계 및 법률상 요건으로 대응했다. 이러한 조치들은 경영진의 이해를 주주의 이해와 보다 잘 정렬시키는 것을 목표로 하였다. 그리고 규제 개혁의 목적은 내부 통제 정책들을 통해 기업 거버넌스를 강화하는 것이었다. 미국에서의 최초의 개혁은 유럽에서와 같은 원칙 기반 접근법이라기보다는 규칙 기반 접근법에 더 가까웠다.[1]

공시와 사베인-옥슬리법

2002년 사베인-옥슬리법(SOX)은 재무 보고 및 공시 환경, 특히 크건 작건 SEC에 등록

기업	도산 유형	영향
엔론	회계, 금융사기	30억 달러의 손실
월드콤	재무 보고 사기	90억 달러의 비용 누락
글로벌 크로싱	재무 보고사기	124억 달러의 수익 과대 표시
타이코 인터내셔날	기업 거버넌스 실패, 임원의 사기 및 절도	70억 달러의 이익 상각, 5억 8천만 달러의 임원 사기
아델피아	재무 보고 사기	16억 달러의 부채 누락, 3억 5천만 달러의 자본 과대 표시
헬스사우스	재무 보고 사기	과대청구를 통한 40억 달러의 이익 과대 표시
파말랏(이탈리아)	재무 보고 사기	498억 달러의 은행 예금 위조 및 부채 누락
아더 앤더슨	기업 거버넌스 실패, 사법 방해	회사 붕괴, 7,250만 달러의 합의금
애머랜스 투자자문	기업 거버넌스 실패, 시세 조종	58억 5천만 달러의 펀드 손실
패니 매	기업 거버넌스 실패, 회계 사기	100억 달러의 헤지 손실 조정, 정부 후원 기업(Government Sponsored Entity; GSE)의 지급 불능
프레디 맥	기업 거버넌스 실패, 회계 사기	45억 달러의 파생상품 손실, 이익 조작, GSE의 지급 불능
리먼 브러더스	전사 리스크 관리 실패	파산 시 40억 달러의 모기지 익스포저를 보유함
매도프 인베스트먼츠	회계 사기	500억 달러의 폰지 사기
사티암(인도)	기업 거버넌스 실패, 회계 사기	10억 달러의 수입 과대 표시

된 유가증권을 발행한 미국의 기업들에게 지대한 영향을 주었다.[2] SOX의 두 섹션이 내부 통제 보고에 직접적인 영향을 주었으며, ERM에 간접적인 영향을 주었다. (1) 상장 기업의 CEO와 CFO는 회사 공표 재무제표의 진정성을 인증해야 한다. (2) 회사는 내부 재무 통제 장치를 확립하고 이를 테스트해야 하는 바, 이에는 사기에 대해 회사를 보호하고 이를 탐지할 수 있는 통제 장치가 포함된다. SOX는 보고의 독립성과 투명성을 높일 목적으로 외부 회계 감사 법인에게 자신들이 감사하는 법인을 다룸에 있어서 중요한 요건을 부과했다.

가장 중요한 점으로, SOX는 경영진에게 분기 및 연례 재무제표의 내용에 대해 책임지도록 했다. 경영진이 책임지는 내용에는 모든 서류, 재무제표 및 내부 통제 시스템 검토가 포함된다. SOX는 회사에게 COSO의 1992년 내부 통제 프레임워크와 같이 인정된 내부 통제 프레임워크를 따르도록 요구했다. SOX에 뒤이어 전사 리스크 관리에 관한 COSO2가 발표되었다. SOX는 주로 내부 통제에 중점을 두지만, COSO는 2004년의 통합 프레임워크에서 보다 범위가 넓은 ERM 철학을 도입했다.

재무 보고에 관한 새로운 조직: 상장회사 회계 감독 위원회

SOX는 재무 보고와 내부 통제를 관장하기 위해 이 법 섹션 101에 따라 상장회사 회계 감독 위원회(Public Company Accounting Oversight Board; PCAOB)를 설치했다. 피크-어-부라고 읽는 PCAOB는 SEC 산하의 비영리 조직이다.[3]

PCAOB는 상장회사 재무 보고 및 감사 기준을 수립하고 회계 법인들을 모니터한다. SEC 이사회는 미국 연방 준비 제도라는 통화 당국 및 미국 재무부라는 재정 당국과 협의하여 PCAOB 위원을 임명한다. 일부에서는 보다 독립적으로 감사 및 보고기준을 수립해야 할 PCAOB에 SEC의 통제가 너무 강하다고 주장한다. 나아가 PCAOB 위원 임명을 SEC가 직접 해야 하는지, 아니면 대통령이 국회의 확인 프로세스를 거쳐 임명해야 하는지에 관한 법적 논쟁도 있다. 미국 항소 법원은 2008년 8월에 PCAOB 위원은 미국 헌법상의 공무원이 아니며 따라서 미국 대통령에 의해 임명될 필요가 없다고 판시했지만, 이 프로세스가 바뀔 수도 있다.

2002년에 SOX가 시행된 이후, 회사들은 SOX의 내부 통제 프레임워크를 달성하기 위해 상당한 내부 및 외부 인적 자원과 돈을 투입하였다. 이 법은 SEC에 등록된 유가증권을 발행한 모든 미국 회사들에게 연례 10-K 보고(외국 법인들에게는 예외가 부여됨)를 포함하여 정기적인 재무제표 보고 요건을 준수하도록 요구한다. 보고 요건의 범위에 부담을 느낀 많은 소규모 회사들은 준수 비용이 효용을 능가하며 이로 인해 자신들이 외국에 기반을 둔 국제적인 회사들에 비해 경쟁력이 약화된다고 항의하고 있다. 또한 미국에 기반을 둔 다국적 기업 일부는 국제 재무 보고 기준(IFRS)에 따라 작성된 원칙 기반 접근법인 국제 회계 기준을 채택하기로 방침을 바꿨다. 현재 IFRS로의 이행은 2014년까지 완료하기로 되어 있는데, 일부 회사들은 2009년까지 조기에 전환하기로 하였다. 글로벌 금융 위기로 미국의 재무 회계 기준 위원회(FASB)와 국제 회계 기준 위원회(IASB) 사이의 긴밀한 조정이 필요해졌다. 일부 미국 회사들은 공시에 있어서 새로운 변화가 예상됨에 따라 IFRS 채택 연기를 논의하고 있다.

중요한 SOX 섹션들

SOX 프레임워크의 가장 중요한 의도는 회사에 재무 보고 거버넌스를 갖추는 것이다. SOX의 핵심적인 내부 통제 규정들은 섹션 103, 302 그리고 404이다. 섹션 103은 감사인의 보고서에 포함되어야 할 구체적인 요건을 규정한다. 섹션 302는 경영진에게 재무 보고에 대한 책임을 부여한다. 회사의 최고위 책임자들은 공표된 보고서들의 정확성을 입증할 기조를 세우고 이를 회사의 모든 하부 조직에 확산시켜야 한다. 섹션 404는 경영진의 평가와 외부 감사인의 인증이 따르는 포괄적인 내부 통제 정책을 정한다. 이 중요한 규정들을 아래에서 영향 순으로 설명한다.

섹션 404: 내부 통제 및 컴플라이언스 관리

엔론 사태 이후의 규제 환경은 경영진의 내부 통제 및 컴플라이언스 확립을 매우 강조하고 있다. 섹션 404는 모든 회사에게 핵심 내부 통제에 관해 설명 및 문서화하고, 이 통제들을 테스트 및 확인하며, 중대한 약점을 공시하도록 요구했다. 외부 감사인들에게는 이 내부 통제 문서들은 검토, 감사 및 독립적으로 평가하고 이 통제들의 적합성에 대한 의견을 진술할 책임이 있다. 경영진은 내부 통제의 질 및 효과성에 대해 정기적으로 보고할 책임이 있다. 이는 포괄적인 문서화 프로세스를 요구한다. 감사인은 경영진이 내부 통제 환경을 정확히 묘사했음을 인증하기 위해 이 모든 통제 보고서들과 입력 요소들을 검토할 책임이 있다.

SOX 이행은 미국의 회사들에게 일부 회사들이 이전에는 COSO 프레임워크와 같은 프레임워크 안에서 시행하지 않았던 내부 통제 이슈들을 다루도록 요구하였다.

섹션 302: 재무 보고의 책임은 누구에게 있는가?

"서명 조항"이라고 불리는 이 섹션은, 회사의 임원들이 이전의 스캔들에서 사기적인 재무 보고에 관여하지 않았거나 이를 알지 못했다고 부인하자 이에 대한 대응으로 제정되었다. 이 조항의 목적은 고위 경영진에게 재무제표 보고 책임을 부여하고 이를 인증하게 하기 위함이었다. 이제 분기 및 연례 공표 보고서는 고위 경영진에 의해 인증되어야 한다. CEO, CFO 그리고 재무 보고서에 서명 및 인증하는 임원은 이제 재무 공시에 대해 알지 못했다고 주장할 수 없게 되어서, 이 책임은 조직의 상부에서 지게 된다. 섹션 302의 조치들은 회사들에게 재무 보고에 관한 내부 통제 프레임워크를 확립하도록 요구한다. 이를 준수하지 않을 때의 벌칙은 상당히 무거운 바, 형사 소추, 벌금 그리고 기소될 경우 징역에 처해질 수도 있다. 잘못된 인증 제출 시에는 최대 100만 달러의 벌금과 10년의 징역에 처해질 수 있으며, 고의일 경우에는 최대 500만 달러의 벌금과 20년 징역으로 늘어난다. 이는 이 법의 진지함을 나타내며 회사들은 내부 통제를 다루기 위해 상당한 리스크 모니터링 및 보고 프로세스를 개발했다. 회사들은 먼저 하위 직급의 비즈니스 매니저와 스탭들에게 재무제표의 법규 준수 및 적정성에 대해 서명하도록 요구함으로써 지휘 체계 접근법을 사용할 수 있다.

섹션 302의 중심에는 아래와 같은 네 가지 특정 요건들이 있다.

1. 재무제표 인증 책임이 있는 책임자를 정한다.
2. 지정된 책임자가 보고서를 검토하고 내부 통제에 대해 서명하도록 요구한다.
3. 재무제표가 오도하거나 또는 중대하게 허위인 정보를 포함하고 있지 않음을 인증한다.
4. 재무제표가 확실히 회사의 재무상태 및 영업 실적을 표시함을 인증한다.

섹션 302 아래에서 서명 책임자는 보고서를 외부 감사인에게 공개하고 정기적으로 SEC에 제출해야 할 뿐만 아니라(10-K와 8-Q), 감사위원회 및 이사회와 같은 내부 이해관계자들에게도 공개해야 한다. 이 공개와 함께 내부 통제 프레임워크 확립 및 유지 책임도 있다. 서명 책임자는 보고서 공표 90일 전에 통제 프로세스를 평가하고 통제의 효과성을 평가해야 한다. Box 21.1을 보라.

BOX 21.1

Rule 13(a)–14(A) CEO의 인증

McDonald's Corporation 부의장 겸 CEO인 James A. Skinner는 다음 사항을 인증합니다.

(1) 본인은 맥도널드의 Form 10-K 연례 보고서를 검토했습니다.

(2) 본인이 알기로 이 보고서는 재무제표가 작성된 상황에 비추어 볼 때 중요한 사실에 관하여 진실하지 않은 내용을 포함하고 있지 않으며 이 재무제표 작성에 필요한 중요한 사실을 빠뜨리지 않았고, 이 보고서가 커버하는 기간에 관하여 오도하지 않고 있습니다.

(3) 본인이 알기로 재무제표 및 이 보고서에 포함된 기타 재무 정보는 이 보고서에 표시된 일자 및 기간 중 등록자의 재무 상태, 영업 실적 및 현금 흐름을 공정하게 나타냅니다.

(4) 등록자의 다른 서명 책임자(들)와 본인은 (거래소법 시행 규칙 13a-15(e)와 15d-15(e)에 정의된) 공시 통제 및 절차 그리고 (거래소법 시행 규칙 13a-15(f)와 15d-15(f)에 정의된) 재무 보고에 관한 내부 통제를 확립하고 유지할 책임이 있으며, 다음 사항을 실시했습니다.

    (a) 등록자(결합된 자회사 포함)에 관한 중요 정보가, 특히 이 보고서 작성 기간 중에 이 실체들(entities) 내부의 다른 사람들에 의해 우리에게 알려지도록 하기 위해 그러한 공시 통제와 절차를 설계했거나, 우리의 감독 하에 그러한 공시 통제와 절차가 설계되도록 했습니다.

    (b) 재무 보고의 신뢰성과 대외용 재무제표가 일반적으로 인정된 회계원리에 따라 작성되었다는 데에 대한 합리적인 확신을 제공하기 위해 재무 보고에 관한 그러한 내부 통제를 설계했거나, 우리의 감독 하에 재무 보고에 관한 그러한 통제가 설계되도록 했습니다.

    (c) 등록자의 공시 통제 및 절차의 효과성을 평가하였으며, 그러한 평가에 기초하여 이 보고서에 의해 커버되는 기간의 말일 현재 공시 통제 및 절차의 효과성에 관해 우리가 내린 결론을 이 보고서에 표시했습니다.

    (d) 등록자의 재무 보고에 관한 내부 통제에 중대한 영향을 주었거나, 중대한 영향을 줄 합리적인 가능성이 있을 경우, 등록자의 가장 최근의 회계 분기(연례 보고의 경우 4분기) 중 발생한 등록자의 재무 보고에 관한 내부 통제 변경 내용을 이 보고서에 공개했습니다.

(5) 등록자의 다른 서명 책임자(들)와 본인은 재무 보고에 관한 내부 통제에 대한 가장 최근의 평가에 기초하여, 등록자의 감사인과 등록자의 이사회 산하 감사위원회(또는 이와 동등한 기능을 수행하는 사람들)에 다음 사항을 공개했습니다.

(a) 등록자의 재무 정보 기록, 가공, 요약 및 보고 능력에 부정적으로 영향을 줄 수 있는 합리적인 가능성이 있는, 재무 보고에 관한 내부 통제의 설계나 운영상의 모든 중대한 결함 및 중대한 취약점

(b) 중대하건 아니건, 경영진 또는 등록자의 재무 보고에 관한 내부 통제에 중요한 역할을 하는 기타 직원들과 관련된 사기가 있을 경우 그 내용

일자: 2008년 2월 25일

James A. Skinner,

부의장, CEO 겸 이사

서명 책임자가 공시 프로세스에서 개인적 위험을 부담함을 감안할 때, SOX 시행으로 리스크 보고 및 모니터링 필요가 커졌다. 회사들은 재무 보고 서명을 지원하기 위한 절차와 함께 상세한 전자 기록 수단을 마련했다. 허위 표시가 회사에 대한 합리적인 투자자의 견해에 영향을 줄 재무제표상의 중대한 오류가 관심대상이었다. SOX 시행 전 외부 감사인들은 오류 표시가 5% 이상의 세전 이익 조정을 야기할 때 이를 중대한 약점으로 여겼고, SOX는 중대성에 대해 미리 정해진 양적 기준을 없앴다.

ERM의 재무 보고 요소는 내부 통제 허점이나 통제의 약점을 파악하며, 고위 경영진은 주요 결함들을 공시할 책임이 있다. 내부의 취약성이 상당한 오류를 야기한 경우에도 이를 외부 감사인에게 보고하면 중대한 것으로 보지 않을 수도 있기 때문에 중대성에 대해서는 모호한 구석이 있다. 그러나 내부 감사나 리스크 평가 시 약점을 발견하고도 외부 감사인에 통보하지 않을 경우 이는 중대하게 여겨지고, 서명 책임자가 형사 조치에 직면하게 될 수 있다. 효과적인 ERM 프로그램은 이 리스크를 중요하게 인식하고 SOX 준수 담당 직원들과 협력하여 내부 통제 컴플라이언스에 부합하도록 이 허점을 메울 것이다.[4]

기타 재무 보고

오늘날의 ERM 공시는 파생상품 회계(FASB 133), 감사 기준 5(AS5)를 통해 SOX 공시를 간소화하려는 시도, 그리고 공정 가치 회계(FASB 157)에 의해서도 영향을 받는다. 이 요건들 및 이들의 시사점이 이곳에서의 주제이다.

파생상품 회계 - FASB 133

회계 기준 위원회는 회사가 보고하지 않은 중대한 파생상품 손실에 대응하여 작업에 착수한 지 10년 뒤에, 새로운 기준, 즉 파생상품 및 헤지 활동 회계 FASB 133을 2001년부터 시행하게 되었다.[5] 파생상품에 대한 재무 보고는 이제 공정 가치 접근법을 취한다. 회사의 파생상품 가치를 재무제표 주석상에 표시하지 않고, 시가 평가 또는 공정 가치로 대차대조표 상에 자산 또는 부채로 표시하는 것이 이 기준의 목표였다.

회사가 파생상품을 헤지 목적으로 사용할 경우, 그 의도는 특정 자산이 가치 손실을 입을 경우 헤지 수단인 파생상품이 이에 상응하는 이익을 내서 기초자산의 손실을 상쇄하게 하는 것이다. 공정 가치 변화는 이익 또는 손실로 당기 손익에 반영된다. 기초 자산 또는 부채도 시가 평가되며, 가치 조정 분은 마찬가지로 직접 손익으로 인식된다. 이 새로운 규칙은 회사 손익 변화를 보고함으로써 헤지된 대차대조표 항목에 대한 파생상품 계약의 변동성을 드러내기 위해 고안되었다. 경영진이 이익을 매끄럽게 조정할 기회가 줄어들기 때문에 주주들은 이러한 변화로 더 나은 정보를 얻게 됨에 따른 유익을 누릴 것이다. 그러나 아직도 회계상의 선택과 갈등들이 남아 있기에 재무 보고는 여전히 투자자, 채권자 그리고 규제 당국 입장에서 볼 때 투명성과는 거리가 멀다.

FASB 133 선택과 공시 리스크 관리

FASB 133은 파생상품에 대해 완전한 시가평가 회계를 요구하지 않기 때문에 이에 대한 회사들의 공시 철학은 혼재되어 있다. 이는 "물고기도 아니고 새도 아니"며, 역사적 원가와 시가에 기초한 재무 보고의 혼합이라는 회계처리에 대한 혼합된 태도 모델이라고 일컬어진다. 기업들은 파생상품 포지션을 비헤지 목적으로 지정할지 또는 헤지 목적으로 지정할지 선택할 수 있다. 회사는 (1) 공정 가치 헤지, (2) 현금 흐름 헤지 그리고 (3)해외 영업에서의 순 투자 헤지 등 세 가지 형태의 헤지 회계를 보고할 수 있다.

공정 가치 헤지는 시가 기준 자산 또는 부채의 공정 가치에 대한 헤지이다. 공정 가치 헤지로 인정되려면 헤지된 항목이 정해진 가격과 일자에 매입, 매도, 또는 확약되어야 한다. 파생상품의 손익은 헤지된 항목의 손익과 함께 동일 기간의 당기 손익에 반영된다.

현금 흐름 헤지는 불확실한 현금 흐름의 예측된 리스크에 대해 허용된다. 현금 흐름 헤지로 인정되려면 엄격한 성과 기준을 충족할 필요가 있다. 이 기준 측정 대상 기간은 헤지가 시행될 때 시작된다. 헤지된 부분의 손익은 "기타 포괄 손익(other comprehensive income; OCI)"에 유보되었다가 적절한 인식 기간 동안에 손익계산서로 옮겨진다. 현금 흐름 헤지의 예로는 변동금리에 대한 이자율 익스포져, 예정된 자산 매입 또는 매각, 예정된 부채 또는 예금 발행, 예정된 외국 통화 매입 또는 매각 그리고 제안된 현금 흐름과 관련된 통화 리스크가 있다.

순투자 헤지는 해외 영업을 위한 외국 통화 헤지와 관련이 있으며, 실제적으로 FASB 52를 계속 적용할 수 있다. 효과적인 헤지들은 통화 환산 조정으로 OCI로 통합된다. 헤지된 전체 결과와 환산 조정의 차이는 직접 손익계산서에 반영된다.

공정 가치 헤지와 현금 흐름 헤지의 차이와 공시에 미치는 영향을 생각해 보자. 해외 통화 표시 매출이 있는 회사들은 매출채권을 헤지하기 위해 선도 계약을 사용할 수 있다. 미국에 기반을 둔 회사가 3개월 후에 100만 유로를 받기로 하고 판매했으며, 판매일의 환율은 1유로당 1.3달러였다고 가정하자. 이는 달러 기준 130만 달러의 매출에 해당한다. 이 회사는 즉시 1유로당 1.25 달러를 받고 유로를 팔기로 하는 선도 계약을 통해 이를 헤지하기로 한다. 이는 헤지되지 않을 때의 불확실성을 줄여주지만, 매출채권의 환율이 선도 계약 환율보다 높기 때문에 회사에 5만 달러의 비용이 발생한다((1.25−1.30) × 100만). 현금 흐름 헤지의 이점은 시초에 미리 결정된 손실을 보이는 선도 계약이 매출채권 기간 동안 상각된다는 점이다. 이는 공정 가치 헤지와 대조되는데, 공정 가치 헤지에서는 해당 매출채권이 남아 있은 동안 각각의 회계 기간의 손익에 직접 영향을 준다. 공정 가치 헤지에서는 선도 계약이 각각의 보고 기간에 시장 환율로 시가 평가되어 자산 가치와 비교된다. 따라서 공정 가치 방법은 선도 계약 개시 시점에 비용이 미리 확정됨에도 변동성을 증가시킨다.

많은 회사들이 3가지 방법을 모두 사용하는데, 특히 거래소에서 거래되지 않고 장외 시장에서 거래되는 파생상품에 대해서는 특히 그렇다. 이로 인해 재무 보고 공시가 불투명해진다. 재무제표 상세 내역은 파생상품의 영향이 숨겨지고 다른 비헤지 항목들과 함께 OCI에 포함되어 있거나, 다른 손익 항목과 함께 직접 당기 손익에 포함되어 있음을 보여 준다. 회사들은 별도의 공시는 자사의 경쟁 지위에 피해를 줄 것이라고 주장한다. 세계적인 금융 위기를 겪고 난 이후로 회사와 투자자들은 FASB 161에 따른 공시 향상으로 혜택을 볼 것이다. 2008년 11월 이후에는 "기준 161은 파생상품을 사용하는 회사들에게 재무제표 사용자들이 회사가 어느 정도의 파생상품 활동을 벌이고 있는지 이해할 수 있는 정보를 공개하도록 요구된다." 이 공시는 기초가 되는 리스크 익스포져(예컨대 이자율, 신용 또는 환율)와 헤지 분류(공정 가치, 현금 흐름, 또는 순 투자)별로 파생상품을 보여 주는 표준화된 도표식 보고서를 요구한다.[6]

리스크 식별, 모니터링 그리고 보고

다음 섹션에서는 리스크 식별, 모니터링 및 보고 방법을 수립하는 전형적인 방법을 제시한다.

ERM 시스템 통합과 정교화 정도는 회사마다 다르다. ERM 시스템 활동 추적 관리는 실시간으로 작동하며 고위 경영진과 이사회가 식별한 리스크들의 모든 측면을 커버하는 것이 이상적이다. 보고와 모니터링은 경영진에게 모든 비즈니스 라인, 법적 실체(legal entity) 그리고 프로세스의 운영, 컴플라이언스 및 통제 리스크에 대한 평가를 제공해 준다. 이 프레임워크는 COSO 프레임워크에 기초해야 하며 SOX와 기타 컴플라이언스 필요를 지원해야 한다. 모니터링과 보고는 벤더 및 제3자에 대한 익스포져의 실제 손실을 추적 관리해야 하며, 리스크가 회사에서 정한 기준을 초과할 경우 자동적으로 경영진에게 알려야 한다. ERM 시스템의 다양한 구성 요소에는 컴플라이언스 솔루션, 예측적 분석틀, 특정 리스크 관리 시스템, 사기 솔루션, 비즈니스 프로세스 관리, 데이터 관리, 코어 시스템 그리고 상황판 등이 있다. 예를 들어 예측적 어널리틱스는 주요 리스크 사건들 및 익스포져들의 결과를 예측하기 위해 불확실성을 모델링한다. 리스크 관리 시스템은 신용 및 기타 재무 리스크들을 추적 관리한다.

회사의 재무부서와 리스크 위원회가 투자, 은행 상품 그리고 벤더들로부터 발생하는 외부 거래상대방 리스크를 어떻게 모니터하는지 살펴보자. 보기 21.2를 보라.

이 보고서는 "상황판" 플랫폼을 취해서 다른 회사들에 대한 익스포져를 금액 및 기간 별로 보여 준다. 또한 거래상대방의 현재 신용 등급 및 신용 등급 전망도 보고된다. 색상 코드는 신용평가 기관에 의해 제공된 리스크 수준을 보여 주는데, 초록은 수용 가능, 노랑은 주의, 빨강은 고위험을 나타낸다.

역사적으로 신용평가 기관들은 부도를 적절히 예기하지 못했으며, 후에 부도를 낼 회사들에게 부정확하게 높은 등급을 부여하였다고 비판 받아왔다. 이러한 VAR 환경하에서 회사들은 통계적 모델 또는 신용 악화 가능성을 평가하기 위한 VAR 등의 방법들을 사용하고 있으며, 리스크를 경감하기 위해 신용 부도 스왑을 사용할 수도 있다. 회사는 신용 부도 스왑 가격을 사용하여 시장에서 인식된 부도 리스크를 평가한다.[7] 일부 회사들은 통계 패키지를 구입하여 회사 자산의 시장 가치를 모델링한다. 예를 들어 무디스 KMV모델은 자산 변동성, 주가 그리고 과거 신용 데이터를 결합하는 예상 부도 빈도 평가이다. 회사들은 신용 스프레드, 예상 부도 빈도, 자본 시가 변화, 신용평가 기관의 등급 변화, 등급 전망, VAR 변화, 명목 금액 및 공정 가치 변화 그리고 기타 척도들을 결합하는 거래 상대방 모니터링 시스템을 갖추는 것이 유용함을 발견한다. 이들은 회사에 독특한 거래 상대방 익스포져별로 취합되고 외환 리스크, 파생상품 사용 그리고 연금 포트폴리오 익스포져를 고려하게 된다.

오늘날의 재무 보고 도전 과제

오늘날의 리스크 매니저는 어떤 도전 과제에 직면해 있는가? 중요한 사건들과 규제 요건들이 ERM 공시에 미치는 영향을 좀 더 살펴보자.

내부 통제 축소: 감사 기준 5(AS5)

SEC에 증권을 등록하는 기업, 특히 소규모 기업들은 SOX 404가 불합리하게 번거롭고, 비싸며, 시간이 많이 소요된다고 주장하며 이에 비판적이었다. 이러한 비판에 대응하여, PCAOB는 2007년 7월에 새로운 기준 AS5를 채택했다. 이 기준도 여전히 감사인들에게 회사 내부 통제의 효과성을 테스트하도록 요구하지만, AS5는 보다 원칙에 기반을 둔 접근법 및 다른 이들의 작업에 의존하는 것을 허용한다. AS5에서는 상향식 내부 통제

[부록 21.2] ERM 상황판

ERM 상황판 – 가능하면 단순하게 하라

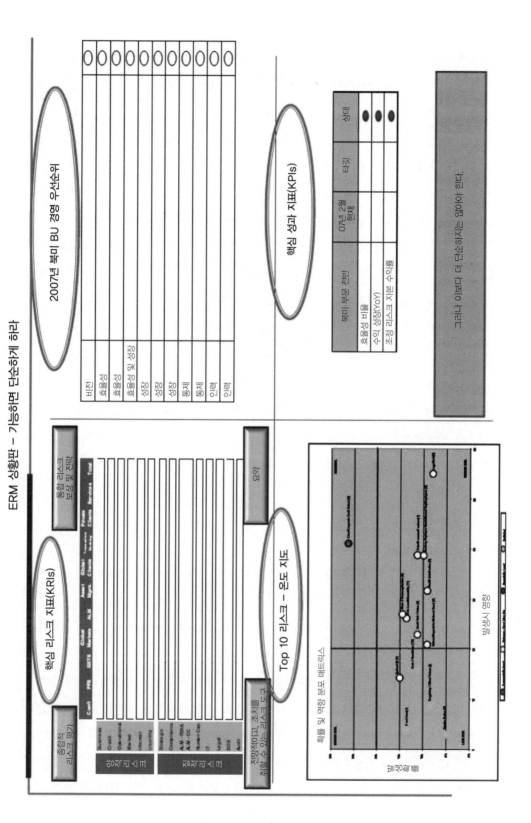

보고에서 리스크에 기반을 둔 ERM 접근법에서와 같은 하향식 접근법으로 초점이 이동한다. 상향식 보고는 지역차원에서 부문별로 리스크를 평가하여 그 결과를 상부로 보고하는 것을 의미한다. 상향식 접근법은 통제를 최적의 전사 차원에서 보는 것이 아니라 구체적인 차원에서 바라봄으로써 비용 부담이 늘어난다. 하향식 접근법은 먼저 회사 차원의 리스크를 살펴보고, 어디에서 중대한 리스크가 발생할 수 있는지 평가한 뒤에 핵심 통제에 초점을 맞춘다. 하향식 접근법은 이사회와 고위 경영진이 리스크 관리 전략을 세우고 보고 및 의사 결정에 도움을 받기 위해 내부 통제를 사용하도록 요구한다.

AS5는 보고를 간소화했으며, 재무 보고를 위한 내부 통제 준수에 관한 감사인 의견 하나만을 요구했다. 2008년에 실시한 내부 감사인들에 대한 서베이는 많은 회사들이 AS5가 도입된 이후 재무 보고 컴플라이언스 소요 시간이 감소되었음을 보여 준다.

알파 코파레이션의 CRO이자 컴플라이언스 오피서인 코니 화이트코튼은 외부 감사 시간을 60% 절감하여 알파 코퍼레이션의 SOX 섹션 404 준수 비용을 크게 줄였다. 코니의 비결은 단순히 섹션 404를 준수하던 방식에서 자신이 시행하고 있던 ERM 프로그램에 기초한 섹션 404 감사로 옮겨간 것이다. 이 회사는 리스크를 식별하고 있으며, 각각의 리스크가 중대한지를 평가하고, 어떤 리스크가 조치를 요구하는지 평가하며, 리스크를 어떻게 경감할지 결정하고 경감 프로세스를 모니터한다(Trearury & Risk, 2008년 2월).

글로벌 금융 위기와 ERM

리스크 매니저들은 축구 경기에 항상 존재하며 때로는 패널티 킥에서와 같이 경기의 중심에 있는 훌륭한 골키퍼와 같이 인식되어야 한다.

-The Economist, 2008년, 목표와 골키퍼

2008년에 회사, 특히 금융기관들은 공시 리스크 관리가 초대형 폭풍의 중심에 있음을 발견했다. 이 폭풍은 금세기 초에 저금리와 몇 가지 입법상의 변화가 은행들과 투자은행들이 모기지 대출에 대한 표준 대출 관행을 훼손하도록 허용했을 때 조용히 시작되었다. 게다가 CDO와 기타 자산담보부 증권과 같이 트레이드되는 신용 상품으로 구조화한 풀(pool)에 자산을 유동화함으로써 이 리스크는 세계적으로 확산되었다. 회사들의 취약한 기

업 거버넌스, 기초 모기지 대출 취급 시의 **뻔뻔한** 사기, 규제 당국의 감독 실수 그리고 신용평가 기관의 이익 상충이 이 폭풍을 악화시켰다.

금융 위기는 주요 글로벌 금융기관들의 리스크 관리 공시 프로세스에 약점이 있음을 드러냈다. 이 금융기관의 대부분의 고위 경영진은 증권이 유동성이 있으며 제3자에게 매도할 수 있다고 믿고서 트레이딩 포지션의 최대 익스포져를 파악 및 보고하지 않았다. 더구나 이들은 트레이딩 계정에서의 신규 딜을 거절하지도 않았고 적정한 통제도 확립하지 않았다. 어느 대형 상업 은행에 소속된 리스크 매니저의 고백을 들어 보자.

오랜 기간에 걸쳐 우리는 조금도 오류가 허용되지 않는 트레이딩 계정에 자산을 축적해 왔습니다. 우리는 "리스크가 매우 낮은" 자산의 거대한 포트폴리오를 보유했는데, 이 자산은 리스크가 높았던 것으로 판명되었습니다. 수십억 달러에 달하는 증권에 약간의 가격 변동만 생겨도 막대한 시가평가 손실이 발생합니다. 우리는 투자부적격 증권에 주의를 집중하여 이러한 증권을 거의 보유하지 않는 것이 옳다고 생각했습니다. 그런데 우리는 높은 등급을 부여 받았지만 잠재적으로 유동성이 없을 수도 있는 자산이 산더미처럼 쌓여만 가는 데에는 충분한 주의를 기울이지 않았습니다. 20%의 거액 익스포져가 80%의 소규모 익스포져보다 훨씬 큰 손실을 입힐 수 있다는 사실을 충분히 이해하지 못했습니다.

『어느 리스크 매니저의 고백』 spoilsport 섹션, The Economist 2008

보험사 CFO들을 위해 타워스 페린이 수행한 연구는 이 회사들이 신용, 시장, 이자율 그리고 운영 리스크를 관리하는 비즈니스를 영위하고 있었음에도 불구하고 대다수 회사에 전사 차원에서 리스크 식별, 우선순위 부여 및 측정에 필요한 도구들이 결여되어 있었음을 시사한다. 연방 준비 이사회 의장 벤 버냉키는 경제적 자본 및 시장 유동성 계량화는 금융기관들의 복리에 필수적이라고 주장한다. 버냉키는 비즈니스 매니저들은 이 정보를 취합할 인센티브가 거의 없다고 시사한다. 트레이딩 계정의 회사 포지션을 "만기 보유" 자산에 대해서와 같이 보다 잘 관리했더라면, 경영진은 주택 가격 버블이 진행되는 기간에 익스포져, 특히 모기지 자산 수준을 제한했을 것이다. 여기에서도 공시의 투명성은 회사와 그 이해관계자들이 회사의 비즈니스를 이해하도록 도움을 줄 수 있을 뿐이다.[8]

공정 가치 회계에 대한 재평가: FASB 157

2008년의 금융 위기와 곤경에 처한 은행 자산들을 매입하고 자본을 주입한 미국 정부의 구제금융 패키지에 비추어볼 때, FASB 157하에서의 금융 자산 공정 가치 회계 이슈가 중심 무대로 돌아온다. 근저의 질문은 다음과 같다. 현재 "공정 가치"에 근거하여 트레이딩 포트폴리오에서 시가 평가되는 자산들이 언제 "만기 보유"로 재분류되어야 하는가? 미국의 일반적으로 인정된 회계 기준(GAAP)과 IASB는 원래 시가 평가되어 손익계산서에 반영될 트레이딩 자산들을 재분류하여 손상 테스트와 함께 상각 후 원가(amortized cost)로 측정하도록 재분류하는 것을 허용한다. 미국에서는 공정 가치는 주로 파생상품 가치와 관련이 있는 반면, IFRS는 일반적으로 자산과 부채에 적용된다.

IFRS가 회사들에게 공정 가치로 평가된 자산을 재분류하도록 허용은 했지만, 미국의 규제 당국은 이 점에 관해 다소 일관적이지 않았다. 2008년 10월에 SEC는 FASB 157 하에서의 공정 가치 회계에 관해 명확히 하는 설명을 발표했다. 이 설명은 시장 참여자들 사이에 특정일에 특정 자산의 공정 가치를 측정하는 프레임워크를 확립했다. 레벨 1 자산들은 활발한 시장에서 쉽게 호가될 수 있는 가격을 사용하여 시가 평가될 수 있다. 조직화된 거래소에서 거래되는 주식이나 선물 계약들이 이의 예로서, 매입 매도 가격들은 증권에 대한 수요를 나타내며 실제 거래 가격을 관찰하여 공정 가치를 공정하게 구할 수 있다. 레벨 2 자산들은 널리 호가되고 표준화되어 있지만 거래소에서 거래되지 않는다. 레벨 3 자산들은 전적으로 경영진의 최선의 추정치와 수학적 모델에서 도출된 가치에 의존하는 자산들이다. 이 자산들은 모델에 비추어 가치가 평가되며(mark-to-model), 가치는 관찰할 수 있는 시장 가격들과 유동성, 신용 리스크 그리고 시장 리스크에 대한 입력 자료를 사용한 경영진의 가정에 근거한다. 특히 회사들은 2008년 하반기에 위기를 겪고 있던 모기지 시장이 활발하지 않았기 때문에 자산의 공정 가치 측정에 어려움을 겪었다. SEC의 표현을 빌자면 "공정 가치 측정 개념은 시장 참여자들 사이의 질서 있는 거래를 가정하는데, 질서 있는 거래란 거래할 용의가 있는 시장 참가자들 사이의 거래로서 시장에 대한 적정한 익스포져를 허용하는 거래를 말한다." FASB는 곧 이어 10월 초에 이에 대한 명확한 해설을 발표했는데, 이를 통해 경영진에게 내부 모델, 최근의 시장 정보, 또는 브로커 호가 등과 같은 요인에 기초하여 가치를 결정할 수 있도록 재량권을 주었다.

학계와 업계에서는 당초에 FASB가 회사의 이익 변동성을 늘릴 것으로 예측했다. 이 예언은 처음에는 실현되지 않았다. 앤드류 알콘(Andrew ALkon)의 연구는 금융 서비스 부문은 이익 면에서 좋은 실적을 냈으며 이익 변동성에 중대한 변화도 없음을 발견했다.[9] 이 결과에는 몇 가지 이유가 있을 수 있다. 한 가지 가능성은 변동성이 이 시기에 낮은 수준에 있었고 연구 기간 중에도 변하지 않았다는 것이다. 그러나 금융 리스크는 상당히 높았다. 노벨상 수상자 로버트 엥글 박사는 변동성은 평균으로 회귀하며, 훨씬 높은 수준으로 복귀할 것이라고 제안한다. 엥글은 역사적으로 변동성이 급격하게 증가할 때에는 주식 시장이 하락한다고 주장한다. 2007년-2008년의 글로벌 신용 경색은 역사적으로 높았던 변동성 수준으로의 회귀를 반영한다. 파생상품에 관한 많은 세부 사항들이 계속 재무제표 주석에 반영되고 대차대조표상에 표시되지 않기 때문에 투명성은 계속해서 문제가 될 것이다.[10]

국제 기준과의 상충: 규칙 기반 대 원칙 기반

2008년 8월 27일 SEC는 미국 회사들의 IFRS 사용 채택이 2014년에 시작되어야 하는지 투표를 실시했다. IFRS는 미국에서와 같은 규칙 기반이 아니라 원칙 기반이다. 이는 ERM 맥락에서 기업들에게 다음과 같은 질문을 제기한다. 유럽의 회사들도 글로벌 위기에 혹독하게 관련되었음을 고려할 때, 국제 기준이 더 효과적이라고 간주될 수 있는가? IFRS의 근간은 공시 정보는 유용하고, 이해할 수 있으며, 관련성이 있고, 믿을 수 있는 질적 요소를 지닌다는 것이다. IFRS에서는 회사와 감사인 사이에 리스크를 공시하기 위해 보다 의미 있는 대화가 있을 것으로 기대한다. 이론상 IFRS의 가장 중요한 측면은 투명성과 신뢰성이다. 그러나 "좋은 공시는 좋은 회계 및 재무 보고를 보충하지 못한다"는 말이 있다. 더구나 자산과 부채의 공정 가치 개념은 기준이 표준화되지 않으면 주관적이며, 이는 투자자들에게 공시되는 정보의 신뢰성을 저하시킬 수 있다. 브라질, 캐나다, 중국, 인도, 일본 그리고 한국의 자본 시장은 IFRS로 전환했거나 2010년 말까지 전환할 예정이다(일본은 2005년, 중국은 2007년에 도입하였고, 우리나라는 2011년부터 모든 상장 회사에 의무 도입되었음. 포털 사이트 다음의 '국제 회계 기준(IFRS) 개념과 영향'에서 인용. 역자 주). 모든 미국 회사들이 IFRS로의 전환이 유익할 것으로 확신하지는 않는다. 일부는 새로운 경영 철학 시행, 인력 및 시스템 비용 외에도 전환기간 중에 부정적인 회계 영향이 있을 것이라고 주장한다. 두 회계 기준 위원회에 대한 글로벌 국제 자문 위원회가 이 이슈들을 고려하기 위해 신용 위기와 관련된 재무 보고를 검토하고 있다.

글로벌 금융 위기의 여파로 IASB와 FASB는 금융 상품의 보고 및 측정에 대한 상당한 변화를 고려하고 있다. 이 변화들은 SOX와 FASB 133만큼이나 대폭적일 것이다. 이처럼 빠르게 변화하는 환경은 ERM 매니저와 이사회가 고위 경영진과 협력하여 혁명적이고 적응적인 리스크 관리 철학을 개발하는 것이 중요함을 강조한다. Box 21.2를 보라.

BOX 21.2
공정 가치 회계는 공정한가?
논점 및 반박 논점

이상적으로는 상장 기업의 재무제표는 투자자, 채권자 그리고 규제 당국에 회사의 전사 리스크에 대한 경영진의 측정치를 어느 정도 제공해 줘야 한다. 이론적으로는 공정 가치 추정 값 사용은 이 회사들에게 자산 또는 부채를 역사적 원가로 평가하지 않고 파생상품 가치를 시장 수준에 맞춰 조정할 수 있게 해 준다. 비평가들은 자산이 만기까지 보유될 경우, 해당 자산이 손상되지 않는 한 시가 평가는 필요하지 않다고 주장한다. 따라서 우리는 다음과 같은 상충 관계에 직면해 있다. 투자자들은 공정 가치에 대한 경영진의 평가에 의존하는 반면, 경영진은 시장에서 거래되는 유가증권이 있을 경우 이를 이용하거나 할당된 확률을 이용한 손실 결과에 관한 판단을 반영하는 입력 요소를 사용한 내부 모델을 이용하여 대차대조표 포지션의 가치를 정할 수 있다.

현재 두 개의 상반되는 견해들을 제시한다.

- 논점: 하비 피트, 전직 SEC 의장

"개념이 문제가 아니라, 시행이 문제다. 문제는 회사들이 독성 자산을 매입자들이 그 가격에 사려고 하지 않는 수준으로 평가하고 있다는 것이다. 우리는 경제학자들에게 그 방법론과 가치에 대해 독립적인 평가를 요청하고, 규제 당국에게 더 많은 공시를 요구하도록 요청해야 한다. 공정 가치는 없어지지 않을 것이다. 문제에 대해 공정가치를 비난해서는 안 된다.

- 반박 논점: 윌리엄 아이작, 1980년대 저축 대부 조합 부동산 위기 당시의 전직 FDIC

출처: 2008년 10월 6일, 예일 클럽 연설

회사 신용 등급에 ERM 반영하기

S&P는 자신의 금융기관 신용 등급 평가 프로세스에 ERM 관행을 반영하였으며, 비금융회사들에게도 그렇게 할 것으로 예상되고 있다. 허리케인 카트리나 이후 보험회사들의 ERM에 대한 S&P의 경험은 강력한 ERM 관행을 지닌 회사들은 신속하게 손실을 추정할 수 있었는데 그 추정치는 (궁극적인 보험) 청구금의 25% 범위 이내에 들어왔음을 시사한다. ERM 관행이 약한 회사들은 익스포져를 계량화할 수 없었으며, 예상했던 것보다 더 큰 손실을 입었다(S&P 2007).

신용평가 기관이 발표한 기대를 충족시키기 위해서는 이전에 ERM 개념에 노출된 적이 없던 비금융회사들의 ERM 시행 비용은 상당히 비쌀 수 있다. 이는 논의할 만한 주제이기는 하지만 특정 사안에 대한 대응을 제외하면 비금융회사들의 의미 있는 조치는 아직 취해지지 않고 있다. 회사들은 SOX에서와 마찬가지로 추가적인 요구에 당황해 할 수도 있지만, "폭풍"이 닥칠 때를 제외하면 ERM의 중요성을 이해하지 못할 수도 있다. ERM을 채택하는 장점에 대한 재무상의 논거 하나는 이를 통해 회사가 보다 나은 신용 등급을 받게 된다는 점이다. 이는 자본 비용을 낮추고 수익성을 개선할 수 있다.

결론

질적인 경영 판단과 더불어 양적인 리스크를 관리하고, 비즈니스 매니저와 리스크 매니저 사이의 소통을 통합하며, 공시의 투명성을 제공하는 효과적인 ERM 시스템을 지닌 회사는 평상시의 비즈니스에 대해서뿐만 아니라, 스트레스를 겪는 시기의 비즈니스에도 더 잘 대비되어 있을 것이다. 회사들이 배운 교훈은 전반적인 비즈니스 리스크와 역량의 균형을 이루기 위한 익스포져 관리라는 ERM의 기본 원리를 망각하고, 양호한 비즈니스 판단이 결여된 채 양적 분석 및 모델링을 선호했던 금융 산업의 예를 주의 깊게 고려하라는 것이다.

참고 문헌

Alcon, Andrew. 2006. Result of FASB 133 on market volatility in the financial servies sector, MIT Undergraduate Research Journal, vol.13:44-47쪽.

Anonymous. 2008. A personal view of the crisis: Confessions of a risk manager. August 7. www.economist/.com/finanace.displaystory.cfm?story_id=11897037에서 온라인으로 검색한 The Economist .

Desender, Kurt. 2007. The influence of board compensation on enterprise risk management implementation. Working paper. Universitat Autonoma de Barcelona, October.

Dreyer, Steven and David Ingram. 2007. Ctriteria: Requst for comment: Enterprise risk management analysis for credit ratings of nonfinancial companies. Standard & Poor's, 2009년 2월 15일자 www.standardandpoors.com/home/en/ap에서 온라인으로 검색함

Pagach, Don and Richard Warr. 2008. The effects of enterprise risk management on firm performance. Working paper. North Carolina State University, June.

Rosen, Robert. 2003. Risk management and corporate governance: The case of Enron. Conneticut Law Review, vol. 35: 1157-1184쪽.

SEC 웹 사이트 www.sec.gov/rules/pcaob.shtml과 PCAOB 웹 사이트 www.pcaobus.org의 PCAOB 관련 규칙 및 규정들.

INDEX

1) 캐나다의 개혁은 미국에서처럼 규칙에 기반을 두었지만 훨씬 더디고 온건했다. 달리 말하면 통제에 대한 외부 감사를 요구하지 않았다.

2) SEC에 등록된 유가증권을 발행하는 외국기업들에 대한 보고 요건은 덜 엄격하다.

3) 이 위원회에는 5명의 위원이 있는데, 그 중 2명은 공인회계사여야 한다. 미국에서의 현행 재무 감독 기준과 논의에 대해서는 공식 웹사이트 www.pcaobus.org/를 보라.

4) SOX 섹션들 및 요건들에 대한전체 내용은 SOX PCAOB와 SEC 웹사이트 www.sec.gov/rules/pcaob.shtml과 www.pcaobus.org에서 논의된다.

5) FASB 133은 대기업에는 2001년부터 그리고 중소기업에는 1년 후에 효력이 발생하였다.

6) 바젤 위원회는 부채와 비유동적인 거래들은 결정, 확인, 감사하기 어렵기 때문에 시가평가를 피해야 한다고 권고한다. 이 위원회는 공정 가치 공시 향상과 회사가 재무적으로 곤경에 처해 있을 때 부채를 과대표시하는 가능성을 제안했다. 투명성을 높이는 또 다른 아이디어는 청산소 또는 거래소에서 거래되는 파생상품 계약을 만들어서 헤지 수단들이 거래될 수 있는 시장 가치를 지니게 하자는 것이다.

7) 신용 부도 스왑은 특정 회사의 채권에 대한 지급을 보장하기 위해 매입할 수 있는 장외 계약이다.

8) 금융기관의 공시를 향상시키기 위한 한 가지 방법은 전체적인 시장 리스크를 식별하기 위해 엄격한 스트레스 테스트를 실시하는 것이다. 그러한 공시는 어느 금융기관이 적정한 자본을 보유하고 있으며, 어느 기관이 그렇지 않은지를 시사할 것이다. 미국은 최근에 투자자들의 투자의사 결정과 규제당국의 감독 및 긴급 대출에 도움을 주기 위해 이러한 테스트들을 공시하게 했다.

9) 알콘(2006)은 2005년에 190개 회사들을 연구했는데 변동성에 강력한 추세를 발견하지 못했다. 대부분(80%)은 변동성 감소를 보여 주었고 41%는 상당히 감소된 시장 변동성을 보여 주었다. 전체 회사들 중에서, 2%에서만 이익 표준편차가 상당히 증가했다.

10) www.ft.com/a5dd621a-e39d-11dc-8799-000079fd2ac.html?_i_referralObject=452409012&fromSearch=n에서 변동성 및 리스크에 관한 엥글 박사의 세션을 보라.

저자 소개

수잔 흄(Susan Hume)은 뉴저지 칼리지 경영대학원 재무 및 국제 비즈니스 부문 재무 조교수이며, 국제 기업 재무 및 자본 시장, 은행업, 파생상품 분야에서 교수, 리서치, 실무 경험을 가지고 있다. 헤지, 파생상품, 은행 대출 그리고 은행 규제에 대해 많은 연구를 했으며, 때로는 시장 위기 기간 중에도 연구를 했다. 수잔의 중점 리서치 대상은 파생상품 헤징과 자본 시장, 기업의 사회적 책임, 신흥 시장 파이낸싱 그리고 학생들과의 공동 연구 등이다. 최근 뉴저지 칼리지로 옮겨오기 전에는 대만 바룩 칼리지의 임원 MBA 프로그램과 바룩 칼리지 지클린 경영대학원에서 가르쳤다. 바룩 칼리지 지클린 스쿨과 뉴욕 시티 유니버시티에서 박사 학위를 받은 수잔은 베타 감마 시그마 아너 소사이어티에 가입했으며, 다양한 인명 사전(세계, 미국, 금융 및 교육)에 등재되어 있다. 루트거스 대학교에서 MBA를 취득했고 더글러스 칼리지에서 미국연구로 학사 학위를 취득했다.

서베이 증거 및 학술 리서치
Survey Evidence and Acadomic Research

ENTERPRISE RISK MANAGEMENT

무엇을 가장 자주 읽는가? – 리스크 담당 임원들이 읽는 ERM 문헌에 대한 서베이

존프레이저–Hydro One Networks Inc. 부사장, 내부 감사 & CRO

카렌 쇼닝-티센(Karen Schoening – Thiesen)–캐나다 컨퍼런스 보드 시니어 리서치 어소시에이트

베티 J. 심킨스–오클라호마 주립대학교 Williams Companies 경영대학원 교수 겸 파이낸스 교수

전사 리스크 관리(ERM)는 거버넌스 모범 실무 관행 및 "훌륭한 경영 관리"로 인정되고 있고, 또 널리 확산되고 있는 중요한 분야이다. 점점 더 많은 임원들이 이에 관여하고 있거나 ERM을 실행할 막중한 과업을 맡고 있다.

그런데, "전사 리스크 관리"는 정확히 무엇을 의미하는가? 트레드웨이 위원회 후원 조직 위원회(COSO)는 전사 리스크 관리를 다음과 같이 정의한다.

"…조직의 목표 달성에 관한 합리적인 확신을 제공하기 위해, 해당 조직에 영향을 줄 수 있는 잠재적 사건들을 파악하고, 리스크를 조직의 리스크 성향 이내로 관리하기 위해 조직의 이사회, 경영진 등에 의해 전략의 맥락에서 전사적으로 적용되도록 설계된 프로세스."[1]

"이 방법을 배우기 위해, 또는 지식을 늘리기 위해 어떤 자료를 읽어야 할까요?" 다수의 초보자들뿐만 아니라 이 분야에서 오래 종사한 사람들마저도 가장 먼저 이런 질문을 한다. 리서치 및 다른 사람들로부터 배우면 학습 곡선을 단축시키고 값비싼 실수나 특정

프로젝트, 변화 관리 이니셔티브의 실패를 피하도록 도움을 줄 수 있다는 데에 대체로 합의가 형성되어 있다. 학자들도 대부분의 다른 분야와는 달리 이 새로운 ERM 분야에서는 문서 및 리서치의 관점에서 참고 자료로 쓸만 한 문헌이 별로 없음을 발견하게 된다. ERM에 관해 최근에 몇 개의 서베이가 수행되기는 했지만, 우리가 알기로는 어떠한 연구도 리스크 담당 임원들이 읽고 있는 문헌을 조사하지 않았고, 구할 수 있는 문헌이 있는지 탐구하지도 않았다.[2]

이 논문은 2007년 가을에 캐나다 컨퍼런스 보드(Conference Board of Canada; CBoB)[3]가 전략 리스크 위원회(Strategic Risk Council: SRC)[4] 회원 기관들을 대상으로 수행한 서베이 결과를 제공하고 있다. 이 서베이에는 두 가지 목적이 있다. (1) 리스크 담당 임원들이 전사 리스크 관리에 관해 출간된 문헌들이 얼마나 유용하다고 생각하는지 알아보고, (2) 중요한 이 주제에 관해 현재 입수할 수 있는 자료들의 약점과 향후 필요 분야를 알아본다. 보다 구체적으로는 우리는 다음과 같은 리서치 목표에 대답하기 위해 선도적인 ERM 실무자들이 리서치 자료로 사용하는 자료들을 조사했다.

- 응답자들이 가장 빈번하게 사용하는 ERM 도구들과 기법들을 알아낸다.
- (이 논문과 같은) 참고 자료의 원천을 알 수 없어서 지식에 갭이 있을 가능성이 있는지 평가한다.
- ERM 실무자들 또는 그들의 조직의 경험과 사용되는 리서치 자료의 유형 사이의 상관관계를 조사한다.

이 결과 중 일부는 놀라웠다. 예를 들어 1/3이 넘는 응답자가 1994년 이후 리스크 관리에 관해 가장 단순하고 편리한 문서로 일반적으로 간주되고 있는 호주/뉴질랜드 리스크 관리 기준 4360을 언급하지 않았고, 다수의 캐나다 ERM 실무자들도 캐나다 리스크 관리 기준을 사용하고 있지 않는 것 같았다.[5]

이 서베이 결과에 기초해서 ERM에 관해 입수할 수 있는 톱10 논문, 톱10 책 그리고 톱10 리서치 보고서들을 가려냈다. 또한 우리는 ERM에 대한 더 많은 정보, 특히 리스크 통합, 기업 문화의 영향 그리고 실제 사례 연구에 관한 정보가 절실히 필요함을 발견했다. 예를 들어, 일부 응답자들은 다음과 같이 답변했다.

- 공통적인 보고 시스템 및 언어가 중요하다는 말 이외에 이 모든 사일로들을 어떻게 함께 모을지에 관한 정보가 매우 부족하다.
- 보다 큰 리스크 그림을 보여 주기 위해 정보가 어떻게 모아지고 제시되는지 실제 예를 찾기가 어려웠다.
- ERM 실행 및 관행에 대한 기업 문화의 영향은 문헌에서 잘 다뤄지지 않고 있다.

이사회는 비즈니스 성장을 지원하는 리스크 문화를 원한다.[6] 이 서베이 결과에 의하면 리스크 담당 임원들은 바람직한 리스크 문화 개발, 특히 기회 극대화 및 문화가 어떻게 ERM 프로세스에 영향을 주는지에 관한 많은 정보를 원하고 있다. "리스크, 거버넌스 그리고 기업 실적"[7] 보고서에서 데이비드율 이사가 말한 바와 같이, "문화는 조직의 가장 중요한 리스크 관리 전략이다." 이사회의 역할과 리스크 담당 임원의 책임에 비추어 볼 때, 이사회는 ERM의 상세 내용에 빠져 허우적대기를 원하지 않는 반면, 리스크 담당 임원들은 ERM을 어떻게 시행할지에 관해 매우 관심이 많은 것도 놀랄 일은 아니다.

리스크 담당 임원들은 최고 리스크 책임자(CRO) 역할의 진화에 관심이 있다. 리스크 담당 임원들이 읽어 본 톱10 논문 및 리서치 보고서 순위를 볼 때 이 점은 명백하다. 이사회는 최고 경영자(CEO)가 리스크 관리에 관한 궁극적인 책임이 있는 것으로 보는 반면, CEO들은 필요한 리스크 정보와 ERM 프로세스 조정을 CRO에게 의존한다.[8]

이는 CRO들이 조직 구조 안에서 자신들의 역할, 책임 그리고 기량이 어떻게 활용되는지 배우는 데에 관심을 보이는 이유이다(조직에서는 ERM이 조직의 실적을 좌우하는 핵심 도구들 중 하나이다).

전반적으로, 우리는 우리의 서베이에서 발견한 핵심 내용들을 이 장에서 자세히 논의한다. 이 연구 결과는 학자들이 실무자들과 긴밀하게 협력하여 이처럼 절실한 필요가 있는 분야에서 리서치를 수행할 좋은 기회를 강조하는 데 도움이 될 것이다.

이 장의 두 번째 섹션은 서베이 방법론과 우리가 어떻게 이 서베이에 포함시킬 문헌들을 선정했는지 설명한다. 세 번째 섹션은 서베이 결과를 요약하고, ERM에 관해 추가적인 정보가 필요한 중요한 분야들을 강조하며, 우리가 발견한 핵심 내용들을 설명한다. 마지막 섹션에서 결론을 제공한다.

서베이 방법론

이 서베이는 ERM에 경험이 있는 리스크 실무자들의 의견을 사용하여 수행되었다. 또한 서베이는 최신 테크놀로지를 사용한 웹 기반으로 수행되었으며, 명확성과 사용의 용이성을 위하여 기업 리스크 담당 임원들에게 "사전 테스트되었다." 2007년 9월에 87명의 리스크 담당 임원들에게 서베이에 참여해 달라고 요청하는 전자우편이 발송되었다. 이들은 52명의 CBoC 전략 리스크 위원회 회원과 35명의 미국 컨퍼런스 보드의 전략 리스크 위원회 회원으로 구성되었다.[9] ERM 경험이 있는 실무자들만 이 서베이에 참여하도록 요청했기 때문에 대부분 ERM에 대한 경험이 많았다. 10월에 두 번째 전자우편을 보내고, 10월과 11월에 후속 전화를 한 뒤에 44건의 응답(캐나다에서 37건, 미국에서 7건)을 받았다. 전체적으로 응답률은 50.6%였다.

서베이 질문에 관해서는 응답자들에게 조직, 업종, 직위, 조직의 전문 분야, ERM을 경험해 본 기간(옌), 조직이 ERM을 실행한 기간(옌), 조직 규모, 직원 수, 운영 범위, 경영진이 ERM 시행 이유로 제시한 효용, 응답자의 전문 분야, 컨설턴트 사용 여부, COSO 및 기타 ERM 지식 원천 사용 및 효용 등의 배경 정보를 제공해 달라고 요청했다..

우리는 포함시킬 문헌선정 시 2007년 여름 현재 ERM에 관해 간행된 자료들을 광범위하고 철저하게 조사했다. 우리는 이 서베이에 최종적으로 88개의 간행물을 선정하기 전에 선도적인 모든 간행 정보를 고려했다.[10] 이 서베이에서 우리는 응답자들에게 다음 두 가지 질문에 답함으로써 ERM 문헌에 등급을 매기도록 요청했다.

1. 귀하는 이 책/리서치 보고서/논문을 읽어 보았습니까? 읽었을 경우, 어느 정도로 읽었습니까?(주: 선택할 응답은 다음과 같다. 1=들어 본 적이 없음, 2=들어 보기는 했지만 실제로 읽어보지는 않았음, 3=10% 미만을 읽었음, 4=10%에서 80% 사이를 읽었음, 5=80% 넘게 읽었음.)

2. ERM에 대한 귀하의 지식에 가치를 부가한다는 관점에서 귀하는 ERM 방법론, 도구, 기법 그리고 선도적 관행 면에서 이 책/리서치 논문/을 어떻게 평가하시겠습니까? (주: 선택할 응답은 다음과 같다. 1=사실은 ERM과 관련이 없었음, 2=약간의 가치는 있었지만 별 것 아니었음, 3=상당히 유익했음, 4=매우 훌륭했음, 5=반드시 읽어야 할 자료임.)

서베이에서 다른 질문들도 물어보았다. 다음 섹션에서는 우리가 발견한 결과를 요약하고, ERM에 보다 관련이 있고 유용한 문헌을 절실히 필요로 하는 부문을 보여 준다.

서베이 결과

이 섹션에서는 서베이의 주 목표인 리스크 임원들이 읽는 가장 유용한 문헌을 밝히기 전에 배경 특성 및 응답자들이 답변한 질문을 먼저 설명한다. ERM 문헌이 필요한 분야를 논의하고 우리가 발견한 핵심 내용들을 보여줌으로써 이 섹션을 마무리한다.

설문 응답자들의 프로필

보기 22.1에서 볼 수 있는 바와 같이 다양한 업종에서 이 서베이에 참여하였다. 구체적으로는 금융 서비스 부문 32%, 유틸리티 섹터 18%, 전기통신 9%, 공공 부문 9%, 에너지 7%, 제조업 5%, 의료 서비스 5% 그리고 기타 업종 15%였다. 이 서베이 응답자 중 실명을 밝히도록 허락해 준 업체 명단은 부록 22에 나와 있다. 서베이의 설문서는 CBoC를 통해서 배포되었기 때문에 대부분의 응답자는 캐나다 출신이었지만 16%는 미국 출신이었다. 응답사 오퍼레이션의 78%는 주로 미국과 캐나다에서 영위되었지만, 응답자의 28%는 최소한 하나의 그 외 국가에서 오퍼레이션을 영위하는 회사에서 일했다(그리고 거의 모든 회사들이 글로벌 오퍼레이션을 지니고 있었다). 이 서베이에 참여한 대부분의 조직은 대기업이었으며 평균 규모는 총자산 270억 달러에 종업원 수 18,000명이었다. 응답자 중 규모가 가장 큰 회사는 제너럴 모터스였다. 그러나 소수의 중소기업들도 서베이에 참여했다. 응답자의 약 10%가 100명이 안 되는 직원을 고용하고 있었지만, 하나의 조직만이 자산 규모 100억 달러 미만이었다.

보기 22.2는 서베이 응답자와 그들이 속해 있는 회사의 ERM 경험 연수를 보여 준다. 이 표에서 볼 수 있는 바와 같이 모든 응답자들이 어느 정도의 경험을 보유하고 있으며, 95%는 리스크 관리를 자신의 주요 전문 분야로 꼽았다. 평균 ERM 경험은 5.3년이었으며, 응답자의 약 40%가 5년이 넘는 경험을 부유하고 있었다. 1명의 응답자만이 1년이 안 되는 ERM 경험을 가지고 있었고, 11%는 ERM 경험이 2년 미만이었다. 응답자들은 평균적으로 그들이 속해 있는 회사보다 더 오랜 ERM 경험을 가지고 있었다(5.3년 대 3.8년). 대부분의 응답 회사들은 ERM을 일정 부분 시행하였다. 약 88%의 회사들이 1년 넘는 경험을 가지고 있었고, 60%가 넘는 회사들이 최소 3년의 경험을 가지고 있었다. 이는 외부 이해 관계자들, 신용평가 기관 그리고 애널리스트들이 회사가 채택하고 있는 리스크 관리 기법에 대해 많은 정보를 기대함에 따라 회사들이 보다 진전된 ERM 단계로 나아가고 있음을 시사하는 다른 서베이 결과들과 일치한다.[11]

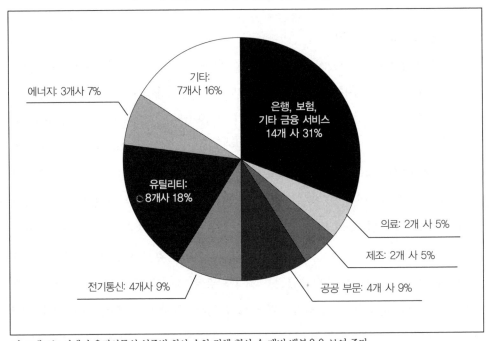

[보기 22.1] 서베이 응답사들의 업종 분포

이 그래프는 서베이 응답사들의 업종별 회사 수와 전체 회사 수 대비 백분율을 보여 준다.

대부분의 서베이 응답자들은 조직 내에서 높은 지위에 있었다. 절반이 넘는(52.3%) 응답자들이 최고 리스크 책임자(CRO) 이상의 지위를 가지고 있었다. 이 서베이에서 가장 큰 집단은 이사 직위(31.8%)를 가지고 있었고, 9.1%는 (리스크 담당이 아닌) 최고 책임자였다. 대부분의 응답자들은 조직의 최고 책임자들에게 보고했다. 즉, 31%는 CFO(최고 재무 책임자)에게 보고했고, 26.2%는 CEO에게 보고했다.[12] 24%는 기능적으로 감사위원회에 보고한다고 응답한 점도 흥미롭다.

[보기 22.2] ERM에 대한 경험

	귀하는 얼마나 오랫동안 ERM 업무를 수행하고 있습니까?	귀하의 회사가 ERM을 시행해 오고 있는 기간(연)은 얼마나 됩니까?
0년	0%	2.3%
0~1년	7.0%	9.3%
1~3년	37.2%	25.6%
3~5년	16.3%	39.5%
5년 초과	39.5%	23.3%
평균	5.3년	3.8년

이 표는 서베이 응답자들과 회사들이 ERM에 대해 보유하고 있는 경험을 요약해 보여 준다. 응답은 총 응답 수에 대한 백분율로 표시되어 있다.

[보기 22.3] ERM 시행 동인

ERM의 효용	응답 회사(38) 비율(%)
리스크에 대한 이해 및 관리 향상(통합된 관점 포함)	44.7
기업 거버넌스 향상 또는 이사회의 요구 충족	18.4
자원 배분 지원	15.8
효과적인 의사 결정	15.8
깜짝 사태 최소화	13.2
리스크 보고 및 리스크 통제 향상	10.5
재무 안정성 또는 보다 나은 리스크 조정 수익률 달성	10.5
신용 등급 향상	10.5
컴플라이언스	10.5
주주 가치 또는 회사 가치 향상	7.9
리스크 인식 문화 조성	7.9
모범 실무 관행 또는 탁월함 달성	5.3
비즈니스 계획 또는 전략 계획 지원	5.3

이 표는 "임원진이 ERM을 실행하는 이유로 어떤 효용을 꼽았습니까?"라는 주관식 질문에 대한 가장 빈번한 응답을 보여 준다.

보기 22.3은 임원들이 가장 빈번하게 꼽는 ERM 실행의 효용을 나열한다. 응답자들은 복수의 효용을 열거하도록 허용되었다. 위의 표에서 볼 수 있듯이 가장 자주 꼽히는 효용은 "리스크에 대한 이해 및 관리 향상(통합된 관점 포함)"이다.[13] 응답자의 44.7%가 거명한 이 효용은 ERM이 널리 수용되고 있음을 보여 주며, 회사들이 이 진전된 리스크 프로세스의 중요성을 진정으로 이해하고 있음을 시사한다. 두 번째로 많이 거론된 이유(18.4%) "기업 거버넌스 향상 또는 이사회의 요구 충족"은 최근의 규제 변화와 기업 거버넌스에 대한 강조 증가를 반영한다. 게이츠가 실시한 서베이(2006)에서는 이 효용을 꼽은 비율이 더 높았다(66%).[14] 우리의 연구에서 응답자의 88%가 캐나다 회사여서 SOX를 준수하도록 요구될 가능성이 보다 낮다는 점에 비추어 볼 때, 이 효용이 2위에 오른 것이 놀랄 일은 아니다.[15] 10.5%의 응답자가 신용 등급 향상을 ERM의 효용으로 꼽는다는 점은 흥미롭다. 우리는 신용평가사들이 이제 비금융회사들에 대한 신용평가 프로세스에 ERM을 포함시키기로 한 점에 비추어 볼 때 이 비율이 점차 높아질 것으로 예상한다.[16]

응답자들이 사용하는 ERM 도구 및 기법들

리스크 담당 임원들이 COSO의 ERM 프레임워크에서 추천한 도구들과 기법들을 따르고 있는가? 보기 22.4는 서베이 응답을 요약해 준다. 놀랍게도 19개 기관들(48.7%)은 거의 그러지 않으며, 20.5%는 "때로는" 그렇게 하고 있고, 30.8%만이 "상당 부분" 그렇게 한다고 응답했다. 어느 기관도 "가능한 최대로"라는 응답을 하지 않았다. COSO 프레임워크는 가장 많이 읽는 자료이기는 하지만(이 장의 뒷부분을 보라), 현 시점에서 실제 실무에 가장 유용하지는 않은 것 같다. 비공식적인 서베이와 라운드테이블들로부터 들은 얘기에 의하면, COSO는 읽기 및 이해하기 어려운 스타일로 쓰여졌다고 한다. 우리는 많은 독자들이 중도에 더 이상 읽기를 포기하고 있으며, 따라서 COSO를 언급하지 않거나 이의 아이디어를 실무에 사용하지 않는다고 믿는다. 그러나 이는 COSO가 향후 재작성될 중요한 기회가 있음을 의미한다. 프로티비티(Protiviti)(2006)의 "전사 리스크 관리 가이드: FAQs"는 더 많은 독자층을 확보한 것 같으며, 읽고 이해하기가 더 쉬운 듯하다.

그렇다면 ERM 모범 실무 관행과 방법론에 관한 다른 원천들은 얼마나 유용할까? 보기 22.5는 COSO, 회계 법인 및 컨설턴트, 전문가 협회(RIMS, PRIMIA, SOA 등), 신문 및 잡지, 학술 저널 및 논문 그리고 일반 문헌 등의 원천을 대상으로 이 질문에 답한다. 응답자의 선택 사항은 1=(유용할 때가) 거의 없음, 2=그럭저럭/때로는, 3=상당히/자주, 4=거의 언제나와 같다. 보기 22.5에 나와 있는 바와 같이 리스크 담당 임원들은 문헌의 지식을 ERM 실무에 대한 최고의 실무 지침으로 평가했으며(평균 등급 3.08), 그다음으로 유용한 정보 원천으로는 전문가 단체가 그 뒤를 이었다(평균 등급 2.52). COSO는 가장 낮은 등급인 1.81을 부여 받아 보기 22.4와 일치하는 응답을 보였다.

[**보기 22.4**] COSO ERM 프레임워크에서 추천한 도구들 및 기법들을 따르는 정도

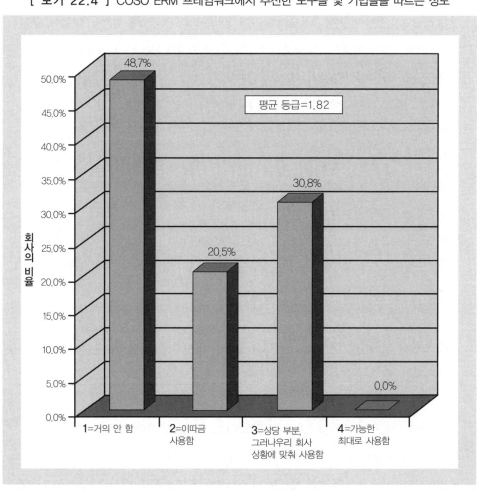

이 그래프는 "귀사는 COSO ERM 프레임워크에서 추천한 도구 및 기법들을 어느 정도로 따르고 있습니까?"라는 질문에 대한 응답자들의 반응을 보여 준다.

컨설턴트들은 ERM 실행에 얼마나 유용한가? 95%의 기관들은 ERM 여정에 도움을 받기 위해 컨설턴트들을 기용했다. "귀하는 컨설턴트보다 ERM 독서 및 리서치를 통해 더 많이 배웠다고 생각하십니까?"라는 질문의 응답에서 응답자는 문헌이 더 도움이 된다고 생각하는 듯하다. 즉, 53%는 "예"라고 대답했고, 39%는 "어느 정도" 그렇다고 응답했으며, 8%는 "아니오"라고 했다. 응답자들은 자신의 응답에 의견을 달 수 있다. 아래의 논평들은 임원들이 컨설턴트들에 대해 지니고 있는 세 가지 주요 우려 사항들을 보여 준다.

1. 컨설턴트들은 일반적/학문적 프레임워크 및 도구들만 제공한다. 내부의 경영진만이 자신의 비즈니스, 프로세스, 문화 그리고 외부인은 진정으로 알 수 없는 정확히 무엇이 그들에게 타당한지 알기 때문에, 그들만이 자사에 진정한 ERM 접근법을 실행할 수 있다. 당신의 비즈니스에 대해 외부인을 교육시켜서 잘 관리하기 위해서는 (일반적인 모델들로부터) 무엇을 해야 하는지 말하게 하는 것으로는 불충분하다.

2. 컨설턴트들은 일반적으로 하나의 관점(흔히 COSO의 관점)을 옹호하는데, 우리는 이 견해가 너무 제한적이며, 컴플라이언스에 기반한 접근법이라고 생각한다. 일부 컨설턴트들은 바젤 협약 사용을 제안하지만, 그것은 우리가 속한 산업에는 잘 맞지 않는다. ERM 프로그램은 내부로부터 개발될 필요가 있다. 우리는 호주 기준 4360을 사용하여 우리의 프로그램을 구축하는 데 도움을 받았다.

3. 일부 논문들은 (최신 논문일 경우) 때로는 컨설턴트에 비해 보다 실용적이고 "격이 다르다". 컨설턴트들은 리스크 평가에 대해서는 역량이 있는 것 같지만, 견고한 ERM 프레임워크/실행에는 역량이 다소 떨어지는 것 같다.

리스크 담당 임원들 전체적으로는 ERM 문헌들이 보다 더 도움이 된다고 생각하는 것은 명백하지만, 일부 응답자들은 컨설턴트들의 효용도 언급하였다.

- 나는 "착수하게 하기" 국면 그리고 임원들과 리스크 프로필 파악 프로세스를 촉진하기와 같은 특정 과제에서는 컨설턴트들이 도움이 된다고 생각한다.
- 컨설턴트들이 도움이 될 수는 있지만, 나 스스로 이론 및 실무를 알아서 그들의 권고사항을 이끌고 또 이를 점검하고 싶다.

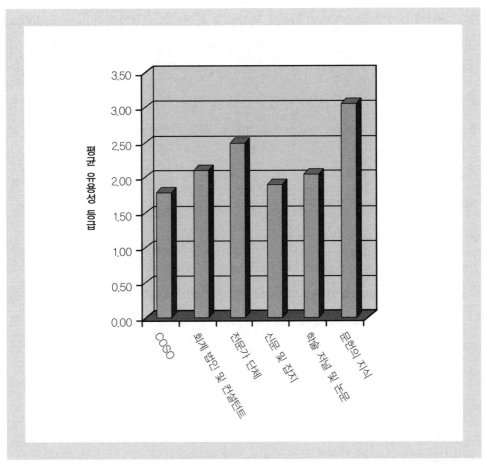

이 그래프는 "ERM 모범 실무 관행과 방법론에 관한 다음의 원천들이 어느 정도로 유용합니까?"라는 질문에 대한 평균 응답 등급을 보여 준다. 응답자의 선택 사항은 다음과 같다. 1=(유용할 때가) 거의 없음, 2=그럭저럭/때로는, 3=상당히/자주, 4=거의 언제나.

- 컨설턴트들은 우리가 원했던 프레임워크 실행에 유용했다. 그러나 그들은 우리가 할 수 없었을 모범 실무 관행 벤치마킹에 많은 가치를 제공했다.

또한 문헌에 대해서는 어느 서베이 응답자가 다음과 같이 지적한 바를 주의해야 한다.

문제는 좋은 문헌과 나쁜(또는 심지어 해로운) 문헌을 가려내는 것이다.

우리는 또한 보기 22.5에 나와 있는 범주를 사용하여 리스크 담당 임원들의 경험과 ERM 문헌에 대한 친숙도 사이의 관계도 조사하였다. 경험은 응답자들이 ERM에 대해 지니고 있는 연수로 측정되었다. 리스크 임원들의 경험과 COSO 및 ERM에 대한 정보의 기타 주요 원천에 대한 그들의 등급 사이에 유의미한 관계를 발견하지는 못했지만, 우리는 보다 경험이 많은 리스크 임원들은 경험이 덜한 임원들에 비해 문헌들을 더 많이 알고 있음을 발견했다(피어슨 상관 계수 51%로 1% 신뢰 수준에서 유의미함). 다음 섹션에서는 경험과 가장 자주 읽히는 문헌 사이의 관계를 논의한다.

높은 지위에 있는 리스크 임원들은 낮은 지위에 있는 임원들보다 상당히 많은 문헌들을 읽는다(피어슨 상관 계수 28%로 10% 신뢰 수준에서 의미 있음).[17] 우리는 또한 높은 지위의 리스크 임원들은 학술 논문들이 덜 유익하다고 생각함을 발견했다(피어슨 상관 계수 −19%이나 10% 신뢰 수준에서 유의미하지 않음). 이 결과는 전통적인 통계 수준에서는 유의미하지 않지만 주목할 가치가 있으며, 경험 연수(年數)와 학술 논문들의 유용성 사이에 거의 관계가 없다는 발견 결과와 대조된다. ERM에 대해 발간된 학술 논문 수가 적다는 점을 감안할 때, 학계에서 ERM에 관해 보다 유용한 리서치를 더 발간할 필요가 절실하다는 시사점 외에는 이 결과로부터 강력한 결론을 이끌어내서는 안 될 것이다.

ERM에 관해 가장 자주 읽히는 문헌

이제 이 연구의 주된 목표인 리스크 임원들이 읽는 문헌 중 가장 유용한 문헌들을 살펴보기로 하자. 앞 섹션에서 논의한 바와 같이 우리는 응답자들에게 다음의 두 질문에 답함으로써 각각의 문헌에 등급을 매기도록 요청했다. (1) 귀하는 이 책/리서치 보고서/논문을 읽어 보셨습니까? 읽어 보았을 경우 어느 정도로 읽었습니까? (2) 귀하의 ERM 지식에 가치를 더한다는 면에서 볼 때, 귀하는 이 책/리서치 보고서/논문의 방법론, 도구, 기법 그리고 선도적 관행에 어떤 등급을 부여하시겠습니까? (주: 논의를 위해, 우리는 질문 1에 대한 답변을 "읽음"으로, 질문 2에 대한 답변을 "가치"로 일컫는다.)

우리는 88개의 문헌을 논문(서베이, 학문 연구, 실무 논문 포함 총 24건), 책(총 32건) 그리고 리서치 보고서(총 32건)로 분류했다. 보기 22.6은 모든 문헌들 및 유형별(즉, 논문, 책 및 리서치 보고서) 평균 등급을 요약해 준다. 패널 A는 "읽음"과 "가치" 등급을 요약하며, 패널 B는 응답자의 ERM 경험에 기초하여 등급을 분석한다. 패널 B에서 5년 이상의 경험이 있는 리스크 임원들은 "경험 많음"으로 분류되었고, 경험이 5년 이하인 임원들은 "경험 적음"으로 분류되었다. (주: 모든 임원들의 평균 경험은 5.3년이었다.) 패널 A에 나타난 바와 같이 "읽음" 및 "가치"에 대한 평균 등급은 문헌 유형별로 크게 차이가 나지 않는다. 그러나 패널 B에서는 보다 경험이 많은 리스크 임원들이 모든 유형의 문헌들에 대해 보다 친숙함을 보여 준다(모든 유형의 문헌들에서 평균의 차이에 대한 t-테스트는 신뢰 수준 1%에서 유의미했다). "가치" 등급에서는 임원의 경험에 따른 유의미한 차이가 없었다.

[보기 22.6] 서베이에 사용된 문헌들에 대한 평균 등급

문헌 유형	숫자	"읽음" 평균 등급	"가치" 평균 등급
패널 A. 문헌 유형별 등급			
종합	88	1.68	2.69
논문	23	1.42	2.68
책	33	1.71	2.71
리서치 보고서	32	1.84	2.88

문헌 유형	"읽음" 평균 등급			"가치" 평균 등급		
패널 B. 유형 및 ERM 경험 수준별 문헌 등급						
	경험 적음 (24명)	경험많음 (20명)	t-수치 (p값)	경험 적음	경험 많음	t-수치 (p값)
종합	1.38	1.92	−3.55 (0.001)***	2.78	2.68	1.22 (0.233)
논문	1.25	1.67	−2.73 (0.009)***	2.68	2.70	−0.08 (0.935)
책	1.45	2.09	−3.82 (0.001)***	2.89	2.65	0.96 (0.359)
리서치 보고서	1.59	2.22	−3.24 (0.003)***	3.03	2.67	1.17 (0.260)

이 표는 아래의 두 질문에 근거한 ERM 문헌들의 등급을 요약한다. (1) 귀하는 이 책/리서치 보고서/논문을 읽어 보셨습니까? 읽어 보았을 경우 어느 정도로 읽었습니까? 응답자의 선택은 다음과 같다. 1=들어본 적 없음, 2=들어보기는 했으나 읽어 보지 않음, 3=10% 미만을 읽음, 4=10%~80%를 읽음, 5=80% 넘게 읽음. (2) 귀하의 ERM 지식에 가치를 더한다는 면에서 볼 때, 귀하는 이 책/리서치 보고서/논문의 방법론, 도구, 기법 그리고 선도적 관행에 어떤 등급을 부여하시겠습니까? 응답자의 선택은 다음과 같다. 1=ERM과 관련이 없음, 2=다소의 가치가 있지만 그리 많지는 않음, 3=참으로 유용함, 4=매우 좋은 ERM 문헌임, 5=반드시 읽어야 할 ERM 문헌임. 질문 1과 질문 2에 대한 응답들은 이 표에서 각각 "읽음"과 "가치"로 표시된다. 패널 B는 응답자들의 ERM 경험에 기초하여 등급 결과를 보고한다. 5년 이상의 경험이 있는 응답자들은 "경험 많음"으로 그리고 경험이 5년이 안 되는 응답자는 "경험 적음"으로 분류되었다. 이 패널은 또한 경험이 많은 그룹과 적은 그룹 사이의 평균값 차이에 대한 단일변량 테스트도 제시한다. t수치는 두 그룹 사이에 평균값이 다르지 않다는 귀무가설에 대한 테스트를 제공한다. 유의성 수준은 다음과 같이 표시된다. *** 1%, ** 5%, *10%.

우리는 "가장 많이 읽히는 문헌들"을 가려내기 위해 먼저 두 질문에 대한 응답에 기초한 가중치 부여 기법을 사용하여 문헌들을 유형(즉, 논문, 책 그리고 리서치 보고서)별로 등급을 매겼다. 그다음에는 처음의 두 질문에서 첫 번째 사분위에 들어가는 문헌들을 "가장 많이 읽히는 문헌"으로 간주했다. 최종 순위에서는 최소 6명의 응답자가 등급을 매긴 문헌들만을 고려하였다.[18] 더러는 2사분위에 속했던 논문들 중 톱10 명부에 포함된 경우도 있었다. 논문, 책 그리고 리서치 보고서 각각에 대한 톱10 명부에 우리의 "톱10" 결과들이 나와 있다. 우리의 서베이 참여자들이 모든 ERM 담당 임원들의 문헌에 대한 친숙도를 대표하지 않을지도 모르지만, 우리가 아는 한 이 중요한 주제에 대해 최초의 서베이 결과를 제시한다. ERM에 관해 더 배우고자 하는 사람은 이 문헌들을 자신의 "필독서" 명부에 기재해 두는 것을 고려해야 한다.

보기 22.7은 톱10 논문들을 발표 연도에 따라 정렬하여 보여 준다. 앞에서 언급한 바와 같이 우리는 서베이, 학술 연구 그리고 실무 논문을 이 범주에 포함시켰다. 이 표에 표시되지는 않았지만, 이 범주에서 가장 높은 순위를 차지한 연구는 H. 펠릭스 클로만(후에는 Beaumont Vance가 발행함)의 "Risk Management Reports"이며, 두 번째는 프레이저, 퀘일 그리고 키린코(2001)의 "Enterprise Risk Management at Hydro One Inc."이다.[19]

톱10 ERM 책들은 보기 22.8에 나와 있다.[20] 가장 높은 순위를 받은 책들은 린지, 프레이저, 굳펠로우 그리고 톨레다노의 **이사들이 리스크에 관해 물어야 할 20개 질문**(20 Questions Directors Should Ask about Risk)(2006)과 COSO 간행물 "전사 리스크 관리: 통합 프레임워크: Executive summary"(2004)이다. COSO의 이 간행물은 우리의 서베이에서 가장 많이 읽히는 문헌이었지만(평균 "읽음" 등급 4.13으로 서베이 응답자의 74%가 읽어 봄), 평균 "가치" 등급은 평균 등급으로 간주될 수 있는 2.45를 받았다. 이는 COSO 간행물에 대한 앞의 논의에서 발견한 사항과 일치한다.

보기 22.9는 톱11 리서치 보고서들을 열거한다. 2개의 보고서가 10위를 차지하여 11개를 수록하였다. 3개의 리서치 보고서들은 다른 보고서들보다 상당히 높은 등급을 받았는데, 이 보고서들은 다음과 같다.(등급 순으로 표시함). 호주/뉴질랜드 4360(1995, 1999, 2005)의 "리스크 관리(Risk Manageent), 프로티비티(Protiviti)(2006)의 "전사 리스크 관리 가이드: FAQs(Guide to Enterprise Risk Management: Frequently Asked Questions)", 티센(2005)의 "ERM에 관한 모든 것(ERM: Inside and Out)".

510

저널/출처	연도	저자들	제목
Seawack Press Inc.	1974+	Kloman, 후에 Vance로 변경	**Risk Management** Reports(월간지)
캐나다 컨퍼런스 보드	2001	Fraser, Quail 그리고 Kirienko	Enterprise Risk Management at Hydro One Inc.
Risk Management	2001	Lam	The CRO is Here to Stay
Journal of Applied Corporate Finance	2002	Harrington, Niehaus 그리고 Risko	Enterprise Risk Management: The Case of United Grain Growers
Risk Management and Insurance Review	2003	Dleffner, Lee 그리고 McGannon	The Effect of Corporate Governance on the Use of Enterprise Risk Management: Evidence from Canada
Journal of Applied Corporate Finance	2005	Aabo, Fraser 그리고 Simkins	The Rise and Evolution of the Chief Risk Officer: Enterprise Risk Management at Hydro One
Journal of Accounting and Public Policy	2005	Beasley, Cluen, Hermanson	Enterprise Risk Management: An Empirical Analysis of Factors Associated with the Extent of Implementation
FT Partnership Publications	2006	London Financial Times와 Earnst & Young	Mastering Uncertainty
James Lam & Associates	2006	James Lam & Associates	Emerging Best Practices in Developing Key Risk Indicators and ERM Reporting
Journal of Applied Corporate Finance	2006	Gates	Incorporating Strategic Risk into Enterprise Risk Management: A survey of Current Corporate Practice

이 표는 서베이 응답에 기초하여 톱10 논문들을 보여 준다. 논문들은 발행 연도 순으로 나열되었다. 완전한 인용 정보는 참고 문헌을 보기 바란다.

우리의 연구에서 빠뜨린 유용한 문헌들이 있는가? 우리는 응답자들에게 우리가 빠뜨린 자료 중 자신들이 ERM 초기 단계 및 발전된 단계에서 유용하다고 생각하는 문헌들을 표시하도록 요청했다. 이들 중 가장 자주 언급된 자료들이 보기 22.10에 나와 있다. 패널 A는 초기 단계에서 유용한 연구들을 보여 주며, 패널 B는 보다 진전된 단계에서 유용한 자료들을 보여 준다. 흥미롭게도 응답자들은 자신들이 읽었던 최고의 문헌들 중 일부는

ERM을 언급하지 않고 리스크의 다양한 측면을 다룬다고 했다. 다양한 리스크 문헌의 존재는 개개인의 관심 범위가 넓은 것은 말할 것도 없고, 응답자들이 다양한 비즈니스 라인, 업종 그리고 기업 구조에 속해 있다는 사실에 잘 들어맞는다. 모든 사람이 언급한 책은 블랙 스완 하나뿐이었다. 다른 문헌들은 한 번만 언급되었다. 이는 우리의 원래 서베이 목록에 빠뜨린 내용이 별로 많지 않다는 점을 입증해 준다. 블랙 스완은 서베이 목록을 작성 중이던 2007년 4월에 출판되어서 목록에서는 빠졌다.

[보기 22.8] 톱10 서적

출판사	연도	저자들	제목
Currency/Doubleday	1991 & 1996	Schwartz	The Art of the Long View
John Wiley & Sons	1996	Bernstein	Against The Gods: The Remarkable Story of Risk(위험 기회 미래가 공존하는 리스크, 한국경제신문사)
Prentice Hall/FT	2000	DeLoach	Enterprise-wide Risk Management: Strategies for Linking Risk and Opportunity
Texere LLC	2001	Taleb	Fooled by Randomness(행운에 속지 마라, 중앙북스)
IIA Research Foundation	2001	Miccolis, Hively 그리고 Merkley	Enterprise Risk Management: Trends and Emerging Practices
IIA Research Foundation	2002	Barton, Shenkir 그리고 Walker	Enterprise Risk Management: Putting it Altogether
Prentice Hall & FT Foundation	2002	Barton, Shenkir 그리고 Walker	Making Enterprise Risk Management Pay Off
COSO	2004	COSO	Enterprise Risk Management: Integrated Framework: Application Techniques
캐나다 회계사 협회 (CICA)	2006	Lindsay(Fraser, Goodfellow, Toledano)	20 Questions Directors Should Ask About Risk
Risk Insurance Management Society	2007	Vance와 Makomaski	Enterprise Risk Management for Dummies

이 표는 서베이 응답에 기초하여 톱10 서적들을 열거한다. 책들은 출판년도 순으로 배열되었다. 완전한 인용 정보는 참고 문헌을 보기 바란다.

출처	연도	저자들	제목
호주(AS)와 뉴질랜드(NZS)	1995, 1999 & 2005	AS/NZS	Risk Management
Enterprise Risk Management	2000	Tillinghast–Towers Perrin	An Analytical Approach
캐나다 컨퍼런스 보드	2001	Thiessen, Hoyt 그리고 Merkley	A Composite Sketch of a Chief Risk Officer
호주 표준	2002	호주 표준	Organizational Experiences in Implementing Risk Management Practices
John Wiley & Sons	2003	Lam	Enterprise Risk Management: From Incentive to Controls
캐나다 컨퍼런스 보드	2005	Thiessen	Enterprise Risk Management: Inside and Out
Standard & Poors	2005	Standard & Poors	Enterprise Risk Management for Financial Institutions
Guide to Enterprise Risk Management	2006	Protiviti	Frequently Asked Questions
Standard & Poor's	2006	Standard & Poor's	Criteria: Assessing Enterprise Risk Management Practices of Financial Institutions: Rating Criteria & Best Practices
컨퍼런스 보드	2006	Brancato	The Role of U.S. Corporate Boards in Enterprise Risk Management
Committee of Chief Risk Officers(CCRO)	2007	CCRO	Enterprise Risk Management and Supporting Metrics

이 표는 서베이 응답에 기초하여 톱11 리서치 보고서들을 열거한다. 2개의 보고서가 공동 10위를 해서 11개의 보고서를 표시했다. 보고서들은 출판년도 순으로 배열되었다. 완전한 인용 정보는 참고 문헌을 보기 바란다.

절실한 필요 분야

서베이의 주관식 질문에 대한 답변들은 ERM의 보다 상세한 "실제 세계" 적용이 절실히 필요함을 암시한다. "귀하는 ERM 실행 시 문헌에서 다루어지지 않았던 사항 중 어떤 문제/도전을 만났습니까?"라는 질문에 대한 리스크 담당 임원들의 아래의 답변은 주요 필요 분야를 요약해 준다.

[보기 22.10] 서베이에 포함되지 않은 문헌 중 ERM 실행에 유용한 기타 자료

패널 A: 초기 단계에 유용한 자료

출처	연도	저자	제목
UCL Press	1995	Adams	Risk
Haper and Rowe	2002	Knight	Risk, Uncertainty and Profit
Simon and Schster	2002	Gigerenzer	Calculated Risks: How to Know When Numbers Deceive You
IRMIC, ALARM, IRM	2002	IRMIC, ALARM, IRM	A Risk Management Standard
McGraw Hill	2004	Dalls	Governance and Risk
Deloitte and Touche	2004	Bailey, Bloom, Hida	Assessing the Value of Enterprise Risk Management
컨퍼런스 보드	2005	Subramaniam	Keep it Simple: Getting Your Arms Around Enterprise Risk Management
Protiviti	2006	Protiviti	Enterprise Risk Management: Practical Implementation Advice
하버드 경영대학원 출판부	2006	Apgar	Risk Intelligence: Learning to Manage What We Don't Know
RMA Journal	2007	Dev와 Rao	ERM: A New Way to Manage a Financial Institution
Random House	2007	Taleb	The Black Swan: The Impact of Highly Improbable Events(「블랙 스완」, 동녘 사이언스)

패널 B: 보다 진전된 단계에 유용한 자료들

출처	연도	저자	제목
Vintage Books	1996	Tenner	Why Things Bite Back: Technology and the Revenge of Unintended Consequences
프린스턴 대학교 출판부	2000	Shiller	Irrational Exuberances
IIA Research Foundation	2000	Hubbard	Control Self-Assessment: A Practical Guide
옥스포드 대학교 출판부	2003	Koen	Discussion of the Methods
KPMG	2003	KPMG	Enterprise Risk Management: An Emerging Model for Building Shareholder Value
KPMG	2003	Hashagen	Basel II – A Closer Look: Managing Operational Risk
John Wiley & Sons	2005	Dowd	Measuring Market Risk
Risk Center	2005	Banfield	Creating a Risk Inventory and Gap Analysis, and Dealing with Obstacles to Enterprise-Wide Risk
컨퍼런스 보드	2007	Hexter	Risk Business: Is Enterprise Risk Management Losing Ground?
MIT Sloan Management Review	2007	Bonabeau	Understanding and Managing Complexity Risk

이 표는 서베이 목록에서 제외시켰던 문헌 중 리스크 담당 임원들이 ERM의 초기 및 진전된 단계에서 유용하다고 생각하는 문헌들을 포함한다. 패널 A는 초기 단계에 유용한 문헌들이며 패널 B는 진전된 단계에서 유용한 자료들이다. 완전한 인용 정보는 참고 문헌을 보기 바란다.

- 대부분의 문헌은 모든 조직에 존재하며 조직마다 독특한 문화적, 업무 조직적, 역사적 도전 과제들을 어떻게 다루는지에 대해서는 침묵한다. 이들 (및 다른) 도전 과제들은 어느 조직이 리스크를 통합 관리하기 원한다면 반드시 다뤄야 하는 중대한 (그리고 때로는 극복할 수 없는) 장애가 된다.
- 많은 문헌들이 (리스크 관리) 프로세스가 어떤 모습이어야 하며 어떻게 기능을 발휘해야 하는지에 대해 설명하지만, 어떻게 그 단계에 도달할 수 있는지에 대해 자세히 말해 주는 문헌들은 거의 없다. 많은 문헌들은 일반적인 말들을 많이 사용하고 있는데 공통의 보고 시스템 및 언어가 중요하다는 말 외에는 모든 사일로들을 어떻게 합치는지에 대한 정보는 부족하다. 더 큰 리스크 그림을 보여 주기 위해 정보가 어떻게 수집되고 제시되는지 실제 예를 찾기 어렵다.
- ERM 실행 및 관행에 대한 문화의 영향은 문헌에서 잘 다루어지지 않는다.

서베이의 주요 발견 사항들

우리는 서베이의 가장 중요한 결과들을 요약하면서 아래의 다섯 가지를 찾아냈다. 이 결과는 ERM 실무에서 필요한 분야를 밝히는 데 도움이 된다. 우리는 이 결과가 전사 리스크 관리에 대해 더 알기 원하는 실무자들과 이 중요한 분야에서 리서치를 수행하는 데 관심이 있는 학자들에게 유익하기를 바란다.

1. COSO는 정보 및 지침에 대한 핵심 원천으로 간주되거나 사용되지 않고 있었다.
2. ERM을 새롭게 시행하려는 조직에는 특히 문화적 맥락에서 무엇을 해야 하는가에 관한 구체적인 지침에 관해서는 아직 도전 과제들이 남아 있다.
3. 리스크 담당 임원들이 ERM을 성공적으로 실행한 다른 조직의 경험으로부터 배울 수 있게 하기 위해서는 리서치 및 사례 연구 분야에서 훨씬 많은 작업이 필요하다.
4. 대부분 대기업 출신인 서베이 응답자들의 풍부한 실무 경험에도 불구하고 ERM에 대한 보편적 이해 또는 방법론이 갖춰졌다고 간주되기 위해서는 탐구 및 논의해야 할 영역이 확실히 많이 남아 있다.
5. 경험이 있는 리스크 임원들은 문헌들에 대해 보다 친숙하며, "일반적인 리스크"에 대한 간행물들이 전사 리스크 관리 실행 초기 단계 및 진전된 단계에 매우 유용함을 발견한다.

결론

우리의 연구는 ERM 분야에서 일하고 있는 리스크 임원들이 성공적인 ERM 실행의 지원 및 촉진에 있어서 유용하다고 생각하는 문헌에 대한 최초의 서베이 증거를 제시한다. 이 연구는 캐나다 컨퍼런스 보드에서 이 주제에 관해 계획 중인 정기적 서베이 중 첫 번째이다.

의심할 나위 없이 ERM은 향후 생존 및 성공을 원하는 기업들에게 매우 중요한 주제이다. ERM은 일시적 유행이 아니라 리스크를 전사적 차원에서 보려는 리스크 관리의 자연스러운 진화 단계로 계속 존재할 것이다. 새로운 외부의 동인들로 인해 리스크 담당 임원들이 ERM에 대해 더 알려 하고 있으며, 이 주제에 대한 관심도 높아지고 있다.

ERM의 동인들은 다음과 같다. 이사회들이 리스크 관리에 대해 더 많은 감독 책임을 지게 되었다. 이해관계자들이 회사의 활동에 대해 목소리를 더 높이고 있고 리스크 관리를 더 잘하라고 요구하고 있다. 소시에테 제네랄, 엔론, 월드콤 같은 회사의 재앙과 서브프라임 위기가 이사회 위원들 및 회사 임원들에게 비효과적인 리스크 관리의 결과에 대해 더 잘 인식시키고 있다. 신용평가 기관들이 2008년 현재 금융기관들뿐만 아니라 다른 회사들의 신용평가 분석에 이를 포함시키고 있다. 외주, 공급 체인 관리 그리고 다른 요인들의 증가를 포함한 세계화는 기업의 리스크 및 관리에 영향을 준다. 그리고 많은 회사들이 ERM 프로그램으로부터 상당한 혜택을 보았다고 보고하고 있다.

요약하자면 우리의 연구에서 발견한 가장 중요한 사항은 다음과 같다. 첫째, 놀랍게도 COSO는 정보 및 지침에 대한 핵심 원천으로 간주되지 않았다. 둘째, ERM을 새로 시작하는 조직들은 많은 자료들이 있음에도 불구하고 여전히 장애물에 직면하고 있다. 셋째, 확실히 리스크 담당 임원들이 ERM을 성공적으로 실행한 다른 조직의 경험으로부터 배울 수 있게 하기 위해서는 리서치 및 사례 연구 분야에서 훨씬 많은 작업이 필요하다. 넷째, ERM에 대한 보편적 이해 또는 방법론이 갖춰졌다고 간주되기 위해서는 탐구 및 논의해야 할 영역이 확실히 많이 남아 있다. 다섯째, 경험이 있는 리스크 임원들은 문헌들에 대해 보다 친숙하며, "일반적인 리스크"에 대한 간행물들이 전사 리스크 관리 실행 초기 단계 및 진전된 단계에 매우 유용함을 발견한다.

글로벌 ERM 실무의 진보를 촉진하기 위해 우리는 학자들에게 리서치 수행 및 사례 연구 개발을 위해 실무자들과 긴밀하게 협력하라고 권장하고자 한다.[21] 우리는 또한 관심 있는 사람은 캐나다 컨퍼런스 보드를 접촉하여 이 위원회의 전략적 리스크 위원회와 ERM 연구들에 관해 문의하기를 권장한다. 이 연구가 ERM에 절실한 연구 필요 분야를 보여 주기 때문에 우리는 ERM에 관한 추가 연구와 실무의 진전을 격려하고 자극하는 출발점이 되기를 바란다. 레오나르도 다 빈치가 500년 전에 이론과 실무 모두에 대한 지식의 중요성에 대해 다음과 같이 말한 바처럼 말이다. "이론 없는 실무를 좋아하는 사람은 키와 나침반 없이 배에 올라 자기가 어디로 던져질지 전혀 모르는 선원과 같다."

부록 22: 이름을 밝히도록 허용해 준 응답자들

여기에서는 우리에게 이름을 밝히도록 허용해 준 서베이 응답자들만을 수록하였다. 따라서 이 명단은 캐나다 컨퍼런스 보드 및 Conference Board, Inc의 전략 리스크 위원회 회원들에 대한 완전한 명단이 아니다.

Alberta Environment

Aon Reed Stenhouse Inc.

Bell Aliant Regional Communications

Business Development Bank of Canada

Cameco Corporation

Canada Deposit Insurance Corporation

Canada Revenue Agency

Canadian Blood Services

Canadian Broadcasting Corporation

Canada Mortgage and Housing Corporation(CMHC)

Coast Capital Savings Credit Union

Concentra Financial

EPCOR Utilities Inc

Equitable Life Insurance Company of Canada

General Motors Corporation

The Great-West Life Assurance Company

Hydro One Inc.

Independent Electricity System Operator

L' Alliance des Caisses Popularities de l' Ontario Limitée

Ontario Power Generation Inc.

Pason Systems Inc.

Petro-Canada

Seawrack Press, Inc.

The Standard Life Assurance Company

Suncor Energy Inc.

TELUS Communications, Inc.

참고 문헌

Aabo, T., J.R.S. Fraser, and B.J. Simkins. 2005. The rise and evolution of the chief risk officer: Enterprise risk management at ydro One. Journal of Applied Corporate Finance 17 (3), 62-75쪽.

Acharuya, M., and J.E.V. Johnson. 2006. Investigating the development of ERM n the insurance industry: An empirical study of four major European insurers. The Geneva Papers on Risk and Insurance: Issues and Practice 55-80쪽.

Adams, J. 1995. Risk. London: UCL Press.

Apgar, D. 2006. Risk intelligence: Learning to manage what we don' t know. Boston, MA: Harvard Business School Press.

Arthur Anderson. 1995. Managing business risks: An integrated approach. The Economist Intelligence Unit (EIU).

Bailey, M.A., L. Bloom, and E.T. Hida. 2004. Assessing the value of enterprise risk management. New York: Deloitte & Touche.

Banfield, E. 2005. Enterprise risk: Fighting risk measurement myopia, creating a risk inventory and gap analysis, and dealing with obstacles to enterprise-wide risk management. Risk Center (December).

Barton, T.L., W.G. Shenkir, and P.L. Walker. 2002. Making enterprise risk management pay off. Upper Saddle River, NJ: Financial Times/Prentice Hall and Financial Executives Research Foundation.

Barton, T.L., W.G. Shenkir, and P.L. Walker. 2002. Enterprise risk management: Pulling it all together. Altamonte Springs, FL: Institute of Internal Auditors (IIA) Research Foundation.

Beasley, M.S., R. Clune, and D.R. Hermanson. 2005. Enterprise risk management: An empirical analysis of factors associated with the extent of implementation. Journal of Accounting and Public Policy 24 (6), 521-531쪽.

Bernstein, P.L. 1996. Against the gods: The remarkable story of risk. New York: John Wiley & Sons. (국내에서는 한국경제신문사에서 『위험 기회 미래가 공존하는 리스크』라는 제목으로 출간하였음).

Birkbeck, K. 1998. Realizing the rewards: How integrated risk management can benefit your organization. The Conference Board of Canada.

Birkbeck, K. 1999. Forewarned is forearmed: Identification and measurement in integrated risk management.

Conference Board of Canada.

Bonabeau, E. 2007. Understanding and managing complexity risk. MIT Sloan Management Review 48 (4), 62-68쪽.

Bradshaw, W.A., and A. Willis. 1998. Learning about risk: Choices, connections and competencies. Toronto: Canadian Institute of Chartered Accountants.

Brancato, C.K. 2006. The role of U.S. corporate boards in enterprise risk management. The Conference Board Inc.

Cabinet Office Britain. 2002. Risk: Improving government's capability to handle risk and uncertainty. The Strategy unit: Cabinet Office Britain.

Canadian Institute of Chartered Accountants. 2000. Guidance for directors dealing with risk in the boardroom. CICA.

Canadian Standards Association. 1997 (reaffirmed 2002). Risk management: Guideline for decision-makers-A national standard of Canada. CAN/CSA-Q850-97.

Casualty Actuarial Society. 2003. Overview of enterprise risk management.

Chew, D., G. Niehaus, C. Briscow, W. Coleman, K. Lawder, S. Ramamurtie, and C. Smith. 2003. University of Georgia roundtable on enterprise-wide risk management. Journal of Applied Corporate Finance 15 (4), 8-26쪽.

Chew, D., B. Anderson, T. Copeland, T. Harris, and J.H. Kapitan. 2005. Morgan Stanley roundtable on enterprise risk management and corporate strategy. Journal of Applied Corporate Finance 17, (3), 32-61쪽.

Coffee, J.C. Jr. 2006.Gatekeepers: The professions and corporate governance. United kingdom: Oxford University Press.

Colquitt, L., R.E. Hoyt, and R.B. Lee. 1999. Integrated risk management and the role of the risk manager. Risk Management and Insurance Review 2: 43-61쪽.

Committee of Chief Risk officers 2007, "Enterprise Risk Management and Supporting Metrics", Committee of Chief Risk Officers (CCRO).

Committee of Sponsoring Organizations of the Treadway Commission. 2004. Enterprise risk management-integrated framework: Application techniques. Committee of Sponsoring Organizations of the Treadway Commission (COSO). (국내에서는 삼일 회계 법인에서 『전사적 리스크 관리-통합 프레임워크』라는 이름으로 출간하였음).

Committee of Sponsoring Organizations of the Treadway Commission. 2004. Enterprise risk management-integrated framework: Executive summary. Committee of Sponsoring Organizations of the Treadway Commission (COSO) (September).Committee of Sponsoring Organizations of the Treadway Commission. 1992. Internal control: Integrated framework. COSO.

Crouhy, M., R. Mark, and D. Galai. 2001. Risk management. New York: McGraw-Hill.

Dallas, G.S. 2004.Governance and risk. New York: McGraw-Hill.

D'Arcy, S.P., and Brogan, J.C. 2001. Enterprise risk management. Journal of Risk Management of Korea (12), 207-228쪽.

DeLoach, J.W. 2000. Enterprise-wide risk management: Strategies for linking risk and opportunity. London, UK: Prentice Hall and Financial Times.

Dev, A., and V. Rao. 2007. ERM: A new way to manage a financial institution. Risk Management Association (RMA) Journal (February).

Diamond, J. 2005.Collapse: How societies choose to fail or succeed. New York: Viking Books.

Dowd, K. 2005. Measuring market risk. Hoboken, NJ: John Wiley & Sons.

Economist Intelligence Unit. 2005. The Evolving Role of the CRO. London.

Epstein, M.J., and A. Rejc. 2005. Identifying, measuring, and managing organizational risks for improved performance. Society of Management Accountants of Canada and American Institute of Certified Public Accountants.

Financial Management Accounting Committee. 2002. Managing risk to enhance stakeholder value International Federation of Accountants (IFAC) and Chartered Institute of Management Accountants.

Fraser, J.R.S., R. Quail, and N. Kirienko. 2001. Enterprise risk management at Hydro One Inc. The Conference Board of Canada.

Gates, S. 2006. Incorporaing strategic risk into enterprise risk management: A survey of current corporate practice. Journal of Applied Corporate Finance 18 (4), 81-90쪽.

Gigerenzer, G. 2002. Calculated risks: How to know when numbers deceive you. New York: Simon & Schuster.

Grose, V.L. 1987. Managing risk: Systematic loss prevention for executives. Arlington, VA: Omega Systems Group.

Harrington, S., G. Niehaus, and K. Risko. 2002. Enterprise risk management: The case of United Grain Growers. Journal of Applied Corporate Finance 14 (4), 71-81쪽.

Hashagen, J. 2003. "Basel II: A closer look-Managing operational risk. "KPMG Germany.

Head, G.L., and M.L. Herman. 2002. Enlightened risk taking, a guide to strategic risk management for nonprofits. Washington, DC: Nonprofit Risk Management Center.

Her Majesty's Treasury. 2004. The orange book: Management of risk-Principles and concepts. Controller of Her Majesty's Stationery Office.

Hexter. E. 2007. Risk business: Is enterprise risk management losing ground? The Conference Board Inc.

Hills, S., and G. Dinsdale. 2001. A foundation for building risk management learning strategies in the public service. Ottawa: Canadian Centre for Management Development.

Hively, K., B.W. Merkley, and J.A. Miccolis. 2001. Enterprise risk management: Trend and emerging practices. Altamonte Springs, FL: The Institute of Internal Auditors (IIA) Research Foundation.

Hubbard, L. 2000. Control self-assessment: A practical guide. Altamonte Springs, FL:The Institute of Internal Auditors (IIA) Research Foundation.

Institute of Risk Management (IRM). 2002. The Association of Insurance and Risk Managers (AIRMIC) and ALARM (The National Forum for Risk Management in the Public Sector). The Risk Management Standard, IRM, AIRMIC, and ALARM.

James Lam and Associates. 2006. Emerging best practices in developing key risk indicators and ERM reporting.

Kleffner, A.E., R.B. Lee, and B. McGannon. 2003. The effect of corporate governance on the use of enterprise risk management: Evidence from Canada. Risk Management and Insurance Review 6(1), 53-73쪽.

Kloman, H.F., and V. Beaumont. 1974. Risk Management Reports. Lyme, CR: Seawack Press Inc.

Knight, F.H. 2002.Risk, uncertainty, and profit. Washington, DC: Beard Books.

Koen, B.V. 2003.Discussion of the method: Conducting the engineer's approach to problem solving. United Kingdom: Oxford University Press.

KPMG. 2003. Enterprise risk management. Australia: KPMG.

Lam, J. 2001. The CRO is here to stay. Risk Management, 48 (4), 16-22쪽.

Lam, J. 2003. Enterprise risk management: From incentives to controls. New York: John Wiley & Sons. (국내에서는 세종서적에서 『지속 가능 경영을 위한 경영 리스크 관리』라는 제목으로 출간하였음).

Liebenberg, A., and R. Hoyt. 2003. The determinants of enterprise risk management: Evidence from the appointment of chief risk officers. Risk Management and Insurance Review 6 (1), 37-52쪽.

Lindsay, H. 2000. Managing risks in the new economy. American Institute of Certified Public Accountants (AICPA) and Canadian Institute of Chartered Accountants (CICA).

Lindsay, H., J.R.S. Fraser, J. Goodfellow, and J. Toledano. 2006. 20 questions directors should ask about risk-2nd ed., Canadian Institute of Chartered Accountants (CICA).

Lloyd's. 2005. Taking risk on board. Lloyd's and the Economist Intelligence Unit (EIU). Lockwood, B. 2002. Case studies in public sector risk management. CPA Australia and Public Sector Centre of Excellence.

Lockwood, B. 2002.Enterprise-wide risk management: Better practice guide for the public sector. CPA Australia.

London Financial Times. 2006. Mastering uncertainty. London: Financial Times Partnership Publications (with Ernst & Young).

Lowenstein, R. 2001. When genius failed: The rise and fall of long-term capital management. New York: Random House Trade Paperbacks. (국내에서는 한국경제신문사에서 『천재들의 실패』라는 제목으로 출간하였음).

Meulbroek, L. 2002. A senior manager's guide to integrated risk management. Journal of Applied Corporate Finance 14 (4), 56-70쪽.

Miccolis, J. 2001. ERM and September 11. International Risk Management Institute (IRMI).

National Association of Corporate Directors. 2002., Report of the NACD Blue Ribbon Commission on Risk oversight: Board lessons for turbulent times. NACD.

Nocco, B.W., and R.M. Stulz. 2006. Enterprise risk management: Theory and practice. Journal of Applied Corporate Finance 18 (4), 8-20쪽.

Nottingham, L. 1997. A conceptual framework for integrated risk management. The Conference Board of Canada.

Oberg, R., and T. Skinner. 2007. The bank executive's guide to enterprise risk management. The American Bankers Association, 1.

Pickett, K.H.S. 2006.Enterprise risk management-A manager's journey. New York: John Wiley & Sons.

Pickett, K.H.S. 2005.Auditing the risk management process. Hoboken, NJ: John Wiley & Sons.

Pickford, J. 2001. Mastering risk volume 1: Concepts, London: Financial Times and Prentice Hall.

Pollard, S. 2007. Risk analysis strategies for credible and defensible utility decisions. AWWA Research Foundation.

Professional Risk Managers' International Association. 2008. Enterprise risk management (ERM): A status check on global best practices. www.primia.org.

Protiviti. 2006. Guide to enterprise risk management: Frequently asked questions. Robert Half International.

Protiviti. 2006. Enterprise risk management: Practical implementation advice. Robert Half International.

Rosenthal, J. S. 2005. Struck by lightning: The curious world of probabilities. Canada: HarperCollins.

Roth, J., and P. Sobel. 2007. Four approaches to enterprise risk management and opportunities in Sarbanes-Oxley compliance. Altamonte Spring, FL: Institute of Internal Auditors (IIA) Research Foundation.

Sabia, M.J., and J.L. Goodfellow. 2005. Integrity in the spotlight: Audit committees in a high risk world. Canadian Institute of Chartered Accountants (CICA).

Schoening-Thiessen, K. 2008. Risk, governance and corporate performance. The Conference Board of Canada, Conference Board of Canada. (May).

Schwartz, P. 1991. The art of the long view. New York: Currency/Doubleday.

Shenkir, W.G., and P.L. Walker. 2006. Enterprise risk management and the strategy-risk-focused organization. Journal of Cost Management 20 (3), 32-38쪽.

Shiller, R.J. 2000.Irrational exuberance. Princeton, NJ: Prince University Press: Broadway Books.

Shenkir.W.G., and P.L. Walker. 2006. Enterprise risk management: Frameworks, elements, and integration. Institute of Management Accountants.

Shenkir, W.G., and P.L. Walker. 2007. Enterprise risk management: Tools and techniques for effective implementation. Institute of Management Accountants.

Sobel, P. 2005. Auditor's risk management guide: Integrating auditing & ERM. Institute of Internal Auditors (IIA) Research Foundation.

Standard & Poor's. 2005. Enterprise risk management for financial institutions.

Standard & Poor's. 2006. Criteria: Assessing enterprise risk management practices of financial institutions: Rating criteria & best practices.

Standard & Poor's. 2008. Enterprise risk management: Standard & Poor's to apply enterprise risk analysis to corporate ratings. RatingsDirect May 7, 1-7쪽.

Standards Australia.1995, 1999, and 2004. ASNZS 4360 risk management. Standards Australia, Sydney.

Standards Australia. 2000. HB 250-Organisational experiences in implementing risk management practices. Standards Australia, Sydney.

Stroh, P.J. 2005. Enterprise risk management at United Healthcare. Strategic Finance July, 27-35쪽.

Subramaniam, R. 2005. Keep it simple: Getting your arms around enterprise risk management. The Conference Board, Inc.

Taleb, N.N. 2001.Fooled by Randomness Texere LLC. (국내에서는 중앙북스에서 『행운에 속지 마라』라는 이름으로 출간하였음).

Taleb, N.N. 2007. The Black Swan, The impact of the highly improbable events. New York: Random House. (국내에서는 동녘 사이언스에서 『블랙스완』이라는 이름으로 출간하였음).

Tenner, E. 1996. Why things bite back: Technology and the revenge of unintended consequences. New York: Knopf, Vintage Books.

Thiessen, K. 2005. Enterprise risk management: Inside and out. The Conference Board of Canada.

Thiessen, K. 2001. Integrating risk management through a change management process. The Conference Board of Canada.

Thiessen, K., R.E. Hoyt, and B.M. Merkley. 2001. A composite sketch of a chief risk officer. The Conference Board of Canada.

Thompson, K. 2004. Riskin perspective: Insight and humor in the age of risk management. Age of Risk Management (AORM): Harvard University School of Public Health.

Tillinghast-Towers Perrin. 2000. Enterprise risk management, an analytical approach. (January), 1-38쪽.

Tonello, M. 2007. Emerging governance practices in enterprise risk management. The Conference Board Inc.

Toronto Stock Exchange Committee. 1994. Where were the directors: Guidelines for improved corporate governance in Canada. Toronto Stock Exchange Committee on Corporate Governance in Canada (Report of the Dey Committee).

Treasury Board of Canada Secretariat. 2001. Integrated risk management framework. www.tbssct.gc.ca.

Vance, B. 2006. Zen, five steps and ERM. Risk Management Magazine, 54 (April).

Vance, B., and J. Makomaski. 2007. Enterprise risk management for dummies. Risk Insurance Management Society (RIMS). Hoboken, NJ: John Wiley & Sons.

Walker, P.L., W.G. Shenkir, and T.L. Barton. 2003. ERM in practice. Internal Auditor, 60 (4), 51-5쪽.

Weick, K.E., and K.M. Sutcliffe. 2001. Managing the unexpected: Assuring high performance in an age of complexity. San Francisco: Jossey-Bass Wiley.

INDEX

1) COSO의 2004년 9월 전사 리스크 관리-통합 프레임워크 2쪽, Executive Summary를 보라.

2) ERM에 관한 최근의 서베이에는 PRIMA(2008), Tonello(2007), Gates(2006) 그리고 Thiessen(2005) 등이 있다.

3) 캐나다 컨퍼런스 보드는 캐나다에서 가장 독립적인 비영리 응용 리서치 조직이다. 캐나다 컨퍼런스 보드는 경제 동향, 공공 정책 이슈 그리고 조직 성과에 관한 통찰력 생성 및 공유를 통해 더 나은 캐나다를 만들 수 있는 리더십 역량을 세우도록 도와준다. 이 위원회에는 공공 및 민간 부문에서 다양한 기관들이 회원으로 참여하고 있다.

4) 캐나다 컨퍼런스 보드의 전략 리스크 위원회는 조직들이 자신의 독특한 목표, 강점, 약점 그리고 구조에 적합한 전사 리스크 관리 프로세스를 개발, 실행 및 유지하도록 도와준다. 이 위원회는 성공적인 이사회 및 고위 경영진 거버넌스 원칙들을 전략 수립 프로세스와 통합시킴으로써 조직들이 어떻게 리스크 관리 역량을 키울 수 있는지에 관한 전략적 및 운영상의 통찰력을 제공한다.

5) Risk Management: Guideline for Decision-Makers – A National Standard of Canada. Canadian Standards Association (1997. 2002년에 재확인됨) CAN/CSA-Q850-97을 보라.

6) 2008년 5월 캐나다 컨퍼런스 보드에서 Karen Schoening-Thiessen이 발표한 Risk, "Governance and Corporate Performance"를 보라. 이 설명은 캐나다에서 가장 경험이 많은 상장회사 및 공공 부문 조직의 16인의 이사들의 관찰 사항과 우려를 보여 준다. 이 이사들에게 양호한 거버넌스, 효과적인 리스크 관리 그리고 전략 수립의 관계를 물어보았다. 이 인터뷰 프로세스는 일련의 솔직한 토론을 낳았으며, 다양한 경험과 접근법의 근저에 공통적인 주제가 있음을 드러냈다.

7) 위의 글.

8) 위의 글.

9) 캐나다 컨퍼런스 보드의 전략 리스크 위원회 회원은 지난 2년간 50%가 넘게 증가했다. 확실히 ERM 적용에 대한 관심은 캐나다에서 급속히 증가하고 있는데, 다른 곳에서도 그럴 가능성이 매우 높다.

10) 우리는 또한 리스크라는 주제에 관한 이 서베이에 ERM에 관해 특별히 언급하지 않은 Art of the Long View 및 Fooled by Randomness와 같은 몇 권의 책들도 포함시켰다.

11) Tonello(2007), 26쪽을 보라.

12) 캐나다 컨퍼런스 보드의 2005년 보고서 "ERM: Inside and Out" (8-9쪽)에서는 CRO의 28%가 CEO에게 직접 보고하였고, 21%는 CFO에게 보고하였다. 재미있는 점은 "ERM: Inside and Out"의 응답자 수는 이 서베이에 비해 거의 두 배에 가까워서(86대 44), 상당수의 CFO가 ERM에 관여하고 있었고 CFO에게 보고하는 CRO의 수도 많다는 점이다. 이 수치들은 또한 CRO가 직접 CEO에게 보고할 때 ERM이 향상된다는 점도 입증한다.

13) 우리는 이 질문에 대한 응답을 산업별로도 분석했지만, 이를 별도로 보고하지는 않는다. 각각의 주요 산업에서 최소 하나 이상의 회사가 이 응답을 꼽았지만, 한 회사를 제외한 모든 유틸리티 회사들은 이 효용을 꼽았다.

14) 게이츠(2006)는 가장 많이 거명되는 이유는 "기업 거버넌스 요건"이고, 두 번째로 많이 거론되는 이유는 "전략적 리스크 및 운영상 리스크에 대해 더 잘 이해함"임을 발견했다. 그는 캐나다의 응답자들은 "전략적 리스크 및 운영상 리스크에 대해 더 잘 이해함"을 첫 번째 이유로 꼽는다는 점을 발견하고 다음과 같이 말한다(85쪽을 보라). "…아마도 이는 1990년대에 시작된 리스크 관리에 대한 그들의 규제 요건에 대해 더 오랜 경험이 있음을 반영하는 것 같다." 리스크, 거버넌스 그리고 기업 문화(2005)에서는 이사회들이 리스크를 주로 전략적 리스크와 운영상의 리스크라는 두 개의 주요 범주로 본다는 점을 인정했다.

15) 표본에 포함된 일부 캐나다 회사들은 뉴욕 거래소에 상장되어 있으며 따라서 SOX를 준수하도록 요구된다.

16) 스탠더드 앤드 푸어스 "Enterprise Risk Management: Standard & Poor's To Apply Enterprise Risk Analysis to Corporate Ratings", 2008, 5월 7일을 보라.

17) 응답자들은 자문 또는 애널리스트, 매니저 또는 시니어 매니저, 이사, 최고 책임자(기타), 최고 리스크 책임자 그리고 부사장 이상이라는 여섯 개 범주로 분류되었다.

18) 응답자들에게 읽히는 톱10 기사들 중 둘을 선정할 때에는 이 제한을 완화할 필요가 있었다.

19) "Risk Management Reports"는 최근까지 매월 발행되어서, 이 순위는 하나의 특정 간행물이 아니라 일련의 보고서들에 기반한 순위임을 주목해야 한다.

20) 실제로 이 표에는 11권의 책들이 열거되어 있다. 두 개의 COSO 간행물들은 별도로 순위가 책정되었지만, 전체적으로 동일한 출판물의 일부로 여겨질 수 있다.

21) 공동 연구에 관심이 있는 학자 및 실무자들은 2007년에 시작된 Financial Management Association(FMA)의 이니셔티브인 실무자 수요 주도 학술 리서치 이니셔티브(Practitioner Driven Academic Research Initiative(PDDARI)를 참조하기 바란다. FMA의 웹 사이트(www.fma.org) 또는 Journal of Applied Finance에서 더 많은 정보를 구할 수 있다.

저자 소개

존 프레이저(John Fraser)는 북미 최대의 전기 송전 및 배전 회사 중 하나인 Hydro One Networks Inc.의 부사장, 내부 감사 & CRO로 온타리오 및 캐나다의 공인 회계사이고, 영국 공인 회계사 협회 회원, 공인 내부 감사인(Certified Internal Auditor), 공인 정보 시스템 감사인(Certified Information System Auditor)이다. 금융, 사기, 파생상품, 안전, 환경, 컴퓨터 및 오퍼레이션 분야를 포함하여 금융 서비스 부문에서 30년 넘게 일했고, 현재 캐나다의 전략 리스크 위원회 컨퍼런스 보드의 자문 위원회 위원장이며, Applied Finance Journal의 실무 부 편집인이고, 캐나다 공인 회계사 협회 리스크 관리 및 거버넌스 위원회 전 회원이었다. 전사 리스크 관리에 있어 알려진 권위자이며, ERM에 관한 세 편의 논문을 공동으로 저술했다(이 논문들은 Journal of Applied Corporate Finance와 Applied Finance Journal에 게재되었다).

베티 J. 심킨스(Betty J. Simpkins)는 오클라호마 주립대학교 Williams Companies 경영대학원 교수이자 파이낸스 교수로 아칸사스 대학교에서 화학 공학 학사 학위를, 오클라호마 주립대학교에서 MBA 학위를 받았고, Case Western Reserve 대학교에서 PhD 학위를 받았다. 또한 베티는 금융 분야에서도 활발히 활동하고 있으며, 현재 Eastern Finance Association의 Trustees 공동 부의장(전직 사장), 금융 관리 협회(Financial Management Association; FMA) 이사회 위원, Applied Finance Journal 공동 편집인, FMA 온라인 저널(FMA의 온라인 저널) 집행 편집인이다. Journal of Finance, Financial Management, Financial Review, Journal of International Business Studies, Journal of Futures Markets, Journal of Applied Corporate Finance 그리고 Journal of Financial Research등에 30편이 넘는 논문들을 발표했으며, 학계의 컨퍼런스에서 다수의 최우수 논문상을 수상했다.

카렌 쇼닝-티센(Karen Schoening-Thiesen)은 캐나다 컨퍼런스 보드 시니어 리서치 어소시에이트로 현재 전사 리스크 관리 프로그램의 전술 및 전략 개발, 실행 및 지속 가능성 이슈에 초점을 맞추는 전략 리스크 위원회(Strategic Risk Council)를 관리하고 있다. 카렌의 리서치는 기본적으로 ERM, 전략 및 회사 성과에서 일어나고 있는 일들에 기반을 두고 있는데 연구의 일부는 다음과 같다.

- 누가 무엇을 가장 자주 읽는가? 리스크 담당 임원들이 읽는 ERM 문헌에 대한 서베이(오클라호마 대학교의 베티 J. 심킨스와 하이드로 원의 내부 감사 부사장 겸 CRO 존 프레이저와 공동으로 수행함), Journal of Applied Finance 2008년 봄/여름 호에 발표됨.
- 이사회의 관점: 리스크, 전략 그리고 회사 성과(A Board's Eye View: Risk, Strategy and Corporate Performance), 2007년 5월.
- ERM에 관한 모든 것(ERM inside and Out), 2005년.
- 알고 말하라: 공시 리스크에 대한 기업의 관점(Know and Tell: A Business Perspective on the Risk of Disclosure), 2005년 7월.
- 리스크 기반 보고: 새로운 보고 세계에서 결과 전달하기(Risk-based Reporting: Delivering Results in a New World of Reporting), 2004년 6월.
- 변화 관리 프로세스를 통한 통합 리스크 관리(Integrated Risk Management through Change Management Process), 2001년 10월.
- 최고 리스크 책임자에 대한 완전한 묘사(A Complete Sketch of a Chief Risk Officer), 2001년 9월(Tillinghast-Towers 및 조지아 대학교와 공동 연구).

카렌은 컨퍼런스 보드에 합류하기 전에 상장 주식, Crown Corporation, 지방 주 정부 등 다양한 산업 부문을 거쳤고, 다수의 회사에서 경영진 역할을 수행하며 재무, 운영, 손실 통제 감사 수행, 법률 및 책임 리스크 관리, 의료 및 재생 사례 감독 그리고 컴플라이언스, 예방 및 보건과 안전 이니셔티브 실행 등을 수행하였다.

전사 리스크 관리에 대한 학술 리서치

수브라마니안 R. 아이어(Subramanian R. Iyer) – 오클라호마 대학교 스피어스 경영대학원 파이낸스 전공자

다니엘 A. 로저스(Daniel A. Rogers) – 포틀랜드 대학교 파이낸스 부교수

베티 J. 심킨스(Betty J. Simkins) – 오클라호마 주립대학교 윌리엄스 컴퍼니스 경영대학원 교수 및 파이낸스 교수

개요

ERM에 대한 실무자들의 관심 증대와 (거버넌스, 리스크 그리고 컴플라이언스[GRC]와 같은) ERM "솔루션" 공급자들에 의한 많은 서베이에도 불구하고, ERM을 더 잘 이해할 수 있도록 하는 학술 리서치들은 매우 적다. 예를 들어 연구자들은 ERM이란 무엇인가(그리고 무엇이 아닌가), 업종별로 ERM이 어느 정도로 실행되고 있는지에 대한 실제적 측정, ERM 시행 여부 결정 요인, ERM 시행이 기업의 시장 가치에 미치는 영향, 전반적인 비즈니스 목표와 ERM의 상호작용 등과 같은 주제들을 연구한다.

이번 장에서는 현재까지 수행된 ERM에 관한 학술 리서치에 대해 검토하고자 한다. 이 검토를 수행하기 위해 학술 저널과 (사회 과학 리서치 네트웍스와 같은) 학술 리서치 데이터베이스를 찾아보았다. 하지만 검토 대상을 학술 리서치나 교실에서 다루기에 적합한 사례 연구들로 분류될 수 있는 논문들로 제한했다. 학술 리서치로 인정받기 위해서는 논문이 동료 그룹의 검토를 받는 학술 저널에 게재되었거나, 동료 그룹의 검토를 받는 학술 저널에서 리뷰 중이거나, 논문이 학계를 위해 작성되었어야 했다(즉, 논문의 초점이 하나 이상의 학문적 가설에 대한 통계

적 테스트여야 했다). ERM 솔루션 공급자들은 주로 마케팅 목적으로 백서(white paper)나 사례 연구들을 제공하기 때문에 사례 연구들은 학계를 겨냥하여 출간된 것들로 제한한다. ERM 문헌을 철저하게 탐색한 뒤에 우리는 목적에 적합한 10개의 리서치 연구와 5개의 사례 연구를 찾아냈다.[1]

우리는 ERM에 대해 학술 리서치를 수행할 중요한 영역이 더 있다는 결론에 도달했는데, 이는 놀랄 일이 아니다. 주로 개별 기업에 대한 ERM 측정의 어려움으로 리서치 속도가 저해되고 있다. 현재까지 ERM에 관해 연구한 사람들은 주로 두 가지의 다른 접근법을 사용했다. 한 가지 방법은 ERM을 측정하는 변수들을 만들어 내기 위해 기업의 리스크 매니저들에 대한 서베이를 실시하는 것이었다. 연구자들이 조직에게 관심이 있는 다른 문제들을 다루고 나서 보다 자세한 질문들을 다룰 수 있기 때문에 서베이 방법은 유연성이 있다. 하지만 대개는 서베이의 응답률이 낮으며, 누가 조직 내에서 서베이 문항에 답할 가장 적합한 사람인지 파악하기 어려울 수도 있다. 또한 개인적 편향이 응답자의 답변에 영향을 끼쳐서 연구자들이 수행하는 통계 분석에 잡음을 더할 수도 있다. 두 번째 (그리고 보다 최신의) 방법은 공개적으로 입수할 수 있는 데이터 원천들로부터 데이터를 모으는 것이다. 공개 데이터를 이용한 ERM 리서치의 대부분은 ERM의 대체물로 최고 리스크 책임자(CRO)를 임명한 회사를 파악하는 것이었다. 이러한 데이터 접근법은 궁극적으로 분석할 데이터 표본이 더 많아지도록 할 수 있지만, 아직도 (최소한 미국에서는) CRO를 임명한 기업은 비교적 소수이다. "CRO 임명" 접근법에서의 또 다른 약점은 ERM 시행의 다른 국면들에서 CRO를 임명할 수 있다는 점이다. 달리 말하자면, 이 방법은 (서베이 응답과 마찬가지로) 잡음이 섞인 변수를 만들어 낼 수 있다. CRO 임명에 있어서 또 하나의 이슈는 CRO는 주로 금융 관련 업종에 집중되어 있다는 점이다. 따라서 이 접근법은 연구자들이 금융기관이 아닌 회사에서의 ERM을 이해하는 데 별 도움이 되지 않는다.

우리는 기존의 리서치들에 대한 리뷰 결과 ERM에 관해 명확한 일관성을 발견하지 못했다. 기존의 리서치들은 리스크 관리에 관한 이전 연구들에 의해 동기 부여된 것 같지 않다. 그보다는 연구자들이 ERM에 관한 다소 특수한 질문들을 다루는 것 같다. 우리는 기존 ERM 리서치들의 많은 부분이 이론적 프레임워크에 의한 지침이 없이 형성된 가설로 설명한다고 생각한다. 기업 거버넌스의 질은 ERM을 시행하기로 하는 결정에 영향을 주는 것으로 빈번하게 가정되는 요소인 듯하다. 최근에는 헤지 이론을 ERM 결정 요인을 이해하기 위한 프레임워크로 사용하려는 노력이 이루어지고 있다.

ERM 리서치에는 자연적인 "훈련소"가 없는 듯하다. 현재까지 발표된 논문들은 동료 그룹의 리뷰를 받는 보험 및 회계 저널들에 게재되었다. 아직 동료의 리뷰를 받는 파이낸 스 저널에 게재된 ERM 논문은 없지만, 몇 편의 워킹 페이퍼(working paper)들이 기업 재무 연 구자들에게 흥미가 있을 가설을 테스트한다. 이처럼 여러 분야에서 ERM을 다룬다는 사 실은 가설에 따라서는 ERM이 다양한 비즈니스 측면에서 연구될 수 있는 주제라는 점을 시사한다. ERM에 관한 향후의 연구는 경영 관리 또는 오퍼레이션 관리에 호소력이 있을 수 있다고 생각할 수 있다.

이 장은 다음과 같이 전개된다. 우리는 먼저 ERM에 관한 현재까지의 리서치들을 연대 순으로 논의한다. 리뷰되는 각각의 논문에 대해 우리는 ERM 식별 및 측정에 사용된 방 법을 명확히 구분하고 테스트된 주요 가설들을 제공한다. 다음에 ERM을 공부하는 사람 들을 위해 사례 연구들로부터 배운 교훈들에 대한 개요를 제공한다. 마지막으로 우리는 계속적인 ERM 연구를 촉구하면서 이 장을 마무리한다.

ERM에 관한 학술 리서치

이 섹션에서는 전사 리스크 관리에 관한 학술 리서치 연구들을 살펴본다. 학술 리서치 저널들에 발표된 모든 논문들을 조사한 결과, 실제 회사들의 경험을 포함한 10개의 ERM 연구들을 발견했다. 이 연구들의 요약은 보기 23.1을 보기 바란다. 이 중에서 50%가 넘 는 논문들(6편)이 최근 3년 이내에 쓰여졌으며, 4편은 발표되지 않은 워킹 페이퍼들이다. 확실히 ERM은 상대적으로 새로운 학술 리서치 분야이며, 이에 관한 최초의 학술 연구는 약 10년 전(1999년)에 발표되었다.[2]

ERM에 관한 초기의 경험적 연구는 왜 회사들이 ERM을 채용했는지를 조사했으며 대 부분의 연구들이 서베이 데이터를 이용했다. 콜퀴트, 호이트 그리고 리(1999)에 의한 최초 의 연구는 397명의 리스크 매니저들을 대상으로 서베이를 실시해서 통합 리스크 관리의 특성 및 정도를 조사했다. 그들은 오퍼레이션 리스크가 아닌 리스크 중에서 정치적 리스 크, 환율 리스크 그리고 이자율 리스크가 리스크 관리 부서에 의해 다루어지는 가장 보편 적인 리스크임을 발견했다. 또 다른 연구에서 클레프너, 리 그리고 맥가논(2003b)은 캐나다 리스크 및 보험 관리 협회 회원들을 대상으로 ERM 채용에 관한 서베이를 실시했다. 그들은 31%가 ERM을 채용했으며, 주된 채용 이유는 리스크 매니저의 영향, 이사회의 장려 그리고 주식 거래소의 가이드라인임을 발견했다.

ERM에 관한 다른 초기 연구는 ERM의 결정 요인에 대해 중점을 두었다. 이 분야에서 최초의 논문 중 하나는 리벤버그와 호이트(2003)의 논문인데, 그들은 이 논문에서 CRO를 임명한 회사들과 그렇지 않은 회사들을 비교했다. 그들은 CRO를 임명한 회사들은 재무 레버리지가 더 높은 경향이 있음을 발견[3]했고, ERM 결정 요인을 이해하기 위해서는 추가 리서치가 필요하다고 결론을 내린다. 파가치와 워(2007)에 의해 이와 관련이 있지만 보다 최근의 조사가 이루어졌다. 그들 또한 시니어 리스크 책임자 임명 발표를 연구해서 그러한 임명은 규모, 레버리지, 변동성 그리고 비즈니스 부문의 수와 긍정적인 관련이 있음을 발견했다.

ERM에 관한 보다 최근의 연구는 ERM 채용에 대한 추가적인 결정요인을 조사했다. 데센더(2007)는 2004년 이후의 공시 자료에 입각하여 100개의 제약회사들의 ERM 노력을 연구했다. 그는 이사회 의장과 CEO의 분리와 회사에서 ERM이 실행되는 정도 사이에 관련이 있음을 발견했다. ERM 결정 요인에 관한 또 다른 연구는 비슬리, 클룬 그리고 허만손(2005)의 논문이다. 그들은 서베이를 통해 내부 감사인들에게 ERM 시행과 관련된 요인들에 대한 그들의 견해를 물었다. 그들은 ERM 시행은 이사회의 독립성, 내부 감사 부서가 관여해 달라는 CEO나 CFO의 요청, CRO의 존재, 회사의 회계 법인이 4대 회계 법인인 점, 규모 그리고 소속 산업(은행, 교육 그리고 보험)과 긍정적으로 관련이 있음을 발견했다. 또한 미국 기반 회사들은 ERM 시행에서 그다지 앞서 있지 않음을 발견한 점도 흥미롭다.

이 초기 연구들은 ERM 채용은 다양한 회사 특성과 관련이 있을 수 있음을 명확히 한다. ERM에 관한 2편의 최신 논문 저자인 비슬리(Beasley), 파가치(PAgach) 그리고 워(Warr)(2008)와 게이츠(Gates), 니콜라스(Nicolas) 그리고 워커(Walker)(2009)는 ERM 채용 질문을 넘어서 ERM이 가치를 부가하는지 여부에 관한 측면을 조사함으로써 ERM 문헌의 영토를 확장한다. 비슬리, 파가치 그리고 워(2008)는 ERM 프로세스 감독 책임자 발표에 대한 시장의 반응을 조사했다. 이 분야의 리서치가 한정되어 있는 점에 비추어 볼 때, 이 논문은 ERM 채용과 관련된 가치를 평가하는 방향으로 나아가는 중요한 발걸음이다. ERM과 가치에 관한 보다 최근의 연구인 게이츠, 니콜라스 그리고 워커(2009)는 보다 나은 의사 결정 및 수익성 증

[보기 23.1] ERM에 관한 학술 리서치 - 리서치 노트들

저널/출처	연도	저자들	제목	확인하기
Risk Management and Insurance Review	1999	Colquitt, Hoyt, Lee	이 연구의 목적은 통합 리스크 관리의 특성 및 정도를 평가하는 것이었다. 397명의 리스크 매니저에게서 결과를 얻었으며, 1997년에 수행되었다.	리스크 매니저들의 배경 및 배경에 관한 연구 결과가 주어졌다. 정치적 리스크, 환율 리스크 그리고 이자율 오퍼레이션 리스크가 아닌 리스크로서 리스크 관리 부서에 의해 다루어지는 리스크 중 가장 보편적인 리스크였다. 리스크 매니저의 역할은 진화하고 있으며, 점점 더 많은 리스크들을 커버하고 있다.
Risk Management and Insurance Review	2003	Kleffner, Lee, McGannon	토론토 주식 거래소(TSE) 가이드라인이 리스크 관리 전략에 미친 영향 및 리스크 관리 및 보험 관리 협회 회원들을 대상으로 실시한 서베이. 리스크 및 보험 관리 협회 회원들에 관해 118개의 캐나다 리스크 및 보험 관리 협회 회원들을 대상으로 실시한 서베이.	응답자의 37%는 TSE의 가이드라인이 ERM을 채용하기로 한 결정 이면의 동인이이었다고 말했으며, 51%는 이사들이 권장해서 채용하기로 했다고 말했다. 61%의 응답자들은 리스크 관리자를 둔 것이 ERM을 시행하기로 한 결정에 영향을 주었다고 말했다. ERM 시행을 방해하는 요인들은 ERM의 기틀 잡는 조직 문화, 변화에 대한 일반적인 저항 그리고 ERM 시행 역할을 맞춘 사람의 결여였다.
Risk Management and Insurance Review	2003	Liebenberg, Hoyt	표본은 CRO 임명을 발표한 미국 회사들로 구성되었다. CRO 임명 회사와 그렇지 않은 회사들 사이의 차이를 조사하는 것이 목표였다.	CRO를 임명하여 ERM을 사용한 회사들과 이에 대응하는 회사를 표본 사이에 체계적인 차이가 없음을 발견했다. 이 연구는 CRO 임명은 또한 회사가 ERM 프로세스로 지나고 있음을 가정한다. 대기업들과 레버리지가 매우 높은 기업들이 CRO를 임명할 가능성이 높다.
Internal Auditor	2005a	Beasley, Clune, Hermanson	내부 감사인 협회(IIA)의 글로벌 감사 정보 네트워크(GAIN) 회원들을 대상으로 내부 감사 부서의 ERM 관여에 대해 서베이를 실시함. 175명의 응답자 중 90%가 최고 감사 담당 임원이었음.	서베이는 ERM 채용 및 ERM에서 내부 감사 부서의 역할이 다양함을 보여 준다. ERM이 회사의 및 내부 감사에 미치는 영향에 대해서는 낙관적으로 생각하고 있었다.
Journal of Accounting and Public Policy	2005b	Beasley, Clune, Hermanson	175명의 글로벌 감사 정보 네트워크 회원들을 대상으로 ERM 시행 정도와 관련된 요인들을 조사한 서베이.	서베이의 결과는 CRO의 존재, 보다 독립적인 이사회, 내부 감사 부서에게 ERM에 관여하라는 CEO나 CFO로부터의 명시적 요구가 ERM 시행 정도에 정(+)의 관계가 있음을 보여 준다. 이 결과는 미국 회사들은 ERM 시행 연대에서 앞서 있지 않음을 암시한다.

뒷면으로 이어짐

전사 리스크 관리에 대한 학술 리서치 **529**

[보기 23.1] ERM에 관한 학술 리서치 – 리서치 논문들

자료/출처	연도	저자들	제목	확인하기
Working Paper	2007	Desender	이 서베이의 목표는 ERM 시행과 이사회 구성 사이의 관계를 탐구하는 것이었다. 2004년에 제안 업종에서 무작위로 선정된 100개 회사에 대해 연구했다.	서베이 결과는 이사회의 독립성은 그 자체로는 ERM의 질과 유의미한 관계가 없음을 시사한다. 이사회 의장과 CEO가 다른 회사들은 보다 정교한 ERM을 선호하며, 가장 높은 수준을 보인다.
Journal of Accounting, Auditing and Finance	2008	Beasley, Pagach, Warr	이 연구는 시니어 리스크 조치가 가치에 미치는 영향에 대한 경험적 증거를 제공한다. 이 연구는 리스크 관리 담당 시니어 임원 고용 발표에 대한 주식 시장의 반응을 측정했다.	연구 결과는 재무적 용통성이 낮은 회사의 주주들은 ERM을 환영함을 보여 준다. 수익이 변동적이고, 무형자산 규모가 크며, 레버리지가 낮고, 재무 용통성이 낮은 대형 비금융회사의 주주들도 ERM에 대해 긍정적으로 반응한다.
Working Paper	2008a	Pagach Warr	이 연구는 ERM 시행과 ERM을 시행한 회사의 특성들 사이의 관계를 탐구한다. CRO 임명이 ERM 시행의 대체물로 사용되었다. 데이터는 138개 사의 시니어 리스크 책임자 고용 발표에 기초하였다.	연구 결과는 보다 규모가 크고 레버리지가 높은 회사들이 CRO를 고용하는 경향이 있음을 보여 준다. 성장 대안들을 지니고 있는 회사들은 CRO를 고용할 가능성이 낮으며, 반대로 CRO를 고용한 회사들은 성장 대안들이 적은 경향이 있다. CRO 고용과 회사 규모 변화 사이에 음(-)의 관계가 발견되었다.
Working Paper	2008b	Pagach Warr	이 연구는 ERM 시행이 재무, 자산 그리고 시장 특성에 미치는 영향을 조사한다. 데이터는 138개사의 시니어 리스크 책임자 고용 발표에 기초하였다.	연구 결과는 ERM이 가치를 창출한다는 입장을 지지하지 않음을 시사한다. CRO를 고용한 회사들은 CRO가 없는 회사에 비해 자신의 불투명성 증가, PBR 하락, 수익 변동성 감소를 보인다.
Working Paper	2009	Gates, Nicolas, Walker	조사된 리서치 질문에는 ERM 프레임워크의 어느 요소들이 더 나은 의사 결정과 수익성 증가로 이어지는지가 포함된다.	리서치 결과는 ERM 단계, 양호한 ERM 환경, ERM 시행에 대한 보다 나은 소통 그리고 명시적인 리스크 용인 수준이 보다 나은 의사 결정에 긍정적으로 영향을 좀 보여 준다. 보다 양호한 ERM 환경, 명시적인 리스크 용인 수준 및 ERM 프로세스에 함께해진 직원 수가 수익성에 영향을 주는 듯하다.

530

가로 측정된, 회사 내부에서 보여지는 가치를 조사함으로써 앞의 연구를 확장한다.

요약하자면 ERM에 관한 현재까지의 학술 리서치들은 다양한 ERM 결정 요인들(CRO 고용 및 회사 특성들 포함)에 초점을 맞추며, 보다 최근에는 ERM 채용의 잠재적 가치를 조사했다. 아래에서 10개의 리서치 연구들 각자에 대해 보다 자세하게 설명한다.

콜퀴트, 호이트 그리고 리(1999)

이 연구의 목표는 통합 리스크 관리의 특성과 정도를 평가하는 것이었다. 평가된 리스크 관리 측면들은 다음과 같다.

- 리스크 매니저들이 회사가 직면한 순수한 재무 리스크 관리에 관여하는 정도
- 리스크 매니저들에 의해 다루어지는 운영 리스크가 아닌 리스크 유형 및 보다 넓은 리스크들을 다루기 위해 사용되는 기법들
- 회사 규모, 산업 특성 그리고 리스크 매니저의 배경 및 교육과 같은 요인들이 통합 리스크 관리 활동 참여에 미치는 영향

데이터는 1997년에 비즈니스 인슈어런스(Business Insurance) 1995-96 Directory of Insurance Buyers of Insurance, Benefit Plans & Risk Management Services에 나오는 회사에 발송한 설문지로부터 수집되었다. 리스크 관리 전담 직원이 있는 회사들만 표본에 포함되었다. 그 결과 많은 소규모 회사들은 표본에 포함되지 않았다. 1,780개의 설문지가 배포되었고 379개가 회수되었다(응답률 21%). 응답의 50%는 제조업에서 나왔고, 금융, 보험, 부동산업에서 온 응답은 9%에 지나지 않았다.

리스크 매니저의 배경 및 교육에 관한 주요 서베이 결과는 다음과 같다. 대학을 졸업하지 않은 리스크 매니저는 소수였다. 리스크 매니저의 대다수는 학사 학위자라고 대답했으며, 리스크 관리자의 40%는 석사 학위를 보유하고 있었다. 리스크 관리자들이 가장 많이 취득하려는 자격증은 ARM(Associate in Risk Management)이며, 리스크 관리가 가장 흔한 배경(응답자의 66%)이었다. 법률 배경을 지닌 리스크 매니저들은 재무 부서와 보다 빈번하게 접촉했는데, 법적 배경을 지닌 리스크 매니저들은 재무 교육을 받은 직원들에게 크게 의존함을 시사한다. 소규모 조직의 리스크 매니저로서 재무, 회계, 또는 법률 배경을 지닌 사

람들은 파생상품을 리스크 관리 도구로 사용하기로 하는 결정에 관여할 가능성이 높았다. 자격을 갖춘 사람의 부족, 경영진 교육시키기와 이사회의 저항은 가장 많이 거론되는 통합 리스크 관리의 장애물이다.

회사 내에서 리스크 관리의 구조 및 운영에 관해서 저자들은 응답사의 36%에서는 리스크 관리가 재무 및/또는 자금 부서의 일부를 구성하고 있으며, 29%에서는 별도의 리스크 관리 부서를 두고 있음을 발견했다. 22%의 회사에서는 운영 리스크 관리 기능은 전적으로 재무 및 자금 부서에 의해 다루어졌다. 정치적 리스크, 환율 리스크 그리고 이자율 리스크는 운영 리스크가 아닌 리스크 중 리스크 관리부서에서 다루는 가장 보편적인 리스크였다. 리스크 관리에 사용되는 파생상품 중에서는, 스왑과 선도 거래가 가장 흔했다. 옵션과 선물은 각각 응답사의 45.8%와 39.5%에 의해 사용되었다. 마지막으로 저자들은 장기 계약이 선호되는 대안적 리스크 관리였으며, 계열사와의 계약은 선두와 큰 격차를 둔 2위를 차지했음을 발견했다.

이 연구는 리스크 매니저의 역할은 진화하고 있으며 리스크 매니저들이 회사가 직면하는 보다 다양한 리스크의 관리에 관여하고 있다고 말함으로써 연구를 마무리한다. 통합 리스크 관리를 향해 나아가는 추세는 계속 이어질 것으로 예상된다.

클레프너, 리 그리고 맥가논(2003)

저자들은 전 세계적으로 상장회사가 기업 거버넌스 정책 및 관행에 대한 감시가 점점 증가하는 상황에 직면해 있다고 지적하며, 이 사실이 연구를 수행하는 동기를 제공했다고 말한다. ERM은 이 감시의 결과와 엔론 및 월드콤과 같은 회사들의 회계 부정 사건의 여파로 발달하였다. EIU(Economist Intelligent Unit)가 2001년에 수행한 어느 연구에 의하면, 유럽, 북미 그리고 아시아 회사들 중 41%만이 ERM을 시행했지만, 미국 및 캐나다 회사들이 분석될 경우 ERM을 시행한 회사들의 비율은 34%로 떨어진다. 저자들은 다양한 기관에 의한 감사 증가 및 캐나다 주식 거래소 가이드라인이 보다 많은 회사들에게 ERM을 채용하도록 독려하리라고 생각한다.

연구자들은 다음의 질문을 제기한다.
- 캐나다의 회사들은 어느 정도나 ERM을 사용하는가?

- ERM과 관련된 특징들은 무엇인가?

- 회사들은 ERM 시행에 있어서 어떤 장애들에 직면하는가?

- 기업 거버넌스 가이드라인이 ERM을 채용하기로 한 결정에서 어떤 역할을 했는가?

데이터는 캐나다 리스크 및 보험 관리 협회 회원들에 대한 설문 조사 및 19명의 응답자에 대한 전화 인터뷰를 통해 입수했다.

이 연구 결과 118개의 표본 회사들 중 37개 회사만이 ERM 방법을 사용했고, 34개 회사는 ERM 방법을 조사 중이며, 47개 회사는 ERM을 고려하고 있지 않은 것으로 드러났다. ERM을 시행한 회사들 중에서는 37%가 토론토 주식 거래소(TSE)의 가이드라인이 ERM 시행 동인이라고 응답했으며, 28%는 이사 및 책임자의 책임에 대한 우려가 중요한 요인이었다고 말했고, 61%는 리스크 매니저의 존재가 ERM을 시행하기로 한 결정에 영향을 주었다고 말했다.

ERM 시행을 저해하는 다른 요인들은 ERM을 좌절시키는 조직 문화, 변화에 대한 전반적인 저항, ERM 시행 역량이 있는 인력의 결여 등이었다. 전반적인 연구 결과는 점점 많은 회사들이 ERM의 중요성을 알고 있으며, 더 많은 회사들이 TSE의 가이드라인 및 기타 기관들의 영향으로 ERM을 시행하는 방향으로 옮겨가고 있음을 시사한다.

리벤버그와 호이트(2003)

리벤버그와 호이트는 최고 리스크 책임자(CRO) 임명은 외부에 회사가 ERM을 중요하게 생각한다는 신호를 보내는 것이라고 말하며, CRO 임명은 회사가 ERM과 관련된 효용을 누릴 용의가 있음을 나타낸다고 가정한다.

이 리서치의 목표는 CRO 임명을 발표한 표본 회사들과 CRO를 임명하지 않은 통제 표본 회사들 사이의 차이를 조사하는 것이었다. 저자들은 상장회사들이 ERM 시스템의 존재 또는 CRO 임명을 공시하도록 요구되지 않기 때문에 데이터 입수가 어려웠다고 강조한다.

저자들은 다음과 같은 리서치 가설을 조사하였다.

- 수익과 주가의 변동성이 큰 회사들이 CRO를 임명할 가능성이 높다.

- 레버리지가 높은 회사들이 CRO를 임명할 가능성이 높다.
- 재무적으로 불투명한 회사들이 CRO를 임명할 가능성이 높다.[5]
- 기관 투자자의 지분율이 높은 회사들이 CRO를 임명할 가능성이 높다.
- 캐나다 또는 영국에 자회사를 소유한 회사들이 CRO를 임명할 가능성이 높다.

표본 모집단은 1997년에서 2001년 사이에 CRO를 임명했다고 발표한 미국 회사들로 정의되었다. 이 논문은 CRO 임명으로 ERM 사용 신호를 보내는 회사와 유사한 회사들 사이에 체계적인 차이가 없다는 결론을 내린다. 그러나 이 리서치는 대형 회사들과 레버리지 비율이 높은 회사들이 CRO을 임명할 가능성이 높음을 발견했다.

비슬리, 클룬 그리고 허만손(2005a)

이 연구 및 후속 연구(비슬리, 클룬 그리고 허만손 2005b)를 수행하던 당시에 ERM에 대한 관심이 늘어났고 많은 내부 감사인들도 ERM에 관심을 보였다. 이 연구에 사용된 데이터는 내부 감사 부서의 ERM에 대한 관여를 조사할 목적으로 IIA 리서치 파운데이션이 지원하였다. 1,170개가 넘는 내부 감사인 협회(IIA)의 글로벌 감사 정보 네트워크(GAIN) 회원을 대상으로 서베이가 실시되었다. 175명이 회신을 했으며(10.3%의 응답률), 응답자의 약 90%는 CAE(최고 감사 책임자)였다. 이 서베이는 주로 CAE들을 겨냥하였다.

대부분의 응답자들은 미국 출신이었고, 다른 나라에서는 캐나다, 영국 그리고 호주의 CAE들이 참여하였다. 어느 산업에서도 응답자의 15%를 넘지 않았다. 응답자의 대다수는 정부, 제조업, 금융업 그리고 교육 분야 출신이었다. 응답 회사들의 대부분은 대기업이었는데, 2003년 매출액 중앙값은 13억 달러였다. 응답자들은 COSO 가이드라인에 친숙했다. 조사된 회사들의 11%는 완전한 ERM 프레임워크를 갖추고 있었고, 응답 회사의 37%는 부분적인 ERM 프레임워크를 지니고 있었으며, 17%는 ERM을 시행할 계획을 가지고 있지 않았다.

리스크 관리에 대한 조직의 의지에 대한 지표로서 응답자들에게 CRO의 존재 여부 및 성격을 물었다. 응답 회사들 중 33%는 공식적으로 지정된 CRO를 두고 있었고, 15%는 자기 회사에는 누군가 CRO 역할을 하는 사람이 있다고 믿었다. 그들은 공식적으로 CRO를 임명한 회사들에서는 CRO와 CAE 사이에 활발한 상호작용이 있음을 발견했다. ERM

을 부분적으로 실행하는 회사들 사이에서는 감사 부서와 리스크 관리 부서 사이에 상당한 상호작용이 있다.

이 서베이는 ERM 채택과 ERM에 있어서 내부 감사 부서의 역할은 다양함을 보여 준다. ERM이 회사와 내부 감사에 미치는 영향에 대해서는 낙관적이었다. 저자들은 ERM이 더 많이 채용될 것이고, 내부 감사 부서에 더 많이 관여해 달라는 요청이 있을 거라고 말한다.

비슬리, 클룬 그리고 허만손(2005b)

이 연구는 저자들이 수행한 두 번째 리서치이다. 위에 요약된 첫 번째 연구(비슬리, 클룬 그리고 허만손 2005a를 보라)는 서베이 결과를 설명한다. 이 두 번째 논문은 ERM 시행 정도와 관련이 있는 요인들을 보다 깊이 탐구하기 위해 회귀 분석을 채택한 보다 진전된 분석이다. 저자들은 이사회의 특성 등 어떤 요인들이 ERM시행 단계에 영향을 주는지에 대한 리서치는 별로 없음에 주목했다. 이 리서치 논문의 종속 변수인 ERM 단계는 조직의 ERM 시행 수준을 일컫는다. ERM 1은 ERM 시행 계획이 없음을 나타내며, ERM 5는 완전한 ERM이 갖춰졌음을 의미한다.

위에서 언급한 바와 같이 이 리서치를 위한 데이터는 2004년에 GAIN 회원들의 서베이 응답을 통해 수집되었다. 175건을 응답 받았지만 52건은 회귀 분석에 사용할 수 있는 데이터가 없어서 버려야 했다. 최종 표본은 123개의 조직을 대상으로 했다.

연구자들은 아래와 같은 리서치 질문을 탐구했다.

- CRO의 존재가 회사의 ERM 발전 단계와 정(+)의 관계가 있는가?
- 높은 독립적인 이사회 위원 비율이 ERM 발전 단계와 정(+)의 관계가 있는가?
- 내부 감사 부서가 ERM에 관여해 달라는 CEO나 CFO로부터의 명시적 요청이 있는 경우, 이 사실이 ERM 발전 단계와 정(+)의 관계가 있는가?
- 빅4 회계 법인이 회사의 외부 감사인일 경우, 이 사실이 ERM 발전 단계와 정(+)의 관계가 있는가?
- 규모가 큰 회사들에서 ERM이 보다 높은 발전 단계에 있을 가능성이 높은가?
- 은행, 교육, 또는 보험 업종 소속 회사들에서 ERM이 보다 높은 발전 단계에 있을 가능성

이 높은가?

- (미국 입장에서) 외국 회사들에서 ERM이 보다 높은 발전 단계에 있을 가능성이 높은가?

이 연구 결과는 CRO의 존재, 보다 독립적인 이사회, 내부 감사 부서가 ERM에 관여해 달라는 CEO나 CFO로부터의 명시적인 요청들이 회사의 ERM 발전 정도와 긍정적인 관련이 있음을 보여 준다. 대기업과 빅4 회계 법인의 외부 감사 선임도 ERM 발전 단계와 관련이 있다. 또한 은행, 교육 그리고 보험 업종 소속 회사들이 보다 발달된 ERM 단계를 보인다.

디센더(2007)

디센더는 리스크 관리 관행에 대한 관심 및 감시가 증가했음에도 불구하고, 왜 어떤 회사들은 ERM을 채용하고 어떤 회사들은 이를 채용하지 않는지에 대한 리서치는 거의 수행되지 않았음을 지적한다. 이 논문은 ERM 시행과 이사회 구성 사이의 관계를 탐구한다. 저자는 이사회 구성과 ERM 사이의 관계를 파악함으로써 기업 거버넌스 리서치에 크게 기여한다고 주장한다.

이 리서치에서 테스트된 가설은 다음과 같다.

- 이사회에서 독립적인 이사들의 비율과 ERM 발달 정도 사이에는 정(+)의 관계가 있다.
- CEO와 이사회 의장의 분리 그리고 ERM 발달 사이에는 정(+)의 관계가 있다.
- CEO와 이사회 의장이 분리되어 있을 때 이사회 독립성과 ERM 사이의 관계가 더 강하다.

이 연구를 위해 2004년에 100개의 제약회사를 무작위로 선정하였다. 저자는 ERM 정도를 평가하기 위해 10-K 보고서, 2004 회계연도와 관련된 위임장 권유 신고서와 같이 공개적으로 입수할 수 있는 정보를 사용한다. 다른 데이터들은 모두 월드스코프(Worldscope)를 통해 수집되었다. 이 연구의 독특한 측면은 저자가 COSO ERM 구성 요소들에 의해 ERM 노력을 코딩한다는 점이다.

다음과 같은 세 가지 이유로 제약업종이 선택되었다. (1) 이전의 기업 거버넌스 연구에 이 업종이 사용되었다. (2) 이 업종은 경쟁이 심하고, 성과를 내기 위해 지름길을 사용한다고 알려져 있다. ⑶ 제약 업종은 다양한 리스크들에 직면해 있으며 ERM 시행에 있어서 충분한 다양성을 보이고 있다.

이 연구결과는 이사회의 독립성은 그 자체만으로는 ERM의 질에 중요한 관계가 없음을 시사한다. 의장과 CEO가 다른 회사들은 보다 정교한 ERM을 선호하며, 더 높은 ERM 시행 수준을 보인다. 저자는 CEO는 ERM 시행을 선호하지 않으며, 따라서 CEO가 이사회 의장도 맡고 있을 때에는 ERM을 채용하라는 이사회의 압력을 견뎌낸다고 대담하게 가정한다.

비슬리, 파가치 그리고 워(2008)

이 연구를 수행하던 당시까지 ERM 채용의 비용 및 효용에 관한 경험적 리서치가 거의 없었다. 포트폴리오 이론의 옹호자들은 ERM에 반대하는 데 그 이유는 ERM에 비용이 많이 들고 비체계적 리스크는 투자자들이 적은 비용으로 다각화에 의해 없앨 수 있기 때문이다. 다른 한편, 시장은 결코 완벽하지 않으며 특정 성격을 지니는 회사들의 경우 ERM 채용이 가치를 파괴할 수도 있는 반면, 다른 특성을 지닌 회사들의 경우 ERM 채용이 유익할 수도 있다고 주장할 수도 있다.

이 연구는 시니어 리스크 책임자 고용의 가치에 대한 경험적 증거 제공을 목적으로 하며, 저자들은 리스크 관리 담당 시니어 임원 채용 발표에 대한 주식 시장의 반응을 측정한다.

이 리서치는 회사의 CRO 임명 발표가 회사의 다음 사항들과 긍정적으로 관련이 있을 것이라고 가정한다.

- 성장 대안들
- 무형 자산 규모
- 재무적 융통성(financial slack)
- 주당 이익(EPS) 변동성
- 레버리지
- 규모

데이터는 렉시스–넥시스(Lexis–Nexis)를 통해 1992년부터 2003년까지 "최고 리스크 책임자" 또는 "리스크 관리"와 같은 지위와 연결된 "발표", "지명", 또는 "임명"과 같은 단어의 키워드 검색을 통해 구했다. 최종 표본에 126개 회사가 선정되었다. 데이터는 금융회사와 비금융회사의 두 그룹으로 나눠졌다. 분리된 표본들에 대해 다변량 분석을 수행한 결과, 금융회사에서는 재무 융통성 변수만이 리스크 담당 시니어 책임자 임명 발표에 대한 시장 반응과 유의미한 관련이 있었다. 비금융회사에서는 CRO 임명을 발표 시의 주가 수익과 성장 사이에는 통계적 관련이 없었다. 그러나 발표 시의 주가 수익은 무형 자산의 정도, 이전의 EPS 변동성 그리고 규모와 정(+)의 관계가 있었다(한편 재무 융통성 및 레버리지와는 역(–)의 관계가 있었다).

이 연구의 전반적인 결과는 재무적 융통성이 별로 없는 회사의 주주들은 ERM을 환영함을 보여 준다. 이익 변동성이 크고, 무형 자산 규모가 크며, 레버리지가 낮고, 재무 융통성이 낮은 비금융회사의 주주들도 ERM에 대해 긍정적으로 반응한다. 저자들은 잘 시행된 ERM 프로그램은 재무적 곤경과 같은 중대한 하방 리스크(downside risk)의 가능성을 제한할 경우 가치를 창출할 수 있다는 결론을 내린다.

파가치와 워(2008a)

이 연구를 수행하던 당시까지 발표된 리서치들은 ERM 시행 결과에 따른 효용에 초점을 맞추었고, ERM을 채용한 회사들의 특징에 대한 연구는 별로 없었다. 이 워킹 페이퍼는 ERM 시행과 회사의 특성들 사이의 관계를 조사한다. CRO 임명이 ERM 시행에 대한 대체물로 사용된다. 이 논문의 목표는 리벤버그와 호이트(2003)의 연구 목표와 유사한데, 표본 수, 방법론 그리고 관리자의 주식 옵션 등 더 많은 변수를 사용한다는 점에 차이가 있다.

이 리서치의 가설들은 다음과 같다.

- 레버리지가 높고 재무 융통성이 낮은 회사들이 ERM을 시행할 가능성이 높다.
- 모호한 자산이 많은 회사, R&D 비용을 많이 지출하는 회사 그리고 성장 대안이 많은 회사들이 ERM으로부터 유익을 얻을 가능성이 높다.
- 주가 변동성이 상대적으로 높은 회사들이 ERM으로부터 유익을 얻을 가능성이 높다.

데이터는 렉시스-넥시스 라이브러리에서 키워드 검색을 통해 수집되었다. 1992년부터 2005년까지 138건의 CRO 임명 발표가 있었고, 컴퓨스태트(Compustat)와 CRSP로부터도 데이터를 수집하였다.

이 연구 결과는 회사 규모 및 레버리지에 관한 이전의 발견사항을 입증한다. 규모가 큰 회사들과 레버리지가 높은 회사들이 CRO를 고용하는 경향이 있다. 성장 대안들을 가지고 있는 회사들은 CRO를 고용할 가능성이 낮으며, 반대로 CRO를 고용한 회사들은 성장 대안이 적은 경향이 있다. (주: 안정적인 회사들은 순이익을 끌어올리기 위해 ERM을 채용하는 경향이 있다는 해석이 이 결과에 대한 그럴듯한 설명이 될 수 있다.) CRO 고용과 회사의 규모 변화 사이에는 역의 관계가 발견되었다. CEO가 리스크를 취할 인센티브가 높으면 ERM 채용 가능성을 높인다. 금융기관들이 따로 고려될 경우, 기본 자본(tier I 자본)이 작은 회사들이 CRO를 고용할 가능성이 높다.

파가치와 워(2008b)

저자들은 S&P 신용평가 프로세스에서 ERM 고려가 회사들이 ERM을 시행한 동기 중 하나임을 지적한다. 그러나 ERM 채용과 관련된 비용은 만만하지 않다. 그러므로 ERM은 여러 면에서 가치를 증대시켜야 한다. 이 워킹 페이퍼는 ERM 시행이 재무, 자산 그리고 시장 특성에 미치는 영향에 초점을 맞춘다.

이 리서치에서는 다음 사항들을 조사한다.

- 회사들은 ERM 채용 무렵에 이익 변동성 변화를 경험하는가?
- ERM을 채용하는 회사들은 과거의 성과에 비해 그리고 산업의 성과 통제 후에 재무 실적이 향상되는가?
- ERM 시행 후 레버리지, 성장 그리고 자산의 모호성과 같은 회사의 재무적 특성들이 변하는가?

CRO 임명이 ERM 시행의 대체물로 사용되었다. 렉시스-넥시스 비즈니스 라이브러리에서 "최고 리스크 책임자" 또는 "리스크 관리 이사"와 같은 말과 연결된 "발표", "지명", 또는 "임명"과 같은 단어의 키워드를 검색했다. 이 검색에서 1992년부터 2004년 사이에 138건의 CRO 임명 발표를 찾아냈다. CRO 임명은 ERM 프로그램 개시로 간주되었다.

이 연구 결과는 ERM이 가치를 창출한다는 주장에 근거가 없음을 시사한다. CRO를 고용한 회사들은 CRO가 없는 회사들에 비해, 자산의 모호성 증가, 장부가 대비 시가 비율(PBR) 하락 그리고 이익 변동성 감소를 보였다. 저자들은 회사의 PBR 변화와 이익 변동성 사이에 역(−)의 관계가 있음을 발견했다. 이 연구는 또한 은행들이 ERM을 채용한 뒤에 레버리지를 증가시켰으며, ERM을 채용하는 회사들은 주가 변동성 감소를 보임을 지적한다.

게이츠, 니콜라스 그리고 워커(2009)

지금까지 ERM에 관한 이전의 연구들은 ERM 채용의 결정 요인들과 CRO 임명을 설명하는 요인들을 살펴보았는데, 일부 연구는 CRO 임명을 ERM 시행의 대체물로 사용하였다. 이 워킹 페이퍼는 보다 나은 의사 결정과 수익성 증가로 측정된 회사 내부의 ERM 가치를 조사함으로써 이전에 수행되었던 연구들을 확장하고자 한다.

COSO ERM 프레임워크는 회사가 리스크를 관리하고 목표가 달성되리라는 합리적인 확신을 제공하기 위해 갖춰야 할 구성 요소들의 목록을 제공한다. 그러나 이 요소들이 가치를 부가하는지 여부와 이들 중 어느 요소가 가장 많은 가치를 부가하는지는 명확하지 않다. 저자들은 ERM 채용과 조직의 특성에 관련된 데이터를 구하기 위해 감사 및 리스크 임원들에 대해 서베이를 실시했다.

저자들이 제기한 질문은 다음과 같다.

- ERM 프레임워크의 어느 요소들이 더 나은 결정에 이르게 하는가?
- ERM 프레임워크의 어느 요소들이 수익성 증가로 이어지는가?

이 연구는 ERM의 단계, 양호한 ERM 환경, 우수한 ERM 사명 상하 소통 그리고 명시적인 리스크 용인 수준이 더 나은 의사 결정에 긍정적인 영향을 주었음을 발견했다. 우수한 ERM 환경, 명시적인 리스크 용인 수준과 ERM 프로세스 전담 직원 수가 수익성에 영향을 주는 것 같다. 회사들은 자신이 더 나은 의사 결정을 하고 있다고 생각하지만, 그 결과가 반드시 수익성 개선으로 이어지지 않을 수도 있는데, 이는 ERM의 가치와 내부 통제 그리고 재무 보고를 연결하는 것이 어려움을 보여 준다.

ERM에 관한 사례 연구들

보기 23.2는 ERM에 관해 학자들이 단독 또는 공동으로 학술 저널에 발표한 5건의 사례 연구들을 요약하고 있다. 앞에서 언급한 바와 같이 (책이 아니라) 저널에 발표한 사례 연구만 조사되었다. 이 사례 연구 중 세 편은 Journal of Applied Corporate Finance에 발표되었고, 한 편은 Geneva Papers on Risk and Insurance에 발표되었다. 프레이저, 쇼우닝-티센 그리고 심킨스(2008)가 ERM에 관한 사례 연구들이 부족하고 실무자들이 이 주제에 관해 더 많은 연구를 요청하고 있음을 발견했다는 점을 주목할 필요가 있다.

[보기 23.2] ERM에 관한 학술 리서치-사례 연구

저널/출처	연도	저자	무엇이 조사되었는가?
Journal of Applied Corporate Finance	2002	Harrington, Niehaus, Risco	United Grain Growers의 전사 리스크 관리 실행(얻게 된 효용 및 통찰력 포함)
Journal of Applied Corporate Finance	2005	Aabo, Fraser, Simkins	Hydro One의 전사리스크 관리 실행 (최고 리스크 책임자의 등장 및 진화 포함)
Strategic Finance	2005	Stroh	United Health Group의 전사 리스크 관리 및 비즈니스 리스크 관리 실행
Journal of Applied Corporate Finance	2006	Nocco, Stulz	Nationwide Insurance에 적용된 전사 리스크 관리의 이론 및 실무에 대한 논의
The Geneva Papers on Risk and Insurance: Issues and Practice	2006	Acharyya, Johnson	유럽의 주요 4개 보험회사들의 전사 리스크 관리 발달

이제 각각의 사례 연구에 대해 좀 더 자세히 살펴보기로 한다.

해링턴, 니하우스 그리고 리스코(2002)

캐나다 매니토바 주(州) 위니펙 기반의 유나이티드 그레인 그로우어스(United Grain Growers; UGG)는 캐나다에서 ERM을 받아들인 첫 번째 회사 중 하나이다. UGG는 잠재적 손실에 대비한 보험가입 및 환율과 상품 익스포저 헤징으로 리스크를 관리했지만 이익은 계속 상당한 변동성을 보였다.

UGG는 (1) 곡물 취급 서비스 (2) 작물 생산 서비스 (3) 생축 서비스(Live-Stock Services) (4)

비즈니스 커뮤니케이션 등 4개의 주요 비즈니스 부문으로 구성되어 있다. 증가된 공시 요건, 토론토 주식 거래소 가이드라인, 신용평가 기관의 리스크 관리 강조 그리고 애널리스트들의 견해는 이익에 기초를 두고 있다는 UGG의 인식이 ERM을 시행하도록 자극한 이유들이었다.

UGG는 CEO, CFO, 리스크, 자금, 컴플라이언스 그리고 감사 담당 임원으로 구성된 리스크 위원회를 구성함으로써 ERM을 시작했다. 이 위원회는 주요 보험회사를 선정하여 UGG가 직면하고 있는 리스크들을 분석하게 했다. 그들은 날씨와 작물 생산, 작물 생산과 곡물의 양 그리고 곡물의 양과 수익을 연결시킴으로써 날씨와 UGG의 총이익 관계를 파악했다.

UGG의 비즈니스는 고정비 비중이 높은 박리다매(薄利多賣) 비즈니스이다. 양에 조금이라도 문제가 생기면 이익이 큰 영향을 받는다. UGG는 곡물 리스크 헤징에 중점을 두고, 이 헤징 전략과 아울러 재산 및 책임 리스크와 같은 기타 리스크들은 하나로 묶었다.

UGG가 ERM을 채용함으로써 얻게 된 효용은 다음과 같다.

- 종합적인 리스크 전략이 갖춰진 뒤에도 리스크 비용이 크게 증가하지 않았다.
- ERM에 대해 더 잘 이해하게 되었고 리스크에 대한 소통이 개선되었다.
- 상위 경영진들로부터의 협력이 향상되었고 여러 부서들 사이의 조정이 더 잘 이루어졌다.

다른 회사들을 위한 통찰력은 다음과 같다.

- 소매업 및 주식 중개업과 같은 박리다매 산업에 조사하는 회사들이 ERM을 시행할 주된 대상이다.
- ERM은 전반적인 리스크 관리 비용을 증가시키지 않는다.
- ERM은 시간이 많이 소요되지만, 이를 통해 배울 수 있는 기회가 된다.
- 성공적인 ERM 시행에 통계 및 재무적 지식에 대한 기술적 전문성이 중요하다.

아보, 프레이저 그리고 심킨스(2005)

이 사례 연구는 이 책의 28장에 "CRO의 등장과 진화: Hydro One에서의 ERM"이라는 제목으로 수록되어 있다. 이 사례 연구에 대한 전체 내용은 28장을 보기 바란다.

이 사례는 하이드로 원에서 5년에 걸쳐 ERM을 성공적으로 시행한 경험을 설명한다. Hydro One은 산업 및 비즈니스에 중대한 변화를 겪은 캐나다의 전력 회사이다. 이 회사는 캐나다 온타리오에 기반을 둔 캐나다 최대의 배전 회사이며, 북미 10대 배전 회사 중 하나이다. Hydro One은 여러 해 동안 ERM, 특히 총체적 리스크 관리 접근법 활용의 선두에 서 왔으며, 다른 회사들이 따라갈 모범 실무 관행 사례 연구를 제공한다.

이 사례는 Hydro One에서 CRO직 창설부터 시작하여 파일롯 워크숍 시행, ERM에 요긴한 다양한 도구들 및 기법들(예컨대 델파이 방법, 리스크 추세, 리스크 지도, 리스크 용인 수준, 리스크 프로필 그리고 리스크 등급 등)로 이어지는 ERM 시행 프로세스를 묘사한다.

이 사례는 하이드로 원에서 ERM의 주요 효용을 다음과 같이 제시한다.

- 낮은 부채 비용을 달성한다.
- 자본 지출 프로세스를 지출 금액 당 최대의 리스크 경감에 기반한 자본 관리/할당에 중점을 둔다.
- "지뢰"와 기타 서프라이즈들을 피한다.
- 이해관계자들에게 비즈니스가 잘 관리되고 있음을 확신시킨다(이해관계자들은 투자자, 애널리스트, 신용평가 기관, 규제 당국 그리고 언론 기관을 포함하는 것으로 정의된다).
- 모범 실무 관행 가이드라인을 통해 기업 거버넌스를 개선한다.
- ERM 시스템을 포함하는 공식적인 리스크 관리 시스템을 시행한다(이는 1995/1999/2004 호주 리스크 관리 기준의 요건이다).
- 회사가 동료 집단보다 어떤 리스크를 더 잘 추구할 수 있는지 알아낸다.

저자들은 다음과 같은 말로 이 연구를 끝맺는다. "그 결과 하이드로 원의 경영진은 5년 전에 비해 양호한 환경이건 불리한 환경이건 간에, 비즈니스 환경의 새로운 전개에 훨씬 잘 적응할 수 있는 위치에 있다고 생각한다."

스트로(2005)

이 논문은 유나이티드헬스 그룹(UnitedHealth Group)에서의 ERM 시행과 그 성공 요인들을 설명한다. 저자는 ERM은 급속하게 모든 회사에 기대되는 최소한의 요구가 되었으며 많은 회사들의 생존에 핵심 요소이기도 하다고 말한다.

ERM에 대한 정의는 매우 많은데, 저자는 이를 다음과 같이 정의한다. "ERM은 비즈니스에서의 리스크 요인들을 식별하고, 이어서 그 심각성을 평가하며, 정도를 계량화하고, 좋은 기회는 활용하되 나쁜 쪽의 익스포져는 경감하고자 한다." 저자는 ERM은 산업마다 다르며, 은행 및 에너지 산업과 같이 규제를 많이 받는 업종에서는 계량화할 수 있다고 말한다.

유나이티드헬스 그룹에서는 ERM에 앞서 비즈니스 리스크 관리(Business Risk Management; BRM)가 있었는데, 이 BRM이 ERM으로 발전하였다. BRM은 다음의 목표를 달성하기 위해 회사에서 주도한 프로세스이다.

- 일관되게 비즈니스 목표를 달성하고 주주 가치를 향상시킨다.
- 의사 결정에 확신을 가질 수 있게 해 준다.
- 운영상 및 재무상 깜짝 사태를 피한다.

BRM을 시행한 뒤에 유나이티드헬스 그룹의 경영진은 리스크에 대한 전사 포트폴리오 관점과 합산에 관심을 돌렸다. BRM 철학은 ERM으로 발전하였으며, 비즈니스 리스크 투명성과 가치 창출을 개선했다.

BRM 시행의 성공 요인으로 파악된 요소들은 다음과 같다.

- 최고 경영자의 강력한 지원
- 단계별 계획에 따른 시행 방법론
- 명확하게 정해진 책임관계
- 다양한 배경을 지닌 사람들로 구성된 팀
- 문화에 익숙한 접근법
- 내부 감사 및 BRM 규율의 통합
- 지속적인 개선

저자는 ERM이 보다 가치를 부가하는 서비스가 되기 위해서는 사베인–옥슬리법과 외적인 컴플라이언스 활동을 뛰어넘어야 한다고 요구한다.

아카리야와 존슨(2006)

이 논문은 유럽의 주요 4개 보험회사에 대한 연구에 기반을 두고 있다. 저자들은 이 조직의 ERM 이해, 진화, 디자인 그리고 성과에 대해서 및 ERM 시행 시 직면했던 도전 과제들을 조사한다.

연구자들은 두 보험회사에서는 응답자들을 인터뷰한 반면, 다른 두 회사에서는 구조화된 서베이를 실시했다. 이론적인 논문에서는 ERM에 대한 총체적인 접근법 및 시행을 요구하지만, 현실은 기대와는 거리가 멀다. 이 4개의 회사들은 총체적인 관점을 취하지 않고 ERM에 부분적으로 접근한다.

62명에 대한 인터뷰가 수행되었으며, 부분적으로 구조화된 인터뷰를 통해 데이터가 수집되었다. 그러나 다른 두 회사에 대해서는 매우 구조화된 설문조사가 수행되었다. 이 조사는 일련의 "예" 또는 "아니오" 질문들로 구성되었다. 비교 가능성을 확보하기 위해 저자들은 판단을 사용하여 인터뷰 응답을 편집했다.

리서치 질문들은 다음과 같다.

- 보험업에서는 ERM의 성격에 대해 어떻게 이해하고 있는가?
- 보험회사들은 어떤 동기로 ERM을 발전시켰는가?
- 보험회사들은 ERM 구조를 어떻게 짜는가?
- 보험회사들은 ERM의 성과를 어떻게 측정하는가?

연구 결과 보험회사들 사이에 ERM에 대한 이해가 일관적이지 않음이 드러났다. CEO의 리더십과 규제가 ERM을 발전시키는 가장 중요한 동기 요인인 듯하다. ERM의 디자인은 회사에 맞게 설계되며 비즈니스 모델 및 지역적 분포 등과 같은 많은 요인들에 의존한다. 소통과 문화적 장벽이 ERM 시행 시 가장 중요한 도전 과제인 것으로 드러났다. 효과적인 ERM 성과 측정 장치는 없었다. 전반적으로 이 사례 연구는 이론에서 제안되는 ERM 모델들과 선도적인 보험회사들에 갖춰져 있는 모델들 사이에는 많은 차이가 있음을 보여 준다.

노코와 스툴츠(2006)

이 논문에서,[6] 노코와 스툴츠는 ERM의 이론과 실무 및 네이션와이드 인슈어런스 (Natinwide Insurance)의 몇 가지 예를 논의한다. 저자들은 ERM이 회사에 어떻게 경쟁 우위를 제공하고 주주들에게 가치를 부가하는지 설명한다. 이 논문은 회사가 자신의 리스크 성향을 어떻게 평가해야 하는지, 회사가 자신의 리스크를 어떻게 측정해야 하는지, "핵심이 아닌" 리스크를 떨쳐 내는 방법 그리고 ERM 시행 시 실무상 등장하는 주요 어려움 등과 같이 ERM 시행과 관련된 프로세스 및 도전 과제들을 설명한다.

저자들은 ERM 시행과 관련하여 다음과 같은 주요 도전 과제들을 논의한다.

- 리스크 재고(在庫)
- 경제적 가치 대 회계적 성과
- 리스크 합산
- 리스크 측정
- 규제 자본 대 경제적 자본
- 경제적 자본을 사용한 의사 결정
- ERM 거버넌스

저자들은 회사들이 리스크에 대해서 및 신뢰할 수 있는 리스크 계량화 방법을 보다 잘 이해하도록 도와주기 위해서는 더 많은 학술 연구가 필요하다고 결론짓는다. 그들은 다음과 같이 지적한다. "회사들은 자신의 가장 골치 아픈 일부 리스크들, 특히 평판 및 전략적 리스크들은 가장 계량화하기 어렵다는 점을 알게 된다. 현재로서는 이들 리스크 평가에 관해 실무자들에게 도움이 될 만한 리서치가 별로 없지만, 설사 이 리스크들에 대해 신뢰할 수 있는 계량화 방법이 없을지라도 이 리스크들에 대해 보다 잘 이해하면 얻을 것이 많다."

결론

점점 더 많은 회사들이 ERM을 채용하고 있으며, ERM은 생존과 성공을 바라는 기업들에게 매우 중요한 주제로 여겨진다. 프레이저, 쇼우닝-티쎈 그리고 심킨스(2008)는 이렇게 말한다. "ERM은 단순한 유행이 아니다. ERM은 앞으로도 계속 존재할 것인 바, ERM은 리스크를 전사 차원에서 살펴보기 위해 개별적인 리스크 관리가 자연스럽게 진화한 것이다. 새로운 외부의 동인들이 리스크 담당 임원들에게 ERM에 대해 더 많이 알아보게 하고 있으며, 시간이 지날수록 이 주제에 대한 관심 수준이 높아지고 있다."

하지만 학술 리서치 속도는 이 주제에 대한 기업의 관심을 따라가지 못하는 것 같다. ERM 리서치에 대한 한 가지 주요 장애물은 회사 차원의 ERM 시행 또는 시행 정도를 특정할, 잘 정의된 변수들이 결여되어 있다는 점이다. 그러나 최근의 리서치는 대체 변수로서의 CRO 임명에 초점을 맞추었으며, 점점 많은 회사들이 리스크 관리 프로세스 담당 최고 책임자 임명이 가치 있다고 생각하고 있어서, 앞으로 이 변수가 리서치 목적에 사용될 수도 있을 지도 모른다. 다른 한편, ERM의 목적 중 하나는 리스크 관리가 회사 문화의 일부가 되게 하는 것임에 비추어 볼 때, CRO 없이도 ERM을 매우 성공적으로 시행하는 회사들이 있을 수도 있다.

우리의 연구는 ERM에 관해 일관성이 있는 결과를 찾지 못했다. 이러한 일관성 결여는 주로 기존 ERM 리서치에 기본 토대가 되는 프레임워크가 없으며, 따라서 우리가 조사한 많은 연구들은 이전의 ERM 리서치 위에 진행된 것이 아니라는 사실에 기인한다. 점차 CRO 임명을 ERM을 측정하는 핵심 변수로 사용하는 리서치가 증가할 경우 이 추세가 바뀔 수 있다. 그러나 우리는 ERM 자체가 회계, 재무, 보험 그리고 경영 관리 및 운영 등을 포함한 여러 비즈니스 활동들을 활용한 리서치 대상이 될 수 있다고 생각한다. 또한 ERM은 법률적인 측면에서도 관심을 기울여야 한다. 사실 일부 기존 리서치 연구들은 양호한 기업 거버넌스와 ERM의 연결 가능성에 중점을 두고 있다. 기업 거버넌스는 많은 비즈니스 및 법률 연구자들이 관심을 두는 분야임을 감안할 때, 우리는 이곳에 연구 기회가 있다고 생각한다. 마지막으로 리스크 담당 임원들이 성공적으로 ERM을 시행한 다른 회사들의 경험으로부터 배울 수 있도록 도와주기 위해 더 많은 사례 연구가 필요하다. ERM 솔루션 제공자들은 (마케팅 목적이 아니라) 가르칠 목적으로 ERM 시행에 관한 사례 연구를 제공하기 위해 ERM에 관심을 보이는 학자들과 협력하는 방안을 고려해야 한다.

우리는 ERM에 관한 학술 리서치들을 요약함으로써, 이번 장이 ERM에 관한 리서치에 대한 진전을 격려 및 자극하기를 기대한다.

참고 문헌

Aabo, T., J.R.S. Fraser, and B.J. Simkins. 2005. The rise and evolution of the chief risk officer: Enterprise risk management at Hydro One. Journal of Applied Corporate Finance, 17 (3): 62-75쪽.

Acharyya, M., and J.E.V. Johnson. 2006. Investigating the development of ERM in the insurance industry: An empirical study of four major European insurers. The Geneva Papers on Risk and Insurance: Issues and Practice, 55-80쪽.

Barton, T.L., W.G. Shenkir, and P.L. Walker. 2002. Making Enterprise risk management pay off, Upper Saddle River, NJ: Financial Times/Prentice Hall and Financial Executives Research Foundation.

Beasley, M.S., R. Clune, and D.R. Hermanson. 2005a. ERM: A status report. International Auditor 62 (1): 67-72쪽.

Beasley, M.S., R. Clune, and D.R. Hermanson. 2005b. Enterprise risk management: An empirical analysis of factors associated with the extent of implementation. Journal of Accounting and Public Policy, 24 (6): 521-531쪽.

Beasley, M., D. Pagach, and Warr. 2008. Information conveyed in hiring announcements of senior executives overseeing enterprise-wide risk management processes. Journal of Accounting, Auditing & Finance, 23 (3): 311-332쪽.

Colquitt, L., R.E. Hoyt, and R.B. Lee. 1999. Integrated risk management and the role of the risk manager. Risk Management and Insurance Review, 2, 43-61쪽.

Desender, K.A. 2007.The influence of board composition on enterprise risk management implementation. Working Paper. SSRN http://papers.ssrn.com/sol3/papers.cfm?abstract_id=1025982에서 구할 수 있음.

Fraser, J.R.S., K. Schoening-Thiessen, and B.J. Simkins. 2008. Who reads what most often? A survey of enterprise risk management literature read by risk executives. Journal of Applied Finance vol. 18 (1): 73-91쪽.

Gates, S., J.L. Nicolas, and P.L. Walker. 2009. Perceived value of enterprise risk management. University of Virginia Working Paper.

Harrington, S., G. Niehaus, and K. Risko. 2002. Enterprise risk management: The case of United Grain Growers. Journal of Applied Corporate Finance 14 (4): 71-81쪽.

Kleffner A.E., R.B. Lee, and B. McGannon. 2003a. Stronger corporate governance and its implications on risk management. Ivey Business Journal 67 (5): 1쪽.

Kleffner A.E., R.B. Lee, and B. McGannon. 2003b. The effect of corporate governance on the use of enterprise risk management: Evidence from Canada. Risk Management and Insurance Review 6 (1): 53-73쪽.

Liebenberg, A., and R. Hoyt. 2003. The determinants of enterprise risk management: Evidence from the appointment of chief risk officers. Risk Management and Insurance Review 6 (1): 37-52쪽.

Nocco, B.W., and R.M. Stulz. 2006. Enterprise risk management: Theory and practice. Journal of Applied Corporate Finance 18 (4): 8-20쪽.

Pagach, D., and R. Warr. 2008a. The characteristics of firms that hire chief risk officers. North Carolina State University Working Paper.

Pagach, D., and R. Warr. 2008b. The effects of enterprise risk management on firm performance. North Carolina State University Working Paper.

Stroh, P.J. 2005. Enterprise risk management at United Healthcare. Strategic Finance, July, 27-35쪽.

Walker, P.L., T.L. Barton, and W.G. Shenkir. 2002. Enterprise risk management: Pulling it all together. Altamonte Springs, FL: Institute of International Auditors (IIA) Research Foundation.

1) ERM에 관한 초기의 현장기반 리서치들에 대해서는 Barton, Shenkir와 Walker(2002)와 Walker, Shenkir와 Barton(2002)의 책들에 발표되었다. 이 책들은 또한 ERM에 관한 몇 개의 사례 연구도 포함하고 있다.

2) 제임스 램(James Lam)이 1990년대 중반에 "전사 리스크 관리"라는 용어를 만들어 냈다.

3) 이 논문은 또한 CRO 임명은 회사가 ERM 프로세스를 가지고 있음을 의미한다고 가정한다.

4) ERM 리서치 수행 시 어려움 중 하나는 입수할 수 있는 데이터 수가 적다는 것이다. 제약 사항 중 하나는 미국 회사들은 재무 보고에 관한 내부 통제의 효과성을 공시하라고 요구되지만, ERM 프로세스의 효과성에 대해서는 공시하라고 요구되지 않는다는 점이다. 그 결과 ERM 프로그램을 지니고 있는 많은 회사들이 이를 연례 재무제표에서 언급하지 않는다.

5) 재무적 불투명성은 CRO 임명 전년도에 발행한 부채에 대한 S&P와 무디스의 등급사이에 차이가 있을 경우 1로 표시한 더미 변수(dummy variable)로 측정된다.

6) 이 논문은 실제로는 사례 연구가 아니고 논문의 일부로 Nationwide Insurance에서의 ERM에 관한 일부 논의를 포함한다. 이 이유로 우리는 이를 이번 장에 포함시켰다.

저자 소개

수브라마니안 R. 아이어(Subramanian R. Iyer)는 오클라호마 대학교(OSU) 스피어스 경영대학원 파이낸스 전공 박사 과정의학생으로 OSU에서 MBA 학위를 받았고, 인도의 마하트마 간디 대학에서 화학 학사 학위를 받았다. 아이어는 MBA 과정을 공부할 때 많은 장학금을 받았으며, Expert Systems with Applications 및 International Journal of Knowledge Management에 글을 기고했다. 인도 Institute of Management Studies에서 겸임교수를 역임했고 인도의 은행에서 일했다.

다니엘 A. 로저스(Daniel A. Rogers)는 포틀랜드 주립대학교 교수이며, 워싱턴 주립대학교에서 경영학 학사를 취득, 튤레인(Tulane) 대학교에서 MBA를 취득하였으며, 유타 대학교에서 박사(재무 전공) 학위를 취득했다. 로저스는 포틀랜드 주립대학교, 노스이스턴 대학교, 메시 대학교 그리고 유타 대학교에서 가치 평가(부동산 가치 평가 포함), 기업 금융 및 파생금융 상품을 가르치면서 회사의 리스크 관리와 파생상품 사용, 보상으로부터 발생하는 경영진의 인센티브 그리고 주식 옵션 가격 재평가 분야에서 리서치 자료들을 발표해 왔다. Journal of Finance, Journal of Banking and Finance, Financial Management, Journal of Applied Corporate Finance 그리고 Journal of Futures Markets 등에 글을 실었고, Financial Management에 실린, 항공 산업에서의 항공유 헤징이 기업 가치 평가에 미치는 효과에 관한 논문(David Carter 및 Betty Simkins와 공저)은 2006년 에디슨-웨슬리상을 공동 수상했다. 로저스는 항공사 및 석유 제품 유통회사에서 항공유 및 디젤유 구매 및 상품 가격의 리스크 관리를 담당하는 임원으로도 일했다.

베티 J. 심킨스(Betty J. Simpkins)는 오클라호마 주립대학교 Williams Companies 경영대학원 교수이자 파이낸스 교수로 아칸사스 대학교에서 화학 공학 학사 학위를, 오클라호마 주립대학교에서 MBA 학위를 받았고, Case Western Reserve 대학교에서 박사 학위를 받았다. 또한 베티는 금융 분야에서도 활발히 활동하고 있으며, 현재 Eastern Finance Association의 Trustees 공동 부의장(전직 사장), 금융 관리 협회(Financial Management Association; FMA) 이사회 위원, Applied Finance Journal 공동 편집인, FMA 온라인 저널(FMA의 온라인 저널) 집행 편집인이다. 베티는 Journal of Finance, Financial Management, Financial Review, Journal of International Business Studies, Journal of Futures Markets, Journal of Applied Corporate Finance 그리고 Journal of Financial Research등에 30 편이 넘는 논문을 발표했으며, 학계의 컨퍼런스에서 다수의 최우수 논문상을 수상했다.

전사 리스크 관리 – 실무 현장 사례 연구

윌리엄 G. 쉥커(William G. Shenkir)–버지니아 대학교 매킨타이어 상업 대학 윌리엄 스템프스 패리시 명예교수

토마스 L. 바턴(Thomas L. Barton)–노스플로리다 대학교 캐스린 및 리처드 킵 회계학 교수

폴. L. 워커(Paul L. Walker)–버지니아 대학교 회계학 부교수

> 침략하는 군대에는 저항할 수 있지만, 성행(盛行)하는 아이디어에는 저항할 수 없다.
> –빅토르 위고(Victor Hugo)

개요

이 장을 집필하고 있는 현재, 미국 경제는 많은 사람들이 대공황 이후 최악의 금융 위기라 부르는 상황으로 비틀거리고 있다. 현 상황에 대해 분석가들은 다음과 같이 묻고 있다. "어떻게 그렇게 많은 유능한 임원들, 규제 당국, 의회 그리고 행정부가 서브프라임 모기지 시장과 유동화된 서브프라임 대출 및 신용 부도 스왑과 같은 관련 분야의 거대한 리스크를 과소평가할 수 있었는가?" 현재의 위기는 일부 조직들에서 이익 추구와 의문스러운 리스크 관리 관행이 결합되었음을 암시하는 듯하다.

현재의 금융 위기가 발생하기 전에 일부 선도적인 여론 주도 기관들은 ERM을 시행할때가 되었음을 알아차렸다. 1999년 전국 기업 임원 협회(National Association of Corporate Directors; NACD)의 블루리본 위원회는 감사위원회가 "중요한 성과 척도들과 자신이 감독하는 핵심 리스크에 반응을 보이는, 적시적이고 초점이 있는 정보를 정의하고 이를 사용해야 한다"는 결론을 내렸다(National Association of Corporate Directors 1999, 2쪽). 또한 이 위원회는 감사위원회는 "각각의 중요한 비즈니스 부문별 정기적 리스크 검토"를 포함하는 위원회 의제를 개발

해야 한다고 덧붙였다(National Association of Corporate Directors 1999, 3쪽). 리스크에 대한 이러한 인식에 대한 추가적인 증거를 들자면, 재무 담당 임원 협회(Financial Executives Institute)가 2000년에 최고 재무 책임자와 재무 콘트롤러들을 상대로 실시한 서베이는 "비즈니스 및 재무 리스크의 핵심 영역들"을 감사위원회의 가장 중요한 감독 분야로 꼽았다(재무 담당 임원 협회 2000년 1월 12일).

ERM은 비교적 새로운 영역이지만, 일부 회사들은 이를 여러 해 동안 시행해 오고 있으며 ERM 분야에서 성숙함을 보이고 있다. 이번 장은 이 회사들로부터 배울 수 있는 몇 가지 핵심적인 사항들을 보여 준다.[1]

ERM 프로세스로부터 배울 점들

ERM은 많은 형태와 명칭을 지닐 수 있는 반복적이고 훈련된 프로세스이지만 대개 전략 및 목표를 명확히 하기, 리스크 식별, 리스크 평가, 이러한 평가에 의거한 조치, 리스크 모니터링과 같은 핵심적인 단계들을 포함한다. ERM이 성공하기 위해서는 시행 초기에 최고위급(CEO, CFO, 최고 감사 임원)의 확고한 지원이 필수적이다. 그러한 의지가 없으면 ERM과 같이 중요한 프로젝트는 필요한 지원 및 자원을 받지 못하고 심지어 존속하지 못하게 될 수도 있다.

전략 및 목표를 명확히 하기

조직들은 자신의 리스크를 식별하기 전에 전략 및 관련 목표들을 명확히 해야 한다. ERM이 회사 전체에 적용될 경우 회사의 전략적 목표들이 이에 해당될 수 있다. ERM이 특정 부서나 신규 프로젝트에 적용될 경우에는 그 부서나 프로젝트의 목표가 이에 해당할 수 있다. 예를 들어, 어느 에너지 회사는 ERM을 전체 조직의 리스크 식별 및 관리뿐 아니라, 새로운 e-비즈니스 사업에도 적용했다(워커, 쉥커 그리고 바턴 2002, 63쪽).

애초에 전략 및 목표에 초점을 맞추지 않으면 매니저들은 매일매일의 노력 및 리스크 관리 프로세스가 어떻게 조직의 목적과 연결되는지 알 길이 없다. 회사들이 ERM을 통해 얻게 된 초기의 교훈들 중 하나는 고위 경영진, 운영상의 매니저 그리고 일반 직원을 포함한 회사의 많은 계층들이 자기 조직의 전략과 목표들이 무엇인지, 그 의미는 무엇인지 모르고 있으며, 따라서 전략과 목표가 자신의 일상 업무와 어떻게 연결되는지 모른다는 것이었다. ERM은 회사에게 조직의 전략 및 목표를 식별하고 이에 초점을 맞추게 한다. 실제로 일부 회사들은 다음 단계로 넘어가기 전에 일시적으로 ERM 시행 프로세스를 중단하고, 조직의 전략 및 목표를 명확히 하고 이를 해석하는 데 시간을 보내야 했다. 어느 주요 소매업자는 적절하게 비전, 전략 그리고 목표들에 초점을 맞추고서 ERM 프로세스를 시작했다(워커, 쉥커 그리고 바턴 2002, 129쪽).

전형적인 ERM 프로세스에서는 리스크가 넓게 정의되어 조직의 목표 달성을 방해하는 모든 사건 또는 행동을 포함한다. ERM은 모든 관련인들에게 우선순위를 강화해 주며, 궁극적으로는 이 우선순위를 둘러싼 리스크에 초점을 맞추게 한다. 우선순위와 리스크를 아는 것은 이해관계자들에게 가치를 창출하고 회사를 성공적으로 관리하는 데 있어서 필수적이다. ERM 프로세스 오너 역을 수행했던 어느 감사 담당 임원은 이렇게 말했다. "조직이 위대함으로 나아가는 길목에서 움츠러들어서는 안 된다. 조직은 성장해야 하는데, 훌륭한 리스크 관리는 성공적인 성장의 열쇠 중 하나이다"(워커, 쉥커 그리고 바턴 2002, 87쪽).

리스크 식별

회사들은 Box 24.1에서 보는 바와 같이 다양한 방법을 사용하여 자신의 리스크를 식별한다. 회사들이 어떻게 리스크를 식별했는지에 관해 연구해 보면, 한 가지 기법이 모든 회사에 들어맞지 않는다는 것을 발견할 수 있다. 아래에 리스크 식별에 대한 4개 회사의 접근법을 비교해 본다.

1. A회사는 비즈니스 부문들에게 특정 기법을 미리 제시하지 않고 각자 자신에게 가장 적합한 기법을 선택하게 했다.
2. B회사는 조직의 전략에 내재된 리스크에 초점을 맞추고서 고위 임원들을 대상으로 진행자의 도움을 받는 워크숍 방법을 사용했다. 그들은 가능한 리스크들에 대해 브레인스토밍을 하도록 요청되었다. 모든 비즈니스 부문의 고위 임원들이 참석함으로써 이들이 리스크와 목표들이 어떻게 서로 연결되어 있는지, 그리고 리스크들이 각각의 비즈니스 부문에 어떻게 달리 영향을 줄 수 있는지 배우게 되어서 이 프로세스의 가치가 크게 향상되었다. 이 세션들은 또한 참가자들에게 리스크에 대해 익명으로 투표하게 하는 소프트웨

어를 사용하여 영향 면에서 리스크의 등급을 부여하게 했다. 이 회사는 익명성이 결과의 신뢰도를 높였다고 믿었다.

3. C회사는 여러 기법들을 혼합하여 사용했다. 처음에는 각 운영 부문들에 설문지를 보내 그들의 전략 및 목표를 10개 이내로 열거하고, 이 전략 및 목표에 영향을 주는 리스크들을 식별하고, 이 리스크들에 기여하는 요소들을 나열하고, 이 리스크들을 경감하기 위해 시행 중인 경영진의 조치나 통제를 언급하고, 마지막으로 그들의 기회 포착 및 리스크 관리 태세를 평가해 달라고 요청했다. 작성된 설문지를 수령한 뒤에 내부 감사 부문(이 부문은 ERM 프로세스를 진행하기는 했지만 리스크에 대한 오너는 아니었다)은 수령한 정보를 명확히 하기 위한 인터뷰를 실시하고 그 결과를 요약했다. 워크숍 진행 기술에 대해 특별히 훈련을 받은 내부 감사 직원들에 의해 워크숍이 실시되었으며, 이를 통해 영향 및 발생 가능성 면에서 리스크에 등급을 부여했다.

4. D회사는 부문에 설문지를 사용하지 않고 진행자의 도움을 받는 워크숍에서 대면 토론을 실시하여 리스크를 식별하도록 지시했다.

BOX 24.1

리스크 식별 기법

내부 인터뷰 및 토론

- 인터뷰
- 설문지
- 브레인스토밍
- 자체 평가 및 기타
- 진행자의 도움을 받는 워크숍
- SWOT(강점, 약점, 기회, 위협)분석

외부의 원천

- 다른 조직들과의 비교
- 동료 집단과의 토론

- 벤치마킹

- 리스크 컨설턴트

도구, 진단술, 프로세스

- 체크리스트

- 흐름도

- 시나리오 분석

- 가치 사슬 분석

- 비즈니스 프로세스 분석

- 시스템 공학

- 프로세스 매핑

출처: AICPA 2000.9.

리스크 식별 프로세스는 해당 조직에 리스크 언어(risk language)를 만들어 낸다. 회사들은 자체의 리스크 프레임워크를 개발하거나 다른 조직의 프레임워크를 자기 조직의 독특한 특질에 맞춰 수정한다. 보기 24.1은 모든 회사에 적용할 수 있는 일반적인 리스크 템플릿의 예를 제공한다. 보기 24.2는 조직의 특정 부문에서 자신의 특정 리스크에 중점을 두고 사용할 수 있는 일반적인 리스크 템플릿의 예이다. 이 템플릿들은 참가자들이 다양한 리스크들을 고려하고 리스크 식별 프로세스를 시작하도록 도와주는 데 유용하게 사용될 수 있다. 리스크 템플릿들은 또한 리스크들을 범주화하여 고위 경영진 및 이사회에 보고하기 위해 리스크들을 취합하고 리스크를 보다 잘 통합하게 해 주는 귀중한 방법이다.

리스크 평가

ERM 프로세스에서 다음 단계는 리스크를 평가하는 것이다. 보기 24.3은 다양한 기관들에 의해 사용되는 공식적/비공식적, 질적/양적 접근법을 보여 준다(쉥커와 워커 2007a 및 2007b). 일부 회사들은 전통적인 척도를 사용하여 리스크가 회사에 미치는 영향을 경험적으로 검증할 필요가 있다고 믿는다. 하나의 예를 들자면, 어느 회사는 리스크의 심각성 정도를 모르면 시간 및 자본과 같은 귀중한 자원을 낭비할 수 있기 때문에 모든 리스크들을 순영업이익(net operating profit; NOP)의 관점에서 계량화한다. 마이크로소프트에서는 "운영 부문들이 특정 리스크의 모델을 수립하는 것을" 도와주는 조직 재무 그룹 내 "계량화 자원"에 접근할 수 있다(바턴, 셴커 그리고 워커 2001, 128쪽).

많은 회사들은 리스크 평가 결과를 리스크 지도상에 표시한다(보기 24.4를 보라). 리스크 지도는 모든 중요한 리스크들을 요약하여 시각적으로 보여 줄 수 있기 때문에 매우 유용하다. 리스크 지도는 리스크 관리 활동의 80%는 중대한 20%의 리스크에 중점을 둔다는 점에서 80/20규칙을 구현한다(바턴, 셴커 그리고 워커 2001, 136쪽). 이 지도는 고위 경영진과 이사회 등에게 식별된 리스크와 관련 등급을 검토하여, 주요 리스크들의 관리에 보다 더 중점을 둘 수 있게 해 준다.

보기 24.3에서 볼 수 있는 바와 같이 특정 리스크의 영향을 지도 상에 표시하기 위해 이를 측정하는 데 사용할 수 있는 많은 기법들이 있다. 일부 조직들은 영향의 계량화에 더 많은 주의를 기울이며, 앞에서 언급한 바와 같이, 이때 순영업이익에 기초한 척도를 사용하는 경향이 있다. 반면에 발생 가능성은 특정 분야의 리스크 관리 및 모니터링 책임이 있는 참가자들의 합의된 판단에 기초할 수도 있다. 측정 지향적 문화를 지닌 조직들은 영향을 측정하려는 노력이 기울여질 때 ERM이 조직 구성원들에게 보다 쉽게 받아들여진다는 것을 발견했다. 하나의 예를 들자면, ERM을 시행한 어느 조직은 6시그마 문제 해결 프로세스, 즉 정의, 측정, 분석, 개선 그리고 통제에도 전념하고 있다. ERM이 도입되었을 때, ERM 담당 이사는 경영진이 ERM과 6시그마 프로세스의 관계를 인식하고 있음을 관찰하였으며, 그 결과 ERM이 조직 문화 안으로 보다 쉽게 받아들여졌다.

리스크에 대한 조치

조직의 목표를 둘러싼 리스크들이 식별 및 평가되고 나면, 다음 단계는 리스크들을 떼어 내 적절한 조치를 취하는 것이다. 리스크들에 대해 취할 수 있는 조치에는 리스크 수용, 회피, 축소 그리고 공유가 있다. 이렇게 하는 목적은 조직이 다른 조치를 취하기보다는 리스크를 수용하기로 할지라도 리스크에 대해 의식적인 결정을 내리는 것이다. 보기 24.5의 리스크 지도에서는 12개의 리스크들이 식별되었는데, 1번과 8번 리스크들이 영향 및 발생 가능성 모두 높아서 매우 중대하다고 판단되었다. 12개의 리스크들이 추가적

[보기 24.1] 비즈니스 리스크 모델 – 공통의 언어

환경 리스크

경쟁자 재앙적 손실	민감도 소비자/정치적	주주 관계	자본 가용성 법률적 규제상 선업 금융시장	고결성 리스크

프로세스 리스크

오퍼레이션 리스크	권한 부여 리스크	재무 리스크	정보 처리/테크놀로지 리스크	고결성 리스크
고객 만족	리더십	통화	접근	경영진의 사기(fraud)
인적자원	권한	이자율	무결성	직원의 사기
상품 개발	한계	유동성	관련성	불법 행위
효율성	성과 인센티브	현금 이전 속도	가용성	권한 없는 사용
용량	소통	파생상품		평판
성과 부진		결제		
사이클 타임(cycle time)		재투자/롤오버		
조달		신용		
상품 가격 책정		담보		
노후화/감손		거래 상대방		
컴플라이언스				
비즈니스 방해				
상품/서비스 실패				
환경				
보건 및 안전				
상표/브랜드 가치 침식				

의사 결정 리스크 / 정보 리스크

운영상		재무적		전략적
가격 책정		예산 및 계획 수립		환경 조사
계약 준수		완전성 및 정확성		비즈니스 포트폴리오
측정		회계 정보		가치 평가
정렬		재무 보고 평가		측정
완전성 및 정확성		조세		조직 구조
규제상의 보고		연금		자원 할당
		투자 평가		계획 수립
		규제상의 보고		생애 주기

[보기 24.2] 산업 리스크 포트폴리오

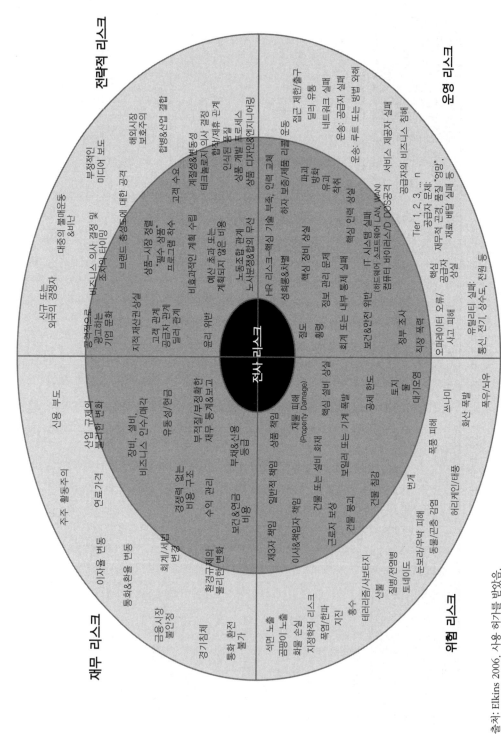

전략적 리스크

해외시장 보호주의
합병&신업 결합
고객 수요
계절성&변동성
테크놀로지 의사 결정
인식된 품질
성품 개발 프로세스
상품 디자인&엔지니어링

부정적인 미디어 보도
대중의 불매운동 &보이컷
비즈니스 의사 결정 및 조직의 타이밍
브랜드 충성도에 대한 공격
상품·시장 정렬 "필수 상품" 프로그램 착수
비효과적인 계획 수립
예상 초과 또는 계획되지 않은 비용
노동조합 관계 노사분쟁&합의의 부산

운영 리스크

접근 제한/출구
딜러 유통
네트워크 실패
운송: 공급자 실패
운송: 루트 또는 방법 와해

마피
방화
유리
착취
핵심 인력 상실
IT 시스템 실패 (하드웨어/소프트웨어 LAN, WAN) 컴퓨터 바이러스/D DoS공격 서비스 제공자 침해 공급자의 비즈니스 실패

Tier 1, 2, 3,...n
재무적 근정, 품질, "영망"
재료 배달 실패 등

핵심 공급자 상실

신규 또는 외국의 경쟁자
공격적으로 광고하는 기업 문화
지적 재산권상실
고객 관계 공급자 관계 딜러 관계
윤리 위반
HR 리스크-핵심 기술 부족, 인력 교체
성희롱&차별
해심 정비 문제
정보 관리 실패
회계 또는 내부 통제 실패
보건&안전 위반
정부 조사
직장 폭력

재무 리스크

신용 부도

산업 규제의 볼리한 변화
장비, 설비, 비즈니스 인수/매각
유동성/현금
경쟁력 없는 비용 구조
부적절/부정확한 재무 통계&보고
수익 관리
보건&연금 비용

절도
황령

전사 리스크

주주 활동주의
연료가격

이자율 변동

통화&현물 변동

회계/세법 변경
환경규제의 볼리한 변화

금융시장 불안정
경기침체
통화 불가

석면 노출
곰팡이 노출
화물 손실
지정학적 리스크
폭암/한패
지진
홍수
테러리즘/사보타지
질병/전염병
토네이도

부채&신용 동급
일반적 책임
이사&책임자 책임
근로자 보상
보일러 또는 기계 폭발
건물 몰리

제3자 책임

상품 책임
재물 피해 (Property Damage)
건물 또는 설비 화재
건물 첨감

공제 한도
토지

물

대기오염

제정/전염병
눈보라/우박 피해
동물 전동군 강염

목초/낙우

쓰나미

화산 폭발

폭우 피해

목초 폭발

번개

하리케인/태풍

위험 리스크

출처: Elkins 2006. 사용 허가를 받았음.

558

[보기 24.3] 평가 및 측정에 사용되는 질적 및 양적 방법들

질적

리스크 식별
리스크 등급
리스크 지도
영향 및 가능성을 표시한
　리스크 지도
리스크를 목표 또는
　본부별로 매핑
리스크들의 상관관계 파악

질적/양적

리스크 영향 검증
리스크 발생 가능성 검증
상관관계 검증
리스크를 반영한 수익
이익/손실 곡선
토네이도 차트
시나리오 분석
벤치마킹
순 현재가치
전통적 척도

양적

확률적 기법:
　cash flow at risk
　earnings at risk
수익 분포
주당 이익 분포

난이도 및 요구되는 데이터 정도

출처: 쉥커와 워커 2007a, B-1401쪽; 쉥커와 워커 2007b, 12쪽.

[보기 24.4]　리스크 지도

	금액		발생가능성				
중대함	1,500만 달러 초과	5					
높음	1,000만~1,500만 달러	4					
보통	500만~1,000만 달러	3					
낮음	100만~500만 달러	2					
사소함	100만 달러 미만	1					
순영업 이익률로 측정된 연간 영향			1	2	3	4	5
1년 동안 발생할 확률			10% 미만	10~30%	30~60%	60~90%	90% 초과
			매우 낮음	낮음	보통	높음	매우 높음

인 조치를 취하기 전의 고유한 상태에서 리스크 지도 위에 표시되었다. 다소의 리스크 경감 조치를 취하면 1번과 8번 리스크가 화살표 방향으로 옮겨 가는데, 이는 경감 조치를 취한 뒤의 잔여 리스크를 의미한다. 이제 남은 질문은 다음과 같다. 경영진이 잔여 리스크를 수용할 수 있는가? 이 질문에 대답하려면 리스크를 추가적으로 감축할 때의 효용 대비 추가적인 리스크 경감 조치의 비용 분석이 필요하다. 경감에 있어서 또 하나의 이슈는 일부 리스크들에 상관관계가 있는지 인식하는 것이다. 예를 들어, 현재는 비테라(Viterra)의 일원인 유나이티드 그레인 그로우어스(United Grain Groers)는 그들이 ERM 프로세스에 착수하기 전에는 알지 못했던, 상관관계가 매우 높은 비즈니스 리스크들을 발견했다. 이에 따라 그들은 이 리스크들의 일부를 함께 묶은 파이낸싱 패키지를 통해 이전 및 감축시켰으며, 결합된 리스크 관리 비용을 낮췄다(바턴, 쉥커 그리고 워커 2001, 161쪽).

[보기 24.5] 리스크 지도

리스크 모니터링

프로세스 및 조치들이 시행되고 나면 마지막 단계에는 리스크 모니터링이 포함된다. 모니터링은 조직 상하좌우로의 소통과 관련된다. 이는 또한 다양한 계층의 경영진, 리스크 위원회 그리고 내부 감사인에 의한 정기적인 보고 및 후속 조치도 포함한다. 또한 모니터링은 이사회의 감독 및 검토도 포함해야 한다. ERM에서 전개되고 있는 모니터링 방법 중 하나는 리스크 스코어카드의 일환으로 (목표를 겨냥한) 핵심 성과 지표(KPI) 또는 척도 사용과 관련이 있다.[2] KPI가 KRI의 하나로 사용될 수도 있으며, 양자가 각각 별도로 사용될 수도 있다. 리스크와 관련된 이 척도들은 주요 리스크들의 개선을 모니터하고 이 개선을 다시 현금 흐름 및 수익 향상에 연결시키는 귀중한 수단이 될 수 있다. 하나의 예를 들자면, 월마트는 척도를 개발하여 이를 스코어카드에 구현해서 리스크 성과를 추적 관리하고 회사의 리스크 관리 개선 여부를 판단한다. 그들은 또한 이 척도를 사용하여 ERM 프로세스에 의해 부가된 가치를 결정한다(워커, 쉥커 그리고 바턴 2002, 134쪽). 척도에 대한 논의는 뒤에서 스코어카드에 대해 논의할 때 좀 더 다룬다.

ERM을 지속적인 경영진의 조치에 통합한 경험에서 배울 점

어느 주요 회사의 ERM 담당 이사는 최근에 자기 회사의 목표는 "ERM을 비즈니스의 리듬에 내재화"하는 것이라고 말했다. ERM을 비즈니스의 리듬 안으로 통합시킬 수 있는 몇 가지 기회들은 다음과 같다. 전략 수립, 균형 스코어카드(balanced scorecard; BSC), 예산 수립, 내부 감사, 비즈니스 연속성 계획 수립과 위기 대응 태세 그리고 기업 거버넌스(쉥커와 워커 2006a와 2006b; 쉥커와 워커 2007a) 등이다.

전략 수립과 ERM

전략 수립, BSC 그리고 예산 수립이 보기 24.6에 묘사되어 있다. ERM에 대한 COSO의 견해는 ERM 시행이 전략 수립과 함께 시작된다고 말하는 점에서 색다르다(COSO 2004a, 4쪽). ERM과 전략 형성이 각자 독립적이라고 보기 쉽지만, 이들은 보완적 활동이라고 보는 것이 적절하다. 전략이 이에 부수하는 리스크 식별 및 이들 리스크의 평가와 관리 없이 고안될 경우 실패할 위험에 처해지게 된다. 이러한 선상에서 ERM 시행이 완전해지려면 회사의 전략에 연계된 총체적 리스크 식별에서부터 시작해야 한다(나구모(Nagumo) 2005).

[보기 24.6] 전략, BSC 그리고 예산

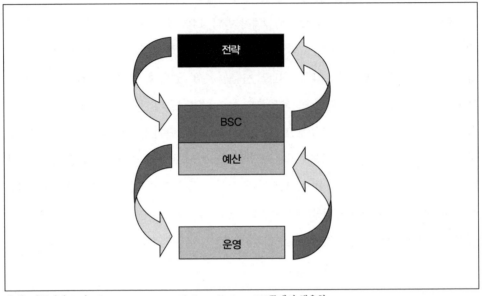

출처: 카플란과 노턴, The Strategy Focused Organization, 275쪽에서 채용함.

관찰자들은 전략적 리스크를 제대로 관리하지 못한 것이 주주 가치 하락의 주요 원천이었음을 지적하였다. 두 개의 중요한 연구들이 이 주장을 지지한다. 머서 경영 컨설팅은 1993년-1998년의 기간에 대하여 포춘 1000기업의 가치 파괴를 분석했는데, 이 회사들의 10%가 1개월 이내에 주주 가치의 25%를 상실했음을 발견했다. 머서는 이 손실의 근본 원인을 추적할 수 있었는데, 58%는 전략적 리스크에 의해 격발되었고, 31%는 운영 리스크에 의해 그리고 6%는 재무 리스크에 의해 격발되었으며, 재해 리스크(hazard risk)가 원인인 경우는 한 건도 없었다(이코노미스트 인텔리전스 부문 2001, 8). 부즈 알랜 해밀턴은 1999년에서 2003년까지 (주식 시가 총액이 10억 달러를 초과하는) 1,200개의 대기업을 분석했다. 해당 기간 중 가장 성과가 저조했던 S&P 500이 벤치마크로 정해졌다. 가장 성과가 부진한 회사들은 S&P를 추종하는 회사들로 파악되었다. 이 연구는 전략상 및 운영상의 실패가 주주 가치 상실의 주요 요인이라고 결론지었다. 가장 성과가 나쁜 360개 기업에 대해 가치 파괴의 87%는 전략적 리스크 및 운영상 리스크를 제대로 관리하지 못한 데 기인하였다(코쿠렉(Kocourek) 외, 2004).

회사의 전략 수립 과정에서 최고 경영진은 전략적 기회를 분석하고 이의 달성을 위협할 수 있는 요인들을 파악한다. 각각의 전략적 기회들에 내재된 리스크들이 리스크 지도 상에 표시되며, 조직 구성원의 기술과 자본 측면의 회사 역량에 비추어 대안들이 평가될 수 있다. 또한 리스크들이 회사의 리스크 성향에 어떻게 정렬되는지에 관해 점검할 수도 있다.

리스크 성향 개념은 ERM 및 전략 수립에 있어서 중추적인 역할을 하는 바, 이는 조직이 자신의 역량 및 이해관계자들의 기대에 비추어 수용할 용의가 있는 전반적인 리스크 수준을 일컫는다. 2008년의 금융 위기에서 우리는 일부 이사회와 경영진은 조직의 리스크 성향을 명확하게 소통하지 않았거나, 심지어 자신들이 떠안고 있는 리스크를 이해하지 못했던 것을 보게 되었다. 또한 일부 회사에서는 리스크들이 서로 독립적이기라도 한 듯이, 그리고 경영진과 이사회가 조직이 직면한 모든 잠재적이고 서로 연결된 리스크들에 대해 통합된 관점을 제공해 주는 정보를 요구하지 않은 채 따로따로 관리되었다(모겐슨 (Morgenson) 2008a와 2008b).

전략적 기회들을 고려함에 있어서, 회사는 리스크 성향을 의사 결정 프로세스 안으로 들여 올 수 있다. 아래에 예를 제시한다.

- **리스크 회피** 전략적 기회들 중 회사의 리스크 성향을 벗어나는 기회들에 대해서는 이를 추구하지 않기로 하는 의식적인 결정이 이루어진다.
- **리스크 수용** 다른 전략들은 리스크가 있기는 하지만, 이를 관리하고 주의 깊게 모니터할 수 있으면 이 전략을 추구할 것이다(예컨대 리스크가 높은 국가 사업).
- **리스크 공유** 또 다른 전략은 위험하기는 하지만, 합작 법인을 통해 이를 추구하기로 하는 결정이 내려질 수 있다.
- **리스크 축소** 상당한 리스크가 내재되어 있는 또 다른 전략은 점진적으로 추구될 수 있다.

ERM은 리스크들이 식별되고 회사의 리스크 성향에 비추어 전략적 기회들이 평가되기 때문에 전략 수립을 개선시킨다. 예를 들어, 대개 환경 조사에서부터 전략 수립 프로세스가 시작되는데, 이를 종합적으로 수행하면 리스크 및 기회들이 밝혀진다. 그렇지 않을 경우 ERM은 적절한 토대가 결여된다. ERM과 전략 수립의 통합은 전략 및 리스크에 초점을 맞추는 조직을 위한 토대를 형성한다(쉥커와 워커 2006a).

회사의 전략 수립 프로세스는 인수 및 합병을 통한 성장에 관한 의사 결정과 관련이 있을 수도 있다. ERM은 어느 회사를 인수하기로 한 최초의 의사 결정 프로세스, 인수된 회사와의 통합 그리고 인수 후의 평가 안으로 효과적으로 통합될 수 있다. 예를 들어, 현재는 린드 그룹(Linde Group)의 일원인 BOC 그룹(게이츠와 헥스터 2005, 18쪽)은 다양한 산업의 사용자들에게 다양한 가스를 공급하는 영국 회사인데, 이 회사는 리스크 평가를 인수 및 합병 프로세스 안으로 통합했다(보기 24.7을 보라).

[보기 24.7] 인수 시의 리스크 관리

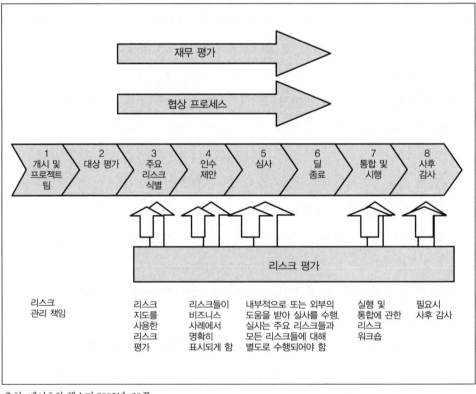

출처: 게이츠와 헥스터 2005년, 20쪽.

BOC의 리스크 관리팀은 인수 대상 회사를 평가함에 있어서 인력 상의 이슈, 재무 리스크 그리고 해당 회사 인수의 전반적인 영향과 같은 핵심 영역들에 초점을 맞춘다. 이 이슈들을 다룸에 있어서 인수 대상 회사 건에 대한 토론은 대상 회사의 비즈니스 환경에서 이 회사와 관련된 리스크, 대상 회사가 BOC에 미칠 수 있는 영향, 이 회사의 재무 상태, 인수 후 인수 대상 회사의 미래 그리고 이 회사의 운영상의 복잡성에 주안점을 둔다.

BOC의 고위 경영진과 이사회에 제출되는 인수 제안은 대상 회사에 대한 시초의 리스크 평가를 포함한다. 이사회에서 인수가 승인되면 리스크 관리팀은 리스크들을 주요 리스크들과 기타 리스크들로 분류하여 실사 활동을 조정한다. 합병이 완료되면 리스크 관리팀은 주요 리스크들을 피흡수 회사의 직원들에게 통합하기 위한 노력을 이끈다. 마지막으로 리스크 관리팀은 통합 후 평가 프로세스에 관여해서 "이용해야 할 리스크들이 있었는가?"와 같은 질문을 한다(게이츠와 헥스터 2005, 20쪽).

BSC와 ERM

BSC는 회사의 전략을 조직 전체에 소통하고 단계적으로 하부로 내려 보내는 도구이다. 전통적인 BSC는 회사의 전략을 (1) 고객, (2) 내부 프로세스, (3) 혁신과 학습, (4) 재무와 같은 4개의 핵심적인 관점에서 포착한다. 실무상으로는 이 4개의 관점에 대한 변형이 존재한다.

BSC는 1990년대 초에 시작되었으며(카플란과 노턴, 1992), ERM이 발전함에 따라 일부 조직은 성과 관리를 강화하기 위해 자신의 BSC 시스템을 ERM과 통합하였다. BSC에서는 각각의 관점에 대해 목표들이 정해진다. ERM은 목표에 대한 이해로부터 시작한다. 각각의 BSC 관점에 대해 척도(KPI)들이 선정되고 세부 실행 타깃들이 정해진다. ERM은 4개의 관점에서의 목표 달성을 저해할 수 있는 사건들(리스크들)의 식별을 통해 BSC에 가치를 부가한다. 경영진은 KPI를 모니터함으로써 리스크 경감 노력들이 얼마나 효과를 발휘하고 있는지 평가할 수 있다. 각각의 관점에 대한 KPI들은 비록 원래 목적은 KRI 역할을 하는 것이 아니었지만, 그럼에도 불구하고 KRI 역할을 할 수도 있다. 예를 들어, 고객 만족 목표가 달성되지 않을 경우, 이는 반드시 식별되어야 할 추가적인 리스크가 있음을 나타낸다. 사실상 전략 및 리스크 양자에 대한 모니터링에 동일한 척도가 사용될 수 있다.

보기 24.8에서 볼 수 있는 바와 같이 전통적인 BSC가 ERM과 통합되어 각각의 관점에서 목표에 관련된 리스크의 관리 및 모니터에 사용될 수 있다(솅커와 워커 2006a와 b, 2007a). 이 그림은 한 회사가 어떻게 각각의 BSC 관점에서 식별된 주요 리스크들에 대한 리스크 스코어카드를 사용하여 리스크 관리 책임을 할당했는지를 보여 준다. 이 특별한 리스크 스코어카드는 특정 관점에 대한 특정 목표로부터 시작한다. 다음에 이들 각자의 목표에 대한 주요 리스크들 및 제안된 통제 프로세스들이 파악된다. 중점 영역은 리스크들을 전략적, 운영상 그리고 재무적 리스크로 분류한다. 다음 사항을 질문함으로써 리스크 경감 활동에 대한 경영진의 자체 평가가 기록된다. "리스크 경감 조치가 갖춰져 있는가? 그러한 조치는 얼마나 효과적인가?" 마지막 열은 리스크 오너, 즉 해당 리스크를 관리할 책임이 있는 사람 파악에 중점을 둔다. 회사의 인트라넷에 유지되고 있는 리스크 스코어카드는 매니저들에게 언제라도 이 스코어카드를 검토할 수 있게 해 줌으로써 해당 리스크 관리에 대한 책임성을 강화한다.

예산 수립과 ERM

한 회사의 예산은 조직의 장기 전략을 달성하기 위한 당해 연도의 재무적 의지를 보여 준다. 연간 예산은 ERM과 통합되어 전략적 비즈니스 부문의 리더들이 무엇이 재무 계획 및 기타 전략적 목표 달성에 대한 리스크라고 생각하는지에 대한 통찰력을 제공한다. 전통적인 예산 수립 프로세스에서는 전략적 비즈니스 부문의 리더들이 고위 경영진에게 이익 계획을 제출하며, 경영진은 조사 및 질문을 통해 이 숫자에 내재된 리스크를 밝혀낸다. ERM이 잘 시행되고 있는 회사들은 각각의 운영 부문들이 자신의 예산을 제출할 때 해당 부문의 리스크 지도를 포함시키도록 요구할 것이다.

(보기 24.5 및 24. 6에서와 같은) 이 리스크 지도들은 고위 경영진에게 당해 연도의 재무적 목표 및 기타 전략적 목표와 관련된 주요 리스크들에 관한 정보를 제공해 준다. 리스크 지도는 고위 경영진이 예산상의 내재된 리스크를 별도로 파악하기 위한 시간을 낭비하지 않고 예산 검토 프로세스에 중요한 통찰력을 얻을 수 있게 해 준다. 운영 부문들이 자신의 예산 목표 달성에 대한 리스크를 알고 있어야 한다는 것은 명백하다. 리스크 지도는 고위 경영진이 전략 계획 수립 시 식별한 리스크들을 운영 부문들이 예산에서 식별한 리스크들과 비교할 수 있게 해 준다는 유익을 주기도 한다. 이 둘 사이에 차이가 있을 경우 이를 보다 깊이 분석할 수 있다.

[보기 24.8] BSC와 전략적 리스크 평가

번호	학습 및 성장 목표			제안된 통제 프로세스	중점 영역	구비 여부	경감 프로세스			
	목표	리스크 번호	리스크				효과성*	비고	시정 조치 오너

*효과성 등급: 1~10까지 있으며, 10은 매우 효과적임을 의미함.

전사 리스크 관리 – 실무 현장 사례 연구 567

예산에 리스크 지도가 첨부되면, 고위 경영진은 보기 24.5의 1번 및 8번 리스크와 같은 큰 영향/고 빈도 리스크들에 대한 리스크 경감 의사 결정과 관련된 비용에 대해 질문할 수 있다. 또한 이 그림에서 5번 및 9번과 같은 리스크들에 대해 경감하지 않기로 결정한 경우, 그렇게 결정함으로써 해당 부문의 비용 구조에 미칠 수 있는 영향을 이해하는 것이 중요하다. 또 하나의 관련 이슈는 특정 리스크의 경감 또는 수용 비용이 해당 부문에서 판매하는 상품 또는 서비스의 가격에 반영되는 정도이다. ERM이 예산 검토 프로세스와 결합하면 예산 목표, KPIs 그리고 기타 전략적 목표 달성에 방해가 되는 리스크를 보다 깊게 토론하고 이를 더 잘 이해할 수 있게 된다. ERM과 예산 수립의 결합은 또한 리스크 식별을 한층 더 심화시켜 줄 수 있다. 어느 회사에서는 경영진이 자기 회사의 예산상 압박이 너무 빠듯해서 신상품 및 비즈니스 영역을 개발할 전략적 기회를 놓치고 있음을 깨달았다.

내부 감사와 ERM

내부 감사 및 최고 감사 책임자는 특히 내부 감사가 패러다임의 변화를 겪은 조직의 경우, ERM 시행 및 이를 조직 전체에 통합시킴에 있어서 중요한 역할을 할 수 있다(맥나미와 셀림 1998). 이러한 패러다임 변화에는 내부 통제 접근법에서 비즈니스 리스크 접근법으로의 이동, 그리고 중요한 내부 통제 테스팅에서 중요한 비즈니스 리스크 조사로의 이동이 포함될 수 있다. 이러한 패러다임 변화를 반영하기 위해 내부 감사인 협회(IIA)는 내부 감사의 정의를 다음과 같이 바꾸기까지 하였다. "내부 감사 활동은 가치를 부가하고 조직의 운영을 개선하기 위해 고안된 독립적이고 객관적인 어슈어런스 및 컨설팅 활동이다. 내부 감사는 **리스크 관리** 통제 및 거버넌스 프로세스의 효과성을 평가 및 개선하기 위한, 체계적이고 훈련된 접근법을 채택함으로써 조직의 목표 달성에 도움을 준다"(IIA, 강조는 저자가 첨가함). 내부 감사인과 최고 감사 책임자의 사고 변화는 전체 조직이 리스크를 관리하는 방법을 변화시킴에 있어서 도움을 필요로 하는 고위 경영진에게 귀중한 가치가 있다. 그러나 ERM은 전적인 내부 감사 활동이 아니라는 점을 기억해야 한다. 진정으로 효과가 있으려면 ERM에 다양한 계층의 경영진 및 직원들이 관여해야 하며, 전략, 오퍼레이션, 회계, 정보 기술(IT) 그리고 인사를 포함한 비즈니스의 모든 측면에 통합되어야 한다.

캐나다 우편 공사(Canada Post Corporation; CPC)는 ERM을 철저히 수용한 조직 중 하나이다(워커, 쉥커 그리고 바턴 2002). 이사회는 최고 감사 책임자에게 조직이 직면한 가장 큰 리스크들에 대해 연례 평가를 실시하고, 이러한 리스크들에 대한 통제의 효과성을 평가해 달라고 요청했다. CPC는 리스크 및 통제 평가 요청의 세 가지 질문에 답하기 위해 고안된 동태적 리스크 평가 및 도우미(Dynamic Assessment of Risk and Enablers; D.A.R.E.)라 불리는 통합 리스크 관리 프로세스를 개발했다.

- CPC가 목표를 달성할 것 같은가?
- CPC는 중요한 리스크들을 관리하고 있는가?
- CPC는 기회들을 인식하고 이에 대해 조치를 취하고 있는가?

명백히 이 질문들은 21세기의 모든 조직들이 물어야 할 질문인 듯하다.

D.A.R.E. 프로세스는 내부 감사 부서에 의해 개발되었으며, CPC의 전반적인 리스크 프로세스와 연결되어 있다. CPC가 관리하고자 하는 리스크들은 목표를 달성하지 못하게 하는 모든 것으로 넓게 정의되었다. CPC는 자신의 활동에 독특한 자체 리스크 프레임워크를 개발했다. CPC는 조직에 미치는 잠재적 영향을 결정하기 위해 리스크에 등급을 매기는데, 이는 일반적인 ERM 관행에 일치한다. 특정 수준을 넘는 등급이 매겨진 리스크들에 대해서는 리스크 오너에 의한 조치 계획이 요구된다. 내부 감사 부문 또한 이 조치 계획들을 사후 관리하며, 종결되지 않은 조치 계획들과 이의 진전 상황을 이사회에 보고한다. 이 프로세스는 CPC에서의 기업 거버넌스를 크게 강화한다.

비즈니스 연속성 계획, 위기 대비와 ERM

리스크를 식별하려는 노력이 아무리 탄탄할지라도 일부 알려지지 않은 리스크들은 끝까지 모르는 채로 남아 있을 것이다. 회사는 ERM 프로세스의 필수 구성 요소인 비즈니스 연속성 계획 및 위기관리 계획을 통해 알려지지 않은 리스크에 대비할 수 있다. 특정 리스크가 아니라 ERM 프로세스의 오너가 비즈니스 연속성에 대해서도 감독하는 경우가 흔하다(워커, 쉥커 그리고 바턴 2002, 99쪽).

채팅 룸, 블로거, 게시판, 전자우편 목록, 독립적인 뉴스 웹 사이트, 기타 인터넷 기반 새로운 미디어가 정보의 지형을 바꿔 놓았다. 회사는 위기를 인식하고 회사의 평판 및 브랜드에 심각한 피해를 입기 전에 신속하게 대응하여 이를 억제하기 위한 태세를 갖추어야 한다. 회사는 "도상 연습"을 수행하여 위기관리 계획을 테스트하고 모든 핵심 직원들이 자신의 역할을 알게 할 필요가 있다. 또한 위기발생 전에 이에 대한 대응 계획을 전 직원들에게 소통하는 것이 대비의 필수적인 부분이다.

위기가 발생할 경우, 위기는 일반적으로 직선적으로 전개되지 않는다. 이는 위기를 신속하게 인식하여 이를 다루지 않을 경우, 조직 내부 및/또는 외부의 기타 영역들에서 일련의 거래 및 사건들이 촉발될 수도 있기 때문이다(워커, 쉥커 그리고 바틴 2002, 100쪽). 사실 신속하게 억제되지 않으면 한 사건이 눈덩이처럼 불어나 기하급수적으로 전개될 수 있다. 예컨대 어느 회사는 2개 국가에서 오염된 상품을 판매했는데, 일부 구매자들이 병에 걸렸다. 이 회사는 위기를 신속하게 알아차리지 못했으며, 그 결과 2개 국가의 정부가 해당 상품 판매를 금지시켰다. 어느 정도 시간이 흐른 뒤에 이 회사의 CEO는 이들 국가로 출장을 가서 공개적으로 사과했다. 그러나 그때쯤에는 이미 피해가 확산되어 있었다. 회사의 주가는 급락했고, 결국 CEO가 교체되었다.

기업 거버넌스와 ERM

오늘날 기업 거버넌스는 많은 관심을 끌고 있는 바, ERM은 여러 면에서 기업 거버넌스를 강화한다(워커, 쉥커 그리고 바틴 2002, 26~28쪽). 여러 회사의 이사회에서 봉직하는 어떤 인사는 자신이 이사로 있는 회사에서 ERM을 채용하지 않고 주요 비즈니스 리스크들을 식별하지 않은 경우라면 외부 컨설턴트를 고용해서 리스크를 평가하도록 요청한다고 저자들에게 들려줬다. 그는 기업 거버넌스 구조의 일환으로 ERM이 갖추어 있지 않은 회사의 이사회 구성원이 되는 데에 대해 우려를 표했다.

앞에서 언급한 바와 같이, NACD는 감사위원회가 "각각의 중요한 비즈니스 부문별" 정기적 리스크 검토를 포함하는 의제를 개발하라고 제안한다. 또한 리스크를 관리하지 못하면 기회 상실과 주주 가치 상실로 이어지고, 기업 거버넌스를 개선하라는 (내부 및 외부의) 압력이 거세질 수도 있다.

보기 24.9에 묘사된 바와 같이, 이사회 및 감사위원회에 대한 조직이 직면한 핵심 리스크 보고는 ERM이 기업 거버넌스를 개선시킬 수 있는 하나의 방법이다. 흔히 최고 감사 책임자가 ERM 프로세스를 소유하고 이사회 산하 감사위원회에 직접 보고한다.[3] 최고 감사 책임자는 또한 감사위원회에 "내부 감사 부서가 리스크 및 내부 통제의 효과성에 대한 신뢰할 만한 전반적 평가를 제공했는지"를 물어 볼 수도 있다(워커, 쉥커 그리고 바턴 2002, 50쪽).

(리스크 관리에 있어서 내부 감사 부서의 역할에 대한 보다 자세한 논의는 역자의 다른 번역서 『내부 감사와 리스크 관리 프로세스』를 참조하기 바람. 역자 주).

ERM은 이사회 및 감사위원회에 대한 보고를 향상시키는 바, ERM으로 인해 정보의 유형, 양 그리고 빈도가 변한다. 캐나다 우편 공사의 최고 감사 책임자는 모든 주요 비즈니스 리스크들을 감사위원회에 연례 보고하도록 요구된다. 월마트는 보고만이 아니라 이사회에서 입수할 수 있는 정보의 양도 도움이 된다고 보고했다. 월마트의 이사회는 리스크에 관심이 있으며, 자주 경영진이 리스크를 어떻게 관리하고 있는지 묻는다. 그 결과 월마트의 최고 감사 책임자는 이사회에 가장 중요한 리스크들을 보고하고, 리스크 지도를 제출하며, 조치 계획과 주주 가치에의 연결 관계를 논의한다(워커, 쉥커 그리고 바턴 2002, 125쪽).

기업 거버넌스 개선의 또 다른 형태는 최고 리스크 책임자, ERM 위원회 그리고 리스크 후원자 임명으로 나타난다. 예를 들어, 월마트는 리스크 위원회를 설치했으며, 이 위원회는 목표로 삼은 리스크에 대한 진전 사항을 이사회에 보고한다. ERM 프로세스에 대한 리스크 후원자를 임명한 조직이 있는가 하면, 특정 리스크에 대한 리스크 후원자를 둔 조직도 있다.

앞에서 언급한 내부 감사에서 일어난 변화도 기업 거버넌스를 개선한다. 내부 감사인들은 이제보다 비즈니스 지향적인 접근법을 취하고, 비즈니스와 리스크들에 대한 보다 많은 지식을 쌓고 있으며, 이 비즈니스 리스크들에 중점을 두는 방향으로 감사 방법을 바꿈으로써 조직의 리스크를 보다 잘 커버하며 효율성도 높인다. 나아가 내부 감사는 현행 스코어카드와 척도들에 대해 보다 효과적인 사후 관리를 수행할 수 있다. 특히 경영진이 이사회와 감사위원회에 리스크가 보고된다는 사실을 알 경우, 동일한 스코어카드 및 척도들이 경영진의 책임성과 사후 관리 강화에도 사용될 수 있다. 프로세스 리스크 관리의 결과 운영 부문이 개선이 이루어져야 하는 조치 계획을 세우고 이를 관리할 책임이 있는 사람을 특정할 경우 기업 거버넌스가 향상된다. 또한 조치 계획들이 본부에 저장되어 경영진의 검토 및 모니터링을 촉진할 수도 있다.

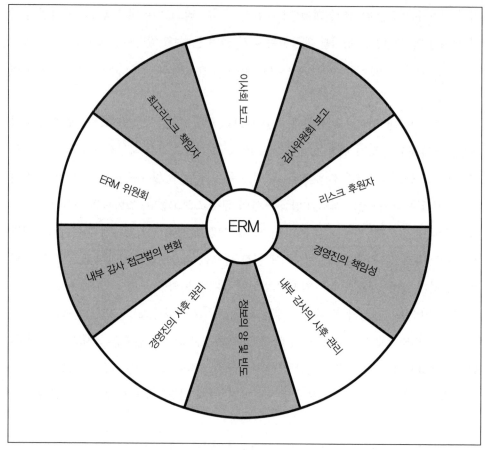

출처: 워커, 쉥커 그리고 바턴 2002, 27쪽.

ERM에서 배울 수 있는 몇 가지 교훈

ERM 사례 연구(바턴, 쉥커 그리고 워커 2001; 워커, 쉥커 그리고 바턴 2002)에서 알 수 있는 한 가지는 각각의 회사들이 ERM이 가치를 부가하고 있다고 믿는다는 사실이다(Box 24.2를 보라). 그러나 가치의 근원은 회사마다 독특한 경향이 있다. 어떤 회사들은 수익 변동성 감소와 보다 예측 가능한 이익 흐름을 ERM의 가치로 본다. 자신의 리스크 식별 조치에 ERM의 가치가 있는 것으로 보는 회사들도 있다. 즉, 이 회사들은 ERM 시행 전에는 자기 회사의 모든 리스크들을 알거나 이해하지 못했다고 인정했다. 대기업들이 자신의 주요 리스크들을 알지 못하는 환경에서 영위되고 있다고 생각하는 것은 다소 놀랄 만하다. 다른 회사들은 자신의 리스크를 앎으로써 잠재적인 파국을 피하는데 도움을 줄 수 있는 확률을 높이는 데에 ERM의 가치가 있다고 말했다.

또 다른 회사들은 리스크들을 통합함으로써 (즉, 한 영역의 조치(CFO 또는 재무관리팀의 조치 등과 같은)가 다른 영역의 조치(회사의 전략 계획 수립 그룹의 조치 등)에 어떤 영향을 주는지 이해함으로써) 큰 가치가 부가되었다는 점을 자랑스러워한다. 일부 회사들은 자신이 일부 리스크들은 과도하게 관리하고 있는 반면 더 중대한 리스크들은 적정 수준보다 덜 관리하고 있다는 사실을 발견했다. 그 결과 이 회사들은 ERM이 경영 관리를 보다 잘 평가하고 자원을 더 잘 배분하도록 도움을 주었다고 믿었다. 리스크 지도 및 질적인 등급에 만족하는 회사들도 있지만, 리스크를 새로운 차원으로 측정하고, 할 수 있는 한 계량화하려는 회사들도 있었다. 그리고 그들은 측정에서 모든 리스크를 파악하지 못한다 해도 지나치게 우려하지 않았다. 한 회사는 자신의 리스크 측정으로부터 특정 부문들은 수익 대비 지나치게 높은 재무적 리스크들을 안고 있음을 알게 되었다. 유나이티드 그레인 그로우어스(현재는 비테라로 바뀌었음)의 전직 CFO인 피터 콕스는 이렇게 말했다. "저는 리스크 관리의 요점은 리스크가 없는 환경 하에서 기업을 운영하려고 노력하는 것이라고는 생각하지 않습니다. 리스크 관리는 리스크를 유리한 방향으로 이용하는 것입니다. 따라서 리스크 관리는 단지 방어적이기만 한 것이 아니라 전략적입니다"(바턴, 쉥커 그리고 워커 2001, 143쪽). 회사들로부터 배울 수 있는 귀중한 교훈들이 Box 24.2에 요약되어 있다. 리스크 식별의 동태적 성격, 이해관계자들의 리스크 성향 이해, 리스크 평가를 의사 결정의 일상적인 부분이 되게 하기, 그리고 리스크 인프라스트럭처 확립 등이 이에 포함된다.

BOX 24.2

가치 있는 핵심 교훈

- 가치 부가에 중점을 둠.
- 효과적인 리스크 관리는 회사가 공식적인 프로세스를 통해 모든 비즈니스 리스크들을 식별할 필요가 있게 한다.
- 리스크가 전사적 관점에서 식별 및 이해되어야 한다.

- 회사의 문화 및 ERM을 이끄는 변화 주도자의 영향으로 인해 천편일률적 접근법은 적합하지 않다. 따라서 ERM 인프라스트럭처는 조직마다 다르다.
- ERM 프로세스의 오너십 대 특정 리스크들의 오너십.
- 리스크 식별은 동태적이어야 한다.
- 리스크들은 영향 및 가능성 면에서 평가되어야 한다.
- 일부 리스크들은 정교한 도구들로 측정될 수 있지만, 이러한 측정은 경영진에게 이해될 수 있어야 한다.
- 이해관계자들(경영진, 주주 등)의 리스크 성향이 고려되어야 한다.
- ERM은 리스크 후원자와 최고위급 책임자의 지원 및 전심전력을 필요로 한다.
- 리스크 및 리스크에 대한 대응 조치를 통합하면 추가적인 통찰력과 가치를 제공할 수 있다.
- 리스크에 대한 고려를 통상적이고 정규적인 의사 결정의 일부분이 되게 하는 것은 ERM으로부터 얻을 수 있는 귀중한 효용이다.
- ERM은 내부 감사의 변화로 이어진다.
- ERM은 기업 거버넌스를 개선시킨다.

출처: 바턴, 쉥커 그리고 워커 2001, 11~33쪽; 워커, 쉥커 그리고 바턴 2002, 11~28쪽.

어느 회사는 ERM 프로세스 자체에 의해 가치가 부가되었다고 강조했다. 사실 월마트의 CFO는 ERM 팀에게 리스크 프로세스를 조직의 부가 가치에 연결시키도록 요구했다. 또한 이 조직들에서 내부 감사의 역할이 중요하기는 했지만, 이 연구에서 인터뷰에 응한 대부분의 최고 감사 책임자들은 ERM에 관여함으로써 내부 감사 부서 자체가 큰 유익을 얻었다고 말했다. 그들은 ERM이 어떻게 감사팀에게 내부 감사인이라기보다 "매니저"인 것처럼 생각하게 했는지 그리고 감사팀이 어떻게 비즈니스 리스크에 대해 보다 잘 알게 되었는지에 대해 언급했다(워커, 쉥커 그리고 바턴 2002).

ERM 노력의 주요 가치라고 언급된 사항 중 하나는 기업 거버넌스의 개선이었다. 이는 리스크 후원자, 리스크 위원회 그리고 일부 경우에는 최고 리스크 책임자를 통해 이루어졌다. 즉, 리스크를 식별 및 평가할 직원들 및 팀을 정함으로써, 조직들은 자기 자신에 대해서 및 리스크에 대해서 전보다 더 잘 알게 되었다. 이 정보, 즉 비즈니스가 직면하고 있는 주요 리스크들을 아는 것만으로도 ERM에 노력을 기울일 가치가 있다. 주요 리스크들에 대한 정보로 무장된 경영진은 취해진 리스크, 실현 이익, 합병 가격, 헤지된 리스크 등을 보다 잘 평가할 수 있으며, 자원을 보다 효율적으로 배분하고, 조직이 이익, 매출 그리고 현금 흐름 목표를 달성할 가능성을 높일 수도 있다. 더욱이 이 정보들은 감사위원회와 이사회에 보고되어 기업 거버넌스 개선이 이루어질 수도 있다. 예를 들어 어느 이사회나 감사위원회가 조직이 직면하고 있는 주요 리스크들과 경영진이 이 리스크들을 관리하기 위해 현재 무슨 조치를 취하고 있는지에 대해 알려 하지 않겠는가?

결론

전사 리스크 관리는 경제적으로 위험한 요즘 시대에 사치품이 아니라 필수품이다. 효과적인 비즈니스 관리는 회사가 자신의 모든 리스크들을 이해하고 이 리스크들을 통일되고, 통합된 방식으로 관리할 수 있는 계획을 갖추도록 요구한다. 그렇게 하지 못하면 다소의 주주 가치 하락에 그칠 수도 있지만, 회사의 재무적 파멸에 이르게 될 수도 있다. 최근의 사건들은 후자의 결과가 시장을 지배하는 대형 기관들에게도 가능성이 희박한 사건이 아니라는 것을 보여 준다.

과거 수년 동안 다양한 규모의 많은 조직에서 ERM이 효과적으로 시행되었다. 이들 중 많은 기관들이 자신의 축적된 지식과 통찰력, 즉 현장으로부터 배운 점을 기꺼이 공유해 주었다. 그들은 ERM이 가치 있는 시도였으며, 주주들에게 상당한 부가 가치를 창출했다고 믿는다. ERM은 미래의 물결이며, 이를 인식하지 못하는 조직들은 스스로를 위험에 빠뜨리는 셈이다.

참고 문헌

American Institute of Certified Public Accountants and Canadian Institute of Chartered Accountants. 2000. Managing risk in the new economy. New York: AICPA.

Barton, T.L., W.G. Shenkir, and P.L. Walker. 2001. Making enterprise risk management pay off. Upper Saddle River, NJ: Financial Executives Research Foundation.

Committee of Sponsoring Organizations of the Treadway Commission (COSO). 1992. International control-

Integrated framework: Executive summary framework. New York: AICPA.

_____. 2004a. Enterprise risk management–Integrated framework: Executive Summary framework. New York: AICPA.

_____. 2004b. Enterprise Risk Management–Integrated Framework: Application Techniques. New York: AICPA. (국내에서는 삼일 회계 법인에서 『전사적 리스크 관리-통합 프레임워크』라는 이름으로 출간하였음).

Economist Intelligence Unit. 1995. Managing business risks?An integrated approach. New York: The Economist Intelligent Unit.

_____. 2001. Enterprise risk management–Implementing new solutions. New York: The Economist Intelligent Unit.

Elkins, D. 2006. Managing risks in global automotive manufacturing operations. Presentation at the University of Virginia (January 23).

Financial Executives Institute. 2000. Survey: Audit committees should focus on key business risks. FEI Press Release (January 12).

Gates, S., and E. Hexter. 2005. From risk management to risk strategy. New York: The Conference Board.

Kaplan, R.S., and D.P. Norton. 1992. The balanced scorecard?Measures that drive performance. Harvard Business Review (January-February): 71-79쪽.

_____ and _____.2001. The strategy-focused organization. Boston, MA: Harvard Business School Press.

Kocourek, P., R.V. Lee, C. Kelly, and J. Newfrock. 2004. Too much SOX can kill you. Strategy+Business (Reprint, January): 1-5쪽.

McNamee, D., and G.M. Selim. 1998. Risk Management: Changing the internal auditor's paradigm. Altamonte Springs, FL: The Institute of Internal Auditors Research Foundation.

Morgenson, G. 2008a. Behind biggest insurer' s crisis, a blind eye to a web of risk. New York Times (September 28): 1쪽 및 18쪽.

_____. 2008b. How the thundering herd faltered and fell. New York Times (November 9): BU 1쪽 및 9쪽.

Nagumo, T. 2005. Aligning enterprise risk management with strategy through the BSC: The Bank of Tokyo-Mitsubishi approach. Balanced Scorecard Report (Harvard Business School Publishing, Reprint No. B0509D, September-October): 1-6쪽.

National Association of Corporate Directors. 1999. Report of the NACD blue ribbon commission of audit committees–A practical guide. National Association of Corporate Directors.

Shenkir, W., and P.L. Walker. 2006a. Enterprise risk management and the strategy-risk-focused organization. Cost Management (May-June): 32-38쪽.

_____, and _____. 2006b. Enterprise risk management: Framework, elements, and implementation. Montvale, NJ: IMA.

_____, and _____. 2007a. Enterprise risk management. Washington, DC: BNA.

_____, and _____. 2007b. Enterprise risk management: Tools and techniques for effective implementation. Montvale, NJ: IMA.

Walker, P.L., W.G. Shenkir, and T.L. Barton. 2002. Enterprise risk management: Pulling it all together. Altamonte Springs, FL: The Institute of Internal Auditors Research Foundation.

더 읽어 볼 만한 자료

Augustine, N.R. "Managing the Crisis You Tried to Prevent." Harvard Business Review (November-December 1995): 147-158쪽.

Barton, T.L., W.G. Shenkir, and P.L. Walker. "Managing Risk: An Enterprise-wide approach." Financial Executive (March-April 2001): 48-51쪽.

_____, _____, and _____. "Managing the Unthinkable Event." Financial Executive (December 2008) 24-29쪽.

Bernstein, P.L. Against the Gods—The Remarkable Story of Risk. New York: John Wiley & Sons, 1996. (국내에서는 한국경제신문사에서 『위험 기회 미래가 공존하는 리스크』라는 제목으로 출간하였음).

Bodine, S., A. Pugliese, and P. Walker. "A Road Map to Risk Management." Journal of Accountancy (December 2001).

Corporate Executive Board. Confronting Operational Risk—Toward an Integrated Management Approach. Washington, DC: Corporate Executive Board, 2000.

DeLoach, J.W. Enterprise-wide Risk Management: Strategies for Linking Risk and Opportunity. London: Financial Times, 2000.

Deloitte & Touche LLP. Perspectives on Risk for Boards of Directors, Audit Committees, and Management. Deloitte Touche Tohmatsu International, 1997.

Epstein, M.J., and A. Rejc. Identifying, Measuring, and Managing Organizational Risks for Improved Performance. Society of Management Accountants of Canada and AICPA, 2005.

Gibbs, E., and J. DeLoach. "Which Comes First … Managing Risk or Strategy-Setting? Both." Financial Executive (February 2006): 35-39쪽.

King Committee on Corporate Governance. King Report on Corporate Governance for South-Africa. Institute of Directors in Southern Africa, 2002.

"Joint Standards Australia / Standards New Zealand Committee." Risk Management. Standards Australia / Standards New Zealand, 2004.

_____. Risk Management Guidelines. Standards Australia / Standards New Zealand, 2004.

Kaplan, R.S., and D.P. Norton. "Putting the Balanced Scorecard to Work." Harvard Business Review (September-October 1993): 134-147쪽.

Kaplan, Robert S., and David P. Norton. The Balanced Scorecard. Boston, MA: Harvard Business School Press, 1996.

"Living Dangerously: A Survey of Risk." The Economist (January 24, 2004): 1-15쪽.

Miccolis, J.A., K. Hively, and B.W. Merkley. Enterprise Risk Management: Trends and Emerging Practices. Altamonte Springs, FL: The Institute of Internal Auditors Research Foundation, 2001.

Nagumo, T., and B.S. Donlon. "Integrating the Balanced Scorecard and COSO ERM Framework." Cost Management (July / August 2006): 20-30쪽.

New York Stock Exchange. Final NYSE Corporate Governance Rules. (November 4, 2003).

Nottingham, L. A Conceptual Framework for Integrated Risk Management. The Conference Board of Canada, 1997.

Schwartz, P. The Art of the Long View. New York: Currency Doubleday, 1991.

Shenkir, W.G., and P.L. Walker. "Ensemble Performance." Business Officer (December 2008): 14-20쪽.

Simons, R.L. "How Risky Is Your Company?" Harvard Business Review (May-June 1999): 85-94쪽.

Smith, Wendy K. "James Burke: A Career in American Business (A) (B). "Harvard Business School Case 9-389-177 and 9-390-030.Harvard Business School Publishing, 1989.

Slywotzky, A.J., and J. Drzik. "Countering the Biggest Risk of All." Harvard Business Review (Reprint R0504E, April 2005): 1-12쪽.

Stroh, P. "Enterprise Risk Management at United Health Group." Strategic Finance (July 2005): 27-35쪽.

Thornton, E. "A Yardstick for Corporate Risk." Business Week (August 26, 2002): 106-108.

Walker, P.L., W.G. Shenkir, and T.L. Barton. "ERM in Practice." Internal Auditor (August 2003): 51-55쪽.

Walker, P.L., W.G. Shenkir, and S. Hunn. "Developing Risk Skills: An Investigation of Business Risks and Controls at Prudential Insurance Company of America." Issues in Accounting Education (May 2001): 291-304쪽.

_____, and _____. "Teaching a Risk Assessment Course." Advances in Accounting Education, 2000: 33-56쪽.

1) 저자들은 1996년부터 ERM 분야에 관여하면서 학부와 대학원 그리고 전 세계의 기업 및 임원들을 가르쳐 오고 있으며, ERM 시행에 관한 컨설팅에도 관여하고 있다. 참고문헌에 언급되어 있는 바와 같이 저자들은 ERM에 관한 책과 논문들을 공동으로 저술했다. 이러한 배경 하에서 이번 장이 쓰여졌다. 허락을 받은 경우, 회사 이름을 밝혔다. 그렇지 않은 경우 "어느 회사"로 표시하였다.

2) KRI는 미래에 대한 지표인 반면 KPI는 과거에 대한 지표라고 보는 사람들도 있다. 물론 목표를 겨냥한 KPI들도 미래지향적이다. KPI에 대해 보다 많은 정보가 담겨 있는 이 책의 8장을 보라.

3) 프로세스 소유와 리스크 소유를 구분하는 것이 중요하다. 내부 감사가 이 프로세스를 소유하게 하는 회사도 있고, 그렇지 않은 회사도 있다.

저자 소개

윌리엄 G. 쉥커(William G. Shenkir), PhD, CPA는 버지니아 대학교 매킨타이어 상업 대학 윌리엄 스탬프스 패리시 명예교수이며 40년을 교수로 그리고 1977년부터 1992년까지 학장으로 재직했다. 전사 리스크 관리에 관해 3권의 책을 공동으로 저술했고, 이 분야에서 컨설팅 업무를 하고 있는 쉥커는 학술 및 실무 저널에 60편이 넘는 글을 실었으며, 전문가 단체 및 학술 기관에서 100편이 넘는 발표를 했고, 8권의 책을 편집 또는 공동 저술했다. 1973년부터 1976년까지 FASB 직원으로 일한 쉥커는 Association to Advance Collegiate Schools of Business International(AACSB) 회장과 미국 회계 협회 부회장 역임 등 다수의 전문가 위원회와 세 회사의 이사회 위원으로 일했다. 1995년에 IMA의 Carman Blough Chapter로부터 버지니아 우수 교육자상을 받았으며, 1997년에는 버지니아 대학교 학생 연감 Corks and Curls에서 버지니아 대학교 우수 교수 10인 중 한 명으로 선정되었다.

토마스 L. 바턴(Thomas L. Barton), PhD, CPA는 노스플로리다 대학교 캐스린 및 리처드 킵 회계 교수로 플로리다 대학교에서 회계학 박사 학위를 받았으며, 공인회계사이다. 바턴은 Barton's, Decision Sciences, Abacus, Advances in Accounting, Financial Executive, CPA Journal 그리고 Management Accounting 등에 50편이 넘는 글을 실었고, 5권의 책과 한 권의 오디오 북을 썼다. 논문 "A system is Born: Management Control at American Transtech"로 라이브 랜드(Lybrand) 은메달을 수상한 바턴은 합작 기업의 이익 분배 방법인 Minimum Total Propensity to Disrupt의 창시자이다. 이 방법은 Decision Sciences에 실린 여러 논문들의 주제이기도 했다. 매우 창의적인 활동에 대한 관리 통제 적용 분야에서 잘 알려진 전문가인 바턴은 전문가 양성 세미나에서 150번이 넘는 강연을 했으며, 공공 부문 및 민간 부문의 여러 조직에서 광범한 컨설팅 경험이 있다. 바턴은 학부 및 대학원에서 여러 차례 우수 교수상을 받았으며, 플로리다 State University System의 우수 교원 인센티브 프로그램의 1회 수상자이기도 하다.

폴 L. 워커(Paul L. Walker, PhD, CPA는 버지니아 대학교 회계학 교수로 세계 최초의 전사 리스크 관리 과정 중 하나를 공동 개발했다. 버지니아 대학교와 다수의 임원, 이사회에 ERM을 가르친 워커는 London School of Economic Center에서 교환 교수로 리스크 분석을 가르쳤다. 워커는 COSO의 전사 리스크 관리 프로세스 및 프레임워크에 대한 최초의 컨설턴트 중 일원이었으며, 전사 리스크 관리에 관해 소규모 조직 및 대규모 조직(연방 준비 은행, 포춘 500 소속 기업, 대학교, 외국 기업 포함)에서 고문역을 수행했다. 워커는 ERM과 관련하여 한국, 일본, 벨기에 회사 등 외국 기업들이 초대를 받았으며, 일부 주요 회사들(예컨대 월마트, 마이크로소프트, 듀퐁)의 본사를 방문하여 ERM 프로세스를 연구했다. 워커는 Making Enterprise Risk Management Pay Off와 Enterprise Management: Pulling it Altogether 등 전사 리스크 관리에 관한 많은 글을 썼으며, "Managing Risk: An Enterprise-Wide Approach", "A Road Map to ERM", "ERM and the Strategy-Risk Focused Organization" 등 여러 편의 논문을 공동으로 썼다.

특별 주제와 사례 연구
Special Topics and Case Studies

ERM에 대한 신용평가사의 영향

마이클 J. 무디(Michael J. Moody)–ARM, MBA, Strategic Risk Financing, Inc.

개요

전사 리스크 관리(ERM) 수용에 영향을 준 중요한 이해관계자들이 많이 있다. 과거 수년 동안 금융 서비스 섹터에서 ERM에 심대한 영향을 준 이해관계자 그룹 중 하나는 신용평가사이다. 역사적으로 신용평가사들은 다양한 기업 및 정부 기관들의 재무 상태를 평가해 왔다. 본질적으로 신용평가사들은 조직이 발행한 채권 및 기타 부채의 이자와 원금 지불 능력을 평가한다. 또한 신용평가사들은 조직의 전반적인 재무 상태뿐 아니라, 특정 채무의 조건을 연구한 후 해당 부채의 신용 등급을 제공한다. 그 결과 부여된 등급은 특정 채무자가 예정대로 이자 및 원금을 지급할 수 있는 능력에 대한 신용평가사의 확신 정도를 반영한다.

신용 등급은 은행원, 브로커, 정부 그리고 기타 이해관계자들이 차주의 신용도를 결정하는 데 도움을 줄 수 있다. 투자자들에 대해서는 신용평가사들이 비교적 사용하기 쉬운 신용 리스크 측정 수단을 제공함으로써 투자 대안들의 범위를 넓혀준다. 일반적으로 이는 채무자 및 채권자 모두에게 비용을 낮춰줌으로써 시장의 효율성을 증대시킨다. 신용

평가사들에 의해 제공된 신용 등급의 가장 중요한 요점은 신용 등급이 궁극적으로 해당 기관의 자본 비용을 결정한다는 점이다. 따라서 등급이 좋을수록 자본 비용이 낮아진다. 어떤 채무자라도 가능하면 가장 높은 신용 등급을 받는 것이 매우 중요하다.

그러나 지난 몇 년 동안 신용평가사들은 그들의 등급 부여에 대해 다소의 비판을 받아 왔다. 사실 엔론 등의 몰락 이후 부시 대통령이 2006년 9월 29일에 "2006년 신용 등급 개혁법"에 서명한 것은 이러한 비판에 대한 대응이었다. 신용평가사들은 그들의 신용평가 방법론 변경의 일환으로 전사 리스크 관리 고려 등과 같은 보다 견고한 리스크 관리 체제를 시작했으며, 선별적으로 추가적인 평가를 제공하기 시작했다.

현재 미국에는 스탠다드 앤 푸어스(Standard & Poor's; S&P), 무디스 인베스터스 서비스(Moody's Investors Service; Moody's) 그리고 피치 레이팅(Fitch Rating; Fitch) 등 세 개의 일반 신용평가사가 있다. 또한 보험회사들만을 평가하는 A.M. 베스트(A.M. Best)라는 특수 신용평가사 한 곳이 있다. 신용평가사들은 은행 산업의 ERM 방법론 정의에 적극적으로 관여해왔지만, 그들이 이 방법론을 보험회사의 신용평가와 결합한 뒤에야 그들의 접근법을 세밀하게 조정하기 시작했다. 그 결과 신용평가사들은 리스크 관리에 관해 보다 넓고, 총체적인 관점을 취하기 시작했는데, 이러한 입장은 신용 등급을 받으려는 회사에게 영향을 주었다.

신용평가사들이 적극적으로 ERM을 고려하게 된 주요 이유 중 하나는 신용평가 기관들은 ERM에서와 같이 리스크에 대해 전사적 관점을 취하는 회사들이 더 잘 관리되고 있다고 믿기 때문이다. 신용평가사들은 또한 ERM은 경영진의 역량, 전략적 엄밀함 그리고 변화하는 환경 하에서의 경영 능력 등과 같이 측정하기 어려운 측면에 대해 객관적인 관점을 제공한다고 생각한다. 또한 S&P와 같은 기관은 ERM 프로그램 상의 긍정적 또는 부정적 변화는 회사가 발표한 재무 데이터에서 인지하기 오래 전에 나타나는 선행지표라고 믿는다.[1]

이후의 섹션들에서는 은행, 보험, 에너지 그리고 비금융회사별로 신용평가사들의 ERM 평가 관행을 요약한다.

은행: 일반

일부 신용평가사들은 여러 해 동안 은행 산업 내의 전사 리스크 관리를 고려해 왔다.

무디스는 2004년 7월의 "리스크 관리 평가" 간행물[2]에서 은행의 리스크 철학 및 리스크 관행에 대한 총체적인 관점 개발의 중요성을 강조했다. 무디스는 시장 리스크, 신용 리스크 등과 같은 전통적이고 분리된 리스크 부문에서 벗어나 리스크 관리에 대한 보다 총체적인 관점을 취하게 될 것이라고 지적했다. 그들은 나아가 "미국과 캐나다의 거버넌스 — 2003년 8월 – 2004년 9월"이라는 제목의 2004년 10월 문서에서 리스크를 보다 총체적으로 검토하겠다는 의지를 표명했다.[3] 무디스는 보다 많은 조직들이 계속해서 리스크 관리에 대한 전사적 접근법으로 옮겨가고 있다고 말했다. 다른 주요 신용평가사들 또한 ERM에 대한 관심이 증가했다는 신호를 보냈다. 대부분의 신용평가사들은 공식적으로 ERM 평가 기준을 개발할 것임을 시사했다. 주요 평가 기관들은 ERM에 관심을 보이고 있지만, S&P가 ERM에 대한 자신의 계획에 관한 구체적인 정보를 제공한 최초의 기관인 듯하다.

보험회사: S&P

S&P는 전사적 리스크 관리 접근법 증진 분야에서 리더 중 하나였다. 그들은 2006년에 보험업자의 ERM 프로그램에 대한 최초의 검토를 마쳤다. S&P는 보험회사를 평가할 때 경영진이 리스크 요인 수준을 어떻게 정의하는지 뿐만이 아니라, 리스크가 어떻게 그 한도 내로 유지되게 하는지도 본다고 말했다. 나아가 보험회사의 방향 설정 및 전략적 의사 결정에 리스크 관리가 어느 정도로 관여하는지도 고려한다. 또한 S&P는 ERM 관행이 체계적이고 일관적으로 갖춰지고 있으며, 최적의 리스크/보상 구조가 이루어지는지도 살펴본다. 이 정보는 다른 동료 그룹 조직들과 비교된다.

보다 구체적으로 살펴보면 S&P는 5개의 영역을 평가하는 ERM 검토 기준을 개발했다.

1. **리스크 관리 문화** S&P는 일상의 회사 의사 결정 측면에서 리스크 및 리스크 관리가 고려되는지 평가한다. 조직 구조 및 거버넌스 구조의 효과성과 리스크 관리 소통의 효과성 검토는 기업 문화 평가의 또 다른 중요한 부분이다. 이에는 리스크 용인 수준이 얼마나 명확히 표명되는지에 대한 조사도 포함된다.
2. **리스크 통제** 평가자는 리스크 식별, 측정 그리고 모니터링을 통해 리스크 통제 조치들이

효과를 거두고 있는지 판단한다. 이 판단의 일환으로서 S&P는 중요한 각각의 리스크에 대한 리스크 통제 프로세스를 평가한다.

3. **신흥 리스크 관리** 현재 존재하지 않거나 인식되지 않고 있는 리스크에 대해서도 고려한다. 이러한 리스크들은 보험업자에게 중요한 문젯거리가 될 수도 있는 정치적, 법률적, 시장 변화 및 나노 기술 또는 기후 변화 등과 같은 환경의 변화와 관련이 있는 경우가 흔하다.

4. **리스크 및 경제적 자본 모델** 검토의 또 다른 중요한 측면은 보험회사의 리스크 모델로부터 나온 리스크 관련 정보의 흐름이다. 따라서 보험업자는 적절한 리스크 관리 의사 결정 및 조치를 촉진하기 위해 충분히 정확하고, 업데이트되어 있으며, 시의적절한 정보를 제공할 필요가 있다.

5. **전략적 리스크 관리** 신용평가사가 이 분야를 조사하는 이유는 여기에서 리스크, 리스크 조정 수익 그리고 이 사항들이 의사 결정에 어떻게 반영되는지를 다루기 때문이다. 보험회사의 전반적인 리스크 프로필에 관한 주요 데이터 및 자본 예산, 자산 할당, 성과 측정 그리고 인센티브 보상에 관한 기타 중요한 데이터가 검토된다. ERM의 다른 측면들은 부정적 측면을 제한하는 데 중점을 두는 반면 전략적 리스크 관리는 기회 또는 보상 측면에 보다 중점을 두기 때문에 이에 대한 검토가 중요하다.

S&P는 위에서 언급한 다섯 개 영역 각각에 대해 평가한다. 이 평가를 마치면 그 결과를 종합하여 하나의 등급을 매기는데, 이 등급이 바로 해당 보험회사의 ERM 프로그램에 대한 신용평가사의 전반적인 등급을 나타낸다. 이 등급 할당은 각각의 보험업자가 직면해 있는 특수한 상황에 따라 다섯 개 요인들의 가중 평균을 제공함으로써 결정된다. 따라서 S&P에 따르면, 가중치는 보험업자의 개별적인 리스크들 및 그들의 손실 흡수 능력에 의존한다.[4]

S&P는 보험회사 ERM 프로그램에 대해 4등급의 분류 시스템을 가지고 있다. 각 등급의 요약은 다음과 같다.

1. **탁월**(excellent) 이 등급을 받는 보험회사들은 리스크를 식별 및 측정하고 리스크 익스포져와 손실을 미리 정해진 리스크 용인 수준 이내로 관리할 수 있는 뛰어난 능력이 있음을 보

여 줘야 한다. 또한 그들은 ERM 파라미터에 대한 진전된 시행, 개발 그리고 집행을 입증해야 한다. 보험회사는 또한 그들의 의사 결정에서 계속적으로 리스크 조정 수익을 최적화해야 한다.

2. **양호**(strong) 이 등급을 받는 보험회사들은 자신의 리스크 용인 수준 및 전반적인 리스크 프로필을 명확하게 파악하고 있지만, 주기적으로 용인 수준을 넘는 예상치 않은 손실을 경험할 수도 있다. 그들은 견고한 리스크 식별 및 신흥 리스크에 대한 대비 프로세스를 지니고 있다. 그리고 그들은 대개 리스크 관리를 의사 결정 안으로 통합하여 리스크 조정 수익을 최적화한다.

3. **적정**(adequate) 이 등급의 보험회사는 대부분의 주요 리스크 익스포져 및 손실을 식별, 측정, 관리할 적정한 능력을 보유하고 있지만, 이를 중요한 모든 리스크에 확장하는 데 필요한 종합적인 프로세스가 결여되어 있다. 이들의 리스크 관리 프로그램 집행은 충분하지만 양호하거나 탁월한 ERM 관행보다는 덜 포괄적이다. 그 결과 예상하지 못했던 손실이 발생할 가능성이 보다 높다. 이들의 의사 결정 프로세스에서 리스크 관리가 중요한 고려 대상이 되기도 하지만, 이들은 새로 발생하는 리스크에 대비하지 못할 수도 있다.

4. **취약**(weak) 보험회사가 자신의 리스크 익스포져를 식별, 측정, 관리하는 능력이 제한되어 있거나 일관성이 없을 경우, 이 회사의 리스크 관리 프로그램은 취약한 것으로 간주된다. 리스크 관리 프로그램 집행은 산발적이며, 그 결과 손실이 미리 정해진 리스크 용인 수준 이내로 제한되리라고 기대할 수 없다. 회사 의사 결정 시 때로는 리스크 관리를 고려하지만, 비즈니스 부문의 관리자들이 아직 전사적 리스크 관리 접근법을 채택하지 않은 경우가 흔하다. 그 결과 이 범주에 속하는 보험회사들은 하나 이상의 주요 리스크에 대해 불완전한 통제 프로세스를 지니고 있다.

S&P는 2007년에 전 세계적으로 재산/상해 보험, 건강 보험, 생명 보험 그리고 재보험 회사를 포함하여 274개의 보험회사에 대한 ERM 평가를 완료했다. 이중 대다수(83%)는 "적정" 등급을 받았다. 또한 10%는 "양호"한 것으로 평가되었고 3%는 "탁월"한 것으로 평가되었으며, "취약"한 것으로 평가된 회사는 4%에 지나지 않았다. S&P는 주로 일부 보험회사들의 ERM 등급이 "양호" 또는 "탁월"하다는 이유로 이들의 신용 등급을 올리기 시작했다는 점을 주목해야 한다. 반대로 그들은 일부 회사들의 경우 "취약"한 ERM 등급

으로 인해 전반적인 신용 등급을 내렸다. ERM 등급은 S&P의 전반적인 신용 등급 평가 방법론에서 설명할 수 있는 구성 요소 중 하나로 사용되고 있기 때문에, 그들의 ERM 등급에 훨씬 더 많은 주의가 기울여지고 있다.[5]

보험회사: 무디스

무디스 인베스터스 서비스(무디스)는 ERM에 대해 어떤 견해를 가지고 있는지에 대해 공개를 가장 적게 하는 회사이다. 무디스는 리스크 관리 평가를 "강화된 분석 이니셔티브(Enhanced Analysis Initiative; EAI)라는 보다 넓은 프로그램의 일부로 본다. 그들은 또한 자사의 EAI 분석은 회사의 신용도 평가 시 추가적으로 상세한 조사를 수행하기 위해 디자인되었으며, 아래와 같은 5개의 영역으로 구성되어 있다고 덧붙였다.

1. 재무 보고의 질 – 재무 보고 평가
2. 기업 거버넌스의 질 – 기업 거버넌스 평가
3. 갑작스러운 시장 손실에 대한 취약성 – 유동성 리스크 평가
4. 중대한 부외 리스크의 존재 – 대차대조표 부외 리스크 평가
5. 리스크 관리 관행의 질 – 리스크 관리 평가

위의 5개 영역에 대한 무디스의 관심 증대는 최근의 사건들이 "거대한 신용 부도 또는 심각한 신용 악화는 흔히 엉성한 재무 보고, 엉성한 거버넌스 관행, 부적절한 리스크 또는 유동성 관리, 부외 거래 구조 남용이 이에 선행하였음을 보여 주었다"는 사실에 기인한다.[6] 위에 언급된 5개 영역 중에서 무디스의 주된 강조점은 리스크 관리 평가에 놓여지는데, 이는 이에 대한 평가가 근본적인 신용평가 프로세스와 훨씬 더 밀접하게 정렬을 이루기 때문이다. 이처럼 리스크 관리에 대한 평가를 더 강조하게 됨에 따라, 무디스는 이 평가 결과가 그들의 신용 등급 평가 프레임워크에 중대한 영향을 줄 것이라고 말한다.

무디스가 자사의 신용평가 방법론을 재검토하기 시작했을 때, 무디스는 리스크 관리는 자신들이 처음에 생각했던 것보다 훨씬 더 중요한 측면이라는 점을 발견하였다. 무디스는 어느 회사의 리스크 관리 관행은 본질적으로 참혹한 결과를 가져올 수 있는 다양한

재무적 리스크에 대한 회사의 1차 방어선이라고 말한다. 무디스는 또한 최근에 리스크 통제 관행과 리스크 측정 기법들이 발전하고 있음을 지적한다. 나아가 무디스는 추가적인 혁신이 일어날 것을 믿고 있지만 여러 산업에 리스크 관리의 통일성이 결여되어 있음에 대한 우려도 표명한다.

본질적으로 무디스는 "회사의 리스크 성향과 회사의 리스크 통제 역량 사이의 관계를 평가"하려 하고 있다.[7] 그 결과 무디스의 등급은 채권 발행 회사의 상대적 신용도에 대한 그들의 판단을 반영하게 될 것이다. 그리고 무디스가 지적하는 바와 같이, 그들의 접근법은 리스크 철학 및 관행에 대한 총체적인 관점을 강조한다. 무엇보다도 무디스의 리스크 관리 평가는 평가 대상 회사의 기술적 역량 이슈 외에도 리스크 관리 프로세스의 엄격성, 경영진의 수용, 측정의 적절성과 같은 사안을 고려할 것이다. 무디스는 리스크 관리 평가를 금융 서비스 부문에 적용할 예정이지만, 추후에는 비금융회사에도 적용할 것이라고 밝혔다.

보험회사: 피치

피치는 ERM이 새롭다고 생각하지 않으며, "피치의 신용 등급 평가 방법론에 새로운 구성 요소를 만들어 낼 이유가 없다."[8]고 한다. 그 결과 피치의 신용 등급 평가 매트릭스에는 ERM에 대한 별도의, 또는 명시적인 고려가 없다. 피치에 의하면 리스크 관리는 보험회사에 대한 전반적인 검토의 일부이기 때문에 이 검토에는 일반적으로 평가 대상 회사의 재무 상태에 대한 의견뿐 아니라 산업, 운영 및 조직 상의 관리 등이 포함된다고 말한다. 그러나 피치는 ERM에서 비롯되는 개선으로 보험회사들이 자사의 리스크를 보다 잘 통제할 수 있게 해 준다고 믿는다. 나아가 피치는 개선(즉, ERM)이 보험 산업의 경쟁 지형에 영향을 미치기 시작할 것이고, ERM을 수용하지 않은 보험회사들은 시장에서 경쟁상의 열위에 처하게 될 수도 있을 것이라고 말했다.

피치의 현행 신용 등급 평가 방법론과 범주들은 이미 ERM의 정수(精髓)를 포함하고 있기 때문에 새로운 "기둥(pillar)"을 개발하거나 ERM을 별도의 검토 영역이나 독립적인 범주로 여길 이유가 없다고 한다. ERM은 피치가 자사의 전통적인 분석 영역을 새로운 관점으로 조사하도록 허용하는 바, 이는 현대의 리스크 관리 관행에 기초하고 있다. 피치가 분석하기 시작할 ERM의 핵심 영역들은 다음과 같다.

- 리스크 거버넌스
- 리스크 용인 수준, 모니터링 및 보고
- 리스크 평가 - 경제적 자본 모델링 및 재앙적 리스크 관리
- 운영 리스크 분석 - 미지(未知)의 리스크에 대한 대비 계획 포함
- 리스크 최적화

피치는 2006년 중반에 프리즘(Prisim)으로 알려진 새로운 경제적 자본 모델을 도입했다. 피치는 경제적 자본은 보험업자 자본의 질을 분석하기 때문에 경제적 자본 결과는 ERM의 중요한 측면이라고 믿는다. 프리즘은 리스크를 측정하고, 이를 취합할 수 있기 때문에 피치사의 프리즘 모델 사용은 ERM 분석의 중요한 측면이 될 것이다. 피치는 프리즘 모델이 경영진에 의해 수행된 전략적 조치의 효과성 측정에 의해서 뿐만 아니라, 자체의 경제적 자본 계산에 벤치마크를 제공하고, 자체 모델 이해를 지원함으로써 여러 면에서 그들에게 ERM을 평가하는 데 도움을 줄 수 있을 것으로 생각한다. 피치의 ERM 분석의 주요 부분은 자사의 프리즘 모델을 포함할 것이다. 피치는 "리스크 관리를 유의미하게 개선하는 보험회사들은 그들의 강력한 ERM의 효용이 명백해짐에 따라 향후에 등급 상향을 경험할 수 있을 것이다"라고 말한다.[9]

보험회사: A.M. 베스트

A.M. 베스트(베스트)는 보험업만을 평가하는 특수한 신용평가 조직이다. 베스트가 발간한 보고서에 의하면 베스트는 건전한 리스크 관리의 두 가지 주요 목표는 아래와 같다고 믿고 있다.

1. "잠재적인 이익 및 자본 변동성에 대한 조직의 익스포져를 관리한다."[10]
2. "조직의 다양한 이해관계자들에 대한 가치를 극대화한다."[11]

그러나 베스트는 리스크 및 변동성 제거가 목표가 아니라 리스크를 이해하고 이를 관리하는 것이 목표임을 지적한다. 베스트는 리스크 관리가 정확하게 수행될 경우, "강력한 재무 통제와 리스크 경감뿐 아니라, 시장 기회를 포착하기 위한 신중한 리스크 부담을 지원하는 운영 환경이 강화된다"고 믿는다.[12]

이는 상당히 오랜 기간 동안 베스트의 입장이었으나, ERM 도입은 리스크 관리에 대한 견해에 중요한 변화를 가져왔다. 베스트는 "ERM에 새로운 것은 'E' 인데, 이는 리스크에 대한 전사적 관점의 발달을 나타내는 바",[13] 이로써 보험회사들은 리스크를 총체적 토대 위에서 일관성 있게 식별, 계량화 및 관리할 수 있게 된다.

주로 ERM으로의 이동 덕분에 베스트는 현재 보험업자의 재무 상태, 영업 실적 그리고 비즈니스 프로필에 대한 심도 있는 평가를 포함하는 상호 반응적인 등급을 부여할 수 있다. 이는 베스트가 전에 사용했던 전통적인 양적, 질적 기준과 뚜렷이 대비된다. 그 결과 리스크 관리에 대한 베스트의 새로운 관점(즉, ERM)은 리스크 관리는 재무 상태, 영업 실적 그리고 비즈니스 프로필을 연결시켜 주는 공통의 실이라는 점을 보여 준다. 리스크 관리를 회사의 비즈니스 라인들과 기능 영역들의 목표 안으로 내면화시키는 것을 일컫는 보험업자의 "기업 DNA"는 베스트의 핵심 고려 사항 중 하나이다.[14] 이 견해가 타당하기 위해서는 리스크-수익 척도가 재무 계획 수립 및 예산 수립, 전략 수립, 성과 측정 그리고 인센티브 보상 안으로 통합되어야 한다.

베스트의 신용 등급 평가의 주요 구성 요소 중 하나는 "베스트 자본 적정성 비율"이며, 이는 보험업자의 자본이 특정 등급 수준에 적절한지를 보여 주기 때문에 회사들을 차별화시켜 줄 수 있는 베스트의 신용 등급 평가 매트릭스에서 중요한 도구 중 하나가 되었다.[15]

미국의 에너지 회사: S&P

S&P는 2006년 4월부터 미국의 에너지 회사들의 트레이딩 리스크 관행을 평가하기 시작하여 그들의 ERM 분석을 비금융기관으로 확대하였다. S&P는 선정된 에너지 기업들의 리스크 관리 정책, 인프라스트럭처 그리고 방법론(policy, infrastructure, and methodology; PIM)에 중점을 두었다. 이로써 S&P는 기존의 유동성 서베이 및 자본 적정성 방법론과 함께 PIM

분석을 포함시킬 수 있게 되었다.

S&P의 2007년 5월 29일자 레이팅 다이렉트(RatingDirect)에 "S&P가 선정된 미국의 에너지 회사들에 대한 최초의 'PIM' 리스크 검토를 마치다(S&P Completes Initial 'PIM' Risk Management Review for Selected U.S. Energy Firms)"에 설명되어 있는 바와 같이 S&P는 수동적인 관점에서 보다 향상된 분석적 프레임워크로 옮겨가고 있다. S&P는 이 검토의 "정책" 측면은 리스크 성향, 리스크 통제 프로세스 그리고 리스크 정보 유포뿐 아니라 리스크 관리의 위상에도 중점을 둔다고 한다. 이 분석의 "인프라스트럭처" 측면은 리스크 데이터 포착 및 관리 그리고 후선 부서 기능에 대한 평가에 집중한다. "방법론" 측면은 평가 방법의 질 및 다양성과 같은 리스크 관리 기술을 다룬다.

S&P는 원래 PIM 접근법을 10개의 에너지 트레이딩 회사에 사용했지만, 현재에는 다른 에너지 회사에도 이 분석 방법을 계속 확대하고 있다. PIM 분석은 S&P의 ERM 방법론의 중심축 중 하나가 되었다.[16]

비금융회사: S&P

S&P의 보험 섹터 ERM 분석이 성공을 거두자 ERM 검토를 비금융회사로 확대할 것이라는 소문이 2007년에 계속해서 나돌았다. 그러다 2007년 11월에 마침내 비금융회사에 ERM 스코어링을 도입하는 S&P의 방법론을 요약하는 "의견 요청: 비금융회사들의 신용등급 평가를 위한 전사 리스크 관리 분석(Request for Comment: Enterprise Risk Management Analysis for Credit Ratings of Nonfinancial Companies; RFC)"을 발표했다.[17] S&P는 ERM을 포함하는 현행 기업 신용평가 프로세스 개정을 제안했다. 이 변화의 근거는 "회사 ERM의 질 악화나 향상은 그 결과가 발표된 재무 실적에 명백히 보여지기 전에 잠재적으로 신용 등급이나 전망 변화를 견인할 것으로 예상한다"는 데에 주로 기인한다고 S&P는 밝혔다.[18] S&P가 이처럼 ERM을 중시하는 이유는 이 한 가지 중요한 신념이라는 점을 주목해야 한다.

S&P는 전반적인 ERM 분석 방법론과 ERM 분석 추가의 가치 그리고 제안된 방법론의 특정 사항들에 대한 의견을 요청했다. S&P는 "ERM 평가에 있어서 주요 관심은 신용 등급에 영향을 줄 수 있는 가능성이 있는 손실의 빈도와 심각성을 제한할 조치들을 시행하는 것"이라고 밝혔다.[19] RFC에 의하면 S&P는 보험 산업에 대해 했던 것과 유사한 신용평

가 방안 사용을 제안했다. 따라서 이 스코어링은 취약, 적정, 양호, 탁월의 4등급을 이용하게 된다. 금융 섹터 내에서 S&P의 ERM 등급은 (1) 회사가 당면한 리스크를 어느 정도로 포괄적으로 다루는가? (2) 회사의 경영진이 회사가 수용할 의향과 능력이 있는 리스크에 대한 수익을 어느 정도로 최적화하는가?라는 중요한 두 가지 정보를 산출했다. 따라서 S&P는 "ERM이 비금융 서비스 섹터 회사들의 리스크 예기(豫期) 및 관리 능력에 대한 우리의 평가를 유의미하게 개선할 수 있을 것"이라고 믿는다.[20]

2008년 5월 7일에 드디어 S&P는 RFC 결과를 발표했다. "S&P 기업 신용평가에 전사 리스크 분석 적용 예정(Standard & Poor's to Apply Enterprise Risk Analysis to Corporate Ratings)"[21]이라는 제목의 보고서에서 S&P는 2008년 3분기 중에 신용 등급을 부여받은 회사들에 대한 논의를 포함하고 4분기 중에 주해(commentary)를 포함할 것이라고 발표했다. 또한 S&P는 시행 스케줄과 관련하여 몇 가지 기타 ERM 관련 타임 스케줄도 제공했다.

그러나 2008년 5월 7일자 보고서에서 S&P는 60명이 넘는 응답자들의 피드백을 반영하여 S&P가 제안했던 ERM 검토 방법을 수정할 것이라고 발표했다. 가장 큰 변화 중 하나는 보험 산업에서 매우 잘 통했던, ERM에 대한 5개 기둥(5-pillar) 방법의 포기였다. 그 결과 신용 등급을 받은 비금융회사에 대한 S&P의 초점은 보편적으로 적용할 수 있는 ERM 측면이라고 믿는 리스크 관리 문화 및 전략적 리스크 관리라는 2개의 핵심 영역에만 집중될 것이다.

1. **리스크 관리 문화** – S&P는 신용도 검토의 일환으로 평가 대상 조직이 사용하고 있는 리스크 관리 프레임워크 또는 구조를 분석할 것이다. 또한 이 분야의 일부로서 S&P는 리스크 관리 직원들의 역할 및 보고 관계를 평가할 것이다. S&P의 가이드라인은 역량이 있고 효과적인 리스크 관리 부서의 존재를 강력하게 기대함을 시사한다. 다른 검사 항목으로는 리스크 관리 정책을 포함한 대내외 리스크 관리 소통, 리스크 관리가 예산 및 보상 관리에 미치는 영향 등이 있다.
2. **전략적 리스크 관리** – 이 분야에는 가장 중대한 리스크, 발생 가능성 그리고 이 리스크들이 평가 대상 기관의 신용에 미칠 수 있는 영향에 대한 경영진의 견해 평가가 포함될 것이다. 또한 리스크 익스포저 업데이트 방법, 전략적 의사 결정에서 리스크 관리의 역할 등 리스크 관리가 조직 내에서 미치는 영향에 대해서도 조사한다. 일반적으로 이 측면은

S&P의 입장에서는 리스크 관리의 긍정적 측면을 나타낸다.

나아가 S&P는 적절한 평가 기준이 있는지 판단할 수 있는 충분한 데이터가 수집될 때까지 양호, 적정, 취약의 세 등급에 한정될 공식적인 ERM 역량 스코어링을 연기함으로써 원래의 시행 스케줄을 수정할 것이라고 밝혔다. 2009년 중반이나 말이 될 것으로 예상되는 그때까지 S&P는 신용 등급 및/또는 등급 전망에 대한 변경을 유보할 계획이다.

S&P가 제안했던 분석에 대한 다른 중요한 수정 사항은 일반적으로 인정된 리스크 관리 기준의 인정이다. 신용 등급을 받는 회사는 COSO 프레임워크나 호주 공동 표준/뉴질랜드 위원회 표준(Joint Standards Australia/Standards of New Zealand Committee OB/7), (AS/NZS 4360)과 같이 인정된 기준을 ERM의 기초로 사용할 수 있음을 시사했다. 그러나 S&P는 위에서 언급한 어느 기준도 효과적인 리스크 관리의 선결 조건이나 충분한 증거가 아니라고 말했다.[22] 이처럼 일반적으로 인정된 기준을 인정한 것은 중요한 의미가 있다. COSO 프레임워크가 2004년에 도입된 뒤, 대다수 회사들은 이를 받아들이기를 미적거렸다. 그러나 S&P의 축복으로 COSO 프레임워크 및 AZ/NZS 기준에 대한 관심이 유의미하게 고조될 것이다(Box 25.1을 보라).

BOX 25.1

S&P의 경영진 면담 시 논의되는 질문

비금융회사들의 ERM 분석에 대한 S&P의 접근법에 많은 질문들이 제기되었다. 조직들이 경영진 면담을 보다 잘 준비하도록 도와주기 위해, S&P는 다루어질 것으로 예상되는 논의 주제의 예를 제공하였다. S&P는 다음과 같은 질문을 하게 될 것이다.

- 회사의 가장 큰 리스크들은 무엇이며, 이 리스크들은 얼마나 큽니까? 그리고 이 리스크들은 얼마나 자주 일어날 것 같습니까? 가장 큰 리스크 리스트는 얼마나 자주 업데이트됩니까?
- 경영진은 가장 큰 리스크들에 대해 어떤 조치를 취하고 있습니까?
- 경영진과 이사회는 어느 정도의 분기 영업 손실 또는 현금 손실이 용인할 만하다고 합의

위에서 언급한 바와 같이 S&P의 비금융회사 신용평가 시 ERM 고려는 원래의 제안보다는 늦춰졌다. S&P는 늦춰진 시행 스케줄에 따라 적용을 시작할 것이라고 말했다. S&P의 타임라인에 의하면 ERM 논의는 2008년 3분기 중에 정기 검토 회의에 구현될 것이며, 이 일정은 S&P에게 평가 대상 조직과 이에 관한 논의를 마치는 데 1년이라는 시간을 주게 될 것이다. 이 기간 동안에 S&P는 적절한 산업별 벤치마킹 정보를 개발하기 시작할 것이다. S&P는 또한 보다 나은 벤치마킹 통찰력을 얻게 되면 새로운 리스크 관리 및 리스크 통제 프로세스에 대한 분석도 포함시킬 것이라고 한다.

무디스와 피치도 ERM 분석을 비금융회사로 확대할 용의가 있음을 밝혔다. 그러나 S&P와는 달리 이에 대해서는 구체적인 정보를 제공하지 않았다.

옥에 티

각 신용평가사들은 ERM 분석에 유의미한 진전을 이루었으며, A.M. 베스트(보험회사 전문 평가 기관)를 제외한 신용평가사들은 적극적으로 비금융 서비스 섹터로 확대할 계획을 가지고 있다. 그러나 신용평가사의 최선의 노력에도 불구하고 서브프라임 주택 대출 와해로 야기된 금융 혼란에서 신용평가사들이 수행한 역할로 인해 그들은 의회, 기타 감독 기관 그리고 투자자들과의 분쟁에 말려들었다. 그 결과 모든 신용평가사들은 전보다 상당히 많은 규제와 감독을 받을 수도 있다. 또한 제공된 서비스에 대한 그들의 현행 보상 방법에 대해 상당한 우려가 있기 때문에, 비즈니스 모델에 중대한 변화가 요구되거나 법제화될 수도 있다. 현재는 신용평가를 받은 회사가 등급 부여 대가로 신용평가사에 수수료를 지불하지만, 다른 몇 가지 운영상의 요구와 함께, "이해 상충" 주장으로 이 방법에 대한 변화가 요구될 수도 있다.

우리가 살펴본 바와 같이 S&P는 신용평가 방법론에 ERM 분석을 명시적으로 포함시킴으로써 가장 적극적인 자세를 보이고 있다. S&P는 신용평가 프로세스의 일부로서 8개의 구체적인 영역들을 평가한다. 이 영역에는 경영 전략, 재무 융통성, 수익, 유동성, 시장 지위, 투자, 자본 적정성 그리고 보다 최근에는 ERM이 포함된다. 그러나 다른 신용평가사들은 ERM 접근법을 기존 방법론 안으로 "내재화"시켰다. 따라서 신용평가를 받는 회사들은 어느 신용평가사의 접근법을 따를지 선택해야 할 수도 있다. 많은 회사들이 S&P의 접근법이 가장 견고하고 적절하다고 생각하지만, 이는 효과적인 리스크 관리라는 목표가 어떻게 달성될 수 있는지에 대한 하나의 견해에 지나지 않는다. 그리고 일부 회사들에게는 이 방법이 가장 명백한 대안이 아닐 수도 있다. 예를 들어, 보험 산업에서는 어느 보험사도 베스트 등급을 위험에 처하게 하고 싶지 않을 테고, 따라서 그들은 베스트의 방법을 선택할 수도 있다. 장기적으로는 신용평가사들의 ERM 요구사항들이 보다 정렬을 이루고 산업의 모범 실무 관행을 찾아내는 것이 모든 이해관계자들에게 도움이 될 것이다.

결론

신용평가사들이 지난 3, 4년간 ERM에 대한 관심이 높아지게 한 주요 동인이었다는 점에 대해서는 의문의 여지가 없다. 대부분의 회사들은 신용 등급이 가져올 수 있는 중요성을 깨닫고 있다. 신용 등급 향상은 그 자체로 좋은 일일 뿐만 아니라 대부분의 조직에게 장기적인 자본 비용을 낮춰줄 수 있다. 그리고 보험회사의 경우, 유지하도록 요구되는 잉여금에 영향을 줄 수도 있다. 확실히 이 새로운 신용 등급 평가 지형은 중대한 재무적 영향을 준다. 모든 신용평가사들이 ERM 프로그램에 대한 의지를 표명했지만, 현재 그들이 처해 있는 규제상 및 평판 상의 난국은 그들의 시행 스케줄에 변화를 요구할 수도 있다.

더 읽어 볼 만한 자료

"Assessing Enterprise Risk Management Practices of Financial Institutions." Financial Institutions, Standard & Poor's (September 2006).

"Enterprise Risk Management for Ratings of Nonfinancial Corporations", RatingsDirect, Standard & Poor's (June 2008)

"ERM, the Rating Agencies and You." ERM Road Map, Towers Perrin (November 2008).

"Evaluating Risk Appetite: A Fundamental Process of Enterprise Risk Management." Standard& Poor's. (October 2006).

Goldfarb, Richard. "ERM Practices and the Rating Agencies." Contingencies, (September/October 2005).

Maxwell, James. "Ratings Agencies Eye ERM for All Industries." Financial Executive, (March 2008).

"Progress Report: Integrating Enterprise Risk Management Analysis into Corporate Credit Ratings." Standard & Poor's (July 2009).

Protiviti. "Credit Rating Analysis of Enterprise Risk Management at Nonfinancial Companies: Are You Ready? The Bulletin, vol. 3, issue 2, (2008).

"Raising the Bar." Benfield Group (October 2006).

"S&P Completes Initial 'PIM' Risk Management Review For Selected U.S. Energy Firms." RatingsDirect, Standard & Poor's (May 2007).

"Winners & Losers: How the S&P ERM Decision Changes the Rating Game." Insurance Day (November 2005).

INDEX

1) "Nonfinancial Corporation, ERM and the Rating Agencies" (White Paper, Towers Perrin) (November 2007) 2-4쪽.

2) "Risk Management Assessments", 리서치 방법론 (무디스 인베스터스 서비스, 2004년 7월), 4쪽.

3) "Moody's Findings on Corporate Governance in the United States and Canada: August 2003-September 2004", Special Comment (무디스 인베스터스 서비스, 2004년 10월) 13쪽.

4) "Criteria: Summary of Standard & Poor's Enterprise Risk Management Evaluation Process for Insurers" (standard & Poor's, 2007년 11월) 2-5쪽.

5) "Enterprise Risk Management: ERM Development in the Insurance Sector Could Gain Strength in 2008", (standard & Poor's, 2008년 3월) 1쪽.

6) "Risk Management Assessment", 2쪽.

7) "Risk Management Assessment", 4쪽.

8) "Enterprise Risk Management for Insurers and Prism's Role", Special Report(Fitch Ratings, 2006년 9월) 2쪽.

9) "Enterprise Risk Management for Insurers and Prism's Role", 10쪽.

10) "Risk Management and the Rating Process for Insurance Companies", Rating Methodology, (A.M. Best, 2008년 1월) 1쪽.

11) "Risk Management and the Rating Process for Insurance Companies", 1쪽.

12) "Risk Management and the Rating Process for Insurance Companies", 1쪽.

13) "Risk Management and the Rating Process for Insurance Companies", 2쪽.

14) "Risk Management and the Rating Process for Insurance Companies", 3쪽.

15) "Risk Management and the Rating Process for Insurance Companies", 3쪽.

16) "Taking The 'PIM' Approach When Assessing U.S Energy Companies' Risk Management", Commentary Report, (Standard & Poor's, 2006년 4월) 4쪽.

17) "Request for Comment: Enterprise Risk Management Analysis for Credit Ratings of Nonfinancial Companies",

RatingsDirect (Standard & Poor's, 2007년 11월) 2쪽.

18) "Request for Comment: Enterprise Risk Management Analysis for Credit Ratings of Nonfinancial Companies", 2쪽.

19) "Request for Comment: Enterprise Risk Management Analysis for Credit Ratings of Nonfinancial Companies", 3쪽.

20) "Request for Comment: Enterprise Risk Management Analysis for Credit Ratings of Nonfinancial Companies", 5쪽.

21) "Standard & Poor's to Apply Enterprise Risk Analysis to Corporate Ratings", RatingDirect (Standard & Poor's, 2008년 5월) 2쪽.

22) "Standard & Poor's to Apply Enterprise Risk Analysis to Corporate Ratings", 2쪽.

저자 소개

마이크 무디(Mike Moody)는 리스크 관리 및 전사 리스크 관리 사안에 대해 조언과 상담을 제공하는 독립적 경영 컨설팅 회사인 Strategic Risk Financing, Inc.의 상무이다. 이 회사의 고객으로는 다양한 상장 및 비상장회사들과 정부 기관들이 있다. 파이낸스 분야에서 MBA 학위를 가지고 있으며 Associate in Risk Management(ARM) 자격증도 보유하고 있는 무디는 포춘 500 기업에 속하는 어느 회사에서 리스크 매니저로 일한 경험을 포함하여 리스크 관리 분야에서 25년이 넘는 경험을 쌓았다. 또한 국제적인 경영 컨설팅 회사와 몇 곳의 국제적인 보험 브로커에서 일한 무디는 리스크 및 보험 관리 협회(Risk and Insurance Management Society; RIMS)에서 지역 및 국가 책임자로 활발히 활동하였다. 다수의 리스크 관리 및 리스크 파이낸싱 강연을 한 무디는 전사 리스크 관리를 포함한 리스크 관련 이슈에 관해 잘 알려진 저자이자 권위자이며, Rough Notes 잡지에 ERM에 관해 월간 칼럼을 쓰고 있다. 현재 무디는 중간 규모의 회사에 ERM 설계 및 시행을 도와주는 프로젝트에 집중하고 있다.

전사 리스크 관리 – 현재의 이니셔티브와 이슈들

저널 오브 어플라이드 파이낸스(Journal of Applied Finance) 라운드테이블[1]
–Financial Management Association International, 2007년 10월, 플로리다 주 올란도에서 개최된 연례 회의

패널리스트–브루스 브랜슨(Bruce Branson), 팻 컨세시(Pat Concessi), 존 R. S. 프레이저(John R. S. Fraser),
마이클 호프만(Michae Hofmann), 로버트(밥) 콜브(Robert(Bob) Kolb), 토드 퍼킨스(Todd Perkins)
그리고 조우 리찌(Zoe Rizzi)[2]

사회–베티 J. 심킨스(Betty J. Simkins)

베티 심킨스: 안녕하세요, 저는 Journal of Applied Finance 공동 편집인이자 이 라운드테이블 사회자인 베티 심킨스입니다. 이 세션에서 우리는 전사 리스크 관리(ERM)에 관한 현재의 이니셔티브 및 이슈들에 대해 토론할 것입니다. 저는 ERM을 과거처럼 리스크들의 좁은 "사일로"만 보는 것이 아니라, 조직 전체에 걸친 모든 리스크들을 바라보는, 리스크 관리의 자연스러운 발전이라고 생각합니다. ERM은 많은 회사들 및 대학교의 교육 과정에서 점점 더 보편화되고 이에 대한 인식이 높아지고 있는 중요한 과목입니다.

이 라운드테이블의 토론을 위한 장을 세우기 위해 먼저 ERM에 대한 정의로부터 시작하겠습니다. ERM을 다음과 같이 정의하는 트레드웨이 위원회 후원 기관 위원회(COSO)의 정의는 좋은 출발점이 될 것입니다.

"…조직의 목표 달성에 대한 합리적인 확신을 제공하기 위해서 조직에 영향을 줄 수 있는 잠재적 사건들을 파악하고 리스크를 리스크 성향 이내로 관리하기 위해 조직의 전략 수립 및 전체 조직에 적용되도록 설계되어 이사회 및 경영진 등에 의해 이뤄지는 프로세스."[3]

서베이에 의하면 ERM을 완전히 시행한 미국 회사의 비율은 2006년에는 4%였는데, 2007년에는 12%로 세 배 증가했습니다.[4] ERM에 전혀 또는 별로 성공하지 못한 회사들이 있는가 하면, 큰 성공을 거둔 회사들도 있습니다. 일부 대학교들은 교육, 리서치 그리고 임원 교육 프로그램들을 통해 전사 리스크 관리 이니셔티브에 적극적으로 관여하고 있습니다.

ERM이 회사 및 학계에 어떻게 그리고 왜 중요한가, ERM의 효용, 가치 및 교육 이니셔티브 주요 조직 구조, 디자인, 프로세스 그리고 모범 관행 등 ERM에 대한 일반적인 소개로부터 이 라운드테이블 토론을 시작하고자 합니다. 요약하자면, 우리는 이 세션에서 다음과 같은 여섯 개의 질문에 대해 논의할 것입니다.

질문 1: 귀사는 ERM을 어떻게 정의하십니까?

질문 2: 귀사 또는 귀 대학교는 ERM 프로세스의 어디쯤에 위치합니까?

질문 3: 리스크, 특히 운영 리스크의 분류법에 대해 말해 봅시다. 너무도 다양한 리스크들이 이 범주로 분류되는 것 같습니다(즉, 인간의 약점에서 비윤리적인 이사회 및 회사 책임자들까지). 귀사 또는 귀 대학교는 이 이슈를 어떻게 다룹니까?

질문 4: 대학교들이 학생들에게 ERM을 교육시킴에 있어서 개선할 점은 무엇입니까? 회사들이 신입 직원들이 ERM에 대해 알기 원하는 것은 무엇입니까? 어떤 구체적인 기술이 가장 바람직합니까?

질문 5: (회사 패널리스트들에게) 귀하는 ERM이 귀사의 주주들에게 가치를 부가한다고 생각하십니까? 그럴 경우 어떻게 가치를 부가합니까?

질문 6: 귀하가 효과적인 ERM 시행의 열쇠라고 믿는 조직 구조, 디자인, 프로세스, 또는 모범 관행들이 있습니까?

질문 7: 귀하는 어떻게 ERM 프로그램을 실행할 수 있게 하며, ERM 프로그램을 계속해서 역동적으로 유지합니까?

질문 8: 귀하는 학자들을 위한 리서치 아이디어가 있습니까? 향후 10년간 ERM이 어떻게 전개되리라고 예상하십니까?

이 질문들을 다루기 위해 우리는 다섯 명의 ERM 담당 임원과 두 명의 교수로 구성된 저명한 패널 토론자들을 모셨습니다. 먼저 ERM 임원들부터 토론자들을 소개해 드리겠습니다.

팻 컨세시는 Deloitte and Toche, LLC 글로벌 에너지 마켓 부문 파트너입니다. 그녀는 통제 인프라스트럭쳐 평가 및 개발, 전사 리스크 관리, 에너지 거래 및 리스크 관리 정책 시행, 리스크 측정 방법론 선정 그리고 에너지 리스크 관리 시스템 선정 및 시행 프로젝트들을 담당해 왔습니다. 전력 시스템 운영에 관한 그녀의 지식은 전력 시장의 리스크 관리 관행 적용에 귀중한 통찰력을 제공해 줍니다. 팻은 또한 딜로이트의 기후 변화 및 지속 가능 자원 그룹의 리더도 맡고 있습니다. 그녀는 여러 에너지 회사들에 상품 리스크 관리에 관한 컨설팅을 제공했는데, 이제는 점점 배출 허용, 재생 에너지, 바이오 연료 그리고 기타 주제들이 포함되고 있습니다.

조우 프레이저는 온타리오 주 토론토 소재 Hydro One의 CRO 이자 내부 감사 담당 부사장입니다. 존은 1999년 4월부터 Hydro One에서 일하고 있으며 2000년에 이 회사에서 ERM을 시행하기 시작했습니다. 그는 30년이 넘게 주로 금융 기관에서 리스크 및 통제 분야 그리고 상장 회사에서 회계 및 내부 감사 업무를 수행해 왔습니다. 존은 캐나다 컨퍼런스 보드의 전략적 리스크 위원회 위원입니다. 존은 ERM 및 관련 이슈들에 관해 많은 책들과 글들을 썼습니다. 저는 존과 공동으로 ERM에 관한 두 편의 논문을 써서 Journal of Applied Corporate Finance에 발표했습니다. 존은 ERM에 관해 활발히 강연을 하고 있으며, 전 세계의 회사들이 그의 ERM 경험을 듣고자 인터뷰를 실시했습니다.

마이클 호프만은 캔자스 주 위치타 소재 Koch Industries, Inc.의 부사장 겸 CRO입니다. Koch Industries는 정제 및 화학 물질, 프로세스 및 오염 통제 장비와 기술, 무기물 및 비료, 섬유 및 폴리머, 상품 및 금융 트레이딩 및 서비스, 그리고 숲 및 소비자 제품 등 다양한 그룹의 회사들로 구성되어 있습니다. Koch 그룹의 회사들은 거의 60개 국가에 진출해 있으며 직원 수는 8만 명에 달합니다. 마이클은 ERM 담당 임원으로 글로벌 시장, 신용 그리고 재해(hazard) 리스크 관리를 감독합니다. 그는 1991년에 Koch Industries에 입사하여, 1999년부터 2000년까지 최고 시장 리스크 책임자를 역임하였고, 트레이딩 오퍼레이션 개발을 이끌었으며, 새로운 트레이딩 사업 개시를 지원했습니다. 마이클은 리스크 관리의 발달을 적극적으로 지원하고 있으며 글로벌 리스크 전문가 협회(Global

Association of Risk Professionals; GARP) Board of Trustee Executive Committee에서 봉사하고 있습니다.

토드 퍼킨스는 Southern Company Inc.의 전사 리스크 관리 이사입니다. Southern Company는 성장하고 있는 발전회사로서 전력 설비를 보유하고 있을 뿐 아니라, 광섬유와 무선 통신도 영위하고 있습니다. Southern Company는 42,000 메가 와트가 넘는 발전 용량을 보유하고 있으며 430만 명의 고객이 있습니다. 토드는 1997년에 Southern Company에 합류하여 재무부서에서 회사의 에너지 트레이딩 및 마케팅 활동에 대한 신용 및 리스크 관리 정책 개발을 맡았습니다. 그는 또한 회사의 이자율 및 통화 리스크 관리 프로그램을 설치하여 관리했습니다. 토드는 2004년에 Southern Company의 에너지 트레이딩 및 마케팅 활동에 대한 리스크 통제 그룹 매니저가 되었습니다. 그 해 7월에, 그는 회사 전체의 ERM 활동을 이끄는 현재의 지위를 맡았습니다.

조우 리찌는 ABN AMRO 그룹 또는 이 그룹의 미국 관계사 La Salle Bank에서 24년간 일했습니다. 그는 현재 La Salle Bank의 북미 전사 리스크 관리 부문 상무입니다.[5] 조우는 ABN AMRO 그룹 재직 시 여러 업무를 담당했습니다. 과거 5년간은 암스테르담과 뉴욕 시에서 ABN AMRO 그룹의 그룹 리스크 관리, 자산 부채 관리 그리고 국가의 대표를 맡았습니다. 그는 많은 글을 썼으며 유럽과 미국의 다양한 기관에서 강의했습니다. 그는 암스테르담 금융 연구소에서 정기적으로 가르쳤으며 노트르담 대학교 멘도카(Mendoza) 경영대학원 비상근 교수입니다.

다음에, ERM 센터를 대표하는 두 분의 교수님들을 소개하겠습니다. 노쓰 캐로라이나 대학교의 ERM 연구소는 오래된 곳이고 시카고 소재 로욜라(Loyola) 대학교의 ERM 프로그램은 초기 단계입니다.

브루스 브랜슨은 노스캐롤라이나 대학교(NC State) 회계학과 교수이며, Management's Enterprise Risk Management Initiative 대학의 이사보를 맡고 있습니다. 노스캐롤라이나 대학교의 ERM Initiative는 이 분야에서 앞서 있으며 2004년에 외부로 그 활동을 넓히기 시작했습니다. 브루스는 ERM Initiative의 이사보로서, ERM 실무에 중점을 둔 지속적인 리서치와 대학원 수업 과정 개발을 위한 리서치 및 커리큘럼 연구비 집행을 맡고 있습니다. 브루스는 많은 논문들을 썼는데, 그 중의 다수가 ERM 및 ERM 관련 주제들에 관한 것입니다.

로버트(밥) 콜브는 시카고 로욜라 대학교의 응용 윤리 Frank W. Considine 의장이자 파이낸스 교수입니다. 콜브는 2003년부터 2006년까지 보울더 소재 콜로라도 대학교에서 파이낸스 교수 겸 Business and Society 부학장으로 일했는데, 그곳에서 그는 학교의 기업 윤리 프로그램을 이끌었습니다. 그는 50개가 넘는 학술 연구 논문과 20권이 넘는 책을 썼는데, 그 대부분은 파생상품과 이들의 리스크 관리에 대한 적용에 집중되어 있습니다. 밥은 파이낸스와 철학에서 두 개의 박사 학위를 지니고 있습니다.

저는 베티 심킨스입니다. 저는 이 라운드테이블 토론이 실릴 Journal of Applied Finance의 공동 편집인입니다. 저는 오클라호마 주 스틸워터 소재 오클라호마 주립 대학교 Williams Companies 비즈니스 교수 겸 Spears 경영대학원 파이낸스 부교수입니다. 저는 리스크 관리에 관한 많은 논문을 썼으며 보다 최근에는 전사 리스크 관리 분야의 논문을 쓰고 있습니다. 따라서 ERM은 제가 가장 좋아하는 토론 주제 중 하나이며 저는 이처럼 저명한 패널들을 모시고 이 라운드테이블을 진행하게 된 것을 영광으로 생각합니다.

이제 질문에 들어가기로 하겠습니다. "질문 1: 귀사는 ERM을 어떻게 정의하십니까?" 부터 시작해 보죠. 조우, 먼저 시작해 주시겠습니까?

질문 1

조우 리찌: 저는 ERM은 기본적으로 조직의 모든 비즈니스 부문 및 모든 리스크에 대해 상부에서부터 리스크에 대한 견해를 통합하는 것이라고 생각합니다.

토드 퍼킨스: 조우가 말한 것에 덧붙여서, 저는 우리가 Southern Company에서 사용하는 ERM 프레임워크에서 몇 문장을 읽어 드리겠습니다.

Southern Company에서의 ERM은 회사가 Southern Company 시스템 전반의 리스크를 효율적이고 효과적으로 관리함으로써 회사의 가치를 향상시키고자 하는 지속적이고 진화하는 노력이다. ERM은 리스크 관리는 회사 전체에서 이루어지며, 명시적 또는 묵시적으로 사실상 모든 의사 결정의 일부임을 인식한다. ERM의 목적은 리스크 거버넌스 감독 및 리더십 리스크 식별, 평가, 경감 및 모니터링 그리고 리스크 계량화 및 보고라는 ERM의 중요한 3개

요소의 달성을 증진할 구조, 프로세스 그리고 소통이 갖춰지게 하는 것이다.

전사 리스크 관리는 많은 프로세스, 통제, 의사 결정 도구, 거버넌스, 감독 구조뿐만 아니라 행동 및 기업 문화를 포괄합니다. 따라서 리스크 거버넌스와 감독은 통상적인 경영 감독, 프로젝트 검토 프로세스, 내부 감사, 법률 및 감독 규정 컴플라이언스 프로그램, 그리고 사베인-옥슬리법 컴플라이언스 프로그램과 같은 기존의 조직 구조 및 통제 구조 안에 내재화됩니다. ERM 거버넌스 구조는 실체(entity)들 및 기능들 사이에 소통을 촉진하고, 일관성과 모범 관행 사용을 증진하며, 리스크에 관한 통일된 관점을 형성하고, 전략적 의사 결정에 리스크를 통합하도록 도와주기 위해 이러한 노력들을 한데 묶을 구조를 제공하고자 합니다.

팻 컨세시: 저는 여기에 ERM은 전략적 의사 결정을 통합해야 하며, ERM은 회사의 전략적 목표와 관련되는 것이 중요하다고 강조하고 싶습니다. 그러면 종합적인 정의를 가지게 된다고 생각합니다.

로버트 콜브: 저는 전사 리스크 관리를 프로세스이자 의지(commitment)라고 생각합니다. 프로세스 부분은 다음과 같습니다. 고도로 계량화할 수 있는 리스크에만 중점을 두는 것이 아니라 회사 전체의 모든 리스크들을 보는 기법 개발하기, 회사가 직면하는 가장 중요한 리스크들 중 일부는 계량화하기 어렵다는 사실을 깨닫기, 그리고 이 모든 것들을 통일된 프레임워크 안으로 들여오기. 의지 부분은 회사가 직면하는 리스크들의 많은 부분들은 실상은 계량화할 수 없기 때문에 (최소한 재무 리스크처럼 정밀하게는 측정할 수 없음), 계량화하기 어려운 리스크일지라도 이를 진지하게 처리하는데 전력을 기울이는 것입니다.

브루스 브랜슨: 이 용어가 저를 다소 불편하게 하지만, 저는 ERM이 프로세스라는 데에 동의합니다. 어떤 의미에서는, ERM은 조직의 전체에 스며드는 마음 자세, 문화입니다. 조직의 직원, 관리자, 임원, 이사회 모두가 리스크에 대해 잘 알고 조직에 더 큰 가치를 부가하도록 기회 및 위험 모두를 보게 하는 것이 그 목표입니다.

마이클 호프만: 제게는 ERM은 마음 자세, 의사 결정을 향상시키기 위한 사고방식입니다. ERM이 프로세스, 거버넌스, 효과적인 소통 등에 의해 지원되기는 하지만, ERM은 의사 결정시 불확실성을 가급적 객관적으로 반영하고자 하는 시도입니다. 이는 다소 벅찰 수도 있는 리스크 용인 수준을 명확히 하는 것부터 시작하며, 리스크를 식별, 추정 및

소통하여 행동에 영향을 주는 데에 중점을 둡니다. 리스크가 다르면 이에 요구되는 역량도 달라지지만, ERM의 목표는 공통의 비전, 리스크에 대한 이해 그리고 리스크 조정 의사 결정 접근법을 조성하는 것입니다.

존 프레이저: 저는 ERM을 특히 가치 있게 하는 두 가지 측면을 덧붙이고자 합니다. 첫째, ERM은 예컨대 향후 2, 3년간 조직의 비즈니스 목표에 불확실성이 어떤 영향을 줄 수 있는지에 관심을 기울인다는 점에서 전망적이며, 둘째, 목표를 달성하기 위해 그러한 리스크들에 우선순위를 정하고 또 그러한 리스크들이 경감될 수 있도록 우선순위에 입각해 자원을 배분하기에 관한 것입니다.

질문 2

심킨스: ERM이 무엇인지에 관한 의견을 들어 보았으니, 귀사 또는 대학교가 ERM 프로세스의 어디에 위치하고 있는지에 대해 알아보고, 계량화하기 어려운 리스크들과 같은 어려움에 봉착할 때의 도전 과제에 대해서도 논의해 보기로 하겠습니다. 팻이 먼저 시작해 주시겠습니까?

컨세시: 일반적으로, 에너지 섹터에서의 ERM 적용은 현재 진행형이라고 말하고 싶습니다. 가격 리스크 및 신용 리스크와 같은 일부 리스크들은 상당한 기간 동안 리스크 관리 활동의 중점 대상이었습니다. 많은 회사들이 이 리스크들에 대해서는 명확하게 계량화하고, 이들에 대해 헤징 또는 보험 가입 등과 같은 경감 전략들을 발전시켰습니다. 다른 범주의 리스크들은 이와 동등한 수준의 주의를 끌지 못했습니다. 따라서 평판 리스크와 운영 리스크는 리스크 관리 기법 적용에 있어서 상당히 뒤처져 있습니다. 이처럼 리스크 계량화가 균등하지 않은 상황에서는 회사들이 서로 다른 유형의 리스크들을 합산하기 어렵습니다.

우리는 일부 회사들이 ERM을 시행하기 시작하고서 어떤 이유에서인지 중도에 그만두는 경우를 목격했습니다. ERM을 완료한 회사의 수와 ERM을 시도한 회사의 수에 관한 재미있는 통계 수치가 있습니다. 그 이유 중 하나는 ERM 시행은 고위 경영진 급의 후원자, 즉 이에 관심을 기울이고, 자금을 확보하고, 이에 대한 초점을 유지할 사람을 필요로 한다는 사실일 것입니다. 동시에, ERM 시행은 여러 해에 걸친 프로세스일 수 있는

데, 고위 경영진의 역할에 변화가 있을 경우, 후원자가 다른 분야로 이동하거나, 예산이 대폭 삭감될 경우, ERM이 중도에 중단될 수 있습니다. 두 번째 이유는 아마도 모든 비즈니스 부문에 모든 유형의 리스크를 통합하려고 시도함으로써 너무 큰 범위를 잡고 있기 때문일 것입니다. 그 보다는 회사들은 큰 리스크들을 식별하고 이들을 통제해야 합니다. 이렇게 하면 조기에 ERM의 가치가 보이고, 이를 통해 ERM을 더 깊이 추구할 수 있게 됩니다.

퍼킨스: 저도 팻의 견해에 동의합니다. Southern Company에서는 10년 전에 서로 관련이 없는 활동들을 통해 ERM이 시작되었습니다. 우리는 소규모의 비핵심적인 비즈니스 부문에서 리스크 평가 및 리스크 프로필 작성을 시작했습니다. 동시에 우리는 주로 에너지 트레이딩 및 마케팅 활동들에 대한 리스크 정책 및 리스크 감독 구조를 개발하기 시작했습니다. 약 5년 동안은 통합된 ERM 제도를 만들기 위한 큰 변화나 큰 노력이 없었습니다. 2003년경에 ERM 프로그램을 만들기 위한 노력을 기울였습니다. 그 후 우리는 많은 발전을 이루었으며, 앞에서 언급했던 몇 가지 도전들에 직면했습니다. 리스크 계량화 면에서는, 트레이딩, 마케팅 및 관련 리스크들에 관해 많은 일을 했습니다. 우리는 2003년에 이 일에 착수한 이후 다른 리스크 영역을 다루는 데 중점을 두었습니다. 이에 대해 다소 얘기함으로써 우리가 지금 어디에 와 있는지 보여 드리겠습니다.

우리는 파이낸스 조직 내에 ERM 전담 그룹을 설치했는데, 이 그룹은 우리의 전략 계획 수립 그룹과 긴밀하게 통합되어 있습니다. 우리는 모든 자회사, 비즈니스 부문 및 기능들에 대해 전사 차원의 리스크 평가 및 리스크 프로필 파악 프로세스를 시행했습니다. 우리는 현재 발전소에서 리스크 평가와 리스크 프로필 파악을 시행할 정도로 조직의 하부에까지 ERM을 추진했습니다. 궁극적으로는, 이러한 프로세스들의 결과가 반영되어 우리의 통합된 견해를 형성합니다. 이사회에 대한 보고와 이사회의 관여에 유의미한 개선이 있었습니다. 이사회 본회의에서 리스크 프로필을 최소 연 1회 검토합니다. 파이낸스 위원회는 분기마다 깊이 관여합니다. 이들은 향후 5년 동안의 재무 계획과 관련된 리스크를 평가하는 우리의 재무 계획 리스크 평가에 대해 업데이트 받습니다. 감사위원회도 깊이 관여하는데, 특히 우리의 ERM 프로세스가 갖춰지게 하고 이 프로세스가 효과를 발휘하게 하는 일에 관여합니다.

우리는 또한 회사 최고위급의 리스크 위원회가 회사의 전략적 의사 결정자들과 보조를 맞추도록 리스크 거버넌스 및 감독 구조를 재구성하는 데 많은 노력을 기울였습니다. 우리는 회사의 다양한 부문에 있던 리스크 모델링 전문가들을 한데 모아 계량적 리스크 분석 그룹을 만들었습니다. 우리는 다양한 리스크 관련 기능들을 ERM의 일부로 통합하고 연결했습니다. 이에는 (제가 맡고 있는) ERM 그룹, 내부 감사, 법률 및 감독 규정 컴플라이언스, 사베인–옥슬리법 컴플라이언스 그리고 비즈니스 어슈어런스 그룹들이 포함됩니다.

우리에게 비교적 새로운 점은 우리가 회사의 공시 프로세스에 밀접하게 관여하기 시작했다는 것입니다. 우리는 투자자들에게 올바른 리스크들을 공시하고, 이들을 적절하게 공시하며, 우리의 리스크 프로필은 어떠하며 왜 그런지에 대해 소통하기 원합니다.

우리가 직면했던 가장 큰 도전 과제는 사람들이 자신이 직면하고 있는 리스크에 관한 정보 공유를 꺼리는 것이었습니다. 저는 그것이 인간의 본성이라 생각합니다. 우리는 직원들에게 이 정보를 공유하도록 하고 이 정보가 그들에게 불리하게 사용될까봐 두려워하지 않게 하느라 많은 소통 노력을 기울였습니다.

향후 우리가 직면한 가장 큰 도전 과제 중 하나는 제가 ERM 피로라 부르는 것입니다. ERM이 우리의 일상적인 프로세스에 점점 더 깊이 배어들수록, 저는 이 일들 중의 일부는 가치를 부가하지 못하는 판에 박힌 일로 여겨질까 두렵습니다. 어떻게 ERM 피로를 피하고 이 프로세스가 계속 신선하고 새롭게 할 수 있을지는 우리가 싸워야 할 과제입니다.

리찌: 우리 조직에서는, 우리는 축복과 저주를 모두 받았습니다. 감독 당국과 신용 평가 기관들이 큰 관심을 보입니다. 토드가 지적한 점을 계속하자면, 저는 ERM을 모든 것을 쓸어 담는 통으로 사용할 수 있다고 생각합니다. 무엇을 하려 하는지 그리고 그 가치가 무엇인지에 대해 초점을 맞추지 않으면, 신선함을 잃어버릴 것입니다.

우리는 보기 26.1에 나와 있는 바와 같은 4개의 기둥에 입각하여 ERM을 개발하려 했습니다. 첫째는 정보 기둥인데, 이는 지식 상황판(dashboard)과 같이 우리 회사의 고위 경영진이 우리 조직에 대해 통합적인 견해를 얻을 수 있게 해 줍니다. 이 책 21장의 보기 21.2는 상황판의 예를 보여줍니다. 이는 변화하는 문서이지 돌에 새겨진 문서가 아닙니다. 이는 보고서들을 하나의 작은 보고서로 단순화시킴으로써 사람들이 읽어야 할 보고서의 범위를 좁히는 것과 관련이 있습니다.

두 번째 기둥은 거버넌스 보고서를 완성해서, 의사 결정권이 있어야 할 곳에 있게 하는 것입니다. 또한 권한이 있는 곳에 책임도 있는데, 사람들이 일을 그르치더라도 놀랄 필요가 없습니다. 그것은 우리가 받아들인 리스크였기 때문입니다.

우리가 시도했던 세 번째 기둥은 문화적 변화를 다루는 소통 프로그램을 제정한 것이었습니다. 우리가 사용한 구호는 기본적으로 "모든 사람이 리스크 관리자다"라는 것이었습니다. 우리는 사람들이 리스크 관리는 밖에 나가 고객들에게 판매해서 이익을 내는 것만큼이나 자기 업무의 일부라고 생각하기를 원합니다.

네 번째 기둥은 전사 리스크 관리, 또는 리스크 관리가 실제가 되게 하는 것입니다. ERM을 예산 및 보너스에 반영해야 합니다. 이를 보상 시스템에 연결시키지 않으면, 죽도 밥도 안 됩니다. 이를 시행하면, 사람들이 "아, 이건 실제로 시행하네"라고 말하기 시작하고 그러면 탄력을 받게 됩니다.

[보기 26.1] 북미 비즈니스 부문 ERM 프로그램의 네 기둥들

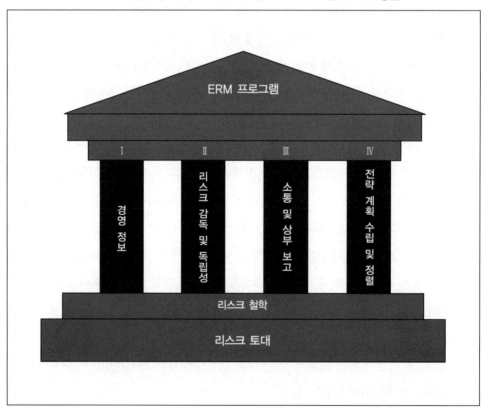

컨세시: ERM에 관한 정의에 관해 생각할 때, 우리는 그렇지 않을 경우 사일로로 취급될 수도 있는 것들을 통합할 필요에 대해 얘기했습니다. 따라서 시장 리스크나 가격 리스크를 신용 리스크나 운영 리스크와 별개로 측정할 것이 아니라, 이 리스크들 사이의 상관관계를 보지 않으면 사실은 일을 마친 것이 아닙니다. 시장 리스크 측정과 신용 리스크 측정이 중요하다면, 이 두 리스크들 사이의 상호 작용을 보는 것도 중요합니다. 회사에 참으로 나쁜 일이 일어날 경우에는, 한 쪽의 리스크 때문이 아니라 둘 사이의 상호 작용 때문인 경우가 흔합니다.

심킨스: 그렇습니다. 예를 들어, 이코노미스트 지와 로이즈 오브 런던(Lloyds of London)의 공동 서베이 회사가 직면했던 예상치 못한 리스크들 중 가장 큰 영향을 주었던 리스크들은 예상치 않았던, 그리고 관련이 없었던 두 개의 리스크들이 동시에 발생한 결과라는 사실을 발견했습니다.[6)]

프레이저: 우리는 2000년에 호주/뉴질랜드 리스크 관리 표준 4360에 나오는 원칙을 따라 우리 식의 ERM을 출범시켰습니다. 우리는 이 주제에 관해 구할 수 있는 문헌들을 검토한 후 6개월마다 리스크 프로필 작성 및 약간의 리스크 워크숍을 개시했습니다. 우리는 1, 2년 뒤에 비즈니스 계획 수립에 우리의 리스크 방법론을 도입해서, 모든 비용 지출에 대한 우선순위가 비즈니스 목표 달성에 대한 리스크 경감에 입각하여 정해지게 했습니다. 우리 회사의 이사회와 경영진은 우리에게 큰 그림에 초점을 맞추고 상세한 데이터 분석 및 숫자 처리에 사로잡히지 말라고 주의를 주었습니다(엔지니어링이나 고객 영업 부서와 같은 다양한 부서들에서 상세한 분석이 수행되는 경향이 있음을 주목하기 바랍니다). 4년 동안 이 방법들이 스며들게 한 뒤에, 우리는 리스크에 관한 이사회, 임원, 경영진의 사고와 우선순위가 정렬을 이루게 한다는 목표를 달성했으므로 이제 유지 모드에 머물기로 했습니다. 현재 우리의 ERM 프로세스는 매우 깊이 스며들어 있어서, 모든 사람들이 ERM이야말로 리스크가 관리되고 자원의 우선순위가 정해지는 방법이라는 점을 당연시합니다. 다른 방식으로 관리하는 것은 상상하기 어렵습니다.

호프만: 우리 회사의 방법도 10년 이상에 걸쳐 발전했으며, 우리의 문화 및 관리 방법인 시장 기반 관리에 기반을 두고 있습니다. 우리는 비전 개발부터 시작했는데, 리스크 용인 수준을 명확히 해야 한다는 점을 깨달았습니다. 우리는 어떤 리스크들이 수용될 수 없고 우리가 어떤 리스크들을 떠안을 용의가 있는지를 명확히 할 사고방식을 개발했습

니다. 우리는 리스크 조정 경제적 자본 개념에 입각해서 의사 결정을 하도록 도와줄 공통의 언어와 프레임워크를 개발했습니다. 우리는 또한 리스크들을 보다 잘 식별, 추정 및 소통할 수 있는 역량을 키웠습니다. Koch Industries 팀 이외에, 우리는 각 비즈니스의 독특한 리스크 프로필에 입각하여 각 비즈니스 부문에 리스크 팀들을 설치했으며, 필요한 도구 및 시스템들에 투자했습니다. 이 모든 구성 요소들을 결합하여 이들을 의사 결정권 및 인센티브 시스템에 연결시켰을 때 가장 중요한 진전이 이뤄졌습니다. 우리는 많은 진전을 이루었지만, 결코 여기에서 멈추지 않을 것입니다. 시장 상황과 리스크들이 변하고, 우리의 비즈니스가 진화하는 바, 우리는 계속 배울 것이고, 언제나 더 나아질 수 있습니다.

브랜슨: NC State에서, 우리의 ERM 이니셔티브는 다양한 조직에서 ERM 프로그램 개발 책임을 맡고 있는 고위 임원들을 모아 24회가 넘는 ERM 라운드테이블 발표를 했습니다. 우리가 자주 듣는 이슈들은 회사들은 최근 수년 동안 많은 변화 프로젝트들로 몸살을 앓았지만, 그럼에도 불구하고 많은 회사들에서는 ERM이 아직 잘 발달되지 않았다는 점입니다. ERM에 대한 도전 과제 중 하나는 (품질 관리가 자주 조롱되듯이) 이 또한 경영 관리의 또 하나의 유행에 지나지 않는다고 인식될 수 있다는 점입니다. ERM 프로그램 매니저들의 보편적인 이슈 하나는 조직 내의 다른 사람들에게 ERM이 그리 머지않은 시기에 시들해지리라는 두려움 없이 ERM에 시간과 노력을 투자하도록 확신시키는 것입니다.

조우가 말한 바와 같은 인센티브와 프로그램 목표의 정렬이 성공적인 (조직 구성원들의) 수용의 열쇠입니다. 우리의 ERM 라운드테이블 연사 중 한 명인 데이비드 웨틀리(David Whatley)가 말한 얘기가 생각납니다. 이 이야기는 전통적인 회사 조직들이 일련의 칸막이가 쳐진 부서들에서 사람들이 다양한 책임 영역에서 리스크를 관리하고 있지만, 아마도 해당 비즈니스의 다른 부분에서 발생하고 있을 수도 있는 리스크들에 대해서는 충분한 고려가 없을 수도 있음을 보여 주고 있습니다. 데이비드는 최근에 홈 디포의 ERM 프로그램 관리 책임에서 물러났습니다. 홈 디포의 중요한 전략 목표들 중 하나는 진출 지역을 넓힘으로써 시장 점유를 높이는 것이었습니다. 홈 디포는 공격적으로 서부 해안 지대 시장, 특히 샌프란시스코 만(灣) 지역에 진출하려 했습니다. 그들은 이 시장에 4년 동안 스토어를 건설하도록 허용하는 토지 사용 변경 승인을 얻으려 했습니다. 그들이 이렇게 한 이유는 스토어들이 주차장에의 상품 마케팅과 관련된 지방 조례를 준수하지 못한 역사적 경험 때문이었습니다.

개별 스토어의 관점에서, 스토어 매니저가 전형적으로 어떻게 보상받는지 생각해 보십시오. 그들은 대개 판매 수입을 올릴 인센티브가 큽니다. 예를 들어, 우리 중 대부분은 홈 디포(또는 경쟁사들)의 주차장에서 잔디 깎기 용 트랙터를 보았을 것입니다. 개별 스토어 입장에서는 이는 쉬운 결정입니다. 그들은 해당 주말에 250달러의 벌금을 내고 15,000달러의 매출을 올릴 수 있습니다. 물론, 그들은 그 결정이 전반적인 회사의 목표에 어떻게 영향을 줄 수 있는지 전혀 생각하지 않고 250달러의 벌금을 감수하기로 결정할 수 있습니다. 이로 인해 회사가 새로운 시장으로 확장할 기회를 방해했기 때문에 이 행태는 홈 디포에 해를 끼쳤습니다. 이 이야기를 통해 데이비드 웨틀리가 말하고자 한 요점은 전사 차원의 리스크에 대한 보다 견고한 고려를 할 수 있도록 (보상 패키지 개정을 통해) 스토어 매니저들의 사고를 조정할 필요를 보여 주는 것이었습니다.

심킨스: 감사합니다. 홈 디포 이야기는 인센티브와 ERM을 정렬시키는 일의 중요성에 대한 좋은 사례입니다.

브루스가 경영 관리 유행이라는 주제를 꺼냈으니, 저는 악마의 옹호자가 되어서 "ERM이 단지 또 하나의 경영 관리 유행에 지나지 않는다"고 말하겠습니다. 제가 토론자들에게 듣고 싶은 얘기는 이런 태도를 가진 사람을 설득시킬 반대 논리입니다. 만일 여러분도 그저 유행일 뿐이라고 생각한다면 그렇게 말해 주십시오.

리찌: 저는 전사 리스크 관리는 리스크 관리를 기업 재무로 되돌려 놓기 위한 발걸음이라고 생각합니다. 제가 말하려는 요점은 최소한 금융 기관들에서는 재미있는 다양한 일들을 하는 리스크 매니저들의 발달을 봐왔다는 것입니다. 그러나 기본적으로 그들은 역사적으로 손실 억제에 중점을 두고 있습니다. 고위 경영진은 기본적으로 보다 미래 가치 및 시장 지향적입니다. 그리고 이들은 서로 말을 안 합니다. 그래서 사람들이 상관관계나 상호 작용을 보지 못하게 됩니다. 제가 ERM이 도움을 주기 바라는 영역은 조직의 리스크 전략을 개발하는 것입니다. 우리는 어떤 리스크를 취하기 원하는가? 우리는 어떤 리스크를 제거하기 원하는가? 우리의 자본 구조는 어떠해야 하는가? 이 모든 질문은 리스크 관리에 매우 중요하며, 바른 방향으로 가는 첫 걸음입니다. 만일 ERM이 흰 코트를 입은 사람들이 여러 각도에서 분석하는 특수 기능이 된다면, 이는 단지 또 하나의 유행에 지나지 않게 될 것입니다.

심킨스: 조우의 말을 들으니 존 프레이저와 제가 ERM에 관한 한 가지 문제를 묘사할 때 곧잘 사용하는 횡설수설 탑(Tower of Babble)이라는 말이 생각납니다. 이 말은 모든 사람들이 서로 다른 리스크 용어를 사용해서 소통이 이루어지지 않는 현상을 가리킵니다.

콜브: 음, 저는 다소 악마의 옹호자 역을 맡겠습니다. 저는 개인적으로는 슬프게도 전사 리스크 관리가 유행으로만 끝나지는 않을 것이라고 확신하지 못합니다. 저는 전사 리스크 관리 시행을 완료하고 모든 것을 설치하여 운영하는 회사가 있으리라고 생각하지 않습니다. 다른 한편으로는, 그저 유행으로만 끝나 버렸던 것들과는 달리, ERM은 규제 당국들로부터 많은 지원을 받고 있습니다. 다른 형태의 유행들에서는 이러한 지원이 없었습니다. 저 개인적으로는 ERM에 헌신하기로 했기 때문에 이를 신봉합니다. 그러나 다른 한편으로는 ERM의 미래가 어떻게 될지는 아직 결정되지 않았다고 생각합니다.

컨세시: 저도 동의합니다만, 그렇게 생각하는 이유는 다릅니다. ERM은 회사가 처음에 예상했던 것보다 큰 과제임이 드러나는 경우가 흔합니다. 그리고 그 이유는 데이터 관리 문제와 관련이 있습니다. 우리는 이미 시장 리스크와 신용 리스크를 통합할 필요가 있음을 논의했습니다. 그런데, 전력 회사에 대한 또 하나의 중대한 리스크 원천은 수요를 견인하는 날씨의 불확실성인데, 이는 물론 가격의 불확실성과 상관관계가 있습니다. 리스크 평가는 독립적으로 개발된 시뮬레이션 시스템의 결과에 기반을 두고 있는데, 그 기반 하에서는 상당히 잘 들어맞습니다. 일반적으로 이 시스템들은 매우 작은 알갱이 단위로 작동하는 바, 따라서 모든 거래들과 발전소들은 매 시간 모델링됩니다. 이 시스템들은 통합될 필요가 있는데, 이 일은 정말 어렵습니다. 이 시점에서는 모든 데이터들이 공통적인 데이터베이스 안으로 모아질 필요가 있다는 인식을 가지게 된 회사들이 추가적인 진행을 중단하고 이 일이 얼마나 오래 걸릴지, 여기에 얼마나 많은 비용이 소요될지 기다려 보자고 할 수도 있습니다. 사람들은 이 일에 막대한 데이터가 요구된다는 점을 좀처럼 예상하지 못합니다.

호프만: ERM을 기능이 아니라 마음 자세라고 정의할 경우, 리스크 이해와 리스크 조정 의사 결정이 완전히 통합될 것이기 때문에 별도의 리스크 관리 조직이 불필요해지는 것이 이상적인 발달 단계일 것입니다. 저는 이것이 추구해야 할 훌륭한 목표이기는 하지만, 저는 앞으로도 리스크 전문가들 및 ERM 오너십으로부터 유익을 얻을 것으로 생각합니다. 그들의 기술 때문만이 아니라, 우리 인간은 모두 편향(偏向)에 빠질 수 있고 결코 완

전히 객관적일 수는 없기 때문이기도 합니다. 우리는 다른 사람의 지식을 구하고, 내 지식을 공유하며, 우리의 사고에 도전을 제기해야 합니다. 우리는 다른 관점을 필요로 하며, 효과적인 리스크 팀에 의해 제공되는 초점과 도전 프로세스로부터 유익을 얻습니다. 그리고 리스크들은 흔히 상호 관련되어 있고, 반드시 누적적이지는 않기 때문에, 모든 조직들은 종합적 관점으로부터 유익을 얻어야 합니다.

심킨스: 모든 분들에게 감사드립니다. 이 이슈들 중 일부에 대해서는 뒤에 패널 토론에서 좀 더 깊이 다루겠습니다. 최근의 서베이는 회사들의 약 10%는 ERM의 다양한 단계들을 완전히 시행했음을 보여줍니다. 이는 90%가 ERM을 시행하지 않고 있거나 이를 구축 중에 있음을 의미합니다.

이제 질문 2에 대해 대학 교수인 토론자들로부터 들어 보겠습니다.

콜브: ERM은 로욜라에서 새로운 분야인데, 여기에는 몇 가지 구성 요소들이 있습니다. 첫째, 우리는 돈 슈와츠(Don Schwartz)가 이끄는 통합 리스크 관리 및 기업 거버넌스 센터를 보유하고 있습니다. 돈은 우리의 센터를 이끌고 있으며 최근에 시카고 상품 거래소로부터 1백만 달러의 기부를 확보했습니다. 연례 세미나 개최, 리스크 관리 분야 저명인사들과의 인터뷰 시행 그리고 이 분야에서의 리서치를 촉진하기 위한 자금 집행 등이 이 센터가 계획하고 있는 주요 사항들입니다.

둘째, 우리는 새로운 프로그램을 가지고 있습니다. 즉, 파이낸스 석사 과정에 리스크 관리 전공을 두었습니다. ERM은 이 프로그램의 핵심입니다. 세 번째 요소는 제가 이를 맡는 행운을 누린 Considine 의장입니다. 베티가 말한 바와 같이 제 연구의 많은 부분은 파생상품 분야입니다. 이 의장직의 일부는 전사 리스크 관리에 윤리와 같은 보다 넓은 관점을 포함시키는 것입니다. 이러한 사항들이 우리 프로그램의 세 가지 주요 요소인데, 이들 각각에 대해 우리는 태동기에 있습니다.

브랜슨: NC State에서의 ERM 이니셔티브가 운영된 지는 약 4년이 되었습니다. 우리의 이사인 마크 비슬리(Mark Beasley)는 2004년에 공표된 ERM 프레임워크를 개발한 COSO 태스크포스의 일원이었습니다. 이 문서는 미국에서의 ERM 프로그램 개발을 위한 청사진으로 널리 받아들여졌습니다. 마크는 COSO 작업을 마친 후 이 새로운 분야의 전파, 리서치 그리고 교육을 제공할 다방면에 걸친 센터로서 경영대학 안에 우리의 이니셔티브 프로그램을 설치하는 과정을 시작했습니다. 또한 우리는 운이 좋게도 BOA 재단으로부

터 상당한 기부를 받았는데, 이 자금은 우리가 이 이니셔티브를 시작하는 데 큰 도움이 되었습니다.

NC State는 토지를 기부 받은 대학교로서 기업과 전문가 사회에 기여하는 것은 우리의 사명의 불가결한 요소입니다. 우리는 ERM 분야에서 몇 가지 활동들에 관여해 오고 있는데, 그 중 가장 현저한 것은 지난 4년 동안 발전시켜 온 우리의 ERM 라운드테이블 시리즈입니다. 우리는 올해 9월에 25회 ERM 라운드테이블을 개최했습니다. 이 라운드 테이블들은 우리 지역 및 샤롯트, 애틀랜타, 리치몬드 그리고 기타 도시들의 비즈니스 종사자들에게 좋은 기회입니다. 우리는 대개 자기 조직에서 ERM의 일부 측면을 맡고 있는 사람들의 강연을 듣습니다. 이 행사는 매우 인기가 있으며, 금요일 아침 이른 시간에 200명이 참석하기도 합니다. 우리는 작년에 ERM 펀드멘탈 워크숍을 비롯해 다양한 임원교육 기회도 개발했습니다. 우리는 노스캐롤라이나 주 은행 위원회와 공동으로 ERM 이슈들에 관해 은행의 이사들을 교육시켜 왔습니다. 우리는 또한 감사위원회 위원들이 그들의 리스크 감독 책임을 더 잘 이해할 수 있도록 AICPA와 긴밀히 공조하여 그들을 위한 프로그램을 개발했습니다.

우리는 또한 ERM을 다루는 많은 자료들을 개발했는데, 이들은 웹 사이트 www.mgt.ncsu.edu/erm/에서 구할 수 있습니다. 우리는 이 주제에 관심이 있는 학자들뿐만 아니라 실무자들도 더 배울 수 있도록 다양한 자료들을 모았습니다. 예를 들어, ERM 프로그램 개발을 위한 다양한 프레임워크, 과거의 ERM 라운드테이블 발표 요약, 연사들의 파워포인트 슬라이드 그리고 출판물 및 학계 논문 개요를 입수할 수 있습니다.

커리큘럼 개발 및 리서치에 대해서는 패널 토론에서 좀 더 얘기하겠습니다. 이들은 우리가 추가적으로 강조하는 두 가지 영역입니다. 우리는 지난 가을에 대학원 과정에 ERM 개요 과목을 제공했습니다.

질문 3

심킨스: 이 질문에 대한 대답은, 기업 측 패널리스트의 얘기를 먼저 듣고 나서 대학교 패널리스트의 얘기를 듣도록 하겠습니다.

컨세시: 분류법은 베티가 횡설수설 탑이라고 논평한 것에 대한 좋은 예입니다. 조직

전체에 일관성이 있는 분류법이 받아들여지게 하는 것이 참으로 중요합니다. 에너지 회사들에 있어서 운영 리스크(operational risk)는 좋은 사례입니다. 에너지 회사에서는 "운영(operations)"은 전통적으로 '오늘 아침에 발전기가 가동됐는가? 또는 가스 파이프라인 압축기가 필요할 때 가동됐는가?'와 같은 물리적 자산의 신뢰성과 관련이 있었습니다.

운영 리스크(operational risk)에 대한 ERM의 정의는 거래의 적절한 포착과 관련된 미들 오피스 기능과 관련이 있습니다. 정의의 이러한 차이는 에너지 산업에 많은 혼란을 가져올 수도 있습니다. 그 결과 CRO 위원회는 에너지 회사에 대한 이 용어를 재정의했습니다. 그들은 operative 리스크라는 새로운 용어를 만들어 냈는데, 이는 operational 리스크 및 operations 리스크를 모두 포함합니다. Operational 리스크는 인간의 약점 및 거래를 적절히 포착하지 못할 가능성으로 정의되는 반면, operations 리스크는 물리적 설비 운영과 관련된 리스크입니다. 이 두 용어는 유사하며 쉽게 혼동될 수 있습니다. 한 조직이 자기 조직 내에서 보다 널리 이해될 수 있는 분류법을 갖추는 것이 더 중요한데, 저라면 "관리상의 리스크(administrative risk)"라는 용어를 사용하겠습니다. 요약하자면, 가장 중요한 점은 사용되는 ERM 분류법이 조직 전체에서 잘 이해되는 것인데, 왜냐하면 전체 ERM 이니셔티브 수용에 이 점이 중요하기 때문입니다.

퍼킨스: 우리는 운영 리스크와 같이 참으로 넓은 범주에 리스크들을 억지로 밀어 넣으려는 노력에 거세게 저항했습니다. 우리는 각각의 개별 리스크들을 살펴보고, 이들을 거버넌스 리스크 또는 환경 리스크와 같은 범주로 나눴습니다. 우리는 운영 리스크와 같이 넓은 범주로 분류하려 하지 않았습니다.

리찌: 저는 운영 리스크에 대한 우려가 있습니다. 저는 이 리스크가 어떻게 정의되고 있는지 아는데, 이 정의는 너무도 광범위합니다. 이는 뭔가 숫자를 만들어 내기 위해 억지로 하고 있는 일입니다.

프레이저: "운영" 리스크는 의미가 있거나 도움이 되기에는 너무도 광범위하기 때문에, 우리는 이 용어를 사용하지 않습니다. 리스크를 총체적으로 다루려면, 인위적인 분류를 피해야 합니다. 은행들은 이 용어를 좋아하는데, 그 이유는 시장 및 신용 리스크 매니저들에게 그들의 사일로를 유지할 수 있게 해 주기 때문입니다. 제가 가지고 있는 의문은 '담보의 시장 가치가 하락하고 회수 부서가 충분히 신속하게 대처하지 못해서 대출이 잘못된 경우 이 손실은 시장 리스크인가, 신용 리스크인가, 또는 운영 리스크인가 그리고 이

분류가 정말로 중요한가' 입니다. 저는 이야말로 현재 사용되고 있는 분류만이 아니라 그렇게 분류하는 목적에 대해서도 추가적인 연구를 필요로 하는 분야라는 데 동의합니다.

호프만: 저도 존의 말에 동의합니다. 우리가 목표를 놓치지 않는 한 공통의 언어 사용은 큰 도움이 됩니다. 리스크들은 전통적으로 특화된 기술/전문성을 활용하기 위해 범주화되었는데, 조직들은 이 분류 주위에 사일로를 쌓는 경향이 있었습니다. ERM 개념은 이 사일로를 허물고 공통의 사고 프로세스와 리스크 용인 수준을 조정하고, 영향을 주며, 적용하기 위해 발달했습니다. 또한 가장 중대한 리스크는 알려져 있지 않은 리스크이거나 여러 범주의 리스크들의 결합인 경우가 흔합니다. 특화된 전문성과 보다 넓은 관점 모두로부터 유익을 얻는 것이 도전 과제입니다.

콜브: 이는 학계에서 다소 기여할 수 있는 분야 중 하나라고 생각합니다. 리스크들이 분류되는 방식을 보면, 표준적인 분류법이 없습니다. 시장, 재무, 신용 그리고 운영 리스크라는 네 가지 리스크 범주들을 고려해 봅시다. 그리고 ERM이 합산하는 프레임워크를 제공하려 할 때 회사가 직면하는 다른 리스크들을 생각해 봅시다. 회사에 커다란 리스크를 부과하는 기후 변화 리스크를 봅시다. 이는 재무 리스크가 아니고, 실상 시장 리스크도 아니며, 정확하게 신용 리스크도 아닙니다. 따라서 이는 운영 리스크여야 합니다. 제 견해로는 운영 리스크는 전혀 공통적인 요소가 없는 모든 종류의 잡다한 리스크들의 "잡동사니"가 되었습니다. 특히 학계에서 ERM에 관해 연구하는 사람들에 대한 도전 과제는 분류법을 개선하기 위한 연구를 통해 분류가 의미 있고 모든 회사들에게 통하는 표준적인 분류법이 되게 하는 것입니다.

브랜슨: 저는 이는 확실히 학계에서 기여할 수 있는 분야라는 봅의 견해에 동의합니다. 토드의 견해에 관해서는, 귀사에서는 사람들이 공통의 언어 또는 분류법을 이해해서 최소한 동일한 것을 말하는 것이 중요합니다. ERM 시행 성공에 대한 보편적인 함정 중 하나는 먼저 이러한 공통의 리스크 언어와, 빈도 및 영향과 같은 용어의 정의를 확립하지 않는 것입니다.

질문 4

심킨스: 이 질문은 먼저 기업 패널리스트부터 토론을 시작하겠습니다.

리찌: 저는 리스크 관리는 단지 전문가의 영역만이 아니라고 가르치는 관점을 보고 싶습니다. 둘째, 인간적 요소를 보고 싶습니다. 우리는 단순히 숫자를 다루고 있는 것만이 아닙니다. 보상 방식이 행동에 영향을 주기도 합니다. 제가 요청하고 싶은 다른 사항 한 가지는 CFO 기능과 CRO 기능 통합을 시도하라는 것입니다.

프레이저: ERM은 다양한 기술을 요구하는데 현재 이들 중 많은 내용들이 가르쳐지고 있습니다. 이들을 조직 전체의 맥락에 집어넣는다면 유용할 것입니다. 현재 고도의 계량적 기술을 지닌 많은 실무 전문가들(보험 계리, 시장 리스크 및 보험)이 기술자에서 리스크 매니저 또는 최고 리스크 책임자로 탈바꿈하기 위해 애쓰고 있습니다. 계량 분석 기술은 좋은(필수적인?) 것이지만, 편향 및 인간의 오류가 어떻게 의사 결정에 끼어드는지(예컨대, 롱텀 캐피탈 매니지먼트 사례)에 대한 지식도 중요합니다. 저는 1970년대에 어느 보험회사의 보험계리 부채를 검토했었는데, 그들은 기준금리는 대략 연 15% 수준이었는데, 3%의 이자율이라는 가정을 사용하여 고금리 현실을 모델에 반영하지 않은 채 보험 계리 부채를 소수점 17자리까지 계산하면서, 정확한 계산에 자부심을 느끼고 있었습니다. ERM은 접촉 스포츠(contact sports)로서 인간의 행동, 정치, 마케팅 그리고 기타 비즈니스 프로세스에 대한 고도의 지식을 요구합니다. 목표에 의한 경영(MBO), 거버넌스 원칙 그리고 "델파이" 방법 모두가 리스크 관리에 대한 총체적인 접근법 구축에 일정한 역할을 합니다.

퍼킨스: ERM은 실제로 모든 것을 포함하기 때문에, 조직의 모든 직원들이 이를 수용해야 합니다. 제가 말씀 드리고자 하는 내용들은 파이낸스 쪽에 있는 사람들에게는 명백해 보일 수도 있지만, 파이낸스를 담당하지 않는 사람들에게는 그다지 명백해 보이지 않을 수도 있습니다. 무엇보다도 모든 직원들이 리스크와 수익 사이의 관계를 명확히 이해하고 리스크가 항상 나쁜 것만은 아니라는 점을 이해할 필요가 있습니다. 리스크에 대한 철저한 이해와 소통은 실제로 보다 나은 의사 결정 및 보다 나은 자본 할당으로 이어질 수 있습니다. 저는 또한 리스크 확률에 대한 통계 개념에 대해 기본적인 수준의 이해도 필요하다고 생각합니다. 우리 모두는 좋은 결과가 반드시 좋은 의사결정의 결과는 아니며, 나쁜 결과도 반드시 나쁜 의사결정의 결과는 아니라는 점을 이해할 필요가 있습니다. 일반적으로, 조직 내 모든 직원들이 사실상 자신의 모든 의사 결정에서 명시적으로든 묵시적으로든 리스크에 대한 의사 결정을 내린다는 점을 이해할 필요가 있습니다.

컨세시: 저는 고객들에게 ERM 서비스를 제공하는 컨설팅 회사의 입장에서 그들이 자

사 직원들에게 원하는 것이 무엇인지 말씀 드리겠습니다. 저는 토드와 조우가 열거한 사항들에 동의합니다. 컨설팅 회사들은 강력한 계량적 역량을 지닌 사람들을 필요로 합니다. 우리 회사 에너지 거래 퀀트 그룹은 아마도 북미에서 가장 큰 퀀트 그룹 중 하나일 것입니다. 그러나 제게 다소 의외인 점은(저는 단순한 엔지니어일 뿐입니다), 퀀트들이라 해서 모두 같지는 않다는 사실입니다. 그들 중에는 금융공학자, 거래의 가치를 평가할 줄 아는 퀀트, 리스크 측정 전문가 등이 있습니다. 우리가 ERM에 필요로 하는 사람들은 리스크 엔진을 이해하는 퀀트들, 리스크들이 어떻게 서로 연결되어 있는지에 대한 수리를 이해하고 시스템을 구축할 능력을 지니고 있으며, 이 시스템 배후의 수리를 이해하는 퀀트들입니다.

심킨스: 리스크 엔진은 무슨 의미인가요?

컨세시: 우리가 실행하고 있는 고급 리스크 엔진은 시장 리스크나 신용 리스크만 보는 것이 아니라, 리스크 유형간의 상관관계가 있는 리스크들을 볼 수 있는 시스템을 말합니다. 이에 대한 예로는 알고리드믹스(Algorithmics), SAS 그리고 QuIC 등이 있습니다. 이러한 리스크들에 적절한 모델을 만들기 위해서는 참으로 리스크 엔진 계량 전문가가 필요합니다. 이는 상식의 범위를 넘습니다. 저는 이것은 다양한 종류의 리스크들 사이의 상호 작용을 구하기 위해 상관관계 구조를 구축하는 몬테카를로 분석에서의 스트레스 분석 같은 것이라고 생각합니다.

호프만: 우리의 경험에 의하면, 가장 효과적인 리스크 팀은 여러 분야의 전문가들을 포함하고 있습니다. 우리의 리스크 팀에는 엔지니어링, 수학, 파이낸스, 회계, 경제학, 물리학 그리고 기타 분야의 배경을 지닌 사람들이 있습니다. 일부 모델링은 복잡할 수 있지만, 비판적 사고, 경제 분석, 확률 대 불확실성의 이해 그리고 효과적으로 소통할 수 있는 능력이 핵심을 구성합니다. 이에 더하여, **최신 효과**(시간적으로 최근에 제시된 정보가 판단에서 중요한 역할을 하는 현상. 포털 사이트 다음에서 검색함. 역자 주), **프레이밍 효과**(같은 상황임에도 불구하고 어떤 표현이나 방식을 제시하느냐에 선택과 생각이 달라질 수 있는 현상. 포털 사이트 다음에서 검색함. 역자 주) 그리고 **정박 효과**(최초에 습득한 정보나 조건에 얽매어 이에서 벗어나지 못하는 현상. 포털 사이트 다음에서 검색함. 역자 주)와 같은 인간의 편향이 어떻게 의사 결정에 영향을 주는지에 대해 이해하면 큰 도움이 됩니다. 저는 여러 분야의 학문을 포함시키려는 노력에 의해 고무되었으며, 여러분에게도 리스크 관리 커리큘럼을 짤 때 경영학, 수학, 엔지니어링 등 다양한 분야의 교수진을 활용하라고 권장합니다.

콜브: 베티는 제게 강의 요강(syllabus) 샘플을 가져와 달라고 요청했습니다. ERM은 새로

운 영역이라 이 과목은 매우 적습니다. 이것은 우리 과목의 요약인데, 이 과목은 MBA 프로그램의 선택 과목입니다. 이는 또한 우리의 파이낸스 석사 리스크 관리 전공 과정에서 최초로 개설한 과목이기도 합니다.[7]

브랜슨: 앞에서 언급한 바와 같이, 우리는 이번 가을에 제킨스 경영대학원을 통해 ERM 교육 커리큘럼을 시작했습니다. 이 과정은 MBA와 회계 석사 프로그램 학생들에게 ERM 개요를 제공하여 ERM 개념과 실무에 노출시켜 줍니다. 우리는 2008년 봄에 두 과목을 추가할 예정인데, 하나는 질적 및 양적 리스크 평가를 배우는 리스크 측정 도구에 중점을 두며, 다른 하나는 기업의 리스크 관리 및 파생상품 과목입니다.

우리는 급속도로 ERM 영역으로 옮겨가고 있는 전문 서비스 회사들의 필요를 충족해 주기 위해 회계 석사 프로그램에 ERM 전공을 제공합니다. 저는 앞에서 팻이 말한 필요를 만족시킬 수 있을지는 확신하지 못합니다. 우리의 프로그램은 리스크 측정 및 관리의 계량적인 측면에 초점을 맞추지 않습니다. 우리는 전략 계획 수립 및 기업 거버넌스 그리고 ERM이 이러한 노력들에 어떻게 기여할 수 있는지에 훨씬 더 중점을 둡니다.

콜브: 앞에서 말씀 드린 바와 같이, 저는 파이낸스 교수이고 브루스는 회계 교수입니다. 따라서 리스크 관리 일반과 ERM은 다른 학과에 속해 있습니다. 로욜라에서는 리스크 관리와 ERM이 주로 파이낸스 분야에 위치해 있습니다. 이와는 대조적으로, NC State에서는 리스크 관리가 회계 분야에 속해 있는 것 같습니다. 다른 대학교에서 경영학과에서 리스크 관리를 다루게 한다 해도 놀랄 일이 아닐 것입니다. 따라서 대학교에서 리스크 관리가 어디에 속해야 자연스러운가는 명확하지 않습니다.

질문 5

심킨스: 이제 ERM이 주주 가치에 기여한다고 생각하는지 논의해 보겠습니다. 예를 들어, ERM이 귀사의 자본 비용을 감소시킬 수 있습니까? 우리는 신용평가사들이 신용평가 방법론에 평가 대상 회사의 ERM 시행 여부를 포함시켰음을 알고 있습니다. 이는 은행, 금융 산업 그리고 보험회사들에 대해서는 문서화가 잘되어 있습니다. 무디스와 S&P 모두 비 금융회사들에 대한 방법론도 가다듬고 있습니다.

리찌: 사람들이 이런 유형의 사안에 중점을 둘 때에는, 질문의 한쪽 측면만 봅니다.

"더 높은 등급을 받기 위해 소요되는 비용은 얼마인가?"라는 질문도 고려해야 합니다. 더 많은 돈을 벌 수 있거나, 더 많은 주주 가치를 창출할 수도 있었던 일부 활동들을 포기하지는 않았는가? 저는 자본 비용을 낮추는 것이 반드시 주주가치를 창출하지는 않기 때문에, ERM을 정당화하려는 사람들을 만나거든 그들이 두 측면을 모두 고려했는지 알아보라고 주의를 주곤 합니다.

심킨스: 예, 저는 자본 비용을 단지 하나의 예로 사용했을 뿐입니다. ERM이 가치를 창출할 수 있는 방식들에 대해 논의해 주십시오. 앞에서 우리는 모두 ERM이 가치를 부가하는 활동이라는 데에 동의한 바 있습니다.

리찌: 기본적인 문제는 리스크 관리의 가치 부가 노력에 놓여 있습니다. 위기를 예방한 사람들의 동상을 세우지는 않습니다. 저로서는 리스크 관리를 보고 회사가 성공적인지 아닌지를 판단합니다. 결국 가장 중요한 것은 리스크 관리가 어떤 시장 상황 하에서도 회사가 특정 계획에 필요한 자금을 조달할 수 있도록 시장 접근을 확보하게 해주는 것입니다. 달리 말하자면, 우리가 지난 3, 4년 동안 경험했던 완벽한 시장에서만이 아니라, 약세 시장에서도 말입니다. 이렇게 한다면, 저는 우리가 리스크 매니저로서 성공적이라고 생각합니다. 특정 환경에서만 통하고, 환경이 변하면 가치가 하락할 경우라면, 성공적이지 못한 것입니다.

퍼킨스: 우리는 규제를 많이 받는 대기업이기 때문에, 리스크 프로필 관리 및 유지를 우리 전략의 가장 중요한 측면들 중 하나로 여깁니다. 우리의 전략은 리스크 프로필을 낮게 유지하기, 즉 규칙적이고, 지속 가능하며, 예측 가능한 이익 성장을 기하고 우리 업종에서 최상의 리스크 조정 수익을 달성하는 것에 기초를 두고 있습니다. 우리의 전략은 리스크 관리 및 우리의 리스크 프로필에 입각하고 있습니다. 따라서 ERM은 우리의 리스크 프로필을 파악하고 그 프로필을 유지하는 데에 도움이 되는 만큼의 가치를 부가합니다.

컨세시: 저는 ERM이 주주 가치에 기여한다고 믿는데, 그것은 ERM이 자본 적정성을 판단해 주고 자본 할당의 원동력이 되기 때문입니다. 그러나 저는 "위기를 예방한 사람들의 동상은 없다"는 조우의 지적을 돌아보고자 합니다. 이는 참으로 재미있는 점입니다. 참으로 리스크 관리를 잘하면, 사람들은 아무것도 잘못된 점이 없음을 알아채지 못할 것입니다. 고객들이 ERM 시행을 위해 비용-효용 분석을 수행해 달라고 요청할 때 흔히 이런 도전에 직면합니다. 더 많은 이익을 내기 위해 리스크 관리 프로그램을 두는 것은 아

니기 때문에 이런 도전과제가 제기됩니다. ERM의 초점은 이익 증대라기보다는 예상하지 못한 손실이 발생할 확률을 축소시키는데 있습니다.

제가 작년 겨울에 유럽에서 일하고 있을 때 보았던 것과 같은 관련 사건을 보면 흥미롭습니다. 유럽은 작년 가을에 날씨가 아주 따뜻했는데, 대부분의 전력 회사들은 석유 수요를 헤지했습니다. 그들은 과거 경험상 이미 판매했던 전력을 생산하기 위해 얼마나 많은 석유를 필요로 하는지 알았습니다. 그러나 날씨는 평년 수준보다 훨씬 따뜻했고 전력수요가 줄어들어서, 그들은 가격이 하락하는 장에서 과잉 헤지한 석유 포지션을 팔아야 했습니다. 효과적인 헤지라면 예상 석유 수요만이 아니라 날씨, 전기 수요 그리고 가격사이의 관계도 고려했을 것입니다. 여기에서 바로 때로는 서로 얘기할 필요가 없는 별개의 기능들이 협력할 필요가 있기 때문에 ERM이 복잡해집니다. 시장 리스크 헤지 기능은 수요 예측 기능과 논의를 시작할 필요가 있습니다. 주주 가치를 증대하기 위한 참으로 정교한 헤지 오퍼레이션은 이 기능들의 협력을 요구합니다.

브랜슨: 신용평가사들과의 관계에서의 예는 금융 서비스, 보험 그리고 에너지 섹터와같은 규제 산업에서 볼 수 있습니다. S&P는 현재 그들의 신용 등급 부여에 ERM 프로그램에 대한 평가를 명시적으로 반영하고 있습니다. S&P는 최근에 ERM 평가를 보다 광범위한 산업에 반영하겠다고 발표했습니다. ERM에서 중대한 결함이 발견될 경우, 회사의신용등급에 중대한 변화가 발생할 수도 있습니다.

또 다른 압력들도 있습니다. 뉴욕 증권 거래소는 감사위원회 위원들에게 그들이 봉직하는 회사의 리스크 및 리스크 관리 정책에 대해 명시적으로 논의하도록 요구합니다. 최근의 디즈니 사례도 하나의 예가 됩니다. 델라웨어 법원의 평결은 이사들이 "경영 판단"원칙에 의해 완전히 보호받기 위해서는 리스크 관리 모범 실무 관행을 알아야 한다고 함으로써 이사들의 책임을 확대한 것으로 볼 수 있습니다. ERM은 회사 리스크 관리에 있어서 모범 실무 관행이라고 할 수 있습니다.

프레이저: 저는 ERM을 갖추고 있지 않은 조직에 대해 생각해 보고, 잘 나가고 있는 듯이 보이는 조직들이 역량 때문인지 운 때문인지 물어보는 것이 유용하다고 생각합니다. 리스크에 대해 이사회와 경영진의 견해가 다르고, 라인 매니저들의 견해도 각기 다른 조직이 있다고 상상해 보십시오. 이사회가 조직의 목표 달성에 대한 주요 리스크들을 명확히 이해하지 못한다고 가정해 보십시오. 가장 큰 프로젝트나 가장 큰 리스크에 대해, 또

는 각 부문 내에서 리스크들에 대해서 및 자원이 어떻게 공정하게 배분되어야 하는지에 대해 공통의 논의, 합의 및 우선순위화가 없다고 상상해 보십시오. 이런 특징을 지닌 조직들은 ERM을 지니고 있지 않은 것입니다. 그러나 ERM이 성공적으로 시행되면 서프라이즈 감소, 목표, 리스크 그리고 경감 장치에 대한 이해와 정렬 등 그 반대의 일이 발생하는데, 우리는 이러한 것들이 가치를 부가한다고 믿습니다. 가치 부가의 척도에는 신용평가사의 기대 충족에 기인한 자본 비용 감소, 해당 기업이 잘 관리되고 있다는 주주 및 투자자들의 안도, 자원이 합의된 리스크 용인 수준에 기초하여 공정하게 배분되고 있다는 사실을 아는 데에서 기인하는 직원들의 사기 진작 등이 포함될 것입니다.

ERM은 급속히 변하는 산업에 소속한 조직이나, 변화를 겪고 있거나 경영진이 새로 취임했거나 바뀌고 있는 조직들에게 가장 큰 가치가 있습니다. 안정된 산업에 소속되어 있고 경영진도 안정되어 있는 안정된 조직에게는 불확실성이 작고 비즈니스 리스크에 대한 공통의 이해 수준도 높으므로 ERM의 필요가 별로 없습니다.

호프만: 우리가 어떻게 가치를 더하는지 이해하기란 쉽지 않지만, 조정 및 우선순위 정하기에 도움이 됩니다. 저는 운이 좋게도 비상장 기업에서 일하면서 우리의 오너들과 함께 진전 사항을 정기적으로 검토해 보았습니다. 그들의 관점은 효과적인 리스크 관리는 자본 보호에 도움이 되지만, 리스크 조정 의사 결정 개선에도 도움이 되지 않는 한 자본 보호만으로는 충분하지 않다는 것이었습니다. 따라서 우리는 "서프라이즈 없애기"(손실 없애기가 아니라)라는 목표로부터 시작했으며, 또한 어떻게 의사 결정 개선에 도움이 되는지도 평가했습니다. 다행히도, 우리는 긍정적인 행동 변화에 대한 측정 가능한 예가 있으며 우리의 경제적 자본 프레임워크 적용이 상당한 가치를 더해 준다고 믿습니다. 저는 우리 모두에 대한 도전 과제는 측정하기 쉬운 것을 지나치게 강조하는 함정을 피하면서 좋은 척도를 개발하는 것이라고 생각합니다. 예를 들어, 신용 리스크 담당자는 손실을 측정하고서 리스크를 회피하게 되기 쉽습니다. 이 리스크 회피로 인한 기회 상실 측정은 훨씬 어렵지만 실제로는 더 중요할 수 있습니다.

질문 6

심킨스: 질문 6과 관련하여, 가능하다면 다음 주제들에 대해 논의해 주시기 바랍니다.

이 주제들은 모두 질문 6과 관련이 있습니다. 별도의 ERM 담당 그룹이 필요하다고 생각하십니까, 아니면 어떤 조직 구조가 가장 좋습니까? CRO는 어떤 자질을 지녀야 한다고 생각하십니까? 이 프로세스에서 이사회 및 감사위원회와 같은 위원회들의 역할은 무엇입니까? 자원 배분 및 문화 변화가 ERM에서 어떤 역할을 합니까? 가능하다면 귀사에서 ERM에서의 공시 프로세스와 이 프로세스가 어떻게 감사되는지 말씀해 주십시오. 조우, 먼저 시작해 주시겠습니까?

리찌: ERM 기능이 조직 구조 안의 어디에 위치해야 가장 좋을지에 대한 결정은 우리가 가장 고심한 부분 중 하나입니다. 우리는 하나의 구조만이 있는 것이 아니라 여러 대안이 있다고 생각했습니다. 우리는 종국적으로 리스크 담당 임원에게 직접 보고하는 구조를 택하기로 했습니다. 그 이유는 이렇습니다. 별도의 ERM 그룹은 단지 또 하나의 관료주의를 더할 뿐이기 때문에 반드시 별도의 ERM 그룹이 필요한 것은 아닙니다. 정말로 필요한 것은 리스크 담당 직원들과 비즈니스 담당 직원들로 구성되고, 경영관리에 내재된 ERM적 기능입니다. 우리는 진정한 ERM적 기능을 원했습니다. 우리는 실행 단계로 옮겨 가고자 했는데, 이는 앞에서 언급한 상황판입니다(그림 21.2를 보라). 제가 이것이 아주 중요하다고 생각하는 이유는 이를 통해 입장을 정할 수 있기 때문입니다. 사람들은 이 보고서에 관해 무엇이 올바르고 무엇이 그릇되었는지 언급해야 합니다. 이 보고서는 매월 작성됩니다. 우리 회사의 고위 경영진은 이를 사용했습니다. 또한 내부 감사 부서의 6~7개 보고서들도 상황판을 사용했습니다. 기본적으로 이 보고서는 이 보고서에 수록된 영역들을 요약적으로 보여주는 20쪽 분량의 보고서입니다.

프레이저: 저는 ERM이 관료주의의 층을 쌓는다는 조우의 언급에 대해 말씀 드리겠습니다. 그렇게 되는 경우도 있지만, 반드시 그런 것만은 아닙니다. 우리 회사의 ERM 모델에서는 CRO가 촉진자 역할과 ERM 방법론 개발 및 실행 역할을 맡았습니다. 라인 매니저들은 자신의 리스크들을 관리하고 리스크 의사결정을 내렸습니다. 우리의 역할은 투명성과 공통의 이해를 확보하도록 도와주는 것입니다. 확실히 중앙의 리스크 그룹이 핵심적인 의사 결정을 내리거나 이에 대한 거부권을 지니고 있는 많은 금융기관들에서 볼 수 있는 모델과 유사한 모델들도 있습니다. 우리 회사의 ERM 그룹은 도우미로 여겨지지, 경영진의 독립성에 대한 위협으로 여겨지지 않습니다.

퍼킨스: ERM이 효과를 발휘하려면, 저는 무엇보다도 이사회를 포함한 최고위급 경영

진으로부터의 전심전력을 필요로 한다고 생각합니다. 그리고 조직 전체에 리스크에 대한 어느 정도의 인식과 리스크에 대한 개방적인 소통을 허용하는 문화를 요구합니다. 또한 이사회가 ERM 프로세스가 갖춰지게 하고, ERM 프로세스를 통해 파악된 주요 리스크들을 적극적으로 감독한다는 점에서 깊이 관여하는 것이 중요합니다. 다양한 조직 구조들이, 심지어 ERM 전담 그룹이 없는 조직 구조조차도 이를 달성할 수 있습니다. Southern Company에서는 조직의 전 부문 출신들로 구성된 소규모의 ERM 그룹을 가지고 있습니다. ERM 그룹은 실상 리스크 이슈 및 정보들이 한 곳에 모이는 장소일 뿐이며 조정 부서입니다. 그러나 ERM이 전략 계획 수립 및 거버넌스와 통합되는 것이 매우 중요합니다. Southern Company에서는 ERM이 조직의 전략 계획 수립 안에 구조화되어 있지만 우리 회사의 법무 조직과 긴밀하게 협력합니다.

브랜슨: 귀사의 이사회에는 리스크 관리 위원회가 있습니까?

퍼킨스: 리스크 관리 위원회는 없지만 우리는 이 방향으로 나아가려 하고 있습니다. 완전히 시행되지는 않고 있지만, 우리는 주요 리스크들을 이사회 산하의 다양한 위원회들에 할당하고 있습니다. 우리 회사에 리스크 관리 위원회는 없지만, 우리는 다른 위원회들(재무 위원회, 감사 위원회 그리고 거버넌스 위원회)이 주요 리스크들을 효과적으로 다룰 수 있다고 믿습니다.

브랜슨: 우리가 얘기해 본 많은 회사들에게서 발견할 수 있는 사항 하나는 감사위원회가 ERM 프로그램에 대한 주된 감독 책임을 지고 있다는 것입니다(리스크 관리에 있어서 내부 감사의 역할에 대해 보다 자세히 알고 싶으면 역자의 다른 번역서 『내부 감사와 리스크 관리 프로세스』, 연암사를 참조하기 바란다. 역자 주). 그런데 감사위원회는 사베인-옥슬리법 준수 감독과 같은 다른 책임에 얽매어 있다는 것이 현실입니다. CRO의 인도 하에 이사회에 직접적으로 보고하는 리스크 관리 위원회를 두는 모범 실무 관행이 부상하고 있는 것 같습니다. 이렇게 하면 이사회의 ERM 프로세스 이해 및 감독에 도움이 됩니다.

심킨스: 이사회 산하 리스크 관리 위원회를 두고 있는 회사를 얼마나 알고 계십니까?

브랜슨: 저는 이것이 현재 새로 등장하고 있는 모범 실무 관행이라고 알고는 있지만, 아직 흔하게 보지는 못하고 있습니다.

컨세시: 저는 ERM 시행 단계에는 최소한 몇 명쯤은 ERM 전담 직원을 두라고 강력히 권하고 싶습니다. 저는 여러 명의 겸직 직원들에게 ERM 시행 책임을 맡긴 조직들과 일

해 본 적이 있습니다. ERM 시행은 그런 식으로 수행하기에는 너무도 시간이 많이 걸리는 일입니다. 시행 단계는 사람들이 예상하는 것보다 시간을 더 많이 끄는 경우가 흔합니다. 저는 이를 전담하는 팀이 있어야 한다고 생각합니다.

다음 질문은 이러한 인력은 본부에 집중되어야 하느냐 아니면 분산되어야 하느냐인데, 이에는 각각 장단점이 있습니다. 집중화된 팀을 강조할 경우, 리스크 측정값들의 취합 및 통합을 강조하는 셈입니다. 다른 한편, 분산된 프로세스에서는 리스크에 보다 가까이 있는 비즈니스 부문 지원들이 리스크를 보다 잘 식별할 수 있고, 이 리스크들을 다루기 위해 가장 적절한 조치가 무엇인지를 더 잘 결정할 수 있다고 말하는 셈입니다. 비즈니스 부문들은 아마도 자체의 리스크 척도들을 가지고 있을 것이기 때문에, 중요한 주제는 "누구의 리스크 척도를 사용할 것인가?"입니다.

제가 일해 본 가장 포괄적인 ERM 프로젝트에서는, 시행 기간 중에 소규모의 집중화된 전담 팀이 구성되었습니다. 이들은 전사 전략 그룹에 소속되어 있었으며, 시행이 완료되자 전사 전략 그룹으로 복귀했습니다.

호프만: 구체적인 내용은 개별 회사의 경영 관리 접근법과 문화에 의존한다고 생각합니다. 우리 회사의 경우, 여러 비즈니스에 투자하며 대체로 분권화된 접근법을 사용하지만, 매우 실제적인 감독을 병행합니다. 우리는 본부 집중 리스크 관리와 비즈니스 부문에 분권화된 리스크 관리를 고려해 본 결과 둘 다 필요하다는 결론을 내렸습니다. 비즈니스 부문 소속 리스크 팀들은 자신의 비즈니스를 이해하고 해당 부문 차원에서의 의사결정을 개선하도록 도와줄 책임이 있습니다. 본부의 Koch Industries 팀은 필요한 역량 확보, 자원 제공, 모든 리스크 취합, 투자 의사결정 지원 그리고 거버넌스 및 감독 제공을 담당합니다. 우리는 우리의 비전, 리스크에 대한 정신 자세 그리고 경제적 자본 접근법을 견인할 뿐만 아니라, 전체적인 성과 동인들과 보다 넓은 경제적, 전략적 리스크를 이해하고자 합니다.

프레이저: 저는 ERM이 성공하려면 서로 다른 많은 기술들을 필요로 한다는 점을 추가하고 싶습니다. 첫째, 진정한 동인, 즉 올바른 후원자가 있어야 합니다. 이는 지위보다는 신뢰성과 더 관련이 있는 경우가 흔합니다. 둘째, 카리스마가 있고, 관리자들이 편안하게 느낄 수 있고 가까이 하기 쉬우며, 토론, 워크숍 등의 촉진을 잘 하는 직원들이 필요합니다. 마지막으로, 많은 분량의 데이터를 다루며 필요한 계량적 정보를 산출해 낼 수 있는

분석적 능력을 지닌 사람도 필요합니다. 이러한 모든 특질을 갖춘 사람은 극히 드물기 때문에 팀 전체로서 이러한 역량을 갖추도록 다양한 기술을 지닌 사람으로 팀을 구성하여 이들이 협력하도록 주의를 기울여야 합니다.

질문 7

심킨스: 이 질문은 적극적으로 ERM을 추구하는 회사들이 당면하고 있는 중요한 분야입니다. 토드는 앞에서 "ERM 피로"라는 말을 제기했는데, 저는 이 말이 여기에 적용된다고 생각합니다. 이 질문에 대답할 때, 될 수 있으면 권한 부여 프로세스, 자산 할당 프로세스, 보상, 리스크 조정 경제적 자본, 또는 회사 전략에 대해 말씀해 주십시오.

퍼킨스: ERM을 실행할 수 있게 유지하려면, 이사회의 책임을 구체적으로 잘 정의할 필요가 있습니다. Southern Company에서는 이사회 산하 위원회들은 리스크와 관련하여 해당 위원회 규정에 정의된 구체적인 책임을 지고 있습니다. 한 단계 아래로 내려오면, 구체적이고 잘 정의된 경영진의 책임 및 보고 관계가 필요합니다. 이사회와 유사하게, 고위 경영이 속한 리스크 위원회 및 그룹도 명확한 책임과 의무를 정하는 규정을 지니고 있습니다. 우리는 이러한 책임을 배치하는 전사 차원의 프레임워크를 가지고 있습니다. 사실상, 이 프레임워크는 모든 사람을 리스크 관리자로 정의하고 ERM을 그들의 목표의 일부로 하는 등 조우가 앞에서 말했던 것과 유사한 언어를 사용합니다. 우리는 고위 경영진 차원에서 명시적으로 이렇게 하고 있으며 ERM을 어떻게 전략 계획 수립과 통합할지 논의합니다. 우리 ERM 그룹은 단지 또 하나의 그룹에 지나지 않는 것이 아니라 회사에 구체적인 가치를 부가하는 서비스를 제공하는 것이 매우 중요합니다.

리찌: 저는 토드가 얘기한 사항들 중 몇 가지를 이어 가겠습니다. 저는 ERM을 실행할 수 있게 유지하는 방법 한 가지는 이를 계획 수립 프로세스 및 보상 프로세스에 들어오게 하는 것이라고 생각합니다. 이렇게 한다면, 사람들이 ERM을 진지하게 받아들일 것입니다. 전략적 요소 안에 들여온다는 점에 대해서는, 저는 금년에 이를 명확히 알게 되었습니다. 우리 회사는 리스크 관리의 기술적 측면은 비교적 잘하고 있었지만 리스크의 전략적 요소는 놓치고 있다가, 다소 난잡한 인수전에 말려들게 되었습니다. 결국, 매니저들은 주주들의 리스크에 대해서는 자신의 일자리 리스크에 신경을 쓰는 것만큼의 신경을 쓰지

않습니다.

프레이저: 우리가 ERM을 계속 실행할 수 있게 유지하는 방법 중 몇 가지는 리스크 워크숍마다 용인할 수 없다고 여겨지는 리스크를 다루기 위한 구체적인 조치와 후원자를 정하게 하는 것입니다. 또한 우리는 6개월마다 전사 리스크 프로필을 작성하고 주요 비즈니스 목표들 및 리스크들을 의제로 올려서 논의 및 평가하는 것이 적절함을 알게 되었습니다. 자금 측면에서는, 우리의 비즈니스 계획 수립 프로세스에서 모든 자본지출 및 운영 경비들은 전사 리스크 용인 수준에 비춰 용인할 수 없는 리스크들의 경감에 입각하고 있으며, 따라서 관리자들에게 비즈니스 목표 달성 및 이와 관련된 리스크들을 다룬다는 견지에서 자금 수요를 명시하게 합니다. 즉 리스크가 없으면 자금도 없습니다. 이것이 바로 ERM 실행 시 경영진이 요구한 문화 변화의 일부였습니다.

심킨스: 지금이야말로 서브 프라임 위기, 특히 지난여름에 발생했던 구조화 금융 리스크 금융 리스크 관리 실패에 대해 말하기 좋은 시점입니다. 이들 중 많은 회사들이 ERM 프로그램을 갖추고 있었습니다. 그들의 ERM 프로그램에 결함이 있었습니까?

리찌: 이는 저를 가장 괴롭혀 온 주제입니다. 우리가 리스크 관리에 수십억 달러를 썼고 금융 기관으로서 그리고 금융 업종으로서 이를 놓쳤기 때문에 쥐구멍이라도 찾아야 하는 게 아닌가 하는 생각이 듭니다. 그런데 어떻게 이를 놓쳤을까요? 저는 사람들이 어떻게 보상받느냐 하는 이슈와 관련이 있다고 생각합니다. 만일 해마다 보너스를 받는 상황에서 구조화 상품에 내재된 옵션을 다루고 있다면, 꾸준히 양호한 이익을 낼 수 있고 원하면 이를 늘릴 수도 있습니다. 그런데 손실 가능액은 열려 있습니다. 4년 동안 두툼한 보너스를 챙기다 결국 손실을 낼 때에는 이미 다른 일자리로 옮겨 가 있습니다. 저는 이 지점이 바로 전사 리스크 관리와 리스크 관리가 인간적 요소를 고려해야 하는 지점이라고 생각합니다. 리스크 관리는 단지 숫자만이 아니며, 이를 놓칠 경우 지옥의 모든 문들이 활짝 열리게 됩니다. 인덱스에 포지션을 취해서 익스포져를 지님으로써 구조화 상품을 복제할 수 있습니다. 게다가 인덱스는 유동성도 풍부하고 분산도 됩니다. 하지만 그렇게 해서는 보너스를 받지 못합니다. 그래서 모델에 기초하여 가치를 평가하는 비유동적인 상품들을 취하게 되는데, 여기에서도 인간적인 요소가 들어옵니다. 그러니 이 문제를 시정하기 위해서는 사람과 인간의 행동을 고려해야 하는 것입니다.

심킨스: 그들이 과거로 돌아가서 이 회사들의 ERM 프로세스를 바꿀 수 있다면, 이를

바로잡기 위해 무엇을 할 수 있을까요?

리찌: 제가 고민하고 있는 문제는 이것입니다. CEO는 옵션에 기초해서 보수를 받고 있습니다. 그는 모험을 걸어보기도 할 텐데 이는 그의 옵션을 더욱 가치 있게 만듭니다. 부하 직원들도 유사한 보너스 지급 기준을 적용 받으므로 그들도 모험을 겁니다. 그러니 이를 시정해야 합니다. 워렌 버핏은 살로몬 브러더스에서 이를 시정하려 했습니다. 그런데 그렇게 하면 모든 직원들을 잃습니다. 보다 합리적인 보수 프로그램으로 옮겨가는 첫 번째 회사가 되면, 재능 있는 모든 직원들을 잃게 됩니다.

학자들은 이를 재미있다고 생각할 것입니다. 1980년대의 주식 시장 폭락에 대해, 사람들은 그 일은 일어날 가능성이 없었다고 말합니다. 이 서브프라임 위기도 일어날 가능성이 없었습니다. 그런데 그 위기가 일어났습니다.

프레이저: 저는 ERM이 사람들이 자신의 일을 제대로 해내고 따라서 특정 리스크들이 피해를 주지 않도록 보장하지는 않는다는 점을 지적하고 싶습니다. 저는 서브프라임 위기를 ERM의 실패로 여기지 않습니다. 저는 많은 회사들이 ERM을 통해서 또는 훌륭한 경영을 통해서 이 손실을 피했다고 확신합니다. 이는 그들의 상품 사슬의 단계에 따라서는 "신용 또는 시장 리스크 관리" 실패였습니다(예컨대, 적절한 자원이 없는 회사로부터의 채무 보험에 의존함). 신용 리스크 관리 실패는 직업이나 담보가 없는 사람들에 대한 대출이 안전하다고 믿은 신용 관리자와 이사회 때문이며, 상품 트레이더들이 과열된 상승 장이 영원히 지속될 것이라고 믿은 것을 볼 때 시장 리스크 관리 실패가 명백합니다. 이 위험한 비즈니스를 피했던 영리한 회사들은 무엇이 그들을 남들보다 영리해지게 (또는 보다 운이 좋게) 만들었는지에 대해서 그리고 손실 규모와 손실을 본 회사들의 경영의 일반적인 질 사이의 관계에 대해서 더 연구할 필요가 있습니다.

호프만: 저는 서브프라임 위기는 실제로 효과적인 리스크 관리를 유지하기가 얼마나 어려운지에 대한 좋은 예라고 생각합니다. 효과적인 리스크 관리는 단지 리스크 식별 및 모델링만이 아니라, 어떻게 의사 결정 및 행동에 영향을 주느냐가 훨씬 더 중요합니다. 우리는 진정으로 명확한 비전과 리스크에 관한 사고방식을 가지고 있는가? 우리는 낙관주의나 합리화에 빠지지 않고 리스크 용인 수준 이내에 머무를 훈련이 되어 있는가? 우리는 큰 그림과 핵심 그리고 내포된 가정에 대해서는 생각할 겨를이 없을 정도로 세세한 부분에 너무 바쁘지는 않는가? Koch에서는, 우리는 미래는 알려지지 않았고, 알 수도 없

다는 가정으로부터 시작합니다. 우리는 많은 시나리오들을 고려하지만, 미래를 알 수 없기 때문에 규율, 효과적인 소통 그리고 우리의 비즈니스 프로필의 균형 유지에 중점을 둡니다. 무엇보다도, 우리는 우리가 틀릴 수 있다고 가정하고 어떤 일이 발생하더라도 우리의 생존 능력을 유지하고 성장 전략을 계속할 수 있는 대안들을 지니고자 합니다.

심킨스: 팻, 기후 변화 이니셔티브에 대해 말씀해 주시겠습니까?

컨세시: 기후 변화는 다양한 회사들에게 새로운 리스크입니다. 이는 확실히 이산화탄소 배출량이 많은 발전회사 및 석유·가스 회사들에게 중대한 리스크입니다. 이는 또한 탄소 관련 상품을 거래하고 있거나 많은 양의 이산화탄소를 배출하는 회사들에 대출해 주고 있는 금융기관들에게도 큰 리스크입니다. 미국에서는 두 대통령 후보 모두 탄소 시장 창설을 지지하고 있어서 탄소 규제는 "하느냐 마느냐"가 아니라 "언제 하느냐"의 문제가 되었습니다. 그리고 북동부, 캘리포니아, 서부와 중서부에서 지역적 시장이 발달되고 있습니다. 따라서 탄소 배출량이 많은 회사들에게는 탄소가 잠재적으로 중대한 금융 리스크가 될 것입니다. 우리는 여러 회사들에게 그들의 규제 리스크를 다루기 위해 장래의 탄소 입법에 대한 시나리오들을 개발하도록 도와주고 있습니다.

기후 변화와 관련된 리스크는 단지 이산화탄소 배출과 관련된 리스크보다 범위가 넓습니다. 회사들은 기후 변화가 자신의 상품에 대한 수요와 자신의 물리적 자산에 미치는 영향으로부터 발생하는 리스크도 보아야 합니다. 이러한 리스크들은 "기후 변화 적응" 리스크라고 불립니다. 기후 변화와 관련된 리스크들은 다양한 회사들에게 발생하며, 유의미하게 서로 연결되어 있고, 모든 유형의 리스크를 포함합니다. 그래서 이 리스크는 ERM 접근법으로 대처하기에 적합한 리스크입니다. 첫 번째 단계는 특히 기후 변화에 관한 리스크를 식별해서 이 새로운 리스크들이 ERM 프로세스에 포함되게 하는 것입니다.

질문 8

심킨스: 이제 마지막 문제를 다루기로 하겠습니다. 이 질문에는 두 부분이 있는데, 우선 첫째 부분부터 시작합시다. 우리는 항상 새로운 리서치 아이디어들을 찾고 있습니다. 부루스 먼저 시작할까요?

브랜슨: 우리는 오늘 대담에서 학계의 조사를 통해 유익을 얻을 수 있는 몇 가지 아이

디어를 들었습니다. 저는 이 라운드테이블 배포 자료에 몇 가지 첨언하고 싶습니다. 저는 이 문서에 ERM 이니셔티브가 추가적인 리서치 기회라고 파악한 여러 리서치 질문들을 열거했습니다.[8] 우리가 취한 접근법은 NC State에서 ERM에 관심이 있는 교수들을 모아서 그들에게 자금을 제공하고, 그들에게 자신의 관심과 기술을 통합하는 리서치를 수행하게 하는 것이었습니다. 이에 필요한 기술을 갖추느라 많은 시간과 노력을 투자한 연구자들에게 궁극적으로 발표될 수 있을지 확실하지 않은 일련의 리서치에 관해 생각해 보라고 하는 것은 어려운 일입니다. 우리가 시도했던 것은 그들의 전문 분야를 활용해서, 논리적으로 ERM에 관한 우리의 초점에 들어맞을 수 있는 리스크 관리 문제들을 다루게 하는 것이었습니다. 이를 위해, 우리는 논문 요청과 커리큘럼 개발 요청을 제시했습니다. 우리의 요청에 응답한 교수들이 있었는데, 그들은 6개의 프로젝트에 관여했는데, 그 중 일부는 미발표 논문과 발표된 논문을 작성했습니다.

논문 요청에는 우리가 논리적인 질문 영역이라고 생각한 질문 목록들이 딸려 있습니다. 이 질문들은 전통적인 대학원 내 다양한 분야의 전 범위를 망라했습니다. 이에 비추어 볼 때, 저는 확실히 오늘날 우리가 듣고 있는 얘기 중 하나는 운영 분야에 해당하는 리스크 즉 운영 리스크를 계량화할 수 있는 방법을 보다 잘 이해할 필요가 있다는 것이라고 생각합니다. 리서치가 필요한 또 하나의 영역은 다양한 리스크들의 상관관계를 더 잘 이해하는 것입니다.

저는 앞에서 ERM 이니셔티브 웹 사이트 www.erm.ncsu.edu에 대해 말했었는데, ERM 및 이 주제에 관해 관심이 있는 분이라면 우리의 웹 사이트를 방문해 보라고 권하고 싶습니다. 우리는 NC State 교수진이 자금을 지원받아 진행 중인 프로젝트들과 다른 리서치들에 대한 링크 등 상당한 자료들을 모았습니다. 또한 우리는 국내 및 국제적으로 제휴를 맺었는데, 우리는 이를 ERM 이니셔티브 리서치 회원 교수라 부릅니다. 우리는 그들이 우리의 추가적인 눈과 귀로서 우리를 돕도록 하고 있습니다. 즉 자신이 접하는 ERM 리서치나 비즈니스 잡지 기사를 우리에게 알려 주도록 하고 있습니다.

심킨스: 밥, 학술 연구에 대해 말씀해 주시겠습니까?

콜브: 세 가지가 있습니다. 첫째, 이는 우리가 이미 얘기한 사항인데, "파이낸스 이론을 어떻게 전사 리스크 관리와 일치시킬 것인가?" 또는 파이낸스 이론은 궁극적으로 ERM에 반하는가? 둘째, 저는 이 분야에서의 리서치를 위한 장이 더 많아질 것으로 생각

하는데, 우리도 하나를 제공하고 있습니다. 우리는 연례 리스크 관리 컨퍼런스를 개최할 예정인데, 컨퍼런스 자료는 발간될 것입니다. 마지막으로, 이 분야는 리서치를 위한 문이 활짝 열려 있으며, 현 시점은 리서치를 위한 여건이 성숙된 시기라고 생각합니다. 이 말이 무슨 뜻인지 설명 드리겠습니다. 현재까지 쓰여진 리서치 논문들을 보면, 대개는 일화적이거나 사례 연구입니다. 그 이유는 물론 아직 많은 데이터를 구할 수 없기 때문입니다. 저는 이제 타당성을 주기에 충분한 규모의 표본을 가지고 그러한 경험적 연구를 시작할 수 있을 정도로 많은 경험이 쌓이게 되었다고 생각합니다. 사실, 이 컨퍼런스 프로젝트의 논문 중 하나인 리처드 워(Richard Warr)와 돈 패가치(Don Pagach)의 논문은 전사 리스크 관리로부터의 재무적 실적을 조사하였는데, ERM 시행과 ERM 미시행을 구분하는 사건은 CRO 임명임을 발견했습니다.[9] 그래서 저는 우리는 이제 이 분야에서 전 범위의 이슈들에 대해 많은 리서치를 할 수 있는 시점에 있다고 생각합니다.

심킨스: 업계의 토론자 중 리서치 아이디어에 관해 언급하고 싶은 분 있습니까?

리찌: 제가 앞에서 말씀 드린 내용을 이어 가자면, 저는 행태 재무학적 요소 중 일부를 리스크 관리 안으로 들여오는데 초점을 맞추었습니다. 그것은 단순한 숫자 처리가 아닙니다. 올 여름의 구조화 금융 사태는 계량적 리스크 관리의 실패를 나타내는가? 앞으로 많은 사람들이 많은 질문에 대답하게 될 것입니다.

호프만: 저도 동의하며 불확실성 하에서의 의사 결정 영역과 보편적인 추정 방법론을 언제 적용하고 언제 적용하지 말아야 하는지에 관해 더 많은 연구를 권하고 싶습니다.

프레이저: 저는 ERM에 관한 연구 기회는 무한하다고 생각합니다. 현재 많은 사람들과 조직들이 이를 시도하고 있음에도 불구하고, 아직까지는 ERM에 관한 학술 연구는 별로 없습니다. 학계 밖에서 쓰여진 내용들은 대부분 컨설팅 회사에서 마케팅이라는 자신의 목적을 가지고 쓰여졌습니다. 이는 아직도 발전 중인 학문 분야이며, 따라서 신대륙이 발견되었던 탐험 시대 초기에서와 같이(예컨대, 다윈처럼) 사례 연구들과 "모범 실무 관행" 파악이 필요합니다. 성공이란 무엇인가? 왜 그리도 많은 사람들이 실패하는가? ERM이 무엇인가에 관해서는 (이 토론 참여자 사이에서조차) 정리가 이루어지지 않아 아주 혼란스럽습니다(횡설수설 답). 리스크 용인 수준, 리스크 프로필 그리고 ERM 정책들과 같은 분야에서의 비교 분석은 다음 세대의 실무자들과 학생들에게 큰 유익이 될 것입니다. ERM을 진정으로 이해하고 이를 수행해 낼 수 있는 사람을 제공하기 위해서는 현재 어느 한 영역에서는 발견되지

않는 여러 분야에 걸친 기술들의 조합을 요구합니다. 그러므로 예를 들어, 통제, 워크숍 촉진, 리스크 용인 수준 편향, 의견 편향, 조직의 행태, 안전 및 환경 그리고 평판 리스크와 같은 비재무적 리스크, 거버넌스, 전략 계획 수립, 성과 측정 등 학계에서 편안하게 여기지 않는 영역들의 방법과 기술을 가르치는 것이 도전 과제가 될 것입니다. 저는 사람들에게 어디서 훈련을 받을 수 있는지에 관해 많은 질문을 받고 있는데, 제가 알기로는 NC 주립대학교가 진정한 ERM 과정을 제공하는 유일한 대학입니다.

콜브: 저는 최근 실패의 복잡다단한 사항들에 대해 사실 별로 아는 게 없다고 생각합니다. 그러나 아직은 재앙이 발생하지 않았지만, 앞으로 "캐리 트레이드"[10]에서 발생할 수도 있는 예를 하나 말씀 드리겠습니다. 캐리 트레이드는 본질적으로 이자율 등가 이론이 잘못되었다는 데 거는 셈입니다. 현재 이 작전은 성공적이며, 이 작전이 통하지 않아야 함에도 불구하고 앞으로도 계속 성공적일 것처럼 보입니다. 그러나 이 작전은 지금까지 잘 통해 왔습니다. 많은 사람들이 이렇게 하고 있습니다. 이는 일종의 레밍 효과 (lemming effect; 맹목적인 집단행동을 일컫는 말. 포털 사이트 다음에서 검색함. 역자 주)입니다. 그리고 저는 이번 여름의 혼란과 오래 전의 롱텀 캐피털 매니지먼트 사건에서도 그랬다고 생각합니다. 사람들은 모델들에 의하면 리스크를 인식하지 못한 것이 아닐 수도 있지만, 단지 현재에는 통하고 있다는 이유만으로 모델들에 반하고 우리의 이해에 반대되는 일들을 삼가지 않는 방식으로 행동합니다.

심킨스: 이제 향후 10년간 ERM에 어떤 일이 일어나리라 예측하는지 말씀해 주십시오. 이 토론은 기록될 예정이니 이 예측이 어떻게 되나 두고 보겠습니다.

컨세시: 저는 보다 정교한 리스크 측정 방법을 개발할 필요가 있다고 생각합니다. 현재 의미 있는 리스크 계량화 능력 결핍이 많은 시행을 방해하고 있습니다. 그리고 우리는 현재 우리가 포착하지 못하고 있는 진정으로 큰 리스크를 식별하고 다룰 필요가 있습니다. 회사들이 계속해서 ERM 프로그램에 의해 포착되지 않는 사안들로 손실을 입는다면 그리고 그 손실이 상대적으로 중대하거나 포착되는 리스크들에 기인하는 손실보다 크다면, 이는 ERM 전체의 발달을 좌절시킬 것입니다.

콜브: 저는 특정 종류의 리스크들이 모두 운영 리스크로 분류되지만, 이 리스크들은 사실 아주 다르다고 생각합니다. 예를 들어, 많은 리스크 분류법들에서는 CEO 및 이사회와 같은 조직 고위층에서의 윤리적 실패를 자연 재해와 같이 완전히 다른 리스크들과

한 범주로 묶습니다. 가령, 윤리적 실패와 자연 재해 사이의 차이 등과 같이 이들을 적절히 분류하고 이처럼 참으로 복잡한 이슈들을 다루기 위한 조치가 취해지지 않는다면, 저는 ERM이 완전히 성공할 수 없다고 생각합니다.

퍼킨스: 이에 덧붙이자면, 이 분야들에 발전이 이루어질 것으로 생각합니다. 저는 우리가 그 방향으로 나아가는 데 있어서 계량화가 매우 중요하지만, 질적 측면도 있는데 이 분야에서의 갈 길도 멀다고 생각합니다. ERM은 점점 더 하나의 프로그램이 아니라, 기업 문화의 일부가 될 것입니다. 저는 ERM이 성공을 거두려면 그렇게 간주되어야 한다고 생각합니다. 마지막 한 가지는, ERM 프로세스가 궁극적으로 공시되어서 투자자들 및 주주들에게 효과적으로 소통될 필요가 있습니다.

리찌: 저는 앞으로 세 가지 현상이 관찰될 것이라고 생각합니다. 첫째, 문화 변화가 일어나고 모든 사람이 리스크 매니저가 된다면, ERM 기능은 기본적으로 사라질 것입니다. 이 기능은 대부분의 전략 수립과 같이 비즈니스 부문 안으로 들어가게 될 것입니다. 둘째, 저는 금융기관들에서 CRO와 CFO 기능이 통합될 것으로 생각합니다. 현재의 방식은 역기능적이기 때문에 그들은 통합되어야 합니다.

브랜슨: 저는 특별히 "전사 리스크 관리"라는 말을 듣지 않게 될 수는 있겠지만, ERM은 계속 존재할 것으로 생각합니다. 지금까지 ERM은 성공적이었고, 특정 회사들이 사업을 영위하는 방식이 되었습니다. ERM은 그들의 문화에 내면화되고 이사회의 전략 수립 활동 및 비즈니스 계획 개발의 중요한 일부가 될 것입니다. (아마도) 이를 ERM이라 부르지 않을지도 모릅니다. 그 시점에는 그것은 단지 좋은 비즈니스로서 존재할 것입니다.

심킨스: 이제 이 라운드테이블 토론을 마칠 시간입니다. ERM이 어떻게 발전할지는 시간이 말해 줄 것입니다. ERM은 많은 것을 약속하는 바, 제 견해로는 이를 ERM이라 부르든 단지 문화에 내재화되든, ERM은 리스크 관리의 자연스러운 발전입니다.

이 토론에서 우리는 많은 중요한 측면들을 다루고 ERM에 관한 좋은 리서치 기회들을 강조했습니다. 저는 학자들이 실무자와 협력하여 이 같은 핵심 필요 분야의 리서치를 수행하라고 권하고 싶습니다. 실무자 수요 주도 학술 리서치 이니셔티브(Practitioner Driven Academic Research Initiative)를 뜻하는 PDDARI를 통하는 것도 하나의 방법입니다. FMA는 학자들과 실무자들 사이에 이 라운드테이블에서 우리가 논의했던 것과 같은 응용 리서치를 촉진하기 위해 이 리서치 이니셔티브를 설치했습니다.[11]

이처럼 생각을 자극하는 토론에 참여하여 자신의 전문성을 공유해 주신 토론자들께 감사드립니다.

INDEX

1) © The Financial Management Association, International, University of South Florida, COBA, 4202 E. Fowler Avenue, Suitte #3331, Tampa, FL 33620-5500 www.fma.org.

2) 브루스 브란손은 Enterprise Risk Management Initiative의 이사보이자 노스캐롤라이나 랄레이(Raleigh) 소재 노스캐롤라이나 대학교 회계학과 교수이다. 팻 컨세시는 캐나다 토론토 소재 Deloitte and Toche, LLC 글로벌 에너지 마켓 파트너이다. 존 R. S. 프레이저는 캐나다 온타리오 주 토론토 소재 Hydro One Inc.의 CRO 겸 내부 감사 담당 부사장이다. 마이클 호프만은 캔자스 주 위치타 소재 Koch Industries, Inc.의 부사장 겸 CRO이다. 로버트(밥) 콜브는 일리노이 주 시카고 소재 Loyola University Chicago의 응용 윤리 Frank W. Considine 의장이다. 토드 퍼킨스는 조지아 주 애틀랜타 소재 Southern Company Inc.의 전사 리스크 이사이다. 조우 리찌는 현재에는 뉴욕 주 뉴욕의 CapGen Financial의 시니어 투자 전략가이다. 그는 이 라운드테이블이 열리던 당시에는 BOA 및 일리노이 주 시카고 소재 La Salle Bank의 ERM 담당 상무였다. 사회자 베티 J. 심킨스는 오클라호마 주 스틸워터 소재 오클라호마 주립 대학교 Willams Companies 비즈니스 교수 겸 Spears 경영대학원 파이낸스 부교수이다.

3) 2004년 9월의 COSO "Enterprise Risk Management – Integrated Framework, Executive Summary" 2쪽을 보라.

4) Risk and Insurance Management Society(RIMS)와 Marsh의 "The 360° View of Risk: Excellence in Risk Management IV," New York, 2007을 보라.

5) 조우 리찌는 현재 뉴욕의 CapGen Financial의 시니어 투자 전략가이다.

6) Lloyds의 2005, "Taking Risk on Board," Lloyd's와 Economist Intelligence Unt(EIU), London을 보라.

7) 전사 리스크 관리 과목의 현행 강의 요강 사본을 원할 경우 패널리스트 밥 콜브에게 연락하기 바란다.

8) 이 배포 자료 또는 업데이트 자료는 브루스 브란손에게 요청하면 구할 수 있다.

9) www.fma.org/Orlando/Papers/war_pagach_CRO_hazard.pdf에서 구할 수 있는 Richard S. Warr와 Don Pagach의 NC 주립대학교 working paper "An Empirical Investigation of the Characteristics of Firms Adopting Enterprise Risk Management"를 보라.

10) "캐리 트레이드"는 두 이자율 사이의 차이에서 이익을 낼 목적으로 명목 이자율이 낮은 국가에서 차입하여 명목 이자율이 높은 나라에 투자하는 관행이다. 물론 이자율 등가 이론(interest rate parity theorem)은 이자율 차이는 두 통화의 현물환율과 선물환율 사이의 차이에 의해 성립되며, 따라서 이 차이를 이용해 확실한 이익을 낼 수는 없다고 주장한다. 달리 말하자면, 이자율 등가 이론은 무위험 차익거래 가능성을 배제한다. 그러므로 캐리 트레이드는 위험한 거래이며, 투자 기간 동안 환율이 불리하게 변동할 리스크에 노출되고 투자자가 두 개의 명목 금리 차이로부터 이익을 확보하지 못하게 한다.

11) PDDARI에 관한 보다 자세한 정보는 www.fma.org/PDDARI/PDDARI.htm을 보라.

27

신흥국가들의 ERM 시스템 구축 실태

드미르 예네르(Demir Yener), PhD-포틀랜드 대학교 파이낸스 부교수

개요

이번 장의 목적은 신흥국 회사 기업 거버넌스 맥락에서 ERM에 대해 논의하는 것이다. 1997년~1998년에 극동 및 러시아의 금융 위기 이후 신흥 시장의 기업 거버넌스 관행 개선에 대한 관심이 증가하고 있다. 다른 많은 신흥국들로의 위기 전염 효과로 인해, 금융 부문 인프라스트럭쳐 개선과 함께 기업 거버넌스 관행도 개선되어야 함을 인식하게 되었다. 이로써 세계적으로 인정되는 양호한 기업 거버넌스 원칙 또는 규칙 확립이 시동을 걸게 되었다.

국제적 기부자들 및 G7 국가들의 주도로 금융 안정 포럼(Financial Stability Forum)이 개최되었다. 경제 협력 개발 기구(OECD)에 의해 기업 거버넌스 원칙(The Principles of Corporate Governance)이 1991년에 제정되었고,[1] 2004년에 개정되었다. 이 기간 동안, 국가들 사이의 많은 주요 비즈니스 및 파이낸스 분야에 지침을 제공하기 위한 다른 비즈니스 행동 기준들도 도입되었다. 많은 신흥 국가들도 이후에 OECD 원칙들을 채택했으며 자체의 기업 거버넌스 법률을 제정했다.

기업 거버넌스 개선은 다양한 자금 조달 원천에 대한 접근 기회를 개선하는 것으로 이해된다. 대부분의 신흥 시장 국가들에서는 비즈니스 비밀에 대한 우려로 인해 투명성 및 공시라는 중요한 기둥들이 여전히 접근 불가로 여겨지고 있다. 감독 기관의 효과적인 공시 요건 개선 조치로 마침내 많은 거래소 상장 기업들이 보다 투명해지게 되었다. 공시는 투자자들이 중대한 기업 정보를 적시에 입수하는 데 도움이 되었다. 이러한 정보의 가용성은 회사 비즈니스 전망에 대한 정보를 더 많이 제공해 주기도 하였지만, 이는 또한 이 사회를 교육시켜 경영진의 행동에 대한 감독 개선에도 도움이 되었다.

2000년대 초 이후, 신흥국에서의 대부분의 상장 회사들은 기업 거버넌스 관행을 개선하여 회사와 관련되어 인식되고 있는 리스크를 해결하는 데 도움이 되게 할 필요가 있음을 더욱 인식하게 되었다. 신흥 국가들에서의 기업 거버넌스 개선은 투자자들에게 보다 나은 투자 수익률에 대한 확신을 제공해 줌으로써 주주 가치 향상으로 이어질 것이다. 특히 비상장 중소기업들의 자금 조달 원천에 대한 접근을 향상시켜 줌으로써, 이 회사들에서의 주주가치 향상이 두드러질 것이다.

이후의 섹션들에서는 신흥국 회사들의 전사 리스크 관리에 대해 논의한다. 우리는 COSO 정의에 묘사된 바와 같이 전사 리스크 관리에 대한 총체적인 접근법을 취한다.[2] ERM에 대한 COSO의 접근법에 대한 개요는 부록을 보라.

신흥 시장에서의 ERM과 그 효용

전사 리스크 관리는 비즈니스 기회를 증진하고 회사의 경쟁 우위를 얻기 위해 리스크를 지능적으로 사용하는 것으로 정의된다. 이 맥락에서는, ERM은 총체적인 문화, 프로세스 그리고 회사의 전략적 기회를 파악하고 불확실성을 감소시키기 위해 전사적으로 사용되는 도구들을 포괄한다. ERM은 운영상 및 전략적 관점에서 리스크를 종합적으로 볼 수 있게 해 준다. ERM은 불확실성 감소를 지원하고 기회 활용을 증진하는 프로세스이다.

ERM은 비즈니스를 수행하는 동안 만나게 되는 무작위적이고 때로는 상호 관련되어 있는 리스크들을 관리하는 성공적인 모든 기업들에게 매우 중요하다. ERM은 기업들에게 "잠재적으로 보다 낮은" 비용으로, 그리고 전략적으로 보다 효과적으로 리스크를 관리할 수 있게 해 준다. 세계 도처의 금융 시장에서는 때때로 주주들 및 관련 이해 관계자들에게 영향을 주는 주요 사건들이 발생한다. 1990년대에 영국의 대형 투자 관리 회사 베어링스 그룹의 몰락은 잘 알려진 사례인데, 이 은행에서는 적절한 리스크 감독이 없이 헤지되지 않은 포지션을 취한 닉 리슨(Nick Leeson)이라는 트레이더의 무모한 선물 트레이딩으로 인해 수십억 달러의 손실을 입었었다. 다른 많은 사례들도 있다. 현재, 금융 섹터의 문제들과 경기 침체는 회사들이 성장 환경 하에서 고수익을 기대하고 쌓아 올린 과도한 레버리지의 효과를 증폭시켰다. 불행하게도, 많은 회사들은 자신이 노출된 리스크의 부정적 측면을 소홀히 하고, 별 보호책을 강구하지 않았다.

예를 들어, 아시아의 많은 수출 회사들은 그들의 외환 수입이 당분간 지속될 것이라는 예상 하에 국내외 은행들로부터 거액을 차입하였다. 불행하게도 글로벌 경기 침체가 그들의 매출에 영향을 주었고, 따라서 그들의 대출 상환 능력이 악화되었다. 이의 최종 결과는 현재까지도 불확실하다. 현재는 위기관리 모드의 시기로 회사들이 위기관리에 몰두하고 있다.

ERM이 적절히 적용되면 많은 유익이 있다. 핵심은 회사는 ERM을 총체적인 프로세스로 채택해야 하고, 위로 이사회로부터 아래로 비즈니스 부문에 이르기까지 조직의 모든 계층에 ERM을 적용해야 한다는 것이다. ERM은 이사회가 CEO를 모니터하고 CEO에 지침을 제공하며, 경영진은 정책을 집행할 책임을 지도록 요구한다. 지속적으로 세계화가 진행되고, 보다 투명해지라는 압력이 거세짐에 따라, 이를 채용하는 유틸리티 회사 및 항공 산업 그리고 금융 서비스 산업들이 늘어나고 있다.

신흥 시장에서의 항공 산업을 고려해 보자. 국제 항공 여행 협회(International Air Travel Association; IATA) 보고서에 의하면 폴란드, 중국, 체코 공화국, 카타르 그리고 터키의 민간 항공 시장 금세기의 처음 10년 동안 승객 및 화물 규모 면에서 5%에서 8%의 꾸준한 성장률을 보일 것으로 예상된다. 항공 섹터가 이러한 성장을 보일 것으로 예상되는 가운데, 14개의 터키 항공 회사들을 대상으로 수행한 최근의 서베이에 의하면 응답자들은 일반적으로 ERM 정책을 개발함으로써 체계적이고 규율된 리스크 관리 접근법을 개발할 수 있다는 데 동의한다. 응답자들은 또한 ERM이 조직의 전략, 프로세스, 테크놀로지 그리고 지식을 전략 개발과 보다 효과적인 관리 능력 향상이라는 목적과 정렬시킨다는 점도 이해하고 있다.[3]

그러나 이 서베이 결과는 터키의 항공사 경영진이 총체적 개념으로서의 리스크 관리에 관심이 있으며 자신의 조직에 ERM을 시행하기 원한다는 가설을 지지하지 않는다. 이 서베이 결과는 비운영 리스크(예컨대, 보안, 안전 그리고 재무 리스크 관리)에 대한 관심은 증가하고 있으나, 회사들은 이제 겨우 리스크에 대한 전사적 견해에 눈뜨기 시작하고 있음을 시사한다. 현재로서는, 이 연구는 항공사 경영진은 아직도 리스크 관리를 매우 협소하게 보고 있음을 보여 주는데, 이는 ERM 개념이 요구하는 바와는 다르다. 항공사들은 리스크와 ERM을 자사의 기업 문화와 경영 스타일이라는 좁은 프레임워크 내에서 인식하며 이러한 리스크 인식에는 일치되는 점이 없다. 항공사의 임원들은 그들이 직면하는 보안, 안전 그리고 재무 리스크에 가장 신경을 많이 쓰는데, 이는 각 회사의 시장에 따라 달라질 수 있다. 우리는 이러한 높은 인식조차도 신흥국에서는 앞으로 나아가기 위한 중요한 진전이라고 생각한다. 그러나 터키의 항공 회사들에게 ERM 기법을 확립하기 위해서는 많은 일이 행해져야 한다. 최근에 네덜란드 암스테르담에서 터키 항공의 여객기가 추락한 사건은 경종이 되어야 한다.[4]

신흥 시장에서의 리스크 관리를 탐구하기 위해 E&Y에서 최근에 수행한 연구에서, 12개국의 선진 시장뿐 아니라 브라질, 러시아, 인도, 중국 그리고 터키의 선도적 리스크 관리 관행에 관해 900개의 회사가 조사되었다.[5] 이 연구의 주된 발견 사항은 리스크 문화 확립, 소통 개선, 조직 구조와 리스크 관리 프로세스의 정렬은 궁극적으로 보다 나은 리스크 관리를 위한 강력한 토대를 세운다는 것이었다. 주요 발견 사항에 대해서는 Box 27.1을 보라.

BOX 27.1

신흥 시장에서의 리스크 관리에 대한 서베이 결과

E&Y에 의해 수행된 서베이에 의하면, 신흥 시장 및 선진 시장에서의 임원들의 경험에서 취한 주요 "리스크 관리 현황"은 다음과 같다.

- 신흥 시장에서의 주요 목표는 성장이다. 신흥시장에서 전통적인 기업의 주요 투자 목표는 비용 절감이었다.

- 리스크 우선순위는 지역마다 다르다. 선진 시장에서는 정치적, 운영상 그리고 공급 사슬 리스크에 초점을 맞춘다. 신흥 시장들은 시장, 경쟁 그리고 가격 리스크에 보다 중점을 두는 경향이 있다.
- 이사회는 이 시장에서의 리스크에 충분한 주의를 기울이지 않는다는 데 의견이 일치된다. 선진 시장 회사들의 41%만이 신흥 시장에 대한 리스크 전략을 가지고 있다.
- 리스크 소통에 대한 의견은 갈린다. 신흥 시장 자회사들의 71%는 자신들이 정기적이고 견고한 리스크 정보를 제공한다고 생각하는 반면, 모회사의 44%만이 이에 동의한다.
- 내부 감사에 대한 의견 역시 갈린다. 선진 시장 회사들은 신흥 시장 자회사들이 느끼는 것보다 내부 감사의 자회사 테스팅의 질에 대해 덜 신뢰한다.

출처: Earnst and Young. "Risk Management in Emerging Markets," 2007.

ERM은 또한 투명하지 않은 회사들을 다룸에 있어서의 리스크 이해와도 관련된다. 인도에서의 최근의 예가 이곳에 인용될 수 있다. 2009년 1월 초에, 인도 최대의 소프트웨어 및 서비스 회사 중 하나인 사티얌 컴퓨터 서비시스(Satyam Computer Services)는 놀라운 사실을 밝혔다. 이 회사의 설립자이자 의장인 라말린가 라주(Ramalinga Raju)는 자신과 사티얌의 상무인 자신의 형제가 수년 동안 회사의 이사회, 고위 경영진 그리고 감사인들을 속이고 대차대조표에 14억 7천만 달러의 사기를 저질렀음을 고백했다. 사티얌의 비즈니스 기회들이 커져가는 동안에 이 사기는 대체로 회사의 주주들에게 발각되지 않았다. 시장이 수축되기 시작하자, 부족액이 커버되어야 했고, 따라서 스캔들이 터졌다. 이는 주주들의 신뢰에 대한 배반이다.

사티얌 사례의 리스크들은 나쁜 경영관리 의사 결정과 의장의 사기적 행동에 기인하였다. 양호한 기업 거버넌스 관행은 의장이 CEO 역할도 겸하는 것을 강력하게 억제한다. 신흥 시장에서는 겸직이 보편적인 관행이다. 두 역할을 겸하는 데에서 오는 강력한 힘으로 인해 경영진의 책임 및 투명성이 훼손되며, 때로는 잠재적으로 재앙적인 결과로 이어지기도 한다. 자본이 협소한 신흥 시장에서는 투자자들에 대한 리스크가 크다.[6]

BOX 27.2

예: 인도 회사들에서의 ERM

세계화와 인도 회사들의 국제적 성장으로 인해, 이제 인도 회사들이 다른 지역에서의 리스크 관리에 관한 최근의 전개에 대해 주의를 기울일 필요가 어느 때보다 절실해졌다. 인도 회사들의 주요 현황과 동향은 다음과 같다.[7]

- 인도 회사들의 ERM 구축 초기에는 전략적 리스크들은 대개 고려되지 않는다.
- 대부분의 리스크들은 여전히 비즈니스 부문별로, 또는 기능별로 따로따로 관리된다.
- 금융기관 이외에는, 정교한 리스크 매트릭스를 개발한 회사들이 거의 없다. 금융기관에서조차 리스크들이 회사 전체에 걸쳐 총체적으로 관리되는 것이 아니라 신용 리스크 또는 시장 리스크와 같은 리스크 유형별로 관리 및 모니터된다.
- 현재까지 인도 회사들의 ERM의 중점 대상은 리스크의 기회 측면이 아니라 손실 측면이었다. ERM 기회 및 이와 관련된 리스크와 보상을 파악하기 위해 필요한 문화적 변화를 가져올지도 모른다.
- ERM을 시작한 대부분의 회사들 및 이사회가 ERM을 전략적 측면에서가 아니라 법규 준수 측면에서 운영하고 있어서 인도 회사들에게서 ERM이 가치가 있는지는 아직 명백하지 않다.
- 법률 기준이 발전하고 있어서 인도 금융 시장에서 사업을 영위하고 있는 회사들은 자신의 ERM 프로세스를 강화할 필요가 있다.

신흥 시장에서의 리스크 관리 발달

세계화의 세력들에 대한 오해, 빈번한 제품 리콜, 시기적인 유가증권 거래 및 회계 관행, 금융 및 상품 시장의 중대한 변화, 또는 금융 위기에 대한 통화 당국 및 감독 당국의 대응 실패 그리고 금융 위기의 전염 효과와 같은 최근의 사태들은 글로벌 시장에 내재된 체계적 리스크에 관해 많은 교훈을 주었다.

금융 위기의 세계적인 시사점에 대한 해결책을 찾기 위한 국제 협력이 시도되었다. 점점 더 복잡해지는 환경 또는 비즈니스 변화를 경영진이 효과적으로 인식하지 못해서 문제가 더 복잡해지는데, 이는 회사 차원의 전사 리스크 관리에 대한 필요를 강조해 준다.

리스크 관리는 여러 이슈들이 결합한 결과로 발달하였다. Box 27.3은 모든 기업이 비즈니스를 수행함에 있어서 고려해야 하는 리스크들을 간략히 설명한다. 이 항목들은 총체적으로 리스크를 관리할 때 제기될 수도 있는 전형적인 이슈들에 대한 선별적인 표본이다.

BOX 27.3

리스크 유형

한 회사의 전체 리스크는 아래에 묘사된 리스크 요인들의 조합으로 구성된다.

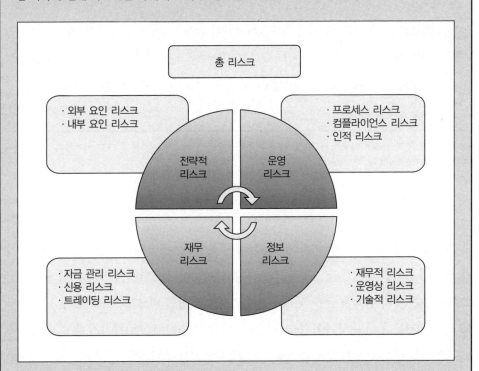

- 전략적 리스크 그룹은 외부 요인 및 내부 요인 리스크를 포함한다. 외부 요인은 본질적으로 산업, 경제, 법률 그리고 규제 변화 및 경쟁자들이 오퍼레이션의 와해나 회사 이익의 변동 가능성을 일컫는다. 내부 요인 리스크는 회사의 평판, 전략적 중점, 특허 그리고 상표 등 회사에 특유한 요인들이 회사의 매출이나 순이익 변동을 야기할 가능성이다.

- 운영 리스크에는 공급 사슬 불연속성, 고객 만족, 사이클 타임(cycle time) 그리고 제조 프로세스(프로세스 리스크)에 기인하여 회사의 매출 및 순이익에 압박을 가하는 인과 관계들이 포함된다. 다른 원인들로는 환경, 규제, 정책 및 절차, 소송(컴플라이언스 리스크)이 있으며, 또 다른 원인들로는 인적 자원, 직원의 이직, 성과 인센티브 그리고 연수 요인들(인적 리스크)이 있다.

- 재무 리스크 그룹에는 이자율 변동, 환율 리스크 그리고 자본에 대한 접근(자금 관리 리스크)이 포함된다. 다른 요인들로는 용량, 담보, 채무의 편중, 신용과 관련된 부도 리스크(신용 리스크)와 상품 가격, 듀레이션에 기인하는 회사 재무 정책에 대한 다른 압력들(트레이딩 리스크)이 있다.

- 정보 리스크 그룹에는 회계 기준, 예산 수립, 재무 보고, 조세 그리고 감독 규정상의 보고 요건으로 인한 회사의 재무 및 투자 정책에 대한 압력(재무 리스크); 가격 책정, 성과 측정 및 직원 안전 등과 같은 리스크(운영 리스크); 그리고 정보에 대한 접근, 비즈니스 지속 가능성, 가용성 및 인프라스트럭쳐 리스크(기술적 리스크)가 포함된다. 이들 리스크는 회사의 이익에 변동을 초래할 수 있다.

출처: 로버트 묄러(Robert Moeller).(2007) COSO 전사 리스크 관리: 새로운 통합 ERM 프레임워크 이해하기. Hoboken, NJ: John Wiley & Sons에서 채용함.

지난 20년간 세계 무역에서의 글로벌화가 진전됨에 따라, 많은 신흥국들은 자국의 금융 시스템 붕괴를 경험했다. 일반적으로 기업 부문에서 과도한 운영 리스크나 재무적 리스크를 취한 것이 심각한 금융 및 경제적 위기로 이어진 주범으로 지목되었다. 나아가 국제 금융 기관들이 이들 국가의 중앙은행을 돕기 위해 적시에 개입하지 못했고, 금융 감독 기구가 이의 발생을 막지 못해 충격파가 전 세계에 퍼지게 되었다.

예를 들어, 현재 세계 시장이 직면하고 있는 것과 같은 체계적 위기에서는, 환율 및 이자율에 대한 큰 충격과 일반적인 경기 침체기 기업 및 금융 부문이 부도와 적시 부채 상환의 어려움을 겪게 한다. 이 기간에는 부실 여신과 채무 상환 불능이 급격히 증가하게 되어 유가증권 시장이 급락하게 한다. 이러한 상황은 종종 주식 및 부동산 가격과 같은 자산 시장의 침체를 수반한다. 고질적인 재무적 문제와 기타 구조적 문제를 안고 있는 비율이 높은 신흥국에서는 체계적인 위기가 다른 시사점을 지닐 수도 있다. 보기 27.1은 1990년대에 체계적 위기를 겪은 국가들의 몇 가지 핵심 변수들을 보여준다.[8]

[보기 27.1] 체계적 은행 위기의 유형

국가	위기 발생 연도	재정 비용 (GDP 비중)	NPL 최고치 (대출 비중)	실질 GDP 성장률	환율 변화	실질 최고 이자율	부동산 가격 하락률
핀란드	1992	11.0	13	-4.6%	-5.5%	14.3%	-34.6%
인도네시아	1998	50.0	65-75	-15.4%	-57.5%	3.3%	-78.5%
대한민국	1998	37.0	30-40	-10.6%	-28.8%	21.6%	-45.9%
말레이시아	1998	16.4	25-35	-12.7%	-13.9%	5.3%	-79.9%
멕시코	1995	19.3	29.8	-6.2%	-39.8%	24.7%	-53.3%
필리핀	1998	0.5	20	-0.8%	-13.0%	6.3%	-67.2%
스웨덴	1992	4.0	18	-3.3%	+1.0%	79.2%	-6.8%
태국	1998	32.8	33	-5.4%	-13.7%	17.2%	-77.4%

이 경험을 통해 배운 경험은 세계화는 모든 국가들에 시사하는 바가 있으며, 금융 부문은 국제적으로 인정된 원칙 하에서 보다 잘 규제되어야 한다는 것이다. 체계적 위기가 발생하면, 개별 기업의 미래와 위기관리를 위한 조치들은 다른 많은 회사들 및 금융기관들의 행동과 일반적인 경기 전망에 의존할 것이다. 이는 본질상 회사 리스크 관리 정책의 일부이다. 금융 및 기업 부문은 거의 언제나 밀접한 관계가 있으며, 이 경우 그들 모두 구조조정을 필요로 할 것이다. 기업의 유동성과 지급능력이 매우 중요해질 것이다. 이런 상황에서는 기업들 스스로 자금을 구해야 할 테지만, 정부가 중요한 역할을 할 것으로 기대될 것이다.

1990년대의 금융 위기의 결과, 선도적 국가들은 다양한 테스크포스를 구성하여 모든 시장의 금융시장 운영에 지도 원리로 사용할 수 있는 새로운 기본 규칙들을 개발했다. 이 규칙들에는 OECD 기업 거버넌스 원칙, IOSCO 유가증권 시장 규제 원칙, 국제 회계 및 감사 기준 등이 있다.[9]

금융위기와 처방

1997년–1998년의 금융 위기를 야기한 금융 부문 문제들의 대부분은 한편으로는 과도한 대출과 다른 한편으로는 신흥국 민간 부문 기업들의 과도한 차입과 관련이 있다. 금융 위기를 일으킨 한 가지 요인은 국제 통화에 대한 과도한 익스포져였는데, 환율이 급변함에 따라 이 리스크에 과도하게 노출된 기업들이 채무를 상환하지 못해 무너지게 되었다.

2008년 금융 위기의 원인은 이와는 다소 다르며, 이 위기에 기여한 여러 요소들이 결합되어 있어서 이에 대해서는 오랫동안 논의될 것이다. 저금리와 저 인플레이션 환경에서, 시장 참여자들은 대체로 리스크에 대해 적절하게 이해하지 못하고 적절한 선관 의무(due diligence)를 수행하지 않은 채 보다 높은 수익을 추구했다. Box 27.4는 시장 행동에 있어서의 신흥 기준들이다. 보다 자세한 내용은 Box 27.5에 나와 있다.

한 가지 중요한 실패는 정책 입안자들 및 규제기관들이 중대한 시장 이슈들이 드러나기 시작할 때 이를 적절히 처리하지 않았으며, 그들은 금융 시장에서 쌓여가고 있는 리스크를 적절히 인식하지 않았다는 점이다. 많은 금융 회사들의 이사회 역시 회사의 유동성이 고갈되고 부도에 직면할 때까지 그들이 직면하고 있던 리스크를 인식하지 못했다. 현재로서는 정부 지원 이슈가 해법의 일부이다. 그러나 근본적으로는, 해법은 CEO의 "전염성이 있는 탐욕"이 단기 이익을 위해 조직 전체를 몰아가지 못하도록 통제할 이사회에 놓여 있다.[10]

BOX 27.4

신흥 글로벌 비즈니스 행동 기준들

- 기업 거버넌스(OECD 원칙)
- 회계 (IAS) 및 감사 (ISA)
- 은행 감독(BIS 기준)
- 유가증권(IOSCO)
- 국제무역(WTO)
- 부패방지
- 보험감독

- 지급불능 및 부도
- 통화 및 재정 정책 투명성

BOX 27.5

건전한 금융 시스템을 위한 12개 핵심 기준들

이곳에서 보여주는 12개 기준의 분야들은 금융안정 포럼에 의해 건전한 금융 시스템을 위한 핵심 기준으로 지목되었던 바, 이 기준들은 국가의 상황에 따라 우선 실행될 가치가 있다. 이 기준들의 국제적 인정 정도는 다르지만, 이들은 대체로 양호한 실무 관행에 대한 최소 기준을 대표하는 것으로 받아들여진다. 이 핵심 기준들 중 일부는 복수의 정책 분야에 관련이 있을 수도 있는데, 예를 들어, 통화 및 재정 정책에 있어서 투명성에 관한 양호한 실무 관행 강령은 지급 및 결제 측면 뿐 아니라 금융 규제 및 감독에도 관련된다.

정책 분야	기준 제목	시행 기관
거시경제 정책과 데이터 투명성		
통화 및 금융 정책 투명성	통화 및 금융 정책에 있어서 투명성에 관한 양호한 실무 관행 강령	IMF
재정 투명성	재정 투명성에 관한 양호한 실무 관행 강령	IMF
데이터 배포	특수 데이터 배포 기준/일반 데이터 배포 기준 일반 데이터 배포 시스템*	IMF
제도 및 시장 인프라스트럭처		
지급불능	지급불능 제도 가이드라인**	세계은행
기업 거버넌스	기업 거버넌스 원칙	OECD
회계	국제 회계 기준(IAS)	IASB
감사	국제 감사 기준(ISA)	IFAC

정책 분야	기준 제목	시행 기관
지급 및 결제	체계적으로 중요한 지급 시스템에 대한 핵심 원칙 유가증권 결제 시스템에 대한 권고	CPSS/CPSS/ IOSCO
시장의 무결성	금융조치 TF의 40 권고/테러분자 자금조달을 막기 위한 9개 특별 권고	FATF
금융 규제 및 감독		
은행 감독	효과적인 은행 감독을 위한 핵심 원칙	BCBS
유가증권 감독	유가증권 규제의 목표 및 원칙	IOSCO
보험감독	보험 핵심 원칙	IAIS

* 국제 자본 시장에 접근할 수 있는 국가들은 보다 엄격한 특수 기준을 채택하고 기타 국가들은 일반 기준을 채택하도록 권장된다.
** 세계은행은 지급 불능 제도에 일련의 원칙 및 가이드라인을 개발하기 위한 광범한 노력을 조정하고 있다. 1997년에 국가 간 지급 불능에 관한 모델 법을 채택한 국제무역법에 관한 UN 위원회(UNCITRAL)는 이 기준의 시행을 촉진할 것이다.

출처: http://www.financialstabilityboard.org/cos/key_standards.htm.

Box 27.5와 27.6은 금융 안정 포럼이 G7 장관들 및 중앙은행 총재들에게 지속적인 위기에 대응하여 시장 및 금융 기관들의 복원력을 강화하라고 한 권고를 요약하여 보여 준다. 권고된 조치들은 Box 27.6에 나타난 바와 같이 (1) 자본, 유동성 및 리스크 관리 건전성 감독 강화 (2) 투명성 및 가치 평가 향상 (3) 신용 등급의 역할 및 사용 변화 (4) 리스크에 대한 당국의 대응 강화 (5) 금융 시스템의 스트레스를 다룰 견고한 제도 등 5개 주요 분야로 구성되어 있다. 이들은 모두 위기를 다루기 위한, 다른 말로 하자면 리스크 관리를 위한 정책 권고들이다.

이 권고들이 발표된 이후 어느 정도로 이에 주의를 기울였는지는 명확하지 않다. 이 보고서 작성 시기가 2008년 4월이라는 점에 비추어 볼 때, 그들은 금융 위기를 매우 가깝게 예측했으며 전 세계에 위험을 경고한 셈이다.

세계화, 무역 및 금융 시장 자유화, 민영화 그리고 새로운 금융 시장 거래 패턴의 발전은 민간 기업들의 투자 및 비즈니스 의사 결정에 심원한 영향을 준다. 새로운 비즈니스 수행 기준 그리고 글로벌 금융 및 무역 규제의 수렴은 비즈니스 수행이 더욱 더 경쟁력을 갖추게 했다. 이는 경쟁력의 통로를 열어주기도 했지만, 또한 회사들을 취약해지게 하기도 했다.

BOX 27.6

시장 및 금융 기관의 복원력 강화하기

2008년 4월 11일에, 금융 안정 포럼(FSF)은 G7 재무장관들과 중앙은행 총재들에게 시장 및 금융 기관들의 복원력 향상을 권고하는 보고서를 제출했다. 5개 분야에서 다음과 같은 조치들이 권고되었다.

1. 자본, 유동성 그리고 리스크 관리에 대한 건전성 감독 강화
2. 투명성 및 가치 평가 향상
3. 신용 등급의 역할 및 사용 변화
4. 리스크에 대한 당국들의 대응 강화
5. 금융 시스템의 스트레스를 다룰 견고한 제도

이들 분야에서 공공 부문 및 민간 부문의 이니셔티브들이 진행 중이다. FSF는 이 이니셔티브들의 조정을 촉진하고, 이의 적시 시행을 감독하며, 이를 통해 통합된 글로벌 금융 시장의 이점과 국가들 사이의 공정한 경쟁의 장을 보전할 것이다.

정책 방향을 제시한 FSF의 시장 및 금융 기관 복원력 실무 그룹의 중간보고서가 2008년 2월에 발표되었다. 이 그룹의 작업 계획을 밝힌 실무 그룹의 예비 보고서는 2007년 10월에 발표되었으며, 이들의 사본은 아래의 웹 사이트에서 구할 수 있다.

출처: 금융 안정 포럼, www.fsforum.org/

글로벌 비즈니스 환경을 새로운 위기로부터 보호하기 위해 새 천년 도래 무렵에 이들 새로운 조치들이 도입되었음에도 불구하고, 자유 시장 경제에는 때때로 곤경과 위기를

야기하는 요인들이 항상 존재할 것이다. 이 이슈들로 인해 모든 기업의 장기적 경쟁력과 생존에 전사 리스크 관리가 더욱 더 중요해졌다.

신흥 시장에서 리스크를 효과적으로 관리해야 할 논리적 근거

ERM은 현재 모든 차원에서 그 어느 때보다 중요하다. 이를 인식하고서, 회사들은 리스크를 관리하고, 다음과 같은 6개 분야를 고려할 필요가 있다.[11] (1) 세금 (2) 이해 관계자 (3) 주주와 경영진 사이의 이해 상충 (4) 경영진 보상 (5) 파이낸싱 및 투자 정책 (6) 배당 정책. 효과적인 리스크 관리는 주주들의 이익을 최우선순위로 유지하기 위해 이 고려 사항들의 최적 조합을 필요로 한다. 신흥국 환경에서는 변덕스러운 배당 정책, 억제되지 않는 급속한 성장 속도, 자기 자본 부족, 리스크가 큰 시장 환경으로 인해 대부분의 회사들은 리스크 관리를 자신들의 필요에는 너무도 이질적인 것으로 보고 있다. 또한 많은 신흥국 회사들은 거친 시장 압력과 부패를 경험하는데, 이로 인해 사업 수행 비용이 증가된다. 취약한 회계 절차 역시 투명성 결여 및 회사들이 경쟁에 대항하여 자신의 상품과 서비스에 적절한 가격 책정을 불가능하게 하는 데 큰 영향을 준다.

좋은 전문 경영인을 찾기 어려움에도 불구하고, 경영진 보상은 이슈가 되지 않는다. 그들은 채용되면 거액의 현금 급여 및 보너스보다 큰 특전을 누린다. 이렇게 되는 주된 원인 중 하나는 가족 지배 구조와 글로벌 경쟁 상황에 대한 몰이해로 인해 이 회사들은 경쟁력 있는 급여를 지급할 필요에 그다지 관심을 기울이지 않기 때문이다.

대부분의 회사들은 주식 시장에 일부 지분, 즉 5%에서 30%만을 공개하고 있으며, 이는 이해관계자들을 만족시키기 위해 만족스러운 ERM 접근법을 취해야 할 필요가 있다는 인식을 최소화시킨다(주. 이 점은 뒤에 보기 27.2에서 논의될 것이다).

리스크 관리에서 이사회의 책임 및 신흥 시장으로의 확장

이사회는 첫째, 회사가 직면할 수도 있는 리스크를 다룰 리스크 관리 정책을 수립하고, 둘째, 회사의 리스크 프로필을 이해하고 리스크/수익 프로필을 결정하는 등 자신의 감독 역할을 이해 및 집행하며, 마지막으로, 전반적인 리스크 용인 수준과 리스크 관리 절차 승인을 포함한 회사의 비즈니스 전략을 승인함으로써 회사의 기업 거버넌스를 강화한다.

이사회의 의무는 회사가 직면한 전반적인 리스크 익스포져로부터 회사에 대한 주주들의 투자를 보호하기 위해 전략을 고안함으로써 주주들을 위해 행동하는 것이다. 경영진이 자신을 위해 행동할 수 있지만, 효과적인 ERM은 경영진의 이해를 주주들의 이해와 정렬시킴으로써 주주들의 이익을 보호할 수 있다. Box 27.7은 회사가 직면하는 리스크 및 회사의 리스크 관리 프로세스에 관해 이사회의 관점에서 본 일련의 질문들을 제공한다.

BOX 27.7

귀사의 이사회는 리스크를 얼마나 인식하고 있는가?

이사들이 물어야 할 질문들!

- 이사회가 적절한 리스크를 취하고 있는가?
- 취해진 리스크는 회사의 전략, 목표 그리고 성과 측정에 밀접한 관련이 있는가?
- 리스크들은 회사 경영에 얼마나 연관이 있는가?
- 이 리스크들의 결과 회사에 경쟁 우위가 있는가?
- 취해진 리스크들이 주주 가치를 창출할 것인가?
- 이사회는 리스크 취하기가 비즈니스의 일부라는 것을 얼마나 면밀하게 이해하는가?
- 이사회 위원들 각자가 취해진 리스크들에 대해 잘 이해하는가?
- 리스크 성향 결정에서 정의된 리스크들이 전반적인 리스크 수준에 연관이 있는가?
- 조직의 리스크 성향이 잘 정의되었는가?
- 리스크 성향이 전체적으로 및 각각의 발생 건에 대해 적절히 계량화되었는가?
- 우리 회사는 취해진 리스크를 어떻게 적절히 관리하는가?
- 우리의 리스크 관리 프로세스는 잘 조정되어 있고, 조직 전체에 걸쳐 일관성이 있는가?
- 우리 조직에서는 리스크가 어떻게 정의되는가?
- 우리의 리스크 커버 범위에 틈새 및/또는 중복이 있는가?
- 리스크 관리 프로세스는 비용 면에서 효과적인가?

결정적인 이슈는 회사의 전략적 경영과 관련이 있다. 회사는 창립될 때와 이후 몇 년의 간격을 두고 비전, 사명 선언문 그리고 일련의 목표들 및 사명과 목표를 달성하기 위한 타깃들을 정한다. 목표로 정해진 활동들은 회사가 직면하는 전반적인 리스크에 주의를 기울여야 한다.

회사가 취해진 리스크 수준 대비 충분한 가치를 창출하는지 여부는 어려운 문제이다. 학술 연구들은 리스크 관리가 회사의 시장 가치를 높이고, 자본 비용을 낮추며, 이익 변동성을 감소시킴을 보여주었다.

스미슨과 심킨스는 최근의 연구에서, 이자율, 환율 그리고 상품 가격 리스크들이 주가의 움직임에 반영된다는 결론을 내렸다. 그들은 금융회사의 주가 수익률은 이자율 변화에 민감함을 발견하였다. 또한, 그들은 이자율 및 외국 통화 익스포져를 헤지하기 위한 기업들의 파생상품 사용은 이자율 및 환율 변화에 대한 주가 수익률의 민감도가 낮은 것과 관련이 있는 듯하다고 말한다.[12] 이 연구의 발견 사항들은 미국의 금융기관들이 어떻게 성장기에 혜택을 누리다 극심한 시장 침체기에 극단적인 결과를 맞이했는지에 관한 앞의 설명을 강화해준다.

리스크 관리 면에서, 이사회는 구조적인 접근법을 취해서 정책들이 비즈니스 부문 수준까지 전달되게 해야 한다.[13] 이사회가 회사의 각 비즈니스 부문에서 직면할 수도 있는 모든 유형의 리스크들에 대해 확고한 철학을 지니는 것이 중요하다. 이사회 위원들은 회사가 보유하거나 사용하고 있는 금융 상품들, 특히 회사가 이자율, 환율 등과 같은 리스크를 헤지하기 위해 사용할 수도 있는 파생상품에 대해 이해해야 한다.

효과적인 ERM 프로그램의 한 가지 중요한 기본 구성 요소는 금융상품 사용에 관한 가이드라인과 정책을 누가 정할지를 명시하는 것이다. 또 다른 질문은 이사회가 이들 정책을 승인했는지 여부이다. 이사회는 회사 전체에 걸쳐 리스크 관리 문화를 강화하기 위한 최상의 방법을 결정해야 한다. 이러한 사항들이 결정되고 나면, 이사회는 리스크 관리 시스템의 무결성(integrity)을 확보해야 한다.

또 하나의 중요한 질문은 재무 리스크를 생성해 내는 사람과 이 재무 리스크를 관리 및 통제하는 사람 사이에 직무 분리가 이루어져 있는지 여부이다. 사용될 금융상품의 유형이 평가되어야 하며, 그들의 리스크를 계산할 수 있어야 하고, 가치 평가 방법이 갖춰져 있어야 하며, 이들이 어떻게 회사의 기록에 기입되고 모니터되는지에 관한 정책이 결정되어야 한다. 마지막으로, 리스크와 주주들을 나란히 고려하여 주주들이 회사에 대한 투자로부터 합리적인 수익을 기대할 수 있게 해야 한다. 이는 회사의 모든 부문 및 모든 계층에 영향을 주기 때문에 총체적인 프로세스이다.

이사회들은 리스크 관리에 점점 더 적극적으로 관여하고 있다. 일반적으로, 신흥 시장의 이사회들은, 특히 금융 위기로 주주들의 자본이 많이 침식당하고 상실한 가치를 회복하기까지 상당히 오랜 기간이 소요된 이후 리스크 사안에 대한 관심을 증가시켰다. 리스크 관리에 대한 관심은 진실하고, 신흥국의 이사회들은 다른 어떤 분야보다 리스크 관리에 더 많은 주의를 기울이지만, 아직 리스크를 가장 잘 관리할 수 있는 방법에 대한 적절한 이해는 부족하다. 예를 들어, 인도 및 중국의 대부분의 회사들은 리스크를 총체적인 견지에서가 아니라 부서 차원에서 따로따로 관리한다.

신흥 시장의 이사회들은 시장 잠재력 및 회사 확장에 대해 논의하는 것이 자신의 의무에 속한다는 사실을 서서히 깨닫고 있다. 또한, 이사회들은 리스크 자문 위원회를 구성하거나, 시장 리스크 평가에 보다 직접적으로 관여할 필요가 있을 수도 있다.[14]

이사회가 정책에 대한 숙고와 아울러, 비즈니스 부문별로 감내할 용의가 있는 손실 수준을 정의하고 나면, 회사의 "리스크 성향"을 정의해야 한다. 다른 국가들의 감독 기구는 ERM을 이사회 관행 안으로 통합하려는 회사들에게 지침을 제공한다.[15]

은행 감독에 관한 바젤 위원회와 같은 국제기구로부터의 규제상 압력과 기업 거버넌스에 대한 강조는 금융 산업에서의 많은 변화의 자극제가 되어 왔는데, 그 중 하나는 리스크 성향을 보다 명확하게 밝힐 필요가 있다는 인식이었다. 이 요인들은 회사들이 보다 선제적인 리스크 문화를 채택하게 했다. Box 27.8은 이집트, 요르단, 우크라이나 그리고 러시아에서 사용되는 리스크 성향 결정 방법을 요약한다. 표면상으로는, 이는 쉬운 일로 보일 수도 있다. 결국, 이는 단지 해당 기관이 원하는 신용 등급, 규제 자본 구조 그리고 해당 기관이 충격을 견뎌낼 수 있는 능력을 규정하는 적절한 지불 능력의 조합이 조직의 리스크 성향을 대표하는 것이 아닌가?

일부 소규모 기관들에게는 이러한 접근법이 충분할 수도 있지만, 다른 기관들에게는 리스크 성향은 리스크 관리 전략 및 비즈니스 전략의 중심이 되는 보다 복잡한 사안이다.

[보기 27.2] 선별된 신흥국들에서 COSO 모델을 사용한 리스크 관리 적용에 관한 비교 검토

	이집트	요르단	몽고	세르비아	타키	우크라이나
내부 환경 내부 환경은 조직의 분위기(tone)를 포함하며, 리스크가 조직 구성원들에게 간주되고 다루어지는지 방식의 토대를 형성한다. 이에는 리스크 관리 철학과 리스크 성향, 고결성 및 윤리적 가치 그리고 조직이 그 안에서 운영되는 환경을 포함한다.	은행들과 일부 수출지향 기업들은 ERM을 포함하였음. 리스크 성향은 조직 구성원들이 가족 소유 기업이라고 간주하는 정도로 결정됨. 은행들은 IT 및 재무 리스크 성향에 초점을 맞춤.	바젤 II 기준을 따르는 대부분의 은행들은 합리적인 리스크 관리 방법을 결정했음. 리스크 성향은 대체로 대주주의 관심사인 듯함. 무역 회사들은 주로 재무 및 비즈니스 리스크 성향에 초점을 맞춤 및 기술 부족으로 그 이상 적용하지 못하고 있음.	특히 은행들은 ERM 전략을 개발했으며 이들을 실행할 역량을 개발할 수 있었음. 그러나 경영진 및 이사회의 역량 및 기술이 종종 일반적인 ERM 프로그램의 성공적 실행에 부족함.	비즈니스 섹터에 따라, 리스크 성향은 합리적인 시스템이거나 이의 인식에 좌우됨. 역량이 결핍되어 있음.	비즈니스 섹터마다 리스크 성향이 다름. 그러나 대부분의 가족 소유 기업들은 리스크를 필요으로 간주함. 항공사와 같은 대기업들은 IT 리스크와 같은 리스크 성향 수준을 정했음. 안전 그리고 재무 리스크에 중점을 둠. IT 리스크에는 큰 관심을 기울이지 않음. 은행을 제외하면 대부분의 다른 기업들은 리스크 관리를 합리적인 프로그램 안에서 다루지 않음. 역량이 결핍되어 있음.	대부분의 민간 부문 회사들은 리스크에 대한 체계적인 접근법이 없음. 바젤 기준을 따르는 은행들은 IT, 재무 그리고 시장 리스크와 같은 리스크 성향 수준을 정했음. 그러나 역량 부족으로 그 이상은 수행할 수 없음.
목표 설정 경영진이 목표 달성에 영향을 줄 잠재적 사건들을 식별할 수 있으려면 먼저 목표가 정해져 있어야 한다. ERM은 경영진이 목표를 정하는 프로세스를 갖추고, 선택된 목표들이 조직의 사명을 이루며, 리스크 성향과 일관성이 있게 한다.	은행들과 소수의 주요 상장 회사들은 그들의 리스크 관리 목표를 정했지만 대부분의 다른 회사들에는 리스크 관리 목표가 없음.	상위 2,3개 은행 및 소수의 일반 기업체들 외에는, 이렇다 할 리스크 관리 목표 수립 관행이 관찰되지 않음.	소수의 선도적 은행들 외에는, 이렇다 할 리스크 관리 목표 수립 관행이 관찰되지 않음.	이사회들은 요건을 인식하고 있으며 규제기관들은 이를 모든 상장 회사들의 의무사항이 되게 했음. 그러나 은행을 제외하면, 대부분의 경우, 목표 수립 활동이 관찰되지 않고 있음.	대체로 바젤 II 원칙을 따르는 은행들에서와 상장 항공사들을 포함한 일부 대기업들에서, 목표 수립 노력은 이사회의 주된 활동이 아님.	은행들만 리스크 관리를 위한 목표 수립을 다루고 있음.

(continued)

650

[보기 27.2] 선별된 신흥국들에서 COSO 모델을 사용한 리스크 관리 적용에 관한 비교 검토

	이집트	요르단	몽고	세르비아	터키	우크라이나
사건 식별 조직의 목표 달성에 영향을 주는 내부 및 외부의 사건들이 리스크와 기회를 구분하여 식별되어야 한다. 기회들은 경영진의 전략 또는 목표 수립 프로세스에 피드백된다.	일부 은행들은 사건 식별 방법을 적용함. 일반 기업체들은 이 현상을 조사하였음. 가족 소유의 선도적 대기업 하나는 잠재적으로 리스크가 있는 사건들을 다루기 위한 방법들을 고안했음.	일부 선도적 은행들은 자신의 리스크 성향 정의 일부로서 자산들에게 리스크가 있다고 여겨질 수 있는 사건들을 파악했음.	국제적 파트너가 있는 선도적 은행들은 크기와 상관없이 리스크가 있는 사건들을 파악하기 위해 노력했으나 일반 기업체들은 아직 이를 실행하지 않고 있음.	소수의 예외가 있기는 하지만, 이 분야의 활동은 많지 않음. 부분 작으로는 적정한 역량 결핍에 기인할 수 있음.	일부 선도적 인행 및 일반 기업체들은 크기에 상관없이 사건들을 식별하기 위한 프로그램을 따르고 있음. 역량이 새롭게 개발되고 있음.	소수의 은행들을 제외하면, 그다지 많지 않음.
리스크 평가 리스크들은 이들이 어떻게 관리되어야 할지를 결정하는 토대로서, 발생 가능성 및 영향을 고려하여 분석된다. 리스크는 고유 리스크 및 잔여 리스크 면에서 평가된다.	이는 규칙적으로 적용되는 활동이 아닌 선도적 은행들의 리스크 평가 기법을 수행했지만 역량 부족으로 모든 일반 기업체가 이를 수행하지는 않음.	요르단 중앙은행의 요건 하에 일부 은행들은 이를 수행했음. 일반 기업체는 아직 이를 시도하지 않았음.	상위 3개 은행 외에는, 다른 성장 회사들은 이를 시도하지 않고 있음.	일부 협소한 접근법이 적용됨.	ERM 개념에 대한 이해 증가로 금융기관 및 일반 기업체가 진지한 평가를 하는 데 도움이 되고 있음.	은행들은 ERM에서 리스크 평가 기법을 적용하고 왔으나, 일반 기업체들은 관심 부족으로 이를 경험하지 못하고 있음.
리스크 대응 경영진은 리스크 회피, 수용, 감소 또는 공유의 리스크 대응 방안들을 선택하고, 리스크를 조직의 리스크 용인 수준 및 리스크 목표와 정렬을 이루도록 할 조치들을 개발한다.	적용 사례가 관찰되지 않고 있음.	소수의 조치들 외에는 그다지 널리 확산되지 않고 있음.	이 점에서는 보다 적극적임. 그러나 특별한 적용 예를 들 수 없음.	소수의 은행 이외에는 특별히 적용하는 곳이 없음.	일부 예외가 있기는 하지만, 리스크 대응이 누가 및 계획된 조치들이 널리 퍼진 활동들이 아님.	적용 사례가 없음.

(continued)

[보기 27.2] 선별된 신흥국들에서 COSO 모델을 사용한 리스크 관리 적용에 관한 비교 검토

	이집트	요르단	몽고	세르비아	터키	우크라이나
통제 활동 리스크 대응들이 효과적으로 수행되도록 도움을 줄 정책 및 절차들이 개발 및 시행된다.	은행 부문 회사들은 중앙은행의 바젤 II 기반 가이드라인 하에서 통제 활동들을 개발하기 시작했음. 아직 그다지 발달되지는 못함.	바젤레 가이드라인을 지니고 있는 은행 부문 회사들은 통제 활동 확립에 보다 적극적으로 관여하고 있음. 상장 회사들로 대부분의 경우 아직 이를 시작하지 않았음. 최근의 기업 거버넌스 방들은 많은 회사들에게 통제 장치 개발을 가속화하게 할 수도 있지만, 그러한 회사는 그리 많지 않을 것임. 감사 역할이 부적절함.	국제 기반 투자자들이 투자한 몽고의 3개 선도 은행들은 통제 장치 개발에 보다 적극적이었음. 다른 기업들은 이 프로세스를 시작할 수 없었음.	대체로 은행들은 리스크 통제 정책을 제정함으로써 세르비아 중앙은행 가이드라인을 준수하기 시작했음. 더 이상의 적용에 관한 정보는 구할 수 없음.	대부분의 은행들과 대형 지주회사들은 정교한 전사 리스크 통제 이니셔티브를 시작했음. 이에 대한 성공 정도는 다르더라고 보고며 이들 정책을 실행할 전반적인 역량 부족인데, 이는 대부분 하향식 경영 스타일에 기인함. 이 경영에 비추어 볼 때, 보다 전문적인 태도를 포용하기 위해서는 기업 문화가 좀 더 발전할 필요가 있음.	우크라이나 은행들은 최근에 리스크 통제 수단들을 적용하기 시작했음. 아직 ERM에 완전한 의미가 잘 이해되지 않고 있음. 중앙은행이 약간의 가이드라인을 정하기는 했지만, 지방은행들은 대체로 새로운 접근법을 소화할 수 없었음. 외국으로부터 지원을 보유하고 있는 은행들은 문서의 리스크 관리 방법을 때로 대체로 잘 작동하고 있는데, 이 별별으로 대체로 잘 작동하고 있는 화사들은 리스크 통제에 대한 논의를 마련하고자 했음. 이는 새로 부상하고 있는 영역임.
정보 및 소통 형태 면에서 및 시기 면에서 사람들이 자신의 책임을 수행할 수 있도록 연관 정보들이 포착 및 소통된다. 또한 보다 넓은 견지에서의 소통이 조직의 성공적 좌우로 일어난다.	이사회로부터의 소통은 대체로 조직이 잠재적으로 유해한 리스크에 대비하는 지속성이라기보다는, 새 룰세스라기보다는, 새 룰고 부가적인 책임으로 여겨짐.	대체로 은행들은 리스크 관리를 적용하기 위해 노력하고 있음. 그러나 아직도 지방 은행들은 가족 소유 및 지배 하에 있음. 이는 대 기업들에서 새로운 발전임. 일반 가부장적 접근법이 여전이 이 시대의 지배적인 풍조임.	은행의 이사회들은 새로운 리스크 관리 방법을 재택했으며, 이이 수가 소통되고 있음. 그러나 아직 이 분야가 완전히 발전을 못했기 때문에 많이 남아 있음. 일반적으로 최고 경영자가 부문들에 새로운 조치들에 관해 "방향" 일부 은행들에서는 리스크 관리 부서가 있음.	정보 및 소통은 아직도 고유 재산으로 간주되고 있으며, 은행들은 완전한 정보 소통을 꺼림. 일부 연수 프로그램이 시행되고 있으나, 아직 그다지 효과적이지 않음. 성장이 여지가 있음.	터키의 은행과 선도적 지주화사들은 ERM 프로그램을 개발했으며, 개방적이고 명확한 소통을 확립했음. 대다수의 상장 화사들과 은행들은 갈 길이 멈.	우크라이나나 일부 은행들은 현대적 경영 방법을 수용하였으며, 회사 내부에 개방적이고 명확한 소통 채널을 확립했음.

(continued)

[보기 27.2] 선별된 신흥국들에서 COSO 모델을 사용한 리스크 관리 적용에 관한 비교 검토

	이점트	요르단	몽고	세르비아	터키	우크라이나
모니터링 ERM 전체가 모니터되고 필요요 시 수정이 이루어진다. 모니터링은 상시적 관리 활동, 별도 평가, 또는 양자를 통해 달성된다.	일부 선도적 은행들은 ERM 활동을 모니터하는 리스크 관리 위원회를 설치했음. 이점트 자본 시장국과 중앙은행은 리스크 관리 요건과 기업 거버넌스 법률을 작용함. 아직 효과적인 모니터링과 적시에 필요한 수정을 할 역량이 부족함.	선도적 은행들에서만 리스크 관리 방법 개발 노력이 있음. 이사회는 한 선하 위원회 구조를 지니지 아니함. 새로운 회사법과 기업 거버넌스 법률은 은행이나 일반 기업에 할 것 없이 모든 성장 회사에 대해 ERM 관행 확립을 요구함. 실행은 아직 취약함.	새롭게 개발 중인 금융 감독자 서비스 위원회가 중앙은행과 협력하여 ERM이 모든 회사 및 모든 회사에 적용되도록 후원하고 있음. 기술과 역량 부족으로 이 노력에 흠집이 니고 있음. 그러나 대부분의 경우 은행과 선도적 기업들에서는 이 법률 적용을 위해 필요한 조치들이 취해졌음. 이는 도전 과제이며 이것 발전 중에 있음.	현재 대부분의 은행과 일부 일반 기업에서 이 개념이 등장하고 있음. 규제 기관으로부터의 추가적인 가이드라인 인은 이 기관들이 기능을 잘 발휘하데 효과적이 ERM을 확립하는 데 큰 도움이 될 것임. 현재 이사회 구조가 부적절하며 이사들이 규제 요건을 추구할 지질을 갖추지 못하고 있음. 일부 인사는 영업하기 어렵고 비용도 많이 소요됨.	터키의 은행들과 선도적 지주회사들은 효과적인 리스크 모니터링을 위한 적절한 기술 및 역량을 개발했음. 그러나 대다수의 회사들이 ERM을 효과적으로 추구할 수 있으라면 역량을 기울 필요가 있음.	선도적 은행들과 소수의 일반 기업체들은 ERM의 효과성을 중대시키기 위해 모니터링 활동을 개발할 수 있었음. 그러나 필요요이 개발될 기술이 있음.

BOX 27.8

선제적 리스크 문화

리스크 인식 및 행태

- 모든 사람의 업무 책임에 리스크 관리가 올라 있다.
- 리스크를 부정적인 이슈가 아니라 긍정적인 이슈로 본다.
- 비즈니스 부문, 리스크 관리 부서 그리고 내부 감사 부서가 공통의 견해를 가진다.
- 마녀 사냥을 벌이는 것이 아니라, 경험을 통해 배운다.

비즈니스 부문 활동

- 비즈니스 부문은 자신의 리스크를 관리한다.
- 비즈니스 부문은 현재의 리스크 및 새로 등장하고 있거나 잠재적인 리스크를 정규적으로 분석한다.
- 비즈니스 부문 소속 전 직원들은 자기 부문의 리스크 프로필을 이해한다.
- 직원들이 적절한 리스크 관리 연수를 받는다.
- 비즈니스 부문이 자신의 계획 수립 시 리스크 관리 부서의 의견을 구한다.

효율적 리스크 관리

- 핵심 리스크 지표 설정 및 모니터링

신흥 시장에서의 리스크, 보상 그리고 리스크 성향

금융 이론은 특정 투자로부터 주어진 예상 리스크 수준에 대해 일정 수준의 수익이 기대된다고 리스크와 보상 사이의 관계를 정의한다. 비즈니스에서는, 회사의 여러 비즈니스 부문들에 의한 다양한 투자 수익률들이 서로 다를 수 있다. 일부 비즈니스 부문들에 있어서는, 예상 리스크 수준이 더 높음에도 불구하고 수익은 더 낮을 수 있다.

리스크의 다른 측면들을 보는 것도 중요하다. 예를 들어, 리스크를 회사가 원하는 수익 및 성장 수준이라는 맥락에서 논의하는 것이 매우 중요하다. 상장 회사의 전체 회사 차원에서는, 이는 목표 주주 총 수익률(total shareholder return; TSR)과 관련될 수도 있다. 많은 회사들은 이 목표를 정하고 이를 공표하는데, 대개 동료 그룹보다 나은 실적을 올리는 것을 목표로 한다. 이를 리스크 관점에서 다른 말로 표현하자면, 경영진이 리스크를 부담함으로써 동료 그룹보다 나은 실적을 내기 원한다고 해석될 수도 있다! 신흥 시장의 회사들이 리스크가 조정된 TRS 목표를 정했는지는 아직 두고 볼 일이다.

많은 리스크 관리 실패 사례들은 리스크 수준을 명확히 정하지 않고 이익에 초점을 맞춘 데 기인하였다. 경영진은 흔히 다른 이해 관계자들의 리스크 성향에는 충분한 비중을 두지 않은 채 한 그룹의 이해 관계자들의 리스크 성향만을 만족시키는 데 초점을 맞추는 실수를 저지른다. 신흥 시장에서의 리스크 관리에 관한 E&Y의 서베이에 의하면, 대부분의 신흥국가 기업들에게는 시장 리스크나 경쟁 환경이 대부분의 리스크들의 원천이다.[16] 보고된 다른 리스크들에는 통화 리스크(국제 시장에서 영업하는 경우), 정치적 리스크, 규제 그리고 노동력 이슈들이 있다.

특정 회사의 리스크 성향은 대체로 기업 문화의 영향을 받는다. 성공적인 ERM을 위해서는 인식, 행태, 비즈니스 부문의 활동 그리고 리스크 관리 방법론 모두가 통합된다. 흔히 보다 리스크 회피적이고 보수적인 금융 서비스 조직에서 보다 버거운 내부적 도전 과제 중 하나는 비즈니스 부문 경영진이 충분한 리스크를 부담하게 하는 것이다. 신흥 시장에서의 상업 은행들은 새로운 성장 기회를 찾기 위해 노력할 때 이 도전 과제에 맞서야 한다. 현상 유지에 매우 능란한 현직 경영진은 엔진을 올려서 더 빨리 가기 위해서는 자신들이 새로운 기술을 필요로 함을 알게 된다. 리스크 성향의 변화 없이는, 많은 회사들은 수익 면에서 남들보다 부진한 실적을 시현하게 될 수도 있다. 문화, 전략 그리고 경쟁 지위 모두 리스크 성향에 영향을 준다. 회사마다 리스크 유형별로 다른 리스크 용인 수준을 보일 것이다. 나아가, 한 회사 안에서도 비즈니스 부문마다 리스크 성향이 다를 수 있다.

소비자 금융에서의 신용 리스크에 대한 은행의 리스크 성향은 은행의 투자 은행 영업에서의 시장 리스크에 대한 성향과는 아주 다를 수 있다. 새로운 시장에서 신규 사업 수행에 대한 경영진의 리스크 성향은 성숙한 시장에서 확립된 비즈니스를 유지할 때의 성향과는 다를 것이다. ERM을 시행할 때에는, 이 모든 요소들을 전사적 리스크 성향 및 용인 수준과 정렬을 이룰 필요가 있다. 리스크 성향을 정의할 때의 주요 이점 중 하나는 이로 인해 토론할 수 밖에 없게 되고 리스크를 명시적으로 관리하는 데 도움이 된다는 점이다. 리스크에 관해 행동을 변화시키기 위해서는 추가적인 연수나 인력 교체를 통한 개입이 필요할 수도 있지만, 대부분의 조직들에서는 고위 경영진에 의해 새워진 기조가 가장 큰 영향을 주는 경향이 있다.

신흥국에서의 ERM 관행 실태

보기 27.2에서, COSO 개요에 기반을 둔 이집트, 요르단, 몽고, 세르비아, 터키 그리고 우크라이나의 ERM 관행 비교를 요약하였다. 이 요약 내용들은 우리가 1995년 이후 30개 국가의 많은 모집단에서의 효과적인 기업 거버넌스 발달에 비교해서 오랫동안 관찰해 온 결과이다. 이 이슈에 대한 우리의 전반적인 결론은 COSO에 의해 제공된 형태의 ERM은 아직 새로운 현상이며 각국의 감독 당국에 의해 적용되고 있다는 것이다.

지금은 리스크 관리를 개선시킬 때라는 데 모든 사람이 동의하기는 하지만, 신흥 시장에서 이사회의 지도와 지원이 없이는 효과적인 ERM 관행을 시작하기 어렵다. 모든 직급에서 ERM 프로그램을 확립할 역량 및 기술이 결여되어 있기는 하지만, 특히 최고위층의 기술적 지식 결여가 이의 주된 이유이다. 우리는 궁극적으로 ERM 프로그램을 완전하게 시행하기 위한 역량이 개발될 것으로 생각한다. 그러나 신흥 시장의 규제 기구들은 ERM이 효과적으로 시행되게 하기 위한 지침 및 지도를 제공할 필요가 있다.

전반적인 기업 거버넌스의 효과성이 향상되기 위해서는 규제 기관들이 지침 제공 역할을 해야 한다. 모든 기업 거버넌스 규정들을 완전히 충족하면, 확실히 많은 기업들에게 자금에 대한 접근 개선, 내부 관리 역량 개선, 이사회의 효과성 향상 그리고 회사의 글로벌 경쟁력 개선에 도움이 될 것이다.

결론

새로운 기업 거버넌스 법률이 조직들이 전사 리스크 관리를 시행하게 하는 원동력이 되었다. 2004년에 COSO를 통해 ERM 프레임워크가 제공되었다. ERM은 회사의 리스크 성향에 대한 정의로부터 시작하는 프로세스이다. 회사들은 주주들에게 가치를 창출하는 투자 수익률을 보장하기 위해 리스크를 관리해야 한다.

리스크 관리는 이사회, 경영진 그리고 모든 비즈니스 부문의 모든 직원들이 관여하는 계속적인 프로세스이다. ERM이 성공하려면 회사의 모든 계층으로부터 폭넓게 "신봉"되어야 한다. ERM의 효용은 아직 입증되지 않았지만, 많은 경우에 ERM은 주주 가치 증대와 밀접하게 연결되어 있음을 시사하는 증거가 있다. ERM의 필요 사항 및 중점 사항은 부문에 따라 다르다. 모든 리스크들이 깊이 있게 계량화될 수도 없고, 그래서도 안 되며,

지나치게 정교한 방법은 피해야 한다.

이 장의 연구를 위해 관찰된 일부 신흥국가들에서는, ERM은 아직 새로 등장하고 있는 관심 주제이다. 우리의 표본에 속한 모든 신흥국가들에서, 우리는 선도적 상장 회사들의 ERM 적용 실태를 고찰했다. 이 국가에는 이집트, 요르단, 몽고, 세르비아, 터키 그리고 우크라이나가 포함된다. 대부분의 국가에서 ERM의 목표 중 어느 것도 완전히 시행되지는 않고 있었다.

회사의 상위 목표들이 기업의 사명과 정렬을 이루고 이를 지원하는 전략적 목표 면에서는 이 목표를 완전히 달성한 조직은 거의 없다. 둘째, 회사가 자원을 효율적이고 효과적으로 활용하는 운영상 목표 면에서는, 우리는 6개 국가에서 대부분의 경우 자원 결여가 주요 장애물임을 발견하였다. 셋째, 회사의 재무 보고 관행이 신뢰할 만하고, 적절하며, 적시적이며 복제 가능하도록 하는 보고 목표 면에서는, 회계 관행의 부적정성이 완전히 효과적인 ERM 개발의 우려에 대한 주요 원인이었다. 마지막으로, 전사 리스크 관리 프레임워크가 해당 법규를 준수하게 하는 컴플라이언스 목표 면에서는 리스크 관리 등 여러 방법을 통해 기업 거버넌스를 개선하려는 법률 및 규정상의 프레임워크가 넘쳐나고 있음에도 불구하고, 우리는 완전한 준수에는 크게 미치지 못함을 관찰하였다.

현재, 기업 거버넌스 법률 및 규정들 그리고 은행 부문 규정들은 대부분의 은행들 및 상장 회사들에서 바람직한 목표에 완전히 도달할 수준까지는 충분히 시행되지 않고 있다. 시간이 지나면 이 취약점들과 장애물들이 극복되고 ERM이 완전히 시행될 가능성이 높다.

우리의 마지막 관찰 사항은 ERM 개념은 아직 새로운 개념이며, 신흥국의 회사들이 리스크 관리 관행을 법률 때문에 시행할 필요가 있는 새로운 책임이라기보다 건전한 비즈니스상 이유에서 바람직한 수준에 도달하려면 아직 많은 시간이 소요될 것이라는 점이다.

부록: 전사 리스크 관리에 대한 COSO의 접근법

오늘날의 글로벌 금융 및 상품 시장 환경에서 신흥국 회사들이 시장 점유를 얻기 위해서는 선진국 회사들보다 더 큰 리스크를 부담해야 한다. 이 회사들은 일반적으로 여러모로 리스크에 더 취약하다. 우리는 이를 리스크 관리에 대한 COSO의 접근법에 의해 정의된 순서로 논의한다.

국제적 금융 기관들이 취하는 개발 프로젝트의 목적은 기업의 투자 증가 및 파이낸스 접근 환경을 개선하는 것이며, 따라서 안전, 안정성 그리고 투명성에 중점을 두었다. 금융 시장의 안전 및 안정성은 금융 시스템에 시장 참여자들의 신뢰와 자신감을 가질 수 있게 해 주는 모든 금융 시스템의 가장 중요한 요소이다. 이러한 시스템을 발전시킴에 있어서, 글로벌 시장에서 금융 시스템의 무결성과 지속 가능성을 도모하기 위해 적절한 기관들 및 법적, 규제상 프레임워크가 만들어졌다.

ERM은 전사 차원의 총체적인 리스크 관리를 필요로 한다. COSO의 접근법은 ERM을 4개 측면에서 바라본다.

1. **전략적** – 이를 통해 회사의 상위 목표들이 기업의 사명과 정렬을 이루고 이를 지원한다.
2. **오퍼레이션** – 이를 통해 회사가 자원을 효율적이고 효과적으로 활용한다.
3. **보고** – 이를 통해 회사의 보고 관행이 신뢰할 만하고, 적절하며, 적시적이고, 복제할 수 있게 한다.
4. **컴플라이언스** – 이를 통해 ERM 프레임워크가 해당 법규를 준수하게 한다.

우리는 전사 리스크 관리에 대한 COSO의 접근법을 간단히 검토하는 것이 주요하다고 생각하는 바, 이는 다음의 요소들을 포함한다.[17]

- **리스크 성향과 전략의 정렬** – 전략적 투자 평가에 있어서의 회사 리스크 성향이 결정되고, 목표들이 설정되며, 인식된 리스크 관리 방법이 개발된다.
- **리스크 대응 결정 향상** – 리스크 관리는 회사가 리스크에 대한 대응에 있어서 인식된 리스크를 회피, 축소, 공유, 또는 수용 등의 대안들을 결정 및 개발할 수 있게 해 준다.
- **운영상의 서프라이즈 및 손실 축소** – 운영상의 서프라이즈와 잠재적 손실을 줄임으로써 회사는 잠재적 사건들을 식별할 수 있는 역량이 향상된다. 회사는 서프라이즈 축소에 도움이 되고, 예상치 않은 손실로 이어질 수 있는 이들 서프라이즈와 관련된 비용을 다루는 접근법 결정에 도움이 되는 리스크 대응 조치를 적시에 결정한다.
- **기업 전체에 걸친 다양한 리스크 식별 및 관리** – 모든 회사들은 여러 모로 조직의 다양한 조직에 영향을 주는 리스크들에 직면한다. 리스크 관리는 이러한 예상치 않은 사건들에

대한 효과적인 대응을 촉진하고, 예상치 않은 다양한 리스크들이 회사에 미치는 영향을 축소시킬 것이다.

- **기회 포착** – 경영진은 가능성을 고려한 결과 나타날 수도 있는 기회들을 전향적으로 활용한다.
- **자본 배치 개선** – 신뢰할 만한 리스크 정보를 수집함으로써 회사는 금융 시장에서 구할 수 있는 투자 기회를 효과적으로 사용하고, 가용 자본을 가장 적합하게 할당할 수 있게 된다.

위의 COSO 프레임워크는 이 장에서 신흥국가들이 채택하고 있는 리스크 관리 관행 검토 시 지침을 제공해 줄 것이다.

참고 문헌

Cassidy, John. 2008. Anatomy of a meltdown: Ben Bernanke and the financial crisis. New Yorker. December 1.

Claessens, Stijn, Daniela Klingebiel, and Luc Leaven. 2001. Financial restructuring in banking and corporate sector crises: What policies to pursue? NBER Working Paper W8386. www.nber.org./papers/w8386.

COSO, Enterprise risk management—Integrated framework. 2004. COSO (Committee of Sponsoring Organizations of Treadway Commission), September. www.coso.org/.

Ernst & Young. 2007. Risk management in emerging markets: A survey. www.Ey.com.

Financial Stability Forum, www.fsforum.org/.

Hexter, Ellen, Matteo Tonello, and Sumon Bhaumik. 2008. Assessing the climate for enterprise risk management in India. Research Report. E-0016-08-RR.

Kaen, Fred R. 2004. Risk management, corporate governance and the public corporation. Unpublished note. University of New Hampshire, International Private Enterprise Center.

Kucukyilmaz, Aysegul, and Guven Sevil. 2006. Enterprise risk management perceptions in airlines of Turkey. Anatolia University, Faculty if Civil Aviation. Eskisehir, Turkey.

Meulbroek, Lisa K. 2002. Integrated risk management for the firm: A senior manager's guide. Working Paper. Harvard Business School, Boston, MA.

Moeller, Robert R. 2007. COSO enterprise risk management: Understanding the new integrated ERM framework. Hoboken, NJ: John Wiley & Sons.

The G-20 summit proceedings on the financial markets. 2008. New York Times. November 16.

Nocco, Brian W., and Stulz, Rene M. 2006. Enterprise risk management: Theory and practice. Available at SSRN: http://ssrn.com/abstract=921402.

OECD. 2004. OECD Principles of Corporate Governance.

Smithson, Charles, and Betty J. Simkins. 2005. Does risk management add value? A survey of the evidence. Lead article, Journal of Applied Corporate Finance vol. 17, no. 3, 8-17쪽.

INDEX

1) 금융 안정 포럼(www.fsf.org)에 관해 보다 자세한 내용은 Box 27.5를 보라. OECD는 프랑스 파리에 본부를 둔 경제 협력 및 개발을 위한 30개 회원국의 조직이다(www.oecd.org). 이 기구는 전 세계적으로 민주주의 및 시장 경제에 헌신하는 국가들의 협력체로서 지속 가능한 경제 발전 지원, 고용 증진, 생활 표준 제고, 금융 안정성 제고, 타국의 경제 발전 지원 그리고 세계 무역 성장에 기여를 목적으로 한다.

2) COSO(트레드웨이 위원회 후원 조직 위원회)는 미국의 2002년 사베인-옥슬리법에 이어 2004년에 ERM 프레임워크를 발표했다. 2002년의 사베인-옥슬리법은 상장 회사들에게 내부 통제 시스템을 유지하라는 오래된 요건을 확대하여, 경영진에게 이들 시스템의 효과성에 대해 인증(certify)하고, 독립적인 감사인이 이를 증명(attest)하도록 요구한다. COSO 프레임워크는 기업들이 자신의 내부 통제 필요를 만족시키고 보다 완전한 리스크 관리 프로세스로 옮겨 감에 있어서 기존 내부 통제 시스템을 이에 통합하도록 도움을 준다.

3) Kucukyilmaz, Aysegul 그리고 Guven Sevil, "Enterprise Risk Management Perceptions in Airlines of Turkey." 아나톨리아 대학교, 민간 항공 교수. 터키(2006). akucukyilmaz@anandolu.edu.tr.

4) "암스테르담 공항 인근의 터키 항공기 추락으로 9명 사망." CNN. 2009년 2월 25일-Updated 2019 GMT. http://edition.cnn.com/2009/WORLD/europe/02/25/turkish.plane.amsterdam/index.html.

5) "Risk Management in Emerging Markets." Earnst and Young. (2007). www.ey.com.

6) 2009년 1월 8일자 Economist 지를 보라. 또한 2009년 1월 6일-9일자 월 스트리트 저널과 뉴욕 타임즈 지를 보라.

7) Hexter, Ellen, Matteo Tonello, Sumon Bhumik.(2008). "Assessing the Climate for Enterprise Risk Management in India." 컨퍼런스 보드. 이 연구는 Tata Motors, ICICI 은행, Tata Chemicals Ltd 그리고 Dr. Reddy's 등 개의 선도적 인도 회사들의 ERM 관행을 COSO 원칙들에 비추어 살펴본다.

8) Claessens, Stijn, Daniela Klingebiel 그리고 Luc Leavem. (2001). "Financial Restructuring in Banking and Corporate Sector Crises: What Policies to Pursue?" NBER Working Paper W8386. www.nber.org./papers/w8386.

9) 보다 자세한 내용은 Box 27.5의 표를 보라.

10) G-20 정상 회의 및 그 논의 내용에 대해서는 2008년 11월 16일자 뉴욕 타임즈를 보라.

11) Fred Kaen. "Risk Management, Corporate Governance and the Public Corporation." 발간되지 않은 working paper. 뉴햄프셔 대학교. 2004.

12) Smithson, Charles 그리고 Betty J. Simkins, "Does Risk Management Add Value? A Survey of the Evidence." Lead Article, Journal of Applied Corporate Finance 17권(No.3), 2005, 8-17쪽.

13) 이 논의는 Demir Yener의 2009 이사 연수 프로그램 강의 노트에 기초를 두고 있음.

14) 보다 자세한 논의는 Earnst and Young 서베이를 보라.

15) 이 접근법은 이 장의 저자가 소개한 모델의 일부로서 각국의 유가증권 감독 당국에 의해 채택되었다.

16) Earnst and Young. "Risk Management in Emerging Markets Survey." (2007).

17) COSO Enterprise Risk Management ?Integrated Framework Executive Summary, 2004년 9월.

저자 소개

드미르 예네르(Demir Yener), PhD는 금융경제학자이며 파이낸스 교수, 교육자, 강사일 뿐만 아니라 러시아, 우크라이나, 중앙아시아 국가들, 코카서스, 폴란드, 헝가리, 종전의 유고슬라비아, 서부 아프리카, 중동, 남한, 태국, 몽고 그리고 극동 국가들을 포함한 30개가 넘는 신흥국가에서 세계은행 및 USAID를 대표하여 자본 시장 발전, 기업 거버넌스, 기업가 정신 그리고 임원 훈련 등 국제적 경제 개발 프로젝트에서 시니어 금융 및 민간 부문 컨설턴트로서 다양한 일을 했다. 그는 현재 딜로이트 컨설팅에서 시니어 기업 거버넌스 및 파이낸스 고문으로 일하고 있다. 그는 민간 부문 개발, 기업 구조 조정, 금융 부문 개혁, 자본 시장, 비은행 금융기관 개발 그리고 임원 교육 및 개발에 중점을 매우 강조하는 기업 거버넌스 프로젝트에서 기술적 지원을 디자인, 개발 및 관리했으며, 정책 입안자, 고위급 정부 관리, 학계 및 비즈니스 리더들과 함께 일했다. 그는 또한 밥손 칼리지(Babson College)에서 파이낸스 교수를 역임했으며, 하버드 대학교, 보코니(Bocconi) 대학교(이탈리아), 매스트리트(Maastricht) 경영대학원과 우트레흐트(Utrecht) 경영대학원(네덜란드), 아메리칸 유니버시티(프랑스), 사반치(Sabanci) 대학교(터키) 그리고 카이로 대학교(이집트) 등에서 강의했다.

CRO의 등장과 진화 – Hydro One에서의 ERM

톰 아보(Tom Aabo)–아르후스(Aarhus) 경영대학원 조교수(덴마크)

존 R. S. 프레이저–Hydro One Inc. CRO

베티 J. 심킨스–오클라호마 주립대학교 파이낸스

危機

위에서 볼 수 있는 위기를 뜻하는 한자는 전사 리스크 관리의 핵심적인 측면을 나타낸다. 첫 번째 글자는 "위험(danger)"을 나타내며, 두 번째 글자는 "기회"를 나타낸다. 이를 합해서 보면, 리스크는 취약성과 기회의 전략적 조합임을 시사한다(역자 서문에서 이미 밝혔지만, 이는 억지 주장이다. 어떤 사전도 위기에 기회를 포함하는 의미가 있는 것으로 설명하지 않으며, 일상생활에서도 위기의 정의 자체가 기회를 포함하는 것으로 사용되지는 않는다. 위기에 잘 대처하면 오히려 기회가 될 수도 있다고 말하는 것과 위기 자체가 위험과 기회를 모두 뜻한다고 말하는 것 사이에는 큰 차이가 있다. 역자 주). 이 점에서 보면, 전사 리스크 관리는 회사가 가치를 증대하는 기회를 활용할 수 있게 해 주는 방식으로 리스크를 관리하는 도구를 나타낸다. 전략적 기회를 놓치면, 불행한 사건 또는 가격이나 시장의 불리한 변화보다 더 큰 잠재적 가치 상실을 초래할 수도 있다.

과거에서와 마찬가지로, 많은 조직들은 지금도 리스크를 "따로따로" 다루며, 외환 리스크, 운영 리스크, 신용 리스크 그리고 상품 가격 리스크들이 각각 협소하게 초점을 맞추면서 분리된 활동으로 수행된다. 새로운 ERM 방법 하에서는, 모든 활동들이 통합적이고, 전략적이며, 전사적 시스템의 일부로 기능한다.[1] 그리고 리스크 관리가 고위 경영진의 감독 하에 조정되기는 하지만, 조직의 모든 계층의 직원들은 리스크 관리를 자기 업무의 필수적이고 지속적인 부분으로 보도록 권장된다.

기업의 리스크 관리를 찬성하는 이론적 주장들이 있지만,[2] ERM 시스템 시행의 주된 원동력은 호주/뉴질랜드 공동 리스크 관리 표준, (저축 대부 조합 업계의 통제 문제에 대한 대응으로 설립된) 미국의 COSO, (1990년대 초의 파생상품 재앙 후에 나온) 미국의 Group of Thirty 보고서, 주요 파산 사건 이후 작성된 캐나다의 토론토 주식 거래소 데이(Dey) 보고서 그리고 영국의 캐드버리(Cadbury) 보고서 등이었다.[3] 또한 대형 연기금들은 리스크 관리를 포함한 기업 거버넌스 개선 필요에 대해 목소리를 높였으며, 강력한 독립적 이사회를 갖춘 회사의 주식에는 프리미엄을 지급할 용의가 있음을 밝혔다.[4] 이 연구들은 이사회가 조직의 주요 리스크들과 이 리스크들을 관리하기 위해 취해지고 있는 조치들에 관해 철저히 이해할 필요가 있음을 지적한다.

게다가 무디스 및 S&P와 같은 신용평가사들은 최근에 자신의 평가 방법론에 ERM 시스템을 고려하기 시작했다. 무디스의 최근 연구에서 아래와 같이 말한다.

점점 더 많은 회사들이 잠재적 리스크 및 그 경감 방안에 대해 대부분의 회사들이 과거에 취했던 방법들보다 포괄적이고 체계적으로 검토하는 전사적 접근법을 채택하고 있다. 비즈니스 부문들은 리스크 식별 및 (계량화가 가능할 경우) 리스크 계량화와 이 리스크들을 어떻게 경감할지에 관한 책임을 부여 받는다. 이 평가들은 대개 전사 차원으로 취합되는 바, 때로는 이사회나 감사위원회로부터 직접적인 의견을 수령하기도 한다. 이 평가들은 흔히 재무적 리스크에만 초점을 맞추기보다는 평판, 소송, 상품 개발, 보건 및 안전 리스크들에 초점을 맞추는 광범위한 작업이다. 이러한 평가가 시행되고 있을 경우, 특히 이사회 또는 감사위원회가 적극적으로 관여하고 있을 경우 우리는 이를 호의적으로 평가한다.[5]

리스크 관리에 대한 전사적 접근법을 채택하라는 압도적인 인센티브 및 압력에 비추어 볼 때, 우리는 더 많은 기업들이 그렇게 하지 않고 있음에 놀라울 뿐이다. 성공적인 ERM 실행을 설명하는 사례 연구 결핍이 한 가지 방해 요인일 것이다. 금융 전문가 협회(Association of Financial Professional)의 최근 연구에 의하면, 대부분의 시니어 금융 전문가들은 자신의 역할이 점점 보다 전략적인 역할로 발전해가고 있다고 생각하지만, 동시에 이 도전 과제를 충족시키기 위해 보다 많은 교육과 훈련도 필요하다고 느끼고 있다.[6] 호주/뉴질랜드 공동 리스크 관리 표준은 일반적인 예를 이용하여 ERM 실행에 대한 최초의 실제적인 지침을 제공한다. 일부 논문들과 보고서들은 ERM의 잠재적 효용에 대한 예와 통찰력을 제공해 주기는 하지만, 대부분은 다른 회사들을 인도할 유용한 프레임워크와 충분한 실제적 상세 내용이 결여되어 있다.[7] 스코트 해링톤(Scott Harrington), 그레그 니하우스(Greg Niehaus) 그리고 케네스 리스코(Kenneth Risko)가 2002년에 이 저널에 발표한 사례 연구는 유나이티드 그레인 그로우어스(United Grain Growers)가 어떻게 통합 리스크 관리 정책을 사용하여 (통화 및 이자율 리스크와 같은) 재무적 리스크에 대한 보호와 스위스 리(Swiss Re)에 의해 제공된 전통적인 보험 리스크를 결합했는지 설명한다.[8] 그러나 회사들이 직면하는 모든 리스크에 대해 보다 더 잘 이해하도록 도와줄, 즉 계량화하기 쉬운 리스크들만이 아니라 총체적인 ERM 관점을 취하는 사례 연구에 대한 필요가 절실하다.[9]

ERM에 대해 "모두에게 들어맞는" 접근법은 없지만, 회사들은 성공적인 회사들의 모범 실무 관행을 따름으로써 유익을 누릴 수 있다. 이 사례 연구의 목적은 Hydro One Inc.라는 회사가 성공적으로 ERM을 시행한 프로세스를 제공함으로써 문헌상의 틈새를 메우는 것이다. 이 회사는 ERM, 특히 회사가 직면한 리스크들에 대한 종합적 관리의 선두에 서 있다. 세계은행, 캐나다 회계 감사국(Auditor General), Fluor Corporation, 토론토 General Hospital/Universal Health Network 그리고 다양한 부문의 기타 회사들이 Hydro One의 경험으로부터 배우기 위해 이 회사를 방문했다.

이 사례 연구는 Hydro One에서 최고 리스크 책임자 임명으로부터 시작했던(CRO의 등장) 프로세스를 묘사함으로써 이 회사의 ERM 시행에 대해 조사한다. 우리는 이 회사의 자회사 중 한 곳에서 수행됐던 워크숍과 관련된 예비조사로 시작했던 이 회사의 실행 단계들을 설명한다. 이 예비 조사의 목적은 회사 전체에 ERM을 채택해야 할시 결정하는 것이었다. 예비 조사를 설명한 다음에는 ERM 프로세스를 분석하고 "델피" 방법, 리스크 동향, 리스크 지도, 리스크 용인 수준, 리스크 프로필 그리고 자본 지출과 관련된 리스크 순위 등과 같은 다양한 도구들 및 기법들을 설명한다. 마지막으로, 우리는 ERM이 업무 현장에서 필수 불가결한 부분이 되다 보니, 이제 회사의 CRO의 역할은 ERM 유지로 바뀌었음을 설명한다(CRO의 진화).

Hydro One

Hydro One Inc.는 온타리오 소재 캐나다 최대의 배전 회사이며, 북미의 10대 배전 회사 중 하나이다. 이 회사의 전신인 Ontario Hydro는 주로 나이아가라 폭포에서 생산된 전기를 지방의 유틸리티(municipal utility)에 공급하는 송전선을 건설하기 위해 거의 100년 전에 설립되었다. Hydro One은 Ontario Hydro를 배전과 발전 부문으로 분할하는 법률 제정으로 1999년에 탄생하였고, 현재는 (1) 송전 (2) 배전 (3) 통신이라는 3개의 비즈니스 영역으로 구성되어 있다. 이 회사의 주력 사업(매출의 99%에 기여함)은 고압 송전선과 저압 배전선을 통해 지방의 유틸리티, 대기업 그리고 1,200만 최종 수요자에게 송전하는 것이다.

Hydro One의 총 매출은 CAD 41억이며,[10] CAD 113억의 총자산과 약 4,000명의 직원을 보유하고 있다. 총자본은 CAD 43억, 총자산의 38%이며, 온타리오 정부가 주식을 전량 보유하고 있다. 2001년에 온타리오 정부는 기업 공개(IPO) 추진 의사를 발표했다. 그러나 특별 이해관계자 그룹이 온타리오 대법원에서 이를 저지하여, 기업 공개 요강은 철회되었다. Hydro One의 장기 자금은 중기 채권 프로그램을 포함한 채권 시장을 통해 조달된다. 단기 유동성은 기업어음(CP) 프로그램을 통해 조달된다. 이 회사의 장기 채무는 무디스로부터 A2 등급을 그리고 S&P로부터 A 등급을 받고 있으며, 기업 어음은 Prime-1과 A-2를 받고 있다.

ERM 시작하기

Hydro One에서는 1999년에 ERM이 확립되었다. 회사의 전신이었던 Ontario Hydro 분사의 일환으로, Hydro One의 경영진과 이사회는 최상의 기업 거버넌스와 비즈니스 행동을 지니는 모범 관행 조직이 된다는 높은 목표를 세웠다. Hydro One은 보다 효율적인 전사 자원 배분으로 이어지게 될 통합적인 방식으로 리스크와 기회를 보고자 했다. 동시에 전력 시장의 규제 완화 스케줄은 다뤄져야 할 새로운 외부적 도전을 제기했다. 마지막으로, 기업 거버넌스에 대한 조사 증가는 종합적인 리스크 관리 프로그램을 요구했다.

전사 리스크 관리 그룹

처음에는 ERM 시행 시도가 외부 컨설턴트에 의해 인도되었지만, 이 이니셔티브로부터는 지속적인 효용이나 지식 전수가 없는 듯했다. 1999년 말에, 내부 감사 수장 존 프레이저(이 논문의 공동 저자 중 한 사람)는 최고 리스크 책임자(CRO)직도 맡아 달라는 요청을 받았다. CRO(겸직)와 2명의 전담 직원으로 구성된 전사 리스크 관리 그룹이 설치되었는데, 한 명은 산업 공학을 전공했고 다른 한 명은 프로세스 재설계 및 조직의 효과성 분야의 MBA 학위를 소지했다. 이 그룹에게 가치를 증명하도록 6개월이 주어졌다. 이 그룹이 이 기간 동안 가치를 입증하는 데 실패할 경우, ERM을 시행한다는 아이디어는 폐기되고 전사 리스크 관리 그룹은 해체될 터였다.

2000년 초에, 전사 리스크 관리 그룹은 경험이 있는 컨설턴트의 도움을 받아 ERM 정책(Box 28.1)과 ERM 프레임워크(보기 28.1)라는 2개의 문서를 준비했다. ERM 정책은 기본 원칙들과 리스크 관리 활동들의 특정 측면들에 누가 책임이 있는지를 규정하며, ERM 프레임워크는 보다 상세한 ERM 절차를 정한다. 전사 리스크 관리 그룹은 ERM 정책과 ERM 프레임워크를 리스크 위원회의 토의와 승인을 위해 동 위원회에 부의했다. CEO와 대부분의 고위 임원들로 구성된 리스크 위원회는 이 정책과 프레임워크를 이사회 산하 감사 및 재무 위원회로부터 공식 승인을 받기 전에 한 소규모 자회사를 대상으로 예비 조사를 수행하자고 제안했다.

BOX 28.1

Hydro One Inc. : 전사 리스크 관리 정책

Hydro One Inc.
전사 리스크 관리 정책

Hydro One Inc.와 그 자회사들은 핵심적인 비즈니스 리스크 관리에 전사적 포트폴리오 접근법을 사용한다. 전사 리스크 관리는 핵심적인 리스크들의 식별, 측정, 처리 및 보고에 통일된 프로세스를 제공한다.* 이 정책은 이사회의 기업 거버넌스 필요와 고위 경영진의 선관 의무를 지원한다. 이 정책은 또한 외부 이해 관계자들에게 입증할 수 있도록 우리의 경영 관리 관행을 강화하는 데 도움이 된다.

관리 원칙
이 서약을 이행하기 위해, 우리는 아래의 7원칙을 준수한다.

1. 리스크 관리는 이사회로부터 개별 직원들에 이르기까지 모두의 책임이다. 각자 자신의 책임에 속하는 리스크를 이해하도록 기대되며, 이 리스크를 승인된 리스크 용인 수준 이내로 관리하도록 기대된다.
2. Hydro One은 모든 비즈니스 부문들에 대해 리스크와 보상 사이의 상충 관계를 최적화하는 포트폴리오적 접근법을 통해 중대한 리스크들을 관리한다.
3. 각각의 자회사와 비즈니스 라인들은 비즈니스 전체 차원에서는 최소 연 1회 그리고 자회사의 하위 차원에 대해서는 지역에서 결정한 바에 따라 리스크 평가를 수행하도록 기대된다.
4. 모든 의사 결정 시 리스크를 일관성 있게 고려하기 위해 전사 리스크 관리는 전략 수립, 예산 수립, 운영 관리 그리고 투자 결정 등과 같은 주요 비즈니스 프로세스와 통합될 것이다.
5. 전사 리스크 관리는 리스크들이 그 안에서 식별, 분석되고 승인된 리스크 용인 수준 내에서 의식적으로 수용 또는 경감되는 종합적이고, 훈련된 지속적 프로세스이다.
6. 전사 리스크 관리는 업계의 모범 관행과 Hydro One의 필요를 반영하기 위해 계속 발전할 것이다. 이 정책은 고위 경영진 팀 및 이사회 산하 감사 및 재무 위원회에 의해 연례 검토될 것이다.
7. 현지의 리스크 관리 정책 및 프로세스들은 본사 리스크 정책과 이와 짝을 이루는 프레임워크와 일치하여야 한다. 또한 모든 현지의 정책 및 프로세스들은 모든 중요한 비즈니스 리스크들에 대한 상부로의 통합과 검토를 증진해야 한다.

책임과 역할(거버넌스 구조)
- 이사회 산하 감사 및 재무 위원회는 회사의 책임자들과 함께 회사의 리스크 프로필 회사의 리스크 보유 철학/리스크 용인 수준 그리고 회사의 리스크 관리 정책, 프로세스 및 책임과 역할을 연례 검토한다.
- 사장은 회사의 리스크를 관리할 궁극적인 책임이 있다. 최고 재무 책임자는 회사의 전사 리스크 관리 프로세스가 수립되고, 적절히 문서화되며 유지되도록 할 특별한 책임이 있다.
- 고위 경영진 팀은 Hydro One의 리스크 포트폴리오 및 회사 리스크 관리 프로세스에 대한 경영진의 감독을 제공한다. 고위 경영진은 이 프로세스의 발전을 지도하며 리스크 평가 및 경감 계획에 우선순위를 둘 중점 분야를 정한다.
- 사장에 직접 보고하는 책임자는 자신의 자회사 또는 부문의 리스크를 관리할 구체적인 책임이 있다. 이들은 각각 전사 리스크 용인 수준을 넘지 않는 범위 내에서 자신의 비즈니스 라인에 대한 구체적인 리스크 용인 수준을 정해야 한다. 연례적으로, 각자 자기 부문의 리스크 관리 프로세스가 갖춰져 있고, 효과적으로 작동되고 있으며, 이 정책과 일치함을 인증해야 한다.
- 라인 관리자 및 기능 관리자는 자신의 권한 및 책임에 속하는 리스크를 관리할 책임이 있다. 리스크 수용 또는 경감 결정은 명시적으로 이루어져야 하며, 리스크는 자회사 또는 부문의 장이 정한 리스크 용인 수준 이내로 관리되어야 한다.
- 최고 리스크 책임자는 회사의 사장, CFO, 고위 경영진 팀 그리고 주요 관리자들에게 지원을 제공한다. 이 지원은 리스크 관리 정책, 프레임워크 및 프로세스 개발, 새로운 기법 소개 및 증진, 연례 전사 리스크 프로필 작성, 핵심 비즈니스 리스크 대장(臺帳) 유지 그리고 회사 전 부문의 리스크 평가 촉진을 포함한다.

정의

리스크: 특정 사건, 행동, 또는 부작위(inaction)가 Hydro One의 비즈니스 목표들을 달성할 능력에 영향을 줄 잠재적 가능성. 리스크는 발생 가능성 및 잠재적 영향 또는 정도의 견지에서 설명된다. Hydro One에서 리스크는 크게 전략적 리스크, 규제 리스크, 재무 리스크 그리고 운영 리스크로 대별된다.

리스크 평가: 특정 프로젝트, 비즈니스 라인 또는 전사 차원의 비즈니스 리스크들에 대한 체계적인 식별 및 측정. 여기에는 또한 리스크 용인 수준 검토 및 수립, 현행 경감/통제 및 의식적 수용 또는 잔여 리스크 처리에 대한 평가도 포함된다.

리스크 경감/처리: 리스크 상황을 변경시키게 될 경영진의 행동 또는 의사 결정. 대안들에는 리스크 보유(전부 또는 일부), 리스크 증대(경감이 비용 면에서 효과적이지 않을 경우), 리스크 회피(해당 활동 철회 또는 중단에 의한), 발생 가능성 축소(예방적 통제 증대에 의한), 결과 감축(비상사태 또는 위기 대응에 의한) 그리고/또는 리스크 이전(외주, 보험 등에 의한)이 있다.

리스크 프로필: 특정 프로젝트, 비즈니스 라인 또는 전사 차원의 중대한 전략적 리스크, 규제 리스크, 재무 리스크 그리고 운영 리스크가 취합되어 통합적으로 보여지는 리스크 평가 결과.

리스크 용인 수준: 특정 리스크들에 대해 수용 가능 또는 수용 불가능한 익스포져 수준을 정하는 가이드라인. 용인 수준은 리스크가 비즈니스 목표들에 끼칠 수 있는 리스크의 가능한 영향 범위(경미한 수준부터 재앙적 수준까지)를 정의한다. 리스크 용인 수준은 전사 차원에서 정해지고 연례 검토된다. 자신의 리스크를 평가하는 각각의 프로젝트, 기능 또는 비즈니스 라인은 정해진 전사 리스크 용인 수준을 초과하지 않는 일련의 리스크 용인 수준을 사용하거나 개발하도록 기대된다.

참고 자료

• Hydro One Inc. 이사회, 감사 및 재무 위원회, 착안점(terms of reference), 2002년.
• Hydro One 내부 통제 정책, 2001년 12월.
• 호주/뉴질랜드 공동 리스크 관리 표준(AS/NZS 4360: 1999년).
• 캐나다 컨퍼런스 보드, 통합 리스크 관리에 관한 개념적 프레임워크, 1997년 9월.

_____   _____

사장   날짜
Hydro One Inc.

* 이 프로세스의 상세 내역은 회사의 전사 리스크 관리 프레임워크에서 찾아볼 수 있다.

[보기 28.1] 리스크 관리 프로세스

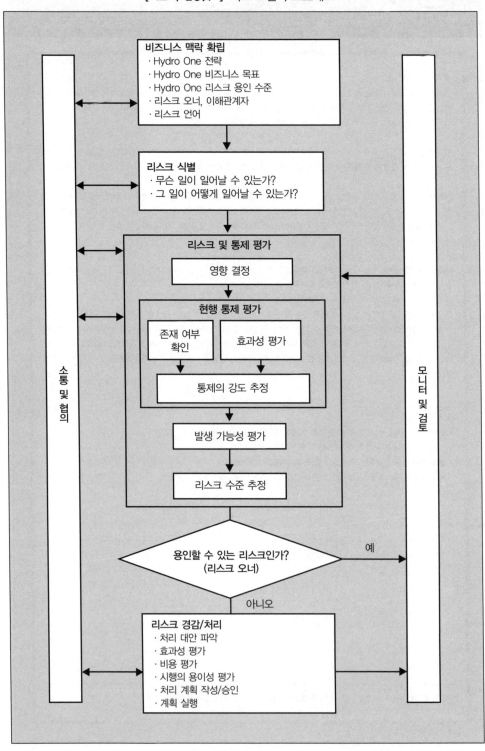

비즈니스 맥락 확립
· Hydro One 전략
· Hydro One 비즈니스 목표
· Hydro One 리스크 용인 수준
· 리스크 오너, 이해관계자
· 리스크 언어

리스크 식별
· 무슨 일이 일어날 수 있는가?
· 그 일이 어떻게 일어날 수 있는가?

리스크 및 통제 평가

영향 결정

현행 통제 평가

존재 여부
확인

효과성 평가

통제의 강도 추정

발생 가능성 평가

리스크 수준 추정

용인할 수 있는 리스크인가?
(리스크 오너)

예

아니오

리스크 경감/처리
· 처리 대안 파악
· 효과성 평가
· 비용 평가
· 시행의 용이성 평가
· 처리 계획 작성/승인
· 계획 실행

소통 및 협의

모니터 및 검토

예비 조사

전사 리스크 관리 그룹은 컨설팅의 도움을 받아 해당 자회사에서의 첫 번째 ERM 워크숍을 계획했다. 이 그룹은 자체 직원들로 2000년 봄에 첫 번째 ERM 워크숍을 진행했다.

이 워크숍은 전통적인 형식을 따랐다. 워크숍 전에 약 80개의 비즈니스에 대한 잠재적 리스크 또는 위협들이 정리되어 자회사의 경영진에게 이메일로 보내졌다. 이 경영진 팀의 각자에게 이 회사가 직면하고 있는 가장 중요한 리스크 10개를 고르도록 요청되었다. 그리고 이 선택 결과에 근거해서 top 8 리스크의 리스트가 준비되었다. 다음에, 워크숍에서 이 8개 리스크들에 대해 한 번에 하나씩 토의하였으며, 경영진 팀에게 이들의 상대적 중요성에 대해 투표하도록 했다. 투표는 진행자의 도움을 받는 토의 및 반복적 익명 투표 기술의 결합인 델파이 방법[11]을 사용하여 실시되었으며, 이를 통해 정도와 확률에 기초하여 리스크를 신속하게 식별 및 우선순위화하고 통제의 질을 평가하였다.

특정 리스크의 인식된 중대성(리스크는 경미, 보통, 중대, 심각, 최악의 상황이라는 5점 척도로 정의됨)에 관한 첫 번째 투표는 종종 넓은 의견 분포를 보였다. 각각의 경우에, 첫 번째 투표 후에 특정 리스크의 정의 및 그 원인과 결과에 대한 토의가 이어졌다. 첫 번째 투표에서 의견이 갈린 정도에 따라, 이 토론은 길어질 수도 있고 짧을 수도 있었다. 그 다음에 두 번째 투표가 실시되었다. 그리고 명백한 의견의 일치를 보이거나, 의견이 일치되지 않는 이유가 명확하게 밝혀질 때까지 이 토론 및 투표가 반복될 수도 있었다(실제로는 대개 네 번 이상의 투표는 불필요했다). 투표와 리스크 우선순위화가 끝나면, 예비적 조치 계획들이 논의되고 보다 구체적인 조치 계획들을 개발할 책임이 있는 매니저들을 "후원자(champion)"들로 지정했다.

이 결정들은 가치 있는 것으로 판명되었다. 매니저들이 생각은 하고 있었지만, 토론되지 못하고 있던 이슈들이 다루어졌다. 몇 가지 리스크들에 대한 우려가 완화되었으며, 새로운 리스크들이 식별되었다. 그러나 어느 경우에든, 리스크들에 대한 공통의 이해와 그러한 리스크들을 관리하기 위한 회사의 조치와 자원의 우선순위화를 위한 계획이 시작되었다. 이 워크숍은 전사 리스크 관리 그룹 지속 여부 결정을 위한 예비 조사였기 때문에, 워크숍 참가자들에게 워크숍의 질과 효용에 대해 평가하도록 요청하였다. 이 프로그램들은 높은 점수를 받았으며, 이 자회사의 매니저들은 식별된 그 다음 8개 리스크들에 대한 토의 및 순위 매기기를 위한 후속 세션을 요청하였다.

최종 승인

자회사에서의 예비 조사를 마친 뒤, 전사 리스크 관리 그룹은 리스크 위원회에 그 결과를 보고했다. 예비 조사는 성공으로 간주되었고, CRO는 감사 및 재무 위원회에 ERM 정책과 ERM 프로세스의 승인을 신청했다. 2000년 여름에, 감사 및 재무 위원회는 이 문서들을 승인했으며, Hydro One에서 ERM을 시행하기 위한 로드맵이 수립되었다.

프로세스와 도구들

Hydro One ERM 프레임워크(보기 28.1)의 전반적인 목표는 리스크 제거 또는 리스크 축소 자체가 아니라, 비즈니스 리스크와 비즈니스 수익 사이의 최적의 균형을 달성하는 것이다.

비즈니스 맥락

Box 28.1에 나와 있는 Hydro One ERM 정책에서는 리스크를 다음과 같이 정의한다.

특정 사건, 행동, 또는 부작위가 Hydro One의 비즈니스 목표들을 달성할 능력에 영향을 줄 잠재적 가능성. 리스크는 발생 가능성 및 잠재적 영향 또는 정도의 견지에서 설명된다. Hydro One에서 리스크는 크게 전략적 리스크, 규제 리스크, 재무 리스크 그리고 운영 리스크로 대별된다.

리스크가 비즈니스 목표 달성을 위협할 잠재적 가능성으로 정의되기 때문에, 이 목표들과 이들이 Hydro One의 전반적 전략에 어떻게 기여하는지 명확히 밝히는 것이 매우 중요하다. 전사 리스크 관리 그룹은 목표들이 항상 명확히 표명되지는 않는다는 사실을 발견했는데, 예비 조사에서의 워크숍 프로세스는 회사 사명 달성에 필요한 비즈니스 목표들을 명확히 하는데 도움이 되었다.

리스크 용인 수준들에 대해서도 마찬가지이다. 리스크 용인 수준들은 특정 리스크에 대해 수용할 수 있는 익스포져와 수용할 수 없는 익스포져 수준을 정하는 가이드라인들이다(보기 28.2는 16개 중 3개의 리스크 범주들에 대한 리스크 용인 수준들을 보여준다). 용인 수준들은 특정 사건이 비즈니스 목표들에 미치는 영향의 가능 범위(경미에서부터 최악의 경우까지 5점 척도)를 정의한다. 워크숍을 통해서, 특정 리스크가 회사의 주요 비즈니스 목표 달성에 미치는 영향을 어떻게 범주화하는지에 대한 공통의 이해가 생겨났다.[12]

[보기 28.2] 리스크 용인 수준

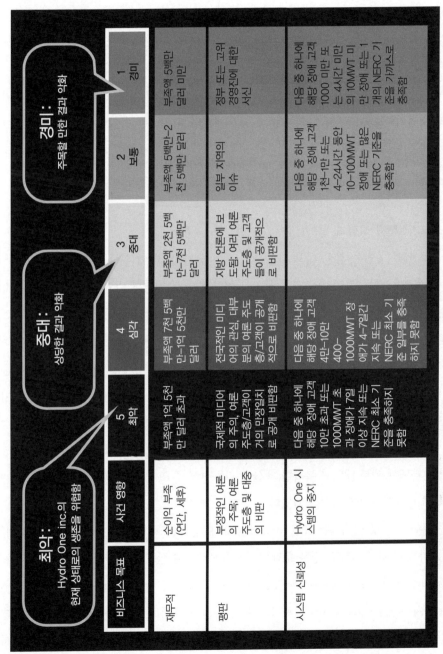

한 예로, Hydro One은 이익의 안정성과 관련한 재무적 목표, 즉 순익의 중대한 부족 및 이와 관련된 재무적 곤경 비용 리스크를 제한한다는 목표를 가지고 있다. 순이익에 대한 리스크의 원천 중 하나는 경쟁력 상실이고 다른 하나는 금융 시장의 변동성이다.

Hydro One의 또 다른 중요한 전사 목표는 회사의 평판 및 공적 프로필(public profile)을 유지하는 것이다. 평판 리스크의 잠재적 원천 중 하나는 환경오염 피해이고, 다른 하나는 부적절한 고용 계약이다. 이 경우, 리스크의 크기는 금액으로 측정되지 않고, 지역 및 국제적 차원에서의 대중의 비판 정도로 측정된다.

Hydro One의 ERM 정책은 "리스크 관리는 이사회로부터 개별 직원들에 이르기까지 모두의 책임이다"라고 규정하지만, 특정 프로젝트나 비즈니스 라인이 직면하는 리스크들은 대개 해당 프로젝트 매니저 또는 비즈니스 라인의 최고 책임자가 이 리스크들에 대한 "오너"가 되어 이의 관리 책임을 진다.

리스크 및 통제 식별과 평가

리스크 식별 방법은 검토 대상 활동들의 깊이와 넓이 및 이 활동들이 Hydro One에 얼마나 "새로운" 활동들인가에 의존한다. 그러나 위에서 설명한 바와 같이, 이 프로세스에서는 대개 50개에서 70개의 리스크들을 식별한 다음, 인터뷰 및 포커스 그룹을 통해 10개의 가장 중대한 리스크들로 좁혀 나간다. 리스크 평가에서는, 발생 가능성 및 잠재적 손실의 규모를 이해하는 것을 목표로 한다. 이론상으로는, 잠재적 결과들 및 관련 확률들을 반영하는 확률 곡선을 사용하는 것이 리스크의 추정 효과를 묘사하는 정확한 방법이다. 그러나 실제로 그러한 곡선 "그리기"가 어려운 점을 감안하여, Hydro One은 일정 기간 내에 "있을 법한 최악의" 결과 및 그와 관련된 발생 가능성에 초점을 맞추기로 하였다. 이는 과도한 세부 내역과 복잡한 계산을 피하면서 주요 리스크들에 중점을 두는 실제적이고 효율적인 방법으로 판명되었다.

"중대"한 것으로 여겨지는 모든 리스크들에 대해, Hydro One은 "있을 법한 최악의" 결과를 특정 통제가 실패할 경우 초래될 수 있는 최대 손실로 정의한다. (그렇게 정의되기 때문에, 있을 법한 최악의 결과는 모든 통제들이 실패하거나 통제가 없을 경우를 가정하는 "고유 리스크의 크기"나 모든 통제들이 갖춰지고 기능을 발휘하는 것을 가정하는 "잔여 리스크의 크기"와는 다르다.) 그러한 결과들의 발생 확률은 특별한 프로젝트에 대해서는 6개월에서 9개월 정도의 단기간을 대상으로 하기도 하지만, 일반적으로 2년에서

5년 정도의 일정 기간에 대하여 평가된다. 보기 28.3에서 볼 수 있는 바와 같이, Hydro One은 "희박"(정해진 기간 안에 발생할 확률 5%)에서 "거의 확실"(95%의 확률)까지의 확률 등급 척도를 사용한다.

[보기 28.3] 확률 등급 척도

스코어	등급	설명
5	거의 확실	향후 5년 안에 해당 사건 발생 확률 95%
4	매우 높음	향후 5년 안에 해당 사건 발생 확률 75%
3	반반	향후 5년 안에 해당 사건 발생 확률 50%
2	낮음	향후 5년 안에 해당 사건 발생 확률 25%
1	희박	향후 5년 안에 해당 사건 발생 확률 5%

전사 리스크 관리 그룹이 경영진에게 "있을 법한 최악의" 결과, 다양한 목표들에 대한 영향 그리고 각 리스크들과 관련된 발생 확률(워크숍 및 델파이 방법에 의함)을 추정하도록 도움을 준 뒤에, 다음 단계로 할 일은 보기 28.4에 나와 있는 것과 같은 "리스크 지도"를 산출하는 것이다. 이 그림의 거품들은 특정 목표에 대한 리스크의 예상되는 영향을 추정된 영향(가로 축에 반영됨)과 이 영향이 현실화할 확률 추정치(세로축에 표시됨)로 나타낸다. 각각의 리스크의 경우, 확률 추정치는 "있을 법한 최악의" 결과 실현에 대한 관련 전문가의 최상의 예측이다. 경영진은 또한 리스크 지도를 사용하여 특정 리스크의 역사적 전개 추이를 추적 관리하고 향후에 전개될 방향을 예상한다.[13]

이 그림에서 거품의 크기는 개별 익스포져들을 제한하기 위한 회사의 통제 및 노력들의 효과성에 대한 경영진의 자신감의 정도를 나타낸다. 통제 평가는 리스크 관리를 위한 조직의 현행 프로세스, 시스템 그리고 피드백 루프의 강도를 평가하는 것이다. 이 회사는 리스크 용인 수준을 보완하기 위해 "통제의 강도" 모델을 개발했다. 주어진 리스크의 크기(경미에서 최악의 경우까지)에 대해 이에 상응하는 통제의 강도가 있는데, "1"은 통제가 별로 없음을 나타내고 "5"는 임원의 감독 하의 완전한 통제를 나타낸다.

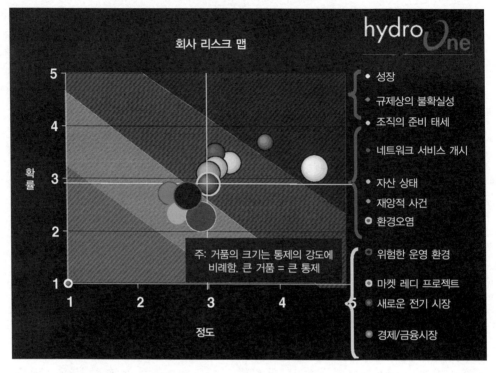

회사 리스크 맵

hydro One

성장
규제상의 불확실성
조직의 준비 태세
네트워크 서비스 개시
자산 상태
재앙적 사건
환경오염
위험한 운영 환경
마켓 레디 프로젝트
새로운 전기 시장
경제/금융시장

주: 거품의 크기는 통제의 강도에 비례함. 큰 거품 = 큰 통제

확률 / 정도

리스크의 용인 가능성과 리스크 경감

리스크 및 통제들이 평가되고 나면, 순위가 부여된 "잔여 리스크"들이 모아진다. 그 다음에는 리스크 오너(예컨대, 자회사의 CEO 또는 프로젝트 매니저)가 각 리스크에 대해 회사의 리스크 용인 수준을 정한다. 리스크 오너의 책임과 권한 범위 내에서, 리스크 오너는 해당 리스크를 있는 그대로 취할 것인지 아니면 이를 경감하기 위한 (추가) 조치를 취할 것인지 결정한다. 리스크 오너가 해당 리스크를 있는 그대로 취할 경우, 이 리스크는 통상적인 리스크 관리 프로세스 내에서 모니터 및 검토된다. 리스크 오너가 이 리스크를 경감하기로 결정할 경우, 리스크 경감 프로세스가 정의된다.

리스크 오너가 중요한 리스크들에 대해 취할 수 있는 7가지 조치는 아래와 같다.

1. **보유** 잠재적 수익이 바람직하고 불리한 쪽으로의 익스포져는 심각하지 않은 것으로 여겨지므로, 추가적인 경감 없이 리스크 익스포져를 있는 그대로 수용한다.

2. **보유하되 경감 방법 변경** 부분적으로 경감된 익스포져가 보유되지만, 경감 방법 변경으로 통제 비용을 감소시킨다.

3. **증대** 잠재적 수익이 바람직하다고 여겨지거나, 현행 통제가 비용 면에서 효과적이지 않기 때문에 리스크 익스포져를 증가시킨다.

4. **회피** 잠재적 수익이 불리한 방향의 익스포져를 상쇄시키지 못하기 때문에 리스크 익스포져를 완전히 제거한다(비즈니스 분야로부터의 철수나 해당 활동 중단에 의해).

5. **발생 가능성 감소** 신규 예방적 통제 도입 또는 기존 예방적 통제 향상에 의해 리스크 익스포져가 비용 면에서 효과적으로 축소된다.

6. **사건 발생 시 영향 축소** 특정 리스크가 현실화할 경우의 영향이 긴급 상황 대비 또는 위기 대응에 의해 감소된다.

7. **이전** 리스크 익스포져가 다른 곳에 이전된다(이는 보험이나 외주 계약을 통하게 될 것이다).

위의 목록들에서 볼 수 있는 바와 같이, 리스크 경감이 반드시 리스크 제거 또는 리스크 감축과 같은 것은 아니다. 앞에서 말한 바와 같이, Hydro One에서 전략 리스크 관리의 목적은 특정 리스크와 관련된 긍정적 측면과 부정적 측면의 가능성들을 고려함으로써 비즈니스 리스크와 비즈니스 수익의 균형을 유지하는 것이다. 따라서 리스크를 증가시키는 것이 균형을 잡는 행동일 수도 있다. 그러나 실제로 Hydro One에서 리스크 증가는 대개 전략적 차원에서 결정된다. 일단 전략 계획이 수립되고 나면, 주된 초점은 명시된 비즈니스 목표를 달성하지 못할 리스크를 제한하는 데 맞춰진다.

모니터와 검토

리스크들은 정태적이지 않다. 특정 리스크의 규모 및 발생 확률 내부 통제(경감)뿐 아니라 외부 환경 변화에 의해서도 영향을 받는다. 모니터링 및 보고는 효과적인 비즈니스 리스크 관리에 매우 중요하다. 또한 리스크들이 애초에 정확하게 분류되지 않을 수도 있다. 리스크는 예측하기 어려운 것으로 악명이 높으며, 리스크 평가도 상당 부분 질적인 추측에 의존한다. 물리학자 닐스 보어(Niels Bohr)는 이를 다음과 같이 말했다. "예측, 특히 미래에 관한 예측은 매우 어렵다."

리스크 용인 수준 변경의 한 예로 Hydro One이 뉴욕 주식 거래소에서 주식을 발행하기로 한 결정을 들 수 있다. 예정된 상장일에 이르기까지 경영진의 가장 큰 두려움은 국제적 언론 매체에 불리한 뉴스가 나오는 것이었다. 그러나 IPO는 성사되었다. 그 후 2003년 10월에, 이 회사는 기름 유출 사고를 일으켰는데, 기름이 작은 시내로 흘러들었고 온타리오에서 크게 기사화되었다.[14] 온타리오 정부(Hydro One의 주주)와 회사의 이사회가 이 사건에 대해 관심을 기울이게 되었을 때, 전사 리스크 관리 그룹은 최대의 평판상 익스포져는 국제적 언론 기관이 아니라 지역의 언론 기관과 이들이 Hydro One의 주요 이해관계자들의 감정을 자극할 수 있는 힘이라는 점을 재빨리 간파했다. 그 결과 현재는 부정적인 지역 언론 보도가 최악의 상황으로 식별되어 있으며(국제 매체의 보도보다 상당히 나쁜 상황임), 이를 피하기 위해 강력한 조치들이 취해진다.

전사 리스크 프로필

앞 섹션에서 설명된 리스크관리 프로세스는 Hydro One에서의 리스크 관리를 위한 기본 프레임워크 역할을 한다. 이 프레임워크는 통상적인 비즈니스 수행 시, 또는 새로운 프로젝트에 사용될 수 있다.

이 프로세스로부터의 정보를 고위 경영진 및 이사회에 적합한 형태로 취합하기 위해, 리스크 관리 그룹은 연 2회 전사 리스크 프로필을 작성한다. 보기 28.5는 보기 28.4의 리스크 지도에 포함된 것과 동일한 리스크 원천을 이용한 리스크 프로필의 예를 보여 준다.

전사 리스크 프로필의 목적은 고위 경영진 팀이 회사가 직면해 있는 주요 리스크들에 대해 공통의 이해를 공유하게 하고, 리스크를 우선순위에 따라 다루기 위한 자원 배분 토대를 제공하는 것이다. 전사 리스크 프로필은 (연례 비즈니스계획 및 워크숍과 같은) 다른 원천으로부터의 데이터와 함께 40에서 50명의 최고위급 임원에 대한 체계적인 면담에 근거한다. 이 프로필은 이전에 식별된 리스크들과 지난번 프로필 작성 이후 워크숍, 미디어 스캔, 또는 기타 원천들로부터 식별된 신규 리스크들에 대한 임원들의 평가를 반영한다.

2000년 상반기 회사 리스크 프로필

리스크 원천	1999년 12월 리스크 등급	2000년 6월 리스크 등급	리스크 추세
성장	매우 높음	매우 높음	↑
규제상의 불확실성	매우 높음	매우 높음	↑
조직의 준비 태세	높음	높음	↑
네트워크 서비스 개시	–	높음	신규
자산 상태	높음	높음	→
재앙적 사건	높음	높음	↓
환경오염	높음	높음	→
위험한 운영 환경	중간	중간	↑
마켓 리디 프로젝트	중간	중간	→
새로운 전기 시장	중간	중간	→
경제/금융시장	중간	중간	↓

리스크 원천 기술(記述)

보기 28.5의 2000년 6월 전사 리스크 프로필은 "매우 높음", "높음", "중간" 등급을 받은 상위 리스크들의 목록을 보여준다. 2000년 6월 현재, 11개의 주요 리스크들이 식별되었다. 이 그림은 또한 이 리스크들이 종전 프로필에서 어떤 등급을 받았는지 및 추정 동향도 보여준다. 그리고 변화 및 추세가 보여주는 바와 같이, 전사 리스크 프로필은 결코 정태적인 문서가 아니다. 입법 또는 새로운 이니셔티브로 인해 새로운 리스크들이 발생한다. 경감 노력이나 외부 요인들의 변화로 특정 리스크들의 심각성이 변할 수 있다. 또한 일부 리스크들(그리고 경감 결과)이 보다 잘 이해됨에 따라 이의 심각성이 변할 수도 있다.

전사 리스크 프로필은 리스크의 주요 원천 및 추세 외에도, 그러한 리스크들에 의해 영향을 가장 많이 받을 가능성이 있는 전사 차원의 목표들과 그러한 리스크들을 경감하기 위해 사용되는 전사 차원의 통제들도 묘사한다. 아래에 2000년 6월에 평가된 11개 주요 리스크들 및 이들을 관리하기 위한 조치들을 설명한다.

1. **성장** Hydro One은 온타리오 내부 및 외부에서 기존 비즈니스 및 관련 비즈니스를 인수함으로써 상당한 성장을 한다는 계획을 가지고 있다. 계획된 성장 달성에는 많은 장애물들이 있기 때문에 이는 중요한 리스크 원천 중 하나이다. 비즈니스 개발 및 재무 실적 목표들이 영향을 받을 가능성이 가장 크다. 인수 전략에 대한 오너의 지원이 항상 명확하고 확고한 것은 아니기 때문에 (오너로서의) 정부의 행동은 이 리스크의 가장 큰 부분을 만들어 낸다. Hydro One은 중요한 인수 대상 물색, 협상 및 통합에 대한 경험이 많지 않다. 정부의 행동에 대한 익스포져는 고위 경영진의 정부 검토 프로세스 참여와 선제적 대정부 관계 관리를 통해 경감된다. 인수 리스크는 주의 깊은 계획 수립 및 분석, 직원 역량 개발 그리고 외부의 자문 등 다양한 방법을 통해 경감된다.

2. **규제상의 불확실성** Hydro One의 목표들은 규제 당국의 조치에 의해 큰 영향을 받는다. 구조 조정된 산업에 대한 경험이 쌓여 감에 따라 규제 당국을 규율하는 규칙들이 변할 가능성이 있다. 또한 다른 이해관계자 그룹도 감독 당국의 결정에 영향을 줄 것이다. 영향을 받을 가능성이 가장 큰 목표들은 재무 실적, 법적/규제상 지위 그리고 평판 목표이다. 이 리스크 경감 방법들에는 정부 및 온타리오 에너지 위원회와의 효과적인 상호 작용 증대, 회사 내에서 규제 관련 사안의 우선순위 및 프로필 상향 조정 그리고 규제 담당 상위 직급 직원 추가를 통한 규제 담당 직원의 역량 회복 등이 포함된다.

3. **조직의 준비 태세** 조직의 준비 태세는 회사가 고객에게 효과적인 서비스를 제공하고 새로운 비즈니스 환경에서 운영 효율성을 향상시킬 수 있는 능력을 반영한다. 많은 시스템들 및 프로세스들이 최적의 효율성에 미치지 못하며, IT 솔루션들에는 다소의 비효율성이 있는 것으로 인식되고 있다. 최근에 최고참 직원 1,400명의 자발적 퇴직(Box 28.2를 보라)으로 조직의 준비 태세는 도움을 받기도 하고 보다 복잡해지기도 하였다. 이 리스크 원천은 경쟁력과 고객 서비스에 영향을 준다. 이 리스크 경감에 사용되는 방법들은 성과 계약, 보상 프로그램, 노동관계 전략 그리고 테크놀로지 우선순위화 프로세스 개선 등이 있다.

4. **네트워크 서비스 개시** 공개 시장에서 유선 네트워크 서비스를 제공하기 위한 별도의 자회사 설립과 관련해서는 미래 경쟁 시장의 형태, 비즈니스가 경쟁력 있는 가격 구조를 달성할 능력, 비즈니스의 재조직 비용에 대한 규제 당국의 처리 등 다양한 많은 리스크들이 있다. 그러한 리스크로 인해 초래될 수 있는 가능한 결과로는 경쟁력, 고객 신뢰도 그리

678

고 재무 실적의 저하 등이 있다. 이러한 리스크를 경감하기 위해서는 전략 및 전이 (transition) 계획을 주의 깊게 고안해야 한다.

5. **자산 상태** 송전선 및 배전선 자산의 노후화와 보수 자금 부족 그리고 자산 상태에 관한 불완전한 정보는 고객 서비스 및 평판에 대한 리스크를 나타낸다. 이 리스크 경감 방법에는 여분의 송전 시스템, 비상사태 대응 역량 그리고 이 이슈들에 대해 보다 높은 우선순위 부여를 통한 관심 증대가 포함된다.

6. **재앙적 사건** Hydro One은 넓은 지역에 걸쳐 자산을 보유하고 있으며, 따라서 해마다 설비에 피해를 주는 토네이도, 빈번하지는 않지만 넓은 지역에 피해와 서비스 장애를 야기하는 얼음 폭풍과 같은 파괴적인 자연 재해 익스포져에 직면한다. 이 사건들은 고객 서비스, 평판 그리고 재무 실적에 영향을 준다. 이 리스크 경감에 사용되는 방법들에는 (위의) 자산 상태에서 설명한 방법들과 비상사태 대응 계획 및 대응 연습, 날씨 예측 그리고 보험이 포함된다.

7. **환경오염** 이 리스크는 주로 회사가 소유한 삼산화비소(arsenic trioxide) 오염 토지에 의해 비롯된다. 다른 오염물질들로는 변압기 오일 그리고 PCBs(폴리염화비페닐) 등이 있다. 회사의 평판 및 재무 실적 그리고 환경 자체에 대한 리스크를 경감하기 위해, 이 회사는 제한된 보험 커버리지와 그러한 오염 방지를 위해 고안된 조치를 병행하여 사용한다.

8. **위험한 운영 환경** 본질적으로 Hydro One의 모든 설비들은 전기가 통하고 있으며, 따라서 직원, 계약자 그리고 일반 대중에게 위협을 가한다. 회사의 평판을 보호할 뿐만 아니라 직원들과 대중의 안전을 기하기 위해 설비 디자인, 자산 보수, 작업장 안전 관행 그리고 직원 연수 및 감독을 통해 리스크들이 경감된다.

9. **마켓 레디 프로젝트(Marker Ready Project)** 마켓 레디 프로젝트는 요건이 불확실하며, Hydro One의 이 프로젝트 해당 지역 시장 개설을 지연시켜 고객 또는 규제 당국의 중대한 불만을 야기하거나 예상된 비용을 훨씬 초과할 가능성이 있는 중요하고도 복잡한 과업이다. 이 프로젝트에 높은 우선순위와 중요도를 부여함으로써 리스크를 경감한다. 최근에 시장 개설 연기가 발표되었는데, 이 연기된 스케줄도 빠듯하기는 하지만, 이로써 이 리스크가 제거되지는 않았지만 상당히 감소되었다.

10. **새로운 전기 시장** 진화하는 전기 시장은 Hydro One을 경쟁자, 고객, 발전 회사 그리고 규제 당국들의 예측 불가능한 여러 가지 행동들에 노출시킨다. 이들은 모두 회사의

시장 지위를 잠식하거나 비용을 증가시킴으로써 재무 실적을 해칠 수 있다. 이 리스크를 제한하기 위해 회사의 경영진은 IMO(Independent electricity Market Operator; 독립 전기 시장 운영자) 위원회에 적극적으로 관여하며, IMO와 포괄적인 운영 합의를 협상한다.

11. **경제/금융시장** 상품 가격, 환율, 또는 이자율의 변화는 순이익 및 현금 흐름에 불리한 영향을 줄 수 있다. Hydro One은 상품 리스크는 없으며, 에너지 파생상품도 거래하지 않는다. 환율 변동의 직접적인 영향은, 회사가 향후 외국 통화 표시 채권을 발행할 경우 이 상황은 변할 수도 있겠지만, 현재로서는 중대하지 않은 것으로 간주된다. (현재 모든 부채는 자국 통화 표시이다.) 그러나 회사는 변동 금리 부채(회사 정책은 총 부채의 15%까지만 변동금리로 조달할 수 있도록 함)와 만기 도래하는 장기 부채 리파이낸싱을 통해 이자율 변동에 노출되어 있다. 변동 금리 부채 사용 제한 이외에도 회사는 이자율 리스크를 관리하기 위해 정기적으로 이자율 스왑 계약을 체결한다. 경영진은 이자율 100bp(basis point, 1basis는 0.01%에 해당. 역자 주) 상승 시 약 CAD 2,500만의 순이익이 줄어들 것으로 추정하는데, 이는 리스크 용인 수준 척도상으로는 "경미" 또는 "보통" 수준으로 여겨진다. 이자를 포함한 모든 비용은 전기 요금 원가의 일부를 구성하며, 전기료를 통해 회수할 수 있다. 따라서 이자 비용 상승은 궁극적으로는 회수될 수 있지만, 위원회는 이를 경영을 잘하는 것으로 보지 않을 것이고, 당기의 이익 감소로 나타날 것이다.

Hydro One은 고객 및 이자율 스왑 거래 상대방의 부도 가능성에 기인하는 다소의 신용 리스크 익스포져를 지니고 있다. 고객들과 관련된 신용 리스크는 넓게 분산된 고객 베이스를 통해 효과적으로 관리된다. 거래 상대방 부도 리스크는 신용 등급이 높은 거래 상대방과만 거래하고, 개별 거래 상대방에 대한 총 익스포져를 제한하며, "차액 결제"를 허용하는 마스터 계약을 체결하도록 하는 회사 정책에 의해 제한된다.

BOX 28.2

자발적 퇴직 패키지의 전략적 리스크 관리 분석

2000년 초여름에 리스크 관리 그룹은 Hydro One 직원들에게 제공된 자발적 퇴직 패키지 (Voluntary Retirement Package; VRP)와 관련된 리스크의 전사 리스크 관리 분석을 수행해 달라는 요청을 받았다. VRP의 목적은 IPO를 준비하면서 직원 수 및 인건비를 줄이는 것이었다. VRP는 거의 감당하지 못할 정도였다. Hydro One은 6,000명이 넘는 직원 중에서 1,300명을 내보냈는데, 이는 이 패키지를 받아들일 것으로 예상한 800명을 뛰어넘는 수치였다. 그리고 퇴직한 1,300명은 대부분의 경우 경험이 많은 상위 직급이었다. Hydro One의 고위 경영진은 엄격한 분석이 없으면 퇴직 직원의 자리에 대한 정당화되지 않는 인력 대체 요구로 이 프로그램의 경제적 효용이 잠식되는 것을 두려워했다. 리스크 지도상의 용어로 말하자면, 이 전사 리스크 분석의 목적은 우상단의 거품들을 가급적 비용 면에서 효과적인 방식으로 좌하단으로 옮기는 것이었다(이 개념에 대한 예시는 보기 28.4를 보라).

전사 리스크 관리 그룹은 VRP 퇴직자 수가 많은 약 40개 그룹의 매니저들과 비즈니스 목표 및 리스크 용인 수준에 대해 논의했다. 리스크 관리 그룹은 매니저들에게 직원 퇴직을 벌충하기 위해 어떤 조치를 취했거나 계획하고 있는지(효율성 개선 또는 활동 제거) 그리고 이 조치를 취하고 난 뒤에도 인력 부족으로 회사의 목표에 영향을 줄 수 있다고 생각하는 영역이 어느 곳인지 물어보았다. 이 인터뷰로 전사 리스크 관리 그룹은 VRP 퇴직이 중대한 리스크를 초래한 영역과 이 리스크의 영향이 어느 정도일지에 대해 알 수 있게 되었다. 이 그룹은 각각의 주요 기능 영역(재무, 규제 등) 담당 고위 경영진과의 일련의 인터뷰들을 통해 이를 자세히 분석하여 인력 부족 분야 및 그 영향에 관한 중간 관리자의 평가를 검토했다. 리스크가 큰 영역들("중대" 이상)에 대해서는, 리스크를 "보통" 이하 수준으로 낮추기 위해 어떤 조치를 취할 수 있는지 물어보았다.

매니저들은 직원 퇴직을 벌충하기 위해 조치를 취했거나 계획을 실행 중이라고 대답했다. 가장 중요한 경감 기법은 계획된 효율성 개선이었지만, 계약직/임시직 직원 고용도 계획되었다. 전제적으로, 경영진은 퇴직자 1,300명 중 1,100명 분까지는 벌충할 수 있으며, 과도한 수준의 리스크를 경감하기 위해서는 200명의 직원이 필요하다고 추정하였다.

전사 리스크 관리 그룹은 VRP 리스크 원천 리스트 초안을 작성하였으며, 고위 경영진은 2시간짜리 워크숍에서 전자 투표 기술 및 델파이 방법을 사용하여 이를 평가하고 이들의 순위를 정했다. 그 결과 중요도에 따라 순위가 정해진 11개의 리스크 원천 리스트가 작성되었다. "고객 관계"와 "네트워크 서비스"가 영향의 크기와 발생 확률을 통합한 5점 척도에서 각각 3.9와 3.8로 가장 큰 리스크들로 파악되었다. 예를 들어, "고객 관계"는 영향 크기 3.8과 발생 확률 4.1로 종합적으로 3.9점을 부여 받았다.

조직의 특정 부문과 관련이 있는 리스크 원천들이 있는가 하면, 고유한(조직 전체에 걸친) 리스크 원천들도 있었다. 부문에 해당하는 리스크들에 대해, 전사 리스크 관리 그룹은 매니저들의 의견을 토대로 모든 리스크들을 "보통" 이하 수준(5점 척도 상 1, 2에 해당. 보기 28.2를 보라)으로 낮추려면 126명의 풀타임 직원과 CAD 440만이 필요할 것으로 계산했다. 고유한 리스크들에 대해서는, 모니터링, 계획 수립 그리고 리스크 평가 프로그램의 조합이 제안되었다. 전사 리스크 및 부문에 특유한 리스크의 경감은 리스크의 원천으로서의 VRP를 제거하는 것이 아니라, 리스크를 비용 면에서 효과적인 방식으로 감소시키는 것이었다.

계량화할 수 없는 것을 계량화하기

Hydro One에서 ERM 프로세스의 마지막 단계는 식별된 리스크에 기초하여 투자 계획을 위한 자원 사용의 우선순위를 정하는 것이다. Hydro One은 대부분의 자산 기대 수명이 30년에서 70년에 이른다는 점에서 본질적으로 자산 관리 회사이다. Hydro One의 투자 계획부는 전사 리스크 관리 그룹과 협력하여 리스크에 기반한 자원 할당 방법을 개발했다. 이 방법을 사용하여, 회사는 "계량화할 수 없는 것을 계량화"하는 혁신적인 방법을 찾을 수 있었다.

이 접근법은 아래와 같은 세 개의 기둥들(3 pillars)에 의존한다.

1. 특정 리스크가 특정 회사 목표에 줄 수 있는 영향을 평가하기 위한 리스크 용인 수준 척도
   (경미에서 최악의 수준까지의 5점 척도) (보기 28.2 및 28.4에서 예시된 바 있음).

2. 특정 영향이 현실화할 확률을 평가하기 위한 확률 등급 척도(희박에서 거의 확실까지의 5점 척도)(보기 28.3과 28.4에서 설명됨).

3. 잔여 리스크를 감소시키기 위해 고안된 통제(또는 기타 리스크 관리 장치)의 질.

보기 28.6은 리스크 기반 자본 지출 결정 방법을 보여 준다. 각각의 자산 유형 또는 지출 유형은 다음과 같이 여러 수준으로 분류된다.[15]

- **최고의 리스크 익스포져** 우선순위를 두고 자금이 집행되어야 할, 수용할 수 없는 리스크 레벨(보기 28.6에서 음영으로 표시됨).

- **최소 자금 투입 레벨** 회사의 비즈니스 목표에 대한 리스크가 겨우 용인할 수 있는 것으로 여겨지는 수준.

- **레벨 1** 이 수준의 자금 투입으로는, 비즈니스 목표에 대한 리스크가 최소 자금 투입 레벨보다 낮은 것으로 여겨진다.

- **레벨 2와 3**(보기에는 나타나 있지 않음) 이 수준의 자금 투입으로는, 비즈니스 목표에 대한 리스크는 레벨 1에서보다 현저히 낮다. 각각의 수준에 대해 지출 및 관련 리스크에 대한 설명이 나와 있다. 투자 레벨들은 예를 들어 정리(clear)한 송전선의 길이(km), 30초 안에 응답한 전화 수 등 특정 실적과 관련이 있다.

보기 28.6에서 볼 수 있는 바와 같이, 각각의 자산 부류에 대한 모든 투자 레벨들은 격자(grid)를 사용하여 주요 회사 목표들에 대한 리스크의 영향 정도 및 확률에 기반하여 평가된다. 이 격자는 용인할 수 없는 영향 정도 및 확률 결합 수준을 정의하며(보기 28.6에서 최고의 리스크로 나타냄), 결합된 등급 척도에 기초하여 리스크 등급을 부여한다. 각각의 자산 부류는 다양한 레벨의 리스크들로 분류된다(최고의 리스크, 최소 자금 투입 레벨, 레벨 1 등). 하나의 예를 들자면, "나무 가지치기"는 여러 개의 범주로 나누어지는데, 각각 자신의 리스크 등급을 지니고 있다. 최고의 리스크는 도심지 부근의 최소한의 정리(clearance)에 해당하는 반면, 레벨 2는 리스크가 낮은 작은 송전선에서 대폭 정리하는 것에 해당할 수 있다.

Hydro One은 최고의 리스크가 아닌 리스크들의 지출 우선순위 결정에 사용하기 위해 "지출 가치(Bang for the Bucks)"라 불리는 방법을 적용했다. 지출 가치 지수는 지출 금액 1달러당 리스크 감소치를 계산함으로써 지출 우선순위를 정한다. 예를 들어, 보기 28.6에서 최고의 지출 지수는 나무 "가지치기"(최소 레벨)로, 1달러를 지출함으로써(비용) 2.8단위의 리스크("조치를 시행하지 않을 경우의 리스크")가 제거됨을 보여준다. 따라서 2.8의 지출 가치 수치가 나온다. 척도의 다른 끝에서는, 기둥(최소 레벨)과 관련하여 12달러를 지출함으로써 2.3단위의 리스크가 감소하여 보다 낮은 0.19이라는 지출 가치를 보인다.

누적 지출이 가용 자원 수준에 도달하는 지점에서 해당 연도의 작업 계획이 결정된다. 문서화된 자산 투자 계획 우선순위는 연간 비즈니스 계획 수립 프로세스의 일환으로 이사회에 투자 계획을 제출하기에 앞서 고위 자산 매니저 및 임원들이 참석하는 2일의 공식 회의에 회부된다. 이 회의에서는 이 계획을 자세히 검토하고 가정들의 타당성을 점검한다.

전사 리스크 관리에 대한 이러한 접근법을 사용하여, 이 회사는 실물 옵션과 관련된 질적, 창의적인 시나리오 계획 수립의 장점을 계량적인 엄격함과 결합하고자 한다.[16] 시나리오 계획 수립은 불확실성의 주요 원천에 관해 생각해 볼 수 있는 잘 확립된 방법(이 방법의 기원은 일반적으로 로열 더치/셸의 관행으로 알려져 있다)이다.[17] 실물 옵션은 최소한 잘 정의된 경우, 가능한 결과들과 그러한 결과들에 대처하기 위한 다양한 전략들의 가치를 계량화하는 데 사용할 수 있는 보다 과학적이고 재무 지향적 접근법이다. 예를 들어, 석유 시추 회사의 경우, 경영진이 원유 가격을 배럴 당 100달러가 될 수 있게 할 수도 있는 일련의 정치적, 경제적 사건들을 예측하는데 도움을 주기 위해 시나리오 계획이 사용될 수 있다. 실물 옵션은 회사의 가치가 얼마가 될 수 있는지 추정하는 데에도 사용될 수 있을 뿐 아니라, 경영진에게 회사 가치를 극대화시키는 유정(油井) 개발 스케줄을 제공해 줄 수도 있다.

[보기 28.6] Hydro One의 투자 계획 수립에 대한 리스크 기반 구조적 접근법

프로그램	레벨	비용	누적 비용	시행하지 않을 경우의 리스크	지출 가치	
나무 가지치기	적색	2달러	2달러	4.6		수용할 수 없는 리스크
송전선	적색	6달러	8달러	4.5		
기둥	적색	1달러	9달러	3.9		
나무 가지치기	최소 레벨	1달러	10달러	2.8	2.80	
송전선	레벨1	3달러	13달러	3.0	1.00	
나무 가지치기	레벨1	2달러	15달러	1.9	0.95	지출 가치
송전선	최소 레벨	5달러	20달러	3.2	0.64	
기둥	최소 레벨	12달러	32달러	2.3	0.19	

이 표는 자본 지출 결정에 대한 Hydro One의 리스크 기반 구조적 접근법을 보여 준다. 위 표의 세 개 프로젝트들은 가장 높은 리스크 익스포져를 지니고 있으며 최고의 자원 할당 우선순위를 지닌다. 작업 프로그램들에 대한 이러한 유형의 등급 부여는 자본 할당 프로세스에서 자원 할당을 우선순위화하는 데 매우 유용하다. "지출 가치"는 조치를 "시행하지 않을 경우의 리스크"를 비용으로 나눈 값이다.

ERM의 효용과 Hydro One에서의 결과

Hydro One의 2003년 연례 보고서는 ERM의 효용을 다음과 같이 요약한다. "전사적 접근법은 규제, 전략, 운영 그리고 재무 리스크들이 관리되고 우리 회사의 전략적 비즈니스 목표들과 정렬을 이루게 해 줍니다." 보기 28.7에서 우리는 ERM의 주요 효용들을 열거하고 이를 정교화한다. 대부분의 효용들이 질적이고 계량화하기 어렵기는 하지만, 모두 귀중한 것으로 인식되고 있다.

재무적 견지에서 보면, ERM의 효용에 대한 가장 직접적인 증거는 신용평가사들의 긍정적인 반응과 이에 기인한 회사의 부채 비용 감소이다.[18] 2000년에 Hydro One은 Ontario Hydro에서 분사한 뒤 최초로 10억 달러의 채권을 발행했다. 최근에 무디스의 시니어 신용 분석가와 나눈 대화에 의하면, 채권 발행 당시에(그리고 이후에도 계속) ERM이 회사 신용 등급 평가 프로세스에서 중요한 하나의 요인이었다.[19] 이 회사는 최초의 채권 발행에서 애초에 예상했던 것보다 높은 등급을 받았으며(S&P AA-, 무디스 A+), 이 채권은 발행액의 약 50% 정도 초과 청약되었다. 잠재적인 이자 비용 절감액을 계산하기 위해 2000년 이후 AA 등급과 A 등급 사이의 평균 이자율 차이가 대략 평균 20bp(0.2% 포인트, 역자 주)였다고 가정하자. 그리고 보수적으로 ERM이 이자 비용 10bp를 낮추었다고 가정할 경우, 이는 10억 달러의 신규 채권에 대해 연간 1백만 달러의 이자 비용 절감에 해당한다.

또 다른 중요한 효용 중 하나는 리스크 경감 우선순위화 지수를 사용한 Hydro One의 자본 지출 프로세스 개선이다. 앞 섹션에서 설명한 바와 같이, 이 프로세스는 지출 금액당 전반적인 리스크를 가장 크게 감소시키는 순서에 따라 자본 지출을 할당함으로써 모든 주요 리스크 범주들(즉, 규제, 재무, 신뢰성, 안전, 평판 리스크 등)의 리스크 감소 효용을 고려한다. 이 시스템은 복잡하고 방대한 컴퓨터 계산을 필요로 하지만, 회사를 (리스크 조정한 토대에서 볼 때) 보다 최적의 자본 지출 프로젝트 포트폴리오를 지니게 해 줄 가능성이 훨씬 높다.

자본 비용 절감 및 자본 할당 향상 외에도, Hydro One 경영진과의 토론에 의하면, 덜 가시적인 효용들이 많이 있는데 그 중 일부가 보기 28.7에 표시되어 있다. 아마도, 가장 중요한 사항은, 최고 경영자가 이제 모든 계층의 직원들이 회사의 리스크 및 이들에 대해 자신이 무엇을 할 수 있는지에 대해 보다 잘 이해하고 있다고 확신한다는 점일 것이다. 그리고 다음 섹션에서 설명하는 바와 같이, 이 프로세스는 회사의 기업 문화에 인상적인 변화를 가져온 듯하다.

ERM의 효용과 Hydro One에서의 결과

ERM 효용의 예	Hydro One의 경험
채무 비용을 줄인다.	회사가 새로 출범한 후 최초로 10억 달러의 채권을 발행했을 때 기대했던 것보다 높은 신용등급과 낮은 이자 비용을 실현했다. 채권 모집에 청약이 몰렸다. 신용 분석가들은 Hydro One의 신용 평가 프로세스에서 ERM이 중요한 요인 중 하나였다고 말했다.
자본 지출 프로세스를 지출 금액당 최대의 리스크 경감에 기초한 자본 관리 및 할당에 초점을 맞춘다.	자본 지출은 리스크 기반 구조적 접근법에 기반을 두고 할당 및 우선순위화된다. 지출 금액 당 리스크를 최대로 줄임으로써 자본 투자의 "최적 포트폴리오"가 달성된다. 또한 2000년에 88개의 유틸리티 회사 인수 및 미국으로의 지하 케이블 건설 가능성과 같은 주요 프로젝트 관리에 ERM이 사용된다.
"지뢰들"과 기타 서프라이즈들을 피한다.	ERM을 시작한 이후, 회사에 이례적인 사건들이 많이 발생했다. 그 중 이사회 해산과 대규모 기름 유출 대응이라는 두 가지 중요한 사건들이 미리 전사 리스크 용인 수준에 언급되어 있었다.
이해관계자들에게 기업이 잘 관리되고 있음을 확신시킨다. 이해관계자는 투자자, 애널리스트, 신용평가사, 규제당국 그리고 언론을 포함한다.	IPO 로드쇼 중에, 전사 리스크 관리 그룹은 ERM 워크숍이 경영진이 회사가 직면하고 있는 리스크들과 이에 대해 어떤 조치를 취하고 있는지를 설명하는 데 큰 도움이 되었다는 얘기를 들었다. 다른 예들도 많이 있다.
모범 관행 가이드라인들을 통해 기업 거버넌스를 개선한다.	Hydro One의 이사회는 왜 이런 리스크 요약 자료를 이사회에 보고하는 것인지 질문했었으나, 현재는 이런 정보를 통상적으로 받아 보리라고 기대한다. 이들은 Hydro One이 자신들이 이사직을 맡고 있는 다른 회사들보다 앞서 있음을 알고 있다.
ERM을 포함하는 공식화된 리스크 관리 시스템을 시행한다. (1995/1999/2004 호주/뉴질랜드 리스크관리 표준의 요구 사항 중 하나임)	Hydro One은 모든 리스크들을 정기적으로 평가, 문서화 및 보고하는 공식적인 시스템을 갖추고 있다.
회사가 어느 리스크를 남들보다 더 잘 추구할 수 있는지 파악한다.	순전히 ERM 때문만은 아니지만, • 높은 상품 리스크로 인해 전기를 판매하는 자회사 한 곳이 매각되었다. • 노동조합 및 인건비 리스크를 이전하기 위해 여러 프로세싱 및 관리 기능이 외주되었다.

현재의 상황

우리는 "현재의 상황"이라는 제목 대신 "CRO의 진화"라는 소제목을 사용할 수도 있었다. ERM 이니셔티브가 시작될 때 전사 리스크 관리 그룹은 CRO(겸직)와 두 명의 전담직 전문가로 구성되어 있었다. 현재까지, 이 그룹은 180회가 넘는 워크숍을 실시했으며, 전략적 리스크 관리에 관한 많은 보고서를 작성하였다. 이 보고서들 중 일부는 통상적인 비즈니스 수행 중에 정기적으로 작성되었다. 삽입된 Box에 요약된 Hydro One에서의 자발적 퇴직 프로그램의 전략적 리스크 관리 분석과 같이 때때로 요청되는 보고서들도 있었다.

2003년 말부터 현재까지, 전사 리스크 관리 그룹에 전담 직원이 없었다. CRO는 이 일에 자신이 맡은 역할의 20%를 할애했으며, ERM을 담당하던 다른 직원들은 간헐적으로 리스크가 높은 특정 ERM 프로젝트를 위해 "다시 빌려왔지만", 다른 업무에 배정되었다. 이러한 인력 감축은 실패 신호가 아니라, 두 가지 주목할 만한 성취를 의미한다.

1. 전사적 리스크 관리가 다양한 자회사 및 부문들에 내재화되어 본부 차원의 집중적인 계획 수립, 시행 및 모니터링 필요가 크게 감소될 정도로 조직 전체에 전략적 리스크 관리에 관한 지식 전파 및 발전이 효과적으로 이루어졌다. Hydro One에서 "모든 사람이 리스크 관리에 책임을 지게" 하는 데 성공한 하나의 예로, 2002년에 전사 리스크 관리 그룹은 회사로부터 "그레햄 데이(Sir Graham Day) 문화 변화 우수상"을 받았다.[20] 당시 CEO 겸 사장은 이렇게 말했다.

   이 팀 덕분에 Hydro One은 에너지 산업에서 주요 모범 관행 중 하나이고 좋은 기업 거버넌스의 중요한 요소인 전사 리스크 관리에서 리더가 되고 있습니다… 지금까지 이 그룹이 보여준 진보는 다른 조직들로부터 주목을 받았습니다. 사실, 세계은행과 토론토 병원의 리스크 관리자들이 우리의 방법에 관해 배우기 위해 당사를 방문했습니다.

2. Hydro One은 내부 및 외부적으로 잘 확립된 회사가 되었다. 1999년에 이 회사는 규제가 완화될 시장에서 운영되고 있었고 IPO를 통해 민영화가 예정되어 있는 "신설" 회사였다. 오늘날 Hydro One은 독립된 회사로서 5년이 넘는 경험을 가지고 있다. 이 회사는 규제가 완화된(그러나 이제 보다 더 규제를 받는 쪽으로 옮겨가고 있는) 시장에서 경쟁할 수 있는 능력을 입증했으며, 회사의 소유 구조도 이제 안정적인 것으로 여겨지고 있다. 따라서 Hydro One이 내부 및 외부 변화에 직면하는 정도는 현저히 줄어들었다.

CRO는 계속 고위 경영자에 대한 지원을 제공하고 리스크 관리 정책, 프레임워크, 프로세스 그리고 필요한 기타 분석을 개발한다. 그러나 이 프로그램의 성공 덕분에 많은 워크숍 개최 및 리스크 관리 문화 확립에 대한 수요는 크게 감소되었다. 요컨대, Hydro One에서 리스크 관리 및 인식은 성숙 단계에 접어들었다.[21]

결론

이번 장은 소속 산업 및 비즈니스에서 중대한 변화를 겪은 캐나다의 전기 회사 Hydro One에서 5년에 걸쳐 시행한 전사 리스크 관리를 설명했다. CRO직을 창설하고 한 자회사에서 예비 조사를 수행함으로써 시작된 ERM 시행 프로세스는 "델파이 방법", 리스크 추세, 리스크 지도, 리스크 용인 수준, 리스크 프로필 그리고 리스크 등급 등 다양한 도구와 기법들을 사용했다.

Hydro One에서 ERM의 가장 가시적인 효용으로는 보다 합리적이고 조정이 잘된 자본 할당 프로세스 및 무디스와 S&P가 보다 호의적인 반응으로 높은 신용등급을 받음에 따른 자본 비용 절감을 들 수 있다. 그러나 회사가 ERM 정책의 첫 번째 원칙, 즉 "리스크 관리는 이사회로부터 개별 직원들에 이르기까지 모두의 책임이다. 각자 자신의 책임에 속하는 리스크를 이해하도록 기대되며, 이 리스크를 승인된 리스크 용인 수준 이내로 관리하도록 기대된다"는 원칙을 깨닫게 되었다는 점도 이에 못지않게 중요한 점일 것이다. 시행 프로세스 자체가 리스크 인식을 기업 문화의 주요한 일부가 되게 했다.

그 결과 Hydro One의 경영진은 지금은 우호적이건, 비우호적이건 간에 비즈니스 환경의 새로운 전개에 대해 5년 전에 비해 훨씬 더 잘 대응할 위치에 있다고 생각한다. 실로 ERM은 이 회사의 현재 비즈니스 모델이 필수적인 부분으로 간주할 수 있다. 찰스 다윈이 150년 전에 변화가 유일하게 영원한 지형인 세계에서는 "지금까지 살아남은 종(種)은 가장 힘이 센 종이나 영리한 종들이 아니라, 변화에 잘 대응한 종들이다."라고 말한 것처럼 말이다.

1) 우리는 "통합적", "전략적" 그리고 "전사적"이라는 용어가 전사 리스크 관리와 서로 교체되어 사용될 수 있다고 본다.

2) 이론적인 모디글리아니(Modigliani)와 밀러(Miller)의 기업금융 세계에서는, 리스크 관리는 가치를 부가하지 않는다. 그러나 마찰(friction)이 있는 실제 세계에서는, 리스크 관리는 투자자들이 스스로 복제할 수 없는 다음과 같은 방식으로 가치를 창출할 수 있다. (1) 회사 주식 보유자들의 리스크 관리 노력 증진 (2) 재무적 곤경 비용 감소 (3) (경영진 및 직원들과 같이) 분산하지 않은 중요한 투자자들이 직면하는 리스크 축소 (4) 세금 절감 (5) 보다 양호한 성과 평가 및 모니터링 비용 감소를 통한 회사의 자본 비용 감소 (6) 투자 프로젝트에 대한 내부 자금 조달 제공 및 자본 계획 증진. 리스크 관리의 효용에 대한 보다 자세한 내용은 Lisa Meulbroek의 "A Senior Manager's Guide to Integrated Risk Management", Journal of Applied Corporate Finance 14권 no.4(2002년 겨울)를 보라. 리스크 관리가 어떻게 회사의 가치를 극대화할 수 있는지에 대한 또 다른 관점은 리스크 관리는 위쪽으로의 가능성을 가급적 많이 보존하면서 값비싼 "아래쪽 꼬리의 결과들"을 제거해야 한다는 것이다. R. Stulz의 "Rethinking Risk Management," Journal of Applied Corporate Finance, 9권 no.3(1996년 가을)을 보라. 회사 리스크 관리는 증권 및 리스크 관리 상품 그리고 회사가 가급적 최저 비용으로 자본에 접근할 수 있는 해법의 최적 조합 선택을 포함해야 한다. Christopher Culp의 "The Revolution in Corporate Risk Management: A Decade of Innovations in Process and Products," Journal of Applied Corporate Finance, 14권 no.4(2002년 겨울)를 보라.

3) 1995년에 발표된 호주/뉴질랜드 공동 리스크 관리 표준(AS/NZ 4360: 1999) 초판. 이 표준은 실제적인 ERM에 대해 최초로 명확한 지침을 제공했다. 이 가이드는 리스크의 식별, 분석, 평가, 취급 및 지속적인 모니터링과 관련된 리스크 관리 프로세스 수립 및 시행을 커버한다. COSO(1992년 9월); Group of Thirty, 파생상품: 실무 및 원칙(워싱턴 DC, 1993); "이사들은 어디에 있었는가"? 캐나다 기업 거버넌스 개선을 위한 가이드라인, 캐나다 기업 거버넌스에 관한 토론토 주식 거래 위원회 보고서 CoCo(캐나다 공인 회계사 협회 통제 위원회 기준); 그리고 기업 거버넌스의 금융 측면에 관한 위원회(캐드베리 위원회), 2002년 12월 1일에 발표된 최종 보고서 및 모범관행집).

4) McKinsey & Company와 Institutional Investor, "Corporate Boards: New Strategies for Adding Value at the Top," 50명의 자금 관리자를 대상으로 한 1996년 연구.

5) 무디스의 "Findings on Corporate Governance in the United States and Canada: August 2003 – September 2004." (뉴욕: 무디스 인베스터스 서비스, 2004년 10월)를 보라.

6) Association for Financial Professionals, "The Evolving Role of Treasury: Report of Survey Results," (2003년 11월)를 보라.

7) 예를 들어, "조지아 대학교 ERM 라운드테이블," Journal of Applied Corporate Finance, 15권 no.4(2003년 가을); "전략적 리스크 관리: 새로운 규율, 새로운 기회," CEO Publishing Corporation (2002); Marie Hollein, "리스크 측정하기: 전략적 검토 및 단계적 접근법," AFP Exchange, 23권 no.6(2003년 11/12월); James C. Lam과 Brian M. Kawamoto, "CRO의 출현," Risk Management(1997년 9월); 그리고 CFO 지(www.cfo.com)의 유사한 기사들을 보라.

8) S. Harrington, G. Niehaus 그리고 K. Risko, "전사 리스크 관리: United Grain Growers 사례," Journal of Applied Corporate Finance, 14권 no.4(2002년 겨울) 그리고 T.L. Barton, W.G. Shenkir와 P.L. Walker, "ERM이 성과를 내게 하기," Financial Research Foundation Inc.(2002)의 6장을 보라.

9) 최근의 서베이에 보고된 바와 같이, 회사들은 계량화할 수 있는 리스크들이 여전히 너무 많은 주의를 끌고 있으며, 자신들은 회사가 직면하고 있는 리스크들 모두에 대해 보다 잘 이해할 필요가 있다고 말한다. "억제된 불확실성? 금융 서비스 산업에서 리스크 관리의 발전," PWC와 Economist Intelligence Unit 공동 프로젝트(2004)를 보라.

10) CAD = Canadian dollars.

11) 원래 1964년에 RAND Corporation에 의해 기술적 예측을 위해 개발된 델파이 방법은 일단의 전문가들에게 미래에 대해 추정하도록 요청하고, 수치가 수렴할 때까지 그 추정들을 참여자들에게 회람시키기를 반복하는 추정 방법 중 하나이다. 이는 전문가의 집단적 의사 결정을 만들어 내기 위해 사용하는 공식적인 방법이다. 델파이 방법은 인간의 판단을 적절하고 유용한 예측 방법으로 인정한다. 한 사람의 전문가는 때로는 편향될 수 있으며 집단 회의에서는 "리더 추종" 현상 및/또는 전에 밝힌 의견을 포기하기 꺼리는 현상이 나타날 수 있다. 델파이 방법은 익명성, 통제된 피드백 그리고 통계적 응답이라는 특징이 있다. RAND 보고서는 여전히 읽기에 흥미로우며, 분석에 사용되는 많은 혁신적인 내용들을 담고 있으며 델파이 결과를 설명해 준다. 예를 들어, 이 보고서는 그룹의 응답에서 평균보다 중앙값 사용을 옹호하는 주장을 펼치며, 의견의 범위들이 어떻게 시각적으로 표현될 수 있는지도 보여준다(T. J. Gordon과 Olaf Helmer, "Report on Long Range Forecasting Study," R-2982를 보라. 델파이 문헌에 대한 폭넓은 검토 및 이 방법 및

과거의 연구들에 대한 참고 자료는 Fred Woudenberg, "An Evaluation of Delphi," 기술적 예측 및 사회적 변화(1991년 9월)를 보라. 실제 적용에 관한 추가 정보는 Michael Adler와 Erio Ziglio(eds.), Gazing into the Oracle: The Delphi Method and its Application to Social Policy and Public Health(Jessica Kingsley Publishers, 1996)를 보라.

12) 두 개의 척도(리스크 용인 수준과 확률 등급)는 Hydro One의 리스크 계량화의 중추를 형성하며, 통화 단위로 쉽게 계량화할 수 있는 리스크들(예컨대, 순 이익 미달)과 성격상 보다 질적인 영향들(예컨대, 회사에 대한 비판 정도) 사이의 비교를 가능하게 해 준다. 예를 들어, 목표 A와 관련하여 3등급의 영향을 주는 리스크와 목표 B와 관련하여 2등급의 영향을 주는 리스크가 있을 경우, 목표 A에 관한 리스크가 목표 B에 관한 리스크보다 Hydro One에 더 심각한 위협을 준다.

13) 회사들이 전사 리스크 관리에서 리스크 지도를 어떻게 사용하는지에 대한 또 다른 예는 앞에서 인용한 T.L. Barton, W.G. Shenkir 그리고 P.L. Walker의 책(2002) 5장의 마이크로소프트 사 사례를 보라.

14) Pickering의 기름 유출에 관한 2003년 10월 1, 2일자 Hydro One 보도 자료를 보라. 피커링 시는 처음에는 주거 지역에 위치한 북미 최대의 변압소에서의 기름 유출에 대해 화를 냈다("Hydro One의 기름 유출이 피커링 시장을 화나게 하다", 2003년 10월 2일자 벨 글로벌미디어를 보라). 나중에 이 도시의 시장은 Hydro One의 신속한 청소 작업을 칭찬했다("Hydro One 기름 유출에 적극 대처하다," 2003년 10월 전기 포럼 뉴스를 보라).

15) 전형적인 가계에서 특정 지출 필요 사항들이 지출 수준으로 나눠지는 것을 고려해 보는 것이 이 방법에 대한 유용한 비유가 될 수 있다. 예를 들어, 자동차에 대한 지출 단계는 다음과 같이 정의된다. 적색 지대 = 브레이크 수리(안전 목표에 대한 영향), 최소의 자금 투입 레벨 = 수명을 늘리기 위한 오일 교환(장기 재무 목표 레벨 1로 볼 수도 있음), 레벨 3 = 페인트 작업(가족의 사회적 이미지 개선).

16) 예를 들어, 이에 대한 일반적인 설명은 Kent D. Miller와 H. Gregory Waller, "시나리오, 실물 옵션 그리고 통합 리스크 관리," Long Range Planning, 36권 (2003년) 93-107쪽을 보라.

17) 예를 들어, Paul J. H. Schoemaker와 Cornelius A.J.M. van der Heijden, "로얄 더치/셸에서 시나리오들을 전략 계획 수립에 통합시키기," Planning Review, 20권, no.3(1992년 5/6월) 41-46쪽을 보라.

18) ERM과 자본 비용에 대한 ERM의 영향에 대한 추가적인 논의 및 예는 "조지아 대학교 ERM 라운드테이블", Journal of Applied Corporate Finance, 15권, no.4 (2003년 가을) 18-20쪽을 보라.

19) Hydro One의 장기 채권 신용 평가 프로세스에서 이 회사 ERM 프로그램의 중요성을 확인하기 위해 2004년 9월 13일에 무디스의 시니어 애널리스트와 전화 인터뷰를 실시했다. 또한 무디스의 Enhanced Analysis Initiative의 일환으로, 기업 거버넌스와 리스크 관리의 질을 측정하는 신용 평가 방법론은 ERM과 관련된 구체적인 질문들을 포함한다. 예를 들어, 무디스의 기업 거버넌스 평가 질문 16, 17 및 18과 무디스 리서치 방법론을 보라.

20) Hydro One Inc.의 사장 표창을 보라.

21) Hydro One에서 ERM의 결과는 흥미롭게도 응답자들이 조직에서 ERM이 보다 널리 시행됨에 따라 특정 리스크 책임자에 대한 필요가 줄어들게 되고 CRO의 책임은 운영 부문들에 분배되거나 CFO의 의무 안으로 동화될 것으로 생각한다는 캐나다 컨퍼런스 보드 서베이의 예측과 일치한다. 캐나다 컨퍼런스 보드, "CRO에 대한 종합 스케치"(2001년)를 보라.

저자 소개

톰 아보(Tom Aabo)는 덴마크 아르후스 경영대학원 조교수이다. 그는 아르후스 경영 대학에서 기업 재무, 국제 비즈니스 파이낸스, 해외 직접 투자 그리고 기업의 세계화에 대해 가르쳤다. 그의 연구 분야는 전략적 리스크 관리, 환율 익스포져 관리, 실물 옵션 분석 그리고 국제 기업 재무이다. 그는 Journal of Applied Finance, International Journal of Managerial Finance, European Financial Management 그리고 Review of Financial Economics 등에 논문을 발표했다. 톰은 또한 Asian Journal of Finance and Accounting 편집 위원회 위원이다. PhD를 받기 전에 톰은 아메르스크(Amersk)와 구드메 라쇼우(Gudme Raaschou)에서 일했으며, 덴마크 아르후스 경영대학에서 경영학 석사 학위를 받았고, 같은 대학원에서 경영학 석사 및 PhD 학위를 받았다.

존 프레이저(John Fraser)는 북미 최대의 전기 송전 및 배전 회사 중 하나인 Hydro One Networks Inc.의 부사장, 내부 감사 & CRO이다. 그는 온타리오 및 캐나다의 공인 회계사이고, 영국 공인 회계사 협회 회원, 공인 내부 감사인

(Certified Internal Auditor), 공인 정보 시스템 감사인(Certified Information System Auditor)이다. 그는 리스크 및 통제 분야에서 30년이 넘는 경험이 있는바, 대부분 금융, 사기, 파생상품, 안전, 환경, 컴퓨터 및 오퍼레이션 등과 같은 분야를 포함하여 금융 서비스 부문에서 일했다. 그는 현재 캐나다의 전략 리스크 위원회 컨퍼런스 보드의 자문 위원회 위원장이며, Applied Finance Journal의 실무 부 편집인이고, 캐나다 공인 회계사 협회 리스크 관리 및 거버넌스 위원회 전 회원이었다. 그는 전사 리스크 관리에서 잘 알려진 권위자이며 ERM에 관한 세 편의 논문을 공동으로 저술했다. (이 논문들은 Journal of Applied Corporate Finance와 APplied Finance Journal에 게재되었다.)

베티. J. 심킨스(Betty J. Simpkins)는 오클라호마 주립대학교Williams Companies 경영대학원 교수이자 파이낸스 교수이다. 그녀는 아칸사스 대학교에서 화학 공학 학사 학위를, 오클라호마 주립대학교에서 MBA 학위를 받았고, Case Western Reserve 대학교에서 PhD 학위를 받았다. 베티는 또한 금융 분야에서도 활발히 활동하고 있으며, 현재 Eastern Finance Association의 Trustees 공동 부의장(전직 사장)이고, 금융 관리 협회(Financial Management Association; FMA) 이사회 위원이며, Applied Finance Journal 공동 편집인, FMA 온라인 저널(FMA의 온라인 저널) 집행 편집인이다. 그녀는 Journal of Finance, Financial Management, Financial Review, Journal of International Business Studies, Journal of Futures Markets, Journal of Applied Corporate Finance 그리고 Journal of Financial Research 등에 30 편이 넘는 논문들을 발표했으며, 학계의 컨퍼런스에서 다수의 최우수 논문상을 수상했다.